中国经济学名家文集(多卷本)系列

汪海波文集

第八卷

经济管理出版社
ECONOMY & MANAGEMENT PUBLISHING HOUSE

图书在版编目（CIP）数据

汪海波文集/汪海波著. —北京：经济管理出版社，2011.2
ISBN 978-7-5096-1291-0

Ⅰ. ①汪⋯　Ⅱ. ①汪⋯　Ⅲ. ①经济—文集　Ⅳ. ①F-53

中国版本图书馆 CIP 数据核字（2011）第 040496 号

出版发行：经济管理出版社
地　　址：北京市海淀区北蜂窝 8 号中雅大厦 11 层
邮　　编：100038
电　　话：（010）51915602
印　　刷：三河文阁印刷厂
经　　销：新华书店
责任编辑：赵伟伟
责任印制：黄　铄
责任校对：蒋　方

720mm×1000mm/16　　　350.75 印张　5406 千字
2011 年 6 月第 1 版　　2011 年 6 月第 1 次印刷
定　　价：980.00 元(全十卷)
书　　号：ISBN 978-7-5096-1291-0

作者像

目　录

历史经验的启示 *

    《中共中央关于经济体制改革的决定》明确指出：在党和政府的领导下有计划、有步骤、有秩序地进行的我国经济体制改革，是社会主义制度的自我完善和发展。为了加深理解我国经济体制改革的这种性质，有必要思考一下人类社会历史发展的某些经验。

    历史的经验说明，在社会基本制度不变的前提下进行经济体制的改革，不仅是社会主义社会特有的，在前社会主义社会也发生过。当然，前社会主义社会经济体制改革的情况和性质与社会主义社会有重大的和根本的区别。但是，按照唯物辩证法的观点，事物的共性包含于一切个性之中。这样，剖析一下前社会主义社会经济体制改革的性质，对认识我国经济体制改革的性质是有借鉴意义的。

    我国西周时期（公元前 1066 年~公元前 771 年）就开始建立了封建的领主经济制度。这种制度的基本特征是，作为农业基本生产资料的土地归领主所有，实行井田制度，农奴对领主存在人身依附关系，封建剥削的主要形态是劳役地租。到春秋时期（公元前 770 年~公元前 403 年），地主经济逐渐代替领主经济。到战国时期（公元前 403 年~公元前 221 年），地主经济占了主要地位。地主经济的基本特征是，土地归地主所有，实行土地私有制，封建剥削的主要形态是实物地租。

    历史事实表明，由领主经济到地主经济的转变，是封建经济制度范围内一次重大的经济体制改革。然而，这种改革不仅没有根本改变封建

* 原载《人民日报》1987 年 10 月 12 日。

经济制度，反而使得这种制度变得完善了。按照历史唯物主义的观点，这里所说的完善，其根本含义就是改革后的地主经济制度，尽管不可能根本解决地主阶级和农民阶级的矛盾，但却适合了当时社会生产力发展的要求。我国已故著名历史学家范文澜依据对历史资料的详细分析，对这段历史作了概括。他说："在这个阶段上，束缚在宗族里的农奴得到解脱，成为广大的农民阶级。由于农民阶级的出现，生产力前所未有地提高了。以农业生产为基础，工商业也跟着发展起来。"①

资本主义社会从自由竞争阶段发展到垄断阶段，经济管理体制也发生了重大变化。在资本主义自由竞争阶段，资产阶级国家实行自由放任的市场经济。在进入帝国主义阶段以后，特别是在1929~1933年世界资本主义空前严重的经济危机以后，有些资本主义国家（如美国）以市场经济为基础，加强了国家的宏观经济管理。在这同时，德、意、日等法西斯国家为了适应帝国主义侵略战争的需要，把平时经济转向了战时经济，实行了统制经济体制。而在第二次世界大战结束以后，所有参战的资本主义国家又都把战时经济转变为和平经济。前一类国家以市场经济为基础，进一步加强了国家的宏观经济管理。后一类国家也都先后放弃了统制经济体制，转而采用同前者相同的或近似的经济管理体制。

经济管理体制的这种变化，是生产社会化的发展以及由此引起的资本主义社会各种矛盾加深的反映，是当代垄断资本主义发展的要求。但这里所说的反映生产社会化的发展，是在不根本改变资本主义私有制的范围内进行的，因而只能是部分的反映，而不可能是根本的反映。然而，就是这种部分的反映，对战后资本主义国家生产的发展，也明显地起了积极的推动作用。比如，法国工业生产年平均增长速度，1901~1911年为1.2%，1911~1937年为1.5%，1938~1948年为0.8%，而1951~1980年为2.2%。日本工业生产年平均增长速度，（1895~1899年）~（1905~1909年）为6.4%，（1905~1909年）~（1915~1919年）为8.8%，（1915~1919年）~（1935~1938年）为6.8%，而1951~1980年为11.5%。②工业速度的这种变化，是由多方面的因素决定的，但战后资本主义国家经济管理体制的改

---

① 范文澜：《中国通史》第一册，人民出版社1978年版，第274页。
② 参见《英法美德日百年统计提要》，统计出版社1958年版，第1~2页；《国际经济和社会统计资料》，中国财政经济出版社1985年版，第119页。

革，显然是一个重要的原因。我们依据历史唯物主义的观点，也可以把上述体制的变化看成作为资本主义生产关系具体表现形式的经济管理体制的某种完善。

上述分析表明，无论是封建社会的经济改革，或者是资本主义社会的经济改革，只要是适合（或部分地适合）社会生产力发展的要求，并由各该社会的统治阶级在它们的政权保护下进行的，都只能导致各该社会经济制度的某种完善，而不可能引起其社会经济制度根本性质的变化。当然，由封建社会或资本主义社会的经济改革所导致的社会生产力的发展，最终会导致各该社会基本矛盾的发展，从而迟早会导致它们的灭亡。但这并不是改革的直接结果，而是改革以后的事了。

我们从分析前社会主义社会经济体制改革的历史中，可以获得的有益启示是：社会主义经济体制的改革，也像前社会主义社会一样，并不导致社会主义经济制度根本性质的改变，而会导致它的完善。而且，社会主义社会由于具有前社会主义社会无可比拟的优越的经济条件和政治条件，更有可能做到这一点。社会主义经济制度所能容纳的社会生产力发展的高度，将会大大超过前社会主义社会，因而由改革所推动的生产力的发展，也将会达到前社会主义社会望尘莫及的地步。同时，这种发展不仅不会像前社会主义社会那样最终导致它们的灭亡，而且会使社会主义社会的矛盾不断地得到解决，使社会主义制度不断地得到完善，以至最终实现共产主义社会。

略论提高劳动生产率应成为轻工业发展出口产品的立足点 *

一、 轻工业在出口贸易中的地位

当前，我国轻工业无论在工业中，或者在出口贸易方面，均居于很重要的地位。1987 年，我国轻工业产值达到了 6560 亿元，占工业总产值的 47.6%。

党的十一届三中以来实行的路线和政策，为轻工业产值及其出口贸易的稳定、持续、高速增长，提供了一系列重要条件。这主要是：作为国民经济主要比例关系的农业和工业以及轻工业和重工业的协调发展趋势；由改革所激发的作为社会基本生产单位的、各种经济类型的企业的积极性；自开放带来的两种资源和两种市场的利用等等。同时，当前我国经济发展水平也已经使她有可能迅速发展自己的经济（包括轻工业及其产品的出口）。依据对 107 个国家资料的分析，经济增长最快时的人均国民收入，大国为 270 美元，资源不丰而又小的国家为 630 美元，国小但资源丰富的国家为 580 美元。而我国 1982 年人均国民收入就接近 270 美元。这里还要着重提到：在轻工业生产中占有很大比重的乡镇工业发展在这方面的意义。曾经有一种观点认为，似乎只有现代化的大工业在高

* 本文是 1988 年 3 月在纺织部召开的发展外向型经济座谈上的发言。原载《中国轻工业经济》1988 年第 5 期。

速发展生产和出口贸易方面有重要作用，而小规模的技术落后的乡镇工业在这方面的作用是无足轻重的。但我国 1979 年以来的社会主义建设实践已经充分证明：这种认识是片面的。就是说，在这方面，不仅前者，而且后者也有重要的作用。几年来，包括乡镇工业在内的乡镇企业总产值以每年 30% 左右的速度增长，1987 年达到 4500 亿元，已经超过了这年的农业总产值（为 4447 亿元）。据预测，在五年左右或更长一点的时间内，包括乡镇工业的乡镇企业总产值就可能接近或超过工业总产值，成为决定国家经济实力的一大支柱。[①]

更重要的问题还在于：我国轻工业在发展劳动密集型产品方面具有较强的优势。依据对有关资料的分析，人均国民生产总值达 1000 美元时，劳动密集型产品的比较优势达到了顶峰；人均国民生产总值接近 10000 美元时，资金技术密集型产品比较优势能得到最大的发挥。而 1985 年人均国民生产总值，日本为 11330 美元，新加坡为 7420 美元，香港为 7420 美元，台湾省为 3160 美元，韩国为 2180 美元，中国为 310 美元。可见，日本不仅早已丧失了劳动密集型产品的优势，而且资金技术密集型产品的优势也已经得到了很大的发挥。"亚洲四小龙"也已开始丧失劳动密集型产品的优势。只有我国还拥有这方面的优势。比如，我国与美国、日本等资本主义发达国家纺织工业劳动力成本之比高达 1∶23，与韩国、台湾省、香港之比为 1∶6，就是与泰国、印度、巴基斯坦等国之比也有 1∶2。但是，同发展中国家比较起来，我国科学技术力量是比较强的，因此，我国不仅拥有发展劳动密集型产品的优势，而且在某种范围内还拥有劳动密集和技术密集相结合的产品的优势。

这一切就使得我国轻工业在发展出口产品方面居于十分重要地位。这里有必要联系当前我国学术界的一种观点来进行分析。有一种观点认为，我国轻工业已经是一种"夕阳工业"了。这种看法忽略了我国和当代经济发达国家在生产发展水平上的区别。如果说，在当代有些发达的资本主义国家，轻工业已成为夕阳工业的话，那么，在我国社会主义初级阶段，生产力发展水平较低，再加上人口众多，生活水平很低，轻工业在一个相当长的时期内还是朝阳工业。这种看法不妥之处还在于：在

---

① 《人民日报》1988 年 3 月 21 日第 1 版。

党的进一步开放政策的指导下，轻工业产品出口的增长，将会更好地充分地发挥她的青春活力。

二、轻工业发展出口产品的立足点，就是提高包括劳动力在内的各个生产要素的生产率

第二次世界大战后国际经验表明，无论是经济发达的国家，或是发展中国家，他们在发展外向型经济方面，在把产品打入国际市场方面，都在于立足提高生产率。这是它们共同的基本经验。比如，在 1960~1973、1973~1975、1975~1978、1978~1980 这四组年度中间，日本劳动生产率平均每年增长率分别为 10.7%、4%、7.8%和 6.6%；而美国只有3.6%、0.2%、2.8%和 0.4%。日本劳动生产率的较快增长，正是她的产品能够打入美国等资本主义发达国家市场的重要物质基础。又如，在 1976~1984 年间，香港、韩国、新加坡和台湾省的劳动生产率分别提高了41.5%、51.8%、30.2%和 44.7%，而日本只提高了 21.3%。"亚洲四小龙"劳动生产率的较快增长，也是他们的产品能够打入美、日等经济发达国家市场的重要物质基础。

就当前国际和国内的某些因素来看，在发展轻工业的产品生产方面，立足于提高生产率，还显得特别重要。在世界市场上，相对于 50 年代、60 年代来说，当前竞争更为剧烈了。就竞争市场来说，那时作为资本主义世界最大市场的美国市场并没有饱和，而现在则趋于饱和了。诚然，近年来，日本在进行经济调整，为吸收发展中国家的产品开辟了市场。但日本市场容量并不能同美国相比。就竞争的对手来说，不仅有美国和日本等经济发达国家，而且有正在摆脱发展中国家和地区、正在进入发达国家和地区的"亚洲四小龙"，还有经济正在起飞的其他亚洲国家（如泰国），与竞争加剧相联系，贸易保护主义在发达国家和发展中国家正在发展。就美国来说，他不仅利用贸易保护主义，而且还通过美元贬值，提高开工率和降低工资成本，来维护自己的轻工业国内市场。比如，1987 年美国纺织企业的开工率达到 96%。1986 年美国制造业单位产品劳动费用下降了 0.6%，1987 年第一季度又下降了 3.1%。如果考虑到下述情

况，即 1987 年我国纺织品出口换汇额已占世界纺织品量的 8%，超过了台湾省和日本，成为世界五大纺织品出口国家和地区之一（即意大利、联邦德国、香港、韩国和中国），那么，在贸易保护主义盛行的情况下，我国纺织品参加市场竞争的难度就加大了。

就国内情况来说，作为加工工业的轻工业产品的成本已经面临着成本上升的巨大压力。比如，1986 年与 1978 年相比，重工业中采掘工业品价格提高了 55%，原材料工业品价格提高了 45%，加工工业品价格提高了 13%。但这并没有根本改变原材料工业品价格偏低的状况。比如，当前我国原油与汽油的比价为 1∶6，而美国为 1∶1.4，联邦德国为 1∶1.3，意大利为 1∶1.7。又如，我国每吨煤炭可换白糖 0.014 吨，美国可换 0.321 吨，英国可换 0.35 吨。因此，这些原料价格的上升就是一个长期存在的客观趋势。作为轻工业产品原料的农产品价格的变化的趋势也是这样。与上述情况相联系，工资成本也是上升的趋势。这样，如果不提高轻工业产品的生产率，就会削弱我国在国际市场上的竞争力。

总之，国际和国内情况表明：只有立足于提高生产率，才能使我国轻工业产品在世界市场竞争中拥有越来越强的比较利益优势和竞争力，才能站稳脚跟，立于不败之地，才能稳定地换取逐年增长的外汇，才能充分地持久地发挥轻工业在出口贸易中的作用。

三、要使得轻工业发展出口产品立足于提高生产率，需要进行多方面的艰苦工作

这里只拟提出以下三点：

1. 实施沿海地区经济发展战略，"关键在改革"。这个基本精神对于轻工业发展出口产品的生产，是完全适用的。这里仅就下列几方面做些分析：一是要增强企业活力。基于这一点，同时又考虑到资金也是社会主义商品经济条件下扩大再生产运动的出发点和原动力，因而特别需要在资金和外汇方面给予企业更多的自主权。为了增强企业的活力，还需在坚持社会主义国家所有制占主导地位的条件下，多发展集体所有制，特别发展集体所有制（或以集体所有制为主的）企业集团。这不仅一般

地因为在我国社会主义初级阶段，集体所有制还有很强大的生命力，还有广阔的发展余地，而且特别地因为在传统经济体制没有根本改变的条件下，这种体制加给集体所有制企业的束缚力比国家所有制企业要小得多，因而有利于搞活企业。近几年来，沿海地区的乡镇企业在发展外向型经济方面所起的作用，已经充分地证明了集体所有制企业在发展出口产品方面有着不容忽视的重要意义。那些搞得好的集体所有制企业集团更是这样。比如，湛江家用电器公司原来就是一个集体所有制的企业集团。多年来，作为这个公司主要出口产品的光管支架在香港市场上的占有率达到80%以上以至90%以上。二是要正确发挥政府对企业管理作用。当前第一位的问题是要实行政企分开，实行国家所有权与企业经营权分开，以便真正做到搞活企业。但这绝不是说可以忽视国家对企业的管理。日本政府在发展本国的外向型经济方面起过重要的作用。后来韩国、新加坡、泰国等国的经验还进一步证明：在发展中国家，政府的这种管理作用显得尤为重要。因为对这些国家的企业发展出口产品生产来说，会遇到许多困难，如资金技术和信息等困难。显然，如果没有政府的指导和帮助，企业就很难克服这些困难，出口产品的生产就难以发展起来。这当然不是说要回到传统经济体制下的那种以直接行政手段为主的管理，而是发展和完善以间接控制为主的宏观经济管理。

2. 要通过建立企业集团带动大批乡镇企业，以发展轻工业出口产品的生产。这样做的好处：既可以发挥企业集团迅速形成生产能力以及优化产业结构的优势，又可以发挥大批乡镇企业在这方面的优势。前一方面已经为资本主义经济和社会主义经济的经验所证明了；后一方面也为我国近几年来乡镇工业发展的经验所证明了。

还要采取适当的方式把科学技术和企业集团，乡镇企业结合起来。比如，把企业集团建设成科学技术、生产经营型的公司，把发展科学技术的"星火计划"与乡镇企业生产结合起来。这样，既可以发挥我国生产劳动密集型产品的优势，又可以发挥我国生产劳动密集与技术密集相结合的产品的优势。

还要通过企业集团、乡镇企业带动城乡大量的家内工业的发展。我国城乡存在着大量富余劳动力（包括女劳动力），许多出口的轻工业产品的技术水平不高。这些是发展家内工业的较为有利的条件。家内工业是劳动力费用最低的工业。发展这种工业是最充分的发挥劳动密集型产品优势的一个重要途径。

这样，就可以把企业集团、乡镇企业、科技力量和家内工业拧成一股绳，作为发展我国轻工业出口产品生产的四支力量。

3. 加强企业管理。加强企业管理，既可以节约活劳动，又可以节约物化劳动。但这里只是分析节约活劳动的问题。因为这个问题在当前具有某种特殊重要的意义。据有关研究单位结算，当前我国城镇"在职失业约占职工的15%，约1500万人，按每人每年2000元计算，一年国家要支出300亿元的工资奖金和劳保福利费。据报载，张兴让所在的石家庄第一塑料厂，1984年人均有效劳动时间每天只有2小时18分钟。经过推行"满负荷工作法"，1987年人均每天只有3.8小时。在农村还有更大量的"在职失业"人口。轻工业方面，也存在这种状况。

要节约活劳动，就要挖掘劳动潜力，就要加强劳动纪律。在我国当前，这涉及到一个具有重大实践意义的理论问题，即社会主义劳动组织靠什么纪律来维持的问题。

我国当前还处于社会主义初级阶段，但已经是社会主义了。不言而喻，我以为社会主义劳动组织不能像农奴制那样靠棍棒纪律来维持，也不能像资本主义社会那样，靠饥饿纪律来维持。但是，能否像长期以来流行的观点那样，仅仅靠劳动者的自觉纪律来维持呢？看来不能。诚然，在建立了生产资料的社会主义公有制的条件下，有一部分劳动者可以做到这一点的。但多数劳动者难以做到这一点、在我国社会主义初级阶段，开始的时候多数劳动者还是由小生产者转变来的，并没有经过资本主义大机器工业的训练，文化素质很低，尤其难以做到这一点。在以"吃大锅饭"作为重要特征的传统经济体制下生活了近40年以后，又经历了十年"文化大革命"的破坏，更是难以做到这一点。这已经为社会主义实践充分证明了。

社会主义建设经验证明：在维持社会主义劳动组织方面，劳动者的自觉纪律虽然可以起到重要的作用，但主要还是要依靠不劳动者不得食的纪律，多劳多得和少劳少得的纪律，以及在某种条件下的饥饿纪律（如劳动者严重违反劳动纪律而被开除）。

长期流行的那种观点，是以列宁的下述论断为依据的。列宁说过：

"共产主义（其第一步为社会主义）的社会劳动组织则是靠推翻了地主资本家压迫的劳动群众本身自由的自觉的纪律来维持，而且愈往前去就愈要靠这种纪律来维持。"但是，①列宁这里讲的纪律是在资本主义大机器工业高度发展的基础上，并经过社会主义革命以后形成的。列宁写道："这种新的纪律不是从天上掉下来的，也不是出自善良的愿望，它是从资本主义大生产的物质条件中成长起来的，而且只有在这种条件下才能成长起来。没有这种物质条件就不会有这种纪律。代表或体现这种物质条件的是大资本主义所创造、组织、团结、训练、启开和锻炼出来的一定历史阶级。这个阶级就是无产阶级。"①而我国社会主义初级阶段是在半殖民地半封建社会废墟上建立起来的，从主要方面来说，不存在这种物质条件，也难以在全社会确定这种纪律。还要指出：列宁把这种纪律看做是由物质条件形成的客观经济过程，而不是像流行的观点那样，把它看做是一种主观的意识。②列宁在论到按劳分配在社会主义历史阶段存在的必然性时说过："如果不陷入空想主义，那就不能认为，在推翻资本主义之后，人们就能立即学会不需要任何法权规范而为社会劳动。""所以在这个范围内，还需要有国家保卫生产资料公有制，来保卫劳动的平等和产品分配的平等。""因为如果没有一个能够迫使人们遵守法规范的机构，法权也就等于零。"②可见，列宁把按劳分配看做是受到社会主义国家保护的、具有强制性的法权规范。

然而，长期以来，不仅传统的经济体制违反了这一要求，企业管理也没有反映这个要求。要反映这个要求，不仅需要根本改革传统的经济体制，而且需要扎扎实实加强和改善企业管理。要在做好企业各项基础工作的基础上，做到精确地计量劳动和分配劳动报酬。在那些宜于实行计件工资制的企业、车间和岗位，在完善劳动定额，加强产品质量检查等条件下推行计件工资制，是一个好办法。还要做到职工劳动报酬的增长低于劳动生产率的增长，以保证单位产品工资含量的降低。

---

① 《列宁选集》第 4 卷，第 9 页。
② 《列宁选集》第 3 卷，第 252、256 页。

《资本论》研究要为社会主义商品经济研究服务 *

一

理论联系实际，是中国共产党的优良作风之一。因此，在党的领导下，从新中国成立起，就注意了理论研究为社会主义实践服务的问题。但在《资本论》研究方面，从主要的意义上说，真正做到为社会主义商品经济研究服务，却经历了一个很长的，曲折的历史过程。

在新中国成立以后的一个长时期内，都是实行以阶级斗争为纲，实行产品经济和传统经济体制的。与这种政治、经济情况相适应，《资本论》研究首先和主要是为阶级斗争服务的。这一点特别突出地表现在长期、广泛流行的政治经济学教科书中。这些教科书的自由竞争的资本主义部分，是《资本论》基本内容的压缩本。一般分为下列七章：第一章商品与货币；第二章资本与剩余价值；第三章资本积累；第四章资本循环与周转；第五章社会资本再生产与流通；第六章剩余价值的分割；第七章资本主义的经济危机。其中，前三章是从资本主义生产过程揭露资产阶级和无产阶级的对立，以及资本主义必然灭亡、社会主义必然胜利的规律；后四章分别从资本主义的流通过程和生产总过程进一步论证了这一点。

---

* 原载《中国社会科学院研究生院学报》1989 年第 1 期。

在这里，《资本论》所包括的反映发达商品经济一般并对社会主义商品经济研究有指导作用的许多重要内容，并没有受到应有的重视和给予应有的地位。在这些教科书的社会主义部分，既没有把社会主义经济作为商品经济来看待，更没有运用《资本论》来研究社会主义商品经济。可见，这些教科书所体现的只是《资本论》研究为阶级斗争服务，而同社会主义商品经济的研究却是脱节的。

与上述情况相适应，这个时期《资本论》的研究还注意了为产品经济和传统经济体制服务。重视马克思关于社会资本再生产理论的研究，最明显地反映了这一点。这是可以理解的。包括产品经济和传统体制在内的一切经济和体制下社会生产的发展，都要以国民经济按比例的发展作为条件的；而马克思关于社会资本再生产理论又最具有一般性，对一切经济和体制下的社会再生产都是适用的；传统经济体制的一个重大弊病，就是周期性地带来国民经济的严重失衡。当这种失衡到来的时候，就要提倡对马克思关于社会资本再生产理论的研究。

这样说，并不否定这个时期我国学术界和经济界已经有人以《资本论》为指南开展了社会主义商品经济研究。事实上，在 50 年代末和 60 年代初，我国已经有人就社会主义商品生产的原因、价值规律的作用、生产价格和级差地租等问题展开了讨论；在这个过程中一般也都是以《资本论》为指导的。但是，由于没有在总体上确立社会主义商品经济的地位，这种研究也就不可能占主导地位。而一到"左"倾路线占统治地位时，就连这种没有成为主流的研究也销声匿迹了。

直到 1978 年底召开的党的十一届三中全会以后，党中央先后相继地提出了社会主义的根本任务是发展生产力，社会主义经济是有计划的商品经济。在这种形势下，《资本论》的研究也就逐步转到了主要为发展生产力研究服务、为社会主义商品经济研究服务、为经济体制改革研究服务的轨道上来。但在社会主义阶段，发展生产力还必须通过发展社会主义商品经济形式来实现，经济体制改革的目的也是为了发展社会主义商品经济。从这种相互联系的意义上，似乎可以集中起来说，《资本论》研究要转到为社会主义商品经济研究服务的轨道上来。事实上，我国 1978 年以来《资本论》研究也是逐步围绕这条主线展开的。

这样说，并不否定新中国建国初期《资本论》研究为阶级斗争服务的特殊重要性。因为当时阶级斗争还很激烈，社会主义和资本主义谁战胜谁的问题还没有根本解决。

这样说，也不意味着当前《资本论》研究可以不为阶级斗争服务了。因为国内的阶级斗争在一定范围内还存在着，在一定条件下还会激化；当前国际形势虽然趋于缓和，但这个范围内的阶级斗争问题并没解决，意识形态方面的斗争有时还很尖锐。

从建国后我国《资本论》研究的历史来看，从主要为阶级斗争，产品经济和传统经济体制服务，转到主要为社会主义商品经济研究服务，总是一个重大的转变。要实现这个转变，需要做许多艰苦的工作。这里依据过去的经验和当前的情况，就研究方法需要注意的一些问题讲几点意见。

二

按照马克思主义的要求，一切研究工作都必须遵循这项基本方法：不能从已有的原则出发，而必须从事实出发。要使得《资本论》研究为社会主义商品经济研究服务，也必须这样做。这里强调这一点，主要是针对过去在《资本论》研究上长期存在的教条主义错误而提出的。马克思在《资本论》中谈到对未来社会的设想时说过："设想有一个自由人联合体，他们用公共的生产资料进行劳动，并且自觉地把他们许多个人劳动力当作一个社会劳动力来使用……这个联合体的总产品是社会的产品。这些产品的一部分重新用作生产资料。这一部分依旧是社会的。而另一部分则作为生活资料由联合体成员消费。因此，这一部分要在他们之间进行分配……每个生产者在生活资料中得到的份额是由他的劳动时间决定的。"[1] 后来，马克思在《哥达纲领批判》中进一步阐述了这一思想。他在论到共产主义社会第一阶段（即社会主义社会）时写道："每一个生产者，在作了各项扣除之后，从社会方面正好领回他所给予社会的一切。他所给予社会的，就是他个人的劳动量。"[2] 可见，马克思是把社会主义社会设想为一个统一的生产单位和分配单位，因而这里并不存在商品生产。

[1]《马克思恩格斯全集》第23卷，第95~96页。
[2]《马克思恩格斯选集》第3卷，第10~11页。

　　然而，马克思主义创始人一再告诫后人，他们的理论只是行动的指南，而不是教条。但在过去的一个长时期内，人们在这个重要问题上恰好犯了教条主义的错误，即从已有的概念出发，而不是从社会主义的实践出发，以致做出了否定社会主义国家所有制经济内部存在商品经济的结论。由于这种经济在社会主义社会经济中占主导地位，因而就从主导方面否定了社会主义经济是商品经济。可见，教条主义的思维方法从根本上堵塞了《资本论》研究为社会主义商品经济研究服务的道路。显然，不打破这个障碍，就不可能使《资本论》研究为社会主义商品经济研究服务。而在党的十一届三中全会以后，人们终于打破了教条主义思维方法的束缚，坚持实事求是，以社会生产力标准作为检验马克思对社会主义社会设想的根本标准，于是有愈来愈多的人发现：承认社会主义经济是商品经济，就可以促进社会生产力的发展；否认这一点，就会阻碍社会生产力的发展。据此，人们终于得出了社会主义经济是商品经济的结论。

　　这个历史经验表明：只有坚持从事实出发，才有可能否定马克思主义创始人关于社会主义社会不存在商品生产的设想，并由此为《资本论》研究为社会主义商品经济研究服务创造了一个根本前提。显然，如果不承认社会主义经济是商品经济，那从根本上说来，就谈不上《资本论》研究为社会主义商品经济研究服务的问题。

　　而且，只有坚持从事实出发，才能进一步揭示马克思主义创始人否定社会主义经济是商品经济的认识根源。我把这种根源归结为以下几点：一是没有经历社会主义建设的实践。这个时代的限制，是主要的认识根源。二是社会生产力水平限制，使人们不容易充分看到社会主义社会作为一个统一的生产分配单位的不合理性。三是研究的注意力集中在揭示社会主义制度与资本主义制度的根本区别上，因而容易忽视二者的共同点。四是空想社会主义的某些影响。[①] 我认为，只有充分揭示这些认识上的根源，才有利于人们进一步摆脱教条主义的束缚，并为人们把《资本论》广泛运用于社会主义商品经济研究开辟道路，或者说创造又一个前提。

———————————

　　① 详见拙著：《社会主义商品经济研究》，经济管理出版社 1988 年版，第 63~69 页。

三

按照马克思主义的观点，特殊的事物是和普遍的事物相联结的，事物的共性是存在于事物的个性之中的。要使得《资本论》研究为社会主义商品经济研究服务，也必须遵循这个方法。就是说，不能只是把《资本论》看作是资本主义商品经济特殊在理论上的反映，同时要把它看作是发达的商品经济一般在理论上的反映。然而，这里着重提出这一点，主要还是针对过去长期存在的，与"左"的思想相联系的片面认识。按照这种认识，《资本论》只是反映了资本主义商品经济特殊，而不反映发达的商品经济一般。这就在另一个方面从根本上堵塞了《资本论》研究为社会主义商品经济研究服务的道路。显然，不打破这个障碍，就不可能使得《资本论》研究充分地为社会主义商品经济研究服务。诚然，1978 年以来，我国学术界有愈来愈多的学者在这方面的认识已经起了变化，但似乎还很少有人把这一点作为重要的研究方法来看待。而如果做不到这一点，就难以充分发挥《资本论》研究为社会主义商品经济研究服务的作用。

在这里，首先要看到《资本论》反映的资本主义商品经济特殊，如它所反映的资本主义剥削关系，以及资本家采用过的残酷剥削无产者的手段（如延长劳动时间，提高劳动强度，广泛采用童工）等。显然不能把这些运用到以生产资料公有制为基础的，已经消灭了阶级剥削的社会主义商品经济中来。

但从《资本论》研究为社会主义商品经济研究服务这个角度，需要着重看到的是《资本论》所反映的发达的商品经济一般。

为了说明这一点，需要区分原始的商品经济与发达的商品经济。这里所说的原始的商品经济，是指在奴隶社会和封建社会存在过的简单商品经济；发达的商品经济则是指资本主义社会和社会主义社会存在的商品经济。这两种商品经济的主要区别在：①前者是以手工工具作为物质基础的；后者是以机械化、现代化技术作为物质基础的。②前者在社会生产中只占一小部分；后者在社会生产中占了主要地位。③前者只是部分产品商品化了，各生产要素并没有商品化；后者不仅全部产品商品化了，而且各生产要素乃至作为各生产要素结合体的企业的产权都商品化了。④前者只有部分产品的市场，而且没有在一个国家形成统一的市场；后者不仅有了全部产品的市场，而且有了各生产要素的市场，不仅形成了统一的国内市场，而且形成了国际市场。

与上述情况相联系，还要区分原始的商品经济的范畴、规律与发达的商品经济的范畴、规律。前者如商品、货币和价值规律等；后者如资本（或资金）、剩余价值（或剩余产品的价值）、劳动力商品、资本积累（资金积累）、利润、平均利润、生产价格、企业利润和利息、级差地租和绝对地租等。当然，商品、货币和价值规律这些反映原始商品经济的范畴，同时也是商品经济一般的范畴，因而在发达的商品经济中也是存在的。但它不构成发达的商品经济一般的特征。构成这些特征的是上面列举的资本（资金）等范畴。

作这种区分的原因在于：过去《资本论》研究中存在的问题，并不在于不承认反映原始商品经济的范畴在社会主义商品经济中的作用，至少在某种范围内还是承认商品、货币和价值规律等在社会主义经济中的作用；而是在于否认发达的商品经济一般的范畴和规律在社会主义经济中的作用。但在实际上，社会主义商品经济与资本主义商品经济尽管在社会经济性质上是有根本区别的，但都是发达的商品经济。因而，《资本论》论述的反映发达的商品经济一般的范畴和规律，对社会主义商品经济也是适用的。比如，在过去的长时期内我国学术界许多人都把生产价格看作是资本主义商品经济的特有范畴，否认《资本论》在这方面的分析对于社会主义商品经济研究的指导作用。其实，马克思关于生产价格的形成是发达的商品经济条件下每个特殊生产部门商品再生产的条件的分析，关于在部门内竞争的基础上部门间竞争形成生产价格的分析，关于社会生产力的发展是形成生产价格的一个重要条件的分析，关于生产价格的形成条件和充分实现条件的分析，关于作为客观经济过程的生产价格形成及其阻滞因素的分析等等，对于社会主义商品经济都是适用的。

我们说《资本论》反映的发达商品经济一般的范畴对于社会主义商品经济的适用性，是把社会主义商品经济作为一个历史阶段来说的，它并不意味着可以不顾我国社会主义初级阶段的特点，特别是当前两种新旧体制交替的特点，而照搬《资本论》在这方面的分析。仍以运用马克思的生产价格理论为例，如果不充分考虑当前我国的具体情况（诸如作为市场最重要主体的国有企业还没有真正成为商品生产者，在国民经济中占有重要地位的农业还处于由自然经济或半自然经济向商品经济过渡的过程；多产品市场还没有完全形成，如作为最重要的生活资料的住宅还没有商品化，至于要素市场，发育程度则更低；由于部门分割和地区分割，国内统一市场还没有完全形成；由于国有经济的某些垄断，也由于各种经济成分之间乃至国有经济内部的各类企业之间的放开搞活程度不一，平等竞争也没有形成；适应发达商品经济发展要求的市场组织创新任务还远未完成；包括经济、立法和行政等因素在内的社会主义商品经济新秩序也远没建立，等等），如不结合这些情况加以运用，而是照搬《资本论》的有关分析，那显然是行不通的。

四

按照马克思主义的要求，对一个复杂事物内部诸要素的研究，不能把各个要素孤立起来考察，而必须从各个要素的相互联系中去进行考察。《资本论》所反映的发达的商品经济一般是一部复杂的机体，对它的各个范畴的研究和运用，也不能孤立地进行，而必须从其相互联系中去进行；否则，也不能有效地为社会主义商品经济研究服务。

而过去和当前在这方面存在的一个问题，就是违反了这一要求。

我们只要简要地回顾一下对社会主义商品经济的认识过程，就可以清楚地看到这一点。按照传统的经济理论，在社会主义条件下，只有消费品（但不包括作为基本生活资料的住宅）是商品，而生产资料并不是商品。1978年以后，人们才开始认识到生产资料是商品，住宅也是商品。其后又逐步认识到各个生产要素（包括资金、劳动力、技术、信息和土地使用权等）乃至作为各个生产要素结合体的企业的产权也是商品。至于像失业、通货膨胀和经济周期等问题，人们原来也都认为这些是资本主义制度所特有的，而现在则有愈来愈多的人认为，在社会主义制度下也存在这些问题。这种情况的发生，是同人们摆脱传统经济理论的影响和深化对社会主义商品经济的认识需要有一个过程，直接相关的。但如果仅从研究方法上来说，是同人们孤立地研究《资本论》的各个范畴相关的。如果是从各个范畴的相互联系中来进行考察，那么解决这些问题就要容易得多。

现以失业问题为例做些说明。在没有摆脱传统经济理论的影响下，如果孤立地看待社会主义制度下失业问题，似乎很难理解。然而，如果把它放在整个的发达商品经济环境下，并同其他经济范畴联系起来考察，似乎又不是很难认识的。①在社会主义商品经济条件下，企业是商品生产者。自由选购劳动力，是企业正常进行的商品经济活动，是实现价值增殖和进行竞争的必要条件之一。在社会主义条件下，劳动者在人身上是自由的，劳动力是归劳动者个人所有的，因而劳动力也是当作商品来买卖的。这样，企业和劳动者之间的双向自由选择，就成为客观的经济过程。②竞争是社会主义商品经济的一个重要范畴。竞争必然导致一部分企业发展，一部分企业淘汰，从而使得劳动者在企业之间流动。③作为发达商品经济的社会主义商品经济的一个重要特征，就是以现代化技术作为物质基础的。与手工工具相比较，这种技术的特点就是处于不断变革的状态中，从而导致有的生产部门发展得快了，有的慢了；某些新的生产部门产生了，某些老的生产部门衰落了。这又会使得劳动者在部门之间流动。所有这些都会引起部分劳动者在一定时期内的失业。

如果从事实出发，充分考虑到我国社会主义初级阶段的某些特点，那还可以进一步看到这种必然性。

1. 这个阶段生产力水平比较低，很可能出现劳动力增量超过生产资料增量的情况。这个阶段的技术进步在很大程度上是与机械化的发展相联系的。这种技术构成的提高，更加使得劳动力增量超过生产资料的增量。但更重要的原因还在于：这个阶段由于缺乏经验等原因，在社会经济政策和经济体制等方面都难免发生失误。比如，我国 50 年代把有些学者提出的计划生育的正确主张当作错误理论来批判，在人口这个基本国策方面发生了重大失误，使得人口在原来基数已经很大的情况下急剧膨胀。而在经济体制方面又盲目地追求单一的社会主义公有制（主要是国有制）和高度集中的经济管理体制，大大限制了就业门路。这样，在实行多就业、低工资的条件下，必然在形成一定数量社会失业的同时，还形成大量的隐性失业。

2. 这个阶段初期实行的经济体制和经济发展战略，周期性地带来国民经济的严重失衡。当前我国人民的生活正开始处于由温饱型向小康型过渡的状态中，消费结构正在发生急剧变化。已经形成的产业结构，既不适应消费结构变化的要求，也不适应对外开放和世界新的技术革命的要求。这一切就使得产业结构的调整成为现阶段的一项重要任务，而这也会导致失业。

3. 这个阶段在经济上的一个重要特点，就是在社会主义公有制为主体的条件下多种经济成分并存。对各种私有经济来说，无疑是允许失业的。如果对社会主义公有制经济不允许失业，就要把后者与前者放在不平等的竞争地位上，而这是不利于社会主义商品经济发展的，不利于社会生产力发展的。

这些历史经验表明：从《资本论》各个范畴的相互联系来考察，是研究和运用《资本论》为社会主义商品经济研究服务的一个重要方法。强调这一点在当前仍有重要意义。比如，当前我国仍有人认为，社会主义制度下不存在劳动力商品和失业等范畴。究其原因，从研究方法来说，除了由于不是从事实出发，以及不是把社会主义商品经济看做像资本主义商品经济一样都是发达的商品经济以外，就是由于只是孤立地研究《资本论》的各个范畴，而不是从相互联系中考察它们。

五

我们在前面分析了《资本论》研究要为社会主义商品经济研究服务的问题。在这之后，为了全面认识这个问题，并避免可能引起的片面认识，还需做两点说明：

1. 同时要在马克思主义指导下，重视西方经济学研究，① 并使之为社会主义商品经济研究服务。一般说来，马克思主义的建立和发展，都离不开批判地继承和吸收资产阶级理论中的有益成分。而对社会主义商品经济理论的发展来说，这样做，还有某种特殊重要的意义。这一点，是

---

① 一般说来，现代西方经济学可分为正统派经济学和非正统派经济学，前者是作为统治阶级的资产阶级的意识形态。后者属于小资产阶级经济学。本文所说的西方经济学是指前者，不包括后者。

由下述两种情况决定的。①当前我国马克思主义经济文献对当代资本主义经济的运行机制缺乏系统、深入的分析。而在这方面，西方经济学已经做出了有价值的分析。②更重要的问题还在于：这种分析对于社会主义商品经济的研究是有借鉴意义的。此外，从研究方法来说，西方经济学中的实证法、数量分析法和比较研究法等，对我们研究社会主义商品经济也是有用的。

但要真正做到西方经济学研究为社会主义商品经济研究服务，需要在马克思主义指导下，把西方经济学所总结的、适合社会主义商品经济和我国国情的有用经验借鉴过来，并把其中庸俗的和不适合的部分批判掉。1978 年以来我国经济研究的经验表明：凡是这样的研究成果，都已经并正在对我国社会主义商品经济理论的发展起着越来越重要的作用。

然而，在这方面，近年来也有两种正在开始发展起来的倾向值得注意。

（1）忽视包括《资本论》在内的马克思主义经济学的研究，只注重西方经济学的研究。在马克思主义指导下，重视西方经济学的研究是必要的。但如果只注重西方经济学的研究，而忽视马克思主义经济学的研究，那就是轻重倒置了。研究马克思主义经济学在树立科学的共产主义世界观、掌握科学的方法论和构造经济学的理论基础等方面的巨大作用，是研究西方经济学所无法代替的。

（2）照搬西方经济学。这也是不妥的。因为，西方经济学包含有庸俗的部分，这部分是没有什么借鉴意义的。对这部分需要运用马克思主义进行有说服力的分析，以利于清除其影响。就是西方经济学中某些有价值的分析，虽然有借鉴意义，但由于社会经济制度的根本区别，商品经济发展程度的不同，以及其他的社会条件的差异，也不能照搬。比如，凯恩斯的宏观经济学针对资本主义国家有效需求不足的情况提出了赤字财政和信贷膨胀等主张。而有人根本无视我们社会主义国家有效需求过多的基本特点，也提出赤字财政无害论，通货膨胀有益论。这是照搬西方经济学的典型例子。

这里还要指出：要重视东欧各社会主义国家的经济学的研究。其中许多国家商品经济发展程度比我国高，经济体制改革比我国起步早。作为这种实践总结的经济学也有许多值得注意的地方。而且，相对于西方经济学来说，其借鉴意义要大得多。

　2. 从根本上说来，要在马克思主义指导下，重视研究我国和其他社会主义国家发展商品经济的实践。因为对建立和发展社会主义商品经济理论来说，无论是运用适合社会主义经济和我国国情的马克思主义关于资本主义商品经济的理论，或者是借鉴西方经济学对我国有用的部分，都只是流，而不是源。这个源就是我国和其他社会主义国家发展商品经济的实践。这是其一。其二，前面说过，把马克思主义创始人否定社会主义商品经济的观点扬弃掉，并把马克思主义关于资本主义商品经济的理论中适合社会主义经济和我国国情的部分运用起来，以及把西方经济学中对我国有用的部分借鉴过来，并把其中庸俗的和不适合的部分批判掉，对于我国社会主义商品经济理论的发展，具有重要的意义。但是，这种扬弃和运用以及借鉴和批判，都需要有科学依据、客观标准和分析武器。从根本上说来，这种依据、标准和武器，就是社会主义商品生产的实践。

　　这里还要指出：我们还需在马克思主义指导下重视西方资本主义国家发展商品经济实践的研究。从某种意义上说，这种研究比对西方经济学的研究显得更为重要。即使西方经济学正确地反映了资本主义国家发展商品经济的实践，那它也是流，而不是源。对建立马克思主义关于资本主义经济学的理论来说，资本主义国家发展商品经济的实践才是源。而且，由马克思主义者直接总结资本主义实践而形成的科学理论，不仅对发展马克思主义关于资本主义政治经济学有重要意义，对社会主义商品经济研究的借鉴意义，比西方经济学也要大得多。再有，尽管就长远的发展趋势来说，社会主义生产关系所能容纳的社会生产力和商品经济的发展程度将一定会远远超过资本主义生产关系，但在当前，西方资本主义国家的商品经济发展程度又比我国高得多。这样，研究当代经济发达的资本主义国家发展商品经济的实践，不仅有助于认识当前我国社会主义商品经济的运行机制，而且有助于认识它的前景。还要看到：1978年以来，我国经济学研究工作的一个重要进步，就是相当广泛地注意了对西方经济学的研究。相对这种研究来说，用马克思主义观点研究当代资本主义国家发展商品经济的实践，似乎还没有引起广泛的注意。

关于我国现阶段产业后备军的若干问题 *

一

传统的经济理论认为，产业后备军（以下简称失业）是资本主义经济制度的特有范畴；消灭失业是社会主义经济制度的优越性。在这种理论指导下形成的经济体制的一个重要内容和特点，就是劳动力分配方面的统包统配制度。我国为了推行这个制度，又实行了低工资、多就业的政策。然而，实践证明，这种制度和政策虽然在很大程度上"消灭"了社会上存在的显性失业，但却成为企业内部存在的、大量的隐性失业的重要根源。据劳动人事部门估计，我国当前这支隐性失业大军不下 2000 万人。还有人估计，这支失业大军已经达到 2500 万~3000 万人。①

在 1978 年以前，人们并未认识到这个问题，随着经济体制改革的深入，特别是近几年来北京市等地率先实行的优化劳动组合，在企业中公开地分离出一部分富余人员，作为企业内的待业人员。这种待业人员相对于社会上的失业人员来说，虽然还是可以称为隐性失业，但在实际上已经是赤裸裸的失业。还需着重指出：在当前劳动制度改革的起步阶段，开辟企业内部的劳动力"市场"，实行企业内的待业，主要由企业通过多种途径安排待业人员，这是必要的，甚至是不可避免的，但这终究不是

* 原载《中国工业经济》1989 年第 1 期。
① 《人民日报》1988 年 6 月 13 日第 1 版。

安排待业人员的根本出路。就其发展趋势看，必然走向社会失业，形成劳动力市场。

这就提出了一个尖锐的、需要迫切解决的理论问题：在社会主义商品经济条件下，是否必然存在失业？传统的统包统配的劳动制度赖以建立的理论前提（消灭失业是社会主义经济制度的优越性）是否能够存立？显然，探讨这个问题，对于发展社会主义的商品经济理论具有重要意义。因为失业问题是与劳动力商品化和劳动力市场相联系的，这是社会主义商品经济理论的重要组成部分，探讨这个问题也是经济体制改革（特别是其中的劳动制度改革）的需要。只有正确地认识了这些问题，才能更新传统观念，提高各级干部推进劳动制度改革的信心和决心，提高广大职工群众在这个问题上的心理承受能力，以促进经济改革的深化。

二

要正确地说明社会主义商品经济制度下失业的根源，需要有明确的出发点。我们对失业问题的研究，也必须从社会主义建设的实践出发，从社会主义商品经济发展的要求出发，从发展社会主义社会生产力的要求出发。只有这样，才有可能正确认识这个问题。如果我们执着于传统经济理论的框框和对马克思主义的教条主义态度，那就不可能正确解决这个问题。

那么，社会主义商品经济条件下失业的主要根源是什么呢？

第一，在社会主义经济中，企业是商品生产者，企业拥有经营自主权是它正常地进行商品经济活动、实现价值增殖和进行竞争的必要条件。诚然，公有企业的生产资料是归劳动者公有的。但是，对每个劳动者来说，他是作为集体中的一个分子来实现对生产资料的占有，而不像劳动者对自己私有的生产资料是以完全独立的经济主体实现对生产资料的占有。因而，劳动者要实现与生产资料的结合，还必须得到企业的允许。所以，企业不仅必须拥有选择劳动力的经济权力，而且在社会主义的历史阶段，由于劳动者在人身上是自由的，而且，劳动还是劳动者谋生的手段，因而劳动力也是归劳动者个人所有的。这样，劳动者就有自由选择职业的权力。因此，劳动者要实现同生产资料的结合，还必须经过在企业和劳动者之间的劳动力的买卖过程。或者说，在社会主义历史阶段，劳动力仍然是商品。企业和劳动力的这种双向选择必然导致部分劳动者在一定时期内的失业（包括自愿失业和非自愿失业）。

第二，在社会主义经济中，企业之间还存在着竞争。在竞争过程中，有些经营状况好的企业就会发展壮大，而那些经营状况不好的企业就会破产。部分企业的破产也会引起部分劳动者在一定时期内的失业。

第三，马克思说过：现代工业的技术基础是革命的，现代工业通过机器、化学过程和其他方法，使工人的职能和劳动过程的社会结合不断地随着生产的技术基础发生变革。因此，大工业的本性决定了劳动的变换职能的更动和工人的全面流动性。[①] 社会主义经济是以大工业作为物质技术基础的发达的商品生产，因而马克思这段话的精神对社会主义社会也是适用的。在社会主义有计划的商品经济的条件下，为了实现资源配置的优化，不仅需要调整资产增量，而且需要调整资产存量，而这就使得部分劳动者在一定时期内的失业不可避免。

如果考虑到我国社会主义初级阶段的某些特点，那就更可以看到这种失业的必然性。

1. 社会生产力发展水平比较低，因而可能出现劳动力增量超过生产资料增量的情况。在资金有机构成迅速提高的条件下，就更是如此。在这种情况下，要是坚持在提高劳动生产率的条件下实行就业，必然在一定时期内形成部分工人的失业；要是牺牲效率实行就业，就必然形成隐性失业。更重要的原因还在于：在这个阶段，无论在建立经济体制方面，或者在实行经济政策方面，都难以避免失误。比如，我国在50年代，把有些学者提出的计划生育的正确主张，当做马尔萨斯的理论来批判，以致在人口政策方面发生了重大的失误，导致人口急剧膨胀，形成了大量的失业人口。而在经济体制方面又盲目追求单一的社会主义公有制（主要是社会主义国有制）和高度集中的经济管理体制，大大限制了就业门路。这样，加上实行低工资、多就业的方针，就造成了大量的隐性失业。

2. 易于发生经济战略的失误，带来经济结构的失衡。就当前来说，

---

① 马克思：《资本论》，《马克思恩格斯全集》第23卷，第533~534页。

经济结构失衡问题，尽管已经有了较大的改善，但并没有根本解决。过去形成的产业结构，还带有自给自足的封闭型的特征，显然不能适应进一步扩大对外开放的要求，更是远远不能适应世界新的技术革命的要求。这些就使得调整和优化产业结构，成为现阶段实现社会主义现代化建设的一项迫切要求。这种产业结构的调整，也会带来部分劳动者在一定时期的失业。

3. 这个阶段存在着各种经济成分，而其中私人资本主义企业和国家资本主义企业选择劳动力的结果，也会带来失业。

在社会主义商品经济中，失业不仅有其存在的必然性，而且有其存在的必要性，有其积极作用。

其一，失业是巩固和强化社会主义劳动纪律的重要手段。在社会主义商品经济中，按劳分配纪律居于主要地位，失业纪律和自觉纪律处于辅助地位。在这里，失业纪律虽不居于主要地位，但却是必要的，是巩固和强化社会主义劳动纪律的一个不容忽视的重要方面。人类社会经济发展史表明：社会的物质文明和精神文明发展的程度愈低，强制性愈大的劳动纪律就愈显得重要。在社会主义初级阶段，社会主义企业的大多数劳动者都是由分散的、个体的小生产者转化而来的，他们的思想、文化素质远不如现代产业工人；而且，又缺乏作为制约劳动纪律重要手段的现代生产技术。而劳动者的文化素质低和缺乏现代生产技术，都不是短时期能够改变的。同时，长期存在的、以"铁饭碗"、"大锅饭"作为重要特征的传统经济体制，是破坏社会主义劳动纪律的腐蚀剂，是滋生懒汉的温床。改革实践已充分证明：失业纪律是治疗这种弊病的一剂有效良药。

其二，失业作为产业后备军，是调节劳动力供求关系的重要条件。在社会主义商品经济条件下，经济的周期波动是难以避免的。无论就当前或长远来说，产业结构是要经常变动的。这样，失业作为劳动力的蓄水池可以适应经济周期的波动和产业结构调整的需要而调节劳动力的供求关系。

我国 1978 年以来农村产业结构调整的实践已经充分地证明了这一点。1980~1985 年期间，在我国农村社会总产值中，农业总产值由 1922.6 亿元增长到 3619.49 亿元，比重由 68.9% 下降到 57.1%；农村工业、建筑业、运输业和商业的总产值则由 869.52 亿元增长到 2720.55 亿元，比重由 21.1%提高到 42.9%；在农村劳动力中，农业劳动力由 29068 万人增长到 30994.2 万人，比重由 89.4%下降到 82.2%，农村工业、建筑业、运输业和商业劳动力等由 3437.9 万人增加到 6713.6 万人，比重由 10.6%上升到 17.8%。[①] 可见，这个期间我国农村产业结构的大调整，是以农村原来存在大量的隐性失业大军作为条件的。

其三，失业是实现社会总供给与总需求平衡的一个重要因素。当前我国经济不稳定的基本表现就是社会总需求超过了总供给，以及由此带来的通货膨胀和物价上升。这一点，首先是同固定资产投资膨胀相联系的，但同消费基金膨胀也是相关的。1978 年以来，我国人民生活有了显著的提高，但由于经济发达国家高消费的示范效应，特别是国内各种经济成分企业之间的攀比效应，再加上企业内部缺乏约束机制，缺乏市场竞争压力和国家宏观控制压力，使得消费基金膨胀的势头并没从根本上得到遏止。在这种情况下，通过劳动制度的改革，形成劳动力市场和失业，以制止消费基金的膨胀，促进社会总供给与社会总需求平衡的实现，就成为迫切的需要。

其四，失业是提高微观和宏观经济效益的推动力。因为，严格劳动纪律是提高生产要素营运效益的重要因素，调整产业结构和实现社会总供给与社会总需求的平衡是提高资源配置效益的重要因素；而失业在这两个方面都有重要的作用。如果把当前城镇失业人员算做 2000 万人，每人平均工资和劳保福利费等项支出全年按 2000 元计算，那么，一年就要为此多支出 400 亿元。又据有关专家估计，目前因城市人不愿意干而空着的就业岗位至少有 3500 万个，其中约 1500 万个空岗已由进城农民工顶着干，缺员也是 2000 万人左右。[②] 如果这些缺员能由隐性失业补上，而每人每年创造的净产值按 3500 元计算，则一年又要多创造出净产值 700 亿元。上述两项之和为 1100 亿元，大约相当于 1987 年我国国民收入的 1/8。可见，通过劳动制度改革以形成劳动力市场和失业，在提高经济效益和实现总量平衡方面具有多么重要的作用。

---

① 《中国农村统计年鉴》(1986)，中国统计出版社，第 17、228 页。
② 《经济日报》1988 年 9 月 7 日第 2 版。

其五，失业又是促进经济体制改革深化的重要因素。就微观基础再造来说，如果允许存在大量隐性失业，企业就不可能有劳动力使用的自主权，也不可能真正贯彻按劳分配，不可能大幅度提高经济效益，不可能有很强的自我积累的能力，总之，企业很难成为自主经营、自负盈亏和自我发展的商品生产者。就建立和完善市场体系来说，劳动力市场和与之相联系的失业，是市场体系的组成部分，是从整体上发挥市场体系在发展社会主义商品经济作用方面的必要条件。就当前来说，失业可以从压缩需求和降低成本两个方面抑制通货膨胀。这就可以为价格改革的出台，创造一个相对宽松的环境。同时，失业可以促进企业降低成本，提高经济效益，从而可以提高企业、国家和职工对价格改革的承受能力，可以避免价格改革中由于结构性调整而导致的价格一定幅度的上升演变成物价的轮番上涨，从而避免不合理的比价复归，以便把价格改革逐步推向胜利。就实行以间接控制为主的宏观管理来说，如果没有劳动力市场和与之相联系的失业，国家很难有效地进行产业结构的调整，很难有效地调节社会购买力与社会消费品和服务可供量增长的对比关系，从而很难有效地调节社会总供给与社会总需求的对比关系。

其六，与劳动制度改革相联系的失业，是发扬中华民族优良传统、建设社会主义精神文明和物质文明的重要途径。辛勤劳动是我中华民族的优良传统之一。然而以"铁饭碗"和"大锅饭"作为重要特征的传统经济制度在很大程度上破坏了这种传统。要恢复和发扬这种传统，需要进行多方面的工作，而与劳动制度改革相联系的失业是一个重要因素。这个因素不仅可以促进劳动者思想、文化、技术素质的提高，还可以促进社会主义现代化的建设事业。

我们在前面针对传统经济理论根本否定失业的错误观点，强调了失业的积极作用。但这样说，并不否定失业的消极作用。比如，失业可以带来失业者的生活困难，并加剧其他的社会矛盾。如果失业人数过多，超过了社会的承受能力，就会破坏社会安定，从根本上妨碍经济体制改革和社会主义现代化建设。但依据前面的分析，在社会主义商品经济条件下，失业的积极作用是主要的，失业人数和比例也是可以得到适当控制的。

其实，即便在资本主义经济制度下，把失业看做是完全消极的东西，也不完全符合事实。马克思说过："过剩的工人人口是积累或资本主义基础上的财富发展的必然产物，但是这种过剩人口反过来又成为资本主义积累的杠杆，甚至成为资本主义生产方式存在的一个条件。"① 可见，失业在发展资本主义生产方面是有积极作用的。而在资本主义制度在历史上成为社会生产力主要推动力量的时候，还应该承认失业的积极作用是主要的。所以，不仅按照资本家的观点要肯定失业的作用，按照历史唯物主义的观点也要肯定失业在资本主义条件下应有的积极作用。

我们说社会主义社会和资本主义社会都存在失业，并不否定二者之间的区别，特别是社会经济性质的根本区别。因为资本主义制度下的失业，"它把这个规律（指劳动供求规律——本文作者）的作用范围限制在绝对符合资本的剥削欲和统治欲的界限之内"。"劳动供求规律在这个（指失业——本文作者）基础上的运动成全了资本的专制。"② 社会主义制度下的失业从总体上和主要方面并不排除劳动者在经济、政治和社会等方面的主人翁地位，并且是促进社会主义生产发展和人民生活提高的积极推动力量。同时，如果在同等的条件（主要是同等的社会生产力水平条件）下，在社会主义社会经济、政治正常发展的条件下，同资本主义相比较而言，社会主义制度有可能做到失业率较小，失业者所受到保险待遇也可能较高。

三

在当前的经济体制改革过程中，以至于在将来经济体制改革完成以后，合理地确定失业的数量界限（主要是确定失业率）是社会主义国家实行宏观经济管理的一项需要高度重视的重要任务。实际上，当代经济发达的资本主义国家也都把确定失业率作为实现宏观经济管理的一项重要内容。比如，日本在第二次世界大战后实行的许多中长期计划中就是这样做的。其中《新经济社会七年计划》（1979~1985 年）就明确规定：要

①　马克思：《资本论》，《马克思恩格斯全集》第 23 卷，第 692 页。
②　马克思：《资本论》，《马克思恩格斯全集》第 23 卷，第 701、702 页。

把完全失业率从 1978 年的 2.2% 降低到 1985 年的 1.7% 左右。[①]资本主义国家都这样做，社会主义国家就更需要这样做了。

但合理确定失业数量界限，是一个难度很大的问题。因为对我国这样一个由原来传统经济体制向实行新经济体制过渡的国家来说，合理确定失业的数量界限是一个全新的问题。

另外合理确定失业的数量界限本身也异常复杂。我们在前面分析过的决定失业存在必然性和必要性的各种因素，以及国家、企业和劳动者对失业的承受能力等等，都是决定失业数量界限的因素。这些因素及其作用强度，在不同国家、一个国家的不同发展时期和一个时期的不同阶段又是不同的（详见下表）。

当代主要资本主义国家的失业率[②]　　　　　单位：%

年份	美国	日本	联邦德国	英国	法国
1955	4.4	1.6	5.1	1.1	—
1960	5.6	1.0	1.2	1.7	—
1965	4.5	0.8	0.6	1.5	—
1970	4.9	1.2	0.7	2.6	—
1975	8.5	1.9	4.7	4.1	4.1
1980	7.1	2.0	3.8	7.4	6.3
1981	7.6	2.2	5.5	11.3	7.3
1982	9.7	2.4	7.7	13.1	8.0

在我国，根据国情和各时期的不同特点以及劳动者的承受能力，确定失业率，并分别地确定失业率下限区间和上限区间，是可能而且必须做到的。如果仅仅就确定城镇失业率来说，考虑到我国人口基数大，出生率高，每年增长的人口数量很大，再加上农村隐性失业人数很多，随着农业现代化的发展，还要排挤出大量的过剩劳动力。就实际需要来说，成为问题的，不是确定失业率的下限区间，而是确定上限区间。

可见，如果不考虑国民经济恢复时期（1949~1952 年）的高失业率（因为这是旧中国遗留下的失业问题，不是新中国的正常情况），那么"一五"时期（1953~1957 年）我国城镇失业率是在 5.9%~10.8% 之间变动

① 日本经济企画厅综合计划局：《日本的经济计划》，1980 年 1 月日文版，第 28 页。
② 《国际经济和社会统计资料（1950~1982）》，中国财政经济出版社 1985 年版，第 445 页。

的，"文化大革命"以后的头几年（1978~1981年）城镇失业率是在3.8%~5.9%之间变动的。在上述期间内，社会都是安定的。依据这个历史经验，把我国城镇失业率的上限区间确定为4%~6%，社会是能够承受的。诚然，1982~1987年城镇失业率是在1.8%~3.2%之间。但这是以更大量的隐性失业的存在作为条件的，因此不能成为合理确定城镇失业率上限区间的依据。如果再考虑到以下因素，即当前人民生活水平有了很大提高，人民生活提高的速度大大加快；每个劳动者赡养的人口系数已经大大下降；我国也有可能逐步建立起社会失业保险。那就更有理由说，把失业率的上限区间确定为4%~6%，社会是能够承受的。

我国城镇失业人员和失业率 [1]

年份	失业人数（万人）	失业率（%）
1949	474.2	23.6
1950	437.6	—
1951	400.6	—
1952	376.6	13.2
1953	332.7	10.8
1954	320.8	10.5
1955	315.4	10.1
1956	212.9	6.6
1957	200.4	5.9
1978	530.0	5.3
1979	567.6	5.4
1980	541.5	4.9
1981	439.5	3.8
1982	379.4	3.2
1983	271.4	2.3
1984	235.7	1.9
1985	238.5	1.8
1986	264.4	2.0
1987	276.6	2.0

问题还在于能否把失业率上限区间控制在4%~6%的限度内。决定这

---

[1] 《中国劳动工资统计资料（1949~1985）》，中国统计出版社1987年版，第109页；《中国统计年鉴》（1987），中国统计出版社，第128页；《中国统计提要》（1988），中国统计出版社，第20页。

一点的重要因素有：①尽管我国当前有大量的隐性失业，但同时还有大量的缺员。②现阶段多种经济成份和第三产业已经有了初步的发展，而且其发展余地仍然很大，就业门路还是很广的。③随着经济体制改革（包括与劳动制度改革相联系的失业）的实现和社会主义现代化建设的发展，可以大大提高经济效益，从而为广开就业门路奠定了物质基础。

四

失业机制的形成需要在经济体制各方面实行配套改革。要发挥失业在发展社会主义商品经济中的积极作用，并限制其消极作用，则需要创造一系列的条件。

第一，要实行微观基础的再造，使国有企业成为独立的商品生产者。只有这样，才能赋予动力和权力，把企业内的隐性失业推向社会，并使得企业能够经常地自由选购劳动力，在微观基础方面为发挥失业的积极作用创造条件。如果只是凭借行政命令，把隐性失业变成显性失业，则很难行得通；就是行得通，也很难持久；就是能持久，也很难发挥失业的积极作用。

第二，要发育健全市场体系。劳动力市场的形成有赖于商品市场和资金等要素市场的发展。依据全国 29 个省、自治区、直辖市 2538 个村的调查，1987 年农村劳动力转移存在地区的差异性。从不同经济地带看，东部地带农村劳动力的转移速度较快，从事转移的劳动力占劳动力总数的 7%，分别比中部、西部地带高 2.1 和 2.5 个百分点；在转移形式上，东部地带向城市转移的劳动力较少，1987 年向城市转移的劳动力占转移的 17.7%，分别比中部、西部地带少 2.9 和 2.4 个百分点。形成劳动力地区转移差异的原因，主要在于地区间农村非农产业发展不平衡。作为商品经济的非农产业发展快的地区对农业劳动力的转移产生较大的拉力，向城市转移的劳动力较少；而非农产业发展慢的地区，非农产业对农业劳动力转移产生的拉力较小，向城市转移的劳动力较多。这说明劳动力市场的形成，是以商品经济的发展作为条件的。

劳动力市场的形成，还有赖于其他的经济改革和社会改革，如现行的粮食统销制度和户口管理制度的改革。显然，没有这些方面的改革，也很难巩固地、持久地形成全国性的劳动力市场。

劳动力市场的形成，还有赖于劳动就业组织的创新。如建立作为劳动力买卖中介的劳动服务公司和提高劳动力文化、技术素质的培训机构。没有这样的组织创新，既难形成劳动力市场，更难发挥与劳动力市场相联系的失业的积极作用。

第三，要建立社会失业保险。这是保证失业者的生活、实现社会安定、限制失业的消极作用的一项重要措施。尽管我国还处于社会主义的初级阶段，社会生产力发展水平比较低，但仍要在建立初步的社会保险制度以后实行失业。当然，像一切分配形式一样，建立失业保险基金也会受到社会生产力的限制。因此，我国现阶段将要实行的失业保险基金水平还难以达到当代经济发达的资本主义国家的水平，只能实行低水平的社会失业保险。随着社会主义现代化建设的发展，失业保险水平是会逐步提高的。

第四，要建立和完善以间接控制为主的宏观经济管理。在这方面，社会主义国家的财政政策（如扩大或紧缩由国家调控的固定资产投资）、货币政策（如提高或降低贷款利息率）和产业政策（如确定劳动密集型产业和资金密集型产业、知识密集型产业的比重）对于扩大和收缩劳动力市场的容量，对于调节失业数量，对于发挥作为劳动力蓄水池的积极作用，都有重要的意义。

第五，要更新人们的观念。长达几十年的传统经济理论的宣传，已经在人们的头脑中深深地扎下了谬误的观念：失业是资本主义制度的固有弊病，而消灭失业则是社会主义制度的巨大优越性。长期实行的统包统配的劳动制度形成了"铁饭碗"，使得人们不愿接受失业的现实和由失业带来的生活动荡。与劳动制度改革相联系的失业，尽管是符合劳动者的整体利益的，但也会给一定时期内失业的劳动者带来生活困难，同劳动者的个人利益发生矛盾。这些都使得人们对失业的心理承受能力不高。因此，要实行劳动制度改革和失业，必须进行广泛的、深入的宣传教育，更新人们的观念，提高人们对失业的心理承受能力。

既然失业依赖于一系列的条件，而这些条件又是逐步形成的，因此，劳动制度改革也只能逐步进行。比如，首先像北京等地已经开始做的那样，对国有企业固定工实行企业内优化劳动组合，对多余人员实行企业内待业。同时，在全国的少数企业实行固定工合同化管理的试点。然后，在全国的部分企业中实行固定工的合同化管理，使得失业率有一定程度的上升。最后，再在全国企业实行全员劳动合同工制度，使得失业率上升到上限区间。

企业家与企业的经济效益*

一

从发达的商品经济一般的观点看，无论是资本主义社会制度下的企业家，还是社会主义社会制度下的企业家，在提高企业经济效益方面，具有以下共同作用：

第一，在发达的商品经济条件下，实现资金增殖最大化（即利润的最大化），是作为商品生产者的企业正常地进行商品经济活动，参与竞争，并在技术进步的基础上实现扩大再生产的必要条件和客观要求。这样，承担企业资金增殖责任和经济管理职能的企业家就必须体现这一客观要求，并成为实现这一客观要求的人格化代表。由于资金利润率是企业经济效益的综合指标，所以又可以说，企业家是企业提高经济效益要求的人格化代表。

第二，在发达的商品经济条件下，企业家又是提高经济效益的最重要因素。这一点表现在以下几个方面：①就企业家与其他各生产要素的相互关系看，在社会化生产的条件下，承担企业经营管理的企业家不仅是生产的必要因素，也是其他各生产因素的效能能否充分发挥的决定性因素。②就企业家在商品经济全过程中的作用看，企业经济效益的提高，

---

* 本文是作者为 1989 年 1 月在香港中文大学召开的 "企业家精神学术讨论会" 提供的论文。原载 《社会科学学刊》1989 年第 2 期。

是通过企业生产、流通全过程的各个环节实现的；而这些环节经济效益的提高，都同企业家的经济管理有关。③就企业家与企业经济效益的实现程度看，在价值形成方面，食业产品的个别价值低于、等于或高于社会价值，直接决定着企业的盈利或亏损；在价值实现方面，企业产品的价格高于、等于或低于产品的社会价值，也有这样的作用。而企业产品个别价值与社会价值以及企业产品价格与价值的这种关系，在不同程度上取决于企业的经营管理。

企业家在提高经济效益方面的作用，是伴随着生产的社会化和现代化而不断增长的。

在我国现阶段，尽管生产水平较低，企业家在提高经济效益方面却起着某些特殊重要的作用。

第一，新中国建立以后的一个长时期内，社会主义国家所有制实行产品经济，社会主义集体所有制实行准产品经济，各种私有经济则基本上被消灭了。1978 年以后，伴随着经济体制改革的进行，国有经济正在向商品经济过渡，集体经济也在朝着这个方向发展，作为完全商品经济的各种私有经济和合营经济则有了迅速的发展。现仅以 1985~1987 年各种经济类型工业企业单位数的增长为例，列表说明如下：

表1　1985~1987 年各种经济类型工业企业单位数的增长 ①

经济类型	1985 年	1987 年	1987 年比 1985 年增长
总计（万个）	518.53	747.41	44.1%
国家所有制工业	9.37	9.76	4.2%
集体所有制工业	174.21	181.93	4.4%
个体所有制工业	334.78	555.33	65.9%
其他经济类型工业	0.17	0.39	129.4%

可见，尽管当前我国商品经济发展程度不高，但由于原来实行产品经济（或准产品经济）的社会主义所有制向商品经济转变，又由于各种私有经济和合营经济的迅速发展，因而近十年来我国商品经济发展的速度是很高的。

---

①《中国统计年鉴》(1988)，中国统计出版社，第 301 页。其他经济类型工业系指除个体经济和集体经济以外的经济类型工业，包括国有与集体合营、集体与私人合营、中外合资、华侨或港澳工商业者经营、外资经营等工业。

　　我国商品经济的迅速发展，一方面使得大量的企业家从商品经济的洪流中不断地涌现出来；另一方面又要求企业家发挥提高经济效益的作用，并为这种作用的发挥拓宽基地，因而企业家在提高经济效益方面起着越来越重要的作用。

　　第二，我国旨在发展社会主义商品经济的经济体制改革，不仅促进了企业家队伍的形成和发展，而且为企业家提高经济效益创造了基本条件。这是一个方面。另一方面，企业家的形成，反过来又成为形成和巩固新的经济体制的重要条件。建立新的经济体制，是要使企业成为商品生产者，建立市场体系，实现国家的以间接控制为主的宏观经济管理。显然，没有企业家，企业就没有经济管理者，很难真正成为商品生产者，很难避免企业的短期行为，甚至要走邪路。没有企业家，市场就缺乏主体，就难以形成竞争性的市场和社会主义市场的新秩序，国家也很难有效地实现以间接控制为主的宏观经济管理。需要进一步指出，同以低效益为特征的传统经济体制相区别，新经济体制是以高效益为特点的。这样，企业家就通过促进新经济体制的形成和发展，来推动经济效益的提高。

　　第三，曾经长期实行的传统经济体制，造成了我国企业的长期低效益。在当前新旧两种经济体制交替的时期，经济效益低的状况也没有根本改变。依据国家科委所属的中国科技促进发展研究中心 1986 年以来的抽样调查，当前我国工业企业有效工时仅占制度工时的 40%~59%，实际工时也仅占制度工时的 84.7%；平均每周投入的实际工时为 40.64 小时，投入的有效工时仅 19.2~28.3 小时。[①]另据有关单位专家估计，当前我国设备闲置率已达 30%。从发挥企业家当前在提高经济效益中的作用看，企业经济效益低意味着提高经济效益的潜力大，从而为这种作用的发挥留下了广阔的活动余地。

　　总之，现阶段我国商品经济迅速发展的环境，经济体制改革的环境，赋予了企业家在提高经济效益方面特殊重要的作用。这一点，不仅在各种私有企业中，而且在那些改革搞得好的社会主义企业中，都已有了明显的表现。这种作用在首都钢铁公司的企业家身上表现得尤为突出。他们在经济体制改革的推动下，发挥了企业家的创新和竞争精神，改革了

----

　　①《经济参考》1988 年 3 月 11 日第 4 版。

企业内部的劳动制度和分配制度，加强了企业的经营管理，推动了企业的技术改造，开展了多种经营，大大提高了企业的经济效益。以下表格可以说明这一点：[1]

表2　首钢投资效益　　　　　　　　　　　　　单位：亿元

	1979年改革以前三十年国家投资	1979年改革以后七年企业投资
投资总额	12.55	8.96
每年平均投资	0.4183	1.28
实现利润和上缴税金总额	21.37	42.96
年均实现利润和上缴国家税金	0.7123	6.14
投入与产出之比	1：1.7	1：4.8

表3　首钢流动资金利用效益

	百元产值占用流动资金（元）	定额流动资金周转速度（天）
1978年	26.12	99.2
1985年	18.29	51.2

表4　首钢资金利税率　　　　　　　　　　　　单位：%

1978年	1979年	1980年	1981年	1982年	1983年	1984年	1985年	1986年
21.96	24.16	27.54	30.35	38.24	43.66	51.09	56.02	63.87

当然，在各种经济成分的企业之间，乃至在国有经济内部的大中型企业和小型企业之间，改革搞活的程度不同，改革和企业家在促进经济效益提高方面的作用也是不平衡的。

表5　国有工业企业的经济体制和经济效益

指标名称	1988年上半年			比去年同期增长%	
	企业个数（个）	工业总产值（亿元）	实现利税（亿元）	工业总产值	实现利税
一、全部国有工业企业	59795	2648.87	567.45	12.2	15.8
其中：实行厂长负责制	48248	2286.22	495.74	13.3	15.9
二、大中型国有工业企业	12953	2011.88	469.85	10.4	12.9
1. 实行双保一挂	1947	405.27	100.70	12.2	11.8
2. 实行上缴利润递增包干	2942	442.72	106.10	15.2	20.5
3. 实行上缴利润基数包干超收分成	3422	442.68	102.10	10.1	8.1

---

[1]《首钢承包制》，经济管理出版社1987年版，第2、188、193、200页。

续表

指标名称	1988 年上半年			比去年同期增长%	
	企业个数（个）	工业总产值（亿元）	实现利税（亿元）	工业总产值	实现利税
4. 实行亏损包干和减亏分成	667	79.91	亏损 0.38	8.9	减亏 80.9
5. 实行其他包干形式	2643	398.82	95.57	5.9	5.8
三、小型国有工业企业	46842	636.99	97.59	18.4	32.0
1. 改为集体经营	2518	27.68	4.32	19.2	23.3
2. 改为租赁和个人承包	8882	89.17	12.60	24.4	52.4
3. 改为其他经营方式	13582	202.90	30.68	23.6	33.2

表 5 是 1988 年 6 月末对 59795 个国有工业企业的调查资料。这个资料表明：①整个说来，小型国有企业比大中型国有企业放得活，因而经济效益比较好。②在小型国有企业中租赁和个人承包的经营方式比较活，因而经济效益也比较好。在大中型国有企业中，上缴利润递增包干的经营方式也比较活，经济效益也比较好。③在全部国有企业中，实行厂长负责制的企业的经济效益也好一些。

二

我们说，我国企业家在现阶段提高经济效益方面具有某种特殊重要的作用，是就商品经济发展和经济体制改革的长过程来说的，并不意味着当前我国企业家已经充分地发挥了这样的作用。实际上，由于下述各项因素的作用，既限制了企业家的形成和发展，也限制了他们在提高经济效益方面的作用的充分发挥：

第一，企业还没有真正成为商品生产者；企业家作为企业法人代表的地位还没有完全确立，决策权也没有充分实现。1978 年以来的改革，使得我国各种私有企业和合营企业开始迅速发展和活跃起来，社会主义集体企业和国有小型企业也比较活，国有大中型企业则没有真正活起来。改革以来，我们先后对国有企业实行了利润留成、利改税和承包经营责任制，使得国有企业由原来的产品经济向商品经济迈进了一大步。承包经营责任制也不失为改革过程中的一种过渡形式。但承包经营责任制不可能从根本上解决政企分离问题，因而不能使企业完全享有作为商品生产者所必需的人、财、物和供、产、销的权利，不能使企业具有完全的自我积累和自我发展能力，不可能实现自负盈亏，不可能在企业内部真正形成激励、约束和风险相结合的机制，以推动企业沿着正确的轨道去实现资金价值的最大化。这不仅制约着企业家的形成，而且束缚了他们在提高经济效益方面的积极性和手脚，甚至诱发他们的短期行为和走邪路。

　　企业家作为企业法人代表的地位还没有完全确立，决策权也没有充分实现。这是由以下几种情况决定的：当前还没有真正做到政企分开；由原来的党委领导下的厂长负责制真正过渡到厂长负责制，以及在企业内部进行劳动和分配等项制度的改革，也要遇到多方阻力，社会各方给企业的摊派还很重；对厂长决策权的实现还缺乏立法和司法的保证。下列资料可以证明这一点：

表 6　大中型企业厂长经营管理权的实行情况

实行情况	任期目标责任制		经营管理决策与生产指挥权		对厂级技术管理负责人的提名权		国家授予的厂长奖惩权		厂长对外来摊派的拒绝权		厂长对企业技术开发机构设置的调整权	
	企业个数	比重%	企业个数	比重%	企业个数	比重%	企业个数	比重%	企业个数	比重%	企业个数	比重%
实行顺利	312	34.1	461	50.3	703	76.8	449	49.0	43	4.7	680	74.2
受外部干扰	490	53.5	352	38.4	110	12.0	234	25.6	735	80.2	104	11.4
受内部干扰	23	2.5	85	9.3	21	2.3	144	15.7	4	0.4	77	8.4
未实行	79	8.6	5	0.6	66	7.2	66	7.2	117	12.8	39	4.3
不详	12	1.3	13	1.4	16	1.7	23	2.5	17	1.9	16	1.7

　　表 6 是 1988 年 5 月对占全国大中型企业十分之一的 916 家企业厂长的问卷调查资料。这个资料表明：①作为厂长经营管理权利核心的决策权，只在 50.3% 的企业中顺利地实行，还有 49.7% 的企业实行不顺利甚至不实行。其他各项权利也只在 4.7%~74.2% 的企业中顺利进行。②厂长各项权利在实行中遇到外部干扰的企业占 11.4%~80.2%，其中经营管理决策权占 38.4%，而厂长对外来摊派的拒绝权竟高达 80.2%。这说明，实行厂长各项权利的外部阻力，主要来自国家有关机关的行政干预，部分来自社会各方对企业收入的侵占。③厂长各项权利在实行中遇到内部干扰的企业占 0.4%~15.7%，其中经营管理决策权占 9.3%，国家授予厂长奖惩权占 15.7%。这说明，实行厂长各项权利的内部阻力，不仅来自原来企业实行党委领导下的厂长负责制的惯性，而且主要来自以"大锅饭"、"铁饭

碗"作为主要特征的传统经济体制的惯性。

企业家作为企业法人代表的地位没有完全确立，决策权没有完全实现，就不能充分发挥企业家在提高经济效益方面的作用。这是当前我国企业经济效益低下的一个重要原因。

第二，缺乏良好的市场条件和平等的竞争环境；不完全的市场。在传统经济体制下，主要只有消费品的市场，而且还不包括作为基本生活资料的住宅。改革以来，包括住宅在内的消费品市场有了进一步发展，各个生产要素（包括生产资料、资金、劳动力、技术和信息等）也有了不同程度的发展，但远没有形成完整的市场体系。

强化了的卖方市场。在传统经济体制下，周期性地发生基本建设投资膨胀，以致卖方市场成为传统经济体制的重要特征。在当前新旧体制交替时期，除了投资膨胀以外，又发生了消费基金膨胀，大大强化了卖方市场。

价格更加扭曲的市场。价格扭曲是传统经济体制的另一个特征。这主要表现为农产品价格比工业品价格低，原材料工业和采掘工业的产品价格比加工工业产品价格低。1979年开始的价格改革，曾在一定程度上改善了这种不合理的价格体系。但近几年来的通货膨胀，特别是1988年发生的明显的通货膨胀，导致了不合理的比价复归，甚至进一步扭曲。价格"双轨制"的实行，显然有某种必要，但同时又产生了新的价格扭曲。当前我国不仅产品价格扭曲，要素价格扭曲的情况也很严重。如体力劳动者的工资高于脑力劳动者的工资，中外合营、中外合资和外资企业的工资大大高于社会主义企业的工资，存款利息率低于物价上涨率，以及由此而来的负利率，等等。

不平等的竞争环境。一是价格的不平等。这有两个方面：一方面是由价格体系不合理而形成的不平等，有些产品价格高于价值，有些低于价值；另一方面是价格形成机制不合理形成的不平等，有些产品价格放开了，企业有定价权，有些产品价格没有放开，仍由国家定价。二是税收的不平等。当前我国国有大中型企业的所得税率明显高于其他企业，国有大中型企业所得税率为55%，国有小企业和集体企业所得税率为

10%~55%，个体工商户为 7%~60%。① 三是生产资料供应的不平等。有些国有企业按国家指令性计划生产，享受国家调拨的生产资料，不仅供应可靠，而且价格低。其他企业则无这种条件。四是资金贷款不平等。在这方面国有企业比集体企业的条件好得多。需要着重指出的是：在实行"双轨制"的条件下，再加上社会不正之风的发展，各个企业在采购生产资料、销售产品、税收和银行贷款等方面不平等竞争的情况大大加剧了。近两年发展起来的许多政企不分的公司进行的投机倒把，则把这种不平等的竞争推到了顶峰。

上述的市场条件和竞争环境从不同方面、在不同程度上，制约着企业家的形成及企业家在提高经济效益方面作用的发挥。主要表现为：一是由于没有完善的市场体系，企业家难于以合适的价格取得最优的生产要素，为实现利润最大化准备条件；企业难于摆脱国家行政机关的干预，难以扭转由此造成的经济效益低下的局面。二是卖方市场使得企业家缺乏竞争压力；而不平等的竞争又打击了企业家争取实现利润最大化的积极性。三是价格不合理，价格信号失真，价格导向错误，导致了重复生产和重复建设，地区结构趋同，产业结构低度化，并阻滞外延扩大再生产向内涵扩大再生产的过渡。这些不仅会妨碍资源配置效率的提高，而且会妨碍要素营运效率的提高。四是由价格"双轨制"和明显的通膨胀刺激起来的投机倒把行为，使得生产企业的成本大幅度上升，利润过多地转入流通领域。这不仅打击了经营生产的企业家的积极性，严重削弱了生产企业的积累能力，并且诱使一些企业家不去通过正当途径实现利润最大化，而是走上抬高物价、降低质量甚至投机倒把的邪路。

第三，缺乏企业家人才市场和激励、约束、风险相结合的机制。缺乏企业家人才市场，企业家就不可能经过市场竞争筛选出来。当前我国国有企业的领导者主要还是由国家任命的。据有关部门 1985 年七八月间对全国 900 家社会主义企业的问卷调查，企业领导者由上级领导机关任命的占 60.1%，在企业职工群众酝酿的基础上由上级任命的占 30.7%，在上级领导下由职代会选举的占 1%，由职工群众民主选举的占 4.4%，由企

① 《税收与财务手册》，经济管理出版社 1987 年版，第 686、688、698、707 页。

业招聘的只有 1.8%，其他占 2.0%。[1] 近年来实行的承包经营责任制，已经开始把竞争机制引入企业领导者的选拔工作，但并没有从根本上改变国家任命企业领导者的状况。这种制度对企业家的形成及其在提高经济效益方面的作用，产生诸多消极后果。一是不利于通晓商品生产经营管理规律的企业家的涌现，而使某些平庸之辈继续占据企业领导岗位。二是成为国家行政机关继续控制企业的最有力的杠杆，使得企业家无法从根本上摆脱国家的行政干预。三是使得企业和企业领导者继续保留了行政级别（如部级、局级、处级企业和部级、局级、处级厂长等）；而企业的各项权利（如物资分配、银行贷款和出口商品等）和企业领导者的政治经济待遇，又是与这种行政级别相联系的。这就迫使企业家无法按照商品经济规律的要求专心并精心经营管理企业，而是诱使他们中的某些人醉心于企业和企业领导者的行政级别的提升。这一切必然造成经济效益的低下。

改革以来，企业家的物质待遇和社会地位有了某种程度的提高，但并没有形成企业家的劳动贡献、承担的责任和风险与其收入相对称的激励机制。当前我国国有企业也没有真正形成这种激励、约束和风险相结合的机制，对承担企业经营管理责任的企业家来说，当然也是这样。这些又极大地限制了企业家按照商品经济规律的要求去实现利润最大化的积极性。

第四，企业家的素质低。我国曾经长期实行产品经济，商品经济很不发达，整个民族的文化素质也较低，因而使得企业领导者的素质不高。

表 7 企业领导者的自我评价 [2]　　　　　　　　　　　单位：%

项目	积累频率	项目	积累频率
业务能力	55.0	谋略能力	9.0
指挥协调能力	58.0	创造能力	9.0
决策能力	47.0	自学能力	15.0
事业心和责任感	86.0	交往能力	10.0
任贤能力	35.0	表达能力	10.0
组织纪律性	34.0	民主性	20.0
原则性	29.0	理论水平	9.0
竞争精神	14.0	管理科学知识	23.0
综合分析能力	32.0	社会科学知识	3.0

[1]《改革：我们面临的挑战与选择》，中国经济出版社 1986 年版，第 273 页。
[2]《改革：我们面临的挑战与选择》，中国经济出版社 1986 年版，第 278 页。

表8　　1985年全国工业企业领导者文化水平的构成 ①　　　　　单位：%

	大专文化程度	中专和高中文化程度	高中以下文化程度
全部工业企业	11.5	26.9	61.6
大中型工业企业	51.5	26.6	21.9

　　表7是1987年七八月间对全国900家社会主义企业的问卷调查资料。这个资料表明：①大部分企业领导者缺乏企业家必须具备的两项最主要的精神，即创新和竞争。在被调查的企业领导者中，自己认为具有这两种精神的分别只占9%和14%。②有半数左右的企业领导者缺乏经营管理能力。作为企业家经营管理职能核心的决策能力，只有47%的企业领导者认为自己具备这一点。具备了指挥协调能力的也只有58%。与经营管理能力密切相关的各项能力，只有事业心和责任感达到86%，其他诸如业务能力、任贤能力、组织纪律性、原则性、综合分析能力、谋略能力、自学能力、交往能力、表达能力和民主性，最高的也只达到55%，最低的仅为9%。③大部分企业领导者缺乏管理科学知识及相关的各种知识。自认为具备管理科学知识的企业领导者仅占23%，而自认为具备理论水平和社会科学知识的仅占9%和3%。应该说明的是，姑且不论这项调查在多大程度上反映了全国的普遍情况，它所表明的企业领导者素质较差则是确定无疑的。近年来，随着经济体制改革和商品经济的发展，企业领导者的素质有了某种程度的提高，但并没有根本改变素质差的状况。

　　表8是1985年全国工业普查资料。这个资料表明，当前我国相当一部分企业领导者的文化水平不能适应发达的商品经济条件下企业经营管理的需要。

　　企业领导者的素质低，不仅不能发挥企业家在提高经济效益方面应有的积极作用，甚至会产生消极后果。

三

　　依据前面的分析，要促进企业家的形成与发展，并进而发挥他们在

①《中华人民共和国1985年工业普查资料》，中国统计出版社，第1册第11页，第3册第17页。

提高经济效益方面的作用，需要着重解决以下几个重要问题：

第一，要在企业内部形成一种能够使企业家实现利润最大化的机制。对国有企业来说，主要有两方面：一是当前在着重完善承包经营责任制的同时，积极创造条件，逐步推行以社会主义公有股为主体的股份制。这种股份制可以在承包经营责任制所体现的国有经济中生产资料所有权与使用权一定程度分离的基础上，进一步实现生产资料最终所有权与企业法人所有权的分离。这样，就可以使产权明晰化，根本改变国有企业生产资料名为全民所有、实际无人所有的状态，使企业真正成为自主经营、自负盈亏的商品生产者，并在企业内部形成激励、约束和风险相结合的机制，推动企业走上资金价值增殖最大化的道路。二是进一步完善和切实推行厂长负责制，把企业的经营决策权真正交给企业家，根本改变原来的党委领导下厂长负责制的条件下名为集体负责、实际无人负责的状况，使企业家成为企业追求利润最大化的人格化代表，发挥其作为提高企业经济效益的最重要因素的作用。

为了做到这一点，还需要把社会目标与企业目标分开，把前者从企业中分离出来，只让企业家承担追求利润最大化的企业目标。在这方面，当前要注意两点：一是消除社会各方对企业的摊派。二是积极创造条件，逐步改变企业办社会的情况。显然，不解决这两个问题，企业家就不可能把精力放到实现企业利润最大化这个目标上来；即使在头一个生产周期实现了，也会因为社会各方侵占企业的大量收入，下一个生产周期难以为继。

第二，要在市场和平等竞争环境方面形成一种能够使企业家实现利润最大化的机制。主要是要逐步做到以下几点：一是形成社会总供给稍大于社会总需求的有限的买方市场。二是形成包括产品商品和要素商品在内的市场体系以及合理的价格机制和价格体系。三是在要素供给、产品销售和税收等方面形成平等的竞争环境。这样，就可以在供销两方面为企业实现利润最大化创造条件，并给企业以强大的竞争压力，诱导企业走正常竞争的道路。价格的合理导向，则可为企业提高运营效益指明正确途径。

在这些方面，就当前的实际工作来说，有两种倾向值得注意：

（1）有的方面有急于求成的倾向。在建国以后的一个长时期内，急于求成的倾向主要表现在生产建设上，周期地导致基本建设投资的膨胀。党的十一届三中全会以来，党中央提出社会主义经济建设必须从我国国情出发，量力而行，反对急于求成，就从指导思想方面解决了这个问题。可惜，急于求成的倾向不仅在经济建设的实际工作中没有得到清除，还蔓延到改革的实际工作中来，从而导致固定资产投资和消费基金的双膨胀。比如，有的改革措施没有经过认真的试验和总结就予以推广，推广后改革效应尚未发挥又向另一改革措施过渡，就是急于求成的倾向在改革方面的典型例证。但急于求成倾向最突出的表现，还是 1988 年上半年急于推行的价格改革。在价格改革问题上，我国已经走了一条曲折的道路。在改革初期，没有在企业改革的同时把价格改革放在应有的位置上，80 年代初经济生活出现某种宽松环境时没有及时把价格改革推上去，失去了良机。1984 年 10 月，党中央正确地提出了价格改革是整个经济体制改革成败的关键。然而，实际工作仍然没有把价格改革放到应有的位置上，还想绕开这一点来深化改革。实际经济生活表明，这是做不到的。而且经济生活中各种矛盾的发展，又使人们不得不重新提出加快价格改革的任务。价格改革需要一系列条件相配合，特别是需要一个相对宽松的经济环境。然而近几年来，实际经济工作又没有着力地、有成效地循着这个方向为价格改革创造条件，致使经济生活绷得越来越紧。这种情况在 1988 年上半年变得更严重了。当时的经济工作本应急转直下，在治理经济环境上下苦功，在取得成效后再把价格改革推上去。但实际上并没有这样做，反而在宣传工作中，急于提出加快价格改革的任务。结果，在已经形成的通货膨胀的形势下，对物价上涨起了火上浇油的作用，使物价上涨率由上年的一位数上升到 1988 年的两位数。这种严峻的经济形势不仅使得价格改革难以迈大步，而且使得整个改革和建设受到很大的威胁。党的十三届三中全会基于对经济形势的正确分析，重新强调治理环境问题，突出地把此后两年改革和建设的重点放到治理经济环境和整顿经济秩序上来，并且指出这是长期要注意的问题。这是我国改革和建设经验的正确总结，再次为我国包括价格在内的改革和建设指明了正确的方向。但这并不等于说可以不重视今后改革工作中急于求成的倾向。从本质上说，这种急于求成的倾向植根于传统的经济、政治体制。在这种体制没有根本改革以前，这始终是一个值得注意的倾向。

（2）有的方面（如住宅商品化和劳动制度改革）有畏缩不前的倾向。这样说，并不否定这些改革已经取得的进展。但这种进展并不理想。为了克服这种倾向，一是要把这些改革提到重要位置上来。因为加快这些改革，不仅有助于住宅商品市场和劳动力商品市场的形成，而且有利于为深化改革治理经济环境，有利于抑制物价上涨。我国消费品和劳务价格的上涨，不仅由于消费基金增长过快，而且由于消费结构严重失衡（职工群众用于住房费用支出过少，就是这种严重失衡的突出表现），还由于劳动力商品市场没有形成。二是要解决以下认识问题：①对职工和社会的承受能力不要估计过低。②要看到这些改革同通货膨胀的区别：通货膨胀是无理的，是失人心的；这些改革是有理的，总体上是得人心的。③还要看到这些改革也需要一定的条件，并有一定的风险，但不像价格改革要求的条件那样高，也没有那样大的风险。三是要坚决顶住一部分人的压力，包括某些职工的抵触，以及某些干部的抵触。四是要积极创造尚不具备的条件。这样，已经或正在拟订的措施就可以逐步付诸实现。

在实际工作中注意克服了以上两种倾向，就会大大有利于在市场和平等竞争环境方面形成一种能够使企业家实现利润最大化的机制。

第三，要在企业家本身的成长和发展方面形成良好的机制。这主要是指：一是在当前完善承包经营责任制的过程中，要引入竞争机制，通过竞争选择经营者，其主要方式是招标聘任。同时还要积极创造条件，开拓企业家人才市场。这种市场应该成为企业家成长的基本机制。正如只有通过市场竞争才能筛选出优质的产品一样，也只有通过市场竞争才能筛选出优秀的企业家。这样做，也就从根本上改变了传统体制下企业领导者由国家行政机关委派的、不利于商品经济发展和企业家成长的制度。二是把企业家的收入与企业资金价值增殖与否、增殖多少联系起来，以形成良好的激励与约束相结合的机制。这里需要明确制约企业家收入的三个因素：①企业家劳动是作为简单劳动倍加的复杂劳动。②企业家的经营活动在企业产品价值形成和价值实现方面具有特殊重要的作用，他需要取得与此相适应的收益。③企业家承担了经营风险，也要有相应的风险收入。这样做，同时也就改变了当前企业家收入普遍过低，不利于商品经济发展和企业家成长的情况。

　　最后，为了发挥企业家在提高经济效益方面的作用，还要实现企业经营决策的科学化。为此，要加强对企业干部的培训，提高他们的素质，努力实现决策主体的群体化和决策手段的完善化。

深化经济体制改革的方向问题 *
——评经济私有化的观点

一、深化经济体制改革的方向问题，是我国经济改革的实践提出的根本问题，也是阶级斗争的实践提出的根本问题

1988 年 9 月党的十三届三中全会提出了治理经济环境、整顿经济秩序、全面深化改革的方针，进入治理整顿与深化改革的时期。当前我国深化经济体制改革面临的问题很多。但是，方向问题是决定和制约整个经济体制改革的根本问题，也是深化经济体制改革的根本问题。方向问题的意义，不仅在于它是我国深化经济体制改革提出的根本问题，而且在于它是国内外阶级斗争提出的根本问题。

第一，按照马克思主义的观点，经济体制改革的方向，是社会主义制度的自我完善。深化经济体制改革的方向，显然也要循着这条轨迹前进。但近几年泛滥起来的资产阶级自由化观点认为，在国民经济中占主导地位的社会主义国家所有制，成了"现代生产力发展的桎梏"，"走到了尽头"，"到了最后被否定的阶段"。"中国改革只能走产权私有化道路"。而且，已有的实践证明：如果社会主义国家在深化经济体制改革的进程中，不能坚持四项基本原则与资产阶级自由化的斗争，并在斗争中

* 原载《经济管理》1990 年第 2 期。

取得胜利，即使原来是社会主义的国家，经济私有化的纲领也存在着付诸实施的现实危险。可见，深化经济体制方向问题上的斗争，是坚持四项基本原则与资产阶级自由化斗争的最重要方面，是社会主义国家中一定范围内存在的阶级斗争的最重要方面。

第二，从1917年苏维埃俄国的建立，到第二次世界大战后一系列社会主义国家的建立，帝国主义国家始终没有放弃颠覆社会主义国家的战略目标。但在一个长时期内，帝国主义国家实现这个战略目的的主要手段是武装侵略。十月革命胜利以后发生的14个资本主义国家对苏维埃俄国的武装侵略，第二次世界大战期间希特勒发动的对苏联的侵略战争，以及50年代初和60年代初先后由美国发动的对朝鲜和越南的侵略战争，均属此例。但所有这些战争，不仅使帝国主义国家付出了沉重代价，而且未能实现其战略目的。于是，国际反动势力把实现其战略目标的手段，重点地转移到"和平演变"方面来。所以，深化经济体制改革方向上的斗争，又是社会主义国家反对国际反动势力推行的"和平演变"政策的一个基本方面。上述两方面都是关系到社会主义制度存亡的根本问题。

二、深化经济体制改革的方向，只能和必须是社会主义制度的继续自我完善

其根据如下：

第一，社会主义的基本经济制度，是基本上适应社会生产力发展的，是根本优越于资本主义经济制度的。因此，改革必须在坚持社会主义基本制度的前提下进行。这种"适应"和"优越"的主要之点是：①在资本主义条件下，生产资料的资本主义私有制同生产社会化构成了资本主义社会的基本矛盾。社会主义公有制同生产的社会性是相适应的，从而从根本上解决了这一基本矛盾。②资本主义私有制必然导致社会生产的无政府状态。在以生产资料公有制为基础的社会主义有计划的商品经济条件下，就有实现经济协调发展的客观可能性。③在资本主义制度（包括对资本家按资本分配利润和对无产者按劳动力价值分配工资）下，必然导致生产与消费的尖锐矛盾。在社会主义制度（包括积累和消费的分配和按

劳分配）下，有实现生产与消费协调发展的客观可能性。④资本主义的剥削制度必然造成资本和劳动的对抗。在社会主义公有制条件下，人们之间虽然也有局部利益的矛盾，但根本利益是一致的，是社会主义的互助合作关系。⑤在资本主义制度下，存在着你死我活的竞争关系。在社会主义条件下，除了存在着与有计划的商品经济相联系的、在性质上根本区别于资本主义的竞争关系以外，还存在着与根本利益一致相联系的社会主义竞赛关系。

第二，单一的社会主义公有制（主要是国有制）和传统的经济管理体制，不适合社会生产力的发展，必须改革。如前所述，社会主义公有制是适应社会生产力发展的，因而必须坚持。但是，我国还处于社会主义的初级阶段。因此，只能坚持社会主义公有制在国民经济中的主导地位（对社会主义国家所有制来说）和主体地位（对包括国家所有制和集体所有制在内的全部公有制来说），而不能排除作为社会主义经济必要补充的非社会主义经济成分（包括劳动者的个体经济、私营经济和外资企业等）。历史经验表明：50 年代末期到 70 年代末期盲目追求单一的社会主义公有制（主要是国有制），排斥作为社会主义经济必要补充的非社会主义经济的发展，是不利于我国社会生产力发展的，必须改革。至于传统的经济管理体制，在建国初期有其建立的客观必要性，并起过重要的积极作用。但它愈来愈不适应社会主义商品经济发展的要求，也必须改革。

不过，这种改革不是社会主义制度的否定，而是社会主义制度的完善。①完善的主要之点是：一是在以社会主义公有制为主体的前提下发展多种经济成分；二是使企业成为商品生产者；三是建立计划经济与市场调节有机结合的社会主义商品经济运行机制；四是在以按劳分配为主体的前提下实行多种分配方式；五是在共同富裕的目标下鼓励一部分人通过诚实劳动和合法经营先富起来；六是在企业内部领导体制方面，确定党委的政治核心地位、厂长在生产经营上的中心地位以及广大职工的主人翁地位等等。进行这些改革，就可以克服传统经济制度的弊病，充分发挥社会主义制度的优越性，进一步推动社会生产力的发展。

①这里需要说明的是，多种经济成分中的劳动者的个体经济、私营经济和外资企业，以及多种分配方式中的与私有经济相联系的分配方式，都不是社会主义性质的。但它们的适当发展，是社会主义经济的必要补充。从这个意义上，也可以算作是社会主义制度的自我完善。但确切地说，还是社会主义经济体系的完善。

第三，在社会主义制度下，经济体制改革是符合党和国家以及人民的根本利益的。在改革进程中，也有局部利益的矛盾。但由于根本利益一致，这些矛盾依靠社会主义制度本身是可以解决的。因而，经济体制改革可以表现为党和政府领导下的人民群众的自觉行动。

第四，社会主义经济制度的完善，总要表现在生产的发展和人民生活的改善上。在这种相互联系的意义上，我们把生产发展和生活改善看作是社会主义制度自我完善的一个根本标志。1979 年以来，我国经济体制改革尽管有许多失误，却一直是沿着社会主义制度自我完善的方向前进的。我国经济发展的状况证明了这一点。1978~1988 年，我国国民收入平均每年增长 9.2%，大大超过了 1953~1978 年的 6% 的速度；[1] 全国居民消费水平平均每年增长 7.6%，更是大大超过了 1953~1978 年的 2.2% 的速度。[2]

上述情况表明，我国经济体制改革的方向是社会主义经济制度的自我完善。深化经济体制改革的方向，也只能和必须沿着这条轨迹前进。

上述情况还表明，那种认为社会主义国有制成了"现代生产力发展的桎梏"、"走到了尽头"、"到了最后被否定的阶段"的观点，是完全站不住脚的。①它毫无根据地否定了社会主义基本经济制度所能容纳的社会生产力有可能大大超过资本主义。②它完全忽视了经济体制改革在发挥社会主义基本经济制度优越性方面所能起的巨大作用。实际上，我国历史上领主经济向地主经济的转变，是封建经济制度下经济体制的改革，并大大推动了封建社会生产力的发展。在资本主义经济发展史上，由自由放任的市场经济到国家调控下的市场经济，也是资本主义制度下经济体制的改革，更是大大推动了资本主义社会生产力的发展。社会主义制度下的经济体制改革，在这方面将起更大的作用。

①《奋进的 40 年（1949~1989）》，中国统计出版社，第 335 页。
②《中国统计年鉴》(1989)，中国统计出版社，第 721 页。

三、经济私有化不是也不可能是深化经济体制改革的方向

在近几年来资产阶级自由化思潮泛滥的过程中，有些人就经济私有化（即经济的资本主义化，下同）提出了许多理论上和事实上的"依据"。其中最主要的有两条：

第一，经济私有化是在中国实现现代化的唯一成功之路。

我们先假定中国现阶段可以实现经济私有化。但其结果并不是社会生产力的发展，而是社会生产力的破坏。

有一种天真的想法，似乎中国实现经济私有化，就可以达到当代经济发达的资本主义，就可以有很富裕的生活水平。其实，这一点并不是由人们的主观愿望决定的，主要是由社会生产力发展水平决定的。尽管当前我国已经有了一部分现代化的产业，但就包括农业在内的整个国民经济来看，我国社会生产力的水平实际上还处于马克思所说的工场手工业向机器大工业过渡的阶段；或者说，还处于工业化的前期阶段。在这种社会生产力水平下，中国经济私有化的结果必须是原始的资本主义。此其一。其二，中国过去经历的封建社会历史长，当前封建主义在社会生活诸方面的影响还较多；生产力和劳动者的文化水平都低。这样，中国经济私有化的结果，又必然是带有浓厚封建色彩的资本主义。其三，在当今的世界市场上，不仅存在着经济发达的资本主义国家的竞争，而且许多新兴工业化国家和地区也在参与角逐。这样，作为中国经济私有化结果的、被鼓吹资产阶级自由化的人称为中产阶级的人。由于同广大人民群众存在经济利益上的对立，政治上必然软弱，不可能真正捍卫民族独立，其结果必然受到西方经济发达国家的奴役。

与上述状况相联系，早期资本主义和半殖民地、半封建中国发生过的种种残酷剥削和压迫，诸如劳动时间长、劳动强度大，在恶劣条件下大量使用童工，在没有社会保障条件下的大量失业，广大劳动者生活的相对贫困乃至绝对贫困等等，都会再度在中国发生，结果必然极大地摧残作为社会基本生产力的劳动者；中国社会生产无政府状态必然会有极度的发展，其结果，是社会生产资源的极大浪费；旧中国长期存在并多

次发生的由各个帝国主义控制的军阀之间的战争，以及帝国主义对华的侵略战争，又会在中国重演。这些当然不是什么社会生产的发展，而是大倒退。仅此数端（远不是经济私有化的全部恶果），就可以充分说明：经济私有化绝不像搞资产阶级自由化的人所宣传的那样，是什么中国实现现代化的"唯一成功之路"，而只能使中国重新陷于极端贫穷落后的境地！

需要进一步指出的是，前面所做的关于中国现阶段可以实现经济私有化的假定是不能成立的。问题的关键在于：要在中国现阶段搞"和平演变"，实现经济私有化，需要有一个最基本的前提，即改变中国共产党的性质和党的纲领。而这是根本不可能的。因为：①党一开始就是用马克思列宁主义武装起来的，并把马克思主义的普遍真理与中国革命和建设的具体实践相结合作为根本的指导原则。尽管党在革命和建设的各个时期都犯过错误，但都是依靠自己的力量纠正的。所以，党有一个坚持马克思列宁主义的好传统。②党是工人阶级的先锋队，是中国各族人民利益的忠实代表，党有一个全心全意为人民服务的好传统。而摒弃资本主义道路，走社会主义道路，是中国人民经过了一百余年斗争以后所做的历史选择，党绝不会违背人民的这个根本意愿。③党的十一届三中全会以后，提出了党在我国社会主义初级阶段的一个中心（以社会主义经济建设为中心）、两个基本点（坚持四项基本原则和坚持改革开放）的基本路线。从一定意义上说，这个基本路线就是反对国际反动势力对中国实行"和平演变"的路线。④党领导的人民革命战争，经历了 22 年才取得了全国范围的胜利。新中国成立以后，在 50 年代初和 60 年代初又分别经历了抗美援朝和抗美援越战争。这种长期革命战争的实践，使得党的干部对帝国主义的侵略本质有了深切的认识。对帝国主义实行的"和平演变"政策是有警惕的。这些就是我们党用来捍卫党的纯洁性和防止"和平演变"的最重要的保证。这样说，并不意味着可以放松对国内外反动势力搞"和平演变"的斗争；相反，是以加强这种斗争为前提的。

总之，在中国搞经济私有化，不过是国内外敌对势力的反动空想而已。

第二，中国当前的生产水平和人民生活水平远远落后于经济发达国家。这是极少数搞资产阶级自由化的人提出的中国必须实行经济私有化的最主要的事实"依据"。

这里涉及到的根本问题，是正确地运用比较方法。应该肯定，比较方法是科学研究和进行决策的重要方法之一。问题是要科学地运用。科学运用比较方法的一个最重要要求，是要把两个（或几个）相比较的事物放在同等的条件下。当然，事物及其存在的条件都是具体的，要找出完全相同的事物及存在条件，是不可能的。但尽可能向这方面努力，还是必要的。我们依据这种要求进行以下四种比较：

1. 社会主义新中国与半殖民地、半封建旧中国在发展生产和提高人民生活方面的比较。有人说，现在已经到了 20 世纪 80 年代末期，做这种比较没有意义。这种观点是不妥的。任何新事物都是从旧事物发展而来的，新旧事物的纵向对比，从来都是显示新事物优越性的一种重要方法。把新中国和旧中国做纵向对比，也是显示社会主义经济制度优越性的一个重要方面。此其一。其二，新中国和旧中国的社会经济制度是根本不同的。但在国情的其他许多方面（当然不是一切方面）具有共同点，有较多的可比性。其三，旧中国属于世界资本主义经济体系的范畴，把新中国同旧中国做对比，并没有脱离社会主义制度与资本主义制度对比的范围。

与旧中国相比，新中国在发展生产和提高人民生活方面的优越性，只要提及以下两件事就很可以说明问题了。一是与旧中国社会生产力极为落后相对照，新中国现在已经建立了独立的比较完整的工业和国民经济体系。二是与旧中国广大劳动人民生活水平绝对下降相对照，新中国现在广大人民生活已经有了显著的改善。还要说明：新中国经历的时间只有 40 年，比旧中国经历的时间要短得多。由于缺乏经验，再加上其他原因，致使已经建立的传统经济体制存在弊端，又曾经长期犯过"以阶级斗争为纲"的错误，还长期实行过以速度为中心的经济发展战略。这些都使得社会主义制度的优越性没有得到充分发挥。显然，随着时间的推移，社会主义制度的优越性必然进一步显示出来。

2. 社会主义中国与早期资本主义在发展生产和提高人民生活方面的比较。做这种对比，在一个根本点上，即在社会生产力发展水平上大体相当，有可比性。这里也只需提到两件事：一是中国工业化进程比早期资本主义工业的发展要快得多；二是资本主义工业化带来劳动人民生活的相对贫困甚至绝对贫困，而社会主义工业化却带来人民生活的逐步改善。

3. 社会主义的中国与资本主义的印度在发展生产和提高人民生活方面的比较。中国与印度在解放（或独立）的时间、解放（或独立）前生产力水平、人口和国土等方面，都有近似之处，具有较多可比性。在这方面，社会主义制度的优越性有可能表现得更明显。1953~1987 年，中国国内生产总值和人均国民生产总值的年平均增长率分别为 7% 和 5.1%，其中 1953~1980 年分别为 6.2% 和 4.2%；1981~1987 年分别为 10% 和 8.6%。而在这三个阶段，印度分别只有 3.9% 和 1.6%，3.7% 和 1.4%，4.9% 和 2.6%。1981~1987 年，中国人均消费年平均增长率为 4.9%，印度只有 2.8%。

4. 社会主义中国与经济发达的资本主义国家在发展生产和提高人民生活方面的比较。这里首先需要明确一个概念：尽管社会主义制度在提高社会生产和人民生活方面具有资本主义制度不可比拟的优越性，但社会生产水平不仅决定于经济制度，就一定时限来说，主要决定于社会生产力和构成生产力的各项要素。至于人民生活水平，更主要决定于社会生产力水平。而在这方面，我国和西方经济发达国家存在着许多不可比的因素。由于半殖民地、半封建旧中国的生产力极为落后，致使当前我国生产设备、科学技术、劳动者文化和企业管理水平都很低。我国人口多，人均占有自然资源量也低。新中国建立的时间不长，还没有来得及改革不适合生产力发展的传统经济体制。资本主义制度从诞生的第一天起到现在，都依靠剥削和掠夺殖民地和不发达国家。而社会主义经济制度是根本排斥这一点的。

但这并不是说我国社会主义经济制度在这些方面没有表现优越性。较快的经济增长速度从来是后续社会经济制度优越于前期社会经济制度的一个重要指标。社会主义经济制度对于资本主义经济制度也是如此。比如，1979~1987 年，中国国内生产总值平均增长速度为 9.4%，美国为 2.3%，日本为 4%，联邦德国为 1.7%，英国为 1.8%，法国为 1.8%，意大利为 2.6%，加拿大为 2.7%，澳大利亚为 3.4%。[①] 可见，我国社会主义经济制度在提高社会生产和人民生活方面的优越性表现得很明显。

所以，不看上述各种不可比的因素，也不顾社会主义经济制度对于

---

①《奋进的 40 年（1949~1989）》，中国统计出版社，第 468 页。

提高社会生产和人民生活所表现出来的优越性，仅凭当前中国生产水平和生活水平落后于经济发达的资本主义国家，就否定社会主义经济制度的优越性，就鼓吹走经济私有化道路，显然是极少数搞资产阶级自由化的人别有用心的歪曲。

增强中国在国际经济中的作用 *

一

回顾过去，新中国从 1949 年 10 月以来，特别 1979 年以来，对国际经济的发展做出了积极的贡献。比如，在 1950~1986 年间，中国进出口总额由 11 亿美元增加到 738 亿美元，增长了 66 倍。但中国在促进国际经济发展方面的作用，不仅限于这一方面，也不仅限于经济因素，她所奉行的独立自主的和平外交政策，在促进国际和平和稳定方面起了重要的作用。而这一点，正是国际经济顺利发展的一个重要条件。

当然，也要看到：由于历史、体制和政策等方面的原因，中国在促进国际经济发展方面的作用，并没有达到理想的地步。比如，1950 年，中国出口总额占世界出口总额的比重只有 0.71%，位次仅占第 26 位。到 1959 年，比重上升到 1.95%，地位排列第 12 位。其后又趋于下降，到 1976 年，比重下降到 0.69%，地位下降到第 34 位。尔后又趋于上升，到 1984 年，比重也只有 1.26%，地位只占第 19 位，1986 年上升到第 15 位，但是还没有达到历史最好水平。显然，这种状况同中国作为社会主义大国的地位很不相称。我们决心为改变这种不协调状态而努力。

* 该文是为 1987 年 11 月 30 日至 12 月 2 日在美国夏威夷举行的 "中国在亚洲太平洋地区经济体系中的地位和作用的研讨会" 提供的论文。原载《汪海波选集》（中国当代经济学家文丛），山西经济出版社 1990 年版。

二

展望未来，我们充满信心地预期：中国在国际经济中的作用，特别是在太平洋地区经济中的作用，必将得到进一步的增长。这一点并不只是我们主观的真诚愿望，同时又是由一系列条件决定的客观进程。

第一，太平洋地区作为一个整体，在资源、市场和资金等方面拥有巨大的优势和潜力。该地区各国通过实践和探索，尽可能制定适合本国国情的发展战略，使得这种优势和潜力得到了比较充分的发挥。这不仅使得本地区具有较强的适应力，能够承受世界经济的重大变化（如70年代的两次石油危机的冲击），而且使得本地区20多年来的经济发展和国际贸易增长都居于世界前列。

据统计，1960年至1983年，该地区（不包括美国）的国民生产总值、人均国民生产总值和进出口贸易额的年平均增长率，分别达到12.1%、10.3%和14.3%，均明显高于世界其他地区，以致该地区1983年已拥有世界国民生产总值的41.8%和进出口贸易额的54.6%。可见，该地区已经成为全球经济最有活力的地区。而决定这一点的各项因素（如较高的生产要素、生产率和积累率，企业分散决策和国家集中决策的适当结合，经济发展的出口主导型，居民有较高的文化素质，以及社会的相对安定等），在今后一个时期内，尽管会发生这样那样的变化，但还会在不同程度内起作用。

可以预料：从本世纪末到下一世纪，太平洋地区还是世界经济最有活力的地区，其经济发展还会走在世界前列，在世界经济中的作用还会进一步增长。

这种增长同时在某种限度内意味着作为本地区人口最多的成员国——中国在国际经济中作用的增长。

第二，在过去的一段时期内，太平洋地区不仅已经成为全球经济最有活力的地区，而且该地区各国之间在贸易、技术和资金等方面的经济联系得到了不断加强。

1980年，太平洋地区的国家出口的52%和进口的54%都是在本地区内部各国实现的。这种贸易联系程度已经超过欧洲共同体国家。1981年，该共同体各国的出口贸易的51%和进口贸易的47%是在其内部实现的。与此相联系，太平洋地区各国先后相继把经济重心转向本地区。如美国经济重心的西移和西部的兴起；苏联经济布局重心的东移和远东地区的开发；澳大利亚和新西兰的对外经济关系重心由欧洲转向亚洲；加拿大的经济重心渐次西移；东南亚各国和其他有关国家对外经济关系也都转向太平洋地区；中国已在大陆东部太平洋沿岸形成了对外开放带，并在多方面加强了和太平洋地区各国的经济联系。1986年，中国对太平洋地区各国的贸易总额已经达到1666.93亿元人民币，占对外贸易总额2550.64亿元的65%；外商在华直接投资80.07亿美元，其中一半以上来自太平洋地区；中国在海外企业也有80%集中在太平洋地区。

太平洋地区各国之间以及中国与该地区之间经济联系的不断发展，是增强中国在太平洋地区经济中作用的重要条件。

第三，当前在太平洋地区各国已经形成了相互联系的三级产业格局：美日等发达的资本主义国家，以资本和技术密集型的工业做基础，开发新产业，在高技术和新技术产业中居领先地位；新兴工业化的国家和地区，资本和技术密集型的工业在产业结构中占有相当大的比重，劳动密集型的工业和资源产业也占有一定的比重；新加坡以外的东盟国家和其他的发展中国家，劳动密集型的工业占主要地位，矿物资源产业占有相当大的比重。中国由于经济发展的不平衡性，以致二元结构成为她的产业结构的重要特征。这样，中国与太平洋地区各国之间在经济技术等方面存在多种互补性。这一点也是增强中国在太平洋地区经济中作用的重要因素。

第四，在今后的长时期内，中国经济已经具备（并且越来越充分地具备）高速度的、稳定的、高效益发展的条件：

首先，1979年以来，中国进行的经济体制改革，将建立起适合社会主义有计划的商品经济要求的经济运行机制。这就既能保证经济的协调发展，又能增强企业的活力；既能保证资源配置效益的优化，又能保证生产要素营运效益的优化。同时，中国经济发展战略也已开始了由速度型向效益型的转变，并把经济的稳定增长作为经济发展的重要目标。

其次，当前中国经济的发展水平已经使得她有可能迅速发展自己的经济。据 107 个国家的研究资料，经济结构变化和经济增长最迅速时的人均国民收入，大国为 270 美元，资源不丰而又小的国家为 630 美元，国小但资源丰富的国家为 580 美元。而中国 1982 年人均国民收入接近 270 美元。

再次，在亚洲，日本已经跃居世界第二经济大国，"亚洲四小龙"（即新加坡、香港、台湾省和韩国）也已进入新兴工业化国家或地区的行列，泰国和马来西亚等国的经济发展也较快。亚洲的这种经济形势也会推动中国经济的增长。

在上述各种条件下，中国的经济优势（如劳动力资源丰富、自然资源占有总量大以及某些高技术居于世界前列等）将会得到比较充分的发挥，经济将赢得高速度的、稳定的、高效益的发展。

应该说，1979 年以来中国经济的发展已经显示了这种端倪。在 1953 年到 1978 年的 26 年中，每增加一倍的固定资产原值的投入，国民收入只增长 0.2 倍；社会总产值平均每年增长 7.9%，其中增长最高年份为 32.7%，最低年份下降 33.5%，分别偏离年平均增长速度+24.8 和–41.4 个百分点。而在 1979 年到 1986 年的八年中，每增加一倍的固定资产原值的投入，国民收入增长 0.94 倍，社会总产值平均每年增长 10.1%，其中增长最高年份为 16.5%，最低年份为 4.4%，分别偏离年平均增长速度+6.4 和–5.7 个百分点，可见，同前 26 年相比，后八年经济增长速度更高了，经济增长稳定程度提高了，宏观经济效益也提高了。

显然，中国经济高速度的、稳定的、高效益的发展，是增强中国在世界（特别是太平洋地区）经济中作用的物质基础。

三

中国在世界（特别是太平洋地区）经济中作用的增长，无疑会给世界（特别是太平洋地区）各国带来好处。然而，在东南亚各国的朋友中，有人担心中国经济作用的增长，会加剧这一地区各国与中国的竞争，会给这一地区经济增长带来损害。这种担心是没有根据的。

第一，这种看法忽略了中国和东南亚各国之间经济合作的一面。一般说来，在存在国际分工的条件下，各国之间的经济关系都有合作的一面。但这里所说的中国和东南亚各国之间的经济合作还有某种特殊的重要意义。

1. 如前所述，在太平洋各国之间已经形成了多级的产业结构，中国的产业结构具有二元的特征。这种情况在今后一个时期内还会存在的，据调查，人均国民生产总值达 1000 美元时，劳动密集型比较优势达到了顶峰；人均国民生产总值接近 10000 美元时，资本、技术密集型比较优势能得到最大的发挥。1985 年人均国民生产总值，日本 11330 美元，新加坡 7420 美元，香港 7420 美元，台湾省 3160 美元，韩国 2180 美元，马来西亚 2050 美元，泰国 830 美元，菲律宾 600 美元，印度尼西亚 530 美元，中国 310 美元。可见，日本资本、技术密集型比较优势仍有发挥的余地；"亚洲四小龙"劳动密集型比较优势已开始丧失，而资本、技术密集型比较优势刚开始发挥。东盟其他国家拥有劳动密集型比较优势，中国主要是拥有劳动密集型的比较优势，部分地拥有资金、技术密集型的比较优势。尽管中国与东盟有些国家均拥有劳动密集型的比较优势，但这并不排除在许多同是劳动密集型产品方面存在着互补关系。中国的许多产品（如矿产品、石油、机械设备和土特产品等）是东盟各国所需要的；而东盟各国的产品（如橡胶、木材、椰产品和棕油等）也是中国所需要的。因此，中国和亚洲（包括东南亚）各国之间在经济、技术等方面的多种互补性将会长期存在。

2. 中国是一个社会主义大国，她拥有较大的市场容量。中国正在加快实现改革，开放和社会主义现代化建设，这个市场容量及其稳定性必将进一步增长。1980 年到 1985 年，中国对外贸易额每年平均增长 13%。如果依照这个速度增长下去，到 2000 年，中国对外贸易额将达 2000 亿美元以上，大约相当于目前美国市场容量的 1/4。还要看到：美国市场容量当前已经达到饱和度，而中国市场还是一个没有充分开发的最大市场。因此，日本著名经济学家筱原三代平认为，"代替美国市场的新的富有魅力的市场，是中国市场。"显然，这一点对于亚洲国家（包括东南亚各国）经济的发展，就不能不具有重要的意义。当然，中国经济发展的意义还不只是限于这一点，还表现为提供巨额投资场所和某些高技术输出等。在这些方面也颇具有吸引力。

3. 社会主义中国将长期坚持实行对外开放，在平等互利的基础上不断扩大和发展同各国的经济、贸易、技术交流与合作。这就从中国方面为发展我国与世界（包括东南亚）各国的经济合作提供了根本保证。

4. 中国与东南亚各国之间地理邻近，交通方便；又有着历史悠久的贸易往来；当前彼此之间的经济交往关系已经有了一定的发展，但可以进一步发展的潜力还很大，有些合作领域还有待开拓。这既表明中国和东南亚各国之间的经济合作已经有了一定的基础，又预示着这种经济合作存在着广阔的前景。看不到这一点，或者对这一点的重要意义缺乏足够的估计，都是不妥的。

第二，这种看法还忽略了各国之间平等的竞争对于发展经济的积极作用。毋庸讳言，伴随着中国在太平洋地区和世界经济中作用的增长，中国和东南亚各国之间的竞争也要发展。但是，如果只是看到由竞争发展而带来的矛盾的发展，而看不到竞争在促进各国经济发展中的作用，那就是很不全面的。实际上，竞争有利于各国技术的进步和产业结构的升级，有利于各国经济发展和共同繁荣。实际上，东南亚地区的一些新兴工业化国家正是在同美国和日本等发达的资本主义国家，以及本地区国家之间的竞争中发展起来的。那么，东南亚各国为什么不能在同社会主义中国的竞争中得到进一步发展呢？我们不是更有理由对这个问题做出肯定的回答吗？实际上，中国就是在进一步实现开放以后，国内市场也还是主要的，有什么可担心的呢？

四

要充分发挥中国在国际经济（特别太平洋地区经济）中的作用，需要一系列的条件。

就国内方面说，主要是要进一步实现改革和开放，加快社会主义现代化建设的进程，调整产业结构和出口贸易结构等。在这方面，中方代表团团长朱镕基先生和其他中国先生将做详细的论述，我就不多讲了。

就国际方面说，主要有两条：

第一，实现和平与稳定。发祥于亚洲和太平洋地区的和平共处五项原则和万隆会议十项原则，现在已经成为重要的国际关系准则。各国在相互关系中如能严格遵循这些原则，不仅本区域的和平与稳定能够得到维护，本区域的经济发展能够得到保证，中国在国际经济特别是本区域经济中的趋于增长的作用也能够得到顺利实现。

第二，加强国际合作，特别本区域内的合作。这种合作不仅是中国实现社会主义现代化建设的重要条件，也不仅是中国在国际经济特别是太平洋地区经济中发挥作用的重要条件，也是实现本区域内国家（包括发达国家与发展中国家）经济共同繁荣的重要条件。但在经济发达国家中有的人并不重视经济发达国家与包括中国在内的发展中国家的合作。然而，无论是历史经验还是当前情况或今后发展趋势都表明:发达国家与发展中国家在经济上存在着互相补充、互相依存的关系。因此，经济上的合作是双方的需要，并不仅仅是发展中国家有求于发达国家，更不是发达国家对于发展中国家的恩赐。所以，这种合作只有建立在平等互利的基础上，才能得到巩固和发展；否则，不仅不会持久，还会引起严重的后果。

中国在与本地区发展中国家的经济交往中，现在和将来都要特别注意加强相互磋商与协调，以便相互扬长避短，共同发展合理的分工，增强发展中国家的经济实力，在本区域内真正实现互相尊重、加强交流、平等互利和共同发展。

积极推进企业的技术改造 *

　　积极推进企业的技术改造，对于扭转当前经济效益严重滑坡的局面，对于实现我国经济发展由速度型向效益型的转变，对于社会主义现代化建设事业，具有极其重要的意义。1979 年以后，我国企业技术改造有了显著的进展，只是发展进程仍然不快，近年来甚至陷入困境。因此，分析出现这种局面的原因，探讨促进企业技术改造的途径，已势在必行、刻不容缓。

一、1979 年以来企业技术改造进程进展不快、 当前甚至陷入困境的原因分析

　　过去，农业在我国国民经济中占主要地位，工业基础十分薄弱，人口众多，幅员辽阔，各地经济文化的发展很不平衡。这样，我国要实现由外延扩大再生产为主向以内涵扩大再生产为主的过渡，必将经历较长的历史时期。那种想在短时期内完成这个过渡的想法，是很不现实的。

　　在解放以后的一个长时期内，这个过渡的过程甚为缓慢，则主要是由阻碍技术进步的传统经济体制和经济发展战略决定的。

　　实行改革、开放政策以来，增强了企业技术进步的活力，促进了企业内涵扩大再生产的发展，并成为提高企业经济效益的积极性因素。据

* 原载《经济管理》1991 年第 1 期。

有关部门对近十年来现有企业已完成的技术改造项目的调查，大体上是投入 1 元钱，产出 1.5~2.0 元的产值和 0.4~0.5 元的利税；投入产出周期一般是一到三年；新增的产值和利税的 60%~70%，都是靠企业技术改造和技术进步取得的。

但是，在这期间，并没有彻底扭转过渡缓慢的局面，从下表可以在一定程度上看出这个问题。

全社会固定资产投资用途构成

用途	1981 年	1982 年	1983 年	1984 年	1985 年	1986 年	1987 年	1988 年
一、绝对数（亿元）								
1. 总额	961.01	1230.40	1430.06	1832.87	2543.19	3019.62	3640.86	4496.54
2. 建筑安装工程	690.01	871.12	993.32	1217.58	1633.46	1992.72	2377.56	2908.56
3. 设备、工具、器具购置	223.96	291.41	358.31	509.23	718.05	823.28	997.00	1221.02
4. 其他费用	47.04	67.87	78.43	106.06	169.65	203.62	266.30	317.00
二、比重（%）								
1. 以总额为 100	100.0	100.0	100.0	100.0	100.0	100.0	100.0	100.0
2. 建筑安装工程	71.8	70.8	69.5	66.4	65.1	66.0	64.1	64.0
3. 设备、工具、器具购置	23.3	23.7	25.0	27.8	28.2	27.3	27.4	27.5
4. 其他费用	4.9	5.5	3.5	5.8	6.7	6.7	8.5	8.5

资料来源：《中国固定资产投资统计资料（1950~1985）》，第 17 页；《中国统计年鉴》（1987），第 467~468 页；《中国统计年鉴》（1988），第 559~560 页；《中国统计年鉴》（1989），第 477~478 页。

设备、工具和器具的重新购置，可以在同一技术水平上进行，也可以在技术水平提高的基础上进行。从后一种意义上说，可以把设备、工具和器具的重新购置费用在全社会固定资产投资中比重的提高，部分地看作是企业技术进步和技术改造的结果。1981~1985 年，这个比重由 23.3%提高到 28.2%，只提高了 4.9 个百分点。而在此之后又趋于下降，1988 年只有 27.5%，比 1985 年还减少了 0.7 个百分点。由于实行经济调整，1989 年以来，技术改造投资更是大幅度下降。1989 年，国有企业、事业单位的技术改造投资为 780 亿元，比上年下降 20.5%；扣除物价上涨因素，实物工程量下降 30%。与此相联系，企业的技术改造并没有取得应有的进展。据有关部门的调查，在近十年中，大中型骨干企业的关键设备和关键工艺已经得到全面改造的约占 15%~20%，得到部分改造的约占 40%~50%，没有改造的约占 30%~40%；在设备总数中，已经老化的仍高达 60%左右。小型企业，技术改造的程度更低。

1979 年以来，没有摆脱过渡缓慢状态的原因主要是：

第一，在传统的经济体制下，政府在国有经济中是包括技术改造投资在内的固定资产投资的经济主体。由于这种体制本身的缺陷，政府从来没有真正发挥过企业技术改造投资主体的作用，以致企业技术改造的进展甚为缓慢。经济体制改革开始以后，企业技术改造投资由国家财政拨款改为由企业向银行贷款，事实上改为由企业承担投资主体的职能。可惜，在当前新旧体制交替的时期，企业投资的动力和实力虽然有了增强，但仍不能真正成为投资主体。

1. 因为当前实行的企业承包经营责任制，尽管是改革进程中采取的、具有重要意义的过渡性制度，但这种制度并不能使企业成为自负盈亏的商品生产者，因而也不可能在企业内部形成不断进行技术改造的动力机制。何况，当前承包制还不太完善（比如就技术改造来说，还没有把技术改造列入承包指标，对企业的考核主要局限在产值和利税增长方面，缺乏对技术进步的要求），再加上宏观经济环境不利（如多次出现经济过热和市场秩序混乱），因而易于诱发企业拼设备，忽视技术改造等短期经济行为。

2. 因为在资金方面，企业缺乏自我改造的能力。

首先，技术改造投资主要属于生产资料补偿基金的范畴，部分属于积累基金的范畴。但作为生产资料补偿基金最重要组成部分的固定资产折旧基金严重不足。其原因是：①我国国有企业固定资产基本折旧率，没有考虑精神损耗，甚至连物质损耗也考虑得不充分，因而折旧率一直偏低。尽管国有企业固定资产基本折旧率已由 1978 年的 3.7%提高到 1987 年的 4.9%；[①]但显然仍然偏低。②基本折旧还没有考虑到通货膨胀的因素。这一点在过去通货膨胀率较低的情况下对折旧基金的影响还不明显，但在 80 年代中期以后通货膨胀率显著上升的情况下，影响却很大。据有关部门调查，70 年代购置的设备原价与当前重置价比较，一般通用设备相差 2~3 倍；专用设备相差 3~4 倍；建筑物的价差也很大。据测算，

---

① 《中国统计年鉴》(1989)，第 25~26 页。

当前仅仅由于折旧没有考虑设备原价与重置价的差异，一年即少提折旧基金 500 亿元。③折旧基金本来提得就少，而按政府的有关规定，企业还必须从中提取 15%的能源交通建设基金和 10%的预算外调节基金上交国家。④有些企业违反国家规定，少提或不提折旧基金，甚至把已提的折旧基金用作流动资金、福利基金和奖励基金。

其次，企业留利是企业推行技术改造的重要资金来源，但企业留利也严重不足。据有关部门 1990 年上半年对 193 户国有工业企业的调查，企业收入的大部分，通过以下四个环节，向税金、费用、利息、债券和各种社会摊派转移，企业留利降到了根本无力适应技术改造要求的地步：①从成本中列支的税费。近年来，工业企业产品成本大幅度上升，除了原材料涨价和增加工资两大因素以外，主要是在成本中列支的利息和税费（包括土地使用税、车船使用税、房产税、印花税、资源税、烧油特别税等）的增长。②从销售收入中征收的流转税（包括产品税，增值税、营业税等）。这是企业税负的重头。③从实现利润中征收的承包利润（包括所得税和调节税）。④从企业税后留利中征收的税费，主要是能源交通基金和预算调节基金。1989 年，这 193 户企业拥有 95.36 亿元纯收入；经过以上四个环节，其中的 81.6%以税、利、费、券等形式上交各级政府，10.2%用于归还专项贷款，企业实际留利仅占 8.2%，比 1986 年下降了26.2%；人均实际留利也由 1986 年的 1122 元下降到 1989 年的 742 元。这里所说的企业实际留利，还没有扣除来自四面八方的乱摊派、乱集资、乱收费、乱罚款。如果扣除这"四乱"，企业实行留利更少。

再次，在技术改造投资，由国家财政拨款改为银行贷款以后，贷款一般都占企业技术改造投资的 60%以上。但当前不仅银行不能满足企业技术改造投资的需要，而且贷款利息率高于企业资金利润率。1989 年，全国大中型工业企业资金利润率是 10.52%，而当时的贷款年利率已达11.34%，企业无力承担贷款的利率。

至于那些与技术引进相联系的、实行技术改造的企业，则不仅缺乏资金，而且缺乏外汇。

3. 在技术开发方面，企业也缺乏足够的自我改造能力。直到 1989年，在 1.22 万个大中型工业企业中，只有 6400 个企业建立了技术开发机构，占总款的 52.5%。同年，这些机构拥有的科学家和工程师只有 14.4

万人，占其全部人员的44.34%。这年大中型工业企业技术开发经费支出占当年产品销售收入的比例只有1.44%，其中新产品开发经费占的比重还不到0.5%。而当前经济发达国家新产品开发经费，一般都占当年产品销售收入的5%~10%，甚至更多一些。可见，大中型工业企业在技术开发的机构、人员素质和经费等方面都是不足的。所以，近几年来，大中型工业企业新产品的产值率和销售率一直在7%~8%之间徘徊，没有明显的进展。小型工业企业的技术开发能力就更低了。

企业技术开发能力不足，同我国科学研究与技术开发的格局、科学研究管理体制、企业与科学研究单位横向联系不发达，以及技术市场欠发育，都是紧密相关的。

当代经济发达国家科学研究与技术开发工作的重心在企业，而我国一直侧重于研究院所和高等院校。工业企业用于科学研究与技术开发的经费占全国科学研究与技术开发经费总额的比重，1983年美国为73.7%，联邦德国为69.4%；1984年日本为71.6%。这年日本企业的开发研究人员占全国总数的63.2%，科学家和工程师占全国总数的57.1%。而我国1989年大中型工业企业用于科学研究与技术开发的经费占全国总数（包括自然科学研究院所、理工农医高等院校和大中型工业企业）的44.2%，研究与开发人员占全国总数的37.1%，科学家与工程师占全国总数的26.7%。这个对比表明：我国科学研究与技术开发的格局，是制约我国企业技术开发能力的一个重要因素。

科学研究管理体制的改革，促进了研究院、所研究工作与企业生产的结合，但并没有改变二者相互脱离的局面。据调查，我国共有产品工艺研究院所近5000家，而真正进入工业企业的不到10%，大部分游离于工业企业之外，这也很不利于增强企业的技术开发能力。而即使在这样的体制下，企业与研究院所的横向联合也没得到应有的发展。1989年，大中型工业企业组织实施的1万元以上的技术开发项目共34999项，其中33143项都是在企业内部进行的，占总数的94.7%。这种小范围、低层次、封闭式的技术开发，必然水平不高。在这年完成的17100项技术开发项目中，经省、部级以上鉴定，达到80年代国际水平的只有963项，仅占总数的5.63%。

随着经济体制和科技体制改革的深入，我国技术市场已经有了发展，促进了科学研究成果在生产中的运用。但技术市场的发育还很不够，科技成果应用状况还很不理想。这也限制了企业技术开发能力的增长。当前我国科技成果的应用率虽已达到70%，但大多是在小范围内小规模地发生作用，形成规模经济、并在大范围内应用的并不多。据有关专家估计，在科技成果中，能广泛应用于社会的不超过5%，能形成一定经济规模的不超过19%。[①]

第二，企业没有成为独立的自主经营的经济实体；由于地区性的市场分割和贸易壁垒，统一市场还没有真正形成，平等竞争也未充分展开，因而价值规律赖以发生作用的经济机制很不完善，价值规律作为迫使企业不断实现技术进步的一种经济强力，也不可能充分发挥作用。

第三，在宏观经济管理方面，1979年以来实际上还是继续了改革以前长期存在的片面追求经济增长速度和忽视经济效益的错误，并把企业注意力继续引向外延扩张、忽视技术进步。由此造成的经济周期波动，对企业的技术进步也造成了很不利的影响。在经济周期的上升阶段和波峰阶段，经济过热，加强了卖方市场，并伴有市场秩序严重混乱，企业产品（甚至包括劣质产品）是"皇帝女儿不愁嫁"，助长了企业忽视技术改造的倾向。在经济周期的下降阶段和波谷阶段，经济增长速度和经济效益下降，市场销售疲软，企业苦于资金匮乏，又无力进行技术改造。此外，对于开发新产品，在资金、创汇、原材料、产品销售和价格等方面，还没有形成一套完善、有效的鼓励措施；对于淘汰落后产品，也没有相应地提出一套严格、有效的制裁措施。

技术进步是企业提高经济效益的最有力的杠杆。企业技术进步缓慢，甚至陷入困境，正是这段期间我国经济效益低下状况未能改变，近年来甚至大幅度下降的一个极重要的原因。

二、对策与措施

要推进企业的技术改造，需要采取一系列措施。

[①]《光明日报》1990年3月15日第2版。

第一，要使企业具有进行技术改造的动力机制和压力机制，不断地推动企业的技术进步。要通过深化改革，建立社会主义有计划商品经济的管理体制，使价值规律能够充分地发挥其推动企业技术改造的诱导作用和强制作用。而这种作用又是与国家的计划调节有机地结合在一起的。这样，企业技术改造就能获得持续的、稳定的推动力。当前在这方面的现实选择，还是完善企业承包经营责任制，把企业的技术改造列入承包的内容，并有效地同企业的物质利益联系起来。要把承包期限与企业技术改造需要的期限协调起来，并完善企业技术改造的考核指标。比如，年技术进步的速度，年技术进步对企业总产值和净产值的贡献，新产品产值率，优等品产值率，出口产品产值率，人均合理化建议对净产值的贡献等，都可以作为考核企业技术改造的指标。

第二，要在资金方面使企业具有自我改造的能力。为此，一是要使企业提取的折旧基金能够满足固定资产更新的需要。其办法是：①首先把国有企业固定资产基本折旧率由目前的5%提高到7%，其中高新技术产业可以提高到15%~20%。②改变目前按固定资产原置价格提取折旧的办法，按重置价格提取折旧。③取消目前实行的对折旧基金征收15%的能源交通基金和10%的预算调节基金。④采取各种办法，促使企业按照国家的规定提足折旧基金，并保证将折旧基金真正用于固定资产更新。二是要使企业的留利水平能够适应技术改造的要求。这就需要随着价格和税收改革的深化，调整和减轻国有企业的税负，使它们也像其他经济成分的企业一样，能够获得同资金平均利润率相适应的利润水平。同时要采取法律手段，坚决制止对企业的乱摊派、乱收费、乱集资、乱罚款，保证企业留利能够真正用于技术改造。三是要使银行贷款能够适应企业技术改造的要求。这一点，在当前显得尤其重要。为此，首先要使得银行贷款计划与国家的技术改造投资计划相适应，改变当前二者在某种程度上互相脱节的情况；否则，企业技术改造的资金来源在很大程度上就要落空。同时，贷款利息率要依据低于资金平均利润率的原则来确定，不能让前者高于后者。这样，才能使企业有款可贷，而且贷得起。四是要进一步完善新产品开发费用的提取办法。该项费用要从产品成本列支，占产品销售额的比例目前可以提高到1%~3%，高技术产业还可以再高一些。五是要增加国家用于技术引进的外汇；地方政府的留成外汇也要确定一定的比例（可以考虑为 20%）用在这个方面；还可以允许创汇达到一定标准的企业（或企业集团）按销售收入的一定比例提取外汇留成，以保证企业进行技术改造对于外汇的需要。

第三，要在技术方面使得企业也拥有技术改造的能力。为此，一要提高企业职工的技术素质，提高研究与开发人员和技术工人在职工中的比重，加强和发展企业（特别是大中型企业）的研究和开发机构。二是要进一步发展科研设计单位与企业在技术开发方面的协作关系，并进一步发展技术市场，加快新技术在生产中应用的进程。三是要进一步推进技术引进工作，并把技术引进与消化、吸收、创新和推广应用紧密地结合起来。四是要发展企业集团。发展企业集团，不仅对于改变科研单位与企业生产脱节，在技术方面提高企业的研究和开发能力，在资金方面增强企业技术改造和技术引进能力有重要作用，而且对于当前深化经济体制改革，调整资产存量，增强出口产品在国际市场上的竞争能力，也都具有重要的意义。

第四，要充分调动企业劳动者在技术改造方面的积极性——这种积极性是实现企业技术改造最基本的力量泉源。为此，一要正确认识厂长和职工群众在发展生产方面各自具有的独特的、不能互相代替的作用，并建立相应的制度，以保证这种作用的实现。就生产力而言，在以现代化生产作为物质技术基础的、发达的商品生产条件下，厂长是生产经营的指挥者，在这方面处于中心地位；职工群众是生产的主体。就生产关系来说，厂长和职工群众都是社会主义生产的主人，不过前者是领导者，后者是被领导者。但这种领导和被领导关系，仍然是社会主义的平等、互助关系。因此，既要确认厂长的指挥者和领导者的地位，又要确认职工群众的生产主体和主人翁地位。既不能像 1979 年以前那样，长期片面强调职工群众的作用，长期忽视厂长的作用；也不能像 1979 年以后某些年份那样，片面强调厂长的作用，忽视职工群众的作用。一方面，必须坚持和完善厂长负责制；另一方面，又要健全并切实实行。企业的民主管理制度，并把二者恰当地结合起来。二要正确认识物质鼓励和精神鼓励，各自具有的独特的，不能互相代替的作用。实际上，贯彻物质鼓励原则所起的保证作用（保证劳动力再生产）、促进作用（促进劳动积极性的提高）、榜样作用（多劳多得所起的示范作用）和巩固作用（持久地发挥劳动积极性），是思想政治工作所不能代替的。而进行思想政治工作，教育劳动者坚持社会主义道路和反对资产阶级自由化，加强集体主义思想，正确处理国家利益、集体利益与个人利益以及长远利益与目前利益的关系，树立共产主义的远大理想，这些作用又是贯彻物质利益所不能代替的。因此，既不能像 1979 年以前那样，长期片面强调精神鼓励，忽视甚至否定物质鼓励；也不能像 1979 年以后某些年份那样，片面强调物质鼓励，忽视精神鼓励；更不能像在 80 年代中期以后那样，既忽视精神鼓励，实际上也忽视物质鼓励。三是要正确安排社会主义劳动纪律的格局：以按劳分配纪律为主，辅之以失业纪律和自觉规律。既不能像 1979 年以前那样，长期片面强调自觉纪律，忽视甚至否定按劳分配纪律和失业纪律；也不能像 1979 年以后某些年份那样，片面强调按劳分配纪律，忽视自觉纪律，否定失业纪律；更不能像 80 年代中期以后那样，既在实际上忽视按劳分配纪律，又不承认失业纪律，还忽视自觉纪律。

要实现上述三点要求，除了要有正确的认识，并实行正确的制度外，还要有一个重要条件，即经济管理干部和企业管理干部要忠实地按照马克思主义和党性原则办事。如果按"左"的或右的观念和个人主义原则办事，那就必然不断地"翻烧饼"，始终跳不出这样的怪圈；在反"左"的时候，犯右的错误；在反右的时候，又犯"左"的错误。其结果必然是挫伤劳动者积极性，包括技术改造在内的企业生产必然受到影响。总结并吸取这个教训，在当前具有重要的现实意义。

第五，要进一步完善企业技术改造和技术进步的政策。其主要内容是：

1. 在当前，企业（主要是大中型企业）技术改造资金和技术力量不足而又长期进展缓慢的情况下，国家对企业技术改造在资金、技术方面的支持，无疑具有重要的作用，但是，必须进一步改变过去长期在传统体制下形成的、企业技术改造重点依靠国家投入的局面，把重点转移到依靠企业自己的力量上来。国家必须支持的重要技术改造项目的选择，要依据产业政策的要求，实行公开竞争的原则，严格项目管理，改变当前这方面存在的各地区、各部门和各企业争项目，以及与之相联系的争投资、争外汇、为本单位捞实惠的不正常现象，使这些项目在这些单位的技术改造方面切实有效地发挥作用，并带动本部门的技术进步。

2. 进一步改变过去形成的科学研究的重点在研究院、所和高等院校的局面，把重点转移到作为国民经济主战场的企业中来，从根本上克服科学研究与企业生产脱节的现象，有效地发挥科学研究在企业技术改造中的作用。为此，需要采取有力措施，促使科研和设计单位进入大中型企业。

3. 今后必须继续坚持并扩大技术引进，以促进企业的技术改造，但重点还是要放在自力更生上。对于技术引进已经达到一定规模的行业来说，在一定时期内，要把重点转到吸收、创新、国产化和推广上来，克服当前存在的重复引进，重引进、轻吸收创新和国产化等方面存在的困难重重、进展迟缓的局面。

4. 1979 年以来，基本建设投资在固定资产投资中的比重已显著下降；与此相适应，技术改造投资的比重明显上升。但还要继续逐步地把固定资产投资的重点转到技术改造方面来。同时还要注意克服技术改造方面的"外延化"现象。为此，在银行贷款方面也要采取相应的措施。

5. 高技术产业在技术进步中起着先导作用，是产业技术升级的重要条件。而且，我国已经初步建立了高技术产业，并拥有高技术攻关的能力。因此，对高技术产业的技术进步和技术改造必须给以足够的重视。但是，它并不能成为这方面的重点。重点要放在主体产业上。所谓"主体产业"，包括农业、基础设施业、基础工业、装备工业和消费品工业，它们是提供基础设施、技术装备、消费品和出口产品的主要产业，并制约着高技术产业的发展，是国民经济的支柱。因此，如果只重视高技术产业，而不把重点放在主体产业上，对社会主义现代化事业，将会发生不利的影响。

6. 长线产业和短线产业都要注意技术改造。但从相对意义上看，更需要看重短线产业的技术改造，使其具有一定的超前性。

7. 企业技术改造无疑具有增加产量的作用，但重点要放在节约能源，降低原材料消耗，提高产品质量档次，发展名、优、新产品和短线产品的生产，增加出口和进口替代产品方面。需要着重指出的是：强调把企业技术改造的重点首先放在节约能源和原材料消耗方面，不仅因为它们是当前严重制约我国经济发展的短线产品，而且在于这方面的节约潜力很大，并对降低生产成本起着决定性作用。据有关专家对 1987 年我国国有工业企业产值构成的分析，劳动成本占产值的 2.4%，固定资产折旧成本占 7.3%，原材料成本占 63.6%，其他成本和盈利占 26.7%。

8. 电子技术对各产业部门的渗透程度，已经成为当代衡最技术进步的重要标志。电子和机械的结合，也已成为现代技术装备的主流。我国在这方面已经取得了显著成就，但传统工业的多数还是使用五六十年代的、落后的技术装备。因此，要努力用电子技术改造传统产业，各企业也要着重抓好与电子技术相结合的产品开发。

要实施上述政策，需要相应地建立支撑体系加以保证。主要是国家要在财政税收（包括税种、税率和折旧率等）、信贷（包括贷款规模、构成和利息率等）、价格（包括优、名、新产品价格等）、物资供应和教育（包括教育投入和教育结构的改革等）等方面采取促进企业技术改造的措施，并在行政和立法等方面给予保证。在某些重要方面，还需要从当前具体情况出发，采取有利于企业技术改造的特殊措施。比如，我国"一五"以来陆续建立的许多大中型企业，至今仍在国民经济中占有重要地位。但它们长期没有得到改造，设备严重老化，亟待改造和更新。而在当前，单纯依靠企业自己的力量，又难以承担这项任务，这就需要国家税收、信贷和外汇等方面给予支持。又如，1979 年以前，由于受到"左"的错误的影响，包括科技人员在内的知识分子问题并没有得到解决，他们的积极性受到了压抑。在此之后，这方面的情况有了很大改进，但有些问题（如脑力劳动和体力劳动报酬倒挂问题）仍然没有解决。如果在这些重要问题上继续顾虑重重、迟疑不决，就势必贻误时机，对企业技术改造产生不利影响。

对中国 90 年代适度经济增长率的
预测和分析 *
——从经济的适度增长论起

　　我国社会主义建设的实践证明：要实现国民经济的稳定、持续、协调发展，首先必须实现经济总量的基本平衡。而要实现经济总量的基本平衡，最重要的是要确定适度的经济增长速度。当然，要达到经济总量的基本平衡，还要在物资供需、财政收支、信贷存放和外汇收支方面实现平衡，特别是要做到货币按社会主义商品经济发展的需要发行。但所有这些，都会受到经济增长速度的制约。所以，实现经济总量的基本平衡的关键，是确定适度的经济增长速度。

一、 适度的经济增长速度的提出

　　适度的经济增长速度这个概念的提出，既是我国社会主义建设的经验教训的总结，也是人们认识发展的结果。在 1979 年以前的一个长时期内，在社会主义经济建设中曾有过急于求成的"左"的错误倾向。其主要表现就是盲目地、片面地追求经济增长速度，忽视了经济效益的提高、经济的协调发展和人民生活的改善。这种经济发展战略，对我国社会主义现代化建设造成了严重危害。党的十一届三中全会以后，人们总结了

* 本文是为 1990 年 12 月在北京由中国社会科学院工业经济研究所与香港中文大学工商管理学院联合召开的学术讨论会提供的论文。原载《经济学家》1991 年第 2 期。

这方面的教训，批判了"左"的错误，把过去经济发展的运动轨迹概括成一条高速度、低效益、低消费的道路。这个结论，无论就其批判的主要锋芒所向，或者就其总结的历史过程而言，无疑都是正确的。但是，这个结论并没有对经济增长速度过低的情况做出评价，从而也没有提出经济适度增长的问题。

此后，人们又发现，经济增长速度过高，固然会引起经济的失衡和效益下降；但速度过低，经济效益也不好。这种情形在 1979 年以前的某些年份里也曾多次发生，只不过那时人们尚未明确树立提高经济效益是社会主义建设的核心问题的观念，并把低速度增长年份看作是前续高速度增长年份向后续高速度增长年份过渡的必经环节，因此并没有引起人们的广泛注意。但在后来，人们在树立了经济效益的观念以后，就敏锐地意识到这一点。因此，也就提出了经济的适度增长问题。

二、适度的经济增长速度的内容

什么是适度的经济增长速度？我认为，就当前我国的具体情况来说，需要把握以下三点重要内容。

第一，适度的经济增长速度，必须以尽可能地、最大限度地有利于提高经济效益为前提。这里所说的"有利"，不只是指当前一个生产周期，还应包括后续的各个生产周期。从再生产过程的观点来看，好的经济效益不仅是适度的经济增长速度赖以确定的前提，而且是它赖以发展的基础。这样，一方面可以避免速度和效益之间的不良循环，即确定经济增长速度时忽视经济效益，实行结果导致经济效益的下降；经济效益的下降又制约经济速度的增长，甚至导致速度的下降。另一方面又可以在速度和效益之间建立良性循环，即确定经济增长速度时以提高经济效益为前提和基础，实行结果就可以促进经济效益的提高，并进一步促进经济的稳定增长。

要做到适度的经济增长以提高经济效益为前提和基础，一个必要的条件，就是国力能够承受。而且，这种"承受"也不仅是就当前一个生产周期而言，也包括后续各个生产周期。这样的速度就可以使国民经济持续、稳定的增长，从而使经济效益也持续、稳定地提高。

　　第二，我国经济非均衡增长条件下适度的经济增长速度的特点。由于传统的经济体制和经济发展战略的影响，以及改革和发展中的失误，1988 年我国经济又一次陷于严重失衡状态。近年来的经济调整已经取得了显著的成效，但并没有根本改变经济失衡的状态。而要根本改变这一点，特别是改变加工工业和基础产业的失衡状态，则需要较长的时间。这是其一。我国经济非均衡增长更为长期的原因还在于：改变当前的二元经济结构不是短期能奏效的。工业中的现代技术基础为工业的迅速增长提供了可能；而农业中的传统技术基础则限制了这一点。这是其二。我国经济非均衡增长的深层原因在于传统的经济体制，但传统经济体制的根本改革也不是短期的事。这是其三。因此，即使宏经济政策是正确的，也只能在一定时期内大大缓解经济失衡状态，仍然很难根本避免经济失衡状态。在这种情况下，讨论我国经济的适度增长，必须考虑非均衡增长的特点。

　　在经济均衡增长的条件下，当经济增长速度还未上升到足以使各产业部门已有生产能力都能得到充分利用时，只能把不变固定成本分摊到较少的产品上。伴随着经济增长速度的上升，不变固定成本分摊到较多的产品上。直到各产业部门已有的生产能力得到充分利用，单位产品的固定成本也下降到最低点。与这个最低点相对应的速度，就是适度的经济增长速度。可见，经济增长速度与经济效益在一定范围内呈现正相关关系。

　　在经济非均衡增长条件下，经济增长速度和经济效益的关系大体上有三种状态：①当经济增长速度过低时，较多的已有生产能力（既包括长线产品部门，也可能包括短线产品部门）由于总需求不足而处于闲置状态，单位产品的固定成本因此而较高。这时短线产品能够满足长线产品的需要；即使二者之间的供求有缺口，也不会大。②当经济增长速度上升到一定程度以后，由于整个社会生产能力利用率的提高，产品的固定成本随之降低。但在整个社会经济加速增长的同时，长线产品与短线产品之间供求缺口会扩大，致使部分长线产品生产能力由于得不到短线产品的供给而处于闲置状态，从而引起产品固定成本的增加。于是出现了降低生产成本和提高生产成本的两股力量。当这两股力量相等时，产品生产成本就处于由低到高的转折点上。与这个转折点相对应的经济增长速度，就是经济非均衡增长条件下经济效益最佳的增长速度，即适度的经济增长速度。③如果经济增长速度进一步提高，长线产品与短线产品之间的供求缺口会进一步拉大，于是促使生产成本上升的力量会愈来愈强于促使生产成本下降的力量，结果生产成本上升，经济效益随之下降。

如前所述，在这里，适度的经济增长速度的确定，是以长线产品与短线产品之间存在缺口为前提的。如果这个缺口缩小，适度的经济增长速度值就会相应上升；而当这一缺口消失，经济处于均衡增长状态时，适度的经济增长速度值就会达到最高点。可见，只有当经济处于均衡增长状态时，适度的经济增长值才会达到最高点。反之，对非均衡增长的经济来说，其适度的经济增长速度值必然低于最大值，因而已有生产能力不能得到充分利用。

我们从前面的分析可以得出这样几点结论：①在经济的非均衡增长条件下，按经济效益优先原则确定的适度增长速度，就是与生产成本由低到高转折点对应的增长速度。②以适度增长速度为尺度衡量的增长速度过低和过高两种状态，都会提高生产成本，引起经济效益下降。③非均衡经济中的适度增长速度随长线产品和短线产品之间的供求缺口的缩小而上升。④直到经济处于均衡增长时，适度的经济增长速度才能达到最高值。

第三，我国经济周期波动条件下，适度的经济增长速度的特点。在传统的经济体制下，存在投资膨胀的机制，导致周期性的经济失衡和经济波动。经济体制改革以来，中央政府向地方政府、经济部门和企业实行了扩权让利，形成了多元的经济利益主体。但与此同时，并没有在企业、市场和宏观调控方面形成相应的约束机制、诱导机制和调控机制，因而导致了投资需求和消费需求的双膨胀。要完成传统经济体制的根本改革，基本实现由旧体制到新体制的过渡需要一定的时间。在这段期限内，经济的周期波动还是难以避免的。即使在宏观经济调控方面采取了正确措施，也只能减小经济波动幅度，而难以根本改变经济的周期波动状态。这样，如果我们忽视经济周期波动这个条件，那就不能把握适度的经济增长速度的特点。

为了说明问题，我们可以按照经济增长速度的高低，把一个经济周期分为以下三种年份：①经济增长速度最高的年份。②经济增长速度中等的年份。③经济增长速度最低的年份。这样，在经济周期波动条件下，适度的经济增长速度的存在形式就有它的特点。在经济发展不存在周期波动的条件下，适度的经济增长速度大体上可以存在于经济发展速度中等的年份；在最高年份或最低年份，由于速度过高或过低，都偏离了适度的经济增长速度。当然，就一个周期来说，也可以把该周期的年平均增长速度看作是适度的经济增长速度。

三、如何确定本世纪 90 年代我国适度的经济增长速度

现在需要进一步探讨的问题，是如何确定本世纪 90 年代适度的经济增长速度。大体上可以有三种办法：一是历史经验法，二是经济数学方法，三是上述两种方法的结合。这里拟采取第一种方法，乍一看，历史经验法似乎没有经济数学方法可靠。但实际上，经济数学方法也还是一种抽象的方法，它无可避免地要舍弃许多具体条件。历史经验法也有其可靠之处。历史经验的考察不能代替对今后条件的分析，但由历史经验考察中得出的数据，却能为今后的经济增长速度提供重要的参照系数。

那么，选择什么指标来反映经济增长速度呢？用社会总产值指标当然未尝不可，但有两个缺陷：一是不能覆盖整个国民经济，因为它只包括农业、工业、建筑业、运输业和商业五个物质生产部门，而把第三产业中的许多部门排除在外；二是未能排除重复计算，内含了一定程度的虚增因素。采用国民生产总值这个指标来反映经济增长速度，则可以避免这两个缺陷。但是，目前我国经济统计中，只有 1978~1989 年国民生产总值的统计。不过却有 1952~1988 年社会总产值的统计。因此，尽管社会总产值有上述缺陷，我们还是只能用它来反映新中国成立以后的经济增长速度，并据此确定本世纪 90 年代适当的社会总产值增长速度。当然，在确定了这个速度以后，还可以依据近十年国民生产总值与社会总产值速度的对比关系，进一步确定适当的国民生产总值的增长速度。

为了正确地总结历史经验，据此提出的参照数具有更大的参考价值，选用解放后长时期内各个经济周期的年平均增长速度，是较为可靠的。这里需要强调两点：一是各个经济周期包括了经济增长速度的中等、最

高和最低年份。这样，按一个周期计算出来的年平均增长速度，可以大体上反映出该周期内同国力相适应的适度速度。二是各个周期由于经济、技术和政治因素作用不同，其年平均增长速度也可以有很大差别。这样，按新中国建立以后包括各个周期在内的一个长时期计算出来的年平均增长速度，就更能可靠地反映出该时期内同国力相适应的适度速度。因此，我们对包括经济发展第一周期（1953~1955 年）、第二周期（1956~1957年）、第三周期（1958~1969 年）、第四周期（1970~1977 年）、第五周期（1978~1984 年）和第六周期（1985~1987 年）在内的 1953~1987 年社会总产值年平均增长速度做了计算，结果为 8.6%，以此作为确定今后经济增长速度的参照系数。

现在，我们再依据社会总产值与国民生产总值的年平均增长速度的对比关系，计算出作为今后年平均经济增长速度参照系数的国民生产总值的增长速度。由于统计资料的限制，只能计算 1979~1988 年这十年社会总产值与国民生产总值年平均增长速度的对比关系为 1∶0.86。按这个对比关系计算，作为今后 90 年代年平均经济增长速度参照系数的国民生产总值增长速度为 7.4%。

当然，这也仅仅是参照系数。要确定这个参照系数在多大程度上适用于本世纪 90 年代适度的经济增长速度，需要着重考虑以下两个方面的情况：一方面，由于传统的经济体制和经济战略的影响，即便是依据长期历史经验提出的国民生产总值增长 7.4% 的速度，也是偏高的。另一方面，如果今后我国经济体制和经济战略的转换，以及与此相联系的社会主义现代化建设能够顺利进行的话，我国便有了提高经济增长速度的有利条件。基于以上两方面的考虑，可以设想本世纪 90 年代我国国民生产总值适度增长速度为 7% 左右。

然而，如前所述，在存在经济周期波动的条件下，这种适度的经济增长速度只存在于经济增长速度中等年份，最高年份或最低年份则会高于 7% 或低于 7%。那么，高于 7% 的上限或低于 7% 的下限以多少为宜呢？这就需要对制约上限和下限的因素进行分析。

我国社会主义建设的历史经验表明：经济高速增长的主要危险来自工业。而且，在今后一个时期内也还是如此。这不是偶然的。在新旧经济体制交替时期，作为工业主体的国有制工业中，既存在着投资膨胀的机制，又存在着消费需求膨胀的机制。而分配方面存在的某种供给制因素（如低房租和粮食、食油等方面的价格补贴），又大大助长了消费需求膨胀。因而，在投资和消费两方面都存在着推动工业高速发展的强大动因。而工业的现代技术基础，又为这种高速增长提供了强有力的物质手段。农业方面实行的家庭联产承包责任制，则把激励机制和约束机制结合起来，不存在工业方面那样的膨胀机制，也不存在工业中那种供给制。农业中传统的落后技术还限制了农业的发展速度。

基于这样的分析，我们可以从主要的意义上把制约经济高速增长上限的因素，归结为制约工业高速增长上限的因素。而工业的高速增长，受到农业、能源、原材料和交通运输等基础产业的制约。当前工业与这些基础产业的严重失衡，在许多方面都是建国以来少有的。这就从根本上限制了我国工业增长的最高速度。因此，从主要意义上说，也就限制了我国经济增长的最高速度。在这种情况下，经济增长最高速度的上限区间，以国民生产总值年增长率 9% 左右为宜。

制约下限的因素与制约上限的因素很不相同。在这方面，既有社会主义经济发展的要求，又有我国当前具体情况的限制。主要有以下几点：

第一，社会主义经济要求不断地实现扩大再生产。因此，一方面需要逐年增加一定数量的固定资金和流动资金，特别是需要满足作为当前国民经济发展瓶颈的基础产业对于基本建设投资的需要。另一方面外延扩大再生产方式在当前仍占有重要的位置，每年需要增加一定数量的劳动力。1988 年，我国社会劳动者总人数达到 54334 万人，比 1978 年增加 14182 万人，每年平均增加 1418.2 万人。[1] 在本世纪 90 年代，每年增加的劳动者的数量仍然是很大的。因而每年需要增加巨额的劳动报酬基金。

第二，在社会主义经济正常发展的条件下，伴随着生产的增长，需要不断提高人民物质文化水平。而在这方面，我国正面临着巨大的压力：既有原有人口提高生活水平的压力，又有新增人口提高生活水平的压力；既有在职劳动者提高生活水平的压力，又有退休劳动者提高生活水平的压力。在所有这些方面，需求数额都是很大的。到 1989 年末，我国人口总数已经达到 111191 万人。在 1986~1989 年这 4 年中，每年增加人口

---

[1]《中国统计年鉴》（1989），第 101 页。

1500 万人左右。这种情况还将持续多年。到 1989 年末，全国职工人数已达到 13740 万人。1978~1988 年，我国离休、退休和退职职工人数由 314 万增加到 2115 万人，他们与在职职工人数之比由 1：30.3 提高到 1：6.4。[①] 今后，退休职工人数还会有巨大增长。根据有关单位的抽样调查和预测，当前我国 60 岁以上的老龄人口在全国人口中的比重为 9%；2000 年将达到 10.18%。

现在的问题是：上述各项需求的满足，主要是靠由提高经济效益带来的新增国民收入，还是主要靠由经济速度带来的新增国民收入？在本世纪 90 年代，我国仍处于由外延扩大再生产为主向内涵扩大再生产为主过渡的过程中。这样，由提高经济效益带来的国民收入在新增国民收入总额中比重虽然会上升，但仍不会占主要地位；而由经济速度带来的国民收入在新增国民收入总额中的比重虽然会下降，但仍占主要地位。正是这一点，从根本上规定了在上述期间内我国经济增长速度不能太低，下限以国民生产总值年增长率 5% 左右为宜。如果经济增长速度太低了，就难以满足上述各项要求。

总之，在本世纪 90 年代，我国经济适度的增长率以 7% 左右为宜；其上限约为 9%，下限约为 5%。

这里需要着重指出：在我国今后一段时期经济增长难以避免周期波动的情况下，探讨这些问题，对于国家实行宏观经济调控是十分重要的。这是因为：①它为实行正确的宏观经济管理确定了一个重要目标，即实现适度的经济增长率。②在经济过热年份，为实行有效的宏观调控划出了一条警戒线，即经济增长率达到上限时，就必须实行紧缩政策。③在经济低速增长年份，也为实行有效的宏观调控画出了一条警戒线，即经济增长率达到下限时，则必须实行扩张政策。

四、控制经济适度增长的措施

在现阶段双重体制并行的条件下，即使中央计划机构能够提出比较

---

① 《中国统计年鉴》（1989），第 87、152 页；《人民日报》1990 年 2 月 21 日。

适当的增长速度指标，对社会也只能起到某种导向或指示作用。根据一个时期以来的经验，实际达到的增长速度往往与政府提出的指标相去甚远。这在一定程度上反映了中央政府对宏观经济运行的调控能力的减弱。目前，按市场调节原则建立的资源配置机制，尚处在发育不足且比较混乱的阶段，适当加强中央政府的权力是必要的。但与此同时，不能放弃借助间接手段调控宏观经济的努力，因为后者代表了宏观经济管理体制改革的长期方向。具体地说，近期应在如下几个方面取得进展：

第一，严格控制货币发行量。无论影响货币发行的原因多么复杂，要求增发货币的压力来自何方和多么强大，通货膨胀毕竟是由银行多发钞票造成的。这个关口应该有一套严格的把关制度。今后一个时期内，可按照国民收入增长、经济货币化进程和货币流通速度减慢的需要，加上一定的余数确定每年的货币发行量。要加强货币发行的独立性、科学性和可监督性，建立中央银行定期向全国人民代表大会报告货币发行工作、发行方案由全国人大批准的制度。

第二，严格控制财政支出，努力减少直至消除财政赤字。10 年改革，9 年财政赤字；如果扣除债务收入，则年年有赤字。总额达 600 多亿元的财政赤字，构成了总需求膨胀的重要推力。出现大量财政赤字的原因，在收入方面，是国民收入分配重心的转移，中央收入份额减少；在支出方面，主要是行政管理费用和各种补贴开支的迅速增加。近年的财政赤字主要靠发行公债平衡。但借债要还本付息，必然增加以后的财政负担。特别是我国已开始进入还债高峰期，这方面的压力会显著增加。因此，从财政口子堵住需求膨胀的根本办法，仍是采取严格有效的措施控制支出，尤其是行政管理费用和财政补贴的支出。同时，要努力提高经济建设和科教文卫等方面支出的使用效率，争取用较少的钱办较多的事。在收入方面，鉴于目前中央政府责任与财力不对称的状况，可以适当提高财政收入占国民收入和中央财政收入占全部财政收入两个比重。但幅度不宜过大，以避免以往集中过多的弊端。

第三，多种方式配合，事先控制固定资产投资规模。控制固定资产投资是防止经济过热的关键环节。近年调控固定资产投资的机制，具有以行政性方式为主、力度过大、事后实行等特点。这套方法虽有见效快的优点，但也伴有经济降速过猛、半截子工程浪费严重、放松控制后投资冲动回复迅速等问题，因而其调控成本是相当高的。解决投资膨胀问题的基础，是改变投资者收益与风险不对称的机制。在微观层次的改革短期内没有大的进展的条件下，宏观层次对投资规模侧重于行政手段的控制，几乎是不可避免的。但目前的控制办法需要从多方面改进：①控制的着眼点应由事后转向事先，根据已确定的适当的国民经济总量增长速度，测算出相应的固定资产投资增长速度。②运用投资计划指标、信贷规模、贷款利率、税率等杠杆，把投资限定在已定的规模之内。③不论采取何种控制手段，都应把总量控制与产业结构，企业结构的调整结合起来，以增加投资的有效供给，提高投资的经济效益。

第四，控制消费规模，引导个人收入的合理增长与分配。消费膨胀控制难度大于对投资膨胀的控制，必须采取综合治理的方法：①把收入增长等同于消费增长，包含了一个概念上的错误。个人收入实际上分为个人消费与个人储蓄两部分。不过，个人收入增加终究是个人消费增长的前提。个人收入不适当地过快增长，很容易引起消费的相同反应。在企业内部尚未形成有效地抵制工资侵蚀利润行为的机制时，国家要进一步推广并完善工资总额与经济效益增长挂钩的办法。完善的方向，一是确定更恰当的挂钩系数，既要使职工收入增长低于劳动生产率的增长，又要切实贯彻多劳多得的原则，尤其要重视提高奖金的刺激力。二是建立一套严格的督察制度，增加收入分配的透明度。对目前为数不小的"灰色"和"黑色"收入，要通过单位和个人申报，他人举报，有关单位核查等办法使之"曝光"，并纳入收入分配管理渠道。②作为职工收入增长另一重要形式的实物发放，不具备转向投资的可能性，有很强的消费膨胀推力。实物性收入的透明度低，控制难度更大，应从控制集团消费入手，并定期由独立的审计机构对企业会计账目实行严格检查。③相对地说，职工收入仍是国家比较容易控制的一个领域。而在国家直接控制不及、间接控制又未确立的领域，如流通领域的某些方面，寻租活动集中，大量收入非法流入个人腰包，更导致消费畸形超前。在这些领域，政府必须改变其软弱无力的形象。要坚决打击各种非法牟利活动，坚持以法治税，加强税收队伍建设，尽快扭转偷漏税面广量大的局面。④引导个人收入向储蓄和投资转化，是抑制消费膨胀的另一个重要方面。近年虽然居民储蓄大幅度增加，但金融结构仍以银行储蓄存款为主。这种金融结构一旦遇到严重的通货膨胀预期，极易出现储蓄向消费的回流，短期内形成大的消费高峰，引起市场和整个经济的剧烈波动。维持和适当提高储蓄在居民收入中的比重，对保持金融和经济形势稳定无疑是必要的。与此同时，应逐步增加居民储蓄中能够在通货膨胀条件下保值和增值的中长期金融形式（如股票和金融债券）的份额。

90 年代深化经济体制改革若干问题探讨 *

　　党的十一届三中全会以前，我国经济体制已经进行过两次改革，一次是 1958 年，一次是 1970 年。这两次改革都是在产品经济的框架内进行的，没有找到改革的正确方向。正是这一点从根本上决定了这两次改革的失败。但在党的十一届三中全会以后，改革方向已发生了根本性的转变。总的说来，改革循着社会主义有计划的商品经济这个正确方向，已经取得了举世瞩目的成就，并积累了丰富的经验。与此相联系，我国在发展经济和提高人民生活水平方面也获得了前所未有的成效。但是，这 10 多年改革进程中，在改革与发展、改革的目标选择、改革本身各环节的配套以及经济改革与政治思想建设之间关系的处理等方面，也存在诸多失误。总结 80 年代改革的经验教训，对于顺利推进 90 年代的改革，显然是十分必要的。

一、经济改革与经济发展问题

　　依据马克思主义的理论和我国当前的具体情况，经济体制改革和经济发展的关系可以归结为：一方面，改革要为发展服务，要促进发展；另一方面，发展要为改革创造条件，要有利于改革。大体上可以认为，这是马克思主义关于生产关系与生产力相互关系的基本原理在我国当前

* 原载《经济研究》1991 年第 6 期。

具体条件下的运用。

从这一点出发，并从总的方面说来，10 多年的改革，是促进了发展的，而发展又为改革创造了条件。比如，从 1978 年到 1990 年，按可比价格计算，国民生产总值每年平均增长 8.8%，显著高于 1953 年到 1977 年平均增长 6.1% 的速度。1979 年到 1990 年居民平均消费水平，扣除物价因素，平均每年提高 6.5%，比 1953 年至 1978 年平均每年提高 2.2% 的速度，也要快得多。[①] 显然，经济增长和生活提高，主要是由改革推动的，并在物质和精神等方面为今后深化改革准备了条件。这一点在农村表现得尤为明显。比如，1953~1977 年，农业总产值平均每年增长 3.1%，而 1978~1990 年平均每年增长 6.2%，其中 1978~1984 年平均每年增长 7.7%。[②] 改革以后的 10 多年，农村的非农产业（包括工业、建筑业、运输业和商业）增长速度更高。1978 年农村非农产业占农村社会总产值的比重为 31.4%，1990 年上升到 54.6%。[③] 改革后农村经济的迅速发展，是以下三项改革的巨大成果：一是家庭联产承包责任制的普遍实行；二是农产品价格的调整和改革；三是以公有制为主体的多种经济成分的巨大发展，以及与此相联系的农村非农产业的高速增长。而就 1978 年到 1984 年这段时间来看，可以毫不夸张地说，农业改革和发展之间形成了良性循环：家庭联产承包制的逐步普及，推动了农业生产的发展；农业生产的逐步发展，又促进了家庭联产承包制的普及。

但改革 10 多年来，在改革与发展的关系上，也有沉痛的教训。当然，这方面的情况，同 1958 年和 1970 年的改革，是有重大区别的。1958 年改革的失败，除了由于改革方向上的失误以外，也由于在急于求成感想指导下，错误地采取了群众运动的方法，并在 1957 年底至 1958 年 6 月中旬的半年多的时间内，仓促地把当时中央政府所属的 80% 左右的企业事业单位下放给地方管理。[④] 但没有（也不可能有）相应地形成中央政府对地方政府有效的调控机制。这样，这次以中央政府向地方政府下放经济管理权限为主要内容的经济管理体制改革，虽然有利于调动地方政府

---

① 《人民日报》1991 年 2 月 27 日第 4 版。

② 《中国统计年鉴》（1990），第 57 页；《人民日报》1991 年 2 月 23 日第 2 版。

③ 《中国农村统计年鉴》（1989），第 49 页；《人民日报》1991 年 2 月 23 日第 2 版。

④ 详见笔者主编：《新中国工业经济史》，经济管理出版社 1986 年版，第 220~227 页。

发展地方经济的积极性，但却造成了国家在管理经济方面的严重失控，大大助长了国民经济盲目发展和"大跃进"，以致这种即使在产品经济框架内的改革，也缺乏必要的宏观经济环境，而不得不从 1958 年底开始陆续收回中央政府下放给地方政府的各项经济管理权限，宣告了这次改革的失败。1970 年的改革，在这方面差不多犯了同样的错误，也导致了改革的失败。1979 年以后，在党的十一届三中全会正确思想指导下，不仅在改革方向上发生了根本性的转变，而且批判了上述与急于求成指导思想相联系的错误做法。因而对经济发展起了良好的作用。这一点，在 1979 年至 1983 年间表现得尤为明显。但是，在这期间，无论是急于求成的指导思想，或者是一哄而起的做法，都没有完全改变。尤其是改革的配套方面，我们做得很不够。由此形成的后果是：一方面，出现了多元的经济利益主体（包括多种所有制企业和国有经济中的国家、部门、地区和企业），以及与此相联系的多元的利益激励机制；另一方面，并没有在企业、市场和宏观经济管理方面形成有效的约束机制、诱导机制和调控机制。这样，不仅没有消除传统经济体制中的投资膨胀机制，而且在 1984 年以后强化了这种机制；不仅把传统体制下长期以隐蔽形式存在的人们购买力超过商品供应量的矛盾外表化了，而且形成了新的消费膨胀机制。因而，在 1984 年和 1988 年又发生了两次经济过热。这是说的经济改革对经济发展所造成的不利影响及其教训。这是一方面。

另一方面，在这期间经济发展对经济改革也发生过不利影响。比如，由于理论和经验的准备不足，没有有效地利用 1980 年初开始出现的某些重要生产资料（如机电产品）买方市场，大踏步地推出价格改革，致使失去了一次作为改革关键的价格改革的良机。然而更严重的问题在于，1982 年以后，经济增长方面的急于求成思想故态复萌，提前"翻番"之风又起，终于导致了 1984 年和 1985 年的经济过热和失衡。1986 年虽然进行了经济调整，但由于急于求成思想的强大惯性作用，再加上错误运用西方经济学的影响，这次调整工作实际上并未认真进行，终于导致 1988 年更为严重的经济过热和失衡。这两次经济过热和失衡，给改革带来了严重后果。主要是：不仅已经拟定的改革措施不能出台，而且已有的改革成果也不能巩固（如不合理的比价复归和平均主义的复萌等）；不仅不能进一步改革旧体制，而且在经济过热的环境下还需要在某种程度上复活旧体制的某些要素；不仅不能进一步发挥计划调节的优越性，而且还强化它的局限性；不仅不能充分发挥市场调节的正效应，而且在经济过热以及与此相联系的经济秩序混乱的情况下，会诱发、放大它的负效应；不仅不能赢得改革的时间，而且需要耗费时间先来治理经济环境和整顿经济秩序，为深化改革创造必要的宏观经济条件。

诚然，1989 年下半年开始的治理整顿，在消除经济过热、缓解经济总量失衡方面已经取得了显著的成效。主要表现是：①国民生产总值的年增长速度由 1988 年的 10.9%下降到 1989 年的 3.6%，1990 年只微升到 5%。[1] ②1989 年国内总供给大于总需求的正差率达到 15%，1990 年上半年进一步上升到 17.7%。[2] 1989 年，包括煤炭、钢材、有色金属和化工原料在内的 22 种主要物资资源总值 2036 亿元（包括国内生产和进口，下同），比上年增长 3.5%；使用总值 1985.7 亿元；比上年减少了 1.5%；年末库存 411.4 亿元，比上年末增长 13.8%。1990 年，22 种主要物资资源总值 2054 亿元，比上年增长 1%；使用总值 2012 亿元，比上年增长 1.3%；年末库存 453.6 亿元，比上年末增长 10.3%。1989 年，县以上工业全部产成品库，存总值 1530 亿元，比上年增长了 61.6%；1990 年 1—11 月，库存达到 1978 亿元，比上年同期增长了 33.6%。1990 年 12 月末，粮食和食用植物油库存分别达到了 11981.9 万吨和 371.6 万吨，分别比上年同期增长了 27%和 21.2%。③全国零售物价总指数，1988 年比上年提高了 18.5%，1989 年比上年提高了 17.8%，1990 年只比上年提高了 2.1%。[3] 需要着重指出：近年来，计划内外价差大大缩小，有些产品甚至出现倒差价现象。主要是作为生产资料的煤炭计划内外价差率从 1989 年的 134%缩小到 1990 年的 62.3%，钢材从 24.1%缩小到 6.8%，纯碱从 310%缩小到 10%，烧碱从 150%缩小到 11%。在消费品零售价格中，1990 年上半年与上年同期相比，国家定价的商品上涨 8%，国家指导价的商品价格下降 0.4%，市场调节价的商品价格下降 5.3%。[4] 由于 1989、1990 年农业连续两年丰收，主要农产品计划内外的差价也已大大缩小。这些主要数据表

①《中国统计年鉴》(1990)，第 33 页；《人民日报》1991 年 2 月 23 日第 1 版。

②《中国社会科学院研究生院学报》1990 年第 6 期，第 2 页。

③《中国统计年鉴》(1990)，第 251 页；《人民日报》1991 年 2 月 23 日第 2 版。

④《中国物价》1991 年第 3 期，第 8 页。

明：经过近年来的治理整顿，相对宽松的经济环境已经开始出现。这就为深化改革创造了有利的宏观经济环境。

本来，应该利用这种环境来推进作为改革关键的价格改革。但由于多种原因（其中包括缺乏充分的经验准备），又一次失去了这个良机。诚然，有关部门已经决定，从今年4月1日起，取消统配水泥企业生产的水泥价格双轨制，实行计划内外统一出厂价格。[①]但是，近年来我国实行的紧缩政策，实际上只是财政上的紧缩，在信贷方面仍然是很宽松的。1989年银行贷款达到了1850亿元，比上年增长了17.6%，为国民生产总值增长幅度的4.9倍；1990年11月末又上升到2125亿元，全年增长幅度同1989年不相上下，又成几倍地超过了国民生产总值的增长幅度。[②]这就意味着近年来我国经济中已经潜藏着通货膨胀的危险。而今年第一季度全国乡及乡以上工业完成工业总产值5142亿元（按1990年不变价格计算），比上年同期增长13.7%。即使把去年第一季度基数较低的因素考虑在内，这种速度也是很高的。特别是其中主要作为加工工业的轻工业增长了15.9%，远远超过了原煤增长2%、钢增长5.2%的速度。[③]这就开始露出了经济走向过热的苗头。在这种情况下，即使要在价格改革方面迈出大步（如把当前实行价格双轨制的许多重要生产资料实行并轨），也比去年要难得多了。

依据上面分析，可以得到这样的结论：①经济改革要为经济发展服务。这不仅是因为改革是实现发展的最重要手段，而且因为发展是改革能否起步，起多大步和能否继续进行的最重要条件。实践已经反复证明：那种把改革放在首位的看法，并不符合经济发展的实际。②经济发展要为经济改革提供有利的条件，主要是创造相对宽松的经济环境和提供相对充裕的、支持改革的财力。实践也已证明：那种认为改革不需要相对宽松经济环境、可以在紧张的经济环境中实现的想法，也是脱离实际的。③经济改革要有效地利用经济发展提供的有利经济环境。在传统经济体制没有根本改革以前，作为经济周期波动的最主要根源并没有消除，这种波动就不可避免。即使宏观经济决策是正确的，也只能降低波动幅度，

①《经济日报》1991年4月3日第1版。

②《经济日报》1990年10月17日第1版、1991年1月10日第1版。

③《人民日报》1991年4月7日第1版。

而不可能根本消除这种波动。这样，避开经济周期的上升阶段和波峰阶段，抓住经济周期下降阶段和波谷阶段的有利时机，大踏步地推进作为改革关键的价格改革，就是一件具有十分重要意义的事。这样说，当然不排除在经济周期的上升阶段和波峰阶段，实行小步、持续、均衡、配套的价格改革。经济改革要有效地利用经济发展提供的有利时机，特别是利用经济周期下降阶段和波谷阶段推进价格改革，也是正确处理改革和发展关系的一个重要方面。而这一点，直到目前为止，实际上并未真正引起有关方面的充分注意，并付诸实践。因而提出这一点是很有必要的。历史经验表明。能否正确地处理经济改革与经济发展的关系，是顺利实现 90 年代改革任务的一个重要条件。

二、经济改革与社会政治稳定问题

在我国当前条件下，对经济改革和社会政治稳定的关系可以做这样的概括：社会政治稳定是经济改革赖以顺利进行的一个基本政治前提；而经济改革又是实现社会政治长久稳定的根本途径之一。这一点，似乎也可以看作是马克思主义关于经济基础与上层建筑、生产力与生产关系相互关系的基本原理的具体运用。

改革的 10 多年来，总起来看是较好地处理了经济改革与社会政治稳定的关系的。改革以来，坚持贯彻了党在社会主义初级阶段的一个中心（社会主义经济建设）、两个基本点（四项基本原则和改革开放）的基本路线，从根本上保证了社会政治稳定，为改革的顺利进行提供了一个安定的社会政治环境。同时，改革使社会主义制度的优越性得到了更好的发挥，大大促进了社会生产的发展，大大增强了综合国力，并显著地改善了人民的物质文化生活，从而促进了社会政治稳定。但这并不意味着我们在处理经济改革与社会政治稳定的关系上，就不存在任何问题了。举其大者有：①在一段时间内忽视了政治思想上的斗争，放松了思想政治工作，造成了社会主义思想道德面貌大滑坡。②由于经济改革多方面的失误，再加上经济发展战略上的失误，造成经济过热、物价大幅度上升、部分群众实际生活水平下降和部分官员腐败，以及在平均主义复归的同时又发生了新的、部分社会分配不公现象。这些都是没有处理好经济改革与社会政治稳定关系的重要例证。

然而，如果说在1989年那场政治风波发生之前的一段时间内，在推进经济改革时，对社会政治稳定有某些忽视的话，那么，在这之后的一段时间内，又出现了过分强调社会政治稳定，而对深化改革有某种忽视的议论。近年来，经常可以听到这种流行说法：在当前治理整顿时期，为了社会政治稳定，深化改革难以迈步。这是一个涉及贯彻党的十三届七中全会提出的在今后10年内初步建立社会主义有计划商品经济的新体制的大问题，需要认真地澄清。

有人之所以提出搞改革就会影响稳定的议论。第一是由于没有正确把握改革与稳定的关系。社会政治稳定虽然是经济稳定的前提，但经济稳定却是社会政治稳定的基础。很难设想，如果经济得不到稳定发展，国力得不到进一步增强，人民生活得不到稳步提高，社会主义制度优越性得不到充分发挥，社会政治能够有长期的稳定。而要实现经济的稳定发展，就需要进行改革，消除即时体制中的膨胀机制，建立与社会主义有计划商品经济发展要求相适应的、计划调节与市场调节相结合的运行机制。所以，从长远看，在坚持社会主义方向前提下进行经济体制改革，是实现社会政治稳定的一条最基本的途径。当然，如果经济体制改革搞得不好，也确实会影响稳定。但这种后果，大体上只是在下述三种场合才会发生：一是改革走偏方向，把作为社会主义制度自我完善的改革，搞成了资本主义化；二是改革超过了社会、企业和群众的承受能力；三是处理改革重大问题上有失误。只要坚持党在社会主义初级阶段的基本路线，按照社会的实际承受能力，妥善地处理改革中的各种重大问题，上述三种情况都是可以避免的。所以，如果认为改革注定要影响社会政治稳定，是缺乏根据的。如果因此而在深化改革面前却步不前，更是不妥的。

第二是由于不能全面地观察治理整顿给社会承受力带来的变化。就拿作为改革关键的价格改革来说，在治理整顿的一定期限内，伴随着经济增长率和经济效益的下降，社会承受力有降低的一面。但是，经过一年多治理整顿，当前经济总量失衡状况有了很大改善，许多基本生产资料和生活资料的计划价与市场价的差距大大缩小了。在这种情况下推行价格改革给社会带来的压力降低了，或者说对社会承受力的要求下降了。

这就为推进价格改革创造了更为有利的条件。

　　第三是由于不能准确地把握社会承受力，心中无数。仍以价格改革为例。为了使得价格改革能够顺利进行，必须做到不超过国家、企业和人民群众的承受能力。而在我国当前条件下，许多基础产业的产品价格偏低，许多加工工业产品价格偏高，因而在价格改革过程中，价格总水平在一定程度上的上扬，是不可避免的。这就要求做到物价总水平上涨幅度要与经济增长、人民生活水平提高速度相适应。改革以来的经验证明：物价上涨幅度低于同期经济增长率，也低于同期居民收入增长率，社会生产得到发展，人民生活得到改善，各方面的矛盾都比较少；反之，矛盾就多。有关部门对近 11 年零售物价上涨率、国民生产总值增长率和城镇居民每人平均生活费收入增长率的测算，大体上可以证明这个趋势。

零售物价、国民生产总值、居民生活费收入的指数比较（以零售物价指数为 1）

	"五五"末期 （1979~1980 年）	"六五"时期 （1981~1985 年）	"七五"前四年 （1986~1989 年）
零售物价	1	1	1
国民生产总值	1.036	1.065	0.965
居民生活费收入	1.133	1.056	1.037

　　由上表可知，"五五"末期和"六五"时期零售物价指数均低于经济增长指数和居民生活费增长指数，三者之间的关系较为协调，因而各方面的情况都比较正常。而"七五"前四年，尽管零售物价指数还低于居民生活费收入指数，但已高于经济增长指数，三者的关系不很协调，各方面的矛盾也比较多。

　　依据上述情况，如果 90 年代国民生产总值年平均增长率 17% 是妥当的话，[①]那么，居民生活费收入年平均增长率宜安排在 6.5% 以下，零售物价总水平年平均增长率宜安排在 6% 以下。这样，就既能保证价格改革的顺利进行，又不会超过国家、企业和人民群众的承受能力。所以，如果能够坚持控制经济总量的方针，使得社会总需求和社会总供给能够实现基本平衡，社会经济环境比较宽松，不会发生由经济过热导致的通货膨胀，那么 90 年代就可以在零售物价总水平年平均增长率 6% 以下的空间

---

①详见拙文：《论经济的适度增长》，《经济管理》1990 年第 9 期。

内推进价格改革。而这种改革并不影响社会政治稳定。

再以劳动制度改革为例。要使企业成为自主经营、自负盈亏的商品生产者，一个重要条件就是要解决企业的生存刚性问题，为此要解决职工就业刚性问题，要改革"铁饭碗"的劳动制度。但现在对这项改革，一是担心带来大量失业，二是担心缺乏财力建立失业保障制度，影响社会稳定。应该说，这种担心是有道理的。但在这方面也要做出恰当的估计。以失业数量来说，不仅要计算由于劳动制度的改革而把国有企业现存的大量隐性失业变成显性失业，而且要计算国有企业现存的大量空额需要增加的劳动力，还要计算进一步调整产业结构（包括适当地多发展劳动密集型产业，以及第三产业）和发展多种经济成分需要增加的劳动力，也要计算由于劳动制度改革而带来的经济效益的提高，以及由此拓宽的就业门路等。如果做了这样多方面的计算，由劳动制度改革而带来的失业就未必像所想象的那么多。再以建立失业保障制度需要的财力来说，有关专家认为，即使按社会失业达到 2000 万人计算，每年需要失业保险基金 400 亿元。这也是一笔可观的数字，但也不是根本无力筹集的。据统计，1988 年，单是国家对国有企业的亏损补贴就达到了 445.83 亿元。而企业亏损在很大程度上又是与大量的在职失业相联系的。因此，单是改革劳动制度，消除大量在职失业，就可以大大减少国家对企业亏损补贴，从而增加国家用于失业保险基金的支出。更何况今后失业保险基金的筹集，并不需要国家单独拿，而是可以采取国家、企业和职工三方拿的办法。当然，在我国社会主义初级阶段，要像当代经济发达国家那样建立高水平的失业保险是不可能的。但建立适合我国国情的、多层次、低水平的失业保险是有条件的。

与上述担心改革会影响稳定的流行议论相联系，近年来在深化改革的步骤上也出现了一些值得注意的稳重有余的情况。急于求成是改革以来存在的主要的错误倾向，它会使改革受挫；而稳重有余，又会使改革难以迈出应有的步伐。因此，要顺利实现党的十三届七中全会提出的 90 年代的改革任务，需要在党的十一届三中全会提出的解放思想、实事求是思想的指导下，在着力防止急于求成的同时，也要注意克服稳重有余的倾向。否则，90 年代的改革任务就很难实现。

三、有计划商品经济与新改革措施选择问题

社会主义有计划商品经济的提出，可以看作是马克思主义关于社会主义经济理论在我国的一个具有划时代意义的发展，并且这种发展在我国经济体制改革实践中取得了巨大的成就。主要是：正在从单一的社会主义公有制体系，逐步变为以公有制为主体、多种经济成分并存的所有制结构；国有企业正在从国家行政机关的附属物逐步变为独立的商品生产者；单一的按劳分配制度，正在逐步变为以按劳分配为主体、其他分配方式为补充的分配制度；过分集中的计划管理体制，正在逐步变为计划调节与市场调节相结合的体制。理论分析已经证明、改革实践也已开始证明：只有循着社会主义有计划商品经济这个目标继续前进，改革才有可能取得完全成功。

但是，1979 年以来的改革并没有完全摆脱传统体制框架内的某些做法。尽管这些做法只是局部性的，但是它们偏离了上述目标，从而不利于上述目标的实现。这主要是行政性分权和局限于对企业的扩权让利。

就行政性分权来说，1979 年以来，先后实行了地方财政大包干制度、重要工业交通部门的包干制，并建立了行政性公司（这些公司的大部分在近年来的治理整顿过程中被取消了）。其中，地方财政大包干在 70 年代初就实行过，而重要工业交通部门的包干制和大批建立的行政性公司，则是在这次改革过程中新发生的。这些行政性的分权虽然对经济发展起过不同程度的积极作用，但有一个共同点，就是巩固甚至强化了国家行政机关对企业的行政干预，同把企业变成独立的商品生产者这个改革方向是背道而驰的，并对经济发展发生了严重的阻碍作用。就财政大包干来说，它对于调动地方政府增收节支、发展地方经济的积极性起过有益的作用，但同时大大强化了地方政府对企业的行政干预，助长了经济的盲目发展、经济过热、重复生产、重复建设和重复引进、地区结构趋同化、产业结构低度化、企业规模小型化和企业组织结构的"大而全"、"小而全"，以及地区之间的垄断和市场分割。

就改革以来国家对企业先后实行的利润留成、经济责任制、利改税

和企业承包经营责任制来说，流行的观点只是把它们看作改革的措施。这是有道理的。但严格推敲起来，也有值得斟酌的地方。实际上，对待这些措施，是可以而且需要从两方面来考察的。一方面，从它们是由企业作为国家行政机关附属物这个基点，向企业作为独立商品生产者这个目标前进来说，可以把它们看作是建立社会主义有计划商品经济必经的过渡环节，是旨在建立这种商品经济的过渡性改革措施。另一方面，从它们与传统体制下已经实行过的某些改革的联系看，它们也并没有从根本上摆脱传统体制下曾经采用过的分权让利的框框。因此，如果把改革局限到这一步，就可能把它们由建立社会主义商品经济必经的过渡性的改革措施，变成产品经济理论和传统体制也能接受的东西。正因为这些改革措施还没有从根本上摆脱传统体制下分权让利的框框，因而也就没有改变这种体制框框下的经济运行轨迹。就是说，在经济宽松的环境下，国家行政机关可以对企业放权；而到了实行经济紧缩的时候就要收权。1979年以来实行的改革，情况有所变化，但并没有从根本上跳出这个怪圈。

明确这一点，无论对于在理论上正确把握社会主义有计划商品经济的真谛，或者对于在实践上深化经济体制改革，都有重要的意义。显然，要建立社会主义有计划的商品经济，就必须积极创造条件，并且依据条件的变化，在现有改革措施的基础上，把改革继续推向前进。否则，实际上就会在某些重要方面把改革停留在传统体制也能接受的范围内。

即便就当前国有企业普遍实行的企业承包制而论，一方面要看到它是当前巩固和进一步发展企业改革所必须采取的现实选择，它对于调动企业积极性、促进经济发展也有不容忽视的重要作用。如果在条件不具备的时候，轻率地否定它，对于经济改革和经济发展都是很不利的。另一方面也要看到实行这种承包制，并不能真正实现政企分离和所有权与经营权的分离，因而不能使企业真正成为自主经营、自负盈亏、自我发展和自我约束的独立商品生产者。与此相联系，这种承包制还有助长投资和消费膨胀、经济过热和阻碍资产存量调整等不利于经济发展的消极作用。

总之，要进一步建立社会主义有计划的商品经济，就必须要积极创造条件，改革上述的行政性分权，并把分权让利措施继续推向前进，彻底摆脱传统体制框架内的这些改革措施。

值得注意的是，尽管上述的行政性分权和分权让利措施的局限性已经明显的暴露，但当前似乎还缺乏改变这种状况的紧迫感，也缺乏把这些改革继续推向前进的得力措施。不仅如此，就当前正在采取的增强企业活力的某些措施（如赋予企业权利；发展企业集团等）来看，也还没有从根本上摆脱分权让利和行政性分权的框框。这样说，并不否定在当前情况下这些措施在增强企业活力方面的重要意义。例如，《企业法》规定给企业的 13 条权利，北京市的大多数企业只拿到 2.5 条，连首钢那样的改革试点单位，至今还没有外贸自主权和完整的投资自主权。[①] 显然，在这种情况下，赋予企业自主权（即使是不完整的自主权），对于在某种限度内增强企业的活力，是有重要作用的。这样说，也不否定真正按《企业法》的规定把企业应该享有的权利还给企业，同时在市场和国家的宏观管理方面进行相应的改革，可以使得企业成为独立的商品生产者。但从当前的情况来说，能够真正落实到企业的自主权会是很有限的。

问题还在于，由于行政性分权和放权让利等项改革措施的惯性作用；由于深化改革本身及其依存条件的复杂性；由于深化改革是一种权利（包括传统体制形成的权利格局，以及 1979 年以后某些改革失误所形成的不合理权利格局）的再分配，因而会遇到这样那样的阻力，并且会同传统观念发生更加深刻的冲突；由于理论界和经济界在改革目标的选择与实施等问题上还存在着分歧其中包括一些人在这个问题上的动摇；由于深化改革存在着巨大的风险，因而，进一步深化改革的难度是很大的。

基于上述各种情况和各项原因的分析，行政性分权和放权让利措施还可能持续一段时间，甚至可能出现某种凝固化状态。而如果出现这种状态，对实现 90 年代的改革任务是很不利的。所以，要在 90 年代初步建立起社会主义有计划商品经济的经济体制，就必须及早采取得力措施，预防这种凝固化状态的出现。这些措施要涉及诸多方面，但最根本的途径就是要不断提高各级干部的马克思主义水平和党性，坚持走党的十一届三中全会以来形成并由十三届七中全会进一步总结的建设有中国特色的社会主义道路。

---

① 《人民日报》1991 年 3 月 8 日第 3 版。

关于计划与市场关系的几点思考[*]

——兼评几种不同的观点

一、进一步讨论这个问题的条件、意义和方法

江泽民同志《在庆祝中国共产党成立七十周年大会上的讲话》中指出：有中国特色社会主义的经济，"必须建立适应社会主义有计划商品经济发展的、计划经济与市场调节相结合的经济体制和运行机制"；"计划与市场，作为调节经济的手段，是建立在社会化大生产基础上的商品经济发展所客观需要的，因此在一定范围内运用这些手段，不是区别社会主义经济和资本主义经济的标志。"[①] 这就不仅把计划和市场的关系，提到应有的理论和路线高度，而且进一步打破了曾经在我国学术界长期流行的、并在一定条件下又会重复出现的传统观点（即把市场调节看作是资本主义经济特有的、把计划调节看作是社会主义经济特有的），清除了研究这个问题的思想障碍，为这个问题的研究开辟了更为广阔的道路。

诚然，我国建设实践已经证明：计划调节与市场调节不是要不要、能不能结合的问题，而是如何结合得好的问题。但如何结合得好的问题，不单是方法问题，其中也包含着重大的理论原则问题。而在这方面还存在着诸多分歧，主要有以下三种观点：一是认为实现社会生产资源的配

* 原载《中国社会科学院研究生院学报》1991 年第 6 期。
① 《人民日报》1991 年 7 月 2 日第 2 版。

置，要依靠计划调节与市场调节相结合；二是认为主要依靠市场调节；三是认为主要依靠计划调节。显然，这些不同思路不仅涉及我国经济体制改革目标模式的选择，而且涉及我国现代化建设第二步战略目标的实现。因而讨论这些问题是十分必要的。

就当前学术界讨论这个问题的情况看，在方法论上有两点值得首先提出。

第一，计划与市场的关系包括多方面。重要的有：二者在分配社会生产资源功能方面的关系，二者在提高经济效益功能方面的关系。按照马克思主义考察社会经济问题常用的科学方法即抽象法的要求，为了在纯粹形态上考察前一种关系，可以而且必须把后一种关系抽象掉。但现在有的文章在分析二者在前一方面的关系时，提出计划在分配社会生产资源方面有重要作用，市场在提高企业经济效益方面有重要作用。诚然，计划与市场确实各自具有这方面的作用，但从分配社会生产资源的功能方面论述二者的关系时，这种分析实际上混同了这两种不同的功能。这是其一。其二，这种分析不符合抽象法要求，不仅不利于在纯粹形态上从二者在分配社会生产资源功能关系方面论证二者结合的必要，反而把问题搞得很混乱，甚至在实际上否定了市场在分配社会生产资源方面的作用，从而否定了二者在这方面实现结合的必要。

第二，上述第一点，还只是研究这个问题时抽象法运用的一个方面，另一方面就是需要分别地考察二者在分配社会生产资源各自具有的特有功能及其局限性，先把二者结合的具体形式抽象掉。这样做的目的也是在于在抽象形态上从本质上清楚地说明二者结合的必要。但现在有的文章在分析这个问题时提出：这里讲的计划不只是包括原来传统经济体制下早就存在的指令性计划，而且包括指导性计划；这里讲的市场也不是资本主义制度下存在过的无政府状态的市场，而是受到计划调控的市场。这种提法的用意是好的，旨在反对否定计划和市场在分配社会生产资源方面必须而且可能结合的错误观点。但这样一来，就在实际上把计划与市场二者在分配社会生产资源方面的结合必要问题同结合形式问题混淆起来了，而结合形式问题又是以结合必要问题为前提的。因而就把需要论证的问题当作解决问题的前提来看待了。这些都是违反逻辑的。这是其一。其二，在论述二者结合的必要问题时，把二者结合的具体形式引进来，也不符合抽象法的要求，不利于在纯粹形态上论证二者结合的必要性。

二、必须主要依靠计划调节与市场调节的有机结合

计划调节的本质就是社会经济领导机构从国民经济的整体利益和长远利益以及国力出发，依据对社会生产资源和社会需求的计算，安排国民经济主要比例关系，并采取措施加以贯彻，求得经济总量和主要经济结构关系的基本平衡，实现社会生产资源的合理配置。因此，计划调节的优越性就在于自觉地事先安排和协调主要经济比例关系，从而不仅可能避免事后调节必然造成的社会生产资源巨大浪费，而且可能取得巨大的宏观经济效益，并为提高微观经济效益提供一个基本条件。计划调节的优越性还在于：有利于安排长期的、大型的建设项目；有利于集中必要的社会生产资源，以加强国民经济发展中的薄弱环节；有利于发展高技术产业；有利于防止大的自然灾害；有利于正确处理发展经济与保护自然环境、维系生态平衡的关系；有利于实现社会主义共同富裕的重要目标。

但计划调节这个优越性的实现和发挥，需要依存一系列的条件。主要是：

第一，社会经济领导机构指导经济发展的思想正确，宏观经济政策符合实际。如果像过去长期存在的情况那样，用急于求成的思想指导经济发展，盲目追求经济的高速增长，则不仅不能实现经济的协调发展，而且会造成周期性的经济失衡。如果像过去有的年份发生的情况那样，经济发展的指导思想偏于保守，致使经济增长速度过低，则经济虽然可以稳定发展，但社会生产资源不能得到充分利用。比如，1955 年工业发展就是这个状况。[①]如果像过去有的计划时期发生的情况那样，制订计划还比较符合实际，甚至宁可说偏于保守，但执行计划又受到急于求成思想的影响，致使实际经济增长速度成倍地超过了计划指标，导致经济失衡。比如，"六五"时期工业的发展就是这个情况。[②]可见，发展经济指

---

① 详见笔者主编：《新中国工业经济史》，经济管理出版社 1986 年版（下同），第 165~166 页。

② "六五"计划规定这个期间社会部产值的年平均增长速度为 4%，实际执行结果达到 11.1%，后者为前者的 2.3 倍。

导思想和宏观经济政策正确，是实现和发挥计划调节优越性的一个重要条件。

第二，建立保证经济协调发展的经济管理体制。实践已经反复证明：导致我国经济周期失衡的直接原因，是急于求成的发展经济的指导思想。急于求成思想形成的原因是多方面的，其中包括广大人民和干部要求迅速改变我国贫穷落后面貌的善良愿望。但支撑这种思想反复出现的经济基础，则是传统经济体制中内含的投资膨胀机制。因此，要实现和发挥计划调节优越性，就必须根本改革传统经济体制，建立新的经济体制。这就是社会主义有计划的商品经济。因为在这种体制下，可以在国家宏观经济管理、市场和企业这三个环节上形成有效的调控、诱导以及激励与约束相结合的机制，从而为经济的协调发展提供一个基本保证。

此外，要实现和发挥计划调节的优越性，还需要其他条件。比如，需要发达的信息机构、现代化的计算手段，以及健全的计划管理机构等。

可见，即使在社会主义制度下，计划调节也只是为经济的协调发展提供了一种客观可能性。以具备上述各种条件时，这种可能性可以变成现实性；反之，这种可能性不仅不能变成现实性，甚至会造成有计划的社会生产无政府状态，造成周期性的经济失衡和经济波动。因此，传统观念认为社会主义条件下的计划调节，就一定能实现经济的协调发展，这种看法忽略了计划调节优越性赖以发挥的条件，从而只是看到了一种现实性（经济的协调发展），忽略了另一种现实性（经济失衡），即只是看到了计划调节的优越性，而忽视了它的局限性和消极作用。

那么，如何发挥计划调节的优越性，并克服其消极作用呢？这除了创造上述的各种条件之外，实行市场调节也是重要的一环。问题的关键在于：在社会主义商品经济条件下，计划只宜直接作用于少数企业，而对大多数企业则不宜实行直接的计划。因为，①在现代化生产条件下，企业经济活动（包括生产、交换和分配）极为复杂，而且变化万千，即使运用现代化的通讯、计算手段，也不可能及时、准确、充分地把企业的各种经济信息传送到社会经济领导机构，领导机构对指导企业经济活动的各种计划也不可能做到完全正确，下达也不可能都及时。这样，不仅难以保证企业经济活动顺利发展，而且会束缚企业的手足，阻碍企业生产的发展。②计划调节考虑的是国民经济的整体利益和长远利益。在社会主义制度下，这种利益和企业局部利益、眼前利益在根本上是一致的，但也经常发生矛盾。这就可能发生两种后果：一是企业从自身利益出发，抵制计划，致使计划难以行得通；二是强制实行计划，又会挫伤企业积极性、降低企业经济效益。

但是，计划确定的国民经济主要经济关系，必须通过各个企业的经济活动才能实现。而计划对大多数企业又不宜直接发生作用。这就产生一个问题：通过什么中间环节，使计划能够间接作用于企业。由于市场调节本身的特点（这一点留待后面分析），宜于成为这个中间环节。可见，计划调节在分配社会生产资源方面的优越性的实现与发挥，有赖于市场调节。而且，这样做可以避免计划调节直接作用于企业所造成的挫伤企业积极性，降低微观经济效益的消极后果。

但市场调节在克服计划调节的消极作用方面，并不只是限于这一点。它还表现在：在企业成为独立的商品生产者和实行市场调节的条件下，速度过高的计划会受到市场调节的阻滞和企业的抵制，因而由它所造成的经济失衡，会比企业作为国家行政附属物和不存在市场调节的情况下要小得多。

总之，无论是计划调节优越性的实现和发挥，还是其局限性和消极作用的克服，均有赖于市场调节。这是一方面。另一方面，市场调节优越性的实现、发挥及其局限性和消极作用的克服，也有赖于计划调节。

市场调节的本质就是通过市场机制（主要是价格机制，以及与此相联系的供求机制和竞争机制）直接使企业从本身的经济利益出发，自动适应市场需求的变化而决定生产规模和投资去向，在供求关系不断地波动中实现供需平衡，以及社会生产资源的配置。市场调节的这种自动性是它的重要优越性，与这种自动性相联系，还有灵活性和及时性的优点。就是说，它可以命名企业依据各自产品的市场状况而灵活地、及时地进行调整，市场调节更大的优越性还在于：它所实现的社会生产资源配置作用和提高宏观经济效益的作用，是与发挥企业积极性和提高生产要素运营效益的作用结合在一起的。

但市场调节这种优越性的充分实现和发挥也需要一系列的条件。重要的有：市场发育程度比较高，价格体系比较合理；市场统一开放，平等竞争充分展开，行政性垄断（其中包括市场的地区垄断）和经济性垄断的排除；社会总供给和总需求的基本平衡；国家对市场管理的机构比较健全和有效；正常的市场交易规则和秩序的确立，等等。没有这些条件，不仅市场调节的优越性难以充分实现和发挥，甚至走向它的反面。而在我国当前由传统经济体制向新经济体制过渡的条件下，这些条件的形成，在很大程度上都有赖于国家适应建立社会主义有计划商品经济体制的要求而实行的宏观经济管理，其中包括计划调节。

同时还要看到，市场调节本身也确有局限性和消极作用。一是市场调节以供求关系在某种限度内的不平衡（求大于供或供大于求）作为前提。这种事后调节意味着市场调节是以社会生产资源某种程度上的浪费作为前提的。不仅如此，如果单纯依靠这种自发性的市场调节，还会导致社会生产的无政府状态、经济失衡和经济周期波动。二是自发性的市场调节不利于长期、大型项目的超前建设，不利于自觉实现宏观经济的协调发展。当然，市场调节也可以通过调节各个产品的供求关系，实现社会生产资源的分配，但这是以花费很长时间和经济发展的某种失衡为代价的。三是市场调节不仅不能解决环境保护和生态平衡问题，而且会破坏自然环境和生态平衡；不仅不能实现共同富裕，而且会造成两极分化。当然，这主要是就市场调节在经济方面的消极作用而言的。如果考虑到它对思想方面的影响，那还要看到：尽管市场调节在增强发展商品经济所需要的竞争、开拓和创新意识方面有重要的积极作用，但它在滋生唯利是图、投机取巧和损人利己思想方面也有严重的消极作用。很显然，市场调节在经济方面的消极作用，通过发挥计划调节的优越性在很大程度上是可以得到弥补的。可见，无论市场调节优越性的发挥，还是它的局限性和消极作用的克服，都离不开计划调节。

综上所述，我们可以达到这样结论：要实现社会生产资源的合理配置，必须把计划调节与市场调节结合起来。只有这样，才能把二者的优越性发挥出来，并使得二者各自的局限性和消极作用得到有效的克服。

但这一点并不只是理论分析的结论，而是为长期的历史经济所证明了的。在历史上，把计划调节与市场调节割裂开来，有两种经济类型。一是第二次世界大战前的资本主义经济，依据亚当·斯密的自由放任的市场经济理论，只要市场调节，完全否定国家干预经济生活和计划调节，结果导致资本主义周期性的经济危机趋于加剧。当然，经济危机发生和加剧的根本原因，是资本主义的基本矛盾，即生产的社会化和生产成果的私人占有的发展，但否定计划调节也是一个重要因素。事实上，在第二次世界大战以后，许多资本主义国家依据凯恩斯的宏观经济理论，在市场经济的基础上加强了国家对经济生活的干预，在某种程度上实行了计划调节。这虽然不可能从根本上解决资本主义的基本矛盾，因而不可能从根本上消除资本主义经济周期，却使得经济危机的破坏程度大大减轻了。二是社会主义国家的经济，由于教条式地对待马克思主义创始人关于社会主义制度下不存在商品经济的预言，只要计划调节，完全否定市场调节，其结果也导致了经济的周期失衡和周期波动。当然，这种波动的根本原因不在于社会主义公有制，而在于传统经济体制内含的投资膨胀机制。这种体制的一个重要弊病，就是排斥市场机制的作用。事实上，一旦社会主义国家开始进行经济体制改革，在某种程度上引入了市场调节的因素，在经济体制改革正常进行的情况下，社会生产资源配置状况也就得到了某种限度内的改善。

现在需要进一步指出：要实现社会生产资源的合理配置，不仅需要在一般意义上把计划调节与市场调节结合起来，而且需要在特定意义上把二者有机地结合起来。这里说的有机结合，是指计划调节主要通过市场调节来实现，即计划（指市场基础上的计划）起指导作用，市场（指计划指导下的市场）起实现作用，以致二者完全融合在一起。只有这种有机结合，才能最充分地发挥计划调节和市场调节的优越性，最有效地克服二者的局限性和消极作用。相对说来，计划调节和市场调节的板块式结合，在合理配置社会生产资源方面的作用，虽然比只要计划调节、不要市场调节的分离状态前进了一大步，但也只能在有限的范围内发挥二者的优越性，克服二者的局限性。很显然，在实行板块式结合的场合，就实行计划调节那一块来说，只能发挥计划调节的优越性，而不能发挥市场调节的优越性，并且因此计划调节的局限性也不能得到有效的克服；就实行市场调节那一块来说，又只能发挥市场调节的优越性，而不能发挥计划调节的优越性，并且因此市场调节的局限性也不能得到有效的克服。带有某种程度渗透（计划调节与市场调节相互渗透）的板块式结合，在发挥两种调节的长处，克服二者短处方面，虽然比单纯的板块式结合前进了一步，但比二者的有机结合还是相差甚远的。

实现计划调节与市场调节的有机结合，需要经过较长的历史发展过程。就我国经济发展的历史看，计划调节与市场调节的结合已经经历了以下三个阶段：①在社会主义改造基本完成以前，大体上是板块式的结合。1952年，在工业总产值中，国有工业占41.5%，集体工业占3.3%，公私合营工业、私人资本主义工业和个体工业占55.2%；到1957年，三者比重分别为53.8%、19%和27.2%。^①总的说来，这个时期对国有工业实行直接计划，对其他经济成分的工业实行间接计划，至于对为数众多的小商品生产则实行市场调节。^②其中间接计划具有计划因素和市场因素某种程度的相互渗透。但整个说来，计划调节和市场调节还只是一种板块式的结合。②在社会主义改造基本完成以后的一个长时期内，大体上只有计划调节。在这个期间，由于经济工作指导思想方面"左"的错误的影响，在所有制方面盲目追求"一大二公"，以致非社会主义经济成分几乎绝迹；在经济管理方面，把高度集中的传统体制推到一个极端，以致对集体经济基本上也采取同国有经济相同的直接计划管理的办法。这就在经济调节方面从根本上排除了市场机制。③在1979年经济体制改革以来，又开始了发展计划调节与市场调节板块式结合的过程。80年代初，在工业总产值中，实行指令性计划的占80%以上，实行指导性计划和市场调节的不到20%；到80年代末，实行指令性计划的只占16.2%，实行指导性计划的占42.9%，实行市场调节约占40.9%。^③在这个时期，尽管指令性计划，指导性计划和市场调节在不同程度上都有计划因素与市场因素的结合，但由于改革没有根本完成，缺乏基本的社会经济条件，不可能从根本上实现计划调节与市场调节的有机结合，不可能跳出板块式结合的基本框架。

就目前情况来看，要实现计划调节与市场调节的有机结合，从根本上说来，就是要建立社会主义有计划商品经济的新体制。这种新体制主要是使企业成为独立商品生产者，建立市场体系，实行以间接调控为主的宏观经济管理体系。显然，这是需要时间的。

当然，即使在社会主义有计划商品经济新体制确立以后，实现计划

①《中国统计年鉴》(1984)，中国统计出版社版（下同），第194页。
②详见笔者主编：《新中国工业经济史》，第144~146页。
③《求是》1991年第10期。

调节与市场调节的有机结合，也只是就社会生产的主要方面说的。实际上，即使在这个时候，由于资源、供给和需求等方面因素的制约，国家对少数产品、项目和企业仍然需要实行直接计划管理，当然，这种计划管理也需要利用价值规律，并考虑供求关系，但它毕竟不是计划调节与市场调节的有机结合。然而，这并不妨碍我们从总的方面做出以下结论：要合理地配置社会生产资源，必须主要依靠计划调节与市场调节的有机结合。

三、对几种不同观点的商榷意见

就当前我国学术界的讨论情况来看，在否定计划调节与市场调节有机结合的议论中，有一种观点值得注意，即"同功异构论"。按照这种观点，计划调节和市场调节具有配置社会生产资源的同一功能。但二者构造基础相异：市场调节依赖于生产资料私有制，计划调节依赖于生产资料公有制。因此，只能实行以计划调节为主、市场调节为辅的经济运行机制，或者实行以市场调节为主、计划调节为辅的经济运行机制；而不能实现二者的有机结合。

西方经济界中流行着一种观点：把市场调节看作是私有经济所特有的。社会主义国家也流行着一种观点：把计划调节看作是社会主义公有制所特有的。这两种观点都否定计划调节与市场调节的结合。这里所说的"同功异构论"与上述两种观点不同，它并不是一般地否定计划调节与市场调节的结合，只是否定二者的有机结合。但它与上述两种观点所持的论据基本上是相同的。这是值得商榷的。①历史经验和理论分析已经证明：尽管市场调节最初来自于资本主义商品经济，但并不是它所特有的；计划调节最初来自于社会主义公有制经济，但也不是它所特有的。从一般意义上说，市场调节和计划调节产生的共同基础是以社会化大生产作为物质基础的、发达的商品生产。在这个基础上就会有两个经济规律发生作用：一是价值规律的作用；二是按比例发展规律的作用。这是不以人们的意志为转移的客观发展过程。从本质上说来，市场调节是价值规律作用的反映；计划调节是按比例发展规律的反映。因此，尽管资本主义国家有长达几百年的时间里只承认市场调节的作用，否定国家对经济生活的干预和计划调节，但趋于加剧的经济危机，终于迫使资本主义国家在 1929~1933 年空前严重的、震撼资本主义制度的世界经济危机之后，不得不开始实行国家对经济生活的干预和计划调节。基于相同的理由，尽管社会主义国家在长达几十年的时间里只承认计划调节，否定市场调节，但经济的周期波动和效率低下的现实，也促使许多社会主义国家在 50 年代中期以后，先后相继地开始承认并实行市场调节。②从抽象的、本质的意义上说，计划调节是从国民经济整体利益和长远利益出发的，市场调节是从企业的局部利益和当前利益出发的。二者显然是有矛盾的，但也绝不是说没有一致的地方。特别是社会主义经济中，这两种利益在根本上是一致的。正是由于上述两个基本原因，尽管计划调节与市场调节的具体调节机制、力度和效应等方面存在着诸多差异，但并不排斥二者可以实现有机的结合。

　　"同功异构论"除了提出上述的理论根据以外，还提出了两个事实依据。一是当代经济发达国家尽管不同程度地实行了计划调节，但还是以市场调节为主的，并没实现计划调节与市场调节的有机结合。当代经济发达的资本主义国家的状况确实如此。但并不能由此做出结论说，社会主义国家也不能实现计划调节与市场调节的有机结合。在这里，绝不能只是看到社会主义国家与资本主义国家在实行计划调节与市场调节方面的某些共同点，而忽略了其间的重大差别。①与资本主义国家私有经济占统治地位不同，在社会主义国家公有经济占主要地位。这样，后者企业之间虽然也有局部利益的矛盾，但根本利益是一致的。诚然资本主义企业之间在剥削、压迫无产者以及解决资本主义的经济、政治危机等方面也有根本利益的一致，但在争夺市场、瓜分剩余价值方面又存在对抗性矛盾。这样，作为资本家总体代表的资产阶级国家虽然可以代表资本家的整体利益，但无法解决他们之间的根本利益冲突。这是一方面。另一方面，当代资产阶级国家拥有的、具有资本主义性质的公有经济（包括国家的财政、金融和国有工业、交通运输业等）比过去有了很大的发展，但就其在经济生活中的地位来看，比社会主义国家拥有的、属于社会主义性质的公有经济仍相差甚远。这些基本情况表明：社会主义国家在实行计划调节方面，从而在实现计划调节与市场调节的结合方面，比资本主义国家要优越得多。②资本主义私有经济的发展，导致社会生产的无政府状态，两极分化进一步发展，以及环境污染和生态平衡破坏。当然，资本主义经济、政治的稳定发展，也要求缓解这些社会矛盾。资产阶级国家也可以在某种程度上反映这些要求，通过计划调节来缓解这些矛盾。但它无法从根本上解决这些矛盾。社会主义国家的情况则根本不同。社会主义经济的发展，本身就要求经济的协调发展，人民的共同富裕，自然环境的治理和生态平衡的维系，要求社会主义国家通过计划调节以及计划调节与市场调节相结合来解决这些矛盾。③与以上两点相联系，我们可以说，在某种程度内实现计划调节和市场调节相结合，是社会主义商品经济与资本主义商品经济的共同特点，但绝不能说计划经济是二者的共同特点。事实上，计划经济只能是社会主义经济的基本特点。这表现在许多方面。比如，计划调节是与社会主义经济相伴而生的，是覆盖全社会的。而资本主义经济只是在经过了几百年的发展以后，才有某种程度的计划调节；对这种私有经济来说，也很难做到覆盖全社会。总之，我们并不能因为当代经济发达的资本主义国家还没有实现计划调节与市场调节的有机结合，就说社会主义国家也做不到这一点。这样说，是从问题的本质和长远的发展趋势来说的，并不否认当前经济发达国家在实现计划调节与市场调节相结合的某些方面，甚至比社会主义国家做得还好。但就社会主义制度和资本主义制度发展的历史长河来说，这只是一种短暂的现象，并不能据此认为在实现计划调节与市场调节相结合方面，前者还不如行后者。

"同功异构论"提出的另一个事实根据，是许多社会主义国家虽然经过了多年的改革，也都没有做到计划调节与市场调节的有机结合。而且，为了发挥市场机制的作用，需要推进经济改革。而在西方敌对势力推行"和平演变"的情况下，这种改革会导致东欧社会主义国家那样丧失社会主义革命的成果。"同功异构论"者又以这一事实为依据，否定计划调节与市场调节的有机结合实现的可能性。这也是值得商榷的。因为，①当前确实没有一个社会主义国家实现了计划调节与市场调节的有机结合；但也不能由此做出结论说，社会主义国家做不到这一点。如前所述，无论是计划调节和市场调节优越性的发挥及其局限性的克服，或者二者的有机结合，均需要一系列的条件（其中最重要的是社会主义有计划商品经济体制的建立)。在这些条件还不具备的时候，当然做不到这一点。而当这些条件具备的时候，也就可以做到这一点。所以，我们并不能因为当前还没有一个社会主义国家做到这一点，就说以后也做不到这一点。②在改革进程中对西方敌对势力的"和平演变"政策保持高度警惕是十分必要的。但我国改革经验表明：只要坚持党在社会主义初级阶段的基本路线，就可以做到既坚持改革的社会主义方向，又可以逐步推进改革，从而为实现计划调节与市场调节的有机结合创造基本条件。因此，如果仅就这里讨论的问题来说。东欧剧变的教训只是表明：在改革中必须坚持改革的社会主义方向，而不表明不能建立社会主义有计划商品经济的新体制，以及不能实现计划调节与市场调节的有机结合。

需要进一步指出：如果按照"同功异构论"的主张，实行市场调节为主、计划调节为辅，那么，市场调节的优越性虽然可以得到充分的发挥，但由于计划调节的优越性不能充分实现，市场调节的消极作用不能得到有效克服，必然给社会主义经济造成严重损失，甚至导致社会主义革命成果的丧失。

但是，如果按照"同功异构论"的另一种主张，实行计划调节为主、市场调节为辅，那么，这种体制也就是传统体制下的经济运行机制。如果这样走下去，就是倒退到传统的经济体制，充其量也只是稍加改良的传统体制。而中国如果不根本改革传统经济体制，社会主义现代化事业就是没有希望的。

然而，经过近年来对资产阶级自由化思潮的批判，市场调节为主论已经有些销声匿迹了。这无疑是应该肯定的重大成就。但计划调节为主的观点却又泛滥起来。这是一个涉及是否需要深化经济体制改革的重大问题。因此，在坚持批判前者的同时，对后者也需做出适当分析。但这里的分析，仍拟坚持本文开头提到的抽象法，只拟涉及计划与市场在配置社会生产资源方面的作用，至于计划和市场在其他方面的作用，均不做分析。

计划调节为主论者提出的论据，综合起来主要有以下四点：

第一，计划是调节国民经济的主要比例关系，而市场只调节企业的生产经营活动。如果仅仅停留在对事物做直观的考察，那么，情况确实如此。但如果对事物做深入的研究，那就正如前面已经指出过的，计划要有效地、并且尽可能避免消极作用地实现调节经济的作用，就应该主要通过市场调节这个中间环节。诚然，市场是直接调节企业的生产经营活动的。但市场正是通过调节作为社会经济细胞的、无数的企业的生产经营活动，实现其对社会生产资源的配置作用。当然，市场要有效地、并且尽可能避免消极作用地实现对经济的调节，也有赖于同计划调节的结合。但这是市场更好地发挥对经济调节作用的问题，而不是不能实现调节经济作用的问题。所以，分别说来，计划和市场都是社会主义社会生产调节者；综合说来计划和市场的有机结合是社会主义社会生产新型的、最有效的调节者；但绝不能说，只有计划才能调节国家经济的主要比例关系，而市场没有这种调节作用。这是就计划和市场调节经济的具体过程而言的。

从理论上说来，一般都不否认马克思主义关于价值规律是资本主义生产调节者的原理。尽管社会主义经济与资本主义经济有根本性质的区别，但社会主义经济既然也是商品经济，那么价值规律就仍然具有调节社会生产的作用。为什么价值规律在资本主义社会通过调节作为社会经济细胞的企业的经济活动，可以实现对社会生产的调节作用，而在社会主义社会价值规律只是停留在对同样作为社会经济细胞的企业的经济活动，而不能实现对社会生产的调节作用呢？我看这是计划调节为主论者很难回答的难题。

本世纪 50 年代初，斯大林发表了《苏联社会主义经济问题》以后，价值规律不是社会主义生产调节者的观点在我国经济学界占了主要地位。党的十一届三中全会以来，理论研究和改革实践已经否定了这种脱离实际经济生活的观点。但当前流行的上述观点，尽管比斯大林的观点前进了，然而似乎并没有完全摆脱斯大林提出的理论框架。

第二，建国以后，我国经济几次大的波动，都是由国民经济主要比例关系失衡造成的。

就某种直接联系的意义上说，这个论断本身无疑是正确的。但是，以此来论证计划调节为主的观点，就是南其辕而北其辙了。这个问题的症结在于：过去发生的几次经济大波动，是不是由于没有实行计划调节为主造成的。如果是这样，实行计划调节为主，无疑是解决问题的良方。如果不是这样，甚至正是在实行了计划调节为主（或者只是实行了计划调节）的情况下发生的，那么继续实行计划调节为主，就只能继续促成经济大波动。

实际情况究竟怎样呢？按照我的观察，建国以来，已经发生了七次经济周期波动，即 1953~1955 年一次，1956~1957 年一次，1958~1969 年一次，1970~1977 年一次，1978~1984 年一次，1985~1987 年一次，[①] 1988~1991 年一次。前两次是在实行计划调节为主、市场调节为辅的板块式结合情况下发生的，中间的两次是在几乎只是实行计划调节的情况下发生的，最后三次也是在计划调节为主、市场调节为辅的板块式结合（这个进期尽管市场调节比重大大增加了，但似乎并没改变计划调节为主的状况）情况下发生的。当然，并不能把经济的周期波动只是简单地归结为计划调节。如前所述，经济周期波动的主要原因是经济工作指导思想方面的急于求成，而其根源是传统经济体制中内含的投资膨胀机制（在当前新旧体制交替时期还要加上消费膨胀机制）。但是，只是实行计划调节为主，没有也不可能实现计划调节和市场调节有机结合，以致二者的优越性不能得到有效发挥，消极作用不能得到有效克服，也是一个重要原因。这样，如果不在端正经济工作指导思想和根本改革传统体制前提下，实行计划调节和市场调节的有机结合，反而继续实行计划调节为主，而在传统经济体制没有根本改革的条件下，计划调节主要又只能是直接的计划调节，那就不可能实现经济的持续、稳定、协调发展，而只能是继续造成经济的周期波动。

第三，计划调节为市场调节的导向，应该居于主导地位，是矛盾的主要方面。

如前所述，在计划调节与市场调节有机结合的新型经济运行机制中，市场是计划指导下的市场，计划是以市场为基础的计划。但是，要是以计划对市场的指导作用来论证计划调节为主论，似乎根据也不足。退一步说，即使一般地能以计划对市场的指导作为来证明计划调节为主论，在当前深化经济体制改革时期，这个论据也很能成立。为了说明这一点，引证一下毛泽东对有关问题的分析，是颇有教益的。他说："诚然，生产力、实践、经济基础，一般地表现为主要的决定的作用，谁不承认这一

---

① 详见《汪海波选集》，山西人民出版社 1990 年版，第 667~681 页。

点，谁就不是唯物论者。然而，生产关系、理论、上层建筑这些方面，在一定条件之下，又转过来表现为主要的决定的作用。"① 当然，我们这里讨论的计划与市场的关系，同毛泽东所说的生产力与生产关系、实践与理论、经济基础与上层建筑的关系，并不是完全相结称的问题。但毛泽东这个论述确实启示我们：即使在上述三对矛盾中，矛盾的主要方面也不是固定不变的，而是依一定的条件相互转化的。因此，我们并不能只是依据计划对市场的指导作用这个抽象道理就断定说计划调节是主要的，而是要分析当前具体情况以后才能做出以谁为主的结论。这是就考察这个问题的科学方法来说的。

那么，当前有关这个问题的具体情况是怎样呢？传统经济体制的主要弊端，就是排斥市场机制的作用。在旨在建立社会主义有计划商品经济的经济体制改革中，正确处理计划与市场的关系，是一个核心问题，而就革除旧体制排斥市场机制的弊端来说，这种改革只能是市场取向的改革。这当然不是说要实行资本主义社会那样的市场经济，而是要实行社会主义有计划商品经济。诚然，1979 年改革以来，我国在发展市场机制的作用方面，已经取得了巨大的成绩。但就在国民经济中居于主导地位的国有经济来说，市场机制的作用并未得到有效的发挥，市场取向的改革并未基本完成。从这方面说，当前通过深化改革，进一步发挥市场机制调节的作用，仍然是矛盾的主要方面。当然，这是就目前的情况说的。至于以后矛盾的主要方面是否向计划调节转化，那要视以后的条件变化而定。但这里说的市场调节或计划调节成为矛盾的主要方面，都是指的它们在实现社会生产资源配置作用方面的地位而言，并不是说市场调节或计划调节对协调国民经济主要比例关系根本不起作用。因此，这里的分析同我们在前面对计划调节为主论者提出的第一个论据所做的分析，并不是矛盾的。

但有一种观点认为，1988 年第四季度以来，经济严重失衡是由于包括计划管理在内的宏观经济管理失控造成的。因此，加强宏观经济管理和计划调节，成为矛盾的主要方面。

应该肯定，这次经济重失衡同宏观经济管理的某种失控有一定的联

---

① 《毛泽东选集》第 1 卷，人民出版社 1991 年版，第 325 页。

系。但把这次失衡主要归结为这一点，就有很大的片面性。据此来论证计划调节应该成为矛盾的主要方面就更不妥当。完整地说来，这次失衡是由于多种原因，一方面造成了多元的经济利益主体和激励机制（包括多种经济成分的企业以及国有经济内部的中央、部门、地方和企业）；另一方面又没有在国有经济内部、市场和宏观经济管理方面形成有效的约束、诱导和调控机制。这样，不仅没有消除传统体制内含的投资膨胀机制，而且加剧了这一点；不仅把传统体制中原来以隐性形式存在的人民购买力超过商品供应量的状况外表化了，而且形成了新的消费膨胀。因此，消除这次失衡的正确途径，应该是加强宏观调控，实行紧缩政策，创造相对宽松的经济环境，然后大力推进经济改革，创造与多元利益激励机制相配合的、有效的约束、诱导和调控机制，从根本上消除经济周期失衡的机制，真正实现经济的持续、稳定、协调发展。如果不是这样，而是单纯地强调应该实行计划调节为主（如前所述，这实际上又只能是传统体制下的那种直接计划为主），不仅会引起改革的停滞，甚至会造成某种倒退。其结果，当然不是经济的持续、稳定、协调发展，而是下一轮经济周期波动的到来。这样，计划又怎么可能真正成为有效的调节主体呢？

第四，我国国情（主要是指建立完整的、独立的工业体系和国民经济体系以及资源约束）决定国民经济的主要比例关系，表现短线和长线的关系，而作为基础产业的短线居于主导的、支配的地位，在这个范围发生作用的直接计划，必然在整个运行机制中处于一种基础的主导地位。这种地位不是指它直接调动的资源绝对数量的多少，而是指它在稳定运行环境、实现结构转换等方面的引导和制约作用，以及保障市场的健康发育。至于调节长线的市场则不具有这种基础的主导地位。

这个基本理论依据至少有两个缺陷：一是即使短线主导地位的提法是正确的，作为基础产业的短线的主导地位同直接计划的主导地位仍然是相区别的两件事，二者之间没有必然的联系。因此，从前一个主导地位直接推论出后一年主导地位，在理论上是没有根据的。二是这种推论实际上是以直接计划制订和执行完全正确为前提的。但如前所述，计划调节有它的优越性，但也有局限性和消极作用。当然，我们前面讲的是抽象的计划。至于直接计划虽然有某种特殊的优越性，但同时也有更多的消极作用。

正是由于这个基本论据不能成立，因而这里提到的直接计划主导地位的两个表现也是不能成立的。①应该肯定，建立独立的经济体系和资源短缺，在形成国民经济的长线和短线方面有一定的作用。但主要因素还是由急于求成思想指导的追求过高经济增长速度的发展战略，以及过分倾斜的产业政策。而其根源又是支持这种战略和政策的，以直接计划作为主要特征的传统经济体制。改革以来的经验还进一步证明：如果短线由直接计划调节，长线由市场调节，还会进一步造成短线愈短、长线愈长的局面。所以，长期实践证明：除了建国初期的情况不说以外，直接计划绝不是什么在稳定经济运行方面起过基础的主导作用，而是作为传统经济体制的主要组成部分，并和传统体制在一起成为经济周期波动的根子。②直接计划既然是促成经济周期波动的因素，当然也是促成市场周期波动的因素，在这方面也不存在直接计划稳定市场的主导作用。还需进一步指出：现在大家已经公认，以直接计划作为核心的传统经济体制是排斥市场机制的，它怎么可能保障市场的健康发育呢？诚然，我们在前面也分析过计划调节与市场调节的结合，但这是从抽象意义上说的。它可以具体化与市场调节相结合的间接计划（或指导性计划）和利用价值规律并考虑供求关系的直接计划（或指令性计划），但不能具体化为（即不包括）传统体制中排斥市场机制的直接计划。

除了上述基本理论依据以外，基础产业的主导地位论还提出了以下事实依据：凡是经济混乱和市场低效运转的时候，就是放弃直接计划的时候；凡是经济稳定和市场发育得到保障的时候，就是合理利用直接计划的时候。前一时候，大约指的"一五"时期，1961年开始的调整时期，1981年开始的调整时期，1989年开始的调整时期；后一时候，大约指的1958年"大跃进"，1978年"洋跃进"，1984年经济过热和1988年经济过热。如何看待这些事实依据呢？

就"一五"时期来说，当时由于存在各种条件，使得以直接计划为核心的传统经济体制的优越性得到了比较充分的发挥，消极作用受到了很大限制，①因而经济和市场都有了平稳的、高效的发展。但这是就它和

---

① 详见拙著：《社会主义商品经济问题研究》，经济管理出版社1988年版，第455~457页。

以后的一些时期（如 1958 年"大跃进"时期）相比较而言的。实际上，由于这种体制内含的膨胀机制的作用，1953 年"小冒了一下"，1956 年"大冒了一下"。[①] 这就使得这个时期的经济也经历了两次波动；尽管波动的幅度比后续经济周期要小。

由于以直接计划为核心的传统经济体制具有迅速克服经济失衡的功能。因而在上述几次调整时期强化了这种体制，确实迅速使得经济重新走向协调。但是，经济之所以要调整，基本原因是这种体制造成的经济过热。而且，强化这种体制又会导致新的一轮经济过热的到来。所以，调整时期由强化这种体制所造成的经济协调，只是一种暂时的现象。这样，如果我们的眼光不只是局限于调整时期，而是把视野拓展一些，那么，调整时期由强化这种体制所造成的经济协调，不过是由原来的一轮经济过热走向新的一轮经济过热的过渡环节。诚然，在上述几次经济跃进或过热时期，由于放松直接计划，加剧了经济过热，从而加重了经济和市场的混乱。但如前所述，经济过热主要是由这种体制造成的。经济和市场混乱的主要原因也就在这里。所以，基础产业的主导地位论提出的上述事实依据，也是难以成立的。

这样说，并不否定就个别年份来看直接计划在实现经济平衡方面的作用。但以这种直接计划作为核心的传统体制，是经济失衡和过热的主要原因。因此，从较长时间看，这种体制就明显地表现为经济周期波动的根源。

这样说，并不意味着在条件不具备的时候可以轻率地否定直接计划，因为那样会加剧经济失衡。1979 年改革以来的重要教训之一，就是在削弱直接计划时，没有同时相应地加强间接调控，从而在宏观经济管理方面形成了某种真空，加剧了经济过热。

这样说，也不意味着在社会主义有计划的商品经济新体制基本建立的时候，可以完全否定直接计划。如前所述，即使在这时候，某种有限的直接计划也还是需要的。但这时的直接计划要反映价值规律的要求和市场的供求状况，要实行订货合同的办法，因而同传统体制下的直接计划是有重大区别的。

---

① 《周恩来选集》下卷，人民出版社 1984 年版，第 235 页。

综上所述，旨在反对计划调节与市场调节有机结合、主张计划调节为主的各种观点，似乎都是值得斟酌的。

最后，需要着重指出，在欧洲各国已经发生剧变的情况下，必须十分重视坚持四项基本原则以及反对"和平演变"和资产阶级自由化的斗争。但今年初召开的党的十三届七中全会明确地把"初步建立适应以公有制为基础的社会主义有计划商品经济发展的、计划经济和市场调节相结合的经济体制和运行机制"，规定为今后十年实现第二步战略目标和基本要求之一，并且认为"十年规划和'八五'计划能否顺利实现，在很大程度上取决于经济体制改革能否取得预期的成功。"① 因此，对那些不利于深化改革的理论，也应给予应有的注意。

---

① 《人民日报》1991 年 1 月 29 日第 1、3 版。

略论真想还是假想提高经济效益的若干标志*

1979 年以来，我国在经济改革、经济发展和生活改善等方面已经取得了空前未有的举世瞩目的巨大成就。这些成就是在巩固和发展社会主义制度的前提下取得的。只要把我国的情况和近年来欧洲各社会主义国家发生的剧变做一下比较，就可以看到：在这期间我国取得的成就是极其伟大的，是来之不易的，这些都应该肯定。

但在这期间，我国在提高经济效益方面不仅没有取得应有的进展，而且出现了每况愈下的严峻形势。其原因涉及许多经济的乃至非经济的因素。但是，从 1981 年党中央和国务院提出提高经济效益是社会主义经济建设的一个核心问题已达十年有余的① 情况来看，并从促进经济效益提高着眼，似乎可以提出：在诸多原因中也包含着是真想还是假想提高经济效益的问题。这里说的"真想"或"假想"，不只是指的心里想，口头上说，而且包括行动上做。因此，我们可以就真想还是假想提高经济效益的问题，提出以下两个标志。

---

* 原载《财贸经济》1991 年第 6 期。
① 1990 年底召开的党的十三届七中全会又一次强调指出："始终把提高经济效益作为全部经济工作的中心。"（《人民日报》1991 年 1 月 29 日第 1 版）

一、是否真正认识到了当前经济效益下降已经到了十分严重的
程度，以及提高经济效益极重要的经济、政治意义

显然，如果看不到这一点，而且满足于已经取得的巨大成就，那就很难做到（至少是不能充分做到）真想提高经济效益。

表1　社会主义国家所有制独立核算工业企业的经济效益和增长速度

周期	年份	资金利税率		可比产品成本降低率	利润总额	亏损企业亏损总额	亏损率	增长速度
		（当年%）	（比上年±%）	（%）	（亿元）	（亿元）	（%）	（比上年±%）
第一周期	1952	25.4	—	2.3				—
	1953	30.4	5.0	3.1				34.92
	1954	30.4	0	6.2				27.29
	1955	30.0	−0.4	7.0				14.90
第二周期	1956	32.1	2.1	8.8				36.39
	1957	34.6	2.5	3.8				9.82
第三周期	1958	46.5	11.9	8.3				160.10
	1959	48.7	2.2	6.6				35.20
	1960	43.6	−5.1	2.8				13.76
	1961	15.9	−27.7	−13.9				−39.65
	1962	15.1	−0.8	4.2				−17.26
	1963	20.5	5.4	9.5				10.33
	1964	25.7	5.2	8.6				19.94
	1965	29.8	4.1	8.8				27.10
	1966	34.5	4.7	8.9				21.11
	1967	21.7	−12.8	−2.6				−15.44
	1968	17.3	−4.4	−2.5				−5.07
	1969	25.3	8.0	6.3				34.72
第四周期	1970	30.6	5.3	9.3				30.96
	1971	30.0	−0.6	3.5				14.02
	1972	27.7	−2.3	1.7	355.10	32.25	9.1	5.59
	1973	25.8	−1.9	0.9	369.20	39.93	10.8	8.38
	1974	21.7	−4.1	−2.6	316.30	61.77	19.5	1.32
	1975	22.7	1.0	3.9	363.40	55.07	15.2	13.71
	1976	19.3	−3.4	−2.6	317.10	76.87	24.2	−1.11
	1977	21.2	1.9	4.6	384.50	60.70	15.8	12.70

续表

周期	年份	资金利税率		可比产品成本降低率	利润总额	亏损企业亏损总额	亏损率	增长速度
		(当年%)	(比上年±%)	(%)	(亿元)	(亿元)	(%)	(比上年±%)
第五周期	1978	24.2	3.0	4.6	508.80	42.06	8.3	14.44
	1979	24.8	0.6	0.3	562.80	36.38	6.5	8.88
	1980	24.8	0	−1.1	585.40	34.30	5.9	5.61
	1981	23.8	−1.0	−1.2	579.70	45.96	7.9	2.53
	1982	23.4	−0.4	−0.4	597.70	47.57	8.0	7.05
	1983	23.3	−0.2	0.2	640.90	32.11	5.0	9.39
	1984	24.3	1.0	−2.0	706.20	26.61	3.8	8.92
第六周期	1985	23.8	−0.4	−7.7	738.20	32.44	4.4	12.94
	1986	20.7	−3.1	−7.3	689.90	54.49	7.9	6.18
	1987	20.3	−0.4	−7.0	787.00	61.04	7.8	11.30
第七周期	1988	20.6	0.3	−15.6	891.90	81.92	9.2	12.61
	1989	17.2	−1.2	−22.4	743.01	180.19	24.3	3.86
	1990	12.4	−4.8	−7.0	388.11	348.76	89.6	2.96
	1991.1~6 月	12.8	−1.0	−4.0				9.90

资料来源：《中国统计年鉴》(1991)，第 395、410、416 页；《人民日报》1991 年 8 月 3 日第 2 版。

表 1 的资料表明：

第一，在 1953~1991 年 6 月的 38.5 年中，社会主义国家所有制独立核算工业企业资金利税率下降的年份共有 19.5 年。其中 1953~1978 年的 26 年中有 11 年，平均 2.36 年有一年下降。而且，除了 1955 年以外，有三年是"大跃进"的错误造成的，有七年是"文化大革命"破坏的后果。但在 1979~1991 年 6 月的 12.5 年，就有 8.5 年，平均 1.47 年就有一年下降。而且在 1981 年以后，除了 1984 年和 1988 年这两个经济周期的高峰年份略有提高以外，其余 8.5 年都是下降的。

第二，在这 38.5 年中，可比产品成本提高的年份共 15.5 年。其中前 26 年只有五年，平均 5.2 年一次。而且都是"大跃进"和"文化大革命"造成的。但在后 12.5 年中就有 10.5 年，平均 1.19 年就有一年提高。而在 1980 年以后，除了 1983 年略有下降以外，其余 10.5 年都是提高的，并且提高的幅度是趋于上升的，其中 1989 年和 1990 年提高的幅度是建国以来最高的。

第三，1972~1978 年，亏损企业亏损总额由 32.25 亿元增加到 42.06

亿元，增长了 30.4%，平均每年增长 5%；亏损率是在亿元增长到 348.76 亿元，增长了 9.6 倍，平均每年增长 21%；亏损率由 6.5% 上升至 89.6%。1991 年上半年，企业利润比上年同期下降了 17.5%，亏损额达到 154.4 亿元，比上年同期增长 18.8%。[①] 这还是明亏，暗亏的数字还要大得多。据对全国 1 万多个国有企业的调查资料，暗亏额高达 108.3 亿元，为账面亏损的 1.72。[②]

第四，在 50 年代，1957 年增长速度达到 9.82%，就可以取得资金利税率提高和可比产品成本下降的好效益。到 60 年代，1963 年增长速度达到 10.33%，也可以取得这样的效益。到 70 年代，增长速度达到 8.88%（如 1979 年）和 12.7%（如 1977 年）也可以取得这样的效益。但到 80 年代，1985 年增长速度达到 12.9%，然而资金利税率下降了，可比产品成本上升了。1991 年上半年增长速度达到了 9.9%，也是这种状况。诚然，在 60 年代和 70 年代，有些年份也同时发生资金利税率下降和可比产品成本上升的状况。但其中除了 1974 年增长 1.32%，其余四年（即 1966 年、1967 年、1968 年和 1976 年）都是负增长的。而在 80 年代和 90 年代初，资金利税率下降和可比产品成本上升却同时发生在正增长年份。这种情况表明：经济效益的提高愈来愈依赖于增长速度的提高。这就意味着作为低效益的速度效益型经济有了进一步发展，经济效益低下的状况进一步恶化了。[③] 因为这种情况首先反映了各种生产资源利用不充分的情况有了进一步的发展。当然也反映新旧体制交替时期各种矛盾的作用，使得企业创造的大量纯收入流失。

上述各种主要经济效益指标表明：当前经济效益下降已经达到了十分严重的程度。

当然，这里有许多不可比的因素。比如，最明显的是：1979 年以来，作为工业产品成本基本构成要素的工资和生产资料价格都大幅度提高了。但这是降低经济效益的直接因素，并不能像有的同志那样把这种情况叫做经济效益的转移，并以此来否定经济效益的下降。首先，所谓"经济

[①]《经济日报》1991 年 8 月 7 日第 2 版。

[②]《人民日报》1991 年 8 月 20 日第 5 版。

[③] 从速度和效益的关系可以把经济增长区分为速度效益型和效益速度型，前者是低效益型经济，后者是高效益型经济（详见拙著：《工业经济效益问题探索》，经济管理出版社 1990 年版，第 166~171 页）。

效益的转移"的提法是不妥的。从一般的意义上说，经济效益是投入与产出之比，因而不可能发生经济效益的转移问题。工资和生产资料价格的提高，只能概括为工业企业总收入和纯收入分配的变化，当然也可以叫做转移，但绝不能概括为"经济效益的转移"。至于用这一点来否定经济效益的下降，就更不妥了。因为它混淆了经济效益下降与造成这种下降因素的区别。而且，尽管1979年以来我国工资和生产资料价格的提高具有某种特殊性，但就中外工业发展的历史来看，工资和生产资料价格的上升是常有的事。因此如果上述的"经济效益的转移"提法能够成立的话，那么由此引起的变化，都可以不算经济效益的下降。这显然是不对的。诚然，提出上述提法的同志的用意是好的。他们担心把由工资和生产资料价格提高引起的经济效益变化叫做经济效益的下降，会挫伤企业干部和工人的积极性；叫做"经济效益的转移"，有利于保护他们的积极性。但这样一来，这些同志又混淆了一个概念：把决定企业经济效益状况的诸种宏观和微观因素，仅仅归结为企业干部和工人的主观努力。事实上，即使企业干部和工人积极努力，但如果这个因素对经济效益的作用强度弱于其他各种因素的作用强度，经济效益仍然是会下降的。而且，只要全面地分析导致经济效益下降的各种因素（包括1979年以来工资和生产资料价格上涨等等）的作用，也不会把经济效益下降的原因仅仅归结为企业干部和工人的主观因素，不会挫伤他们的积极性。

要做到或充分做到真想提高经济效益，不仅要看到当前经济效益下降已经达到了十分严重的程度，而且要看到当前提高经济效益具有极其重要的经济、政治意义。

我在去年有关的著作中，曾将提高经济效益的意义（主要是经济上的意义）归结为以下五方面：①提高经济效益，是社会主义社会发展的基础。②提高经济效益，是社会主义经济建设中的一个核心问题。③提高经济效益，是实现经济体制改革的一个最重要关键。④提高经济效益，是推进治理整顿的重要因素。⑤提高经济效益，是实现社会主义最终胜利的一个最主要条件。[①]

现在我再依据近几年来国内外的政治形势和过去没有充分展开的方

---

① 详见拙著：《工业经济效益问题探索》，经济管理出版社1990年版，第26~44页。

面，补充四方面的政治意义。

第一，提高经济效益，是执行党在社会主义初级阶段基本路线的一个极重要方面。这至少包含以下三点内容：①社会主义经济建设是基本路线的中心，而提高经济效益是社会主义经济建设的一个核心问题。因此，可以认为提高经济效益是"中心"的"核心"（或"中心"的"中心"）。②提高经济效益可以改变国有亏损企业吃国有资产老本，提高盈利企业国有资产收益率，因而是当前巩固和发展社会主义国家所有制和坚持四项基本原则的一个极重要方面。③在提高经济效益的基础上，可以增强国家、企业和职工的承受能力，为深化经济体制改革提供重要的物质基础。

第二，提高经济效益，是发展社会主义制度的极重要物质基础。半个多世纪以来社会主义国家的实践还进一步证明：在坚持四项基本原则的前提下，发展经济建设，特别是提高经济效益，不仅在实现社会主义制度最终战胜资本主义制度方面具有决定的意义，而且在实现这个最终战胜的长过程中，在巩固和发展社会主义制度方面也具有十分重要的意义。

第三，提高经济效益，是在90年代顺利地最终完成收回香港和澳门这一重大历史使命的一个重要条件。80年代以来，先后签署的中英关于香港问题的联合声明和中葡关于澳门问题的联合声明，以及已经制定的香港特别行政区基本法和正在制定的澳门特别行政区基本法，为实现这一使命铺平了道路。在这方面，提高经济效益也有重要作用。因为经济效益提高了，经济发展了，综合国力增强了，人民生活提高了，社会主义制度优越性进一步发挥了，对最终完成这个历史使命要顺利得多。

第四，提高经济效益，是实现长期的社会政治稳定的物质基础。很显然，只有在经济效益不断提高的基础上，社会生产和人民生活才会有持续不断的提高，也才会有长期的社会政治稳定。诚然，资产阶级自由化是社会政治不稳定的主要政治根源。因此，必须十分注意政治方面的反对资产阶级自由化的斗争。要实现社会政治稳定，也还要在其他方面做许多工作。如在政治方面端正党风，加强廉政建设；在经济方面解决社会分配不平等。但要实现长期的社会政治稳定，不在提高经济效益的基础上发展生产和改善生活，无论如何是难以做到的。

综上所述，只有使广大干部和群众深刻认识、痛切感到经济效益下降已经到了十分严重的程度，以及经济效益提高具有极其重要的经济政治意义，才能上下一心地真想提高经济效益；否则，就很难做到，对有的人来说，甚至只是口头说说而已，并不是真想提高经济效益。所以，我们认为，这一点是真想还是假想提高经济效益的一个重要标志。

二、是否真正按照提高经济效益的正确路子走

相对前述的一点来说，是否真正按照提高经济效益的正确路子走，是真想还是假想提高经济效益的更重要更实在的标志。

我在有关著作中，从国民经济和社会的角度，曾对提高经济效益的基本途径做过分析。① 这里只拟提出其中的一点，即必须深化经济体制改革。建国以来几十年经验证明：我国经济效益状况长期不佳的原因，从宏观经济方面来说，最重要的原因就是传统的以速度为中心的经济发展战略和传统的以行政管理为主的经济管理体制。传统战略形成的原因虽然是多方面的，但支持这种战略得以长期实施的经济根源却是传统体制。因而，传统体制是我国经济效益长期低下更本质的原因。当然，从微观经济方面考察，企业经营管理和企业技术改造对经济效益的状况也有极重要的作用。但历史经验也证明：在我国具体条件下，企业经营管理和企业技术改造在很大程度上又决定于传统体制。从这种相互联系的意义上说，所谓是否真正按照提高经济效益的正确路子走，最重要的就可以归结为是否真正按照经济体制改革的正确路子走。②

而就当前理论界和经济界的某些情况来看，还确实存在是否真正按照经济体制改革正确路子走的问题。

大致说来，提高经济效益可以区分为两个重要方面：一是宏观方面提高生产资源配置效益；二是微观方面提高生产要素运营效益。

就提高生产资源配置效益来说，从经济体制改革的角度来看，最基

---

① 详见拙著：《中国经济效益问题研究》，经济管理出版社 1991 年版，第 55~86 页。

② 就我国改革以来的情况来看，经济体制改革的正确路子，重要的有两层涵义：一是支持改革的社会主义方面，实现社会主义制度的自我完善和发展，而不是把改革搞成资本主义化；二是支持走建立、发展社会主义有计划商品经济的路子，而不是走回头路，恢复传统的经济体制。本文仅就第二层涵义来谈经济体制改革的正确路子。

本的途径是实现计划调节与市场调节的有机结合。

江泽民同志说得好："计划与市场，作为调节经济的手段，是建立在社会化大生产基础上的商品经济发展所客观需要的，因此在一定范围内运用这些手段，不是区别社会主义经济和资本主义经济的标志。"① 而资本主义经济发展的长期历史表明：仅仅依靠盲目的市场调节，不仅不能实现国民经济的按比例发展，而且使得资本主义生产过剩的经济危机趋于加剧。当然，资本主义经济危机加剧的根本原因，是资本主义基本矛盾的发展。但与此相联系的盲目的市场调节也起了重要作用。我国社会主义建设的长期实践证明：仅仅依靠传统经济体制下的那种计划调节，也不仅不能实现国民经济的协调发展，而且导致经济的周期严重失衡和周期波动。当然，我国经济周期波动的根本原因是传统的经济体制，特别是其中内含的投资膨胀机制。但这种体制下排斥市场机制的计划调节也起了重要作用。问题的症结在于：在以社会化大生产作为物质技术基础的发达商品经济条件下，尽管市场调节在实现社会生活资源配置方面具有重要的积极作用，但同时也具有消极作用；而且，无论是它的积极作用的发挥，还是它的消极作用的克服，都有赖于实现同计划调节的结合。这是一方面；另一方面，尽管计划调节在实现社会生产资源配置方面具有巨大优越性，但同时也有局限性；而且，无论是它的优越性的发挥，或者是它的局限性的克服，也都有赖于实现同市场调节的结合。因此，要想真正取得社会生产资源配置方面的最佳效益，就必须走实现计划调节与市场调节的有机结合的路子。在这方面，不实现结合固然不会有什么好效益，就是板块式结合，甚至渗透式结合也难以取得最佳效益。当然，要建立计划调节与市场调节有机结合的这种新型的调节机制，需要一系列的条件，其中根本的一条是要建立社会主义有计划商品经济的新体制，这就有一个过程。而且，即使这个过程完成了，计划调节与市场调节有机结合也只是就国民经济的重要方面和主要过程来说的。②

但当前我国学术界有一种观点认为，市场调节虽有必要，但要以计划调节为主。他们提出的重要论据是：计划是调节国民经济的主要比例

① 江泽民：《在庆祝中国共产党成立七十周年大会上的讲话》，人民出版社 1991 年版，第 16~17 页。
② 以上分析详见拙文：《关于计划与市场关系的几点思索》，《中国社会科学院研究生院学报》1991 年第 6 期。

关系，而市场只调节企业的生产经营活动。

如果仅仅停留在对事物做直观的考察，那么，情况确实如此。但如果对事物做深入的研究，那么，计划要有效地、并且尽可能避免消极作用地实现调节经济的作用，主要需要通过市场调节这个中间环节。诚然，市场是直接调节企业的生产经营活动的。但市场还是通过调节作为国民经济细胞的、无数的企业的生产经营活动，实现其对社会生产资源的配置作用。当然，市场要有效地、并且尽可能避免消极作用地实现对经济的调节，也有赖于同计划调节结合。但这是市场更好地发挥对经济调节作用的问题，而不是不能实现调节经济作用的问题。所以，分别说来，计划和市场都是社会主义社会生产调节者；综合说来，计划和市场的有机结合是社会主义社会生产新型的、最有效的调节者；但绝不能说，只有计划才能调节国民经济的主要比例关系，而市场没有这种调节作用。这是就计划调节和市场调节经济的作用本身而言的。

从深层次的理论上说来，一般都不否认马克思主义关于价值规律是资本主义生产调节者的原理。尽管社会主义经济与资本主义经济有根本性质的区别，但社会主义经济既然也是商品经济，那么价值规律就仍然具有调节社会生产的作用。为什么价值规律在资本主义社会通过调节作为国民经济细胞的企业的经济活动，可以实现对社会生产的调节作用，而在社会主义社会价值规律只是停留在对同样作为国民经济细胞的企业的经济活动，而不能实现对社会生产的调节作用呢？我看这是计划调节为主论者很难回答的难题。

本世纪50年代初，斯大林发表了《苏联社会主义经济问题》以后，价值规律不是社会主义生产调节者的观点在我国经济学界占了主要地位。党的十一届三中全会以来，理论研究和改革实践已经否定了这种脱离实际经济生活的观点。但当前流行的上述观点，尽管比斯大林的观点前进了，然而似乎并没有根本摆脱斯大林提出的理论框架。因而，如果按照这种观点去实践，也就不能根本摆脱传统经济体制（包括计划体制）的基本框架。而在传统经济体制下（或者虽已进行改革，但并没有根本完成的情况下），就只能是经济的周期失衡和周期波动，还谈得上什么好的生产资源配置效益呢？这一点，已经为建国以后几十年经验反复证明了。表1-27的资料表明：建国以来已经发生了7次经济周期波动，即1953~

1955 年一次，1956~1957 年一次，1958~1969 年一次，1970~1977 年一次，1978~1984 年一次，1985~1987 年一次，1988~1991 年一次。经济周期波动的根源，当然不是社会主义经济的基本制度（包括社会主义公有制、计划经济、按劳分配和共同富裕等），而是传统经济体制。所以，从客观效果考察，主张计划调节为主的观点，是很难说是真想提高经济效益的。

就提高生产要素运营效益来说，从经济体制改革的角度来看，最基本的途径是根本转变企业的经营机制，根本改变国有企业作为国家行政机关的附属物的地位，使绝大多数国有企业真正成为"自主经营、自负盈亏的社会主义商品生产者和经营者"。[①] 这方面的理论上和事实上的论证已经做得很多了，不需重复。这里只就我国改革提供的新经验做进一步证明。近年来已有愈来愈多的事实证明：国有企业由于经营机制的差别，其活力不如"三资"企业和乡镇企业，经济效益的状况也要差得多。但天津市今年的两个典型材料把这种差别以极其鲜明、极其尖锐的形态表现出来，为了说明这里的问题，引用这两个资料很有必要。天津市某厂（以下简称甲厂）现有职工 1174 人，固定资产 1100 万元，生产能力年产 3 万台。1990 年工业总产值 5000 万元，每人年平均劳动生产率 4.3 万元，利润为零。今年 1~5 月已亏损 30 万元。目前该厂已经难以为继。该市某合资公司（以下简称甲公司）与甲厂产品相同，设计能力年产 3 万台。1986 年 7 月开业时注册资本 110 万美元。现有职工 235 人，1990 年工业总产值 4500 万元，每人年平均劳动生产率 19.2 万元（为甲厂的 4.5 倍）。该公司开业以来，连年盈利，1990 年获利 1356 万元，今年 1~5 月获利 336 万元，预计全年利润为 850 万元。这里值得着重提出：甲厂与甲公司开始时主要经办人是同一个人。现任甲厂厂长 1985 年由甲厂调出筹组甲公司，接着作为中方领导人经营甲公司，1988 年 6 月又调回甲厂当领导。该领导人深有感慨地说：在老厂"付出的精力比在合资厂时要多二、三倍，效果却比之低五到十倍"。

天津另一厂在合资前国家累计投资 2000 万元。1988、1989 两年连续亏损，到 1989 年底亏损近 1000 万元。尽管调整了领导班子，仍未挽回企

---

① 《中共中央关于制定国民经济和社会发展十年规划和"八五"计划的建议》，《人民日报》1991 年 1 月 29 日第 3 版。

业的这种滑落颓势，不得不停产整顿。但在 1990 年 4 月实行合资经营，7 月开始试生产，尽管劳动力、厂房、设备和产品都是原来的，只是来了外方的经营管理人员，企业就活起来，7 月开始盈利，仅 9 月就盈利 43 万元。今年引进了新设备，扩建了厂房，产值和经济效益又有进一步提高。这种情况不只是在天津发生了，在上海和其他城市也发生过。比如，上海市发生的"斯米克现象"就是突出的一例。上海一国有厂"在濒于破产的情况下与英国斯米克公司合资。人还是原来的人，厂房、设备也都未变，但却在短时间内神奇地'活'了过来，并且创出了比合资前高几倍的效益"。[1]

国有企业一合资就活、经济效益随之即显著提高的现象，其产生有多方面的原因。比如，最明显的是国有企业的税负比合资企业要重得多，因而一合资，税负就大大减轻。但正如亲身经历上述转变的企业领导者所总结的，根本原因在于合资企业具有独立商品生产者所具有的经营自主权，自负盈亏，破除了铁饭碗和大锅饭。而国有企业当前还不具有这种经营机制。

当然，如果像搞资产阶级自由化的人那样，认为由此可以做出结论社会主义制度不如资本主义制度，出路在于资本主义化，这是别有用心的歪曲。因为社会主义经济的基本制度无疑大大优越于资本主义制度。但是，由此确实可以做出结论，当前国有企业经营机制不适合企业作为独立商品生产者的要求，严重阻碍生产要素运营效益的提高。因此，如果坚持传统经济体制的观点，认为走回头路，也可以搞活企业和提高经济效益，那就是完全脱离生活的陈词。

综上所述，如果真能坚持按照陈云同志关于不唯书、不唯上、只唯实的教导办事，那么，要真想提高经济效益，就必须在转变经济运行机制和企业经营机制下工夫。如果在这个重要问题上采取怀疑、犹豫甚至抵触的态度，那就很难认为是真想提高经济效益。

但是否按照经济体制改革的正确路子走，这只是从体制改革角度来看的是否真想提高经济效益的一层涵义。它的另一层涵义是：稳妥而又积极地推进经济体制改革。如果改革步子不稳妥，那就会造成经济生活

---

[1]《经济日报》1991 年 8 月 15 日第 3 版。

的混乱，甚至酿成政治动乱，以至葬送改革事业。这自然谈不上真想提高经济效益。

但是，如果不是依据当前具体条件，积极推进改革，使得改革不能取得应有的进展，从而经济效益低下的面貌不能迅速改变，也很难认为是真想提高经济效益。而在这方面，无论就整个国有经济、地区、部门或企业来说，推进改革还有巨大的潜力，并没有得到充分的运用。

比如，要转变企业经营机制，就要企业实行自负盈亏，从而要求企业能够实现破产，从而要求建立失业保险。现在似乎存在失业增长会影响社会政治稳定的担心。而这种担心又是同对建立失业保险潜力估计不足相联系的。其实，据有关专家估算，即使按社会失业达到 2000 万人计算，每年失业保险基金约为 400 亿元。这并不是根本无法筹集的。表 1—27 的资料表明：1990 年单是国有独立核算的亏损企业亏损总额就达到 348.76 亿元，而企业亏损在很大程度上又是与大量的在职失业相联系的。因此，单是改革劳动制度，消除在职失业，就可大大减少国家对企业的亏损补贴，并可在提高企业经济效益的基础上，增加企业上缴国家财政的税利，从而增加国家财政用于失业保险基金的支出。更何况今后失业保险基金的筹集，并不需要国家单独拿，而是可以采取国家、企业和职工三家拿的办法。因此，从我国国情出发，建立低水平的失业保险是有潜力的，加快劳动制度的改革，是有可能的。看不到这一点，是不妥的。

在企业内部改革方面也存在着巨大的没有充分利用的潜力。比如，海口市罐头厂 1981 年至 1985 年连续五年亏损，共亏 718 万元，占全市工业亏损额的 82%，濒临破产边缘。但有关部门将亏损"病根"诊断为经营不善，因而五年中四易厂长。尽管厂长殚精竭虑，但都是"头痛医头，脚痛医脚"，"病情"未见好转。后来经过再诊断，发现经营管理不善是"症状"，而非"病根"，"病根"是"一旧三铁"。"一旧"即在传统旧体制下，工厂吃国家的"大锅饭"，车间吃工厂的"大锅饭"。"三铁"是职工端的"铁饭碗"，领的"铁工资"，干部坐的"铁交椅"。1986 年以来，该厂从企业内部采取了一系列改革措施。第一，将九个车间改为独立核算、自负盈亏的分厂，改变了车间吃工厂"大锅饭"的弊端；第二，改革用人制度，实行优化劳动组合，改革分配制度，初步改革了"三铁"的弊端。这就大大调动了车间和职工的积极性，使该厂由亏损大户变成盈利大户。该厂 1986、1987 两年减少亏损 387 万元，1988 年盈利 240 万元，1989 年创利税 641 万元，1990 年创利税 1269 万元。可见，那种认为当前改革潜力只存在于国有经济、地区和部门，企业在深化改革方面无能为力的看法，也并不完全符合实际情况。当然，要根本完成对传统经济体制的改革，有赖于整个国有经济的改革。但这绝不是说在当前情况下企业在内部改革方面，是无能为力的。

改革的潜力不仅存在于国有经济的管理体制方面，在坚持社会主义公有制为主体前提下发展非社会主义经济方面也还存在巨大的潜力。诚然，1979 年以来，我国在这方面的改革已经取得了巨大的成就，并对经济发展起了重要的促进作用。但是，作为我国社会主义经济有益补充的非社会主义经济，仍有很大的发展余地。下列资料可以证明这一点。据国家工商局的统计，到 1990 年底，全国个体工商户达 1329 万人，从业人员 2092 万人，注册资金 397 亿元；私营企业达 9.8 万户，从业人员 170.3 万人，注册资金 95 亿元；个体工商户和私营企业注册资金只相当国有企业和集体企业的 2.3%，从业人员只占全社会劳动力的 4%。[①] 与此相联系，1979 年以来，尽管我国服务业已经有了巨大的发展，但仍然不能满足需要。就餐难、洗衣难、理发难、入托难、娱乐难，等等，虽有所缓解，但并未根本解决。另据统计，目前我国居民平均每人的劳务消费只占个人消费支出的 4% 左右，不仅远远低于经济发达国家（目前为 40% 左右），而且低于发展中国家。[②] 所以，即使从经济改革的角度看，如果把提高经济效益的正确路子，仅仅限于国有经济的管理体制改革（这当然是主要的），而忽视发展作为社会主义必要补充的非社会主义经济，也是不全面的。

我们在前面从经济改革角度提出了是否真想提高经济效益的几项标志。当然，即使从这个角度来看，也不是全面的。而且，从其他方面（如从运用科学技术促进技术改造方面，以及加强企业管理方面等），还可以提出若干标志。但就当前情况来说，上述几项标志是很重要的。

---

① 《人民日报》1991 年 3 月 10 日第 6 版。
② 《人民日报》1991 年 9 月 20 日第 2 版。

对我国产业结构变动的分析和预测 *

　　以往实践表明，要实现国民经济稳定增长，促进人民生活质量提高和众多社会发展目标的实现，产业结构的合理化和高度化是不可缺少的条件。产业结构的合理化和高度化又是包括我国在内的发展中国家特别关注的问题，是这些国家产业政策的工作重点。但是，产业结构的合理化和高度化必然带来生产要素投入结构、需求结构的变动，而这些变动又必然受一定时期国家经济发展水平的制约。因此，产业结构的变动不能脱离开人均国民收入水平、国家资源状况以及本国工业化初始条件的约束。盲目的、超前的产业结构的变动，不仅不可能实现经济发展的目标，还会导致资源的浪费和效益的下降。因此，探讨产业结构合理的变动值就成为发展我国经济的一个主要问题。在党中央号召当前和今后一个时期要把经济工作真正转移到调整结构和提高效益的轨道上来的背景下，其实践意义就更为重大。本文在分析产业结构变动历史资料的基础上，评述以往历史产业结构变动的特征，并根据历史经验和当前情况预测和分析 90 年代前半期产业结构变动的适度值。

一、研究产业结构变动程度的指标

　　本文选择结构变动值和结构变动度作为考察产业结构变动程度的指

　　* 汪海波、刘立峰合著。原载《中国工业经济研究》1993 年第 5 期。

标。产业结构变动值的计算公式为 $Z = a(i2) - a(i1)$…〔下面简称公式（1）〕，它是反映某一产业在某一时期内社会总产值（或国民生产总值）中所占份额变动程度的指标。这个变动值可以是正值，也可以是负值。结构变动度的计算公式为 $I = \sum [a(i2) - a(i1)]$〔下面简称公式（2）〕它是反映总的产业结构变动程度的指标。在公式（2）中，我们只计算 $a(i2) > a(i1)$ 的产业，所以，结构变动度只是各产业产出份额变化正值之和。$a(i)$ 为结构变动值和结构第 i 项产业在总产出中的份额；1、2 为考察期的期初和期末。我们既可以计算相临年份的变动度，又可以计算某一历史时期的结构变动值和结构变动度。为了便于相互比较，可以把各个时期的结构变动值和结构变动度除以时期间隔年份换算成年度结构变动值和年度结构变动度。

本文计算了社会总产值及其所包括的工业，农业、建筑业、运输邮电业和商业五大物质生产部门，工业及其所包括的能源工业（包括电力、石油和煤炭工业）、原材料工业（包括冶金、化学和建材工业）、加工工业（包括机电、食品，纺织和轻工其他工业），以及国民生产总值及其所包括的第一、二、三产业的结构在各个时期的变动值和变动度。这些时期包括：各个五年计划期，以及 1958~1960 年的"大跃进"和 1963~1965 年三年调整两个特殊历史时期；改革前（1953~1978 年），改革后（1979~1989 年）和 1953~1989 年时期；七个经济周期（第一周期从 1953~1955 年，第二周期从 1956~1957 年，第三周期从 1958~1969 年，第四周期从 1970~1977 年，第五周期从 1978~1984 年，第六周期从 1985~1987 年，第七周期从 1988~1991 年）。[①]

二、我国产业结构变动的历史概貌及其重要特征

根据前述公式（1）、（2）以及有关统计资料，我们对我国各个时期产业结构变动值和变动度做了计算，结果如表 1 所示。

---

① 经济周期的划分参见拙著：《中国工业经济问题探索》，经济管理出版社 1990 年版，第 92~95 页。

表 1　我国产业结构年度变动值和产业结构年度变动度

单位：%

年度(时期)	能源工业	原材料工业	加工工业	农业	工业	建筑业	运输邮电业	商业	社会总产值	第一产业	第二产业	第三产业	国民生产总值
1952													
1953	0.018	0.815	2.069	-5.959	2.902	1.610	0.239	1.207	5.959				
1954	0.217	0.538	1.309	-.1749	2.064	-0.437	0.216	-0.093	2.280				
1955	0.193	-0.092	-0.320	0.565	-0.219	0.020	-0.016	-0.350	0.585				
1956	0.209	1.089	1.707	-4.546	3.006	1.920	0.020	-0.400	4.946				
1957	0.306	0.823	0.578	-0.701	1.707	-0.711	0.203	-0.498	1.910				
1958	1.119	2.310	3.795	-9.236	7.224	2.573	0.643	-1.204	10.440				
1959	1.161	2.906	4.674	-9.344	8.740	-0.056	0.783	-0.123	9.524				
1960	1.047	2.657	0.784	-4.728	4.489	0.195	0.336	-0.293	5.020				
1961	-0.048	-3.438	-3.018	11.176	-6.504	-4.745	-0.860	0.933	12.109				
1962	-0.431	-1.867	-2.445	5.421	-4.743	-0.444	-0.534	0.300	5.720				
1963	-0.291	0.228	-0.745	0.329	-0.808	0.890	-0.128	-0.282	1.219				
1964	-0.321	0.629	0.542	-1.327	0.851	1.683	-0.208	-0.998	2.534				
1965	0.222	0.892	2.234	-3.134	3.349	0.421	0.254	-0.890	4.024				
1966	0.473	1.507	0.249	-2.258	2.229	-0.141	-0.074	0.244	2.473				
1967	-0.555	-1.820	-0.634	3.903	-3.010	-1.084	-0.242	0.432	4.336				
1968	0.472	-1.511	0.734	0.858	-0.305	-0.677	0.059	0.065	0.982				
1969	0.336	2.635	2.007	-6.942	4.979	2.227	0.017	0.248	7.206				
1970	0.971	1.511	2.329	-4.499	4.811	0.135	-0.028	-0.419	4.946				
1971	0.585	1.058	0.543	-2.034	2.187	0.216	-0.013	-0.355	2.402				
1972	0.374	0.734	0.370	-1.510	1.479	-0.103	0.063	0.071	1.613				
1973	-0.112	0.067	0.557	-0.065	0.512	-0.504	-0.070	0.127	0.639				
1974	0.252	-1.188	0.116	0.415	-0.820	0.552	-0.098	-0.048	0.966				
1975	0.391	0.494	1.327	-2.138	2.212	0.222	0.043	-0.339	2.477				
1976	0.509	-0.232	0.425	-0.442	0.701	-0.256	-0.118	0.114	0.815				

续表

年份(时期)	能源工业	原材料工业	加工工业	农业	工业	建筑业	运输邮电业	商业	社会总产值	第一产业	第二产业	第三产业	国民生产总值
1977	0.227	0.693	1.746	-2.489	2.667	-0.352	0.147	0.027	2.841				
1978	-0.311	1.291	-0.587	-1.048	0.393	0.571	0.043	0.041	1.048				
1979	-0.161	0.111	0.239	-0.216	0.189	0.167	-0.172	0.032	0.388	3.105	-0.778	-2.326	3.105
1980	-0.461	0.004	1.115	-1.470	0.659	0.644	0.251	-0.084	1.554	-1.076	1.178	-0.102	1.178
1981	-0.379	-0.586	0.918	0.303	-0.046	-0.849	-0.044	0.637	0.940	1.956	-1.803	-0.153	1.956
1982	-0.339	0.064	-0.657	0.371	-0.932	0.678	0.047	-0.164	1.097	1.625	-1.251	-0.374	1.625
1983	-0.154	0.062	0.603	-0.514	0.510	0.018	-0.030	0.016	0.545	-1.110	-0.257	-0.367	0.367
1984	-0.334	-0.173	1.326	-0.486	0.819	-0.104	-0.089	-0.140	0.819	-0.750	-0.900	1.650	1.65
1985	-0.068	0.123	2.124	-2.610	2.179	0.234	0.065	0.133	2.610	-3.363	0.463	2.899	3.363
1986	0.007	0.897	-0.051	-1.211	0.853	0.309	0.010	0.039	1.211	-1.328	0.942	0.386	1.328
1987	-0.212	0.343	1.860	-1.344	1.991	-0.334	-0.077	-0.236	1.991	-0.228	0.008	0.220	0.228
1988	-0.211	0.411	2.627	-1.744	2.827	-0.660	-0.075	-0.348	2.827	-0.877	0.762	0.115	0.877
1989	-0.465	2.198	0.403	-0.309	2.136	-1.324	0.054	0.557	2.190	-0.780	-1.289	2.069	2.069
年变动值(度)													
"一五"	0.185	0.472	0.655	-1.286	1.312	0.158	0.085	-0.268	1.554				
"二五"	0.346	0.052	-0.001	-0.505	0.396	-1.010	-0.055	0.163	1.065				
其中:1958~1960	0.736	1.854	1.819	-4.691	4.410	0.046	0.373	-0.139	4.829				
调整时期	-0.033	0.507	0.925	1.487	1.400	0.701	0.015	-0.629	2.116				
"三五"	0.245	0.163	0.887	-1.336	1.295	0.120	-0.045	-0.034	1.415				
"四五"	0.181	0.021	0.474	-0.660	0.677	0.033	-0.012	0.038	0.710				
"五五"	-0.141	0.420	0.503	-1.045	0.782	0.206	0.054	0.003	1.042				
"六五"	-0.179	0.015	0.679	-0.648	0.515	0.165	-0.001	-0.031	0.680	-0.520	-0.389	0.908	0.908
1986~1989	-0.222	0.738	1.223	-0.849	1.738	-0.579	-0.025	-0.285	1.738	-0.471	-0.130	0.601	0.601

续表

年份 (时期)	能源 工业	原材料 工业	加工 工业	农业	工业	建筑业	运输 邮电业	商业	社会 总产值	第一产业	第二产业	第三产业	国民生 产总值
1953~1978年	0.269	0.458	0.703	-1.366	1.430	0.081	0.016	0.161	1.527				
1979~1989年	-0.238	0.304	0.933	-0.819	0.999	-0.126	0.010	-0.064	1.010	-0.448	-0.195	0.643	0.643
1953~1989年	0.114	0.415	0.778	-1.210	1.307	0.024	0.009	-0.131	1.332				
第一周期 (1953~1955)	0.137	0.149	0.329	-0.395	0.615	-0.139	0.066	-0.148	0.682				
第二周期 (1956~1957)	0.153	0.411	0.289	-0.350	0.853	-0.356	0.102	-0.249	0.955				
第三周期 (1958~1969)	0.172	0.235	0.365	-0.504	0.772	-0.144	-0.052	-0.072	0.772				
第四周期 (1970~1977)	0.278	0.203	0.636	-1.033	1.117	-0.028	-0.006	-0.050	1.117				
第五周期 (1978~1984)	-0.261	-0.074	0.506	-0.287	0.171	0.079	-0.005	0.042	0.250	0.679	-0.545	-0.134	0.679
第六周期 (1985~1987)	-0.068	0.413	0.603	-0.852	0.948	-0.008	-0.022	-0.066	0.948	0.519	0.317	0.202	0.519
第七周期 (1988~1989)	-0.232	1.099	0.201	-0.155	1.068	-0.662	0.027	-0.276	1.095	-0.390	-0.644	1.034	1.034

资料来源:《中国统计年鉴》(1981~1991);《中国工业经济统计年鉴》(1988~1989)。

说明:第七周期应为1988~1991年,本文只计算到1989年,以下均同此。

表1表明，我国产业结构变动呈现出以下重要特征：

第一，总的说来是循着建立独立的、比较完整的工业和国民经济体系这个总方向前进的。1953~1989年，我国社会总产值中农业年度变动值为-1.210%，工业为1.307%；在工业总产值中，能源工业为0.114%，原材料工业为0.415%，加工工业为0.778%。我国工业和国民经济现代化是在旧中国工业和国民经济极为落后而又畸形发展的基础上起步的。从这个视角来看，上述数据大体上从一个侧面反映了独立的、比较完整的、以工业为主导、以农业为基础的社会物质生产体系以及能源工业、原材料工业和加工工业相结合的工业体系的形成过程。1979~1989年，第一产业的年度变动值为-0.448%，第二产业为-0.195%，第三产业为0.643%。这大体上也从一个角度反映了相互配合的第一、二、三产业相结合的国民经济体系的初步形成过程。这些分析是就我国经济发展的主流和方向来说的，至于其中存在的问题，我们留待后面做分析。我国独立的、比较完整的工业和国民经济体系的形成，是社会主义制度优越性的一个最重要标志。

第二，突出地表现了工业是我国产业结构变动度的原动力。1953~1978年，社会总产值年度变动度为1.527%，工业年度变动值为1.430%，占总变动度的93.6%；1979~1989年，社会总产值年度变动度为1.010%，工业年度变动值为0.999%，占98.9%；1953~1989年，社会总产值年度变动度为1.332%，工业年度变动值为1.307%，占98.1%。这3组数据表明，我国产业结构的变动主要是由工业引起的。工业和农业年度变动值的此长彼消关系，也能突出地反映这一点。在1953~1989年37年中，工业年度变动值正数年份为28年，负数年份为9年。与此相对应，农业负数年份为28年，正数年份为9年。从主要方面来说，这种状况是符合实现工业化的客观要求的。

第三，某些时期某些产业变动值过度超前，与此相对应，另些产业严重滞后。比如，就作为社会生产主要部门的工业和农业来说，1958~1960年三年"大跃进"时期，工业变动值分别为7.224%、8.740%和4.489%，3年平均每年为4.410%；而农业分别为-9.236%、-9.344%和-4.728%，平均为-4.691%。就工业生产内部来看，这三年能源工业变动值分别为1.119%、1.161%和1.047%，原材料工业分别为2.310%、

2.906%和2.657%，而加工工业分别为3.795%、4.674%和0.784%；三年平均每年变动值，达三类工业分别为0.736%、1.854%和1.819%。

第四，某些时期某些产业变动值跳跃前进与大步后退相继出现，与此相伴生，另外产业则呈现出相反的状况。1958~1960年"大跃进"时期，工业和工业中的加工工业变动值跳跃前进，以及农业和工业中的原材料工业特别是能源工业大步后退的情况，已如前述。但在相继的调整时期，特别是其中的1961~1962年，则出现了相反的情况。比如，这两年工业变动值分别为−6.504%和−4.734%，而农业则分别为11.176%和5.421%；工业中的能源工业分别为−0.048%和−0.431%，原材料工业分别为−3.438%和−1.867%，加工工业分别为−3.018%和−2.445%。在这两年中，这三类工业的变动值虽然均为负数，但相对说来，加工工业的负数则要大得多。

第五，从较长的时期考察，某些产业变动值跳跃前进和大步后退，以及与此相对应的另些产业严重滞后和迅速恢复相继出现的情况，表现为周期过程。这一点，在作为产业结构变动原动力的工业方面表现得最为明显。比如，第一周期波峰年（1953年），工业结构变动值达到2.902%，而在波谷年（1955年）则为−0.219%。第二周期波峰年（1956年），高达3.006%，波谷年（1957年）则为1.707%。第三周期波峰年（1958年）为7.224%，波谷年（1961年）为−6.504%。其后相继出现的第五、第六、第七周期，都程度不同地存在类似的情况。

第六，上述第三、第五两点同时表明：在我国产业结构变动的过程中，长期存在经济失衡。为了更清楚地说明这一点，我们对表1的资料作简单的处理，结果见表2。表2表明：在"一五"、"二五"、"调整时期"、"三五"、"四五"、"五五"、"六五"和1986~1989年这8个时限内，工业年度变动值占社会总产值变动度比重最高的时限（1986~1989年）达到100.03，最低的时限（"二五"时期）也有37.23%，其余6个时限是在66.15%~95.32%之间波动的。与此相对应，农业比重最高的时限（"二五"时期）仅有47.43%，其余7个时限都是负数。显然，在上述各个时期内，除了个别时期以外，工业年度变动值占社会总产值变动度比重的正值和农业的负值都过大了。如果再考察1953~1978年、1979~1989年和1953~1989年这三个时限，那上述过大的情况还要严重一些。因为在这三个时限内，工业年度变动值占社会总产值变动度的比重分别为 93.65%、98.99% 和 98.19%；而农业比重也都是负值。在上述各个时限内，建筑业比重虽然只是在少数时限为负值，多数时限为正值，但数值不大。而运输邮电业特别是商业的比重情况还更差一些。在前 8 个时限内，运输邮电业和商业比重负值年份分别为 5 个和 6 个；在后 3 个时限内，前者虽然为正数，但数值小，后者都是负值。这些数据表明：在上述期间，不仅在工业和农业之间存在过严重失衡，就是在工业和建筑业、运输邮电业、商业之间也是很不协调的。

表 2　我国产业结构年度变动值有产业结构年度变动度中所占的比重　　单位：%

时期	占工业变动值的比重			占社会总产值变动度的比重					占国民生产总值变动度的比重		
	能源工业	原材料工业	加工工业	农业	工业	建筑业	运输邮电业	商业	第一产业	第二产业	第三产业
"一五"	14.12	35.95	49.92		84.38	10.19	5.44				
"二五"	87.24	13.02		47.43	37.23			15.34			
调整时期		36.23	66.11		66.15	33.14	0.72				
"三五"	18.90	12.58	68.52		91.51	8.49					
"四五"	26.78	3.16	70.06		95.32	4.68					
"五五"		53.73	64.31		75.04	19.79	5.17	0.29			
"六五"		2.93	131.84		75.70	24.30					100.05
1986~1989		42.45	70.32		100.03						99.99
1953~1978	18.82	32.04	49.15		93.65	5.32	1.02				100.05
1979~1989		30.40	93.39		98.99		1.01				
1953~1989	8.73	31.77	59.50		98.19	1.81	0.70				
第一周期	22.24	24.20	53.56		90.26		9.74				
第二周期	17.94	48.19	33.87		89.37		10.63				
第三周期	22.29	30.42	47.29		100.00						
第四周期	24.92	18.19	56.89		100.00						
第五周期			295.81		68.38	31.62		16.91	99.94		
第六周期		43.60	63.61		100.00					61.05	38.89
第七周期		102.89	18.86		97.54		2.46				100.04

说明：各项比重只计正数，不计负数。

我们再依据表 2 的资料考察工业内部各部门之间的失衡状况。在上述前 8 个时限内，加工工业年度变动值占工业的比重只有 1 个时限（"二五"时期）为负值，而且数值小，其余 7 个时限均在 49.92~131.84% 之间波动；原材料工业虽均为正值，但是在 2.93~53.73% 之间波动；能源工业有四个时限为负值，只有四个时限为正值，数值也不大。在后 3 个时限内,这三类工业的比重分别为 49.15%、93.39% 和 59.50%;32.04%、30.40% 和 31.77%;18.82%,一个负值和 8.73%。这表明:在上述期间,加工工业和原材料工业(特别是能源工业)不仅存在着严重失衡,而且这种失衡在 1979 年以来进一步加剧了。只不过是这期间我国在节约能源方面取得了显著的成效,在某种程度上缓和了这种失衡加剧的状况。但这种严重失衡状况还是一直存在的。表 3 的资料可以进一步证明这一点。表 3 的资料表明,作为能源工业的电力、煤炭和石油工业的年度变动值小于作为原材料工业的冶金、化学和建材工业,更小于作为加工工业的机电、纺织和轻工其它工业,只是大于食品工业。

表 3　1953~1989 年工业各部门年度变动值[①]　　　　　　　　　单位:%

电力工业	0.04	建材工业	0.09
煤炭工业	0.02	机电工业	0.51
石油工业	0.06	食品工业	0.01
冶金工业	0.09	纺织工业	0.15
化学工业	0.23	轻工其他	0.11

表 4　国家所有制独立核算工业企业历年资金利税率[②]

周期	年份	当年（%）	比上年±（百分点）
第一周期	1952	25.4	
	1953	30.4	5.0
	1954	30.4	0.0
第二周期	1955	30.0	−0.4
	1956	32.1	2.1
	1957	34.6	2.5
第三周期	1958	46.5	11.9
	1959	48.7	2.2
	1960	43.6	−5.1
	1961	15.9	−27.7
	1962	15.1	−0.8
	1963	20.5	5.4
	1964	25.7	5.2
	1965	29.8	4.1
	1966	34.5	4.7
	1967	21.7	−12.8
	1968	17.3	−4.4
	1969	25.3	8.0

①② 根据《中国工业经济统计年鉴》(1988~1989) 和《中国统计年鉴》(1990 年) 有关资料计算。

续表

周期	年份	当年（%）	比上年±（百分点）
第四周期	1970	30.6	5.3
	1971	30.0	-0.6
	1972	27.7	-2.3
	1973	25.8	-1.9
	1974	21.7	-4.1
	1975	22.7	1.0
	1976	19.3	-3.4
	1977	21.2	1.9
第五周期	1978	24.2	3.0
	1979	24.8	0.6
	1980	24.8	0.0
	1981	23.8	-1.0
	1982	23.4	-0.4
	1983	23.2	-0.2
	1984	24.2	1.0
第六周期	1985	23.8	-0.4
	1986	20.7	-3.1
	1987	20.3	-0.4
第七周期	1988	20.6	0.3
	1989	17.2	-3.4

以上的分析，并不否定我们在第四点中提到的：某些时期某些产业变动值跳跃前进与大步后退，以及另些产业大幅度下降与迅速恢复相继出现。但由各次经济调整所引起的这种变化，在实行以速度为中心的、并向工业过度倾斜的传统战略和支持这种战略、内含膨胀机制的传统经济体制没有根本改变的条件下，没有、也不可能从总的方面改变产业结构失衡的状况。事实上，表2所显示的七个经济周期内工业与其它产业（特别是农业）、加工工业与其它工业（特别是能源工业）在年度变动值所占比重方面存在的巨大反差，与我们在前面描述过的前8个时限和后3个时限在这方面的巨大反差在根本上是一致的，区别仅限于程度方面。

以上的分析，也不否定1979年以来，原来存在的第三产业与第二产业严重失衡的状况已经逐步有了某种程度的改善。1979~1989年，第三产业变动值在国民生产总值年度变动度中所占的比重已经达到了100.05%。但是，也没有根本改变这种失衡状况。

第七，上述第三至第六各点必然造成我国经济效益的下降。因为产业结构周期性的严重失衡必然造成生产资源配置效益下降，并且对企业生产要素营运效益产生极为不利的影响。为了说明这一点，只要把表4和表2对照起来看，就可以发现这种重复发生的现象：由于经济发展战略以速度为中心，并且这种高速增长战略往往是同向工业过度倾斜相结合的，因而在波峰年份工业增长速度过高，工业的年度变动值过大，导致产业结构严重失衡，经济跌入低谷，造成经济效益大滑坡。其突出例子是第三周期波峰年份 1958 年工业增长速度高达 54.8%，工业年度变动值也高达 7.224%，再加上连续两年（1959~1960 年）的"跃进"，使得产业结构严重失衡，1961 年经济跌入低谷，工业增长速度为-38.2%，国有独立核算工业企业资金利税率仅有 15.9%，比 1960 年下降了 27.7 个百分点。在其它各个经济周期也程度不同地存在这种情况。

我国产业结构周期性的严重失衡、经济的周期波动和经济效益的低下，具有多方面的原因，其中最重要的是传统的经济体制和经济战略。但国民经济计划缺乏科学性，也是一个重要原因。计划缺乏科学性的一个重要表现，就是不能合理地预测和掌握各主要产业年度变动值。这样，科学地预测 90 年代我国各主要产业的年度变动值，就具有重要的现实意义。在客观上要求把经济工作真正转移到调整结构和提高效益的轨道上来的情况下，其意义就更为重大。正是基于这一点，我们在下面试图对 90 年代前半期我国各主要产业的年度变动适度值做出预测。

三、对我国 90 年代前半期产业结构变动适度值的预测和分析

第一，对社会总产值中农业、工业、建筑业、运输邮电业和商业五个物质生产部门产业结构年度变动适度值的预测和分析

这里首先遇到的问题，是从哪个产业部门着手分析。如前所述，我国处于工业化过程中，产业结构变动的原动力是工业。而且，当前我国产业结构的失衡主要表现为工业（特别是加工工业）与基础产业之间的比例失调。因此，我们仍需从工业变动值着手分析。与此相对应，当然也要分析其它产业部门的变动值。

表 1 所显示的我国产业结构变动值历史经验证明，无论是绝大多数五年计划时期工业年度变动值，或者是 1953~1978 年、1979~1989 年和 1953~1989 年工业年度变动值，都不能作为我们确定 90 年代前半期产业结构变动值的参照数。这不仅因为在过去的 40 年中，我国经历过多次的产业结构失衡，而且因为当前产业结构失衡的状况仍然是很严重的。但相对说来，"六五"时期作为产业结构变动原动力的工业年度变动值（0.515），以及与之相对应的、作为主要产业部门的农业年度变动值（–0.648），可作为参照数。这是因为这个时期在经济改革（特别是农村经济改革）和经济调整的巨大推动下，成为建国以后最具经济活力的时期。"六五"时期社会总产值年平均增长速度达 11.1%，仅次于"一五"时期的 11.3%，而且，作为社会生产主要部门的农业和工业年平均增长速度对比关系，也是比较协调的（这个对比关系为 1：1.5，"一五"时期为 1：4）。[①]

但对这个参照数还需做一定程度的修正。问题在于：①"七五"时期以来，我国已经趋于协调的工业和农业的比例关系，又重陷入失调，"七五"时期农业和工业年平均增长速度对比关系又提高到 1：2.8。[②] 这就需要把"六五"期间工业年平均变动值的正值（0.015%）和农业年平均变动值的负值（–0.648%）适当降低。②鉴于长期以来运输邮电业和商业的落后状况，也需要适当地把"六五"期间运输邮电业和商业年平均变动值（分别为–0.001% 和–0.031%）改变为正数。这样，在农业年度变动值负值已定的情况下，更需要进一步降低工业年度变动的正值，以便腾出空间，使得运输邮电业和商业年度变动值能够由负值进入正值。③由于农业年度变动值的负数要降低，以及运输邮电业和商业年度变动值要由负数进入正数，而处于工业化过程中的工业年度变动的正值虽需降低，但也不可能降得太低，因而，"六五"期间建筑业年度变动值的正值（为0.165%）也需要适当降低。

基于上述分析，我们预测 1990~1995 年农业、工业、建筑、运输邮电业和商业年平均变动适度值分别为–0.51%、0.415%、0.018%、0.065% 和0.012%。

第二，对工业中能源工业、原材料工业和加工工业年度变动适度值

---

①②《中国统计年鉴》（1991），第 49 页。

的预测和分析

这里需要考虑两个重要情况：①如上所述，90 年代前半期工业年平均变动值需要由"六五"期间的 0.515%降为 0.4l5%。显然，这个时期能源工业、原材料工业和加工工业年度变动值的调整只能在这个范围内进行。②鉴于在过去的长时间内以及目前都存在加工工业发展过快、原材料工业特别是能源工业发展过慢，以及与此相联系的它们之间的严重失衡状况，需要把"六五"期间加工工业平均变动值（0.679%）适当降低，相应把这期间原材料工业变动值（0.015%）适当提高，同时把能源工业变动值（-0.179%）由负数变成正数。依据这些理由，我们预测 1990~1995 年加工工业、原材料工业和能源工业年度变动适度值分别为0.301%、0.035%和 0.079%。

第三，对国民生产总值中第一、二、三产业年度变动适度值的预测和分析

基于在做第一方面预测时说过的理由，我们在做第三方面的预测时，仍以"六五"期间的有关数据作为参照数。这有三点原因：①依照我国统计上的规定，第一产业包括农业，第二产业包括工业和建筑业，第三产业包括除了第一、二产业以外的产业。[①] 显然，第二、三产业的发展是以第一产业为基础的。如前所述，在 90 年代前半期，为了改变当前农业和工业之间的失衡状况，需要适当提高农业的年度变动值。这当然不是说，可以完全改变"六五"期间第一产业年度变动负值（-0.52%）的状况，但需适当降低其负值。②在"六五"期间，1986~1989 年和1979~1989 年这三个时限，第二产业年度变动值均为负数（分别为-0.389%，-0.130%，-0.195%）。这样，在 90 年代前半期，为了保持农业和工业、建筑业之间有一个适当的比例关系，也需要把"六五"期间第二产业年度变动值的负数改为适当的正数。③90 年代前半期，在第一产业年度变动负值要适当降低、第二产业也要由负数进入正数的情况下，就要把"六五"期间第三产业年度变动值（0.908%）适当降低。出于上述考虑，我们预测 1990~1995 年第一、二、三产业年度变动值分别为-0.458%、0.058%和 0.4%。

---

① 《中国统计年鉴》（1991），第 74 页。

上述三方面的预测结果见表 5 的第一栏。

表 5　我国 90 年代前半期产业结构年度变动值及各产要产业占
社会总产值的(或国民生产总值)的比重　　　　单位：%

	能源工业	原材料工业	加工工业	农业	工业	建筑业	运输邮电业	商业	社会总产值	第一产业	第二产业	第三产业	国民生产总值
每年变动值	0.079	0.035	0.301	-0.510	0.415	0.018	0.065	0.012		-0.458	0.058	0.400	
比重（%）													
1989	5.53	19.76	45.44	14.99	70.73	6.96	2.79	4.54	100	26.56	45.71	27.73	100
1990	5.61	19.80	45.74	14.48	71.14	6.97	2.86	4.55	100	26.10	45.77	28.13	100
1991	5.69	19.83	46.04	13.97	71.56	6.99	2.92	4.56	100	25.64	45.83	28.53	100
1992	5.77	19.87	46.34	13.46	71.97	7.01	2.99	4.57	100	25.18	45.89	28.93	100
1993	5.85	19.90	46.64	12.95	72.39	7.03	3.05	4.58	100	24.72	45.95	29.33	100
1994	5.93	19.94	46.94	12.44	72.80	7.05	3.12	4.60	100	24.27	46.00	29.73	100
1995	6.01	19.97	47.24	11.93	73.22	7.06	3.18	4.61	100	23.81	46.06	30.13	100

注：能源工业、原材料工业和加工工业，以及农业、工业、建筑业、运输邮电业和商业的比重，是指它们占社会总产值的比重；第一、二、三产业的比重，是指它们占国民生产总值的比重。

表 6　我国各主要产业在社会总产值中所占比重的增长速度　　　　单位：%

项目	年份（时期）	能源工业	原材料工业	加工工业	农业	工业	建筑业	运输邮电业	商业	社会总产值
比重	1952	1.29	3.58	14.58	65.70	19.45	4.45	2.20	8.19	100
	1989	5.53	19.76	45.44	14.99	70.73	6.96	2.79	4.54	100
	1995	6.01	19.97	47.24	11.93	73.22	7.06	3.18	4.61	100
比重年平均增长速度	1953~1989	4.00	4.70	3.10	-4.20	3.60	1.20	0.60	-1.60	
	1990~1995	1.40	0.20	0.60	-3.70	0.60	0.20	2.20	0.30	

注：由于缺乏 1952~1977 年第一、二、三产业占国民生产总值的比重数，故本表未计算这方面的数字。

我们认为，上述三方面的预测，不仅反映了我国当前经济发展的客观趋势，而且就数量关系上来说大体上也是合适的。这一点，可以从下述两方面得到进一步证明。

第一，我们依据上述三方面的预测数，以 1989 年我国各主要产业在社会总产值（或国民生产总值）所占比重的实际数据为基数，计算出了 1990~1995 年各主要产业在社会总产值（或国民生产总值）所占的比重（见表 5 第二栏），其具体情况是：在 1989~1995 年，农业、工业、建筑业、运输邮电业和商业在社会总产值中所占比重，分别由 14.99% 下降到 11.93%，由 70.73% 上升到 73.22%，由 6.96% 上升到 7.06%，由 2.79% 上升到 3.18%，以及由 4.54%上升到 4.61%；能源工业、原材料工业和加工工业在社会总产值中所占比重分别由 5.53%上升到 6.01%，由 19.76%上升到 19.97%以及由 45.44%上升到 47.24%;第一、二、三产业在国民生产总值中所占比重分别由 26.56%下降到 23.81%，由 45.71%上升到 46.06%，以及由 27.73%上升到 30.13%。这些数据表明:在 1990~1995 年，只有农业和第一产业的比重下降了，其它各主要产业所占比重都上升了；而且，无论是下降速度，或上升速度，大体上都是适当的，是符合我国当前经济发展客观要求的。

表 6 提供的数据可以更清楚地说明这一点。就农业、工业、建筑业、运输邮电业和商业占社会总产值的比重及其增长速度来看，1990~1995 年与 1953~1889 年相比，农业比重虽然继续下降，但是下降速度减少了 0.5 个百分点;工业比重虽然继续上升，但上升速度下降了 3 个百分点;建筑业的比重继续上升，尽管上升速度下降，但其产值增长仍很高（见表 8）；运输邮电业和商业的比重，特别是二者比重上升速度大大提高了。这些数据表明：上述各主要产业比重及比重增减速度的变化，既符合我国工业化过程中农业比重下降和工业等产业比重上升的规律，又有利于克服当前工业和农业、运输邮电业等产业比例失调的情况。就能源工业、原材料工业和加工工业占社会总产值的比重及其增长速度来看，1953~1989年后者比重的增长速度低于前二者，但这是由于后者比重基数比前二者要大得多的缘故。如果把 1952 年加工工业的比重（14.58%）换成原材料工业或能源工业的比重（二者分别为 3.58%和 1.29%），那 1953~1989 年加工工业比重的年平均增长速度就不是 3.1%，而是 7.1%或 10.1%。这就比原材料工业和能源工业的比重年平均增长速度（分别为 4.7%和 4%）要高得多。但 1990~1995 年，作为当前我国经济发展瓶颈部门的能源工业的比重年平均增长速度（1.4%）比加工工业（0.6%）要高得多。诚然，在这期间，原材料工业比重的年平均增长速度（0.2%）仍然低于加工工业，但前者在社会总产值中所占比重还是上升的。如果再考虑到今后加工工业中附加价值高的产品的比重上升，以及当前节约原材料方面还存在巨大潜力等情况，当前加工工业和原材料工业的比例失调状况将得到改善。

第二，我们依据表 5 第二栏提供的各主要产业占社会总产值（或国民生产总值）的比重数，并假定 1990~1995 年社会总产值和国民生产总值年平均增长速度分别为 8% 和 7%，以 1989 年各主要产业实际产值数为基数，按 1980 年不变价计算出了 1990~1995 年各主要产业逐年的产值数（见表 7），再依据表 7 的数据计算出了 1990~1995 年各主要产业的年平均增长速度（见表 8）。表 8 的数据表明：1990~1995 年，农业、工业、建筑业、运输邮电业和商业年平均增长速度的对比关系为 1：2.18：2.09：2.62：2.09；加工工业。原材料工业和能源工业的对比关系为：1：0.94：1.09；第一、二、三产业的对比关系为 1：1.41：1.67。显然，这种对比关系有利于克服当前存在的工业和农业，运输邮电业之间，加工工业和原材料工业特别是能源工业之间以及第一、二、三产业之间的失衡关系，使得我国经济在 90 年代趋于协调发展。

表7　我国90年代前半期各主要产业产值、社会总产值和国民生产总值

单位：亿元

年份	能源工业	原材料工业	加工工业	农业	工业	建筑业	运输邮电业	商业	社会总产值	第一产业	第二产业	第三产业	国民生产总值
1989	1225.80	4376.73	10063.82	3320.02	15666.35	1540.76	618.07	1004.49	22149.69	2665.83	4588.91	2783.49	10038.23
1990	1342.87	4735.32	10940.93	3463.62	17018.93	1668.32	683.07	1087.72	23921.67	2803.25	4916.37	3021.29	10740.91
1991	1470.83	5123.27	11893.97	3608.95	18487.67	1806.44	754.51	1177.84	25835.40	2946.84	5267.18	3278.76	11492.77
1992	1610.67	5542.99	12929.47	3755.37	20082.47	1955.98	833.00	1275.41	27902.23	3096.79	5643.01	3557.46	12297.26
1993	1763.48	5997.07	14054.53	3902.11	21814.13	2117.88	919.23	1381.06	30134.41	3253.31	6045.65	3859.11	13158.07
1994	1930.42	6488.33	15276.86	4048.30	23694.32	2293.17	1013.92	1495.45	32545.16	3416.55	6477.02	4185.57	14079.14
1995	2112.78	7019.81	16604.80	4192.90	25735.73	2482.95	1117.88	1619.30	35148.77	3586.72	6939.15	4538.81	15064.68

表8　我国90年代前半期各主要产业、社会总产值和国民生产总值的年平均增长速度

单位：%

年份	能源工业	原材料工业	加工工业	农业	工业	建筑业	运输邮电业	商业	社会总产值	第一产业	第二产业	第三产业	国民生产总值
1990	9.55	8.19	8.72	4.33	8.63	8.28	10.52	8.29	8.00	5.15	7.14	8.54	7.00
1991	9.53	8.19	8.71	4.20	8.63	8.28	10.46	8.29	8.00	5.12	7.14	8.52	7.00
1992	9.51	8.19	8.71	4.06	8.63	8.28	10.40	8.28	8.00	5.09	7.14	8.50	7.00
1993	9.49	8.19	8.70	3.91	8.62	8.28	10.35	8.28	8.00	5.05	7.14	8.48	7.00
1994	9.47	8.19	8.70	3.75	8.62	8.28	10.30	8.28	8.00	5.02	7.14	8.46	7.00
1995	9.45	8.19	8.69	3.57	8.62	8.28	10.25	8.28	8.00	4.98	7.13	8.44	7.00
1990~1995平均	9.50	8.19	8.70	3.96	8.62	8.28	10.38	8.28	8.00	5.07	7.14	8.49	7.00

当前要强调提高速度与增进效益相统一 *

一、强调提高速度与增进效益相统一，是当前经济生活提出的尖锐问题

今年以来，在邓小平同志南方谈话精神的巨大鼓舞下，整个神州大地经济出现了一派生机勃勃、欣欣向荣的景象。但也发生了工业高速增长与作为我国工业主体的国有工业效益低下的强烈反差。据统计，今年上半年乡及乡以上工业生产增幅为 18.2%，但预算内国有工业企业累计亏损 165 亿元，比去年同期上升 6.8%；6 月末国有工业企业产成品资金占用 1386.6 亿元，比年初增长 22.7%。因此，强调提高速度与增进效益相统一，是我国当前经济生活提出的一个尖锐问题。

发生上述反差的原因是多方面的。其中有过去长期存在的片面强调速度、忽视效益的传统经济发展战略的强大惯性作用；更重要的还有体制根源。这包括与行政性分权相联系的地方政府和主管部门内含的膨胀机制，与承包制相联系的负盈不负亏的企业体制，与市场发育不健全相联系的市场诱导作用不强和宏观间接调控乏力等。实践证明：在经济升温阶段，上述战略和体制在推动片面追求增长速度方面的作用尤为明显，因而当前特别值得注意。但就今年上半年情况来看，上述反差的发生，

也同有的地区、部门和企业片面理解邓小平同志在南方谈话中关于加快我国经济发展的精神存在某种联系。

邓小平同志的上述谈话，依据对国际、国内经验的科学总结，并从我国社会主义制度的本质要求，巩固和发展社会主义制度的战略高度，以及当前国际、国内的有利时机出发，强调指出：对于我们这样的发展中国家来说，经济要发展得快一点。我国的经济发展，总要力争隔几年上一个台阶。邓小平同志提出这一重要战略思想，无疑是完全正确、十分必要和非常及时的。但在当前对这个谈话实际上存在两种观点以及与之相联系的两种理解，一种是依据以速度为中心的传统经济发展战略观点来理解，按照这种理解，似乎只能强调经济增长速度；如果同时强调经济效益，似乎就不符合邓小平同志的谈话精神。另一种是以80年代初党中央、国务院提出的、以提高经济效益为核心的、新的经济发展战略观点来理解，按照这种理解，在强调提高速度的同时，也必须同时注意提高效益，实现提高速度和增进效益的统一。

我体会，第一种观点和理解，并不符合邓小平同志谈话精神；而第二种观点和理解，才符合这种精神。支持这一点的根据是：

第一，邓小平同志是在强调加快经济改革步伐的前提下提出加快经济发展的。他还着重强调并深入阐发了改革也是解放生产力这一由他大大发展了的马克思主义历史唯物主义的基本观点。而作为改革对象的传统经济体制，乃是过去长期存在的片面追求速度，忽视效益的根源；通过改革建立的社会主义市场经济新体制，为实现提高速度和增进效益的统一提供了制度保证。还要提到：邓小平同志这里强调的改革也是解放生产力，显然不只是包括速度的提高，同时还包含了效益的提高。

第二，邓小平同志指出：能发展就不要阻挡，有条件的地方要尽可能搞快点。还提出：当然，不是鼓励不切实际的高速度，还是要扎扎实实。这种依据条件加快速度、并且要求实现扎扎实实的速度，同过去在传统的战略和体制下累次发生的、不顾客观条件盲目追求不切实际的高速度，显然是有原则区别的两回事。

第三，邓小平提出的加快经济发展，不是像过去多次发生的一些年份大上、一些年份大下的速度，而是注意经济稳定协调地发展。但稳定和协调也是相对的，不是绝对的。

第四，邓小平同志提出加快经济发展，是以产业结构的转化和升级作为重要条件的。比如，他在论述我国经济在1984~1988年上了一个新的台阶时，除了指出工业平均每年增长21.7%以外，还提到了乡镇企业异军突起，新兴家电工业大幅度增长。这同过去长期存在的产业结构转换缓慢的情况，也有重大区别。

第五，邓小平同志还提出：经济发展得快一点，必须依靠科技和教育。这同传统的战略和体制下忽视科技和教育在经济发展中作用的状况，显然也是不同的。

第六，邓小平同志提出加快经济发展时，要求有条件的地方，要搞外向型经济。这同过去长期存在的闭关锁国状态，也是迥然各异的。

第七，上述各点既是提高经济增长速度的根源、条件和因素，同时也是提高经济效益（包括资源配置效益和要素运营效益）的根源、条件和因素。不仅如此，邓小平同志提出加快经济发展时，同时明确指出要讲效益，讲质量。还提出在今后的现代化建设长期过程中，出现若干个发展速度比较快、效益比较好的阶段，是必要的。也是能够办到的。可见，邓小平同志关于加快我国经济发展的战略思想，是包含了一系列丰富内涵的。如果把这个战略思想仅理解为提高经济增长速度，显然不符合原意。只有联系以上各点，特别是从提高速度与增进效益相统一的意义来理解，才比较贴近原意。

综上所述，当前之所以要强调提高速度与增进效益相统一，不仅是因为已经发生了工业高速增长与国有工业效益低下的强烈反差，而且因为产生这种反差有其深刻根源。因此，如果不在认识上提出这一点，并在实践上克服这一点，这种反差还可能进一步发展，以致可能重新走上过去多次发生的经济增长大上大下和高速度、低效益的老路。

二、提高速度与增进效益相统一的条件

我们在前面强调当前要实现提高速度与增进效益相统一，不仅不否定当前存在提高经济增长速度的必要性和可能性，而且是以承认存在提高速度与增进效益相统一的条件为前提的。如果从改革的角度来看，这

些条件可以区分为两类。

第一，十多年来经济改革所推动的我国经济实力空前未有的巨大增长。其突出表现，①由过去传统的战略和体制下形成的长期短缺经济，部分地实现了向剩余经济的转变。当前这种剩余主要表现为由农产品和工业品构成的主要消费品以及由农产品和工业品构成的某些原料和设备。这种剩余为经济发展，尤其是为乡镇企业和第三产业的迅速发展创造了有利条件。②伴随十多年经济巨大增长，人民生活水平正在实现由温饱型向小康型过渡。这就导致两方面积极后果：一方面，这种巨额的、持续增长的最终需求，将是推动我国经济增长的最强大动力；另一方面，储蓄率已经有了显著提高，预计今后一个时期仍将保持在30%以上。再加上伴随资金市场的发展，筹资方式多样化，为有效地利用这些储蓄提供了多种渠道。这就在某种限度内为实现消费水平的提高与较高积累率的结合提供了有利条件。另外，在未来20年内，我国年龄结构变动将处于"黄金时代"。据有关专家计算，1990年我国人口普查时，15~59岁生产年龄人口为72227万，占总人口的63.71%，到2010年可增加到92575万人，占67.14%。这种情况固然会增大就业压力，但同时有利于抑制劳动成本的上升，并有利于实现适度的高积累率。以上两点表明：尽管当前我国经济发展仍然存在严重瓶颈（主要原材料和能源短缺，特别是交通运输紧张）效应，但相对过去的短缺经济来说，在实现提高速度与增进效益的统一方面，已经在物资和资金等方面有了较多的有利条件和较大的回旋余地。③相对改革开放步子慢的地区来说，改革开放步子快的地区不仅增长速度比较快，经济效益也比较高。比如，1979~1991年的13年中，广东国民生产总值平均每年增长12.4%，比全国的8.7%高出3.7个百分点。④相对改革步子慢的国有企业来说，乡镇企业增长速度和经济效益也比较高。比如，乡镇企业在1984~1991年的8年间，就完成了产值从千亿到万亿元的跨越；而国有企业实现这个跨越则用了31年。其间有不可比因素，但由改革步子快而带来的乡镇企业在提高速度和增进效益方面的优越性则是肯定无疑的。这样，以上两类地区和企业在全国经济生活中的地位就大大上升了，从而在实现提高速度与增进效益的统一方面的作用也显著增长了。比如，广东省国民生产总值占全国的比重，1978年约为5%，而1991年上升到8%以上。又如，到1991年底，全国乡镇企业产值达到 11000 亿元，占全国社会总产值的 1/4；其中，工业产值 8500 亿元，占全国工业总产值的 1/3。在"七五"期间，全国社会总产值净增量的 31.9%，农村社会总产值净增量的 66.4%，工业总产值净增量的 37.2%，税收净增量的 32.8%，外贸出口创汇净增量的 30%，农民人均纯收入净增量的 32%，都来自乡镇企业。而且，这两类地区和企业由于已经打下了较好的基础，今后在实现规模经济、技术改造和产业结构升级等方面具有更好的条件。因而，二者在今后实现提高速度和增进效益的统一方面的作用，还会进一步增长。

第二，由于经济改革的某些失误（如改革以来在某些方面实行的行政性分权和一个时期内局限于对国有企业的扩权让利）和改革开放进展的不平衡（当然，还有其他原因），我国各种生产潜力还远没有得到充分发挥。这表现在诸多方面：①各项生产要素远没有有效利用。比如，当前全国城乡潜在失业人数以亿计；大量生产设备（包括传统产业和新兴产业的设备）闲置状况严重；原材料和能源的利用率很低；就连作为第一生产力的科学技术也利用得很不充分。当前全国各类科技人员共 1000 万人，重大科技成果每年达到两万多项，科技资源总量已与美国和日本相当。但由于传统经济体制和科技体制的阻碍，致使 60%~70% 的科技人员处于隐性的待业和半待业状态，科技成果转化率不到 15%，专利实施率不到 10%，形成规模经济的比例就更低。②相对第一、二产业来说，第三产业中的许多行业具有发展速度快、经济效益高的特点。而恰恰是这个产业没有得到应有的发展。1991 年我国第三产业产值占国民生产总值的比重只有 26.8%，比 1990 年的 27.2% 还有所下降，比当前世界上低收入国家平均数约低 10 个百分点，比中等收入国家平均数约低 20 个百分点，比高收入国家平均数约低 30 个百分点。还要指出，第三产业中的一些行业是一本万利的产业，而在我国这些行业还刚处于开发的起步阶段。比如，房地产业就是这样。1991 年珠海市财政收入总共是 5 亿元左右，而这年单是该市建委从国土局取得的地产收入就高达 5.3 亿元。深圳市也存在类似情况。③原来经济效益比较好的一些地区没有得到应有的发展。比如，1988~1990 年的三年中，上海市和广东省的国民收入年增长率依次分别为 7% 和 12.1%，3.1% 和 6.6%，2.8% 和 10.2%。可见，在这三年中，广东的经济增长率几乎成倍地、成几倍地超过了上海。形成这种差别有多种原因,也有不可比因素。但根本原因和决定性因素,是广东改革开放先行,上海改革开放滞后。④经济效益较好的乡镇企业和外向型经济在中部和西部地区没有得到应有的发展。比如,1990年东部11省的乡镇工业产值占全国乡镇工业总产值的64%,中部10省占33%,西部6省仅占3%。在发展外向型经济方面也存在类似情况。⑤地区之间过度重复生产、重复建设情况严重,导致地区结构趋同化、产业结构低度化和企业规模小型化,在有些年份它还是造成社会总需求大大超过总供给的重要原因之一。据有关研究单位的资料,1987年按全部工业部门计算的相似系数达0.9以上的地区为18个,占地区总数的62.1%;到1986年则增加到22个,占地区总数的75.9%。近几年来,这种情况也并没有得到有效遏止,在某些方面甚至还有所发展。⑥尤为严重的,在我国国民经济中居于主导地位的国有经济生产潜力远没有得到充分利用。这突出地表现为当前国有企业中同时并存的矛盾现象:一方面,虚盈实亏。近年来,国有工业企业明亏的亏损面达到1/3,潜亏面也达到1/3,对潜亏的企业来说,是虚盈实亏。另一方面,虚亏实盈。1987年我国国有工业普遍推行了企业承包制,到1990年第一轮承包到期。为了在第二轮承包谈判中处于有利地位,这年企业普遍存在着压低利润的倾向。据有关专家测算,1990年机电工业部系统机械工业企业、全国机械工业系统企业以及全国工业企业压低的利润,分别为53.4亿~61.5亿元,130.8亿~142.6亿元,763.8亿~948.4亿元;分别相当于统计实现利润的0.84~0.97倍,0.98~1.06倍,1.36~1.69倍;分别相当于应有利润的45.7~49.3%,49.4~51.6%,57.7~62.9%。依据这个材料来判断,当前我国国有企业实际上又存在着大量的虚亏实盈现象。以上两种现象是矛盾的,但根子是一个,就是负盈不负亏、财务预算软约束的企业体制;同时也表明了国有企业生产潜力远没有得到充分利用。

显然,把上述各种有利条件充分利用起来,并把各种生产潜力充分发挥出来,在今后一个时期实现较高速度与较好效益的统一,是可以做得到的。这里的关键是要探讨和遵循实现这种结合的正确途径。

三、实现提高速度与增进效益相统一的基本途径

实现提高速度与增进效益相统一的途径，涉及诸多方面，这里只提其中的一个根本点，即把我国经济体制改革的目标模式确定为社会主义市场经济；并采取切实有效措施坚决将这一目标付诸实践。

第一，只有这样来确定改革的目标模式，才能实现我国经济体制改革的基本要求。这个要求可以归结为两个基本方面：一方面，实现社会主义制度的自我完善和发展。这也包含两个基本点：一是在坚持社会主义基本制度的前提下进行改革。因为我国历史已经充分证明：不仅只有社会主义才能救中国，而且只有社会主义才能发展中国；二是根本改革束缚商品经济发展和现代化建设的传统经济体制，建立适合商品经济发展和现代化建设要求的新经济体制。另一方面，解放和发展生产力。实现了上述两个基本点，也就能够达到解放和发展生产力的目的。

第二，只有这样确定改革的目标模式，才能适应当前加快改革开放和经济发展步伐的要求。为了说明这一点，这里需要简要地回顾一下我国改革的历史经验。我国改革历史经验证明：能否正确确定经济体制改革的目标模式，不仅关系到改革的成败，而且决定经济能否实现提高速度和增进效益的统一。

在建国初期，我国传统经济体制的建立，有其历史必然性，并起过重要积极作用。但同时也暴露了（而且愈来愈暴露了）它妨碍商品经济发展和现代化建设的严重弊病。于是，1956年党中央和国务院就提出了工业管理体制改革方案，并于1958年和1970年两次付诸实施。但当时的改革方案囿于行政性分权（中央政府对地方政府）和扩权让利（政府对企业）的传统体制框架内。这一点就从根本上决定了这两次改革的失败，并成为加剧1958年和1970年经济严重失衡的重要因素。

在党的十一届三中全会重新确立的正确思想路线指引下，逐步确立了正确的经济体制改革的目标模式。1984年党的十二届三中全会指出："改革计划体制，首先要突破把计划经济与商品经济对立起来的传统观念，明确认识社会主义计划经济必须自觉依据和运用价值规律，但在公

有制基础上的有计划的商品经济。"这就把建立在公有制基础上的有计划的商品经济，明确地规定为我国经济体制改革的目标模式，从而不仅否定了传统体制下只要计划调节、不要市场调节的观念，而且否定了1979年以后又重新提出的计划为主、市场为辅的观念。在这个问题上，1987年党的十三大报告又迈出了重大步伐，明确提出："社会主义有计划的商品经济的体制，应该是计划与市场内在统一的体制。""新的经济运行机制，总体上来说应当是'国家调节市场，市场引导企业'的机制。"这就进一步从根本上摆脱了过去长期存在的把计划与市场对立起来的传统观念。这些正确决定有力地推动了1984年开始的以城市改革为重点的全国经济体制改革的发展，并且成为促进1984~1988年我国经济迈上一个新的台阶的根本动因。

但在1989年以后，计划调节为主的观点又在全国一些最有影响的报刊广为流传。这表明我国经济改革目标又发生了倒退。这期间，我国经济体制改革的有些方面虽有前进，但在某些方面却处于停滞状态，甚至发生了倒退。这种停滞和倒退同经济紧缩的宏观经济环境是有关的，但也不能说同经济体制改革目标的倒退没有联系。

今年以后，在邓小平同志南方谈话精神的指导下，再次把社会主义市场经济确定为我国经济体制的目标模式。这表明我国改革目标模式完全转移到了马克思主义的正确轨道上来。这不仅因为只有这样提，才能体现我国经济体制改革的基本要求（这一点我们在前面已经做过分析），而且因为相对商品经济概念来说，用市场经济这个概念更能准确地、明确地反映我国经济体制改革的目标。这有两方面的理由。一方面，商品经济可以区分为简单的商品经济（以手工劳动作为物质技术基础，只是社会经济生活的一部分）和发达的商品经济（以社会化大生产作为物质技术基础，覆盖全社会经济生活），但市场经济只与发达的商品经济相联系，不与简单的商品经济相联系，而我国改革正是要发展发达的商品经济。更重要的方面还在于：市场经济这个概念比商品经济能更明确地表示市场在配置社会生产资源方面的基础作用。而我国改革正是要在配置社会生产资源方面实现以国家计划为指导的、以市场为基础的目标。这样提，还有一个极大的好处：有利于促进进一步扩大开放。因为这种提法本身就意味着充分吸收了作为资本主义文明几百年发展的、最重要最基本的成果，即作为社会生产资源配置方式的市场经济；而且有利于按照市场经济的通用规则实现同国际经济的接轨，从而有利于顺利处理对外经济贸易关系，有利于吸收更多的国外资金、技术和管理经验；还有利于按照绝对比较利益和相对比较利益的原则发展国际分工，取得更多次专业化分工效益。这一点在我国即将恢复关税贸易总协定缔约国地位的情况下，显得尤为重要。正是由于上述各方面原因，今年以来在邓小平同志南方谈话（包括社会主义市场经济理论）的指导下，我国沿海、沿边、沿江乃至整个内地的改革开放形势都出现了日新月异的可喜形势，经济发展步伐也大大加快了。比如，今年上半年国内生产总值达到 9501 亿元，比去年同期增长 10.6%。其中，改革开放势头大大加快的上海，今年上半年国民生产总值达到 480 亿元左右，比去年同期增长了 15%，取得了近 20 年来少有的高速度，不仅结束了长期低于全国平均增长速度的局面，而且显著高于同期全国平均速度。

在确立了正确的改革目标模式以后，关键是要采取切实有效的措施坚决将这一目标付诸实施。其中，首要的和基本的一条是要根本完成政府职能的转变，把企业作为独立商品生产者在人财物和供产销等方面应具有的权力真正还给企业，真正实现由原来的直接管理为主向间接管理为主的转变。为此，要以极大的决心、魄力和勇气，采取积极、稳妥的步骤，来改变改革以来已经形成的、部分的行政性分权的格局（这主要是分灶吃饭的财政包干制度、若干重要工业交通部门的总承包制度以及某些部门的行政性公司等），要杜绝正在进行的某些行政性分权的做法（如建立带有某种行政性的计划单列企业集团），还要十分注意防止即将进行的国家机构改革中可能再次发生的行政性分权（如建立行政性公司）。这些行政性分权在改革的一定阶段具有某种积极意义，但总的说来，同改革的方向是背道而驰的。只有根本改变这种做法，才能真正使企业由原来的国家行政机关附属物变成自主经营、自负盈亏的独立商品生产者，才能为企业经营机制的转换创造一个基本前提；否则，转变企业经营机制，在很大程度上还是一句空话。当然，要完成企业经营机制的转换，还需要积极、稳妥地发展和完善市场体系，在企业内部进行领导体制、人事、劳动和工资制度等方面的改革。理论分析和历史经验都表明：如果真正做到了这些，就可以为实现提高速度与增进效益的统一提供体制保证。

　　当然,要实现提高速度与增进效益的统一，还需要做其他的一系列工作。这里只拟提出两点：①在我国深化经济改革的环境下，要实现提高速度与增进效益的统一，在宏观经济管理方面，需要实行严格的社会总需求管理和产业政策管理，这是第二次世界大战后日本和原联邦德国在实现统制经济向市场经济的过渡时以及在这以后的长时间内，能够实现相对高速、高效增长的两项最重要、最基本的经验，需要切实地结合我国国情加以借鉴和运用。②依据本文第二部分的分析，在条件许可的情况下，需要适当多发展第三产业（相对第一、二产业而言）、乡镇企业（特别是中部和西部的乡镇企业，相对国有企业而言）和外向型经济（特别边远地区和内地的外向型经济，相对内需型经济而言）。诚然，发展这些产业、企业和经济，本身也有一个提高经济效益的问题。但如前所述，就总体来说，多发展这些产业、企业和经济在某种程度上就体现了提高速度和增进效益的统一。

试论社会主义的初级阶段 *

一、研究社会主义初级阶段问题的前提：对科学社会主义的再认识

本世纪以来，社会主义运动实践证明：当共产党人以科学态度对待马克思主义创始人马克思、恩格斯创立的科学社会主义理论，并以此指导社会主义的实践，社会主义事业就能获得蓬勃发展；反之，就会受到暂时的挫折甚至失败。因此，对我国社会主义初级阶段若干基本问题的分析，首先就涉及到以科学态度对科学社会主义进行再认识。

19 世纪中叶，在人类社会思想发展史上发生了一次最伟大、最重要的根本变革。这就是科学社会主义的诞生！

马克思主义创始人从 19 世纪上半期无产阶级反对资产阶级斗争的需要出发，在批判地继承人类社会思想（主要是 18 世纪以来西欧各国提出的社会科学和自然科学的伟大发现）的基础上，依据阶级斗争（主要是无产者反对资本家的斗争）经验的总结，于 1848 年发表了《共产党宣言》，实现了社会主义由空想到科学的转变。《共产党宣言》包含了至今仍然闪耀着真理光辉的科学社会主义基本原理有：资本主义必然灭亡，社会主义必然胜利；无产阶级是资本主义社会的掘墓人；无产阶级革命和无产阶级专政是消灭资本主义制度的基本手段；共产党是这个革命和专政的

* 这是 1992 年写的一篇论文。原载《发展的效益型与改革的市场型》，经济管理出版社，1993 年版。

领导力量。①

在当时以及尔后的科学社会主义发展中，马克思、恩格斯还对世界无产阶级革命的进程、作为人类历史发展的最高社会形态的共产主义社会两个阶段及其基本特征做过系统的分析。

恩格斯依据无产者和资本家的阶级矛盾已经是当时资本主义国家主要矛盾以及资本主义世界市场已经形成的分析，曾经设想"共产主义革命将不仅是一个国家的革命，而将在一切文明国家里，即至少在英国、美国、法国、德国同时发生。②

马克思曾经提出："在资本主义社会和共产主义社会之间，有一个从前者变为后者的革命转变时期。同这个时期相适应的也有一个政治上的过渡时期，这个时期的国家只能是无产阶级专政"。他进一步将共产主义社会区分为两个发展阶段：第一阶段（或低级阶段），即"是刚刚从资本主义社会中产生出来的"阶段，"高级阶段"（或第二阶段）"是在它自身基础上已经发展了的"阶段。③

按照马克思主义创始人的分析，共产主义社会第一阶段具有以下基本特征：①消灭生产资料的资本主义私有制，建立无产阶级国家的生产资料公有制。即"无产阶级将利用自己的政治统治，一步一步地夺取资产阶级的全部资本，把一切生产工具集中在国家即组织成为统治阶级的无产阶级手里。"②消灭阶级剥削，实现按劳分配。即"每一个生产者，在作了各项扣除之后，从社会方面领回他所给予社会的一切。""他所给予社会的，就是他个人的劳动量。"③消除商品生产，建立计划经济。"一旦社会占有了生产资料，商品生产就将被消除，而产品对生产者的统治也将随之消除。社会生产内部的无政府状态将为有计划的自觉的组织所代替。"④在建立无产阶级国家公有制以后，要"尽可能快地增加生产力的总量"。⑤社会生产目的不再是为了资本家的利润，而是为了提高社会全体成员的物质和文化生活。即"通过社会生产，不仅可能保证一切社会成员有富足的和一天比一天充裕的物质生活，而且还可能保证他们

---

① 参见《马克思恩格斯选集》第1卷，第228~286页。这里对科学社会主义基本原理所做的概括，除了《共产党宣言》正文以外，还包括《1872年德文版序言》。
②《马克思格斯选集》第1卷，第221页。
③《马克思恩格斯选集》第3卷，第10、21页。

的体力和智力获得充分的自由的发展和运用。"⑥消灭了阶级对立和作为阶级斗争工具的国家。"无产阶级取得国家政权，并且首先把生产资料变为国家财产。但是，这样一来它就消灭了作为无产阶级的自身，消灭了一切阶级差别和阶级对立，也消灭了作为国家的国家。"①

马克思还分析了共产主义社会高级阶段的基本特征。即脑力劳动和体力劳动对立的消失；劳动成了生活的第一需要；社会生产力的极大提高；各尽所能，按需分配。②

科学社会主义理论赖以建立的基础，是由马克思恩格斯创立的、以辩证唯物主义为依据的历史唯物主义。按照恩格斯的说法，《宣言》中始终贯彻的基本思想，即："每一历史时代的经济生产以及必然由此产生的社会结构，是该时代政治的和精神的历史的基础。"③可见，作为科学社会主义诞生标志的《共产党宣言》的理论基础，就是作为历史唯物主义最基本内容的生产力决定生产关系和经济基础决定上层建筑的原理。

马克思主义创始人从上述基本理论出发，谆谆告诫当时和后来的共产党人怎样科学的看待和运用由他们创立的科学社会主义理论。这里值得着重提出的有以下各点：①"我们不想教条式预料未来，而只是希望在批判旧世界中发现新世界。"④②"我所在的党没有提出任何一劳永逸的现成方案。我们对未来非资本主义社会区别于现代社会的特征的看法，是从历史事实和发展过程中得出确切的结论；脱离这些事实和过程，就没有任何理论价值和实际价值。"⑤③科学社会主义"这些基本原理的实际运用，正如《宣言》中所说的，随时随地都要以当时的历史条件为转移"。⑥④我们的学说不是教条，而是行动的指南。如果不把我们的学说"当作研究历史的指南，而把它当作现存的公式，按照它来剪裁各种历史事实，那末它就会转变为自己的对立物"。⑦⑤"共产主义运动不是从原则出发，而是从事实出发。"⑧马克思主义创始人这些充满唯物主义精神的教导，是

①《马克思恩格斯选集》第1卷，第272页；第3卷，第10~11、272、232~233、323页。
②《马克思恩格斯选集》第3卷，第12页。
③《马克思恩格斯选集》第1卷，第232页。
④《马克思恩格斯全集》第1卷，第416页。
⑤《马克思恩格斯全集》第36卷，第419~420页。
⑥《马克思恩格斯选集》第1卷，第228页。
⑦《马克思恩格斯选集》第4卷，第456、470~472页。
⑧《马克思恩格斯全集》第4卷，第311页。

一百多年以前讲的。但在当前仍然富有强烈的时代精神，读起来倍感亲切。

19 世纪末，马克思、恩格斯相继逝世。资本主义制度也在这个世纪末、20 世纪初经过自由竞争阶段，进入了垄断阶段。列宁在这个新的历史时期全面继承和发展了马克思主义（特别是无产阶级革命和无产阶级专政的理论），把马克思主义推进到新的阶段。

列宁依据对帝国主义基本理论政治特征的分析，特别是经济政治发展不平衡规律的分析，"得出结论：社会主义可能首先在少数或者甚至在单独一个资本主义国家内获得胜利。"而且"帝国主义战线的链条通常一定要在它最薄弱的环节被突破，但是无论如何不一定要在资本主义比较发达……的地方被突破"。[①] 这样，列宁就在新的历史条件下用社会主义革命新理论取代了马克思主义创始人提出的已经过时的社会主义革命理论。正是在这个新理论指导下，俄国无产阶级于 1917 年取得了十月社会主义革命划时代的伟大胜利。

但列宁在 1917 年 8~9 月写成的于 1918 年发表的名著《国家与革命》中除了捍卫和发展了马克思主义关于国家学说，阐明无产阶级专政在从资本主义过渡到共产主义的整个历史时期的作用以外，全盘继承和发展了马克思在《哥达纲领批判》中提出的关于共产主义社会两个发展阶段的理论，明确地把马克思提出的共产主义社会第一阶段（低级阶段）称作社会主义阶段，把第二阶段（高级阶段）称作共产主义阶段；并把社会主义社会表述为"整个社会将成为一个管理处，成为一个劳动平等，报酬平等的工厂。"[②] 在社会主义历史阶段，如果按照这种理论建立经济管理体制，必然是高度集权的、以行政指令为主的排斥市场机制作用的计划经济体制（以下简称计划经济体制）。

然而，列宁在 1918~1920 年取得反对外国帝国主义武装干涉和国内资产阶级、地主武装叛乱的军事胜利以后，从俄国过渡时期初期多种经济成份并存的具体情况和巩固无产阶级专政、恢复和发展国民经济的需要出发；把战争时期不得不采用的军事共产主义政策，于 1921 年初果断地、及时地转变为以发展商品经济为特征的新经济政策。这项政策的实

---

① 《列宁选集》第 2 卷，第 709 页；斯大林：《列宁主义问题》，第 22~23 页。
② 《列宁选集》第 3 卷，第 255、258 页。

质是通过大力发展城乡间商品流通的办法，实现工人与农民、社会主义工业与个体农民经济的结合，以便最终战胜资本主义。这里需要着重指出：列宁这时主张发展的商品流通，不仅包括国有经济，也不仅包括个体农民经济，而且包括私人资本和国家资本主义经济。而这里的私人资本和国家资本主义经济是作为恢复和发展社会主义国民经济的助手来看待的。列宁的这个正确主张，是在同那种认为发展商品经济就是回到资本主义的"左"的观点的斗争中贯彻的。然而，实践已经证明：列宁在新经济政策初期实行的发展商品经济的政策，促进了国民经济的恢复和发展，促进了工农联盟的巩固，促进了社会主义的胜利。

但是，由于1924年初列宁就已逝世，在苏联社会主义制度确立以后，商品经济的命运如何，列宁并没给予明确的回答。然而列宁除了继承马克思主义创始人关于社会主义社会基本特征（包括实行生产资料的无产阶级国家所有制、按劳分配、计划经济和消除商品生产等）的理论以外，还对社会主义理论作了至今仍然有极重要实践意义的发展。比如，他把社会主义社会划分为"初级形式的社会主义"、"发达的社会主义社会"和"完全的社会主义"这样几个阶段。他认为，在无产阶级专政已经建立的条件下，[1]"提高劳动生产率是一个根本任务"。"劳动生产率，归根结底是保证新社会制度胜利的最重要最主要的东西"。[2]他还提出，在无产阶级专政和国家掌握经济命脉的条件下，通过合作社（包括农民的生产合作社），就是"建成完全的社会主义社会所必需的一切"。[3]

列宁之所以能够把马克思主义推进到一个新的历史阶段，是同他用科学的态度对待科学社会主义理论相联系的。他强调指出："马克思主义的最本质的东西、马克思主义的活的灵魂：具体地分析具体的情况。"[4]他还指出："我们决不能把马克思的理论看做某种一成不变的和神圣不可侵犯的东西；恰恰相反，我们深信：它只是给一种科学奠定了基础，社会主义者如果不愿落后于实际生活，就应当在各方面把这门科学向前推

---

① 《列宁选集》第4卷，第142、486页。
② 《列宁选集》第3卷，第748页；第4卷，第16页。
③ 《列宁选集》第4卷，第682页。
④ 《列宁选集》第4卷，第290页。

进。"① 他针对俄国十月革命胜利以后社会主义已经由理论变成实践的具体情况尖锐地指出：根据书本争论社会主义纲领的时代已经结束，今天只能根据经验来谈论社会主义。

尽管苏联在新经济政策初期在发展商品经济方面取得了某种有限的进展，但当时占统治地位的观点仍然只是把发展商品经济看作是过渡时期的事情。因而苏联在本世纪 30 年代初完成农业集体化以后建立的经济管理体制，还是按照马克思主义创始人提出的、后来又由列宁加以发挥的理论（即社会主义"整个社会将成为一个管理处，成为一个劳动平等、报酬平等的工厂"），建立了计划经济体制。1952 年，斯大林发表的名著《苏联社会主义经济问题》，从其最重要的内容来看，实际上就是这种计划经济体制在理论上的反映，反过来又成为在苏联巩固和进一步强化这种计划经济体制、并在其他各社会主义国家推行这种体制的极重要的理论武器。

但是，综观斯大林的全部著作（包括《苏联社会主义经济问题》），他在发展科学社会主义理论方面作出了许多重要贡献。当然，同时也发生过不少重大错误。

第一，斯大林明确提出：在苏联存在着社会主义生产的两种基本形式：一种是国家的即全民的形式，一种是集体的农庄形式。② 但他又错误地否定了社会主义历史阶段一个长时期内在一定范围里还必然存在的、作为社会主义经济体系重要组成部分的各种非社会主义所有制形式。

第二，斯大林依据马克思主义创始人关于社会主义生产目的的论述，明确表述了社会主义基本经济规律。③

第三，斯大林明确提出："共产主义第一阶段的基本原则是'各尽所能，按劳分配'这一公式。共产主义第二阶段的基本原则是'各尽所能，按需分配'这一公式。"他一方面批判了平均主义，划清了马克思主义平等观与小资产阶级平等观的原则区别；另一方面，他主张实现共同富裕，尖锐批判了没有穷人"就不能有社会主义"的蠢话。④

---

① 《列宁全集》第 4 卷，第 187~188 页。
② 《斯大林文选》，第 582 页。
③ 《斯大林文选》，第 602 页。
④ 《斯大林文选》，第 90 页；斯大林：《列宁主义问题》，第 498~499、558~559、562 页。

第四，斯大林肯定在社会主义制度下还必然存在商品生产。而且"是特种的商品生产，是没有资本家参加的商品生产，它所涉及的基本上都是联合起来的社会主义生产者（国家集体农庄、合作社）所生产的商品"。这种"商品生产是和资本主义制度下的商品生产根本不同的"，他还批判了发展商品生产一定会引导到资本主义的错误观点，指出社会主义条件下商品生产决不能发展为资本主义生产，而且它注定了要和它的"货币经济一起共同为发展和巩固社会主义生产的事业服务"。但他又把社会主义条件下商品生产存在的原因仅仅同社会主义两种不同的公有制（全民和集体）相联系，既否定了在社会主义经济中占主导地位的国有企业也是商品生产者，更否定了各种非公有制企业的商品生产。他把商品生产的"活动范围只限于个人消费品"。与此相联系，他把作为商品生产基本规律的价值规律的作用主要限制在"个人消费的商品的交换"。虽然承认价值规律"影响生产"，但又认为"不能起调节生产的作用"。① 所以，尽管斯大林在发展社会主义商品生产理论方面作出了贡献，但从根本上来说，他并没有摆脱马克思、恩格斯关于社会主义社会条件下商品生产命运的设想。这是一方面。

另一方面，如果说斯大林从根本上否定了社会主义条件下商品生产和价值规律的作用，但却夸大了计划在社会主义条件下的特殊重要作用，以至在马克思主义发展史上第一次明确提出了社会主义制度下"国民经济有计划（按比例）发展的规律"。② 诚然，在社会主义公有制条件下，实现经济计划确有其特殊的有利条件和重要意义。但实践已经证明：计划经济并不是社会主义经济独有的，国民经济有计划的发展也不是社会主义经济的特有规律。

上述两方面突出地表现了斯大林的《苏联社会主义经济问题》一书在很大程度上是为苏联实行的计划经济体制做论证的。

第五，斯大林分析了社会主义制度下的阶级构成。他明确提出：在苏联的社会主义制度建立以后，"所有的剥削阶级都消灭了"。只是剩下了工人阶级、农民阶级和知识分子。他依据对这些阶级地位的分析，指

①《斯大林文选》，第 577~589 页。
②《斯大林文选》，第 576~577、587~589 页。

出他们"是人类历史上从来没有过的","是地球上任何国家都没有的"。斯大林还尖锐地批判了把苏维埃知识分子看作是资产阶级知识分子的错误观点,指出知识分子已经是"新的、人民的、社会主义的知识界,它无论在成分方面或社会政治面貌方面,都和旧的资产阶级知识界根本不同。"①

第六,斯大林把马克思、恩格斯提出的消灭城市和乡村之间,脑力劳动和体力劳动之间的对立问题,正确地区分为两个方面。一是随着社会主义制度的建立,城市和乡村之间、脑力劳动和体力劳动之间的对立已经消灭了。二是在社会主义制度下城市和乡村之间、脑力劳动和体力劳动之间的本质差别仍然存在。②

第七,斯大林在社会主义社会两类矛盾(敌我矛盾和人民内部矛盾)方面犯的错误是严重的。一方面他否定了社会主义条件下存在大量的人民内部矛盾,认为"苏联社会在道义上和政治上的一致"。另一方面,在他提出的阶级的消灭"是经过阶级斗争加强的道路达到的"理论指导下,无论是在农业集体化的过程中,或者是在社会主义经济制度已经基本建立以后,把大量的人民内部矛盾当成了敌我矛盾,特别是在30年代后期造成了肃反的严重扩大化。再有,他又把阶级斗争发生的根源仅仅归结为"资本主义势力包围"。因此,他在说到社会主义制度建立以后还需要保留无产阶级专政的国家的原理时,也认为仅仅是因为"资本主义包围尚未消灭","外来的武装侵犯危险尚未消除"。③ 这就完全忽视了社会主义条件下一定范围内阶级斗争存在的国内根源。

第八,斯大林否认社会主义制度下生产关系与生产力之间的矛盾。这就否认了社会主义社会的最基本矛盾。他在1938年9月发表的《论辩证唯物主义和历史唯物主义》名著中写道:"社会主义制度下生产关系同生产力状况完全适合,因为生产过程的社会性是由生产资料的公有制所巩固的。"④ 直到1952年他写的《苏联社会主义经济问题》仍然重申了这种"完全适合"的论点。但同时又说这不意味着社会主义条件下生产力和生产关系之间不存在任何矛盾,"矛盾无疑是有的"。但在他看来,这种矛

---

① 斯大林:《列宁主义问题》,第602~605、706~709页。

②《斯大林文集》,第589~593页。

③ 斯大林:《列宁主义问题》,第473、688、690、706页。

④《斯大林文选》,第202页。

盾不是突出表现为计划经济体制与发展商品经济之间的矛盾，而是恰恰相反，在于集体农庄所有制和商品流通"已在开始阻碍我国生产力的强大发展，因为它们造成一种障碍，妨碍把全部国民经济、特别是把农业完全纳入国家计划"。① 这样，斯大林在实际上否定了社会主义制度下生产关系与生产力之间的矛盾，但又提出了一个实际上并不存在的矛盾。

第九，斯大林在领导苏联社会主义建设过程中，在变革生产关系方面，长期发生过急于求成的"左"的错误。这不仅表现在他在 1930～1934 年短短的五年中过急地领导完成了苏联农业集体化，也不仅表现在他在 1938 年过早地宣布苏联"已经基本上实现了共产主义第一阶段，即社会主义"，而且表现在他在 1939 年过早地宣布了苏联要向共产主义过渡，还表现在他在 1952 年又过早地要"把集体农庄所有制逐渐变成全民所有制"，"以产品交换制逐渐地代替商品流通"。这种理论观点实际上是要进一步强化计划经济体制。

总之，斯大林在发展科学社会主义方面做出了卓越的贡献，是一个伟大的马克思主义者。但他也发生过诸多严重错误。他在领导苏联坚持无产阶级专政进行社会主义建设取得反法西斯战争胜利等方面建立了不可磨灭的历史功勋。但由他理论上的错误带来的实践上的危害也是严重的。这里需要着重提出：由他论证和建立的计划经济体制，曾经有过良好的初期效应和战时效应，在建立苏联社会主义工业化基础和赢得反法西斯战争方面起过重要的积极作用。但这种体制愈来愈不适应商品经济发展的要求，成为苏联发展生产力的严重障碍，极大地妨碍了社会主义制度优越性的发挥，尽管苏联在 50 年代中后期就提出了经济体制改革的问题，但始终没有走上由社会主义计划经济转向市场经济的正确轨道，致使由计划经济体制酿成的苏联经济危机愈趋严重。1985 年戈尔巴乔夫上台以后，在经济体制改革走投无路的情况下转向推行政治体制改革。而这种所谓政治体制改革，又是按照西方资产阶级民主模式（包括议员制和多党制等）进行的。这些就使得苏联的经济危机和政治危机更加尖锐化，最后陷于解体，使得国际敌对势力推行的"和平演变"政策终于得逞。在第二次世界大战后建立的东欧各社会主义国家，计划经济体制

_____

① 《斯大林文选》，第 625 页。

在某些方面也超过类似的积极作用和消极作用。所以，由斯大林建立的计划经济体制是本世纪 80 年代末和 90 年代初先后相继发生的东欧剧变和苏联解体的一个重要历史原因。

党中央和毛泽东同志依据马克思主义普遍真理与中国具体实践相结合的原则，从旧中国半殖民地、半封建中国以及与此相联系的经济政治发展不平衡的具体情况出发，确定了中国革命特殊的武装斗争道路，即农村包围城市的道路，并把中国革命区分为相互联系但又相互区别的新式的无产阶级领导的资产阶级民主革命和社会主义革命。在新民主主义革命在全国范围内取得胜利以后，在恢复国民统治以后，又创造了适合中国特点的各种过渡形式，于 1956 年比较顺利地基本完成了对个体农业和手工业以及资本主义工商业的社会主义改造。这样，就只用了三四年时间完成了原来设想的"要在十年到十五年或者更多一些时间内"，实现社会主义改造的任务。① 显然，这里包含了急于求成的错误。但总的说来，我国的社会主义改造取得了伟大成功，并促进了社会生产力的发展。随着社会主义改造的基本实现，也就在全国范围内建立了计划经济体制。这种体制是适应建国初期制止严重通货膨胀；稳定物价和建立社会主义工业化基础的要求而形成的，在当时起过重要的积极作用。随着社会主义改造的基本胜利，1956 年 9 月召开的党的全国第八次代表大会就及时地提出了我国国内主要矛盾的转变，指出这一主要矛盾"已经是人民对于经济文化迅速发展的需要同当前经济文化不能满足人民需要的状况之间的矛盾"。"党和全国人民的当前的主要任务，就是要集中力量来解决这个矛盾，把我国尽快地从落后的农业国变为先进的工业国"，"由于社会主义革命已经基本上完成，国家的主要任务已经由解放生产力变为保护和发展生产力"。② 在党的"八大"一次会议前后，毛泽东同志先后写了《论十大关系》和《关于正确处理人民内部矛盾的问题》两部名著，提出了社会主义社会两类不同性质的矛盾："敌我之间的矛盾"和"人民内部的矛盾"；"在社会主义社会中，基本的矛盾仍然是生产关系和生产力之间的矛盾，上层建筑和经济基础之间的矛盾。"③ 这些都可以看作科学社会

① 《毛泽东选集》第 5 卷，第 81 页。
② 《中国共产党第八次全国代表大会文件》，人民出版社 1956 年版，第 80、88 页。
③ 《毛泽东选集》第 5 卷，第 364、373 页。

主义理论的极重要发展。

但时隔不久，毛泽东同志在党的八届三中全会上改变党的八大一次会议关于我国社会主义社会主要矛盾的正确判断，认为当前我国社会的主要矛盾仍然是无产阶级和资产阶级、社会主义道路和资本主义道路的矛盾。于是，在我国社会政治生活中又重新开始了。以"阶级斗争为纲"的年代，"阶级斗争"和"路线斗争"持续不断。与此相适应，1958年以后，在生产关系方面也实行"不断革命"，急于实现由集体所有制向全民所有制过渡，甚至于急于实现由社会主义向共产主义过渡，把社会主义按劳分配当作资产阶级法权，把社会主义商品货币关系看作是同资本主义差不多的东西。在"文化大革命"十年动乱的期间，由于林彪、江青反革命集团的破坏，这种政治上、经济上"左"的错误发展到了顶点，酿成了严重的政治、经济危机。这些可以看作是科学社会主义在中国遭到的严重挫折。党中央和叶剑英等老一辈无产阶级革命家一举粉碎了"四人帮"，挽救了中国的社会主义事业。

在党的十一届三中全会前夕，邓小平同志继承和坚持马克思主义普遍真理与中国具体情况相结合的原则，并针对长期以来"左"倾教条主义严重束缚党内思想并给我国社会主义事业造成极大危害的严酷现实，发出了解放思想的伟大号召。在这一号召下，1978年底召开的党的十一届三中全会重新确立了实事求是的马克思主义思想路线。此后，党中央和邓小平同志先后提出了社会主义初级阶段和社会主义有计划的商品经济两个基本理论，提出了一个中心（社会主义经济建设）、两个基本点（坚持四项基本原则和改革开放）的党在社会主义初级阶段的基本路线，并把经济体制改革的目标模式确定为社会主义的市场经济。党的十一届三中全会以来所确立的正确路线在执行过程中虽然也遇到"左"的（这是主要的）和右的干扰。但总的说来是得到了比较顺利的贯彻，因而，1978年以来，我国社会主义生产建设综合国力和人民生活获得了前所未有的巨大提高。这些可以看做是科学社会主义在理论上和实践上具有划时代意义的重大发展。

经过上述的对科学社会主义理论发展历史的简要回顾和分析，我们可以达到这样几点认识：

第一，以往社会主义实践的历史经验表明：凡是共产党以科学态度对待马克思主义的时候，无产阶级革命事业和社会主义建设事业就能得到顺利的、蓬勃的发展；反之，就会受到挫折失败，甚至已经取得的成果，也会丧失掉。从这方面来说，能否以科学的态度对待科学社会主义理论，是社会主义革命和建设事业成败的关键。

第二，依据以往科学社会主义实践的历史经验，所谓以科学态度对待科学社会主义，包括以下几项重要内容：①不能把马克思主义的原理当作教条，而要看作行动的指南。②不能割裂马克思主义的普遍真理与具体实践，而是要实现二者的结合。这种正确的结合，至少包括以下几个要点：一是坚持马克思主义的普遍真理；二是敢于否定已经过时的某些原理，甚至包括某些重要的原理，但不涉及马克思主义的世界观；三是勇于提出某些符合客观实际的、重大的新原理；四是对已有的马克思主义重要原理进行具体化。③无论是对已有的马克思主义某些原理的否定，提出新原理，或者对已有的马克思主义某些原理进行具体化，都必须坚持实践是检验真理的唯一标准。在涉及变革社会生产关系问题上，必须坚持发展社会生产力的标准。坚持这两项标准，也就是从根本上坚持了作为无产阶级世界观的辩证唯物主义和历史唯物主义。

第三，依据以往科学社会主义实践的历史经验，要做到以科学态度对待科学社会主义，还必须进行反"左"、反右两方面的斗争。经验表明：如果不能切实有效地进行这种斗争，马克思主义就必然在实践中受到从"左"的方面或者从右的方面来的干扰。

依据列宁的社会主义革命新理论，革命首先是在一些资本主义并不发展的国家取得胜利。在这些国家里，原有的小资产阶级比重占的很大。小资产阶级思想对革命队伍的影响极大。因而极易发生"左"倾教条主义的错误，以致可以说"左"倾教条主义成为一种顽症。因此，反对"左"倾教条主义要成为一种应该反对的主要错误倾向。

经验表明：在反对"左"倾教条主义问题上，以下三个问题值得特别注意。

其一，就我国的历史情况来说，对新民主主义到社会主义的过渡时期预期并不一定短，但真正实现这个过渡时期的时间却比预期短得多。但对社会主义这个历史阶段的预期却比客观需要的时间短得多。与此相联系，对建成社会主义社会（这不只是指完成生产资料私有制的社会主义改造）的预期标准比客观存在的标准也要低得多。这些都反映了在建设社会主义问题上急躁冒进的"左"的情绪。但随着社会主义实践的发展，以及对实践经验的正确总结，对社会主义历史阶段的预期时间延长了，预期标准也提高了。这种由短到长、由低到高的变化，表明了对社会主义历史阶段认识的不断深化，以及"左"的情绪不断被克服。但迄今为止，并不能认为这个问题已经最终解决了。为了在这方面有效地克服"左"的情绪，对社会主义历史阶段预期时间宁可设想得长些，预期的标准宁可设想得高些。这样，比较主动，比较有利。

其二，在资本主义到社会主义的过渡时期（在我国是新民主主义时期）完结以后，社会的主要矛盾也就由社会主义与资本主义的矛盾，转变为"生产力发展水平很低，远远不能满足人民和国家的需要"的矛盾。[①]为了解决这个主要矛盾，就要把发展社会生产力作为社会主义社会的根本任务提出来，就要把社会主义经济建设作为党和国家的中心工作提出来。如果像我国1957~1978年那段时期那样，仍然以"阶级斗争为纲"，就必然会而且已经发生了"大"的错误。这当然不是说社会主义社会不存在阶级斗争了。在社会主义条件下，阶级斗争在一定范围内还是存在的，而且在一定条件下还会激化。但阶级斗争已经不是社会主义社会的主要矛盾。

其三，社会主义的最终任务，无疑是要彻底消灭阶级，其中包括完全消灭资本主义经济成分。但在社会主义社会的一定时期内，各种非公有制经济成分（其中包括资本主义经济）在一定条件下、一定范围内的存在和发展，对占主导地位的社会主义经济还是必要的有益的补充。如果根本否定这一点，像1978年以前长期存在的那样，根本排除包括资本主义经济在内的各种非公有制经济，就是一种"左"的错误，并对社会主义建设造成了严重危害。

但在社会主义条件下，在如何对待资本主义问题上，我国以往存在的更为长期更为严重的"左"的错误还在于：把资本主义社会存在过的一切经济现象、范畴和规律，都一律看作是资本主义性质的东西，并一概加以反对。这种情况在不同程度上差不多一直延续到1992年年初邓小

[①]《邓小平文选（1975~1982年）》，第168页。

平同志南方谈话以前。而且，直到现在也不能认为这个问题已经都解决了。

但在实际上，在资本主义经济中曾经存在过的东西，大体上有两类情况：一类是反映以社会化大生产作为物质技术基础的发达的商品经济的。这不是作为发达的商品经济的资本主义所特有的，对作为发达的商品经济的社会主义也是适用的。另一类是反映资本主义经济性质的。比如，资本家对无产者的剥削，以及资本和劳动的贫富阶级对立等。对这类东西，除了在一定时期内作为社会主义经济体系重要组成部分不说以外，是要从根本上加以反对的。但即使对这类现象。比如对旨在加强资本对劳动剥削的劳动组织，也需要依据社会主义制度性质和我国具体情况，有分析地加以借鉴。这里需要特别指出：作为资本主义文明几百年发展的最重要、最基本的成果——作为社会生产资源配置基本方式的市场经济，对社会主义也是适用的。但在 1978 年以前的长时间内，却把商品经济和市场经济看作是资本主义的东西。因而，尽管 1956 年我国就提出了经济体制改革方案，并于 1958 年和 1970 年两次付诸实施，但都局限在产品经济（相对商品经济而言）和计划经济（相对市场经济而言）的范围内的行政性分权，始终没有走上发展商品经济和实行市场经济体制的轨道。这一点就从根本上决定了这两次改革的失败，并大大延缓了我国经济发展的进程，极大地妨碍了社会主义制度优越性的发挥。而就东欧各国和苏联来说，这种类似的原因甚至成为他们丧失社会主义成果的一个重要原因。需要进一步提出：在党的十一届三中全会精神指导下，1984 年召开的党的十二届三中全会提出了社会主义有计划的商品经济的著名理论。但在这以后，特别是 1989 年以后，流行的观点仍然是把市场经济当作资本主义来批判，致使我国经济体制改革目标模式迟迟不能转到社会主义市场经济方面来。这个问题直到 1992 年年初即小平同志南方谈话以后，才进一步明确起来，并为愈来愈多的同志所接受。而一旦这样明确起来，尽管时间不长，但我国的改革开放和经济发展进程都大大加快了，初步地但却是明显地表现了旨在实现社会主义市场经济的经济体制改革，充满了旺盛活力和巨大生命力。

我们在上面所说的主要反对"左"倾教条主义，是指的"左"的错误认识论根源主要是教条主义。但有的"左"的错误的认识论根源是经验主义。因此，"左"倾经验主义也是需要反对的。

　　我们在上面强调了主要反对"左"倾教条主义，并不是说不要反对右倾错误了。仅就我国改革以来这段历史来看，尽管"左"的干扰是主要的，但也发生了几次右的干扰，特别是1989年那一次右的干扰。从认识论根源来看，这些右的错误，也是右的教条主义，即脱离我国的社会主义制度性质和具体国情，照搬西方资产阶级的政治、经济理论，特别是鼓吹资产阶级民主和主张实行全盘私有化。如果听任这种右的倾向的发展，轻则会造成社会动乱，重则会丢掉社会主义革命成果，就像戈尔巴乔夫的"新思维"造成的苏联解体那样。因此，对右的错误也必须坚决反对。

　　总之，要像邓小平同志1978年以来多次强调的那样："要警惕右，但主要是防止"左"。

　　在进行这种反错误倾向的时候，要注意一种倾向掩盖另一种倾向。即反"左"的时候，要注意防止助长右；在反右的时候，要注意防止助长"左"；否则，就不能跳出"左"了右、右了又"左"的怪圈。但直到现在解决这个问题还缺乏很成熟的经验，这是党的建设需要着重研究解决的问题。从理论到实践成功地解决这个问题，可以看作是党走向政治进一步成熟的一个重要标志。

　　第四，依据党的十一届三中全会以来的实践经验，从一定意义上并概括起来说，要做到以科学态度对待科学社会主义，必须适时地、不断地提倡解放思想。就像1978年以来邓小平同志多次提倡的那样，邓小平同志提出的解放思想的内涵涉及诸多方面，但最重要的内容有两点：一是作为思想路线问题提出的。他明确指出："解放思想，就是使思想和实际相符合，使主观和客观相符合，就是实事求是。"[①]作为思想路线问题来说，它的对立面是教条主义（这是主要的）和经验主义。二是作为政治问题提出的。按照邓小平同志的说法，"关于实践是检验真理的唯一标准问题的讨论，实际上也是要不要解放思想的争论"。而"关于真理标准问题的讨论，的确是个思想路线问题，是个政治问题，是个关系到党和国家的前途和命运的问题"。他还更明确地指出："解放思想，也是既要反'左'又要反右，三中全会提出解放思想，是针对'两个凡是'的，重点

①《邓小平文选（1975~1982）》，第323页。

是纠正'左'的错误。后来又出现右的倾向，那当然也要纠正。"① 可见，作为政治问题来说，解放思想的对立面是"左"的（这是主要的）和右的错误。可见，如果论述邓小平同志提出的解放思想，而又不提或不强调反对"左"的错误，那就是忽略了甚至根本抹杀了解放思想这个口号的政治灵魂，然而如前所述，坚持实事求是的思想路线和正确地进行反"左"、反右的斗争，是用科学的态度对待科学社会主义的两个基本方面。从这方面来说，适时地不断地倡导解放思想，是用科学态度对待科学社会主义的一个最综合的、最有效的方面。

二、划分社会主义初级阶段的根本标准

历史表明：人类社会不仅先后相继地经历了和经历着五种社会经济形态，即原始公社制度、奴隶社会制度、封建社会制度、资本主义社会制度和共产主义社会制度；而且每一个社会经济形态也要经历若干个发展阶段。比如，恩格斯依据摩尔根对人类史前史的研究，把原始社会还分为蒙昧时代和野蛮时代，对每一个时代又区分为低级阶段、中级阶段和高级阶段。马克思把处于上升时期的资本主义区分为简单协作、工场手工业和机器大工业三个阶段。列宁又把资本主义区分为自由竞争的资本主义和垄断的资本主义两个阶段。马克思不仅认为从资本主义到共产主义存在一个过渡时期，而且认为共产主义社会要经历低级和高级两个阶段。列宁还进一步把社会主义划分为"初级形式的社会主义"、"先进的社会主义"和"完全的社会主义"。这是从历史发展来说的。

毛泽东同志说过："不仅事物发展的全过程中的矛盾运动，在其相互联结上，在其各方情况上，我们必须注意其特点，而且在过程发展的各个阶段中，也有其特点，也必须注意。"② 毛泽东同志所做的这个哲学概括，对社会界、自然界和人类思维都是适用的，对社会主义社会也是适用的。

所以，无论是从历史上说，或者是从理论上说，把社会主义社会区

① 《邓小平文选（1975~1982)》，第133、334页。
② 《毛泽东选集》第1卷，第314页。

分为低级阶段、中级阶段和高级阶段，都是适宜的。

现在的问题是：究竟依据什么标准来区分社会主义社会的低级阶段、中级阶段和高级阶段。我们认为，这个根本标准就是社会生产力发展的差别。

恩格斯对原始社会两个时期以及每个时期低、中、高三个阶段的划分，就是从生产力发展特别是生产工具进步的角度着眼的。在他看来，蒙昧时代的低级阶段，原始人是靠采集野生植物为生的；中级阶段是从采用鱼类作为食物和使用火开始的；高级阶段是从弓箭的发明开始的，野蛮时代的低级阶段是从学会制陶术开始的；中级阶段是从驯养家畜或者靠灌之助栽培食用植物开始的；高级阶段是从铁矿的冶炼开始的。①马克思对于资本主义的简单协作、工场手工业和机器大工业的区分，显然也是从生产力发展特别是生产工具进步着眼的。列宁关于自由竞争的资本主义和垄断的资本主义的划分，是直接从生产关系的变化着眼的，但他把生产关系的这种变化归结为生产力的发展引起的。列宁在讲到垄断组织特别是国际垄断组织形成的基础时曾经明确指出："这是全世界资本集中和生产集中的一个新的、比过去高得无比的阶段。"②

马克思在谈到区分人类社会发展各个经济形态的标准时指出："各种经济时代的区别，不在于生产什么，而在于怎样生产，用什么劳动资料生产。劳动资料不仅是人类劳动力发展的测量器，而且是劳动借以进行的社会关系的指示器。"③依据上述的历史分析，我们有理由认为，马克思提出的这个原理，不仅对划分人类社会五种经济形态是适用的，而且对划分每一种社会经济形态（包括社会主义社会）内各个发展阶段也是适用的。

但是，社会生产力的发展状况仅仅是区分社会主义社会低级阶段、中级阶段和高级阶段的根本标准，而不是全部标准，也不是全部因素，在这方面，至少还需要考虑以下三个重要因素：①社会主义社会低级阶段、中级阶段和高级阶段在生产关系和上层建筑乃至国际环境等方面的重大差别。②从一定意义上说，社会主义社会各个阶段的区分，特别是其中的低级阶段的提出，是直接同社会主义革命首先在资本主义并不发

①《马克思恩格斯选集》第4卷，第17~23页。
②《列宁选集》第2卷，第788页。
③《马克思恩格斯全集》第23卷，第204页。

展的国家取得胜利相联系的。唯其如此，才有一个社会主义国家社会生产力同资本主义国家社会生产力相比较的问题，从而才有一个前者低于后者的问题。③同资本主义社会相比较，共产主义社会是一个更高级的社会经济形态。而社会主义社会是共产主义社会的第一阶段。按照社会生产力决定社会生产关系这一历史唯物主义的基本原理，已经建成的社会主义社会（注意：不只是指的基本完成生产资料私有制的社会主义改造）的生产力必须比同时存在的发达的资本主义社会生产力高出一个发展阶段。社会主义以前的和社会主义本身的实践均已充分证明：只有社会主义社会生产力发展到这一步，才能保证从根本上巩固地战胜资本主义；否则，就是不可能的。

依据上述的分析，我们可以大致地、粗略地对社会主义社会低、中、高三个阶段做这样的区分：社会主义社会初级阶段的生产力低于甚至大大低于当时存在的经济发达的资本主义国家的社会生产力；社会主义社会中级阶段的生产力基本上达到了当时存在的经济发达的资本主义国家的社会生产力；社会主义社会高级阶段（即社会主义社会完全建成的阶段）的社会生产力要比当时存在的（或者历史上曾经存在的）经济发达的资本主义国家的社会生产力高出一个发展阶段。这种划分尽管是粗线条的，但问题是清楚的，奋斗目标也是明确的。

三、社会主义初级阶段的基本经济特征

认识中国社会主义初级阶段的基本经济特征，是极为重要的。因为把握了这些特征，就从根本上认识了中国现阶段生产关系和生产力的主要情况，因而有助于了解党在现阶段实行的路线、方针和政策，也有助于认识中国当前的许多具体经济现象。

我们对社会主义初级阶段基本经济特征的分析，大体上将依照先生产关系、后生产力的顺序展开的。

（一）以生产资料的社会主义公有制为主体的多种所有制经济

1. 居于主体地位的社会主义公有制经济

中国的生产资料社会主义公有制，是在党领导的人民革命取得胜利

以后，在人民民主专政条件下建立起来的。

在半殖民地半封建的中国，资本主义分为两个部分：一是买办的、封建的国家垄断资本主义；二是民族资本主义。前者是主要的，占现代工业和交通运输业固定资产的80%左右；后者只占20%。全国解放以后，对前者采取了没收的政策，把它变为社会主义全民所有制；对后者采取了和平改造的政策，把它改造成社会主义全民所有制。

在半殖民地半封建中国的农村，封建地主的土地所有制占了统治地位。占农村人口不到10%的地主和富农，占了大约70%以上的土地。解放以后，进行了土地改革，没收了地主的土地和富农的多余土地，分给广大无地和少地的贫苦农民；继而又通过说服教育、典型示范和国家援助的办法，按照自愿互利的原则，引导农民走农业合作化的道路，把个体农民私有制逐渐改变成为集体所有制。

党还引导个体手工业者走手工业合作化的道路，把个体手工业所有制改变成为集体所有制。

对个体农业、手工业和私人资本主义工商业的社会主义改造，都是在1956年基本完成的。

这样，中国的社会主义公有制就有两种基本形式：一是居于主导地位的社会主义全民所有制。二是社会主义劳动群众集体所有制。

中国社会主义公有制建立以后，逐步得到了巩固和发展。实践表明：作为基本制度的社会主义公有制是促进了社会生产力发展的，是符合人民根本利益的，是得到人民拥护的。

2. 属于从属地位的私有经营

在中国的社会主义初级阶段，生产力落后，发展又很不平衡。因此，除了建立居于主体地位的社会主义公有制经济以外，还需在一定范围内发展私有经济。这包括劳动者的个体所有制经济，以雇佣劳动为基础的中外私人资本主义经济。

在社会主义公有制经济占主要地位和人民民主专政的条件下，这些私有经济居于从属地位，是社会主义经济体系的一个重要组成部分，成为社会主义经济的助手。实践已经证明：这些私有经济在某种范围内的发展，有利于利用资源，扩大就业，促进生产，活跃市场，满足人民多种需要。发展中外合资经营企业、合作经营企业和外商独资企业，对于利用两种资源（国内资源和国外资源）和两种市场（国内市场和国外市场）也能起重要的作用。因此，需要制订和完善有关发展私有经济的政策和法律，为私有经济的发展创造良好的投资环境，保护他们的合法利益，加强对他们的引导、监督和管理。这样，就可以比较充分地发挥其积极作用，并限制其消极作用。

　　3. 公有制经济和私有制经济的并存和发展

　　改革以来，所有制结构发生了很大变化：由原来的单一的社会主义公有制（主要是社会主义全民所有制）发展为以社会主义公有制为主体的多种所有制形式，初步形成了多种所有制经济并存和发展的局面。表1、表2的数字可以说明这一点。

表 1　所有制结构变化情况

		绝对额		各种经济类型所占比重（%）	
	单位	1978 年	1987 年	1978 年	1987 年
一、工业（不含村及村以下工业）					
企业单位数	万个	34.84	49.4	100	100
全民所有制	万个	8.37	9.8	24.0	19.8
集体所有制	万个	26.47	39.2	76.0	79.4
其他经济类型①	万个		0.4		0.8
工业总产值②	亿元	4231	11829	100	100
全民所有制	亿元	3417	8250	80.8	69.7
集体所有制	亿元	814	3300	19.2	27.9
其他经济型	亿元		279		2.4
二、社会零售商业、饮食业、服务业					
机构数	万个	125.5	1205.9	100	100
全民所有制	万个	10.3	31.3	8.2	2.6
集体所有制	万个	97.4	158.8	77.6	13.2
合营③	万个				
个体	万个	17.8	1015.8	14.2	84.2
社会商品零售总额	亿元	1558.6	5820.0	100	100
全民所有制	亿元	851.0	2249.0	54.6	38.6
集体所有制	亿元	674.4	2079.6	43.3	35.8
合营	亿元		18.8		0.3
个体	亿元	2.1	1011.6	0.1	17.4
农民对非农业居民	亿元	31.1	461.0	2.0	7.9

　　说明：①其他经济类型工业包括城乡个体、全民与集体合营、全民与私人合营、集体与私人合营、中外合营、华侨和港澳工商业者经营、外贸经营等工业。②工业总产值 1978 年按 1970 年不变价格计算，1987 年按 1980 年不变价格计算。③合营包括各种不同经济类型的合营和中外合营。下同。

表2　个体经济、私营经济从业人员情况

	1981 年		1982 年		1983 年		1984 年		1985 年		1986 年		1987 年	
	人数（万人）	比上年增加（万人）	人数（万人）	比上年增加（万人）	人数（万人）	比上年增加（万人）	人数（万人）	比上年增加（万人）	人数（万人）	比上年增加（万人）	人数（万人）	比上年增加（万人）	人数（万人）	比上年增加（万人）
全国从业人员	227.5		319.9	92.4	746.5	426.6	1303.1	556.6	1765.0	461.9	1846.0	81.0	2000.0	154.0
其中：城镇	113.0	32.0	147.0	34.0	231.0	84.0	339.0	108.0	450.0	110.0	483.0	33.0	569.0	86.0
农村	114.5		172.9	58.4	515.5	342.6	964.1	448.6	1315.0	351.9	1363.0	48.0	1431.0	68.0

1978 年，全国有个体工商户 14 万户，从业人员 15 万人；1987 年，全国有个体企业私营企业 1372.5 万户（其中私营企业 11.5 万户），从业人员 2000 万人（其中私营企业从业人员 184.7 万人）。[①]

（二）社会主义的商品经济[②]

曾经在社会主义各国长期流行的传统理论认为，商品经济是社会主义计划经济不能相容的对立物。社会主义各国长期实行的高度集中的经济管理体制就是建立在这种错误理论基础上的。这种理论严重阻碍了社会主义商品经济的发展。

中国共产党的十二届三中全会通过的《中共中央关于经济体制改革的决定》明确指出，社会主义经济是公有制基础上的有计划的商品经济。这是中国共产党对社会主义经济作出的科学概括，是对马克思主义的重大发展，是中国经济体制改革的基本理论依据。

1. 计划与商品的统一

社会主义各国的经验充分证明：在社会主义条件下，国民经济按比例的、高效益的、高速度的发展，既需要实行计划，还必须依赖于作为商品经济基本规律的价值规律的调节作用和推进作用。这样，对社会主义经济来说，商品经济的存在，不仅是必然的，而且是极为必要的。

这是就社会主义经济的内在本质来说的。就它的外在表现形式来说，社会主义有计划商品经济的体制，也是计划与市场内在统一的体制。在这个问题上，需要明确几个基本观念：①尽管建立在公有制基础上的社

---

① 《中国经济体制改革十年》，经济管理出版社 1989 年版，第 795 页。

② 这里把"社会主义的商品经济"作为一个经济特征来看待，不是就商品经济本身说的，而是就这种商品经济赖以建立的所有制基础来说的。详见正文。

会主义商品经济为在全社会自觉保持国民经济的协调发展提供了可能，但还需要善于运用计划调节和市场调节这两种形式和手段，才能把这种可能变为现实。社会主义商品经济的发展离不开市场的发育和完善。②必须把计划工作建立在商品交换和价值规律的基础上。以指令性计划为主的直接管理方式，不能适应社会主义商品经济发展的要求。不能把计划调节和指令性计划等同起来。应当通过国家和企业之间、企业与企业之间按照等价交换原则签订定货合同等多种办法，逐步缩小指令性计划的范围。国家对企业的管理应逐步转向以间接管理为主。③计划和市场的作用范围都是覆盖全社会的。新的经济运行机制，总体上来说应当是"国家调节市场，市场引导企业"的机制。国家运用经济手段，法律手段和必要的行政手段，调节市场供求关系，创造适宜的经济和社会环境，以此引导企业正确地进行经营决策。当然，实现这个目标是一个渐进过程，需要为此积极创造条件。

可见，无论从本质上来说，或者从形式上来说，社会主义的计划和商品都具有内在统一性；或者说，社会主义经济是有计划的商品经济。

这样说，并不意味着社会主义的商品经济同资本主义的商品经济没有本质区别。但这个区别在于：前者是建立在生产资料的社会主义公有制和劳动者的联合劳动的基础上，而后者是建立在生产资料的资本主义私有制和雇佣劳动的基础上。这样说，也不意味着，社会主义的计划和商品没有矛盾。从抽象的意义上说，计划是产生于企业之间根本利益的一致性，而商品产生于企业之间利益的差别性。因此，即使在社会主义经济条件下，商品经济的发展也会产生盲目性。但是，由于这种利益差别是局部的，利益一致是基本的。因此，这种盲目性有可能控制在某种有限的范围内，而不会从根本上妨碍国民经济的协调发展，不会导致资本主义那样的社会生产无政府状态和周期性的经济危机。当然，社会主义有计划的商品经济只是为实现这一点提出了客观可能性。要把这种可能性变成现实性，还有赖于社会主义国家政府实行正确的经济发展战略和经济管理体制。

2. 社会主义商品经济的发展

1978 年中国实行经济体制改革以来，社会主义商品经济有了很大的发展。表3、表4、表5和表6可以从不同方面、不同领域表明这一点。①

表3　国家指令性计划管理的工业产品的变化

	单位	1980 年	1987 年
国家指令性计划管理的工业产品	种	120	60
国家统一分配的生产资料产品	种	256	27
商业部计划管理的产品	种	188	22
国家计划分配的生产资料占企业和地方需要量的比重	%	70.0	20.0

表4　国家统配原材料所占比重的变化　　　　单位：%

品名	1980 年	1987 年
钢材	73.4	47.1
煤炭	57.9	47.2
木材	80.9	26.2
水泥	35.0	15.6

表5　国家定价品种范围的变化　　　　单位：%

	1978 年	1987 年
一、国家定价的农产品比重	92.6	35.0
二、在社会消费品零售总额中国家定价的比重	97.0	47.0
其中：国家定价的生活资料所占比重	95.0	45.0
国家定价的生产资料所占比重	100.0	60.0

表6　农村商品率提高的情况

	单位	1978 年	1986 年
农村农副产品商品率	%	45.3	58.0
农村工农产品商品率	%	53.7	68.1

　　国家指令性计划管理的工业产品的减少，国家统一分配的生产资料产品品种的减少及其占企业需要量的下降，商业部计划管理的产品品种的减少，以及在社会消费品零售总额中国家定价比重的下降，这些都表明社会主义全民所有制企业在生产经营生产资料采购，产品销售和产品定价等方面的自主权的扩大，表明企业逐步成为商品生产者，表明社会主义全民所有制经济逐步成为商品经济。

――――――――――――

①《中国经济体制改革十年》，经济管理出版社1989年版，第796、798、799页。

农村商品率的提高更是直接的、鲜明的表明了农村商品经济的发展。

（三）以按劳分配为主体的多种分配方式

在中国社会主义初级阶段，实行以生产资料的社会主义公有制为主体的多种所有制经济和多种经营形式。与此相适应，也要实行以按劳分配为主体、其它分配方式为补充的多种分配方式。

1. 作为分配方式主体的按劳分配

各尽所能，按劳分配是中国社会主义公有制经济中实行的分配个人消费品的基本原则。

在中国，由于生产资料的社会主义公有制的建立，劳动者成为生产资料的主人，排除了一部分人凭借占有生产资料剥削他人劳动的可能性，为劳动者发挥自己的才能创造了基本的社会经济条件。但是，在中国的社会主义历史阶段，生产力还没有高度发展，社会产品还没有达到极大丰富的程度；工业和农业、城市和乡村、脑力劳动者和体力劳动者的本质差别还存在；劳动者大多也还没有树立共产主义的劳动态度，劳动主要还是谋生的手段，还没有成为人们生活的第一需要。因此，只能按照各尽所能，按劳分配的原则来分配个人消费品。

实行按劳分配，具有积极的作用。①实行按劳分配，多劳多得，少劳少得，有利于调动劳动者的积极性和创造性。②实行按劳分配，可以促进生产，提高人民生活，因而有利于巩固和发展社会主义公有制。③实行按劳分配，不劳动者不得食，有利于把剥削阶级分子改造成为自食其力的劳动者。

各尽所能，按劳分配原则，是通过各种劳动报酬形式来贯彻的。在中国社会主义全民所有制的企业和一部分集体所有制企业中，劳动报酬的基本形式是计时工资制和计件工资制。此外，企业对提供超额劳动的劳动者，实行奖金制度；对承担条件艰苦和劳动繁重（如高空、高温、井下、野外等作业）的劳动者，还实行津贴制度。这些都是劳动报酬的补充形式。在社会主义集体所有制农业企业中，在1979年经济体制改革以前，主要是实行劳动工分制。在这以后普遍实行了联产承包责任制，于是，劳动报酬的基本形式也改为联产计酬制。

在实行传统的高度集中的经济体制下，社会主义全民所有制企业劳动报酬的分配，是完全按照国家统一规定进行的。就是说，工资标准、工资等级、工资形式、提级的幅度、提级的面和提级的时间等，均由国家规定，在所有这些方面企业没有自主权。这时，社会主义集体所有制企业劳动报酬的分配名义上虽然是自主分配，但在实际上仍然在很大程度上受到了国家的行政干预。在经济体制改革完成以后，在遵守国家政策和法令的条件下，全民所有制企业劳动报酬的分配可以独立自主地进行；国家主要是通过经济手段对企业劳动报酬水平实行间接调节。至于集体所有制企业就更是这样了。

在中国实行按劳分配原则，既反对平均主义，又反对高低差别悬殊。平均主义抹杀劳动者之间客观存在的差别；高低悬殊则超出了这种客观存在的差别。这两种倾向都是违背按劳分配原则的。

为了正确贯彻各尽所能，按劳分配原则，中国十分重视加强思想政治工作，不断教育全体人民发扬主人翁的责任感，正确处理国家、集体和个人的关系，并提倡共产主义的劳动态度。

2. 作为补充的其他分配方式

在中国社会主义初级阶段，除了按劳分配这种主要方式以外，还存在着其他分配方式。①企业发行债券筹集资金，就会出现凭债权取得利息。②随着股份经济的产生，就会出现股份分红。③企业经营者的收入中，包含部分风险补偿。④个体劳动者企业会给他自己带来劳动所得。⑤私营企业雇用一定数量劳动力，会给企业主带来部分非劳动收入。

在中国社会主义初级阶段，这些分配方式的存在不仅是不可避免的，而且成为巩固和发展以社会主义公有制为主体的多种所有制经济和多种经营形式，以及与此相联系的社会主义商品经济体系的一个极重要因素。因此，在符合政策和法令的范围内，由这些分配方式获得的收入，都会受到法律的保护。

在这些方面的分配政策，既要有利于善于经营的企业和诚实劳动的个人先富起来，合理拉开收入差距，又要防止贫富悬殊，坚持共同富裕的方向，在促进效率提高的前提下体现社会公平。对过高的个人收入，要采取有效措施进行调节；对以非法手段牟取暴利的，要依法严厉制裁。

(四) 在共同富裕的目标下鼓励一部分人先富起来

1. 理论上的说明

在共同富裕的目标下鼓励一部分人通过诚实劳动和合法经营先富起

来，是中国社会主义初级阶段实行的社会主义经济制度的特征之一。按照社会主义生产目的的要求，生产是为了提高人民的物质文化生活水平。因此，从问题的本质和发展趋势来说，随着社会主义生产的发展，人民的生活水平会得到不断的提高，并走向共同富裕的目标。但在中国社会主义初级阶段，实现这个目标的道路是有特点的，即通过鼓励一部分人依靠诚实劳动和合法经营先富起来实现的。因为，①在这个阶段，社会生产力发展水平不高。②人口众多。这两点就从总体上决定了中国人民不可能在较短的时期内共同富裕起来。③社会主义全民所有制企业是独立的商品生产者，他们的劳动报酬水平是同他们自己的生产经营成果相联系的。④集体所有制企业的劳动报酬水平，不仅同他们的生产经营成果相联系，而且与土地肥沃程度的差别、土地距离市场远近的差别以及土地上投资的生产率差别相关的级差土地收入相联系。⑤社会主义公有制经济所实行的多种经营形式，也会扩大企业之间劳动报酬水平的差别。⑥各地区经济和文化发展很不平衡状态，也会使得地区之间企业劳动报酬水平发生显著的差别。这四点又使得一部分人先富起来成为一种经济上的必然性。

如果再看到中国社会主义初级阶段各种私有经济是作为社会主义经济的重要组成部分而存在的状况，那么一部分人先富起来更是一种显而易见的事。当然，这些私有经济本身并不提出共同富裕的目标。但在社会主义公有制占主体地位的条件下，它们的存在并不妨碍这一目标的实现。

在中国社会主义初级阶段，鼓励一部分人通过诚实劳动和合法经营先富起来，会成为推动整个国民经济发展的强大动力，并有利于全社会生产技术水平和经营管理水平的提高，有利于社会产品和积累的增长，有利于扩大市场容量，因而会带动整个国民经济的发展。

2. 实践上的证明

中国鼓励一部分人先富起来，是在以社会主义公有制为主体、以按劳分配为主要方式等前提下实现的，因而不会发生资本主义社会那样的贫富两极分化。1979 年以后推行这项制度的实践已经开始证明了这一点。详见表 7 和表 8。

表 7　城镇居民家庭按平均每人每月生活费收入水平分组的户数构成　　单位：%

项目	1981 年	1983 年	1984 年	1985 年	1986 年
20 元及以下	2.05	0.61	}1.67		
20~25 元	5.46	2.97		5.07	}5.67
25~35 元	31.81	20.32	10.52	11.95	
35~50 元	42.29	46.56	38.89	18.81	14.81
50~60 元	11.90	16.42	22.67	19.53	16.17
60 元以上	6.49	13.12	26.25	44.64	63.35

资料来源：《中国统计年鉴》(1987)，691 页。

说明：①生活费收入系指居民家庭全部收入中，扣除赡养、赠送支出及非家庭人口中的经济用饭人口所交的搭伙费后能用于安排家庭日常生活的实际收入。②1985 年以前是城市职工家庭的调查资料，从 1985 年起调查资料包括了离退休职工家庭、个体劳动者家庭及其它非职工居民家庭和到城居民家庭。③本表为城镇居民家庭收支抽样调查资料。

表 8　农民家庭按平均每人每年纯收入水平分组的户数构成　　单位：%

分组	1978 年	1980 年	1982 年	1983 年	1984 年	1985 年	1986 年
500 元及以上的户	}2.4	1.6	6.7	11.9	18.2	22.3	28.7
400~500 元		2.9	8.7	11.6	14.1	15.8	16.5
500~400 元		8.6	20.8	22.9	24.5	24.0	21.7
200~300 元	15.0	25.3	37.0	32.9	29.2	25.6	21.8
150~200 元	17.6	27.1	16.0	13.1	9.4	7.9	7.0
100~150 元	31.7	24.7	8.1	6.2	3.8	3.4	3.2
100 元以下的户	33.3	9.8	2.7	1.4	0.8	1.0	1.1

资料来源：《中国统计年鉴》(1987)，第 697 页。

说明：本表为农民家庭收支抽样调查资料。

表 7 说明：在 1981~1986 年期间，城镇居民家庭按平均每人每月生活费收入 50 元以下的户数，占调查户总数的比重，从总的趋势看是下降的，而且收入水平越低的户数的比重下降的幅度越大。其中 20 元以下的户数的比重 1981 年还占 2.05%，到 1986 年下降到 0；20~35 元的户数的比重由 37.27%下降到 5.67%；35~50 元的户数的比重虽然由 1981 年的 42.29%上升到 1983 年 46.56%，但以后逐年下降，到 1986 年只占 14.81%。只有 50 元以上的户数的比重，从总的趋势看是上升的，特别是 60 元以上的户数的比重上升幅度最大，由 6.49%上升到 63.35%。

表 8 也呈现出与表 7 相同的趋势。农民家庭按平均每人每年纯收入

200 元以下的户数占调查户总数的比重，从总的趋势看是下降的，收入水平越低的户数的比重下降的幅度越大。其中，100 元以下的户数的比重由 1978 年的 33.3%下降到 1986 年的 1.1%；100~150 元以下的户数的比重由 31.7%下降到 3.2%；150~200 元以下的户数的比重虽然由 1978 年 17.6%上升到 1980 年的 27.1%，但以后逐年下降，到 1986 年只占 7%。只有 200 元以上的户数的比重，从总的趋势看是上升的，特别是 500 元以上的户数的比重上升幅度最大，由 1980 年的 1.6%上升到 1986 年的 28.7%。

由此可见，1979 年以来，中国城乡居民收入最高的那一组户数比重的增长，是伴随着全体居民生活水平提高的。或者说，一部分居民开始先富起来，是向着全体居民共同富裕的目标前进的。当然，当前中国经济体制改革尚未根本完成，居民之间收入水平的差距还未完全拉开。随着经济体制改革的深化，其差距还会进一步拉大。但并不会改变共同富裕的方向。诚然，在当前中国经济体制改革过程中，也出现了居民之间收入水平的不合理的扩大。但这是一时的现象，随着改革的进展，是可以逐步解决的。这也不会改变共同富裕的方向。

（五）社会生产力不发达

当前，中国社会生产力还不发达，不平衡，基本上还是一种前工业化时期的"二元经济"的格局。工业主要是现代化的大生产，而农业主要是传统的手工劳动。农业中的现代化、机械化生产虽然已经有了发展，但不占主要地位。即使在工业中，也还存在着自动化、机械化与半机械化乃至手工劳动并存的局面；传统产业还占主要地位，新兴产业和高技术产业占的比重并不大。要根本改变这种情况，还需经过相当长的时期。表 9、表 10 的数字可以说明这一点。[①]

表 9　1987 年每个劳动力拥有的固定资产原值

	绝对数（元）	倍数（以①为 1）
①农村每个劳动力拥有的固定资产原值	470.1	1.0
②全国独立核算工业每个劳动力拥有的固定资产原值	9802.3	20.9
③社会主义全民所有制独立核算工业每个劳动力拥有的固定资产原值	18790.8	39.9

①《中国统计年鉴》(1989)，第 155、211、212、215、237、375、381、384 页。

表 10　1987 年劳动生产率

	绝对数（元）	倍数（以①为 1）
①农村每个劳动力生产的农业总产值	1514.6	1.0
②农村每个劳动力生产的农村社会总值	2418.3	1.6
③全国独立核算工业每个劳动力生产的工业总产值	13961	9.2
④社会主义全民所有制独立核算工业每个劳动力生产的工业总值	16671	11.0

　　表 9、表 10 说明：当前中国农村手工劳动还占主要地位，因而农村每个劳动力拥有的固定资产显著低于主要从事现代化生产的工业，更是远远低于现代化程度较高的社会主义全民所有制工业。与此相联系，农业或农村每个劳动力生产的总产值也大大低于工业，特别是低于社会主义全民所有制工业。

（六）商品经济不发达，自然经济、半自然经济占有很大比重

　　当前中国农业还是商品经济与自然经济、半自然经济并存的局面。前面表 6 说明：1987 年农村农副产品商品率不到 60%，自给率还在 40% 以上。这年农民家庭平均每人商品性支出只占支出总额的 64.5%，而自给性支出还占到 35.5%。[①] 表 3、表 4、表 5 说明中国工业还处于由产品经济向商品经济发展的过程中，企业还没有真正成为商品生产者。就发达的商品经济所需要的市场体系来说，当前中国一般消费品市场虽然比较发展，但作为基本消费资料的住宅的商品化还处于试点阶段。基本生产资料市场也没有完全形成。至于资金、劳动力、技术和房地产等要素市场还处于起步阶段。所以，中国要形成发达的商品经济，也需要经过相当长的时间。

（七）地区之间的经济发展很不平衡

　　当前中国各个地区之间的经济发展还很不平衡。一般说来，东部沿海地区经济比较发达，中部地区欠发达，而西部则很不发达。这种情况也需要经过相当长的时期才能有显著的改变。表 11 的数字可以说明这一点。[②]

---

① 《中国统计年鉴》（1988），第 824 页。
② 《中国统计年鉴》（1988），第 55、802 页。

表 11 1986 年各地区人均国民收入和人均消费水平

地　区	人均国民收入		人均消费水平	
	绝对数（元）	倍数（以贵州为1）	绝对数（元）	倍数（以贵州为1）
北　京	2130	5.2	907	2.9
天　津	2040	5.0	816	2.6
河　北	673	1.7	397	1.3
山　西	682	1.7	374	1.2
内蒙古	630	1.6	446	1.4
辽　宁	1299	3.2	659	2.1
吉　林	823	2.0	570	1.8
黑龙江	997	2.5	564	1.8
上　海	3471	8.5	1109	3.5
江　苏	1064	2.6	526	1.7
浙　江	1043	2.6	530	1.7
安　徽	599	1.5	384	1.2
福　建	672	1.7	456	1.4
江　西	543	1.3	389	1.2
山　东	770	1.9	411	1.3
河　南	540	1.3	322	1.02
湖　北	805	2.0	488	1.5
湖　南	603	1.5	402	1.3
广　东	897	2.2	553	1.7
广　西	450	1.1	339	1.1
四　川	515	1.3	369	1.2
贵　州	406	1.0	317	1.0
云　南	453	1.1	322	1.02
西　藏	551	1.4	438	1.4
陕　西	531	1.3	374	1.2
甘　肃	570	1.4	350	1.1
青　海	698	1.7	500	1.6
宁　夏	616	1.5	421	1.3
新　疆	740	1.8	536	1.7

1986 年，东部地区的上海的人均国民收入和人均消费水平分别为西部地区的贵州的 8.5 倍和 3.5 倍，比中部地区的河南也高出很多。这当然是突出的例子。但这个例子所表明的中国东部地区、中部地区和西部地区经济发展很不平衡，则是肯定无疑的。

（八）经济对外开放的程度低

1978 年以来，中国实行的对外开放事业有了很大的发展。但当前对外开放程度还比较低，各个地区对外开放事业的发展也很不平衡。东部沿海地区的对外开放已经有了迅速的进展，但外向型经济还有待形成，而内地的许多地区还处于半封闭和封闭的状态。表 12、表 13 提供的数字可以用做这方面的说明。

表 12　中国进出口总额

年份	出口			进口			进出口		
	金额（亿美元）	占世界总额（%）	居世界位次	金额（亿美元）	占世界总额（%）	居世界位次	金额（亿美元）	占世界总额（%）	居世界位次
1978	98	0.8	32	109	0.8	27	207	0.8	28
1987	395	1.6	14	432	1.7	11	827	1.6	12

表 13　1987 年各地区实际利用外资额[①]

地　区	实际利用外资额（万美元）	倍数（以甘肃为 1）
北　京	16174	770.2
天　津	22338	1063.7
河　北	1032	49.1
山　西	490	23.3
内蒙古	706	33.6
辽　宁	17470	831.9
吉　林	2929	139.4
黑龙江	2696	128.3
上　海	57563	2741.0
江　苏	14308	681.3
浙　江	10694	509.2
安　徽	3551	169.0
福　建	14244	678.2
江　西	1135	54.0
山　东	9377	446.5
河　南	2153	102.5
湖　北	5364	255.4
湖　南	367	17.4
广　东	116663	5555.3
广　西	4505	214.5
四　川	6520	310.4

[①]《中国统计年鉴》（1988），第 735 页。

续表

地　区	实际利用外资额（万美元）	倍数（以甘肃为1）
贵　州	—	0.0
云　南	834	39.7
陕　西	8008	381.3
甘　肃	21	1.0
宁　夏	203	9.6
新　疆	1770	84.2

表 12 说明：在 1978~1987 年期间，尽管中国进出口贸易额有了迅速的、巨大的增长，但在世界进出口贸易总额中所占的比重还很小，不到 2%。

表 13 说明：1987 年的实际利用外资额，经济开放程度高的、处于沿海地区的广东比经济开放程度低的、处于西部地区的甘肃要高出 5555.3 倍，比中部地区的湖南也要高出 17.4 倍。这年贵州实际利用外资额还为零。

中国要改变经济对外开放程度低的情况，显然也要很长的时间。

（九）经济总量很大，但人均数量很小

中国是一个大国，人口和自然资源的总量很大，但生产力不发达，经济发展很不平衡，因而就形成了经济总量很大、人均数量很小的特点。1978 年实行经济体制改革以来，在某种程度上改变了这种状况。但要根本改变这一点，不是短时期所能做到的。表 14 提供的数字，可以证明这一点。

表 14　工农业主要产品产量

产品名称	总产量（万吨或亿度）				人均产量（公斤或度）				总产量居世界位次	
	1978 年		1987 年		1978 年		1987 年		1978 年	1987 年
	世界	中国	世界	中国	世界	中国	世界	中国		
谷　物	158082	26546	177175	36433	369	278	354	340	2	1
棉　花	1295	217	1653	425	3.0	2.3	3.3	3.9	3	1
肉　类	10500	856	12064	1986	24.7	9.0	24.1	18.5	3	1
钢	66500	3178	68904	5628	155	33	138	53	5	4
原　煤	301500	61800	452100	92800	704	645	904	865	3	1
原　油	292000	10405	287622	13414	682	109	575	125	8	5
发电量	73920	2566	95355	4973	1736	268	1957	463	7	4

表 14 说明：上述 7 种主要产品总产量很高，均居世界前列。但人均产量却很低。只有棉花超过世界人均产量，谷物和原煤接近世界人均产量，其它两种产品则与世界人均产量有较大的距离。如果把这些产品人均产量与经济发达国家相比，则差距就更大了。表 14 所列的 1987 年中国 7 种产品的人均产量依次分别仅为美国的 29.7%、29.5%、25.7%、14.6%、25.3%、7.4% 和 4.2%。所以，中国要在主要产品的人均产量方面赶上世界先进水平，还需要较长的时间。

（十）科学和教育事业欠发达

当前中国在少数尖端科学技术方面居于世界前列，但大量的科学技术与世界先进水平还有很大的差距。教育事业虽然已经有了很大的发展，但还居于世界的落后地位。为了说明这一点，我们把中国的有关指标与经济发达国家的美国以及发展中大国的印度和巴西作一比较。

表 15　科技人力与高校学生占适龄人口的比重

国　别	每 100 万人口中科学家和工程师人数（人）	高校学生占适龄人口比重（%）
中　国	975（1985 年）	2（1987 年）
印　度	3289（1985 年）	9（1985 年）
巴　西	10740（1982 年）	11（1982 年）
美　国	14777（1982 年）	66（1982 年）

表 15 表明：中国上述两项指标不仅远远落后于美国，而且同巴西和印度也有很大的差距。因此，中国要改变科学和教育的落后状态，还是颇费时日的。

上述十项经济特征进一步证明：中国还处于社会主义的初级阶段；这个阶段的任务就是要在党的基本路线的指导下，大力发展商品经济，推行社会主义现代化建设，并进行经济、政治、文化等方面的体制改革。

四、社会主义初级阶段的历史命运

我们在前面对社会主义初级阶段划分标准的考察，是从世界社会主义体系着眼的。但对我国社会主义初级阶段基本特征的分析，是从我国具体情况出发的。这里对社会主义初级阶段历史命运的考察，又要回到世界社会主义体系的视角上来。因为迄今为止，社会主义革命都是在资本主义不甚发达的国家取得胜利的，因而所有的社会主义国家都要经历社会主义初级阶段。当然，由于各个社会主义国家原有的社会生产力、人口、自然资源禀赋和历史文化传统等方面的差别，各国初级阶段需要经历的时间及具体特征是有差别的。但要经过这个历史阶段，则是共同的。

如前所述，社会主义初级阶段的社会生产力低于甚至大大低于当代经济发达的资本主义国家，而中级阶段的社会生产力基本上赶上了当时存在的经济发达的资本主义国家。这样，即使抛开其他基本任务（比如完善社会主义的生产关系和上层建筑，特别是改革传统的经济体制和政治体制等）不说，单是实现发展社会生产力这个根本任务，就需要经过一个很长的历史时期。就我国情况来说，如果从 1956 年基本上实现了生产资料私有制的社会主义改造算起，社会主义初级阶段预计至少需要 120 年的时间，即使从 1978 年党的十一届三中全会算起，至少也需要 100 年的时间。如果从世界社会主义体系着眼，并考虑到经济落后的广大第三世界国家将来实现社会主义革命以后的状况，那么，这个历史时期就更长了。显然，由于已知的和许多不可预料的因素的作用，在这个历史长河的各个发展时期中，社会主义制度所遭遇的历史命运是有差别的。这就决定了我们必须分时期地来考察社会主义初级阶段的历史命运。

为了叙述问题的方便，我们在这里抛开了先后出现的各个社会主义国家都经历了一个以资本主义（在我国是新民主主义）到社会主义的过渡时期。这样，从俄国十月社会主义革命胜利算起，社会主义初级阶段已经经历了三个时期，目前还在经历第四个时期。我们在下面分别考察社会主义初级阶段在这四个时期的历史命运。

第一个时期，从 1917 年俄国十月社会主义革命胜利开始，到 1945 年苏联取得反法西斯战争胜利。

俄国十月革命胜利后，紧接着又经历了 1918~1920 年外围武装干涉战争和国内战争，俄国工农劳动群众在列宁领导下赢得了这场战争的胜利。到 1921 年春，列宁及时地把战时共产主义政策转变为新经济政策，在 1921~1925 年的短短几年间，就迅速恢复了遭到长时期战争严重破坏的国民经济。在 1926~1929 年，苏联依靠社会主义制度的优越性，以及为革命激发起来劳动者的巨大积极性，迅速地推进了社会主义工业化。

在 1930~1934 年苏联实现农业集体化，以及尔后的社会主义建设过程中（直到 1941 年 6 月德国希特勒对苏联突然发动战争为止），苏联的社会主义的工业继续得到了迅速的发展，并为苏联赢得反法西斯战争的胜利奠定了重要物质基础，这里需要着重指出：苏联在这个时期建立的计划经济体制，是适应了苏联在当时国际形势下需要加快发展作为决定社会主义制度命运的重工业的要求的。事实上，这一计划体制尽管在阻碍苏联商品经济和农业的发展等方面付出了巨大代价，但在建立苏联社会主义工业化基础和赢得反法西斯战争胜利方面建立了不可磨灭的历史功勋，这个时期苏联社会主义工业的高度增长只是问题的一方面；另一方面，在两次世界大战期间，发达的资本主义国家经历了三次经济危机（1920~1921 年、1929~1933 年、1937~1938 年）的打击。其中 1929~1933 年空前严重的世界经济危机，震撼了资本主义制度的根基。这次危机促使德、意、日法西斯国家走上国民经济军事化的道路，避免了 1937~1938 年经济危机的打击。但作为头号资本主义国家的美国仍未逃脱这次危机。这样，在上述期间，社会主义苏联工业增长速度就大大超过了发达的资本主义国家，在世界工业总量中的比重也显著上升了。1917~1940 年，苏联工业总产值年平均增长速度为 11.4%；美国 1920~1938 年为 0.5%；英国 1921~1938 年为 1.4%；法国 1920~1937 年为 3.2%。1917 年，苏联工业产值占世界工业总产值的比重少于 3%；到 1937 年，上升到少于 10%。[1] 可以毫不夸张地说，这个时期一方面社会主义苏联工业和国民经济欣欣向荣；另一方面资本主义工业和国民经济停滞不前。这个鲜明对比充分显示了社会主义经济制度的巨大优越性。苏德战争爆发之后，希特勒依仗其不可一世的庞大军事机器，几乎给苏联带来了灭顶之灾，但在全世界人民支持下，苏联红军终于粉碎了德国法西斯的军事机器。这就不仅巩固了苏联的社会主义制度，进一步显示了社会主义制度优越性，并大大促进了世界社会主义事业的发展。

所以，第一个时期可以看作首先取得无产阶级革命胜利的苏联巩固社会主义制度和发展社会主义建设的时期。

---

① 《苏联国民经济六十年》，生活·读书·新知三联书店 1979 年版，第 6、28 页；《英法美德日百年统计提要》，统计出版社 1958 年版，第 30、67~68、140 页。

　　第二个时期，从 1945 年欧洲一系列社会主义国家建立开始，一直到 70 年代末欧洲、亚洲和美洲各社会主义国家的建设都得到了较快的发展。

　　在东欧各国人民反对德国法西斯斗争的配合下，苏联红军在击败德国法西斯的过程中，解放了东欧许多国家，并在这些国家建立了无产阶级专政。在苏联红军的援助下，亚洲和美洲一些国家也先后建立了无产阶级专政。其中，中国共产党领导中国人民进行了 28 年的斗争（其中有 22 年是武装斗争），终于在 1949 年取得了全国范围内的胜利，建立了中华人民共和国。在欧、亚、美各社会主义国家先后完成了从资本主义（在中国是新民主主义）到社会主义的过渡时期的过程中，也仿照苏联建立了计划经济制度。这种制度也适应了加速发展社会主义工业化基础的要求，并且确实加快了工业化的步伐。尽管这种经济体制有它的消极作用，但确实有良好的初期效应。由于社会主义国家工业增长速度大大超过了资本主义国家，因而前者在世界工业总产值中所占的比重显著上升了。据统计，1950 年，社会主义各国在世界工业总产值中约占 20%，到 1976 年就上升到 40% 以上。[①] 在这期间，社会主义各国不仅工业增长速度比较快，整个国民经济的增长率也是比较高的。表 16 的资料可以充分说明这一点。

　　表 16 数字表明：在 1951~1970 年期间，就大多数情况而言，社会主义各国经济增长率大大超过了资本主义国家。到 1971~1980 年，尽管社会主义各国经济增长率有了不同程度的下降，但资本主义各国有了更大程度的下降，因而社会主义各国经济增长率仍然大大超过了资本主义国家。这种状况既表明了社会主义建设的较快发展，也促进了社会主义制度的巩固。这是从经济方面来说的。

　　从政治方面来说，这期间也经历了严重斗争。这里值得提出的有两件事：一是 1956 年赫鲁晓夫在苏共 20 大错误地发动了对斯大林的批判，引发了一场世界规模的反共、反社会主义的恶浪，导致了波兰和匈牙利事件。经过全世界共产党和革命人民的斗争，这股恶浪被压下去了。但国际共产主义运动和世界社会主义体系却受到了创伤。然而总的说来，在这期间，世界社会主义体系总算是巩固下来了。二是 1966~1976 年社

---

①《苏联国民经济六十年》，生活·读书·新知三联书店 1979 年版，第 28 页。

表16　社会主义国家与资本主义国家年平均经济增长率　　　　单位：%

国　名	1951~1970年（国民收入）	1971~1980年（国内生产总值）	1981~1990年（国内生产总值）
苏　联	8.7	5.0	2.5
中　国	6.2	6.1	9.2
匈牙利	5.6	5.0	1.4
南斯拉夫	6.6	5.7	-0.4
美　国	3.6	2.7	2.7
英　国	2.7	1.9	2.3
法　国	5.1	3.3	2.2
联邦德国	6.5	2.8	3.4
意大利	5.6	3.1	2.3
日　本	10.2	4.7	4.3

　　资料来源：《苏联国民经济六十年》，第88页；《中国统计年鉴》（1992），第31、33页；《世界主要国家和地区社会发展比较统计资料》（1990），中国统计出版社，第27~28页。

　　说明：①1951~1970年一栏中，中国是1953~1970年数字。②1971~1980年一栏中，苏联和中国是国民收入数字。③1981~1990年一栏中，苏联是国民收入数字，中国是国民生产总值数字。

会主义中国发生了"文化大革命"，酿成了严重的政治、经济危机。但在1976年，中国共产党自己挽救了这场危机。

　　所以，总的说来，第二个时期是世界社会主义各国巩固社会主义制度和发展社会主义建设的时期。这是从世界社会主义体系的角度来说的。就首先取得社会主义革命胜利的苏联而言，还要在"巩固"和"发展"前面加上"继续"二字。

　　第三个时期，是从80年代初苏联和东欧各国经济、政治危机不断加深，直到80年代末、90年代初东欧剧变和苏联解体相继发生。

　　从第一个社会主义国家诞生以来，帝国主义国家对社会主义国家从来采取武装干涉与"和平演变"两手，交替使用。但在第二次世界大战以后，在世界社会主义力量空前强大以及美苏在核打击力量形成均势的情况下，帝国主义除了在某些年份和某些地区（如50年代初和60年代初美国先后分别发动的侵朝战争和侵越战争）采用过武装干涉手段以外，把在社会主义国家复辟资本主义的希望愈来愈寄托在"和平演变"方面。这是近些年来东欧剧变和苏联解体的外部原因。

　　但是，国际敌对势力的"和平演变"政策之所以能够在东欧和苏联得逞，其根本的、内部的原因，是苏联和东欧的经济体制不适应生产社会化和商品经济发展的要求。诚然，如前所述，这种体制在经济恢复时期、社会主义制度建立后加速发展社会主义工业化基础的时期以及战争时期，有着良好的效应。但随着生产社会化的发展，这种体制愈来愈成为社会生产力发展的桎梏，必然导致愈来愈严重的经济危机。其突出表现是：经济增长率大幅度下降。这种情况在苏联反映得尤为明显。1951~1970 年苏联国民收入年平均增长率为 8.7%，1971~1980 年下降到 5%，跌幅达到 42.5%；1981~1990 年又下降到 2.5%，跌幅进一步达到 71.3%。在匈牙利和南斯拉夫等社会主义国家也发生过类似情况。

这种经济危机本来同社会主义基本经济制度（如社会主义公有制和按劳分配等）是无关的，是由计划经济体制造成的。但传统理论不是把计划经济看做是资本主义社会和社会主义社会共有的调节经济手段，而是看做社会主义的根本经济制度。这就造成一种印象：似乎这种经济危机是由社会主义基本经济制度造成的。这是一方面；另一方面，在第二次世界大战以后，经济发达的资本主义国家生产发展，除了长期依靠大量掠夺发展中国家的廉价能源和原料（这一点在 1969 年和 1973 年发生的两次石油危机以前表现得尤为明显）以外，还在宏观经济管理、企业管理和收入分配以及建立国际经济组织（如关税和贸易总协定和国际货币基金组织等）和区域经济合作组织（如欧洲共同市场）调整了资本主义的各种经济关系（其中包括资本主义国家内部的资本和劳动的阶级关系以及资本主义国家之间的关系），发挥了资本主义生产的潜力，促进了生产力的发展。但这一切都是在保持资本主义基本制度前提下、并在资本主义生产关系范围内所做的调整，列宁所揭示的现代资本主义的各种基本矛盾一个也没有解决，但在外观上却表现为"资本主义制度的生命力"。这个时期资本主义经济的发展，还依靠了战后发生的新科技革命，但正像马克思多次说过的，在资本主义条件下，"劳动的社会生产力表现为资本的属性"，[①]科技生产力也表现为资本生产力。上述各项因素的作用，尽管说没有根本改变资本主义经济发展的周期，但却使得经济危机破坏程度大大减轻了；并且正如表 16 所显示的，使得资本主义国家在长达近半个世纪的时期内，获得了相对稳定的发展，获得了长期的低速甚至中速增长，有的国家在有的时期还获得了高速增长。上述两方面情况

---

① 《马克思恩格斯全集》第 23 卷，第 666 页。

的结合，就形成了对社会主义制度的信仰危机。

苏联和东欧经济危机和信仰危机的发展，必然导致这些国家政治危机的发展。

还需指出，尽管苏联和东欧各国在50年代后半期和60年代初就提出了经济体制改革问题，但始终没有走上改革的正确轨道，即把社会主义的计划经济改为社会主义国家计划指导下的市场经济，在一个很长的时期内延误了改革的时机。而且，后来进行的政治体制改革，又受到了西方敌对势力推行的"和平政策"的左右：搞资产阶级民主，终于使经济、政治危机发展到不可收拾的地步，导致东欧剧变和苏联解体。但这只是社会主义初级阶段历史命运在这个时期一方面的表现。

另一方面，中国等亚洲和美洲一些社会主义国家。在西方敌对势力"和平演变"政策的攻势面前，仍然坚持社会主义制度和社会主义建设。就我国情况而论，在党的十一届三中全会以来，批判了过去长期存在的"左"的错误，全面提出了党在社会主义初级阶段的基本路线，大力推行了改革开放政策，初步地重新焕发了社会主义制度的固有活力，加快了经济发展。表16的资料表明：1981~1990年我国年平均经济增长率达9.2%，比1953~1970年高3个百分点，比1971~1980年高3.1个百分点，比经济发达的资本主义国家高出两倍多至三倍多，进一步显示了社会主义制度的优越性。诚然，1989年春夏之交，我国也发生了一次动乱。但由于1978年以来的改革大大提高了社会生产、综合国力和人民生活，为平息这场动乱奠定了物质的群众的基础。在我国强大无产阶级专政的条件下，事实上很快就平息了这场动乱。而且，1989年以来继续巩固和加强了安定团结的政治局面。

上述两个方面构成了社会主义初级阶段历史命运在第三个时期的全部内容。

第四个时期，从90年代初开始的某种期限内，只是由中国等亚洲和美洲一些社会主义国家继续坚持和完善社会主义制度，大力发展社会生产力。

以我国而言，只要按照邓小平同志在今年年初南方谈话中提到的坚持党的基本路线一百年不能变，我国就一定能够在坚持四项原则的前提下，在预定期间内，在完成经济、政治等项改革的基础上，根本改变我国社会生产力大大落后于经济发达的资本主义国家的状况，把中国社会主义的初级阶段推向中级阶段。

综上所述的社会主义初级阶段所经历的和正在经历的四个时期，其历史命运经历了一个"苏联一国建立和发展—欧、亚、美一系列国家建立和发展—欧洲部分国家失败、亚洲和美洲一些国家继续坚持—只是亚洲和美洲一些国家坚持"的曲折发展过程。但就历史发展的最终趋势看，无论是正在坚持社会主义制度的国家，或者是将要取得社会主义革命胜利的发展中国家，不管发生多少曲折，他们的社会主义初级阶段的任务是一定能够实现的。这就是社会主义初级阶段的最终历史命运。以马克思主义武装起来的中国共产党人，对这条历史规律是坚信不疑的！

企业体制改革与企业行为
合理化的历史考察
——兼论加速对国有企业实行股份制改造的必要性 *

一、探讨这个问题的重要意义

随着经济体制改革的实践的发展，企业体制改革与企业行为合理化的问题愈来愈受到广泛关注。当前研究这个问题有重要意义。

第一，有助于发展马克思主义关于社会主义生产关系以及这种生产关系与生产力的关系的理论。

改革以前，我国学术界对社会主义生产关系的研究，主要是局限于社会主义基本经济制度的研究。与此相联系，对社会主义生产关系与生产力关系的研究，也主要是局限于社会主义基本经济制度与生产力关系的研究，如社会主义国有制及其与生产力关系的研究。当时往往未能把社会主义国有经济这种基本经济制度与作为这种制度的具体表现形式的经济管理体制（包括企业管理体制，下同）区分开来，因而也没有对后者进行独立的研究。

尽管当时对这种基本经济制度的组成部分——按劳分配的具体形式（即工资）做过研究，但是，对这种基本经济制度的最主要表现形式——

---

* 汪海波、刘立峰合著。原载《华东化工学院学报》1993 年第 2 期。

经济管理体制，却没有独立地进行研究，更没有独立地研究企业行为。所以，从这个最主要方面来看，对社会主义国有经济的研究，主要还是局限于对基本经济制度的研究。

由于过去研究的视角，只是局限于社会主义的基本经济制度及其与生产力的关系，没有把它推进到经济管理体制和企业行为这两个具体层次，并把这两个具体层次从生产关系与生产力之间抽掉了，因而研究只能停留在抽象的层次，不可能具体说明和解决我国经济发展和经济改革中的问题，甚至提不出这方面的问题。这就不免会阻碍马克思主义关于社会主义生产关系以及这种生产关系与生产力的关系的理论的发展。反之，如果把经济管理体制和企业行为纳入考察的视线，就可以把对社会主义生产关系及其与生产力关系的研究推向具体的层次，就有助于说明和解决我国社会主义建设和改革问题，因而有助于发展马克思主义关于社会主义生产关系及其与生产力的关系的理论。

第二，有助于阐明社会主义基本经济制度的优越性。

我国于建国初期建立的企业体制，曾经起过重要的积极作用。但这种体制开始就不适应发展社会主义商品经济的要求。随着社会主义社会生产力的发展，这种弊病日益明显。但在理论上没有区分社会主义基本经济制度与企业体制的情况下，很容易把后者的弊病归结为前者的弊病，因而很不利于阐明社会主义基本经济制度的优越性。反之，如果在理论上把社会主义基本经济制度与企业体制区分开来，并分别对二者加以研究，就有利于阐明社会主义基本经济制度的优越性；而在企业体制取得成效的条件下，还可以进一步在实践上证明社会主义基本经济制度的优越性。

第三，有利于吸收当代西方经济发达国家企业体制中适合我国国情，并且于我有益的东西。

在理论上不区分基本经济制度和企业体制的另一个问题，是不能把当代西方经济发达国家资本主义基本经济制度的腐朽性和企业体制中适合我国情况，并且有用的东西区分开来。这就很不利于吸收西方企业体制中的有益东西。

党的十一届三中全会以来，纠正了"左"的错误，就政治条件说，吸收西方企业体制中的有益东西，已经有了现实可能性。但在理论上作出上述区分仍然是必要的。由于我国在新时期实行了改革开放政策，这就使在理论上作出上述区分，把我国的同西方的企业体制与企业行为作一番对比研究，吸收后者于我有益的东西，对于推进我国企业体制改革显得更为必要了。

第四，有利于当前深化企业体制的改革。

14年来，我国经济改革的成就举世瞩目，但改革尚未完成。在微观层次上，最明显的表现就是企业行为不合理。企业行为不合理，反映了企业体制不合理。就我国企业体制和企业行为作一番历史考察，找出当前企业体制和企业行为不合理的原因，探讨深化企业改革的途径，特别是对加速国有企业的股份制改造，具有重要的现实意义。

二、传统企业体制与企业行为的特征

企业体制和企业行为既涉及国家与企业的关系，也涉及企业内部关系。此处分析，主要涉及前一方面。

在传统的企业体制下，生产计划由国家作为指令下达给国有企业。财务由国家财政部门实行统收统支。企业不仅上交全部利润，而且上交折旧基金；企业需要的基本建设和技术改造投资，概由国家财政拨款。生产资料由国家物资部门按计划价格调拨给企业。企业产品销售由国家商业部门按计划价格统购包销。国家劳动部门对企业统一分配劳动力，统一规定工资、奖金和集体福利的标准和实行办法。概括起来，这种体制的基本特征是政企职责合一，生产资料所有权与经营权合一。

由这种企业体制决定的企业行为特征是：

第一，供产销和人财物等方面的权力都由国家掌握，企业无权。因而企业行为缺乏独立性，更多的是对国家行政机关的依附性；缺乏主动性，更多的是被动性，国家推一推，企业动一动。

第二，企业行为的目的就是实现国家的生产计划。国家计划体现了包括各个企业利益在内的国家整体利益，但难以反映各个企业的特殊利益。因而忽略企业独立利益，是这种体制下企业行为的一个重要特征。

第三，支配企业行为的仅仅是国家计划，企业既不需考虑市场，也不需核算利润，各个企业之间的关系不存在独立商品生产者之间的竞争关系。企业行为缺乏利润、市场、竞争、成本和价格等观念的指导，缺乏利润激励和竞争压力的驱动，只有生产活动而无经营活动。

第四，企业行为的后果是生产要素营运效益低下。在既缺乏外在竞争压力，又缺乏内在激励机制的条件下，往往使劳动力和生产资料得不到充分利用，甚至造成大量的在职失业和生产资料闲置。还会导致企业在设备、工艺和产品等方面墨守成规，造成设备老化、工艺陈旧和产品几十年一贯制。企业不仅不追求内涵扩大再生产、企业规模经济和专业化生产，而且往往形成对外延扩大再生产、企业规模不经济和"小而全"、"大而全"的偏好。

为了充分说明改革传统企业体制以及改变与之相联系的企业行为的必要性，这里还有必要简要地分析一下社会主义商品经济条件下企业体制和企业行为的特征。

在社会主义商品经济条件下，企业是独立的商品生产者和经营者，在人财物和供产销等方面拥有充分经营自主权，自负盈亏，并拥有激励和约束相结合的机制。所以，对绝大多数国有企业来说，这种体制的基本特征，是政企职责分开，生产资料所有权与经营权的分离。

与这种企业体制相联系，与上述统制型企业相比，企业行为具有以下特点：①可以从根本上克服传统体制下企业行为的依附性和被动性，使之具有充分的独立性和主动性。②在计划调节与市场调节正确结合的条件下，使得企业行为达到实现国家计划与企业独立利益的统一，实现社会经济效益最大化与企业利润最大化的统一。③可以使企业之间由传统体制下存在的那种类似工厂内各车间之间的协作关系，变成独立的商品生产者和经营者之间的竞争关系，使企业行为具有市场、利润、竞争等观念的指导，并受到利润激励和竞争压力的双重驱动。④可使企业从根本上消除在职失业和生产资料的闲置，各种生产资料被充分利用；并在设备、工艺和产品等方面不断创新；还可使企业形成对于内涵扩大再生产、企业规模经济和专业化生产的偏好。因此，这种体制有利于促进企业生产要素营运效益的不断提高，成为企业体制改革的目标模式。

三、企业承包经营责任制与企业行为的特征

改革以来，企业承包经营责任制，对传统体制变动较大，普遍实行的时间较长，以至于成为由传统体制向新体制转变的具有特征的重要的过渡形式。故有必要对它进行专门的分析。

企业承包经营责任制是以国家主管行政部门作为发包方，以国有企业作为承包方，在契约方式界定双方责、权、利的国家对企业的基本管理制度。推行承包制的原则是："包死基数、确保上交、超收分成、欠收自补。"企业留利按一定比例用于发展生产和职工奖金与集体福利。承包制要求企业承担技术改造的任务，并允许企业把生产发展基金与固定资产折旧基金、大修理基金捆起来使用。与此同时还实行了企业职工工资增长与企业经济效益提高按一定比例挂钩的办法。

承包制企业由传统体制下没有经营自主权变成有一定的经营自主权，由国家统负盈亏变成企业在某种限度内自负盈亏，并具有某种有限的激励与约束相结合的机制。承包制的基本特征是：政企职责已经开始分开，生产资料所有权与经营权已经开始分离，但在这些方面都没有完成根本性的转变，从而成为由传统企业体制向作为企业体制改革目标模式的独立商品生产者转变的一种过渡性形式。

与体制的这种过渡性相适应，企业行为也具有过渡性特征。

第一，在合同规定的范围内，企业在生产经营、市场营销、投资和职工奖金、福利分配等方面的行为，具有某种独立性，但不可能根本改变对国家行政机关的依附性。在国家对确定企业生产、产品价格、收入分配和企业干部任免等方面还拥有相当广泛权力的条件下，企业不可能拥有作为商品生产者的独立性。在平等竞争、统一开放的市场体系没有形成和企业不真正承担自负盈亏义务的条件下，有的企业甚至还乐于在生产资料供应和流动资金、技术改造投资贷款等方面保持对国家行政机关的依附性。

第二，增强了企业内在利益激励机制，促进了市场竞争。但企业利益及其生存和发展，并不只是取决于企业经营状况的好坏。因为在商品

价格扭曲的条件下，企业盈利状况并不完全是企业经营管理状况的反映。就是说，在企业产品价格低（低于价值）的情况下，企业盈利状况不好，并不一定是经营管理差，甚至可能好；反之亦然。此其一。其二，在资金平均利润率没有形成的情况下，确定承包基数就缺乏科学的标准。而在开始推行承包制的时候，由于缺乏经验，还只能依据企业承包前三年的平均盈利状况来确定。这就必然产生鞭打快牛（经营状况好的企业）、保护慢牛（经营状况不好的企业）的后果。其三，由于缺乏确定承包基数的科学标准以及其他有关条件，在很大程度上，企业收入在开始确定承包基数时取决于企业与国家行政机关的讨价还价；在执行承包合同时，取决于企业向国家行政机关争生产资料供应和贷款；在最终考核承包指标完成情况时，又取决于双方的讨价还价。问题的复杂性还在于：由于企业主管行政部门和财政部门的视角差异，无论在确定企业承包基数，或者在考核企业承包基数，都有分歧。从已有的情况来看，前者向企业多留倾斜，后者向企业少留倾斜。其四，即便是实行风险承包，无论是经营者个人承包，经营者集体承包，或者企业承包，他们能够承担的风险总是有限的，只能在有限的范围内承担盈亏的责任。而且，往往是负盈易，比如在经济高速增长和企业生产发展也快时，企业留利和职工收入都能很顺利地增长；负亏难，比如在经济滑坡和企业生产下降时，企业留利，特别是职工收入很难减少，甚至还增长。即使企业陷入负债经营，甚至到了破产边缘，也由于实行承包制和没有建立失业保障制度，而不会破产。在这种情况下，企业的利润、市场和竞争观念等不会很强，企业行为受到的利润激励和竞争压力的驱动必然有限。

第三，劳动者和经营者的积极性有所提高，企业的经营管理和生产责任制度有所改进，促进了企业的技术改造，有利于提高企业的经济效益。但如前所述，承包制对企业行为的激励和约束都是有限的。对提高企业经济效益的作用也是有限的。

需要着重指出，由承包制带来了企业一系列经济行为的短期化。主要是收入分配行为短期化，投资行为短期化（包括在科技投入方面的行为短期化），以及营销行为短期化（其突出表现，是不重视产品质量和售后服务）。

与上述各种情况相联系，实行承包制不能根本改变传统体制下企业对外延扩大再生产、企业规模不经济和"小而全"、"大而全"的偏好，也不能根本改变资源配置效益不高和要素营运效益低下的状况。1987年普遍实行承包制以来，多数企业经济效益变化不大。当然，近年来企业经济效益大滑坡，主要是同实行紧缩政策造成经济增长率大幅度下降相关的，但同承包制这种企业体制也不无关系。事实上，同处于实行紧缩政策的宏观经济环境下，乡镇企业和"三资"企业的经济效益及其变化走向比实行承包制的国有企业要好。尽管其中有许多不可比的因素（如因税负不同而形成的不平等竞争条件），但也在一定程度上反映了承包制的局限性。

企业承包制及其企业行为的过渡性、局限性表明，必须积极创造条件，继续推进企业体制改革。那种认为实行承包制可以成为我国企业体制改革目标的观点，是难以成立的。

有一种观点认为，承包制虽有缺陷，但可通过继续完善加以弥补。应该肯定，当前实行的承包制确有完善的余地，通过继续完善也可进一步发挥其积极作用。但如果仅仅在完善承包制本身上做文章，就不可能最终实现政企职责分开和生产资料所有权与经营权的分离，使企业体制改革半途而废。

又有一种观点认为，承包制暴露出的许多缺陷，是由于企业体制以外其他方面的改革不配套所致。这种说法有一定道理。由于改革不配套，使承包制的优点不能得到充分发挥，缺点不能得到有效抑制。但即使改革配套了，也不能根本消除企业承包制本身的上述基本缺陷。

还有一种观点认为，近几年承包制方面存在很多矛盾，是由实行经济紧缩的宏观经济环境所造成的。这种说法也有一定的依据。但即使由实行紧缩政策转变到宽松政策，也不能根本改变承包制的内在缺陷。而且，近几年实行紧缩政策是由前几年经济过热引起的，而前几年的经济过热，又是由于实行包括承包制在内的各项改革，形成了多元的利益主体（包括多种所有制企业，以及国有经济内部的国家、部门、地区和企业）和激励机制，但并没有在企业、市场和宏观经济管理方面相应形成有效的约束、诱导和调控的机制，从而造成社会总需求过旺，大大超过了总供给所致。

认为当前实行的承包制不需要改革的观点，是不妥的。而那种认为承包制很快就可以完全取消的观点，也是不妥的。由于承包制还有它的积极作用，它对当前宏观和微观的管理条件有较大的适应性，如果匆忙地完全取消承包制，就会造成经济生活的混乱。

四、股份制与企业行为的特征

股份制是利用股份公司的形式，通过发行股票筹集社会闲散资金，并通过不同股权组合起来的企业制度。它具有以下特征：

第一，产权的明确化。投资者购买股票，把资金让渡给股份公司经营，投资者拥有资金的终极所有权，而企业获得资金的法人所有权，这是第一层次的分离；股东通过股东大会选举董事会、监事会，由董事会推举公司经理，并将除战略决策以外的所有权力交给经理人员，企业经理掌握了经营权，这是第二层次的分离。所以，实行股份制能够真正实现所有权与经营权的分离。

第二，独立的经营者阶层的形成。由董事会选择的企业经理是精通经营管理和生产技术的专门人才。随着股份制的发展，社会上将出现专门从事资产经营的经理人员。他们把资产经营作为自己的事业而倾注全部的精力和才智，企业经营好坏直接关系自己的名誉、收入和社会地位。在企业中他们遵照董事会所确立的决策目标，进行经营活动，拥有经营权。经营活动是一种创新的、复杂的脑力活动，并有风险。所以经理阶层享受大大高于普通职工的报酬。

第三，所有权对经营权约束硬化。经过股东大会选出的董事会行使法人所有权，代表广大的股东挑选优秀的经营者，制定企业的发展战略。股东还可以通过买卖股票表达对经营结果的褒贬。经营者必须十分重视本公司股票价格的涨落，股价上扬，预示着企业前景良好。股价下跌，预示着企业前景暗淡则需调整经营战略；否则经理的位置就会发生动摇。这都表明所有权对经营权的约束的硬化。

第四，严格的财会制度及经营状况具有透明度。股份公司要定期向董事会和股东大会公布反映经营状况的财务报表，接受审核，所以必须建立健全的财务会计制度。而且公司股票上市也要经过市场管理机构对公司状况的审查。因此，企业的经营状况对股东和股票市场是公开的。

与股份制特征相联系的企业行为，具有以下特点：

第一，企业经营行为的独立性和主动性。股份制确定了企业的法人资产所有权和企业经营的经营权。董事会除了确定企业发展方针以外，不干预企业的经营活动。这样，企业就可以独立地、主动地从事经营活动。这是一方面。另一方面，资产增殖的需要，市场竞争的压力，以及经营状况的公开性，也迫使企业从事这样的经营。

第二，企业行为长期化。在股份公司里，经理阶层是享有特殊利益和地位的阶层，他的责任就是经营资产，并保其增殖。他不仅关心股东当前股息和红利收益，更关心企业未来的发展。为此，他要保持本企业股票价格的上升趋势。这就必须保证企业利润的大部分用于在技术进步条件下的扩大再生产。尽管这样做会减少当前股息收入，但由于企业实力得到了增强，提高了投资者的信心，促进了股票价格上升，股东们可以利用股价涨落，取得间接收益。并且股份公司设有公积金，公积金是利润的一部分转化而来，公司常把公积金折成股份，无偿赠给股东，或低价卖给股东，股东可到股票市场上出卖获利。这样，股份公司可将股东的追求短期获利的行为纳入到企业长期发展中去。

第三，兼并行为成为企业扩大经营规模的重要手段。股份制经济的重要特点是通过控股、参股以及直接收购其他企业的股票的方法，兼并企业，使其他企业成为本公司的子公司，影响其他公司的经营活动。股份企业的兼并活动，是形成规模效益和调整产业结构的重要手段。

第四，股份制企业行为的结果，既有利于要素运营效益的提高，也有利于资源配置效益的提高。

股份制及其行为的上述特点，可以成为实现我国企业体制改革目标模式的一种较好形式。但我国当前试行的股份制，由于各种条件的限制，尚未能充分表现其优越，存在很多缺陷。

第一，现今多数股份制企业的国家股比重很大。在缺少国有资产经营主体的状况下，行政主管部门代行所有权，作为企业最大股东进入董事会，并因拥有股票选票最多而对企业有决策权，使经营者对行政主管部门的依附关系仍然存在。因此，需要建立国有资产的经营机构，机构的职能是保证现有的国有资产增殖。机构设置可利用现有行政条款对国有资产进行分割，各级经营机构掌握一定数量的企业资产，成为企业股东。但经营机构与企业无行政隶属关系，专管资产增殖。在此基础上，可以建立各经营机构之间以及其他经营主体间的法人持股，防止董事会中单一决策者的独断专行和决策失误。

第二，扩权让利以后，企业自有资金增加，股份制企业用自有资金折成企业股。企业股设立后，企业不可能以公正的态度对待各类股权，企业股往往享有较多的优先股权，不少企业还给企业股设立较高的股息和分红，企业股的丰厚收入又被拿去增加工人福利和奖金，因而可以视为对国家资产的损害。但是，企业股的资金来源于国家，在确定了企业法人所有权以后，这部分资金的终极所有者理应是国家，企业不能既是终极所有者，又承担法人所有者的身份，否则仍将是所有权和经营权得不到分离。所以，是否需要继续保留和实行企业股，很值得斟酌。

第三，由于依然存在企业的行政隶属关系，经营者的选择权还在行政长官手中。在企业中经营者的经营自主权没有保证；经济收入与一般职工差别不大；受职工利益取向的制约。因此，需要确定经营权属于经营者，明确经营者的资产经营责任，同时要大幅度提高经营者的收入水平。

第四，股票市场没有建立和没有良好的发育的情况下，股票不能上市，股票无流动性，没有市场交易行为，股票变现困难，遇到风险投资者难以承受。所以，股东都急切关心股票的直接收益即股息和红利分配，希望快快收回股本，在职工购买股票成为股东后更是如此。因而出现了个人股享受较高的股息、红利分配，伤害国家股的现象。因此，要明确股票是风险和利益的统一，不能国家股收益管投资，个人股收入重消费。同时要建立股票二级市场，分散风险。

我国当前试行的股份制缺陷，并不表明这种企业制度不适合社会主义市场经济的要求，相反，在市场经济发展的过程中，是可以克服其缺陷的。历史经验证明，股份制或股份公司，都要经历一个发展完善过程。针对我国试行股份制的缺陷，当务之急是把现在由国家行政机关负担的国有资产管理职能交由国有资产的经营机构承担，专管国有资产增殖，真正实现政企分离；采取适当措施，积极促进资金市场的发育；加强经济立法，完善股份企业本身的制度。

总之，既需要对国有企业加速实行股份制的改造，又需要健全现有的股份制企业，以便为这种加速改造创造必要的条件。这一点，在企业承包经营制已经普遍推行六年，它的积极作用已经得到充分发挥，但现在其作用已显得十分有限的情况下，就显得尤其必要了。

毛泽东《新民主主义论》研究 *
——纪念毛泽东诞辰 100 周年

《新民主主义论》是毛泽东对马克思主义所作的划时代发展的光辉著作。重新研究这本著作，不仅有助于缅怀毛泽东一生的丰功伟绩，也不仅有助于正确了解新中国成立初期的历史，而且可以从中获得许多理论上、实践上的有益启示。

一、《新民主主义论》不仅包括"新民主主义革命论"，还包括"新民主主义社会论"

就我所见到的资料来看，自从"新民主主义论"问世以来，有关这个问题的论述，几乎都自觉或不自觉地把"新民主主义论"归结为"新民主主义革命论"，并没提出（至少没有明确提出）其中还包括"新民主主义社会论"的内容。而在 1953 年"过渡时期就是新民主主义的时期"的提法出现以后，是否有一个独立的、与过渡时期相区别的新民主主义社会在理论上就成了问题。1955 年把"从新民主主义社会到社会主义社会的过渡"的提法改为"从资本主义到社会主义的过渡"的提法以后，在理论上是否存在新民主主义社会，则从根本上成了问题。只是在党的十一届三中全会所恢复的马克思主义的实事求是思想路线指引下，有些论者已经开始论述这个问题。比如，于光远在 1988 年 11 月 25 日发表的

* 原载《经济研究》1993 年第 12 期。

《"新民主主义社会论"的历史命运》论文和《从"新民主主义社会论"到"社会主义初级阶段论"》的长篇论文中，首次系统深入地论述了毛泽东创立的"'新民主主义论'包括'新民主主义革命论'和'新民主主义社会论'这样两个密切不可分的组成部分"。① 薄一波在其名著《若干重大决策与事件的回顾》中也明确提出："有人说，这个理论（指"新民主主义论"——引者）只适应于新民主主义革命时期。其实不然，它也包含了关于对新民主主义社会的构想。"② 但这个问题似乎还未引起我国学术界的广泛关注。然而如前所述，认清这个问题，无论在历史上、理论上、实践上都是有益的。

为了进一步说明"新民主主义论"包括"新民主主义革命论"和"新民主主义社会论"，有必要对这"二论"所包括的基本内容作些分析。毛泽东创立的"新民主主义革命论"，其基本依据就是"中国现时的社会是一个殖民地、半殖民地、半封建性质的社会。"其国际背景就是"在第一次帝国主义世界大战和俄国十月革命之后"，使得"中国资产阶级民主主义革命"，"属于世界无产阶级社会主义革命的一部分"。③

中国社会的性质，"不但规定了中国现阶段革命的性质是资产阶级民主革命的性质，革命的主要对象是帝国主义和封建主义，基本的革命动力是无产阶级、农民阶级和城市小资产阶级，而在一定的时期中，一定的程度上，还有民族资产阶级的参加，并且规定了中国革命斗争的主要形式是武装斗争"。④ 后来，毛泽东把这一点概括为："无产阶级领导的，人民大众的，反对帝国主义、封建主义和官僚资本主义的革命，这就是中国的新民主主义的革命，这就是中国共产党在当前历史阶段的总路线和总政策。"⑤

中国社会的性质还决定了中国革命必须分为两个步骤。"第一步，改变这个殖民地、半殖民地、半封建的社会形态，使之变成一个独立的民主主义的社会。第二步，使革命向前发展，建立一个社会主义社会。"⑥

---

① 于光远：《政治经济学社会主义部分探索》（五），人民出版社 1991 年版（下同），第 494~495 页。
② 薄一波：《若干重大决策与事件的回顾》上卷，中共中央党校出版社 1991 年版（下同），第 61 页。
③《毛泽东选集》第 2 卷，人民出版社 1991 年版（下同），第 633、666~667 页。
④《毛泽东选集》第 2 卷，第 604、1316~1317 页。
⑤《毛泽东选集》第 4 卷，第 1316~1317 页。
⑥《毛泽东选集》第 2 卷，第 666 页。

　　新民主主义社会是作为新民主主义革命的伟大成果而出现的。作为这种社会实践在理论上反映的"新民主主义社会论"也是以"新民主主义革命论"必然得出的结论。但这只是"新民主主义社会论"与"新民主主义革命论"相互联系的一面，二者还有相互区别的一面。

　　为了说明二者内容的差别，还有必要对新民主主义社会这一概念的提出过程作点历史考察。

　　毛泽东在1939年写的《中国革命和中国共产党》名著中，不仅系统地提出了新民主主义革命的理论，而且提出了新民主主义社会的基本思想。他在这部著作中写道："中国革命的全部结果是：一方面有资本主义因素的发展，又一方面有社会主义因素的发展。这种社会主义因素是什么呢？就是无产阶级和共产党在全国政治势力中的比重的增长，就是农民、知识分子和城乡小资产阶级或者已经或者可能承认无产阶级和共产党的领导权，就是民主共和国的国营经济和劳动人民的合作经济。所有这一切，都是社会主义的因素。加上国际环境的有利，便使中国资产阶级民主革命的最后结果，避免资本主义的前途，实现社会主义的前途，不能不具有极大的可能性了。"① 但在这部著作中还未使用新民主主义社会的概念。最早使用这一概念的，是《新民主主义论》。此后，又多次使用过"新民主主义社会"的概念，或者与新民主主义社会相关的概念，如"新民主主义的国家制度"（或"新民主主义国家"）和"新民主主义的经济形态"等。② 另外，还多次对新民主主义社会的政治、经济和文化作过分析。

　　总之，就"新民主主义革命论"和"新民主主义社会论"的内容来说，前者是关于俄国十月革命后中国革命的性质、对象、任务、动力、道路和前途的学说，后者是关于新民主主义革命胜利后中国社会在政治、经济和文化方面的学说。

　　但在新民主主义革命在全国范围内取得胜利以后，将上述新民主主义社会各项内容付诸实施，就不是一个短时间所能完成的，而是需要经历一个历史阶段。毛泽东在1945年写的《论联合政府》中就作过"新民主主义的整个历史阶段"的判断。③ 这里所说的"整个历史阶段"，首先包括

---

①《毛泽东选集》第2卷，第650页。
②《毛泽东选集》第3卷，第1056页；《毛泽东选集》第4卷，第1253、1433、1476页。
③《毛泽东选集》第3卷，第1093页。

完成新民主主义革命所需要的时间，但也包括实现上述新民主主义社会各项内容所需要的时间。毛泽东1948年9月召开的党中央政治局扩大会议上还进一步就这个问题做了具体说明。刘少奇在这个会上作了《关于新民主主义的建设问题》的报告。其中心思想是：民主革命胜利后，还不能马上直接采取社会主义的实际步骤。他说："过早地消灭资本主义的办法，则要犯'左'倾的错误。"毛泽东表示赞同他的观点，并特别补充说："到底何时开始全线进攻？也许全国胜利后还要15年。"①

这样，就把实现新民主主义革命与实现新民主主义社会所需要的时间区别开来。当然，这二者之间是有交叉的。这种交叉有二重含义：一是从1919年"五四"运动起，直到1949年中华人民共和国成立，都是新民主主义革命所经历的时间。但从1928年创立革命根据地起，直到新中国成立，先后在革命根据地和解放区在不同程度上实行了新民主主义社会的政策。二是新中国的成立标志着新民主主义革命的完成，进入新民主主义社会。但在这期间还要完成新民主主义革命留下的任务，其中最主要的是完成土地改革。但总的说来，新民主主义革命比新民主主义社会开始的时间要早，结束得也要早。尽管新民主主义社会结束的时间过早了，但1949年10月新中国成立到1952年党在过渡时期的总路线提出和实施以前，总还是新民主主义社会。这是由于作为完整的新民主主义社会纲领的《中国人民政治协商会议共同纲领》还是比较彻底地实现了，从而使得这期间的中国社会成为相当典型的新民主主义社会。

综上所述，无论是就"新民主主义论"形成和发展的全过程来看，或者就"新民主主义革命论"和"新民主主义社会论"在内容、经历时间和赖以形成的实践基础等方面存在的差别来看，"新民主主义论"确实包含着相互联系，但又相互区别的"新民主主义革命论"和"新民主主义社会论"两个组成部分；把"新民主主义论"只是归结为"新民主主义革命论"，是不完全符合实际情况的。

至于过渡时期就是新民主主义的时期的提法，在理论上也难以成立的。过渡时期的理论是由马克思首先在《哥达纲领批判》提出的，后来由列宁在《无产阶级专政时代的经济和政治》加以发展的。它在实际上是指

---

① 转引自薄一波：《若干重大决策与事件的回顾》上卷，第47页。

的资本主义国家发生的无产阶级革命取得胜利以后由资本主义向社会主义过渡的时期。而我国的新民主主义社会，是在半殖民地半封建中国发生的新民主主义革命取得胜利以后的一个特殊的社会发展阶段。尽管在这个阶段上，由于社会主义的政治经济因素占优势，它的发展前途也是实现社会主义，但作为一个特殊的社会历史阶段，与资本主义到社会主义的过渡时期是有原则区别的。

即使就我国历史来看，把过渡时期等同于新民主主义时期，也说不通。如前所述，1949 年 10 月新中国成立到 1952 年，我国还是相当典型的新民主主义社会。而我国的过渡时期，则是提出和实施党在过渡时期总路线从 1953 年至 1956 年。二者的时间界限是很清楚的。当然，在 1949 年 10 月到 1952 年，个体的农业、手工业和私人资本主义工商业等方面的社会主义改造都已经起步了。但这个时期的主要经济特征还是实施上述的党在新民主主义时期的三大经济纲领，存在的还是由五种经济成分构成的新民主主义的经济形态。这同后来的过渡时期的主要经济特征，即变革各种私有制为社会主义公有制，是有原则区别的。

至于"从资本主义到社会主义的过渡"的提法，就中国的情况来说，在任何意义上都是不能成立的。因为中国在 1949 年 10 月以前，除了已有解放区以外，存在的是半殖民地半封建社会；在这以后，存在的是新民主主义社会，何来"从资本主义到社会主义的过渡"之有？

所以，上述的"新民主主义论"包括"新民主主义革命论"和"新民主主义社会论"的观点，并不会因为"过渡时期就是新民主主义的时期"和"从资本主义到社会主义的过渡"等提法的出现而所有改变。

二、"新民主主义论"是毛泽东对马克思主义所作的发展

从 1940 年《新民主主义论》发表到现在已经半个世纪有余了。但直到现在并不能认为我国学术界已经充分认识了"新民主主义论"的伟大意义。即以最近学术界发生的社会主义发展史上"两次飞跃论"与"三次飞跃论"的争论而言，前者认为，社会主义发展史上的第一次飞跃是马克思、恩格斯把社会主义从空想变成了科学；第二次飞跃，是实现科

学社会主义从传统模式向当代社会主义的转变，在中国就是有中国特色的社会主义。^①后者认为，在上述两次飞跃之间还要加上一次飞跃，即列宁和斯大林对马克思主义所作的发展。^②本文的任务不是要全面评述这一讨论，但值得提出的是，它们都忽略了"新民主主义论"的提出，也是社会主义发展史上的一次飞跃，或者说是对马克思主义所作的一次划时代的发展。

马克思、恩格斯把社会主义从空想变成了科学，无疑是社会主义发展史上的一次飞跃。但是，马克思主义创始人不可能解决他们身后那些决定社会主义命运（包括取得社会主义胜利和巩固社会主义胜利）的许多新问题。如他们当时曾经提出两大设想：①"共产主义革命将不仅是一个国家的革命，而将在一切文明国家里，即至少在英国、美国、法国、德国同时发生。"^③②"一旦社会占有了生产资料，商品生产就将被消除，而产品对生产者的统治也将随之消除。社会生产内部的无政府状态将为有计划的、自觉的组织所代替。"^④但这两大设想，都不符合后来的社会主义实践。

列宁依据对帝国主义基本经济政治特征的分析，特别是对经济政治发展不平衡规律的分析，得出结论："社会主义可能首先在少数或者甚至在单独一个资本主义国家获得胜利"。而且，"帝国主义战线的链条通常要在它最薄弱的环节被突破，但是无论如何不一定要在资本主义比较发达……的地方被突破"。^⑤这样，列宁就在帝国主义这一新的历史条件下，用社会主义革命新理论取代了马克思主义创始人提出的已经过时的社会主义革命理论。现在可以看得很清楚：如果没有这个新理论的指导，就不会有1917年俄国十月社会主义革命的胜利，也不会有"二战"后一系列社会主义国家的诞生。因而，应当把列宁提出的这个新理论和无产阶级专政理论看作是科学社会主义理论的一个划时代的发展。

关于第二个设想，如果像过去苏联和欧洲其他所有的社会主义国家

---

①《光明日报》1993年4月24日第3版。

②《光明日报》1993年7月21日第3版。

③《马克思恩格斯选集》第1卷，第221页。

④《马克思恩格斯选集》第3卷，第323页。

⑤《列宁选集》第2卷，第709页；斯大林：《列宁主义问题》，第22~23页。

所做的那样，社会主义制度就不可能得到巩固。只有邓小平同志以无产阶级革命家的巨大勇气和魄力，在马克思主义普遍原理指导下，依据对社会主义实践经验的科学总结，否定了这个设想；并于党的十一届三中全会以后，逐步提出了社会主义市场经济理论和改革开放总方针。在这个理论和方针的指导下，我国经济体制改革，以及主要由改革推动的经济发展取得了举世瞩目的成就。这样，在欧洲社会主义国家纷纷解体的情况下，我国的社会主义事业却得到了空前未有的蓬勃发展。可以把由邓小平同志提出的、并由1992年召开的党的十四大进一步总结的有中国特色的社会主义理论（其中包括社会主义市场经济理论），看作是马克思主义又一次划时代发展。

在上述这些方面，我们同"两次飞跃论"（就大部分内容来说）或"三次飞跃论"（就全部内容来说）在原则上并没有分歧。但为着本文的目的，我们需要着手分析的是："新民主主义论"也是对马克思主义所做的一次划时代的发展。

应该肯定，马克思、恩格斯提出的无产阶级在资产阶级民主革命中领导权的思想，特别是列宁、斯大林关于殖民地民族解放运动的许多思想，对"新民主主义革命论"的形成，无疑起了重要的指导作用。但作为完整的"新民主主义革命论"，特别是像"无产阶级领导的，人民大众的，反对帝国主义、封建主义和官僚资本主义的革命"这样一个完整的新民主主义革命总路线和总公式，完全是毛泽东的独创。而且，正是在"新民主主义革命论"的指导下，在占世界人口一个很大比重的中国取得了民主革命的胜利，并为以后中国社会主义革命的胜利开辟了道路。所以，那种看到"新民主主义革命论"包含了马克思和恩格斯，特别是列宁和斯大林的思想，就否定"新民主主义革命论"是毛泽东独创的观点，是不妥的。这是第一。

第二，"新民主主义革命论"虽然具有中国的特点，但它的基本内容对俄国十月革命以后的殖民地半殖民地的革命运动有普通指导意义。毛泽东在《中国革命和中国共产党》中就说过："新式的特殊的资产阶级民主主义的革命……正在中国和一切殖民地半殖民地国家发展起来：我们称这种革命为新民主主义的革命。"① 他在《新民主主义论》中又写道：在俄国十月社会主义革命以后的时代，"任何殖民地半殖民地国家，如果发生了反对帝国主义……的革命，它就不再是属于旧的世界资产阶级民主主义革命的范畴，而是属于新的范畴了。"② 还要看到，在无产阶级社会主义世界革命的时代，尽管资本主义国家的无产阶级是主力军，殖民地半殖民地的被压迫民族是同盟军，但由于后者占世界人口的大部分，因而对无产阶级社会主义世界革命的全局仍然具有决定意义。这样，作为殖民地、半殖民地国家的民族民主革命的指导思想的"新民主主义革命论"，就具有十分重要的国际意义。

第三，如果再考虑到本世纪 80 年代末和 90 年代初欧洲各社会主义国家纷纷解体的情况，那么，中国革命的胜利，以及与之相联系的社会主义中国的存在和发展，对世界社会主义命运就更具有决定意义。当然，中国的社会主义制度得以巩固下来，有多方面的原因，其中具有决定意义的，是逐步实行了市场取向的经济体制改革。但不论怎么说，中国社会主义制度的巩固，总是以中国革命的胜利作为前提的。

基于上面的分析，我们完全有理由把"新民主主义革命论"看作是对马克思主义所做的划时代发展的一个重要方面。

然而，如果说"新民主主义革命论"还包含了较多的马克思和恩格斯特别是列宁和斯大林的思想，那么，"新民主主义社会论"就以崭新的面貌出现在马克思主义发展史上。在这方面，主要是对作为历史唯物主义的基本内容的社会经济形态学说的发展。按照马克思主义的观点，在人类社会发展史中依次有五种社会经济形态：原始共产主义社会—奴隶社会—封建社会—资本主义社会—共产主义社会（包括社会主义阶段和共产主义阶段）。此外，还有一些非基本的社会经济形态。比如，半殖民地半封建中国就是一种非基本的社会经济形态。中国经过新民主主义革命建立起来的新民主主义社会，也是一种非基本的社会经济形态。但这种新民主主义社会不仅在人口最多的中国存在过；而且在俄国十月革命胜利以后，在一切殖民地、半殖民地国家的民主革命胜利以后，都会经

---

① 《毛泽东选集》第 2 卷，第 647 页。
② 《毛泽东选集》第 2 卷，第 667~668 页。

历这种社会。因而也就具有广泛的国际意义。

再有，"新民主主义社会论"指导了新中国头三年的实践，使得半殖民地半封建中国在民主革命胜利的基础上变成了新民主主义社会。这是在人类历史上，在人口众多的中国创立的第一个新民主主义社会。"新民主主义社会论"还指导了这个时期的国民经济恢复工作，使得这项工作在极其困难的条件下，以短短的三年时间就取得了举世瞩目的伟大成就，并为尔后社会主义制度在中国的胜利打下了良好的基础。

所以，就"新民主主义论"（包括"新民主主义革命论"和"新民主主义社会论"）对马克思主义所做的重大发展来说，就它完整地、系统地解决在世界无产阶级社会主义革命中居于极重要地位，并占世界人口大多数的殖民地半殖民地国家的民族民主革命，以及在革命胜利以后通向社会主义的发展道路来说，把它看作是马克思主义的划时代发展，是当之无愧的。

非常可惜的是：我国在1952年就过早地结束了新民主主义社会，从1953年就按照列宁关于过渡时期的理论进入了过渡时期，致使"新民主主义社会论"的作用远没有得到充分的发挥，它的伟大的国内意义和国际意义也远没有充分的显示出来。

但是，经过新中国成立后45年的实践，我们有可能把1949~1952年、1978~1993年与1953~1977年的情况做一番对比。这就使我们有可能达到这样的结论：如果1953年以后，不是按照列宁提出的过渡时期的路子走，而是前面说过的"新民主主义社会论"的路子走，按照建国前后刘少奇所发展的、发端于毛泽东的"新民主主义社会论"的路子走，① 那么，中国在1953年以后社会经济发展、综合国力增强和人民生活改善等方面的情况还会好得多。

但后一条路子与前一条路子的区别，不在于存在社会主义因素与资本主义因素的矛盾和斗争，不在于把发展社会主义经济放在优先地位，不在于具有过渡性，也不在于发展前途是社会主义社会。因为二者在这些方面基本上是相同的。二者的区别在于：

---

① 薄一波对1948年到1951年期间刘少奇"关于巩固新民主主义制度的构想"做过很好的概括，并正确地评论说："我认为，少奇同志的构想，实际上也是发端于毛主席的理想。在大的问题上两者是基本一致的。"（《若干重大决策与事件的回顾》上卷，第46~61页）

第一，按照二者的原本含义来说，前者是指的资本主义国家的无产阶级革命取得胜利以后由资本主义到社会主义的过渡时期；后者是指的半殖民地半封建国家的新民主主义革命胜利以后走向社会主义的一个特殊的社会发展阶段。这样，按照前一条路子，就会在实际上把原来中国的社会看作是资本主义社会，而不是看作半殖民地半封建社会。因而就会在变革资本主义经济方面脱离社会生产力发展的要求。所以，尽管主观意图上是想发展社会生产力的，甚至在改造资本主义经济的步骤、形式和方法等方面很慎重地考虑了社会生产力发展的要求，但由于在改革资本主义经济的战略上超越了新民主主义的社会这个发展阶段，其结果并不是把发展社会生产力放到了首位，而是恰恰相反，把变革生产关系放到了首位。按照后一条路子走，则是从革命胜利前半殖民地半封建社会生产力落后的具体国情出发的，是把发展社会生产力作为中心任务的。这样，就可能在变革资本主义经济方面，真正做到符合社会生产力发展的要求。

第二，按照前一条路子走，虽然也可以不采取没收资本主义经济的办法，而采取改造的办法。但即使如此，也会在过渡时期一开始就把改造资本主义经济作为一项根本任务提出来。正是这一点从根本上决定了不能在限制资本主义经济的消极作用（即不利于国计民生的作用）的同时，充分发挥它的积极作用（有利于国计民生的作用）。特别是我国仅仅在过渡时期开始以后三年（1953~1956 年）就完成了资本主义经济的社会主义改造，就更是这样了。在某种限度内，这一点毛泽东也是觉察到了的。他在 1956 年 12 月提出：在我国生产资料私有制的社会主义改造基本完成以后，还要继续实行一段"新经济政策"，保留和发展一些"私营工商业"、"夫妻店"和"自由市场"，还"可以开私营大厂……十年、二十年不没收"。"华侨投资的二十年，一百年不要没收。""可以开投资公司……可以搞国营，也可以搞私营。""可以消灭了资本主义，又搞资本主义。"[1]这样做，当然不是要回到 1949 年 10 月~1952 年那样的新民主主义社会，而是要在某种程度上达到 1978 年党的十一届三中全会以后提出的社会主义初级阶段的所有制结构，即以社会主义公有制为主体的前提下，适当

---

[1] 转引自薄一波：《若干重大决策与事件的回顾》上卷，第 64、433~434 页。

保留和发展一些个体经济、私营经济和外资经济。

按照后一条路子走，当然也要限制资本主义的消极作用，最终也要消灭资本主义，实现社会主义。但办法既不是没收，也不是改造，而是社会主义与资本主义的"经济竞争"。在这个过程中，"社会主义与半社会主义性质的经济，比重要逐步增长，私人资本主义经济的比重、个体经济的比重，要相对缩小，其作用也要相对缩小"，"以便逐步地稳步地过渡到社会主义"，在采取社会主义步骤的时候，"国家不是没收，而是给以代价，还可以发给高薪，请资本家继续办厂"。[①]

第三，按照前一条路子，就我国的情况来看，在1952年刚刚恢复国民经济以后，在现代工业基础还不发展的条件下，在1953~1956年就基本上完成了社会主义改造。

按照后一条路子走，在经过了新民主主义社会"这个时期以后，工业大大发展了，农业也有了大发展。国家经济的领导更加强了……经济管理工作的干部成熟了，数量也多了，党的技术干部也有了，工人阶级和农民的联盟在政治上经济上都巩固了，那时，就会要采取进入社会主义的步骤"。[②] 显然，所有这些都是顺利推进社会主义、发挥社会主义制度优越性、促进社会生产力发展的重要条件。

总之，按照前一条路子走，就意味着遵循列宁的过渡时期的理论办事。与此同时，又基本上沿袭了源于马克思和列宁理论、而由斯大林后来创立的计划经济体制。这样，在1956年我国就基本上建成了以单一的社会主义公有制（主要是国有制）和主要依靠指令计划、排斥市场机制为主要特征的计划经济体制。这不仅使得资本主义经济的积极作用没有得到充分的发挥。而且成为我国经济在尔后的一个长时期内没有得到应有发展的一个根本原因。

现在有一种流行观点，把我国社会主义改造后一个长时期内经济没有得到应有发展的原因，归结为"大跃进"，特别是长达十年的"文化大革命"的破坏。就直观的意义上说，这种看法无疑是正确的。但其中的根本原因还是计划经济体制。显然，"大跃进"正是计划经济体制内含的

---

① 转引自薄一波：《若干重大决策与事件的回顾》上卷，第53、59页。
② 转引自薄一波：《若干重大决策与事件的回顾》上卷，第60~61页。

投资膨胀机制发生作用的结果。而与高度集中的计划经济体制相联系的"权力过分集中","成为发生'文化大革命'的一个重要原因"。[①]

这样说，当然不否定以短短三年时间在一个几亿人口的大国基本上完成了社会主义改造，是社会主义运动发展史上空前未有的伟大成就! 也不否定在这个改造过程中的伟大创造。其中主要是：在个体的农业、手工业和资本主义工商业的社会主义改造中采取了一系列的新的过渡形式；不仅绝大多数农民、手工业者，而且大部分资产阶级分子都不太勉强地接受了社会主义改造；在改造过程中，社会生产不仅没有下降，而且获得了相对（以"一五时期"与后续许多计划时期相比较而言）持续、稳定、高速的发展。

但是，从一个较长时期来看，我们在上面对按前一条路子走的消极作用所做的分析，还是能够成立的。

按照后一条路子走，既可以充分利用私人资本主义的积极作用，又可以最终使它得到变革；既可以促进生产力的持续发展，又实现了社会主义。这样，不仅在半殖民地半封建中国开创了一条"新民主主义革命论"的路子，而且在革命胜利以后又开创一条"新民主主义社会论"的新路子。这样，"新民主主义论"的理论和实践意义、国内和国际意义就更加伟大了。

但在这里也有一种观点值得提出商榷。近几年来有的学者提出："新民主主义社会论"对"社会主义初级阶段说"有可能是继续直接起指导作用的，即中国社会有可能是从新民主主义社会进入社会主义初级阶段的社会。如果仅仅从理论上来说，"中国社会有可能是从新民主主义社会进入社会主义初级阶段的社会"的提法，无疑是正确的。但即使从理论上来说，"'新民主主义社会论'和'社会主义初级阶段论'有可能是连续直接起指导作用的"提法，仍然值得斟酌。"新民主主义社会论"并没有提出社会主义市场经济问题。无论如何，就 1949 年 10 月到 1952 年的新民主主义的实践来看，已经塑造了计划经济体制的雏形，并且朝着计划经济体制的方向发展。而建立社会主义市场经济，正是"社会主义初级阶段论"的一项基本内容。这当然不是说市场经济只存在于社会主

---

① 《邓小平文选（1975~1982 年）》，第 289 页。

义的初级阶段，而不存在于它的中级阶段和高级阶段。但无论如何，市场经济总是"社会主义初级阶段论"的一项不可缺少的基本内容。所以，尽管在"新民主主义社会论"指导下，可以为中国由新民主主义社会进入社会主义的初级阶段创造极重要的基础，但如果以为仅凭"新民主主义社会论"的指导，而不加以发展（其中特别是发展社会主义市场经济理论）并付诸实践，就可能塑造出 1978 年以后逐步提出的那样的社会主义初级阶段，并不是完全正确的。

以上对两条路子的分析，是基于建国以后 45 年的实践，从总结过去经验的角度提出问题的。但在事实上，建国初期很难做到（或者很难完全做到）按照"新民主主义社会论"指引的路子走，很难避免按照列宁的"过渡时期理论"指引的路子走。这里且不说其他各种社会原因（其中包括急于向社会主义过渡这样良好的愿望），仅从马克思主义的认识论方面提一点原因。毛泽东在 1963 年《中共中央关于目前农村工作中若干问题的决定（草案）》中，发挥了他在 1937 年写的《实践论》中提出的马克思主义的认识论。他写道："一个正确的认识，往往需要经过由实践到认识，由认识到实践这样多次的反复，才能够完成。"就我们这里讨论的问题来说，也是这样。在 1952 年，由于实践和认识上的限制，中国究竟是按照"新民主主义社会论"的路子走好，还是按照"过渡时期理论"的路子走好，这不要说到广大党员干部中，就是在党的最高决策层中，也都不是很明确的。这就能从一个方面说明：毛泽东自己创立了"新民主主义社会论"，但由他自己过早地结束了这个社会；而刘少奇在建国前后的一个较长的时期内较多地坚持和发展了"新民主主义社会论"，但在受到毛泽东多次批评以后也终于心悦诚服地接受了。[①]

三、毛泽东创立"新民主主义论"给我们的有益启示

无论就毛泽东创立"新民主主义论"（包括"新民主主义革命论"和"新民主主义社会论"）来说，或者就他过早地结束新民主主义社会来说，

---

① 参见薄一波：《若干重大决策与事件的回顾》上卷，第 46~66、184~211、212~230 页。

都给了我们许多富有现实意义的启示。

第一，要坚持实事求是。坚持这一点，也就是从根本上坚持了马克思主义的辩证唯物论。毛泽东之所以能够创立科学的"新民主主义论"，从根本上说来，就在于他是以作为基本国情的半殖民地半封建社会性质出发的。这一点，尤其明显地表现在作为中国革命基本特点的对民族资产阶级的统一战线关系和武装斗争这样两个问题上。毛泽东之所以过早地结束新民主主义社会，也是同他忽略中国国情相关联的。

第二，要坚持适应社会生产力发展的要求。坚持这一点，就是从根本上坚持马克思主义的历史唯物论。毛泽东提出的"新民主主义论"之所以把帝国主义、封建主义和官僚资本主义作为革命对象，之所以把民族资产阶级作为革命动力之一，并在革命胜利以后的新民主主义社会中还要在限制资本主义消极作用的同时，利用它的积极作用，都是以发展中国社会生产力作为根本出发点的。从这种意义上来说，变革所有制是手段，发展生产力才是目的。① 毛泽东过早地结束新民主主义社会，也是同他忽视利用资本主义的积极作用有联系的。

第三，要坚持马克思主义普遍真理与中国具体实践相结合；反对"左"的和右的错误倾向，特别要着重反对"左"的教条主义，坚持这一点，就是最完整地坚持了马克思主义。民主革命时期，陈独秀的右倾机会主义理论上的根本错误在于否定了马克思列宁主义关于民主革命中无产阶级领导权和工农联盟这一普遍真理；而三次"左"倾机会主义特别是王明的"左"倾机会主义理论上的根本错误又在于他在照搬了资本主义国家的无产阶级革命的做法。这一点尤其明显表现在对待民族资产阶级的关系和武装斗争道路上。"新民主主义论"则是把马克思主义普遍真理与中国具体实践结合起来的典范。但毛泽东过早地结束新民主主义社会，在一定程度上也是由于受到了教条主义的影响。这里之所以用"在一定程度上"和"影响"这样的词，其最重要的根据已如前述，即从资本主义到社会主义的过渡时期与新民主主义社会有许多共同点；实行起来具有客观条件；在实行过程中还有许多创造；结果是成功的（尽管带来了严重的消极后果）。其重要意义在于把它同民主革命时期的"左"倾

① 参见周叔莲：《所有制是一种经济手段》，《经济社会体制比较》1993 年第 5 期，第 26~29 页。

教条主义从原则上区别开来。后者完全照搬外国的做法；实行起来不具备客观条件；其结果是革命的失败。

第四，对有关社会发展的基本理论，需要研究透，并广为宣传，真正在党的最高决策层取得一致的认识，并在广大干部的思想上扎下根。在这方面，"新民主主义革命论"是一个典范。该论在1945年召开的党的第七次全国代表大会上发展到了顶峰，经过宣传，全党取得了思想上的一致，并真正为广大干部所掌握。这是在抗日战争胜利后只用了不到四年时间就取得解放战争胜利的一个重要原因。相对说来，"新民主主义社会论"则显得很不足了，这首先是受到了客观实践的限制。但在研究和宣传方面做得不够也是事实，以致许多干部并不知道"新民主主义论"除了包括"新民主主义革命论"以外，还包括"新民主主义社会论"。这是毛泽东在1952年提出党在过渡时期总路线得以顺利通过的一个重要原因。重温这段历史经验，对于我国当前坚持贯彻邓小平在1992年初发出的"党的基本路线要管一百年"的号召，颇富现实意义。当然，要做这一点，单靠研究和宣传党的基本路线是远远不够的，还必须坚持党的民主集中制，发展社会主义民主，健全社会主义法制。

论企业家在实现企业改制中的重要作用*

　　根本改革传统的国有企业制度，建立现代企业制度（以下简称改制）是今后几年经济体制改革的重点。以往改革的实践证明，这种改革的"瓶颈"制约之一，就是缺乏一支具有一定素质和必要数量的企业家队伍，已有的企业家的作用也远没有得到正确的、充分的发挥（本文所说的企业家，既不是传统的计划经济体制下国有企业的领导者，也不是当前由计划经济体制向市场经济体制转变时期根本不适应市场经济要求的国有企业的领导者，而是能够驾驭社会主义市场经济的企业经营者）。而在这个重要问题上，由于历史的和现实的多种因素的影响，在认识上、政策上和实践上都没有得到很好的解决。因此，探讨企业家是实现企业改制的一支骨干力量问题，是当前改革实践提出的具有重要意义的问题。

　　在历史上，以经营企业作为职业的企业家这一特殊阶层，是伴随着发达的资本主义市场经济的发展而形成的，并作为最重要的生产要素，成为维系这种市场经济的必要支柱和促进这种市场经济发展的极重要因素。

　　从一般的意义上说来，在社会主义市场经济条件下，企业家也具有这样的作用。

　　但在中国当前由计划经济体制向市场经济体制的转变时期，企业家在实现企业改制方面还具有特殊的重要作用。

---

* 原载《中国投资与建设》1995 年第 2 期。

一、企业家是当前解决企业改制难点的重要力量

当前企业改制存在许多难点。诸如企业历史债务负担过大，企业富余人员过多，以及企业办社会和职工养老、医疗和住房负担过重等。在解决这些难点方面，人们已经提出了许多有效办法，但似乎很少注意到发挥企业家的作用。实际上，企业家在这方面也是大有可为的。现以解决企业大量冗员为例。当前国有企业人员富余率高达 30%以上 [1] 而且，随着企业改革的深化，富余人员的相对数和绝对数还会增长。在当前社会失业保险体系还没形成的条件下，这些富余人员暂时主要还只能依靠企业内部消化，同时依据社会保险体系的建立状况逐步推向社会。依据国家统计局 1994 年对 13 个省市 1272 家国有大中小型企业的问卷调查，解决这个问题的具体办法如下：主张创办第三产业的占 68.7%，主张发 70%工资自谋出路的占 26.5%，主张组织培训继续上岗的占 33.5%，主张只能推给社会的占 21.8%。[2] 这里不拟评价这些办法的优缺点。但有一点可以肯定，无论采取哪一种办法，都是以企业经济效益好为前提的。如果企业亏损，甚至像现在有些企业那样连工资都发不出去，那么，不仅第一、二、三种办法做不到，就是第四种办法，也因为企业交不起社会统筹的失业保险基金而难以行得通。

诚然，国有企业经济效益的提高，决定于多种因素，特别是经济改革的深化。但在这方面，企业家也有重要的作用。其重要表现有：①就企业家与其他各生产要素的相互关系看，在社会化生产的条件下，承担企业经营的企业家不仅是生产的必要因素，而且是其他各生产要素的效能能否充分发挥的决定性因素。②就企业家在商品经济全过程中的作用来看，企业经济效益的提高是通过企业生产流通全过程的各个环节来实现的；而这些环节经济效益的提高都是同企业家的经营相关的。③就企业家与企业经济效益的实现程度来看，在商品价值形成方面，企业产品

---

① 《人民日报》1995 年 1 月 2 日第 2 版。
② 《经济日报》1994 年 12 月 6 日第 3 版。

价值是低于或高于社会价值，直接决定着企业的盈利或亏损；在价值实现方面，企业产品的价格是高于或低于社会价值，也具有这样的作用。而在这两方面，在很大程度上均决定于企业家的经营。这是从理论方面来说的。就实践方面来说，尽管当前国有企业在提高经济效益方面还存在很多客观困难，但不少成功企业家的实践已经充分证明，在这方面企业家仍有广阔的活动余地，并且可能做出有益的贡献。而许多经济效益差的企业的教训又从反面证明，由于缺乏具有一定素质的企业家，以致经营管理不善，导致企业亏损。据国家计委技术经济研究所等单位对1993 年 2586 户亏损的国有工业企业的调查，由于政策原因而损亏的有235 户，占调查总数的 9.09%；由于宏观管理原因而亏损的有 238 户，占9.20%；由于经营管理原因而亏损的竟达 2102 户，占 81.71%。[1]

因此，仅从企业经济效益的提高在很大程度上取决于企业家的经营这一方面来看，企业家是当前解决企业改制难点的重要力量。

二、企业家是企业内部各项制度改革的主导力量

毫无疑问，企业内部各项制度的改革有赖于宏观改革。但多年来的改革实践，已经在很大程度上在宏观方面创造了这样的条件。这种情况下，至少在一定范围内，企业内部各项制度的改革主要取决于企业家的决心和能力。许多国有企业的成功经验也已证明了这一点。比如，在国内外医药界享有盛誉的南方制药厂，在主管部门的支持下，厂长赵新光在厂内创造和推行了全新的机制。主要内容是：①法人个人负责制，这是机制的核心。②"四能"（干部能上能下，机构能设能撤，工人能进能出，工资能高能低）的用人制度。③拉开档次，收入与贡献挂钩的分配制度。④周密、严格的监督制约机制。这一点，正是南方制药厂从 1987年才开始投产一跃而成为当前全国医药工业企业销售额第一名的企业内部方面的原因。[2]

---

① 《经济日报》1994 年 6 月 6 日第 1 版。
② 《人民日报》1994 年 8 月 15、17、19 日。

三、企业家可以创造出作为企业改制的杠杆

在一定的客观条件下，企业家可以在企业发展方面做出优异的成绩，而这种发展正是实现企业改制的强有力的杠杆。比如，美菱股份有限公司总经理张巨声，为该公司突飞猛进的发展做出了卓越的贡献，他凭借这一点，敢于冲破各种束缚，充分运用国家已经规定的企业各项自主权；敢于顶住有关部门推行行政性公司的压力，并在这场较量中赢得了胜利；敢于排除企业内部的阻力，推行各项改革；还在企业改制方面在股民中产生了巨大的吸引力。[①]

四、企业家是实现企业改制的稳定因素

企业改制需要处理很复杂的关系，解决各种矛盾。因此，在态度上既需积极，又要稳妥。而就企业内部来说，则需依靠企业家稳步地实现企业改制。比如，由董事长兼总经理方元领导的杭州汽轮动力（集团）公司，现在已成为有 32 个跨地区、跨行业的企业集团公司。该公司 1993 年底实行改制时，决定把企业承担的一部分政府职能和社会职能分离出去，将辅助生产部门和生活服务部门从企业母体剥离出去。该公司采取了"先挖渠，后放水"，软着陆，分步骤等方法，既保证了企业改制的稳步实现，又促进了企业生产的发展。

五、企业家有利于企业改制真正实现，避免这方面的形式主义

据政府有关部门 1993 年底到 1994 年上半年对 371 家股份制企业的问卷调查，在转换企业经营机制方面，已经发生根本变化的占 24.7%，发生很大变化的占 53.7%，有些变化的占 19.6%。没什么变化的占 1.4%，一点

---

① 《人民日报》1994 年 12 月 18 日第 1~2 版。

没变化的占 0.6%。这个数据表明：在这项被调查的股份制企业中，至少有 21.6% 的企业并不是真正的股份制企业，只是名义上的股份制企业。这种情况首先是同政府没有转变职能、政企没有分开、企业法人财产所有权没有确立这些根本条件相联系，但同缺乏真正的企业家也有重要的关联。该项调查还表明：被调查的股份制企业企业家的自我评价，素质高的占 76.3%，素质一般的占 23.5%，素质低的占 0.3%。这项数据同样表明：有相当一部分企业家也只是名义上的，而不是真正意义上的。

六、企业家有利于巩固企业改制的成果

据报道，1994 年山东省股份制试点企业曾经高达 1101 家，但一些已经完成股份制改造的企业，甚至要求退出股份制改造试点。这里有多方面的原因，但缺乏真正的企业家，以致经营管理不善，经济效益差，支付股息困难，也是一个重要原因。在上述试点企业中，有 7 户被审计，其中效益最好的一户企业股利率仅为 2.36%，企业为维护股票价格和信誉，竟不惜动用国有资产支付股利。① 可见，如果缺乏真正的企业家，企业改制的成果，是很难巩固的。

七、企业家有利于完善企业改制

比如，深圳美的企业集团 1992 年 5 月加入广东省首批股份制试点企业以后，总经理何享健在企业内部健全法人治理结构，充分发挥股东大会、董事会和监事会的作用，还建立了以绩定奖的浮动工资制，以能、绩定职的聘任制，有效调动全体职工的积极性，由此推动了该集团经济的发展。该集团 1993 年实现销售收入 9.4 亿元、利润 1.5 亿元和创汇 1600 万美元；1994 年又蛮有把握地预计实现销售收入 16 亿元、利润 2.5 亿元和创汇 3000 万美元。②

---

① 《中国信息报》1994 年 11 月 28 日。
② 《经济日报》1999 年 12 月 29 日第 2 版。

八、企业家有利于形成包括企业改制在内的经济
改革所必需的稳定的宏观经济环境

当前，中国正面临着高通货膨胀的局面，并具有需求拉动和成本推动结合型的特点，这样，有作为的企业家正可以从合理控制消费需求膨胀和降低生产成本这两个方面来抑制当前的通货膨胀。这一点，又正是深化企业改革的一个必要条件。

总之，在中国当前由计划经济体制向市场经济的转变时期，企业家是实现企业改制的一支骨干力量，因此，建立企业家队伍，并发挥他们的作用是实现企业改制的一个重要条件。

如何建立现代企业家队伍 *

一、建立企业家队伍的限制因素

历史经验表明：以经营企业作为专门职业的企业家这一特殊阶层的形成是发达的市场经济的产物。而中国建国以后的一个长时期内实行的是排斥市场经济的计划经济体制。因而不可能形成企业家队伍。但除了这个根本性的历史原因以外，当前还存在许多限制形成企业家队伍的现实因素。这些现实因素主要有以下几点：

1. 应该肯定：1978 年实现经济体制改革以来，国有企业在不同程度上已经拥有较大的经营自主权。但迄今为止，对大多数国有企业来说，并不拥有作为市场经济主体所必需的全部经营自主权。比如，按照国务院关于国有企业转换经营机制条例的规定，企业应该拥有生产经营决策权、产品定价权、产品销售权、物资采购权、进出口权、投资决策权、留用资金支配权、资产设置权、联营兼并权、劳动用工权、人事管理权、工资奖金分配权、内部机构设置权和拒绝摊派权等 14 项自主权。即使这个并不完全符合市场经济主体要求的 14 项自主权，也并没全面落实。据政府有关部门对 371 家股份制企业的调查，拥有 14 项自主权的状况如下：好的（拥有 12 项以上）只占 37.6%；较好的（拥有 9~11 项）占

---

* 原载《中国投资与建设》1995 年第 5 期。

42.6%；一般的（拥有 6~8 项）占 13.1%；较差的（拥有 4~5 项）占 2.7%；差的（拥有 3 项以下）占 4%。实行股份制企业（当然不是规范的股份制企业）尚且如此，其他企业的经营自主权就更没有全面落实了。还要进一步指出的是：即使全面落实了这 14 项自主权，由于没有真正确立企业的法人财产权，企业仍然不能拥有作为市场经济主体所必需的全部自主权。显然，正是这一点，从根本上束缚了企业领导者的手脚，限制了企业家队伍的形成。

2. 改革以来，计划经济体制下常用的由企业主管部门任命企业领导干部的做法，已经开始有所改变，但并没有根本改观。据中国企业家调查系统 1994 年在全国范围内的抽样调查资料，由政府有关部门任命的企业领导干部占总数的 85.8%，其中国有企业高达 92.2%，集体企业也占 75.3%，其他经济类型的企业占 48.6%。政府有关部门甚至对相当多的股份制企业（当然也不是规范的股份制）领导干部的使用也有重要的影响。据对上述的 371 家股份制企业的调查，按法定程序选举董事会和由董事会任命总经理的企业，分别只占总数的 60.5%和 65.6%，受到政府部门干预产生的董事长和总经理的企业分别占到 39.5%和 34.4%。不言而喻，这种不是由政府有关部门任命企业领导干部的状况，也很不利于企业家队伍的成长。这样做，①不利于通晓市场经济规律的企业家涌现出来，而易于使某些平庸之辈继续占据企业领导岗位。②成为国家行政机关继续控制企业的强有力的杠杆，使企业无法从根本上摆脱行政干预。③企业和企业领导者继续保留行政级别（如部级、局级、处级、科级的企业和企业干部）；而企业的各项权利（如购买物资、银行贷款和出口商品等）和企业干部的政治、经济待遇又是与这种级别相联系的。这就使企业领导干部无法按照市场经济规律的要求去专心并精心经营管理企业，而是诱使他们中的一些人醉心于追逐企业干部行政级别的提升。近年来，政府虽然已经明令废除了企业的行政级别，但是政企不分体制下长期形成的企业领导干部的利益格局和心态，并不是一纸命令就能废除。所以，企业干部行政级别实际上的废除将长期滞后于形式上的废除。

3. 改革以来，曾经在一段时间内改变了过去长期实行的党委领导下厂长负责制，实行厂长负责制。经验证明：这种企业领导体制是有利于企业家队伍成长的。但在 1989 年以后，又试图恢复过去的做法。然而，在改革已经取得重大进度，并深得人心的情况下，要完全恢复过去的不妥做法，实际上已不可能。于是，又在许多企业党委和厂长之间引发了不少的矛盾。现在有一种反映这种状况的形象说法："两心"（核心和中心）相撞经常产生"火星"。这种状况不但不利于国有企业的发展，也不利于企业家队伍的成长。当然，在社会主义市场经济条件下，仅仅实行厂长负责制是远远不够的，还须伴随国有企业公司化改造的进展，推行与企业法人财产所有权相适应的法人治理结构。

4. 改革以来，我国培育市场方面已经取得了重大的突破。但在这方面仍然存在诸多问题。主要是：①市场体系发育不全。产品市场固然发育不足，但相对产品市场来说，要素市场（特别是其中的资金市场和包括企业家在内的人才市场）发展滞后，产权市场更是如此。②价格扭曲。产品价格扭曲的问题并没有完全解决，某些产品价格双轨制仍然存在，资金价格和劳动力价格的扭曲的状况就更为严重。③不平等的竞争环境。这表现在价格、生产资料供应、银行信贷、产品出口和税收等方面；还特别表现为由地方保护主义所形成的各种贸易壁垒和非贸易壁垒。1994年在财政、税收、投资、外贸和外汇等方面的改革获得了较大进展以后，不平等的竞争环境有所改善，但还没有完全解决。④市场规则不健全，市场秩序混乱。这些情况对形成企业家队伍，也产生了许多消极后果。比如，不但不利于企业家摆脱国家行政机关的干预，而且使得企业家缺乏锻炼本领、增长才干的活动舞台；不但不能给企业家在改善企业经营方面以足够的压力，而且会打击企业家正当经营的积极性；不但不能给企业家以正确的价格引导，而且会诱发企业家违反商业道德乃至违法的行为。

5. 改革以来，企业领导干部的收入状况普遍有了较多、较快的改善，但他们的收入与他们的贡献和承担的风险不对称的情况仍然相当普遍地存在着。据前述的对 371 家股份制企业的调查，企业家素质高的占76.3%，风险压力大的占 93.9%；但收入高的只占 13.5%。在股份制企业里尚且如此，就全部国有企业来说，就更是这样了。据调查，南京市1992 年国有企业厂长收入与职工收入之比仅为 1.43∶1；而乡镇企业为4.11∶1，"三资"企业为 5.24∶1。不少经济发达国家企业经理收入比一般职工收入高 10 倍以上。很明显，中国企业经理收入与贡献、风险不对称的情况，也不利于企业家的成长。

6. 企业领导干部的正当经营行为，甚至人身安全得不到法律的有效保证。这种情况虽然发生在少数企业领导人身上，但它在企业家队伍的形成方面发生的消极作用，却是不能低估的。当然，另一方面的情况也值得注意：有些企业领导人以权谋私，为自己获得大量不正当的甚至违法的收入。这当然也不利于企业家的健康成长。随着国家各项法律、法规（特别是 1994 年 7 月开始生效的《公司法》）的实施，上述情况会有所改善。但真正有效的实施也需要一个过程。

7. 原有的国有企业领导干部的素质不能适应社会主义市场经济的要求。观念转变滞后，现有企业干部的培训和企业干部后备队伍的教育等项工作跟不上，也都制约着企业家队伍的成长。

二、建立企业家队伍的途径

建立企业家队伍的途径，涉及诸多方面。重要的有以下几点：

1. 通过对国有企业进行公司化改造（当前主要是建立责任有限公司，一部分可以建立股份有限公司），实现出资者终极所有权与公司法人财产所有权的分离，然后在公司法人内部实现所有权与经营权的统一（因为由股东大会选举的董事会既拥有所有权，又拥有经营权），再后在公司法人内部实现所有权与经营权的分离（即由作为所有者的董事会任命总经理，由总经理专司企业的经营）。在这种公司法人财产所有权结构和法人治理结构的条件下，就在出资者终极所有权和公司法人财产所有权之间以及公司法人内部的所有权与经营权之间形成了一个有效的激励机制、制约机制和制衡机制。这种机制既能有力地激励企业家的经营行为，又能有效地制约企业家的经营行为，从而成为企业家迅速地、顺利地、健康地发展的微观基础。

2. 进一步培育市场体系和市场机制，形成统一的、开放的、平等的竞争市场。这样，就可以给企业家以正确的价格信号，并给企业家的经营行为以强大的压力和约束力。企业家与市场的关系就像鱼和水的关系。没有健全的竞争性市场，就不可能有素质精良的企业家队伍。

这里还需要培育包括企业家在内的人才市场。正像优质产品是在市场竞争中产生一样，素质高的企业家也是在人才市场竞争中产生的。

此外，还要逐步发展包括股票买卖和企业兼并、收购在内的产权市场。这种市场都能给企业家的经营行为以强大的压力和约束力。但相对说来，企业兼并和收购给企业家的压力和约束力比股票买卖要大得多。因为：①股票买卖的作用范围只限于在企业总数中占很小比重的股票上市的公司；而企业的兼并和收购则不受这个限制。②股票价格不仅决定于企业的经营状况，还决定于其他许多因素；而与破产相联系的企业兼并和收购，则主要直接决定于企业的经营状况。

3. 把企业家的收入与资本金的增殖紧密联系起来，以形成良好的激励与约束相结合的机制。为此，需要全面把握制约企业家收入的三个重要因素：①企业家的经营活动是作为简单劳动倍加的复杂劳动。②企业家的经营活动在获取企业的超额利润方面具有特殊重要的作用，理应取得相应的收入。③企业家承担了企业经营风险，也需取得相应的风险收入。当然，在当前中国社会风气不正的情况下，对有些企业家以权谋私、获取非法收入的情况，也需保持高度的警惕！

4. 健全有关法规，加强执法力度，以确保企业家的合法权益，同时严格约束他们的非法行为。

5. 加强现有企业干部的培训工作，发展培养企业经营管理人才的教育事业，以提高企业家队伍的素质。中国优秀企业家鲁冠球说得好：现代企业制度呼唤现代工作方法。现代工作方法主要表现为"工作质量+效率"。运用现代工作方法的前提是企业家自身的素质。

对陈云稳定发展中国经济思想的历史考察*
——纪念陈云诞辰 90 周年

陈云关于发展新中国经济的思想包含了极丰富的内容，在许多时期都起过重要的指导作用。这一点，不仅已经成为国内许多人士的共识，而且受到了国际史学界的赞扬。比如，在国际史学界享有盛誉的剑桥《中华人民共和国史》在论到 50 年代中国经济发展的政策选择时就曾指出："陈云的政策性建议可以说是 50 年代中国国内提出的最合理化的发展选择。"①

陈云关于稳定发展中国经济的思想，在建国以后的各个历史时期具有不同的具体内容。本文分时期进行历史考察。

一、国民经济恢复时期

新中国建立以后，1949 年 10 月 21 日成立了中央人民政府财政经济委员会（以下简称中财委），陈云任主任。在国民经济恢复时期，为了稳定地恢复和发展国民经济，陈云提出了以下一些重要主张。这些主张就是他在这个时期稳定发展中国经济的思想。

第一，提出并坚持把稳定财政、金融和物价放在经济工作的重要地位。

1994 年，中央人民政府军政费用支出浩大。在分散经营的财经管理

* 原载《经济研究》1995 年第 6 期。

① 黄正清、罗德里克·麦克法夸尔主编：剑桥《中华人民共和国史（1949~1965）》中译本，上海人民出版社 1990 年版，第 322 页。

体制存在和新解放区迅速扩大，税收一时还难以完全收起来的情况下，中央财政必然发生巨额赤字。在当时条件下，弥补这种赤字，主要还只能是靠货币发行。这就必然导致通货急剧膨胀，物价巨幅上涨。1949 年，全国财政收入为 303 亿斤粮，支出为 567 亿斤粮，赤字为 264 亿斤，占支出的 46.6%。① 自人民币发行以来，1949 年 7 月底达到 2800 亿元，9 月底为 8100 亿元，10 月底为 11000 亿元，11 月底为 18900 亿元，1950 年 1 月底为 41000 亿元。1949 年 7 月到 1950 年 1 月，人民币发行额增加了 13.6 倍。② 据石家庄、张家口、北京、郑州、济南、天津、太原、汉口、南昌、青岛、南京、杭州、上海 13 个城市的统计，其批发物价综合指数，在 1948 年 12 月到 1949 年 12 月，上升了 73.84 倍。最高的如石家庄上升了 85.4%倍，较低的如郑州也上升了 65.83 倍。上海从解放后的 6 月到 12 月上升了 8.98 倍。③

按照陈云在 1950 年 2 月 1 日的计算，自人民币发行以来，到当时为止，共发 41000 亿元。每月发行的新钞票，依当时的物价计算，总值是 214 亿斤小米。这 41000 亿元钞票，因为贬值，只值 49 亿斤小米。即是说，通货贬值中，人民损失了 165 亿斤小米，等于战前银洋 8.25 亿元。为时只有一年就损失这么多，是一个极大的数字。……这样下去，人民将很难支持。④ 又说："我国人民已经饱受通货膨胀之苦，如果能停止通货膨胀，使金融物价稳定下来，这是符合人民的希望和国家恢复经济的需要的。"⑤ 可见，制止通货膨胀，稳定物价，不仅关系到经济的恢复，而且关系到新生的人民政权的巩固。

这里值得指出：当时陈云就批判了通货膨胀有益论的观点。他说："有人说，'温和的'物价上涨，是可以刺激生产的，这种说法我认为是不妥当的。物价的波动，只能打击生产，使经济停滞。这是后退的办法。"⑥ 这种批判颇富现实意义。

① 中央档案馆、中国社会科学院编：《1949~1952 中华人民共和国经济档案资料选编（综合卷）》，中国城市经济社会出版社 1990 年版，第 119~120 页。
② 《陈云文稿选编（1949~1956 年）》，人民出版社 1982 年版（下同）。
③ 中央档案馆、中国社会科学院编：《1949~1952 中华人民共和国经济档案资料选编（综合卷）》，中国城市经济社会出版社 1990 年版，第 111 页。
④⑤⑥ 《陈云文稿选编（1949~1956 年）》。

按照陈云的观点，财政金融平衡了，市场物价的平稳便有了基础。①这就是说，要消除物价上涨，就必须消除财政赤字和为弥补财政赤字的货币发行。这样，稳定财政、金融和物价就成为 1950 年头等重要的经济工作。在这方面，陈云主张采取的决定性措施，就是 1950 年 3 月开始实行的统一财政经济工作。由陈云代政务院起草的《关于统一财政经济工作的决定》（1950 年 3 月 3 日发布），以及由他写的 1950 年 3 月 10 日《人民日报》社论《为什么要统一财政经济工作》，②全面系统地反映了他的这一主张。这个决定规定的统一管理的主要内容是统一财政收支，重点又在财政收入，即统一国家的主要收入。这个决定既是适应当时消除通货膨胀，支持解放战争和恢复国民经济的迫切需要而提出的，又是依据 1950 年初全国大陆已经解放，各地交通、物资交流和关内币制等方面已经统一的条件下才提出的，既有必要，又有可能，完全正确。由于这一决定的贯彻执行，通货膨胀得以控制，物价趋于稳定。如果以 1949 年 12 月全国大中城市主要商品价格指数为 100，1950 年 3 月上升到 226.3，同年 12 月下降到 193.2。③

1950 年底，陈云依据当时抗美援朝战争正在进行并在扩大，物价趋于稳定，但基础并不稳固等情况，提出 1951 年财经工作的方针：①一切服从战争，一切为了战争的胜利。②保持市场物价的稳定。③各种属投资性的经济和文化的支出。④

1952 年初，陈云依据当时抗美援朝战争可能结束，但应准备拖延，市场物价继续稳定，以及恢复、发展国民经济的需要等情况，提出这年"财经工作的重点，应在以放松收入的条件下，转向管理支出；在以放松财政、金融和市场管理的条件下，转向工业、农业、交通等方面。⑤

由于 1951 年和 1952 年继续坚持了稳定财政、金融和物价的方针，并把它放在重要的地位，因而继续保持物价稳定的局面。如果以 1950 年全国零售物价总指数为 100，1951 年为 112.2，1952 年为 111.8。⑥ 这里需要指出：在国民经济恢复时期，稳定财政、金融和物价，不仅是稳定经

---

①②④⑤《陈云文稿选编（1949~1956 年）》。

③ 中央档案馆、中国社会科学院编：《1949~1952 中华人民共和国经济档案资料选编（综合卷）》，中国城市经济社会出版社 1990 年版，第 403 页。

⑥《中国统计年鉴》（1993），第 238 页。

济的首要内容，而且为稳定地恢复和发展国民经济创造了一个基本经济前提。

第二，创造性贯彻新民主主义的经济纲领。

这里需要着重提到以下三点：

（1）妥善接收官僚资本主义企业。随着许多大中城市的解放，如何妥善地接收官僚资本主义企业，就成为当时一个极重要的问题。其中的难点有两个，即怎样做到接收快而完整和怎样迅速恢复秩序。在这方面，发生过不少教训。但陈云在主持接管沈阳后于 1948 年 11 月 28 日给中共中央写的题为《接收沈阳的经验》的报告，很好地解决了上述两大难题。陈云报告中提出的具体办法是：各按系统，自上而下，原封不动，先接后分，以保证接收快而完整。同时要抓紧解决有助于在政治上、经济上稳定人心的关键问题。首先要恢复电力供应；要迅速解决金融物价问题；为缴敌方警察枪支，让其徒手服务；主要利用报纸，传布政策，稳定人心；妥善解决工资问题。报告还提出："依目前形势看，中央和各战略区野战军，均需准备有专门接收大城市的班子，待工作告一段落，即可移交给固定的市委等机关。这样的接收班子，可以积累经验，其中骨干可以暂成专职，依次接收各大城市。"[①] 中共中央及时批转了这个报告，对妥善接收官僚资本主义企业的工作，起了有力的促进作用。这虽然是发生在新中国成立前夕的事，但对建国以后稳步地、迅速地恢复和发展由没收官僚资本主义企业而形成的国有经济，起了重要的积极作用。

（2）合理调整资本主义工商业。在把半殖民地半封建经济改组为新民主主义经济的过程中，资本主义工商业必然发生多种困难。在国民经济恢复时期，1950 年 3 月物价开始趋于稳定以后，以及 1952 年上半年"五反"运动以后，这种困难表现得很突出。

由陈云主持的中财委，依据新民主主义经济纲领，在 1950 年上半年物价走向稳定以后，就"把工作重心转到调整工商业方面去"；[②] 1952 年上半年"五反"运动后，对资本主义工商业又一次进行了调整。按照陈

---

① 《陈云文选（1926~1949 年）》，人民出版社 1984 年版，第 269~274 页。

② 《陈云文稿选编（1949~1956 年）》。

云的观点，调整工商业就是要在半殖民地半封建的国民经济轨道拆毁之后，按照新民主主义的轨道来安排工商业的问题。其中最突出的是三个基本环节：①调整公私关系。②调整劳资关系。③调整产销关系。① 对上述两次调整来说，都是这样。②

就调整公私关系来说，为了做到在国有经济领导下保护和促进有利于国计民生的资本主义工商业的发展，首先需要合理地确定二者在国民经济中的比重。当时这个问题在商业方面显得比较尖锐。为此，陈云于1952年6月提出："去年国营贸易的比重是百分之十九到二十，今年的比重是百分之二十四到二十五，我们要保持这个比例"。③ 为了合理地调整资本主义工商业，陈云还就资本主义工商业的合法利润、银行贷款利息率和税收等做了一系列量的规定。工业加工订货"工缴费的合法利润可以百分之十，可以百分之二十，也可以百分之三十"。一般说来，"商业利润不应高于工业利润"。"现在银行利息月利三分，年利百分之三十六"。应该"降低到月利一分，或者一分多一点，年利百分之十、十二到十五"。营业税"一般占营业额的百分之一到三"。④ 调整资本主义工商业，促进了这种当时在国民经济中还居于重要地位的经济的稳步发展。1950年资本主义工业总产值比1949年增加6.6%，1951年比1950年增加39%，1952年比1951年增加4%。⑤

（3）促进个体农民经济的发展。当时在陈云看来，"提高农业产量的关键，就是在新解放区完成土地改革。"兴修水利和实行正确的价格政策，对于发展农业也很重要。但陈云强调了扩大农副土产品的购销的重要意义。他指出，这"不仅是农村问题，而且也是活跃中国经济的关键"。因为"农副产品卖出去了，就增加了农民的购买力，促进城市工商业的发展，减少或消灭城市的失业现象，城市购买力也跟着提高。工商业的繁荣，又增加了国家的税收，减少了财政上的困难，物价更趋稳定。

---

① 陈云：《中华人民共和国过去一年财政和经济工作的状况》，《新华月报》1950年10月号，第1320~1321页。

② 参见陈云：《在中华全国工商联合会筹备代表会议上的讲话》，《新华月报》1952年7月号，第34~35页。

③④《陈云文稿选编（1949~1956年）》。

⑤《1949~1952年中华人民共和国经济档案资料选编（工商体制卷）》，中国社会科学出版社1993年版，第732页。

这样，可以进一步促进正当工商业的发展，打击投机，使城乡交流更趋活跃。这是一连串的收获。因此我们说，扩大农副土产品的购销，是中国目前经济中的头等大事"。① 上述各项措施促进了作为国民经济基础的农业的稳步恢复和发展。1950 年至 1952 年，每年农业总产值分别比上年增长 17.8%、9.4%、15.2%。②

第三，提出并坚持重点建设的方针。

陈云提出并坚持的重点建设方针，包括两个层次的内容：一是从国民经济范围来考察的重点建设。陈云在建国初期说过：1950 年和 1951 年国家经济建设"投资的重点是铁路、水利和重工业。"③ 1952 年，由陈云主持的中财委又确定：这年国家经济建设投资的重点：第一是重工业（包括燃料工业），第二是铁路，第三是水利。④ 二是从工业经济范围来考察的重点建设。1950 年 6 月陈云提出："现在工业投资只能有重点地进行。"⑤ 工业方面的重点建设方针包含三方面的内容：①1950 年 8 月由中财委召开的计划工作会议确定：在工业方面应以现有为主进行调整。与这个方针相适应，工业基本建设投资以恢复、改建为主，新建为辅。② 如前所述，工业建设的部门重点是重工业。③依据中财委的部署，工业建设的重点地区是东北。⑥

重点建设方针是依据国民经济恢复时期的财政经济力量有限，各产业部门、各地区在国民经济中的重要地位和发展现状提出的，符合当时实际。由陈云主持的中财委有力地贯彻了重点建设方针。1950 年至 1952 年的三年基本建设投资总额中，工业分别占 38.1%、29.8% 和 43.3%；农业水利分别占 11.5%、11.1% 和 14.7%，运输邮电分别占 30.1%、26.8% 和 18.3%。⑦ 1950 年到 1951 年，恢复和改建投资在基本建设投资总额中占了大部分，新建投资只占小部分。直到 1952 年，前者还占到 3/4，后者只占

---

①⑤《陈云文稿选编（1949~1956 年）》。

②《中国统计年鉴》（1984），第 25 页。

③《1949~1952 年中华人民共和国经济档案资料选编（基本建设投资和建筑业卷）》，中国城市经济出版社 1989 年版，第 246 页。

④《1949~1952 年中华人民共和国经济档案资料选编（基本建设投资和建筑业卷）》，中国城市经济出版社 1989 年版，第 248 页。

⑥《1949~1990 年中华人民共和国工业大事记》，湖南出版社 1991 年版，第 72 页。

⑦《1949~1952 年中华人民共和国经济档案资料选编（基本建设投资和建筑业卷）》，中国城市经济出版社 1989 年版，第 254 页。

1/4。[①] 1950 年至 1952 年，用于重工业的投资在工业基本建设投资总额中一直占了很大比重。1952 年，这方面比重达到了 76%，轻工业的投资只占 24%。[②] 这三年间，全国累计完成的工业基本建设投资中，有一多半投到了东北地区。[③]

陈云在谈到他在这段时期的工作时说：他在财政经济委员会主持工作期间，几乎所有的决策，特别是重大决策，除了他作了必要的调查研究以外，都是经过某些讨论作出的……许多重大决策都是根据以毛泽东同志为首的党中央确定的路线、方针、政策作出的，或者经过党中央批准的。……如果觉得那一段工作还有成功之处，决不要把功劳记在他一个人的账上。[④] 本文论述陈云关于稳定发展中国经济思想的作用，也都是在这个意义上说的。

二、第一个五年计划时期

"一五"期间，陈云依据对建国以后经验的总结，在稳定发展我国经济方面，提出了一系列根本性的理论观点。重要的有：

第一，国民经济"按比例发展的法则是必须遵守的。但各生产部门之间的具体比例，在各个国家，甚至一个国家的各个时期，都不会是相同的。一个国家，应根据自己当时的经济情况，来规定计划中应有的比例。……唯一的办法只有看是否平衡"。[⑤]

第二，"在相当长的一段时间内，这种平衡大体上是个比较紧张的平衡。""所谓紧张的平衡，就是常常有些东西不够"。[⑥]"我国因为经济落后，要在短时期内赶上去，因此，计划中的平衡是一种紧张的平衡"。"但紧张决不能搞到平衡破裂的程度。"[⑦]

由陈云主持编制的"一五"计划，就是这种紧张平衡的具体体现。"就

---

① 《1949~1952 年中华人民共和国经济档案资料选编（基本建设投资和建筑业卷）》，中国城市经济出版社 1989 年版，第 225 页。

② 《伟大的十年》，人民出版社 1959 年版，第 52 页。

③ 《当代中国的基本建设》（上卷），中国社会科学出版社 1989 年版，第 17 页。

④⑤⑦ 《陈云文稿选编（1949~1956 年）》。

⑥ 《陈云文选（1956~1985 年）》。

整体来说，一五计划规定的国民经济主要比例关系是平衡的。但农业、燃料工业和铁路运输等都是紧张的。""但可以过得去，不至于破裂。"①

第三，"建设规模的大小必须和国家的财力物力相适应。适应还是不适应，这是经济稳定还是不稳定的界限。……建设的规模超过国家财力物力的可能，就是冒了，就会出现经济混乱；两者合适，经济就稳定。当然，如果保守了，妨碍了建设应有的速度也不好。但是，纠正保守比纠正冒进要容易些。"②

陈云还提出了一系列完整的制约经济建设规模超过国力的原则界限。"一、财政收支和银行信贷都必须平衡，而且应该略有结余。""二、物资要合理分配，排队使用。应该先保证必需的生产和必需的消费，然后再进行必需的建设。""三、人民的购买力要有所提高，但是提高的程度，必须同能够供应的消费物资相适应。""四、基本建设规模和财力物力之间的平衡，不但要看当年，而且必须瞻前顾后。""五、我国农业对经济建设的规模有很大的约束力。"③

"一五"期间，陈云还在稳定发展经济方面提出了一系列政策措施。集中表现就是为纠正 1956 年经济建设小冒进而采取的政策措施。按照陈云的说法，"经济建设，一九五三年是小冒，今年（指 1956 年——引者）又是小冒，比五三年冒得还大一点，暴露的问题也就更明显一些。"④ 这样，纠正 1956 年小冒进，在实现经济稳定发展方面起了特别重要的作用。不仅避免了 1956 年可能发生的 1958 年"大跃进"那样严重的灾难，而且使得 1957 年经济得到了稳定发展。

在论述"一五"期间陈云关于稳定发展中国经济思想及其所起的重要作用时，还需提到以下两点：

第一，提出并坚持实行粮食的统购统销。"一五"期间，我国开展的大规模工业建设，是在小农经济在农业中占主要地位的条件下进行的。这就必然发生粮食供应紧张的状况。但这是一个关系稳定市场、从而关系稳定发展经济的大问题。正如陈云指出的："过去我们说物资充足，物价稳定，一个是指纱布，一个是指粮食。纱布和粮食相比较，粮食更重

---

①《陈云文稿选编（1949~1956 年）》。
②③④《陈云文选（1956~1985 年）》。

要。粮食波动就要影响物价。"①陈云依据对当时情况的分析和各种方案的比较，提出解决这个问题的基本办法："在农村中采取征购粮食的办法，在城镇中采取配售粮食的办法，名称可以叫做'计划收购，'计划供应'，简称'统购统销'。"②

实践证明：在当时的具体情况下，特别是在计划经济体制的条件下，这一政策的实施，以及随后实行的棉花、食油和纱布的统购统销，对于稳定物价乃至稳定地发展"一五"时期的经济都起了重要的保证作用。

第二，推进了资本主义工商业的社会主义改造的顺利实现。我国资本主义工商业的社会主义改造是由陈云直接主持的。从1954年开始，陈云就把重要精力放在这一方面。③1955年底和1956年初出现的公私合营的高潮，是实现资本主义工商业的社会主义改造的决定性阶段。在公私合营高潮即将来临的时候，陈云在1955年11月16日中共中央召开的关于资本主义工商业的社会主义改造问题的工作会议上作了报告。报告提出："现在的问题，就是要前进一步。"为了前进一步，陈云提出了"六点原则性指导意见：一是为了克服当时私营工商业面临的困难，要对各行各业的生产进行全国范围的统筹安排；二是各个行业内部必须有或大或小的改组；三是按整个行业安排生产，实行改组，就要实行全行业公私合营；四是公私合营以后，应该推广定息的办法；五是为了实现上述一、二、三项目的，就需要组织专业公司；六是要全面规划（包括生产规划和改造规划），加强领导。规划应该分期分批，不要一声号令，就立刻全面铺开。④

但可惜的是，规划还没有做好，就立刻全面铺开了。在毛泽东发动的农业社会主义改造高潮的推动下，差不多在1956年1月这一个月的时间就在全国大中城市实现了全行业公私合营；到3月末，除西藏等少数民族地区外，全国资本主义工商业基本上实现了全行业公私合营。这样，就在资本主义工商业的社会主义改造取得巨大胜利的同时，暴露了许多问题，诸如工厂和商店盲目合并，生产经营集中过多；对许多独立经营的小商贩也同样实行公私合营等。由此在一段时间内，产品质量下降，品种减少，经营效益下滑，人民生活不便。

①②③④《陈云文稿选编（1949~1956年）》。

　　针对上述问题，陈云及时提出了一系列的指导意见。①现在全行业公私合营的工作仅仅是开始，并不是已经结束了。因为实现公私合营，需要清产核资，安排生产，改组企业，安排人员，组织专业公司等等，而这些工作还没有做。①②企业改组要有利生产和方便生活。不论工业商业，都要想尽一切办法保持原来好的品种和质量，并要提高质量和产量，增加品种，要适合老百姓的生活需要。②为此，企业改组要大部不变，小部调整。这不是短期的，在十年以至十多年中，这种局面要维持下去。③企业改组还必须经过充分准备。为此，私营工商业公私合营以后，原有的企业经营管理制度半年不动；企业原有的供销关系和协作关系也继续保持。④在企业改组过程中，对原来独立经营的小商贩，还要继续采取经销、代销方式，要在长时间里保持这种单独经营方式。⑤③要合理安排资方人员的工作。资本主义工商业者的绝大多数是懂技术的，有业务经验的。他们的技术和经验，对人民、对国家、对社会主义建设是有用的。为此，还要合理安排资方人员的工资。⑥

　　陈云的上述指导性意见及国务院有关决定⑦的贯彻执行，较好地解决了全行业公私合营高潮中出现的问题。这样，尽管我国资本主义工商业的社会主义改造存在改造速度过快、改造时间过于短促、改造的面过宽等缺陷，但毕竟在这方面取得了史无前例的伟大成就（其中包括原来的资本主义工业生产稳定发展）。⑧

　　1953 年至 1957 年，工农业每年比上年的增长速度分别为 14.4%、9.5%、6.6%、16.5% 和 7.9%。⑨可见"一五"期间，尽管发生了两次小冒进，但总的说，工农业生产获得了稳步、持续、高速的增长。在这方面，陈云提出的上述稳步发展中国经济的思想，起了重要的作用。

---

　　①②③④⑤⑥《陈云文稿选编（1949~1956 年）》。

　　⑦ 这里主要是指《国务院关于目前私营工商和手工业的社会主义改造中若干事项的规定》（1956 年 2 月 8 日）以及《国务院关于对私营工商业、手工业、私营运输业的社会主义改造中若干问题的指示》（1956 年 7 月 28 日），载《中国工业经济法规汇编（1949~1981 年）》，经济管理出版社，第 81~85 页。

　　⑧ 详见拙著：《新中国工业经济史（1949.10~1957）》，第 366~374 页。

　　⑨《中国统计年鉴》（1984），第 25 页。

三、国民经济调整时期

1956 年的冒进是由毛泽东发动的，只是由于周恩来和陈云等领导人采取了一系列反冒进措施，才避免了一场大灾难。但当时毛泽东对反冒进是有不同意见的。[①] 这样，到了 1957 年下半年，在国内外形势变得有利的时候，毛泽东的急于求成的思想又膨胀起来。于是从 1957 年 9、10 月间召开的党的八届三中全会起，他就开始发动了对反冒进的批判。[②] 其后又在多次中央工作会议上批判反冒进。毛泽东认为，反冒进是非马克思主义的，是政治问题。他甚至武断地说：以后反冒进的口号不要提，反右倾保守的口号要提。[③] 1958 年 5 月召开的党的八大二次会议按照毛泽东的观点就反冒进问题做了结论。[④] 在这个过程中，周恩来和陈云都受到了批评。这样，陈云再也不能像纠正 1956 年冒进那样来纠正 1958 年"大跃进"这样全局性的严重"左"倾错误了。

但 1958 年至 1960 年的"大跃进"造成了国民经济的严重失衡。于是，1961 年 1 月召开的党的八届九中全会决定：从 1961 年起，实行"调整、巩固、充实、提高"的八字方针。[⑤] 但这时"左"的错误路线并没有从根本上得到解决，批判右倾保守和批判反冒进还有严重影响，对于"大跃进"造成的严重后果也认识不足。这样，在 1961 年大部分时间里，调整处于徘徊状态。为此，党中央在 1962 年一、二月间召开了扩大的中央工作会议。这次会议在统一党的干部思想方面起了重要作用。但问题并没有完全解决。接着在二月下旬又召开了党中央政治局扩大会议。陈云在会上作了《目前财政经济的情况和克服困难的若干办法》的报告。陈云在这个报告中首先分析了当时财政经济方面的五点困难。"一、农业在近几年有很大的减产。""二、已经摆开的基本建设规模，超过了国家财

---

① 参见《毛泽东选集》第 5 卷，第 315 页。
② 参见《毛泽东选集》第 5 卷，第 474~475 页。
③ 转引自薄一波：《若干重大决策与事件的回顾》下卷，中共中央党校出版社 1991 年版，第 644 页。
④ 参见《新华半月刊》1958 年第 11 号，第 6 页。
⑤ 参见《新华月报》1961 年第 1~2 号。

力物力的可能性，同现在的工农业生产水平不相适应。""三、钞票发得太多，通货膨胀。""四、城市的钞票大量向乡村转移，一部分农民手里的钞票很多，投机倒把在发展。""五、城市人民的生活水平下降。"

陈云在分析了克服困难的有利条件之后，提出了克服困难的六点主要办法。① "十年经济规划（指 1963 年至 1972 年的十年国民经济计划——引者）分为两个阶段。前一阶段是恢复阶段，后一阶段是发展阶段。"恢复阶段"大体上要五年"。这样做，"对我们妥善部署财经各部门的工作有好处。如果不是这样，笼统地要大家执行十年规划，又想发展，又要下马，又想扩大规模，又要'精兵简政'，就会彼此矛盾，举棋不定。而分成两个阶段，基本建设和若干重工业生产的指标先下后上，任务就比较明确。"② "减少城市人口，'精兵减政'。这是克服困难的一项根本性的措施"。③ "要采取一切办法制止通货膨胀"。④ "尽力保证城市人民的最低生活需要。"⑤ "把一切可能的力量用于农业增产。这一条是根本大计。"⑥ "计划机关的主要注意力，应该从工业、交通方面，转移到农业增产和制止通货膨胀方面来，并且要在国家计划里得到体现。"①

为了统一党内干部的思想，陈云还针对当时存在的思想分歧，就综合平衡这个理论问题做了分析。"所谓综合平衡，就是按比例；按比例就平衡了。""按比例是客观规律，不按比例就一定搞不好。""搞经济不讲综合平衡，就寸步难行。""过去几年，基本上按长线搞平衡。这样做，最大的教训就是不能平衡。""按短线搞综合平衡，才能有真正的平衡。所谓按短线平衡，就是当年能够生产的东西，加上动用必要的库存，再加上切实可靠的进口，使供求适应。"②

陈云的上述思想成为当时由他主持的中央财经小组的指导方针，从而成为中共中央关于调整国民经济决策的最重要依据。这就使得调整工作在 1962 年进入了决定性阶段，并在 1963~1965 年继续得到了全面调整，推动经济在经历了 1961~1962 年必须的下降阶段之后，从 1963 年起又迈入了上升阶段。1961~1965 年，每年工农业总产值分别比上年增长–30.9%、–10.1%、9.5%、17.5%和 20.4%。③

①②《陈云文选（1956~1985 年）》。
③《中国统计年鉴》(1984)，第 25 页。

四、社会主义建设新时期

在十年"文化大革命"期间，陈云被迫离开了经济领导工作岗位。只是在党的十一届三中全会以后，才又重新走上经济领导岗位。此后，我国经济处在由计划经济体制向社会主义市场经济过渡的期间，没有也不可能从根本上改变经济周期波动的局面。这样，争取实现经济的稳定发展，仍然是一个十分重要的问题。陈云正是依据社会主义新时期的实践，坚持并进一步发展了关于稳定发展中国经济的思想。

就《陈云文选（1956~1958年）》所包括的1978年至1985年的文章来看，这些思想的重要内容有以下几点：

第一，坚持按比例原则调整国民经济。提出这一思想的历史背景，就是1978年和1984年我国又发生了两次经济过热，以及由此造成经济严重失衡。1979年3月陈云多次指出："现在比例失调的情况相当严重"。针对这一严重情况，他尖锐指出："前进的步子要稳。不要再折腾，必须避免反复和出现大的'马鞍形'。""要有两三年的调整时期，才能把各方面的比例失衡情况大体上调整过来。""调整的目的，就是要达到按比例，能比较按比例地前进。"① 1985年9月，陈云又提出："一九八四年工业总产值比上年增长百分之十四，今年一至七月又比去年同期增长百分之二十二点八。这样高的速度，是不可能搞下去的，因为我们目前的能源、交通、原材料等都很难适应这样高速度的需要。"②

陈云针对急于求成、盲目追求高速度而忽视比例协调的错误思想，强调了经济按比例发展的重大经济、政治意义。他反复指出："从长期来看，国民经济能做到按比例发展就是最快的速度。""否则，造成种种紧张和失控，难免出现反复，结果反而会慢，'欲速则不达'。"③ 经济不能按比例发展，"经济形势的不稳定，可以引起政治形势的不稳定。"④

但是，陈云强调经济的按比例发展，并不否定速度的重要意义。他指出："目前人民向往四个现代化，要求经济有较快的发展。但他们又要

---

①②③④《陈云文选（1956~1985年）》。

求不要再折腾，在不再折腾的条件下有较快的发展速度。我们应该探索在这种条件下的发展速度。"① 可见，陈云只是要求经济在按比例发展条件下追求较快的速度。

第二，为了坚持按比例原则调整国民经济，促进经济稳定发展，陈云提出"经济建设要脚踏实地"。这就要求"我们的基本建设，必须是没有赤字的。就是在对财政平衡的基础上，看能够拨出多少钱用于基本建设投资，以这个数字来制定基本建设计划"。② 这还要求我们"对于生产和基本建设都不能有材料的缺口。"③

在这里，陈云批判了靠发票子来弥补基本建设投资赤字的做法。他认为，这样做，"不可能，而且决不能这样做。因为这样无以为继。基建投资年年有赤字是不行的，因为年年用发票子来搞基建，到了一定的时候，就会'爆炸'"。④

为了做到基本建设投资没有赤字，陈云还结合 1979 年以后实行对外开放的经济环境，对于借外债和工业引进项目提出了原则性意见。他指出："借外债，必须充分考虑还本付息能力，考虑国内投资能力，做到基本上循序进行。"据此，他批评了那种认为利用外国资金时可以不考虑国内配套投资能力的观点。工业引进项目，也"要循序而进，不要一拥而上"。⑤

为了做到基本建设投资没有赤字，陈云还提出："在实现四个现代化建设中，除了要上若干个大项目以外，着重点应该放在国内现有企业的挖潜、革新、改造上。我们国内现有企业的基础是不小的。要在这个基础上引进新技术（软件），或则填平补齐，或者成龙配套，用这些办法来扩大我们的生产能力。""我看这也应该是我们今后发展工业的一条新路子。"⑥

为了做到基本建设投资没有赤字，并兼顾国家建设和人民生活两方面的需要，陈云还多次提出经济工作一大方针："一、要使十亿人民有饭吃；二、要进行社会主义建设。""必须在保证吃饭后，国家还有余力进行建设。"⑦

第三，为了坚持按比例原则调整国民经济，陈云从农业在我国的极重要地位出发，提出"搞建设，必须把农业考虑进去。所谓按比例，最

---

①②③④⑤⑥⑦《陈云文选（1956~1985 年)》。

主要的就是按这个比例。"①陈云还特别强调了发展粮食生产的重大经济、政治意义。他说："十亿人口吃饭穿衣,是我国一大经济问题,也是一大政治问题。'无粮则乱',这件事不能小看就是了。"②

为了坚持按比例调整国民经济,陈云还批评了当时冶金部单纯突出钢的错误做法。他指出："单纯突出钢,这一点,我们犯过错误,证明不能持久。""突出一点,电跟不上,运输很紧张,煤和石油也很紧张。""钢太突出,就挤了别的工业,挤了别的事业。"因此,"冶金部提出不拖别人的后腿,实际上不可能。"陈云还提出:"冶金部要把重点放在钢铁的质量、品种上,真正把质量品种搞上去,就是很大的成绩。"③

第四,为了坚持按比例调整经济,促使经济稳定发展,陈云还结合1978年以后实行经济体制改革的经济环境,就处理改革与调整的关系提出原则意见。他说:"我们要改革,但是步子要稳。""这绝对不是不要改革,而是要使改革有利于调整,也有利于改革本身的成功。"④这个原则既符合马克思关于生产力和生产关系相互关系的理论,也符合党的一个中心、两个基本点的基本路线,是处理经济改革和经济发展的重要原则。

上述分析说明:1978年以后,陈云关于稳定发展中国经济的思想,主要是围绕按比例调整国民经济这一中心展开的。陈云提出的这些思想,对于党中央和国务院1979年提出执行并在"六五"计划期间(1981~1985年)继续贯彻的调整、改革、整顿、提高的方针,对于促进经济比较稳定的发展,起了重要作用。这样,尽管1978年和1984年发生了两次经济过热,但并没有出现"大跃进"式那样大的经济波动。1978年至1986年这九年,每年国内生产总值比上年的增长速度分别为11.7%、7.6%、7.9%、4.5%、8.5%、10.3%、14.5%、12.9%和8.5%。⑤

陈云关于稳定发展中国经济的思想,不论在已往的各个历史时期都起过重要的指导作用,而且具有深远的指导意义。诚然,陈云这些思想的基本点是在计划经济体制条件下形成的,只有一部分产生于经济改革以后。因而,这些思想均带有深厚的计划经济体制的烙印。但共性总是寓于个性之中的。这些思想的许多方面也反映了计划经济体制下和市场

①②③④《陈云文选(1956~1985年)》。
⑤《中国统计年鉴》(1993),第31页。

经济体制下共同的客观规律。因而这许多方面的思想，不仅适用于计划经济体制时期，而且在不同范围，不同程度上也适用于由计划经济体制向市场经济过渡的时期，乃至于将来的市场经济体制时期。

中国经济发展现状及近期走势 *

本文论述中国经济现状主要限于 1994 年和 1995 年，其近期走势主要限于 1996 年和 1997 年；讨论现状和近期走势以经济增长率（即国内生产总值增长率）作为主要指标。

一、中国经济的发展现状

1. 新中国建立后，经济发展一直呈现周期性的波动状态。最近一次经济发展波峰年 1992 年的国内生产总值增长率为 14.2%，于是 1993 年上半年出现了高投资、高货币投放、高物价和高进口等经济过热进一步加剧的现象。为了解决经济过热问题，中共中央和国务院于 1993 年 6 月 24 日发布了《关于当前经济情况和加强宏观调控的意见》，提出了以整顿金融秩序为重点的 16 条政策措施。随着中国政府宏观调控政策的贯彻实施，1993 年国内生产总值增长率比上年略有下降，为 13.5%；1994 年进一步显著下降到 11.8%；1995 年 1~3 季度国内生产总值为 36495 亿元，比上年同期增长 9.8%，预计全年可达 53045 亿元，将比上年增长 10% 左右，略微超过原定计划 8%~9% 的目标。这些情况表明：1994 年和 1995 年中国经济增长并不是处于速度扩张的高峰期，而是处于减速的收缩期。这是近两年中国经济发展的第一个特点。

* 原载《经济政策与发展》1995 年第 12 期，并收录于《东亚经济白皮书》（日文版）。

2. 与实行改革开放以后的头三个经济周期相比，这次经济周期自波峰年1992年以后，经济增长呈现出平稳下降的状态。由1978年波峰年到波谷年1981年，国内生产总值年增长率依次为11.7%、7.6%、7.9%、4.5%。由1984年波峰年到波谷年1986年，国内生产总值年增长率依次为14.5%、12.9%、8.5%。由1988年波峰年到1990年波谷年，国内生产总值年增长率依次为11.3%、4.3%、3.9%。而由1992年波峰年到1995年，国内生产总值年增长率依次为14.2%、13.5%、11.8%、10%左右。[①]当然，1995年还不是波谷年，预计1996年为波谷年。但1996年经济增长率不会比1995年下降很多。因此，只要把第四个周期与前三个周期作一比较，就可清楚看出：后者经济增长率减速呈现出"急刹车"状态，前者呈现出"软着陆"的状态。

3. 与"软着陆"的状态相联系，尽管与1992年波峰年相比1994年和1995年处于经济增长减速的收缩期，但与前三个周期的波峰年相比仍属经济快速增长年份。1994年和1995年经济增长率分别比作为波峰年的1978年高0.1个百分点和低1个多百分点；分别比1984年低3.4个百分点和5个百分点；分别比1988年高0.3个百分点和低1个多百分点。

4. 上述情况表明：尽管1978年以来中国经济发展周期还没有发生根本性变化，但就第四次周期的情况来看，已经开始出现了快速而又平稳的发展状态。改革开放后的头三个周期存在的那种经济增长大起大落的状态，已经开始有了很大改观。

5. 由此又派生了以下特点：显著提高了"八五"期间的经济增长速度，大大增强了综合国力。据初步测算，"八五"时期中国国内生产总值年均增长11.7%，比"七五"时期的7.9%高3.8个百分点，比"六五"时期的10.7%高1个百分点。"八五"时期的经济增长速度不仅高于以往时期，且在国际上也遥遥领先。据统计，1991~1994年，中国经济年均增长率为11.7%，同期世界平均增长1.9%。按世界银行《世界发展报告》三年价格调整汇率平均计算，1992年中国国内生产总值为5061亿美元，排在美国、日本、德国、法国、意大利、英国和西班牙之后，居世界第8位。1993年增加到5811亿美元，超过了西班牙，居世界第7位。如果按1987

① 1995年为预计数。

年美元不变价格计算，中国国内生产总值占世界的比重已从 1990 年的
2.3% 上升到 1994 年的 3.2%。我们的综合国力确已大大增强。但中国人
均国内生产总值仍然很低。根据世界银行《世界发展报告》公布的资料，
1993 年中国人均国内生产总值为 485 美元，在 132 个国家和地区中居 103
位，属于低收入国家。1994~1995 年，中国经济增长率虽然很高，但因人
口多，人均国内生产总值增加有限。总之，1994~1995 年中国经济增长已
经开始步入稳定、持续、快速增长的轨道。可以说，这是近两年中国经
济增长的最根本的特点和主流方面。

但也必须看到，中国近两年经济运行中还存在诸多值得重视的问题：

1. 通货膨胀率在高位上运行。"八五"前 4 年（1991~1994），全国零
售物价总水平年均上涨 10.8%，其中，1994 年高达 21.7%；1995 年 1~3
季度比上年同期上涨了 16.6%，预计全年上涨 15% 的调控目标大体可以实
现。但即使如此，也没有根本改变高通货膨胀率的状况。而且，通货膨
胀率回落的基础很不巩固，这次抑制过高的通货膨胀率，在很大程度上
还是运用了行政手段。

2. 中国基础产业和基础设施发展严重滞后的状况不仅没有改变，在
某些方面"瓶颈"状况甚至更为尖锐，其中尤以农业发展滞后最为突出。
1992~1994 年，工业和农业增长速度的对比关系都在 5:1 左右，这远远
超过了现阶段工农业增长速度的正常对比关系（一般认为，正常对比关
系为 2:1），以致农产品供给严重短缺，成为近两年促进物价上涨的重要
因素。

3. 粗放型经济增长方式有向其他各种经济成分蔓延的势头。在国有
经济中，作为粗放经营（或外延扩大再生产）方式的重要指标的基本建
设投资占固定资产投资的比重，1994 年高达 69.04%；而作为集约经营
（或内涵扩大再生产）方式最重要指标的更新改造投资仅占 30.96%。这年
在全社会固定资产投资中，作为外延扩大再生产最重要指标的建筑安装
工程费竟占 63.5%，其中国有经济建筑安装工程费占其固定资产投资总额
的 62.7%，集体经济占 56.5%，个体经济占 91.3%，联营经济占 62.1%，
股份制经济占 56.6%，外商投资经济占 46.6%，港、澳、台投资经济占
56.3%，其他经济占 81.4%。

4. 与第三相联系，社会经济效益低下的状况也没有多少改变。其中，

尤以国有经济为甚。1990 年至 1994 年，国有工业企业中的亏损面为 30.9%，亏损额为 482.6 亿元，分别比 1990 年增加了 3.3 个百分点和 133.8 亿元。这还只是账面上的明亏数，如果再加潜亏的企业，则亏损企业约占国有企业总数的 2/3。

5. 尽管中国经济改革以来的 16 年（1979~1994 年）为社会劳动者提供了 2.2 亿个新的就业机会，但就业压力仍然很大。除现有的几百万显性失业人口外，在公有经济中潜在失业人口多达 3000 万人，农村富余劳力高达 1.2 亿人，1995~2010 年预计年均新增劳力还有 1450 万人。

6. 社会成员收入分配不公显得突出。这不仅表现在公有经济中原有的平均主义问题没有根本解决，而且突出地表现为社会少数成员与多数成员间的不合理收入差别过大。此外，城乡居民之间和东、中、西部居民之间的收入差距也进一步扩大。1990~1994 年，城乡居民收入之比由 2∶1 扩大到 2.6∶1；东部与中部、东部与西部地区农民人均纯收入分别从 1.38∶1 和 1.63∶1，扩大到 1.49∶1 和 1.89∶1。

二、中国经济开始步入稳定、持续、快速发展的轨道

尽管中国近两年经济发展中，存在上述各种问题，但毕竟开始步入了稳定、持续、高速发展的轨道。其原因在于：

（一）改革、开放效应

党的十一届三中全会以来，中国逐步走上了市场取向的经济体制改革道路。党的十四大提出了建立社会主义市场经济体制的总体目标，十四届三中全会更是系统地提出了建立社会主义市场经济体制的总体框架。这使中国经济体制改革在"八五"时期取得了重大进展。①价格改革方面，在商品市场上初步形成了市场决定价格的新机制，要素市场的培育也取得了进展。②依据简化税种、统一税率，便于管理的原则进行了较大规模的税制改革，初步实行了中央和地方分税的财政管理体制。③金融体制改革方面，确立了中国人民银行作为中央银行独立执行货币政策的宏观调控体系。政策银行和商业银行已经初步分离。各类金融市场有所发展。在建立外汇管理体制（汇率并轨，实行结售汇制和改进汇率形

成机制等）方面也迈出了重大步伐。④国家计划开始转向以市场为基础，变指令性计划为指导性计划，由直接调控为主转向间接调控为主。⑤对外贸易管理体制改革已经转变到以法律、经济手段为主的轨道上来。⑥以建立现代企业制度为主要内容的国有企业的改革已经开始试点。⑦社会保障制度、住宅商品化和教育、科技体制的改革也都有新的进展。上述各项改革，特别是宏观管理和市场方面的改革，为近几年的经济发展提供了较好的经济环境，促进了经济稳定、持续、快速增长。

但因国有经济改革滞后于非国有经济的局面尚未根本改变，加之国有经济结构（包括产业结构、技术结构和企业组织结构等）不合理状况较为严重，以及冗员多和负担重等原因，以致在整个国民经济保持稳定快速增长的过程中，非国有经济的增长速度和对经济的推动作用十分突出，推动国有经济增长速度相对较低。如 1994 年完成工业总产值 42669 亿元（不变价），比 1990 年增长 106.6%。1991~1994 年每年分别增长 13.3%、21.7%、22.7%和 22.1%，平均每年增长 19.9%。但在全国工业新增产值中，国有工业所占比重逐年下降，非国有工业逐年上升。二者在新增产值所占比重之比，1991~1994 年分别为：53∶47、48∶52、42∶58、28∶72。

相对中部和西部地区来说，东部地区的经济改革处于领先地位，加上东部地区在科技和管理、人才以及地理方面的优势，因而在全国经济增长中继续保持领先的格局。据统计，"八五"时期以来，在全部工业产值中，东部地区工业生产所占比重由 1990 年的 61%提高到 1994 年的 65.8%，而中部和西部地区则分别由 26.2%和 12.8%下降到 22.7%和 11.5%。

但无论是非国经济的较快发展，或是东部地区的领先发展，都突出反映了经济改革对促进中国经济的发展方面的强劲作用。

此外，作为中国经济改革延伸的基本国策——开放，对促进中国经济的发展继续发挥了重要作用。1991~1994 年，中国进出口贸易总额年均增长率为 19.7%，远远高于世界同期 4.5%的增长速度。1994 年，中国进出口贸易总额为 2367 亿美元，相当于国内生产总值的 45%（考虑到统计口径等因素的影响，一般认为约 20%），占世界进出口总额的 2.59%。其中，出口额、进口额、进出口总额均居世界第 11 位。1995 年 1~3 季度，中国进口总额为 906 亿美元，出口总额为 1070 亿美元，分别比上年同期增长 16.2%、34.8%；贸易顺差为 164 亿美元。这是了不起的成就，充分显示了开放政策的巨大作用。

1979 年至今，中国实际利用外商直接投资已达 1113 亿美元，居发展中国家的首位。1994 年，外商投资企业的工业产值已达 3957 亿元人民币，占全国工业总产值的 5.1%；进出口总额 876.5 亿美元，占全国的 37%；上缴税款（不含关税）390 亿人民币，创造了约 1400 万个就业机会。到 1995 年第 3 季度，中国外汇储备已达 698 亿美元，比年初增加了 182 亿美元。

（二）经济成长阶段效应

有关研究表明：80 年代以来，中国经济发展进入到一个结构剧烈变动的新时期，从而形成经济高速增长的新契机。上述中国经济开始步入稳定、持续、快速发展的轨道，正是同中国经济增长的黄金时期相联系的。

据统计和测算，1994 年和 1995 年，第一产业的增加值分别为 9438 亿元和 9548 亿元，占国内生产总值的比重分别为 21% 和 18%。"八五"时期第一产业增加值将达到 21309 亿元，占国内生产总值的比重为 19.9%，比"七五"时期下降了 6.4 个百分点。同期，第二产业增加值分别为 21259 亿元和 25992 亿元，占国内生产总值的比重分别为 47% 和 49%。"八五"时期第二产业增加值将达到 84481 亿元，占国内生产总值的比重为 47%，比"七五"时期上升了 3.8 个百分点；第三产业的增加值分别为 14308.8 亿元和 17505 亿元，占国内生产总值的比重分别为 31.8% 和 33%。"八五"时期第三产业增加值将达到 59381 亿元，占国内生产总值的比重为 33.1%，比"七五"时期上升 2.6 个百分点。上述数字也已充分表明：第一、二、三产业增加值在国内生产总值中比重的变化，对实现中国经济的快速增长起了多么重要的作用。

与上述产业结构变化引起的经济高速增长相联系，投资需求和消费高需求也都呈现快速上升的态势，这反过来又成为推动经济快速增长的强劲动力。

1991~1994 年，全社会固定资产投资为 41748 亿元，占国内生产总值的比重为 33%，比"七五"时期上升了 5.8 个百分点；平均每年增长 37.5%，比"七五"时期提高了 25.7 个百分点。1995 年固定资产投资在

1994 年回落的基础上进一步回落。1~3 季度，国有单位固定资产投资完成 6892 亿元，比上年同期增长 17.6%，增幅回落 26.3 个百分点；扣除投资品价格上涨因素，实际工作量增长 10%左右。

1991~1994 年，社会消费品零售总额每年平均增长 22%，比"七五"时期高出 8.2 个百分点；扣除价格上升因素，平均每年增长 10.3%。1995 年 1~3 季度，社会消费品零售总额 14418 亿元，比上年同期增长 29.6%；扣除价格上升因素，实际增长 11.1%。

可见，1991~1993 年，社会投资需求和消费需求的增长速度都是很高的，而且对生产的推动作用又不仅限于这 3 年，还要延伸到 1994~1995 年。1994~1995 年的投资需求和消费需求的增长速度虽有大幅度下降，但仍然不低。这是近两年经济仍然持续快速增长的主要因素。

这里还要提到的是，在中国市场经济有了发展的条件下，市场需求引导生产发展的传导机制更灵活了。这就进一步加强了市场需求对社会生产发展的导向作用。比如，"八五"以来的头 4 年，中国轻工业和重工业的平均增长速度分别为 19.3%和 20.4%，重工业高于轻工业 1.1 个百分点。这主要是受到"八五"前期固定资产投资比消费需求较快增长的拉动。但是，到 1994 年，投资的增长速度与消费需求相差不多，因而明显改变了"八五"前 3 年重工业领先于轻工业增长的格局。在工业增加值中，轻重工业所占份额之比，1991 年为 42.7：57.3，1992 年为 35.3：64.7，1993 年为 30.7：69.3，1994 年为 49.5：50.5。

（三）宏观调控效应

1992 年，当中国经济过热进一步发展的时候，1993 年 6 月底中国政府采取了适度从紧的财政、货币政策，这是完全必要的。高通货膨胀率是经济过热的最重要标志，这次高通货膨胀率的出现，尽管有需求和供给方面的多种复杂原因，但也总是与货币发行量过大直接相连。

就中国具体情况而言，适度的货币发行量主要取决于三个因素：①保持经济适度的快速增长。②社会可以承受的物价上升幅度。③货币的周转速度。1979~1993 年，中国经济年均增长 9.3%，商品零售物价年均上涨 6.44%，货币流通速度年均减慢 4.7%，货币供应量年均增长 24.7%。这些超过社会产品和劳务总供给的货币发行量的相当大的部分虽已为历年的物价上涨率所消化，但也成为 1994~1995 年过多货币供给量的重要来源。还需指出，尽管 1993 年 6 月底就开始执行适度从紧的财政政策和货币政策，并且取得了成效，但 1994 年货币投放量仍然达到 1423.9 亿元，仅比 1993 年减少 104.8 亿元。1995 年在执行适度从紧的货币政策方面继续取得了成效。1995 年 1~3 季度的货币投放量比上年同期减少了 466 亿元；货币流通量比上年同期增加 15%，回落 11 个百分点，已低于原定的 20% 左右的调控目标。但当前货币流通量仍然过大。1995 年 1~9 月，现金加上企业存款比上年同期增长 18%；再加上居民储蓄存款，货币供应总量比上年同期增加 30.6%，仍然超过了经济增长率和商品零售物价上涨率之和。可见，近两年适度从紧的财政、货币政策的执行一方面确已取得了显著成效，并成为促使经济增长"软着陆"，保持经济稳定、持续、快速增长的重要因素；另一方面也表明：当前和"九五"时期（1996~2000 年）仍需坚持适度从紧的财政、货币政策。

近两年为了实现经济增长"软着陆"，在宏观调控方面，除了首先实行了适度从紧的财政、货币政策外，还在调节社会总需求和社会总供给方面采取了一系列措施。主要内容有：①严格控制固定资产投资的增长，如前所述，这两年在控制投资需求方面已经取得了成效。②着力加强基础产业，缓解"瓶颈"状况，特别是花大力气抓了农业生产，确保"米袋子"和"菜篮子"，这使农副产品的供求紧张状况有了一定程度的缓解。③调整进出口贸易。如控制国内市场紧缺商品出口，增加农产品进口。④加强市场管理，严格控制乱涨价，同时控制公款消费，大力反腐倡廉。

三、中国经济的近期走势

这里，我们主要通过预测 1996~1997 年经济增长率，来分析中国经济的近期走势。

需要说明的是，这里预测的 1996~1997 年的经济增长率，是指在继续实行适度从紧的财政政策和货币政策条件下实现和巩固经济增长"软着陆"的经济增长率，是从现实出发，速度与效益尚不能真正有机统一的非理想状态的经济增长率，即在 1994 年和 1995 年经济增长速度缓慢下降的基础上，1996年和1997年进一步下降到9%左右。

就当前的情况来说，需要警惕由经济增速下降过快导致市场全面疲软的危险，但更需要警惕经济增长还未实现"软着陆"就出现反弹，从而又一次导致经济过热的危险。这除了国有经济投资膨胀机制和非国有经济投资的盲目性以外，还有下列一些重要原因。①"八五"前3年大规模投资，为经济高速增长打下了物质基础。②30%以上的居民储蓄率在近期内不会有多大变化，尚可进一步支持高投资。③国际经济环境在这方面也变得有利。据世界银行预测，1996年全球经济增长速度可以达到3.6%。这对中国扩大利用外资和国际市场是有利的。

因此，保持适度的经济增长率，这首先是继续解决经济过热问题的需要。1995年商品零售物价上升指数预计可以下降到15%，但这仍表明通货膨胀率在高位上运行，这是当前经济过热尚未完全消除的重要标志之一。然而要把通货膨胀率降到经济增长率以下，预计还需两年左右的时间。而就中国当前的具体情况来说，降低经济增长率是降低通货膨胀率的一个重要条件。

再者，为了实现既定的经济发展战略目标，在1996~2010年这15年要实现两个具有全局意义的根本性转变：从传统的计划经济体制向社会主义市场经济体制的转变；经济增长方式从粗放型向集约型转变，也都要以经济的适度增长作为条件。

可见，把这两年的经济增长速度降到9%左右，既有利于避免出现市场疲软的危险，又有利于进一步解决当前经济过热、实现和巩固经济增长的"软着陆"，并为进一步实现经济的稳定、持续、快速增长创造条件。这样，"软着陆"就有了新的含义，即除了在"软着陆"期间使经济增长速度平稳回落，以缓慢地改变经济过热状态以外，还要在"软着陆"后使经济保持平稳增长。但这里所说的平稳并不意味着经济增长没有波动，而是要改变1992年以前多次发生的经济波动幅度过大的状态，使波动幅度逐步缩小。为此，当前需要把握以下几个重要环节。

1. 把进一步实现"软着陆"与优化产业结构和产品结构结合起来。这样做，既有利于把速度进一步降下来，又有利于提高经济增长质量。在这方面，当前值得注意的有以下几方面：①把由过多的重复生产、重复建设及其所导致的作为长线的某些加工工业的增长速度进一步降下来，同时提高作为国民经济"瓶颈"的基础产业和基础设施的增长速度。②进一步消除前几年与过度投机相联系的泡沫经济。③提高适销对路产品、名优新特产品、高技术产品和高附加值产品在产品总额中的份额,特别是要大力消除假冒伪劣产品。根据近年来有关部门对我国大陆28个省、市、自治区的调查,产业结构相似系数大于0.85的有8个;小于0.85,大于0.7的有15个;小于0.7,大于0.59的有5个。据有关专家估算,到1994年,在国有单位投资总额中,仍有1/3用于泡沫经济。据统计,1995年以来,工业产品销售率一直处于偏低水平,11月份为95.55%,是今年以来的较高水平,但仍比上年同月下降1.3个百分点。上述数据表明:当前优化产业结构和产品结构具有重要意义,而且有巨大潜力。

2. 把进一步实现"软着陆"与实现经济增长方式的转变结合起来。这同样能达到降低经济增长速度和提高经济效益的效果。推进企业技术进步,是实现经济方式由粗放型向集约型转变的最重要标志。为此:

(1) 不仅要大力提高技术改造投资总额,而且要大大提高技术改造投资在固定资产投资中的比重。1981~1994年,国有经济的基本建设投资由442.91亿元增长到6436.74亿元,占固定资产投资的比重由66.35%提高到69.04%;更新改造投资由224.60亿元增加到2918.61亿元,比重由33.65%下降到30.96%。该项数据表明:这个期间国有经济增长方式的粗放型存在着凝固化倾向。

但如果把考察的视线不限于国有经济,而是转向整个社会经济,那么不仅前者的经济方式是粗放型的,后者也如此。直到1994年,在全社会固定资产投资中,建筑安装工程费用的比重仍占到63.5%,其中,国有经济为62.7%,集体经济为56.5%,个体经济为91.3%,联营经济为62.1%,股份制经济为56.6%,外商投资经济为46.6%,港澳台投资经济为56.3%,其他经济为81.4%。

这些数据说明:基本建设投资比重过大、技术改造投资比重过小,不仅是导致经济过热的最重要原因,而且是经济增长方式难以实现由粗放型到集约型转变的障碍。因此,要实现经济增长方式的转变,首先是必须降低基本建设投资的比重,提高技术改造投资的比重。与此同时,要优化技术改造投资的分配结构,把技术改造投资优先并重点用于国民经济的"瓶颈"部门以及技术含量多、附加价值高和出口创汇大等方面的产品。

（2）推进企业的技术改造还需提高折旧率，并允许企业从销售收入中提取一定比例作为新技术的开发费。在税收方面也要给予企业的技术改造以优惠待遇。

（3）加快科技体制改革，推进科技成果市场化，提高科技成果转化率。

（4）适应加快企业技术进步的要求，对外开放方面的政策也要做适当调整。比如，在外贸出口方面，我国已完成了从以出口原材料为主到以加工产品为主的第一个转变；当前正在实现从出口低附加价值产品到高附加价值产品的第二个转变。现在需要加速这个转变进程，以此来推动企业技术进步。又如，中国在直接利用外资方面也开始步入一个新阶段。过去来华投资的主要是经济实力小的小企业，现在有愈来愈多的大企业。前者着眼于税收等方面的优惠待遇，产品主要销往国外市场；后者着眼于国民待遇，产品主要销在国内市场。在这种情况下，利用外资要从重数量转向重质量，并须坚持以市场换技术的原则。

（5）适应加快企业技术进步的要求，调整考核干部的指标。与粗放型经济增长方式相适应，考核干部业绩的经济指标，实际上主要就是经济增长率。而且这种考核又往往成为干部升黜的依据。这样，在政企尚未分开和现代企业制度尚未建立的条件下，上述考核干部的办法，便会形成一种强大的利益驱动，促使某些有关经济管理干部和企业的主要领导人成为盲目追求外延扩张、增大基本建设投资、上新项目的主要人格化代表。因此，要推动企业技术进步，实现经济增长方式的转变，必须把反映集约经营的指标提到更重要的位置上来。对有关经济管理干部来说，这些指标主要包括：技术改造投资和购置设备、工具和器具投资在固定资产投资中的比重、改建投资以及用于增加新产品、提高产品质量和节约能源、原材料的投资在技术改造投资中的比重等。对企业主要领导人来说，这些指标主要包括：新技术开发费在销售收入中的比重，新产品、技术含量大的产品、附加价值高和创汇收入高的产品在企业总产值中的比重等。这些考核指标不仅在政企没有分开、现代企业制度没有建立的条件下具有特殊重要意义，就是在政企分开、现代企业制度已经建立的情况下，实行这些考核指标仍有必要，至少对那些国家授权的国有资产经营公司、国有独资公司和国家控股（或参股）公司仍有意义。

3. 把进一步实现"软着陆"与深化经济改革结合起来。无论是上述的优化产业结构和产品结构或是实现经济增长方式由粗放型到集约型的转变，都要以从计划经济体制向社会主义市场经济体制转变为基础。一般说来，在发达的商品经济条件下，如果价值规律具备了充分发挥作用的条件，就会促使乃至迫使企业采取以技术进步作为特征的集约经营的经济增长方式，即价值规律"作为起调节作用的自然规律强制地为自己开辟道路"。中国的经济增长方式之所以迟迟不能实现由粗放型到集约型的转变，主要在于传统计划经济体制下，价值规律缺乏充分发挥作用的条件。为了创造这个条件：

（1）要通过深化经济体制改革，重塑价值规律赖以发挥作用的微观基础。这主要有两方面：一方面依据规模原则、产业原则和行业原则搞活整个国有经济。所谓规模原则，就是抓大放小。对涉及国民经济命脉的大型国有企业积极推行公司化改造，建立现代企业制度，使他们成为市场主体。而对国有中小企业则通过联合兼并、改组、租赁、承包和破产等多种形式把他们改造成由多种经济成分参与的，多种形式的混合经济、股份合作制经济和非公有经济等，使他们也成为市场主体。所谓产业原则就是依据具体情况，国有经济全部介入或部分介入自然垄断性的基础产业和基础设施、先导产业、幼稚产业、高新技术产业和关系国家安全的产业，至于一般竞争性的产业要尽可能退出来。所谓行业原则，就是有些行业既不涉及国民经济命脉，又不关系国家安全，但对当前人民生活关系极大，国有经济也必须部分甚至全部介入。当前最典型的事例，就是在假冒伪劣产品盛行的情况下，国有经济必须介入关系人民生命的药品行业。贯彻这些原则，既可在坚持社会主义方向和保证经济的稳定、持续、快速发展方面发挥国有经济的主导作用，又可以把不适合国有经济经营的那一部分放掉，以利于提高整个国有经济的质量。在进一步实行改革开放的形势下，国内市场竞争必将更趋激烈。在这种条件下，如果勉强保留这一部分国有经济，势必形成两个后果：①亏损的大量国有小企业必然破产。②如果仍然靠银行贷款的办法来维持，势必酿成更严重的金融危机。事实上，近几年来，通货膨胀率一直在高位上运行，其中一个重要原因就是由大量国有企业（主要是小企业）亏损导致的过大信贷规模以及与之相联系的货币过量发行。从这方面来说，抓大放小是由生产力决定生产关系规律和市场竞争规律双重作用决定的，不以人们意志为转移的客观过程。这是我们必须及早清醒认识,并须争取主动采取坚决措施付诸实施的。而在以国有经济为主导,公有制为主体的前提下,进一步发展包括集体经济在内的多种经济成分。改革以来,在这方面已取得了巨大成就,但同样必须清醒看到:由于中国剩余劳动力过多,民间资金充裕,市场领域广阔,社会需求量很大,因而这方面的发展潜力仍然很大。而且,依据上述前提发展这一部分经济,在增加就业、缓解国有经济的就业压力、分流国有企业冗员,增加国家税收和居民储蓄、减轻国家财政对国有企业的依存度、缓解国有企业资金紧张状况,减轻国有企业办社会的负担,为国有经济调整产业结构和产业技术升级提供有利条件等方面,都会起到积极作用。

通过上述两方面的途径,就可以使包括国有企业在内的各种所有制企业逐步都成为市场主体和技术改造主体。

(2)要创造价值规律赖以发挥作用的市场环境。为此,要进一步培育和发展市场,形成价格机制合理、统一开放、平等、有序竞争的市场体系。

(3)要坚决转变政府职能,改善和加强国家的宏观调控能力,以促进上述微观基础和市场环境的形成。

这样,粗放经营方式就难以存在,集约经营方式就会得到较快发展。否则,不仅国有经济中的粗放经营方式难以根本改变,而且这种方式向非国有经济蔓延的势头也难以扭转。总之,实现上述三个结合,就可以在优化结构、推动技术进步、提高经济质量和效益以及形成市场机制等方面,为实现"软着陆"和尔后的经济稳定、持续、高速发展创造条件。

参考文献:

《中国统计年鉴》(1993、1995)。

《经济日报》1995年8月16日第3版、9月3日第2版、9月27日第2版、10月20日第1版、10月28日第2版、11月8日第3版、12月8日第1版。

《人民日报》1995年8月27日第1版、9月26日第1版、10月25日第3版、10月26日第2版,1994年11月29日第2版。

《光明日报》1995年10月25日第5版。

李京文主编:《走向21世纪的中国经济》,经济管理出版社1995年版,第388页。

《中国固定资产投资统计资料(1950~1985)》,中国统计出版社版,第5页。

《经济研究参考》1995年4月22日总第622期。

中国大陆基础产业的发展及其筹资途径 *

一、基础产业的发展

在 19 世纪中叶以后，中国伴随着外国资本的入侵和本国资本主义的发展，开始了大机器工业发展的进程，由于外国侵略者和本国封建统治者狭隘利益的制约，这个进程具有不同于西方资本主义国家工业化初期的诸种特点。但先从轻工业开始发展工业这条共同规律在这里也是起作用的。然而由于上述同样的原因，作为加工工业的轻工业的发展受到了极大的束缚，包括基础工业在内的基础产业的发展更是如此。即以经济较为正常发展的 1933 年为例，作为加工工业的轻工业净产值尽管总量很少，但却占工业净产值 72.7%，加上重加工工业，全部加工工业净产值竟占了 80.6%；而基础工业（包括原材料工业和能源工业）净产值只占 19.4%（详见表 1）。直到 1949 年，加工工业产值与基础工业产值的对比大体上还是 4∶1（详见表 2）。1949 年 10 月新中国成立后，大陆基础工业就是在这样极为落后的基础上发展起来的。

* 本文是作者 1995 年为台湾地区中华经济研究院主办的"两岸主业分工策略"学术讨论会提供的论文。原载该院会展汇编的论文集。

表1 1933年基础工业净产值比重

	净值（万元）	比重（%）
工业总净值	142577.7	100.0
基础工业净产值	27700.4	19.4
其中：钢铁工业	253.9	0.2
化学工业	7581.1	5.3
建材工业	3644.8	2.5
煤炭工业	4991.4	3.5
电力工业	11229.2	7.9
加工工业净产值	114877.3	80.6
其中：机器制造业	11225.8	7.9
纺织工业	59023.7	41.4
食品工业	35008.0	24.6
其他工业	9619.8	6.7

资料来源：严中平等编：《中国近代经济史统计资料选辑》，科学出版社1955年版，第105页。

表2 1949年基础工业产值比重

	总产值（万元）	比重（%）
工业总产值	79.1	100.0
基础工业产值	17.0856	21.6
其中：冶金工业	4.6669	5.9
化学工业	1.1865	1.5
建材工业	6.3280	8.0
煤炭工业	3.0058	3.8
电力工业	1.8984	2.4
加工工业产值	62.0144	78.4
其中：机器制造业	2.1357	2.7
纺织工业	29.1879	36.9
食品工业	18.6676	23.6
造纸工业	1.0283	1.3
文教艺术用品工业	2.3730	3.0
其他工业	8.6219	10.9

资料来源：《伟大的十年》，人民出版社1959年版，第80~81页。按1952年不变价格计算。

在1949年10月至1952年完成了恢复国民经济的任务以后，就开始了大规模的社会主义现代化建设，在基础产业的发展方面取得了伟大的成就！

（一）基础产业实现了高速度增长，达到了很大的规模

1979 年以前，尽管受到了持续三年（1958~1960 年）"大跃进"的重大挫折和长达十年（1966 年 5 月~1976 年 10 月）"文化大革命"的严重破坏，但包括基础产业在内的整个国民经济仍然赢得了较高的增长速度。按 1980 年不变价格计算，（以下同此）1953~1978 年，基础产业年平均增长速度达到 5.19%。1979 年以后，在改革开放政策的推动下，基础产业和整个国民经济以更高的速度增长。1979~1992 年，基础产业年平均增长速度上升到 8.68%（由于我掌握的有关不变价格数据的限制，这里只计算到 1992 年，以下同此），比 1953~1978 年年平均增长速度上升了 3.49 个百分点。1994 年，粮食、肉类和棉花产量分别达到了 44450 万吨、4300 万吨和 425 万吨，均占世界第一位；原煤、原油、电、钢和水泥的产量分别达到了 12.1 亿吨，1.46 亿吨，9200 亿千瓦时，9153.2 万吨和 4.05 亿吨，分别占世界的第一、五、三、三、一位。[①]

（二）基础产业结构优化、技术基础现代化程度显著提高

1952~1992 年，在社会总产值中，作为历史最悠久传统产业的农业占的比重由 65.7%下降到 12.28%，而以大机器工业作为物资技术基础的原材料工业、能源工业和交通业的比重由 6.45%上升到 23.83%；在原材料工业中，冶金工业、建材工业占的比重分别由 1.33%和 0.68%，上升到 5.07%和 2.8%，而新兴的化学工业由 0.47%上升到 7.37%；在能源工业中，煤炭工业占的比重由 1.27%上升到 1.37%，而新兴的石油工业的比重由 0.14%上升到 2.93%。在谈到能源工业结构优化时，还必须提到：自行研究、设计、建设的秦山核电站 30 万千瓦工程已于今年 7 月 13 日正式通过国家验收。[②] 它使中国成为世界上第七个可以依靠自己力量建造核电站的国家，标志着中国核电站已由起步阶段进入新的发展阶段，预示着作为高技术产业的核能在中国能源工业将占愈来愈重要的地位。诚然，上述各类产业比重的升降，包含着不合理的因素。比如，农业比重下降过大，由煤炭价格过低导致煤炭工业产值比重过小。但总的说来，以上数据反映了工业化过程中共同的发展趋势，是基础产业结构优化的明显表现。

---

①《中国统计年鉴》（1994），中国统计出版社，第 751、759 页；《人民日报》1995 年 3 月 1 日第 2 版。
②《经济日报》1995 年 7 月 14 日第 1 版。

从整体上说来，基础产业结构优化同时意味着技术水平的提高。分别说来，包括农业在内的各类产业的技术水平都有显著的提高。当然，由于社会生产力发展不平衡，这种技术水平的提高是处于不同层次上。即使对同类产业的各个企业来说，也有这种技术提高的不同层次的运动状态。

（三）基础产业的发展，支撑了国民经济的高速增长

1953~1978 年，基础产业的年平均增长速度为 5.19%，社会总产值为 6.72%，非基础产业产值为 9.18%，加工工业产值为 8.79%；前者与后三者的对比关系依次分别为 1：29，1：76，1：1.69；1979~1992 年，前者为 8.68%，后三者依次分别为 11.18%，13.08% 和 11.84%，前者与后三者的对比关系依次分别为 1：1.28，1：1.51，1：1.36。这些数据表明了改革开放以来，基础产业产值的增长速度比这以前有了提高，也支持了社会总产值、非基础产业和加工工业较高的增长速度，从而表明了经济高速增长对于基础产业增长的密切依存关系（以上三点详见表 3~表 8）。

综上所述，建国以后，经过 40 多年社会主义现代化建设，已经建成了具有巨大规模和一定现代化水平的，主要由农业、原材料工业、能源工业和交通运输业构成的基础产业体系。

这个体系是独立的、比较完整的国民经济体系的最主要的基础部分，是支撑进一步实现社会主义现代化建设的主要物质基础。

但是，建国以后在发展基础产业方面也存在诸多问题。其中最突出的问题，就是基础产业中的许多部门长期处于滞后状态，成为"瓶颈"产业。为了说明这个问题的严重性，有必要简要地叙述建国以后中国基础产业发展的进程（详见表 3~表 8）。

在 1949 年 10 月至 1952 年完成了恢复国民经济的任务以后，依据当时国内外情况，并参照苏联的经验，以计划经济体制（其中包括农产品的统购统销制度）为依托，确定了在"一五"时期（1953~1957 年）实行优先发展重工业的方针。但这个方针本身就是不平衡发展战略，自始就包含着不平衡发展的因素。它的贯彻执行必然导致经济（包括基础产业和非基础产业）的不平衡发展。就基础产业来说，"一五"时期基础产业产值年平均增长速度为 6.53%。但这期间基础产业各部门的发展很不平衡。其中，原材料工业、能源工业和交通业的产值年平均增长速度依次分别高达 27.31%，19.41%，14.87%，均超过了同期非基础产业和加工工

单位：亿元

表3　基础产业产值

年份	总产值	农业	原材料	其中:冶金	化学	建材	能源	其中:电力	煤炭	石油	交通	基础产业	非基础产业	其中:加工工业
1952	1343.2	882.5	33.3	17.9	6.2	9.2	23.6	4.6	17.0	1.9	29.61	969.11	374.1	287.31
1953	1522.9	909.8	45.7	24.4	8.5	12.7	26.6	5.5	18.9	2.2	37.22	1019.54	503.4	368.43
1954	1622.2	940.7	54.6	29.8	10.8	14	32.8	6.6	22.8	3.3	43.14	1071.41	550.7	423.22
1955	1728.6	1012.2	63.5	37.1	12	14.3	39.1	7.5	26.7	4.8	45.68	1160.6	568	433.71
1956	1968.9	1063.4	90.5	52.7	17.7	20.1	48.2	10	31.2	6.9	52.43	1254.72	714.1	524.18
1957	2065.9	1101.3	111.6	64.41	24.3	22.8	57.3	11.7	37.6	7.9	59.21	1329.54	736.4	554.3
1958	2558.9	1127.8	201.6	118.3	42.3	41	102.6	16	74.3	12.3	89.8	1522.01	1036.9	776.49
1959	2805.3	974.3	302.1	172.8	60.2	69	147.9	26.2	102.7	18.9	120.4	1544.8	1260.5	987.17
1960	2835.5	850.7	370.6	220.3	72	78.2	177.2	38	115.6	23.6	131.2	1529.91	1305.6	999.34
1961	2016.7	830.4	205.7	122.7	51.8	31.1	129.1	31.2	79.5	18.36	76	1241.27	775.43	651.58
1962	1891.9	881.6	157.7	92.01	47.6	18.1	112.3	30.1	60.6	21.63	61.2	1212.97	678.98	558.58
1963	2096.8	984	180.1	102.3	54.5	23.2	116.3	32.2	60.3	53.82	65.14	1345.67	751.15	594.43
1964	2452	1118.1	227.3	126.5	69.4	31.3	125.4	36.4	56.04	32.95	71.06	1542.02	910	700.41
1965	2849	1209.9	290.9	160.5	90.5	39.9	149.8	43.3	61.74	44.76	89.8	1740.54	1108.5	864.4
1966	3270.2	1314.9	376.4	194.3	127.7	54.4	181.6	53.2	66.79	61.53	100.6	1973.68	1296.5	959.05
1967	3026.8	1335.2	298.2	142.7	112	43.3	151.7	49.2	48.87	53.59	85.86	1871.01	1155.8	872.83
1968	2896.5	1302.5	249.1	114.8	97.9	36.2	161.7	47.2	52.94	61.53	83.88	1797.27	1099.2	860.16
1969	3462.3	1316.7	380	178.2	150.4	51.3	198.8	64.3	65.89	68.48	99.69	1995.26	1467.1	1068.09
1970	4153.2	1392.6	509	244.8	201.5	62.5	272.1	74.8	92.69	104.5	118.4	2292.15	1861.1	1333.55
1971	4564.4	1437.6	600.4	292.3	236	72	321.7	88.8	106.5	126.3	129.5	2489.35	2075	1471.25
1972	4744.2	1422.6	652.1	308	260.4	83.6	351.8	97.6	110.2	143.9	137.6	2564.25	2179.9	1550.33
1973	5146.8	1539.9	709.4	330.2	289	90.1	375.1	106.5	110.1	158.4	145.7	2770.29	2376.5	1707.85
1974	5256.8	1594.0	658.3	288.9	279.6	89.7	394.4	107.6	106.2	180.4	143.7	2790.47	2466.3	1742.74
1975	5830.6	1644.1	755.7	316.9	330.9	107.8	457.6	125.2	125.7	206.6	161.9	3019.47	2811.2	1996.45
1976	5898	1637	737.3	291.9	327	118.4	487.9	129.9	126.5	231.5	156.8	3019.25	2878.7	2030.04

续表

年份	总产值	农业	原材料	其中:			能源	其中:			交通	基础产业	非基础产业	其中:加工工业
				冶金	化学	建材		电力	煤炭	石油				
1977	6454.6	1630.8	847.8	319.3	384.7	143.7	546.3	141.9	143.6	260.7	181.1	3206.26	3248.4	2320.49
1978	7280.5	1763.2	1048.2	405.5	476.7	165.9	593.4	162	163.2	268.1	207.5	3612.43	3668.1	2571.16
1979	7897.5	1895.6	1141.6	451	510.1	180.4	629.5	177.4	165.1	286.9	211.5	3878.3	4019.2	2800.45
1980	8534	1923	1233.9	473	565	195.7	638.9	189.1	159.7	290	250	4045.8	4488.2	3095.05
1981	8907.7	2034.2	1243.2	456.7	591.4	195.1	634.3	194.9	157.3	282.1	257	4168.7	4739	3301.5
1982	9754.8	2263.6	1366.8	485.2	659	222.6	661.4	207.1	166.3	288	286	4577.85	5177	3548.8
1983	10751.9	2440.1	1510.2	523.7	741.1	245.4	708.6	220.5	178.3	310.1	312	4970.95	5780.9	3945.2
1984	12334.4	2739.3	1697	579.4	830.3	287.3	764.4	235.6	194.7	334.1	347	5547.73	6786.7	4628.6
1985	14455.4	2832.8	2065.5	664.0	991	410.4	862.4	272.7	217	372.6	416	6176.86	8278.6	5333.31
1986	15926.1	2928.1	2261.8	749.9	1095.7	416.1	921.2	292.1	223.8	405.2	460	6571.2	9354.9	5744.54
1987	18176.5	3097.6	2583.6	822.3	1287.7	473.5	989.5	322.7	232.1	434.6	511	7181.85	10994.6	6617.29
1988	21050.1	3220.3	2916.7	877.7	1507.4	531.5	1056.6	342.7	244.3	469.5	576.0	7769.74	13280.3	7503.59
1989	22149.6	3320	3119.5	932	1612	575.3	1132.3	373.4	263.1	495.7	618.0	8190.01	13959.6	7947.74
1990	23652.7	3573.3	3323.2	1007.6	1792	544	1229.6	392.6	276.7	562.9	617	8797.4	14855.3	8514.9
1991	26381	3705	3983.5	1334.8	1912	738.7	1450.9	416.8	377.2	656.9	714.6	9854	16527	9713.5
1992	32105	3942	4860.6	1627.7	2366	898.9	2016.2	635.6	439.8	940.6	772.5	11591.3	20513.7	12321.9

资料来源:《中国工业经济统计年鉴》(1988~1993),中国统计出版社。均按 1980 年不变价格计算。

表 4　基础产业产值增长率

单位：%

年份	总产值	农业	原材料	其中：冶金	化学	建材	能源	其中：电力	煤炭	石油	交通	基础产业	非基础产业	其中：加工工业
1953	13.38	3.10	37.15	36.66	36.16	38.91	12.96	18.53	10.92	15.79	25.70	5.20	34.58	28.23
1954	6.51	3.39	19.38	21.72	27.03	9.78	23.21	21.64	20.63	50.00	15.91	5.09	9.40	14.87
1955	6.56	7.60	16.25	24.72	11.47	1.92	19.14	12.86	17.11	45.45	5.89	8.32	3.13	2.48
1956	13.90	5.06	42.59	41.74	47.55	40.56	23.30	32.98	16.85	43.75	14.78	8.11	25.73	20.86
1957	4.93	3.57	23.21	22.22	36.90	13.78	18.77	17.13	20.51	14.49	12.93	5.96	3.11	5.75
1958	23.86	2.40	80.68	83.68	74.03	79.32	79.10	36.73	97.61	55.70	51.66	14.48	40.81	40.08
1959	9.63	-13.61	49.79	46.10	42.19	68.30	44.13	63.18	38.34	53.66	34.09	1.50	21.56	27.13
1960	1.08	-12.68	22.69	27.45	19.62	13.43	19.79	44.82	12.52	24.87	9.00	-0.96	3.58	1.23
1961	-28.88	-2.38	-44.50	-44.30	-28.04	-60.24	-27.17	-17.74	-31.26	-22.20	-42.10	-18.87	-40.61	-34.80
1962	-6.19	6.16	-23.31	-25.01	-8.18	-41.73	-12.96	-3.52	-23.77	17.81	-19.47	-2.28	-12.44	-14.27
1963	10.83	11.61	14.21	11.19	14.64	28.34	3.53	7.00	-0.50	10.12	6.44	10.94	10.63	6.42
1964	16.94	13.63	26.18	23.72	27.19	34.62	7.84	13.08	-7.06	38.33	9.09	14.59	21.15	17.83
1965	16.19	8.21	28.00	26.80	30.48	27.31	19.41	18.74	10.17	35.84	26.37	12.87	21.82	23.41
1966	14.78	8.68	29.38	21.07	41.02	36.37	21.20	22.96	8.18	37.47	12.09	13.39	16.96	10.95
1967	-7.44	1.54	-20.79	-26.52	-12.25	-20.36	-16.46	-7.55	-26.83	-12.90	-14.70	-5.20	-10.85	-8.99
1968	-4.31	-2.45	-16.47	-19.55	-12.61	-16.29	6.59	-4.08	8.33	14.82	-2.31	-3.94	-4.90	-1.45
1969	19.53	1.08	52.57	55.14	53.61	41.69	22.94	36.17	24.46	11.30	18.85	11.02	33.46	24.17
1970	19.95	5.76	33.93	37.41	33.96	21.76	36.87	16.40	40.67	52.60	18.80	14.88	26.86	24.85
1971	9.90	3.23	17.97	19.38	17.14	15.14	18.23	18.65	14.94	20.90	9.40	8.60	11.50	10.33
1972	3.94	-1.04	8.61	5.38	10.31	16.17	9.36	9.84	3.51	13.91	6.26	3.01	5.06	5.38
1973	8.49	8.25	8.78	7.21	10.99	7.73	6.62	9.16	-0.12	10.07	5.87	8.04	9.02	10.16
1974	2.14	3.51	-7.21	-12.52	-3.24	-0.48	5.15	1.03	-3.51	13.93	-1.38	0.73	3.78	2.04
1975	10.92	3.14	14.80	9.70	18.35	20.19	16.02	16.32	18.31	14.52	12.67	8.21	13.98	14.56
1976	1.16	-0.43	-2.43	-7.91	-1.18	9.80	6.62	3.77	0.61	12.01	-3.12	-0.01	2.40	1.68
1977	9.44	-0.38	14.98	9.41	17.63	21.40	11.97	9.27	13.54	12.61	15.49	6.19	12.84	14.31

续表

年份	总产值	农业	原材料	其中:冶金	化学	建材	能源	电力	其中:煤炭	石油	交通	基础产业	非基础产业	其中:加工工业
1978	12.80	8.12	23.63	26.99	23.91	15.46	8.62	14.15	13.64	2.87	14.52	12.67	12.92	10.80
1979	8.47	7.51	8.91	11.22	7.01	8.71	6.08	9.48	1.18	6.99	1.93	7.36	9.57	8.92
1980	8.06	1.44	8.08	4.87	10.77	8.49	1.49	6.62	-3.28	1.08	18.20	4.32	11.67	10.52
1981	4.38	5.78	0.75	-3.46	4.66	-0.33	-0.72	3.02	-1.53	-2.73	2.80	3.04	5.59	6.67
1982	9.51	11.28	9.94	6.24	11.43	14.10	4.27	6.26	5.72	2.09	11.28	9.81	9.24	7.49
1983	10.22	7.80	10.49	7.93	12.46	10.24	7.14	6.33	7.22	7.67	9.09	8.59	11.67	11.17
1984	14.72	12.26	12.37	10.64	12.04	17.07	7.87	6.99	9.20	7.74	11.22	11.60	17.40	17.32
1985	17.20	3.41	21.72	14.61	19.36	42.87	12.82	15.76	11.48	11.54	19.88	11.34	21.98	15.23
1986	10.17	3.36	9.50	12.93	10.56	1.39	6.82	7.14	3.13	8.74	10.58	6.38	13.00	7.71
1987	14.13	5.79	14.23	9.66	17.53	13.78	7.42	10.47	3.69	7.27	11.09	9.29	17.53	15.19
1988	15.81	3.96	12.89	6.74	17.06	12.26	6.78	6.17	5.27	8.03	12.73	3.19	20.79	13.39
1989	5.22	3.10	6.95	6.19	6.94	8.25	7.17	8.97	7.71	5.57	7.30	5.41	5.12	5.92
1990	6.79	7.63	6.53	8.10	11.21	-5.46	8.61	5.13	5.13	13.55	8.56	7.42	6.42	7.14
1991	11.53	3.69	19.87	32.47	6.68	35.79	17.97	6.16	36.32	16.70	6.50	12.01	11.25	14.08
1992	21.70	6.40	22.02	21.94	23.71	21.69	38.96	52.50	16.60	43.19	8.10	17.63	24.12	26.85
"一五"时期	8.99	4.53	27.31	29.16	31.25	19.98	19.41	20.44	17.15	32.98	14.87	6.53	14.51	14.05
"二五"时期	-1.74	-4.35	7.16	7.39	14.36	-4.53	14.41	20.73	10.02	22.32	0.66	-1.82	-1.61	0.15
"调整"时期	14.62	11.13	22.64	20.38	23.91	30.05	10.06	12.84	0.62	27.43	13.63	12.79	17.75	15.67
"三五"时期	7.83	2.85	11.83	8.82	17.35	9.42	12.67	11.56	8.47	18.48	5.69	5.66	10.92	9.06
"四五"时期	7.02	3.38	8.23	5.30	10.43	11.50	10.96	10.83	6.29	14.61	6.46	5.67	8.60	8.41

续表

年份	总产值	农业	原材料	其中: 冶金	化学	建材	能源	其中: 电力	煤炭	石油	交通	基础产业	非基础产业	其中: 加工工业
"五五"时期	7.92	3.18	10.30	8.34	11.29	12.66	6.90	8.60	4.90	7.01	9.07	6.03	9.81	9.16
"六五"时期	11.12	8.06	10.85	7.02	11.89	15.96	6.18	7.59	6.32	5.14	10.72	8.83	13.03	11.50
"七五"时期	10.35	4.75	9.98	8.70	12.59	5.80	7.36	7.56	4.98	8.60	10.03	7.33	12.40	9.81
1991~1992	16.51	5.03	20.94	27.10	14.88	28.55	28.04	27.24	26.07	29.27	7.30	14.79	17.51	20.30
1953~1978	6.72	2.70	14.18	12.75	18.14	11.77	13.20	14.64	9.08	20.97	7.78	5.19	9.18	8.79
1979~1992	11.18	5.91	11.58	10.44	12.12	12.82	9.13	10.25	7.34	9.38	9.84	8.68	13.08	11.84

资料来源:《中国工业经济统计年鉴》(1988~1993),中国统计出版社。均按 1980 年不变价格计算。

表 5　基础产业产值比重（以总产值为 100）

単位：%

| 年份 | 农业 | 原材料 | 其中: | | | 能源 | 其中: | | | 交通 | 基础产业 | 非基础产业 | 其中:加工工业 |
			冶金	化学	建材		电力	煤炭	石油				
1952	65.70	2.49	1.33	0.47	0.68	1.76	0.35	1.27	0.14	2.20	72.15	27.85	21.39
1953	59.74	3.01	1.61	0.56	0.84	1.75	0.36	1.24	0.14	2.44	66.94	33.06	24.19
1954	57.99	3.37	1.84	0.67	0.86	2.03	0.41	1.41	0.20	2.66	66.05	33.95	26.09
1955	58.56	3.68	2.15	0.70	0.83	2.26	0.44	1.54	0.28	2.64	67.14	32.86	25.09
1956	54.01	4.60	2.68	0.90	1.02	2.45	0.51	1.58	0.35	2.66	63.73	36.27	26.62
1957	53.31	5.40	3.12	1.18	1.11	2.77	0.57	1.82	0.38	2.87	64.35	35.65	26.83
1958	44.07	7.88	4.62	1.66	1.60	4.01	0.63	2.90	0.48	3.51	59.48	40.52	30.34
1959	34.73	10.77	6.16	2.15	2.46	5.28	0.94	3.66	0.37	4.29	55.07	44.93	35.19
1960	30.00	13.07	7.77	2.54	2.76	6.25	1.34	4.08	0.83	4.63	53.95	46.05	35.24
1961	41.18	10.20	6.08	2.57	1.54	6.40	1.55	3.94	0.91	3.77	61.55	38.45	32.31
1962	46.60	8.34	4.86	2.52	0.96	5.94	1.59	3.20	1.14	3.23	64.11	35.89	29.52
1963	46.93	8.59	4.88	2.60	1.11	5.55	1.54	2.88	1.14	3.11	64.18	35.82	28.35
1964	45.60	9.27	5.16	2.83	1.28	5.12	1.49	2.29	1.34	2.90	62.89	37.11	28.56
1965	42.47	10.21	5.63	3.18	1.40	5.26	1.52	2.17	1.57	3.15	61.09	38.91	30.34
1966	40.21	11.51	5.94	3.91	1.66	5.55	1.63	2.04	1.88	3.08	60.35	39.65	29.33
1967	44.11	9.85	4.72	3.70	1.43	5.01	1.63	1.61	1.77	2.84	61.81	38.19	28.84
1968	44.97	8.60	3.97	3.38	1.25	5.58	1.63	1.83	2.12	2.90	62.05	37.95	29.70
1969	38.03	10.98	5.15	4.35	1.48	5.74	1.86	1.90	1.98	2.88	57.63	42.37	30.85
1970	33.53	12.26	5.90	4.85	1.51	6.55	1.80	2.23	2.52	2.85	55.19	44.81	32.11
1971	31.50	13.16	6.40	5.17	1.58	7.05	1.95	2.33	2.77	2.84	54.54	45.46	32.23
1972	29.99	13.75	6.49	5.49	1.76	7.42	2.06	2.32	3.03	2.90	54.05	45.95	32.68
1973	29.92	13.78	6.42	5.62	1.75	7.29	2.07	2.14	3.08	2.83	53.83	46.17	33.18
1974	30.32	12.52	5.50	5.32	1.71	7.50	2.05	2.02	3.43	2.73	53.08	16.92	33.15
1975	28.20	12.96	5.44	5.68	1.85	7.85	2.15	2.16	3.54	2.78	51.79	48.21	34.24
1976	27.76	12.50	4.95	5.55	2.01	8.27	2.20	2.14	3.93	2.66	51.19	48.81	34.42

续表

年份	农业	原材料	其中: 冶金	其中: 化学	其中: 建材	能源	其中: 电力	其中: 煤炭	其中: 石油	交通	基础产业	非基础产业	其中: 加工工业
1977	25.27	13.14	4.95	5.96	2.23	8.46	2.20	2.23	4.04	2.81	59.67	50.33	35.95
1978	24.22	14.40	5.57	6.55	2.28	8.15	2.23	2.24	3.68	2.85	49.62	50.38	35.32
1979	24.00	14.46	5.71	6.46	2.28	7.97	2.25	2.09	3.63	2.68	49.11	50.89	35.46
1980	22.53	14.46	5.54	6.62	2.29	7.49	2.22	1.87	3.40	2.93	47.41	52.59	36.27
1981	22.84	13.96	5.13	6.64	2.19	7.12	2.19	1.77	3.17	2.89	46.80	53.20	37.06
1982	23.21	14.01	4.97	6.76	2.28	6.789	2.12	1.70	2.95	2.93	46.93	53.07	36.38
1983	22.70	14.05	4.87	6.89	2.28	6.59	2.05	1.66	2.88	2.90	46.23	53.77	36.69
1984	22.21	13.76	4.70	6.73	2.33	6.20	1.91	1.58	2.71	2.81	44.98	55.02	37.53
1985	19.60	14.29	4.59	6.86	2.84	5.97	1.89	1.50	2.58	2.88	42.73	57.27	36.89
1986	18.39	14.20	4.71	6.88	2.61	5.78	1.83	1.41	2.54	2.89	41.26	58.74	36.07
1987	17.04	14.21	4.52	7.08	2.61	5.44	1.78	1.28	2.39	2.81	39.51	60.49	36.41
1988	15.30	13.86	4.17	7.16	2.53	5.02	1.63	1.16	2.23	2.74	36.91	63.09	35.65
1989	14.99	14.08	4.21	7.28	2.60	5.11	1.69	1.19	2.24	2.79	36.98	63.02	35.88
1990	15.11	14.05	4.26	7.58	2.30	5.20	1.66	1.17	2.38	2.84	37.19	62.81	36.00
1991	14.04	15.10	5.06	7.25	2.80	5.50	1.58	1.43	2.49	2.71	37.35	62.65	36.82
1992	12.28	15.14	5.07	7.37	2.80	6.28	1.98	1.37	2.93	2.41	36.10	63.90	38.38
"一五"时期	56.72	4.01	2.28	0.80	0.93	2.25	0.46	1.52	0.27	2.65	65.64	34.36	25.76
"二五"时期	39.32	10.05	5.90	2.29	1.87	5.58	1.21	3.56	0.81	3.89	58.83	41.17	32.52
"调整"时期	45.00	9.36	5.22	2.87	1.26	5.31	1.52	2.44	1.35	3.05	62.72	37.28	29.08
"三五"时期	40.17	10.64	5.13	4.04	1.47	4.58	1.71	1.92	2.05	2.91	59.41	40.59	30.16
"四五"时期	29.98	13.23	6.05	5.45	1.73	7.42	2.05	2.20	3.17	2.82	53.46	46.54	33.10

续表

年份	农业	原材料	其中:			能源	其中:			交通	基础产业	非基础产业	其中:加工工业
			冶金	化学	建材		电力	煤炭	石油				
"五五"时期	24.76	13.79	5.34	6.23	2.22	8.07	2.22	2.12	3.74	2.78	49.40	50.60	35.48
"六五"时期	22.11	14.01	4.85	6.78	2.38	6.53	2.03	1.64	2.86	2.88	45.53	54.47	36.91
"七五"时期	16.16	140.08	4.37	7.20	2.53	5.31	1.72	1.24	2.36	2.81	38.37	61.63	36.00
1991~1992	13.16	15.12	5.06	7.31	2.80	5.89	1.78	1.40	2.71	2.56	36.73	63.27	37.60
1953~1978	40.12	9.92	4.92	3.44	1.55	5.38	1.47	2.30	1.82	3.03	58.67	41.33	30.88
1979~1992	18.87	14.26	4.82	6.97	2.48	6.18	1.91	1.51	2.75	2.80	42.11	57.89	36.53

资料来源:《中国工业经济统计年鉴》(1988~1993),中国统计出版社。均按1980年不变价格计算。

表 6　各基础产业与全部非基础产业的产值比例（以全部非基础产业产值为 1）

年份	农业	原材料	其中：			能源	其中：			交通	基础产业
			冶金	化学	建材		电力	煤炭	石油		
1952	2.359	0.089	0.048	0.017	0.025	0.063	0.012	0.046	0.005	0.079	2.591
1953	1.807	0.091	0.049	0.017	0.025	0.053	0.011	0.038	0.004	0.074	2.025
1954	1.708	0.099	0.054	0.020	0.025	0.060	0.012	0.041	0.006	0.078	1.945
1955	1.782	0.112	0.065	0.021	0.025	0.069	0.013	0.047	0.008	0.080	2.043
1956	1.489	0.127	0.074	0.025	0.028	0.068	0.014	0.044	0.010	0.073	1.757
1957	1.496	0.152	0.087	0.033	0.031	0.078	0.016	0.051	0.011	0.080	1.805
1958	1.088	0.194	0.114	0.041	0.040	0.099	0.016	0.072	0.012	0.087	1.468
1959	0.773	0.240	0.137	0.048	0.055	0.117	0.021	0.082	0.015	0.096	1.226
1960	0.652	0.284	0.169	0.055	0.060	0.136	0.029	0.089	0.018	0.101	1.172
1961	1.071	0.265	0.158	0.067	0.040	0.167	0.040	0.103	0.024	0.098	1.601
1962	1.298	0.232	0.136	0.070	0.027	0.166	0.044	0.089	0.032	0.090	1.786
1963	1.310	0.240	0.136	0.073	0.031	0.155	0.043	0.080	0.032	0.087	1.791
1964	1.229	0.250	0.139	0.076	0.034	0.138	0.040	0.062	0.036	0.078	1.695
1965	1.091	0.262	0.145	0.082	0.036	0.135	0.039	0.056	0.040	0.081	1.570
1966	1.014	0.290	0.150	0.099	0.042	0.140	0.041	0.052	0.047	0.078	1.522
1967	1.155	0.258	0.124	0.097	0.037	0.131	0.043	0.042	0.046	0.074	1.619
1968	1.185	0.227	0.104	0.089	0.033	0.147	0.043	0.048	0.056	0.076	1.635
1969	0.897	0.259	0.121	0.103	0.035	0.136	0.044	0.045	0.047	0.068	1.360
1970	0.748	0.273	0.132	0.108	0.034	0.146	0.040	0.050	0.056	0.064	1.232
1971	0.693	0.289	0.141	0.114	0.035	0.155	0.043	0.051	0.061	0.062	1.200
1972	0.653	0.299	0.141	0.119	0.038	0.161	0.045	0.051	0.066	0.063	1.176
1973	0.648	0.299	0.139	0.122	0.038	0.158	0.045	0.046	0.067	0.061	1.166
1974	0.646	0.267	0.117	0.113	0.036	0.160	0.044	0.043	0.073	0.058	1.131
1975	0.585	0.269	0.113	0.118	0.038	0.163	0.045	0.045	0.074	0.058	1.074
1976	0.569	0.256	0.101	0.114	0.041	0.169	0.045	0.044	0.080	0.054	1.049

续表

| 年份 | 农业 | 原材料 | 其中: | | 建材 | 能源 | 电力 | 其中: | | 交通 | 基础产业 |
			冶金	化学				煤炭	石油		
1977	0.502	0.261	0.098	0.118	0.044	0.168	0.044	0.044	0.080	0.056	0.987
1978	0.481	0.286	0.111	0.130	0.045	0.162	0.044	0.044	0.073	0.057	0.985
1979	0.472	0.284	0.112	0.127	0.045	0.157	0.044	0.041	0.071	0.053	0.965
1980	0.428	0.275	0.105	0.126	0.044	0.142	0.042	0.036	0.065	0.056	0.901
1981	0.429	0.262	0.096	0.125	0.041	0.134	0.041	0.033	0.060	0.054	0.880
1982	0.437	0.264	0.094	0.127	0.043	0.128	0.040	0.032	0.056	0.055	0.884
1983	0.422	0.261	0.091	0.128	0.042	0.123	0.038	0.031	0.054	0.054	0.860
1984	0.404	0.250	0.085	0.122	0.042	0.113	0.035	0.029	0.049	0.051	0.817
1985	0.342	0.250	0.080	0.120	0.050	0.104	0.033	0.026	0.045	0.050	0.746
1986	0.313	0.242	0.080	0.117	0.044	0.098	0.031	0.024	0.043	0.049	0.702
1987	0.282	0.235	0.075	0.117	0.043	0.090	0.029	0.021	0.040	0.046	0.653
1988	0.242	0.220	0.066	0.114	0.040	0.080	0.026	0.018	0.035	0.043	0.585
1989	0.238	0.223	0.067	0.115	0.041	0.081	0.027	0.019	0.036	0.044	0.587
1990	0.241	0.224	0.068	0.121	0.037	0.083	0.026	0.019	0.038	0.045	0.592
1991	0.224	0.241	0.081	0.116	0.045	0.088	0.025	0.023	0.040	0.043	0.596
1992	0.192	0.237	0.079	0.115	0.044	0.098	0.031	0.021	0.046	0.038	0.565
"一五"时期	1.656	0.116	0.066	0.023	0.027	0.065	0.013	0.044	0.008	0.077	1.915
"二五"时期	0.976	0.243	0.143	0.056	0.044	0.137	0.030	0.087	0.020	0.094	1.450
"调整"时期	1.210	0.251	0.140	0.077	0.034	0.143	0.041	0.066	0.036	0.082	1.685
"三五"时期	1.000	0.262	0.126	0.099	0.036	0.140	0.042	0.047	0.051	0.072	1.473
"四五"时期	0.645	0.285	0.130	0.117	0.037	0.159	0.044	0.047	0.068	0.061	1.149

续表

| 年份 | 农业 | 原材料 | 其中: | | | | 能源 | 其中: | | | | 交通 | 基础产业 |
			冶金	化学	建材			电力	煤炭	石油			
"五五"时期	0.490	0.272	0.106	0.123	0.044		0.160	0.044	0.042	0.074		0.055	0.977
"六五"时期	0.407	0.257	0.089	0.124	0.044		0.120	0.037	0.030	0.053		0.053	0.837
"七五"时期	0.263	0.229	0.071	0.117	0.041		0.086	0.028	0.020	0.024		0.046	0.624
1991~1992	0.208	0.239	0.080	0.116	0.044		0.093	0.028	0.022	0.043		0.040	0.581
1953~1978	1.022	0.234	0.118	0.080	0.037		0.132	0.035	0.056	0.041		0.074	1.462
1979~1992	0.333	0.248	0.084	0.121	0.043		0.108	0.033	0.027	0.043		0.049	0.738

资料来源:《中国工业经济统计年鉴》(1988~1993),中国统计出版社。均按 1980 年不变价格计算。

表 7　各基础产业与加工工业的产值比例（以加工工业产值为 1）

年份	农业	原材料	其中:			能源	其中:			交通	基础产业
			冶金	化学	建材		电力	煤炭	石油		
1952	3.072	0.116	0.062	0.022	0.032	0.082	0.016	0.059	0.007	0.103	3.373
1953	2.470	0.124	0.066	0.023	0.035	0.072	0.015	0.051	0.006	0.101	2.767
1954	2.223	0.129	0.070	0.026	0.033	0.078	0.016	0.054	0.008	0.102	2.532
1955	2.334	0.146	0.086	0.028	0.033	0.090	0.017	0.062	0.011	0.105	2.676
1956	2.029	0.173	0.101	0.034	0.038	0.092	0.019	0.060	0.013	0.100	2.394
1957	1.987	0.201	0.116	0.044	0.041	0.103	0.021	0.068	0.014	0.107	2.399
1958	1.452	0.260	0.152	0.055	0.053	0.132	0.021	0.096	0.016	0.116	1.960
1959	0.987	0.306	0.175	0.061	0.070	0.150	0.027	0.104	0.019	0.122	1.565
1960	0.851	0.371	0.220	0.072	0.078	0.177	0.038	0.116	0.024	0.131	1.531
1961	1.275	0.316	0.188	0.080	0.048	0.198	0.048	0.122	0.028	0.117	1.905
1962	1.578	0.282	0.165	0.085	0.032	0.201	0.054	0.108	0.039	0.110	2.172
1963	1.655	0.303	0.172	0.092	0.039	0.196	0.054	0.101	0.040	0.110	2.264
1964	1.596	0.325	0.181	0.099	0.045	0.179	0.052	0.080	0.047	0.101	2.202
1965	1.400	0.337	0.186	0.105	0.046	0.173	0.050	0.071	0.052	0.104	2.014
1966	1.371	0.393	0.203	0.133	0.057	0.189	0.056	0.070	0.064	0.105	2.058
1967	1.530	0.342	0.164	0.128	0.050	0.174	0.056	0.056	0.061	0.098	2.144
1968	1.514	0.290	0.134	0.114	0.042	0.188	0.055	0.062	0.072	0.098	2.089
1969	1.233	0.356	0.167	0.141	0.048	0.186	0.060	0.062	0.064	0.093	1.868
1970	1.044	0.382	0.184	0.151	0.047	0.204	0.056	0.070	0.078	0.089	1.719
1971	0.977	0.408	0.199	0.160	0.049	0.219	0.060	0.072	0.086	0.088	1.692
1972	0.918	0.421	0.199	0.168	0.054	0.227	0.063	0.071	0.093	0.089	1.654
1973	0.902	0.415	0.193	0.169	0.053	0.220	0.062	0.064	0.093	0.089	1.622
1974	0.915	0.378	0.166	0.160	0.051	0.226	0.062	0.061	0.104	0.082	1.601
1975	0.824	0.379	0.159	0.166	0.054	0.229	0.063	0.063	0.104	0.081	1.512
1976	0.806	0.363	0.144	0.161	0.058	0.240	0.064	0.062	0.114	0.077	1.487

续表

年份	农业	原材料	其中:			能源	其中:			交通	基础产业
			冶金	化学	建材		电力	煤炭	石油		
1977	0.703	0.365	0.138	0.166	0.062	0.235	0.061	0.062	0.112	0.078	1.382
1978	0.686	0.408	0.158	0.185	0.065	0.231	0.063	0.063	0.104	0.081	1.405
1979	0.677	0.408	0.161	0.182	0.064	0.225	0.063	0.059	0.102	0.076	1.385
1980	0.321	0.399	0.153	0.183	0.063	0.206	0.061	0.052	0.094	0.081	1.307
1981	0.616	0.377	0.138	0.179	0.059	0.192	0.059	0.048	0.085	0.078	1.263
1982	0.638	0.385	0.137	0.186	0.063	0.186	0.058	0.047	0.081	0.081	1.290
1983	0.619	0.383	0.133	0.188	0.062	0.180	0.056	0.045	0.079	0.079	1.260
1984	0.592	0.367	0.125	0.179	0.062	0.165	0.051	0.042	0.072	0.075	1.199
1985	0.531	0.387	0.125	0.186	0.077	0.162	0.051	0.041	0.070	0.078	1.158
1986	0.510	0.394	0.131	0.191	0.072	0.160	0.051	0.039	0.071	0.080	1.144
1987	0.468	0.390	0.124	0.195	0.072	0.150	0.049	0.035	0.066	0.077	1.085
1988	0.429	0.389	0.117	0.201	0.071	0.141	0.046	0.033	0.063	0.077	1.035
1989	0.418	0.393	0.117	0.203	0.072	0.142	0.047	0.033	0.062	0.078	1.030
1990	0.420	0.390	0.118	0.211	0.064	0.144	0.046	0.032	0.066	0.079	1.033
1991	0.381	0.410	0.137	0.197	0.076	0.149	0.043	0.039	0.068	0.074	1.014
1992	0.320	0.394	0.132	0.192	0.073	0.164	0.052	0.036	0.076	0.063	0.941
"一五"时期	2.208	0.155	0.088	0.031	0.036	0.087	0.018	0.059	0.010	0.103	2.553
"二五"时期	1.229	0.307	0.180	0.070	0.056	0.172	0.037	0.109	0.025	0.119	1.826
"调整"时期	1.551	0.321	0.180	0.099	0.043	0.183	0.052	0.084	0.046	0.105	2.160
"三五"时期	1.338	0.352	0.170	0.133	0.049	0.188	0.057	0.064	0.068	0.097	1.976
"四五"时期	0.907	0.400	0.183	0.165	0.052	0.224	0.062	0.066	0.096	0.085	1.616

续表

年份	农业	原材料	其中:			能源	其中:			交通	基础产业
			冶金	化学	建材		电力	煤炭	石油		
"五五"时期	0.699	0.389	0.151	0.175	0.063	0.228	0.063	0.060	0.105	0.078	1.393
"六五"时期	0.599	0.380	0.131	0.184	0.065	0.177	0.055	0.044	0.077	0.078	1.234
"七五"时期	0.449	0.391	0.121	0.200	0.070	0.148	0.048	0.034	0.065	0.078	1.066
1991~1992	0.351	0.402	0.135	0.194	0.075	0.156	0.047	0.037	0.072	0.068	0.978
1953~1978	1.356	0.314	0.157	0.108	0.049	0.177	0.047	0.074	0.056	0.099	1.947
1979~1992	0.517	0.390	0.132	0.191	0.068	0.169	0.052	0.041	0.075	0.077	1.153

资料来源:《中国工业经济统计年鉴》(1988~1993),中国统计出版社。均按1980年不变价格计算。

表 8　各基础产业对全部非基础产业的产值增长弹性 （以全部非基础产业增长率为 1）

| 年份 | 农业 | 原材料 | 其中: | | | 能源 | 其中: | | | 交通 | 基础产业 |
			冶金	化学	建材		电力	煤炭	石油		
1953	0.090	1.074	1.060	1.046	1.125	0.375	0.536	0.316	0.457	0.743	0.151
1954	0.361	2.061	2.310	2.874	1.040	2.468	2.301	2.194	5.317	1.692	0.541
1955	2.427	5.191	7.899	3.665	0.615	6.115	4.107	5.465	14.522	1.881	2.660
1956	0.197	1.655	1.622	1.848	1.576	0.905	1.282	0.655	1.700	0.574	0.315
1957	1.146	7.455	7.135	11.848	4.425	6.027	5.501	6.587	4.654	4.153	1.915
1958	0.059	1.977	2.050	1.814	1.943	1.938	0.900	2.392	1.365	1.266	0.355
1959	-0.632	2.310	2.138	1.957	3.168	2.047	2.931	1.779	2.489	1.581	0.069
1960	-3.542	6.337	7.668	5.481	3.751	5.528	12.518	3.497	6.946	2.515	-0.269
1961	0.059	1.096	1.091	0.690	1.483	0.669	0.437	0.770	0.547	1.037	0.465
1962	-0.495	1.874	2.011	0.657	3.355	1.042	0.283	1.911	-1.432	1.566	0.183
1963	1.092	1.337	1.053	1.377	2.666	0.332	0.658	-0.047	0.953	0.606	1.029
1964	0.645	1.238	1.122	1.286	1.637	0.371	0.618	-0.334	1.812	0.430	0.690
1965	0.376	1.283	1.228	1.397	1.252	0.889	0.859	0.466	1.643	1.209	0.590
1966	0.512	1.732	1.242	2.419	2.144	1.250	1.354	0.482	2.209	0.713	0.790
1967	-0.142	1.916	2.444	1.129	1.877	1.517	0.695	2.473	1.189	1.355	0.479
1968	0.499	3.362	3.992	2.576	3.327	-1.346	0.833	-1.700	-3.025	0.471	0.805
1969	0.032	1.571	1.648	1.602	1.246	0.686	1.081	0.731	0.338	0.563	0.329
1970	0.215	1.263	1.393	1.264	0.810	1.373	0.611	1.515	1.959	0.700	0.554
1971	0.281	1.563	1.686	1.491	1.317	1.586	1.623	1.300	1.818	0.817	0.748
1972	-0.207	1.703	1.064	2.039	3.199	1.851	1.946	0.694	2.753	1.238	0.595
1973	0.915	0.974	0.800	1.218	0.857	0.735	1.016	-0.013	1.117	0.651	0.891
1974	0.928	-1.906	-3.311	-0.857	-0.126	1.361	0.273	-0.929	3.685	-0.365	0.193
1975	0.225	1.059	0.694	1.312	1.444	1.146	1.168	1.310	1.039	0.906	0.587
1976	-0.179	-1.013	-3.289	-0.491	4.077	2.755	1.568	0.255	4.998	-1.300	-0.003
1977	0.029	1.167	0.733	1.373	1.667	0.932	0.722	1.055	0.982	1.206	0.482

续表

年份	农业	原材料	其中:			能源	其中:			交通	基础产业
			冶金	化学	建材		电力	煤炭	石油		
1978	0.628	1.829	2.089	1.851	1.196	0.667	1.095	1.056	0.222	1.124	0.980
1979	0.784	0.931	1.172	0.732	0.909	0.636	0.990	0.124	0.730	0.201	0.769
1980	0.124	0.692	0.418	0.923	0.728	0.128	0.568	-0.281	0.093	1.560	0.370
1981	1.035	0.135	-0.619	0.834	-0.059	-0.129	0.541	-0.274	-0.489	0.501	0.543
1982	1.221	1.076	0.675	1.237	1.525	0.462	0.677	0.619	0.226	1.221	1.062
1983	0.668	0.899	0.680	1.068	0.878	0.612	0.542	0.619	0.658	0.779	0.736
1984	0.705	0.711	0.611	0.692	0.981	0.453	0.402	0.529	0.445	0.645	0.667
1985	0.155	0.988	0.665	0.881	1.950	0.583	0.717	0.522	0.525	0.905	0.516
1986	0.259	0.731	0.995	0.812	0.107	0.524	0.549	0.241	0.672	0.814	0.491
1987	0.330	0.812	0.551	1.000	0.786	0.423	0.597	0.211	0.415	0.633	0.530
1988	0.190	0.620	0.324	0.821	0.590	0.326	0.297	0.253	0.386	0.612	0.394
1989	0.605	1.359	1.210	1.357	1.613	1.401	1.753	1.508	1.088	1.427	1.057
1990	1.189	1.017	1.263	1.747	-0.850	1.343	0.800	0.800	2.112	1.335	1.156
1991	0.328	1.766	2.886	0.594	3.180	1.597	0.548	3.228	1.484	0.577	1.067
1992	0.265	0.913	-0.910	0.983	0.899	1.615	2.176	0.688	1.790	0.336	0.731
"一五"时期	0.312	1.882	2.010	2.154	1.377	1.338	1.409	1.182	2.273	1.025	0.450
"二五"时期	2.702	-4.446	-4.589	-8.914	2.811	-8.945	-12.866	-6.217	-13.852	-0.412	1.129
"调整"时期	0.627	1.275	1.148	1.347	1.693	0.567	0.723	0.035	1.545	0.768	0.721
"三五"时期	0.261	1.084	0.808	1.589	0.862	1.161	1.059	0.775	1.693	0.521	0.518
"四五"时期	0.393	0.957	0.616	1.213	1.338	1.274	1.259	0.731	1.700	0.751	0.659

续表

年份	农业	原材料	其中:			能源	其中:			交通	基础产业
			冶金	化学	建材		电力	煤炭	石油		
"五五"时期	0.325	1.050	0.850	1.151	1.291	0.704	0.877	0.500	0.715	0.925	0.614
"六五"时期	0.618	0.833	0.539	0.913	1.225	0.475	0.583	0.485	0.395	0.823	0.678
"七五"时期	0.383	0.804	0.701	1.015	0.467	0.593	0.609	0.401	0.693	0.809	0.591
1991~1992	0.287	1.196	1.547	0.850	1.630	1.601	1.555	1.489	1.671	0.417	0.844
1953~1978	0.294	1.545	1.389	1.977	1.282	1.439	1.596	0.989	2.285	0.847	0.566
1979~1992	0.452	0.885	0.798	0.927	0.980	0.698	0.784	0.561	0.717	0.752	0.664

资料来源:《中国工业经济统计年鉴》(1988~1993),中国统计出版社。均按 1980 年不变价格计算。

业产值的年平均增长速度。只有这期间在社会总产值中占 56.72% 的农业年平均增长速度仅为 4.53%，既远落后于农业以外的基础产业的增长速度，又远落后于非基础产业和加工工业的增长速度。这期间农业对非基础产业的产值增长弹性系数仅有 0.312。当然，在农业以外基础产业中，其增长速度是很不平衡的。作为主要能源的煤炭和交通年平均增长速度就比较低，分别只有 17.15% 和 14.87%，均低于原材料、电力和石油。但仍超过了非基础产业，只是超前系数较低，分别只有 0.182 和 0.025。在非基础产业和加工工业中，增长速度也很不平衡。这期间非基础产业和加工工业产值年平均增长率分别为 14.51% 和 14.05%。但其中的轻加工工业产值年平均增长速度仅为 12.9%，而重加工工业高达 28.6%。[①]重加工工业的增长速度大大高于煤炭工业和交通业。所以，总起来说，"一五"时期，由于农业以外的基础产业（特别是原材料工业）和非基础产业、加工工业（特别是重加工工业）的高速增长，在很大程度上超过了作为主要基础产业的农业的承受能力，在一定程度上也超过了煤炭工业和交通业的承受能力，从而主要地造成农产品的供应紧张，部分地造成煤炭工业和交通业的产品（或服务）供应紧张。轻加工工业产品的供应也处于紧张状态。但所有这些紧张都没有达到平衡破裂的程度，基础产业和非基础产业都基本上满足了社会生产发展的需要。这样，尽管"一五"时期发生了 1953 年特别是 1956 年的小冒进，但总的说来，还是实现了经济的持续、高速增长。

在 1958~1960 年三年"大跃进"中，在盲目追求工业高速增长的"左"的思想指导下，提出了"以钢为纲"的方针，把优先发展重工业的不平衡战略推到一个极端，造成了经济的全面、严重失衡。这三年基础产业产值年增长率虽然分别只有 14.48%，1.5% 和 -0.96%。但各部门的发展却极不平衡。其中，原材料工业、能源工业和交通业分别依次高达 80.68%，49.79%，22.69%；79.10%，44.13%，19.79%；51.66%，34.09%，9%。而农业仅有 2.4%，-13.61%，-12.68%。这期间，非基础产业和加工工业产值年增长率分别依次为 40.81%，21.56%，3.58%；40.08%，27.13%，1.23%。但其中的轻加工工业和重加工工业年增长率分别依次为

---

① 《中国工业经济统计资料》（1986），中国统计出版社，第 122、124 页。

33.71%，21.99%，-9.8%；93.59%，51.09%，33.09%。[①] 可见，"大跃进"期间，主要由于农业以外的基础产业（特别是原材料工业）的超高速增长，导致农业的低速增长乃至负增长。轻加工工业也处于严重落后状态。

　　针对上述国民经济严重失衡的状况，在 1961~1965 年，实行了"调整、巩固、充实、提高"的方针，在各方面（包括改变经济全面严重失衡、实现经济比较协调发展方面）取得了巨大成效。在这 5 年中，基础产业产值占社会总产值的比重由 1960 年 53.95%，上升到 1965 年的 61.09%。但其中的原材料工业、能源工业和交通业比重分别由 13.03% 下降到 10.21%，由 6.25% 下降到 5.26%，由 4.63% 下降到 3.15%；只有农业比重由 30% 上升到 42.47%。在这期间，非基础产业和加工工业比重也分别由 46.05% 下降到 38.91%，由 35.24% 下降到 30.34%；其中轻加工工业比重却由 20.41% 上升到 26.82%。[②]

　　在"三五"计划和"四五"计划时期（1966~1975 年），盲目追求工业高速增长和优先发展重工业仍然是经济工作的指导方针，并且基于对国际形势作了过于严重的估计，把加强备战和重点建设三线也作为这个时期经济工作的指导思想。由于"文化大革命"的破坏，以及上述指导方针的贯彻，又一次造成了经济的全面、严重失衡。在"三五"和"四五"计划时期，基础产业产值年平均增长率分别为 5.66% 和 5.67%。但其中的原材料工业、能源工业、交通业和农业依次分别为 11.83%，8.23%；12.67%，10.96%；5.69%，6.46%；2.85%，3.38%。在这期间，非基础产业和加工工业依次分别为 10.92%，8.6%；9.06%，8.41%。但其中的重加工工业和轻加工工业依次分别为 16.6%，12.7%；8.4%，7.7%。[③] 这些数据表明：在这期间，农业以外的基础产业（特别是原材料工业和能源工业）和非基础产业、加工工业（特别是重加工工业）的增长速度既超过了农业，除了交通业以外，也都超过了轻加工工业；原材料工业、能源工业和非基础产业、加工工业的增长速度也都超过了交通业；重加工工业的增长速度甚至超过了原材料工业和能源工业。这样，不仅在农业和轻工业产品供应方面造成了严重的短缺局面，在交通业服务方面也出现了紧

　　① 《中国工业经济统计资料》（1986），中国统计出版社，第 118、124 页。
　　② 《中国统计年鉴》（1993），中国统计出版社，第 50、57 页。
　　③ 《中国工业经济统计资料》（1984），中国统计出版社，第 122、125 页。

张状况，甚至在原材料工业和能源工业方面也出现了供应不足的现象。诚然，在"三五"计划末期（1969 年和 1970 年）出现了经济过热以后，"四五"计划时期经济降温，各个产业（农业除外）的增长速度都有下降，但这并没改变上述经济失衡状况。所以，如果说，1958~1960 年经济全面严重失衡突出地由原材料工业的超高速增长造成的，失衡的主要表现是农业和轻工业产品的严重短缺；而 1966~1975 年经济全面严重失衡，则突出地是由重加工工业的超高速增长造成的，失衡的主要表现还是农业和轻工业产品供应严重不足，但在交通业方面也出现紧张状况，这种紧张状况甚至波及到了原材料工业和能源工业。这一点，同贯彻加强备战、重点建设三线的方针，以及由此造成的重加工工业（包括军事工业）的超高速增长，是直接相联系的。

如果不说"文化大革命"结束以后 3 年（1976~1978 年）的特殊情况，仅仅观察 1979 年改革以来基础产业的发展的情况，那么我们可以看到：1979~1992 年，基础产业产值年平均增长率达到 8.68%，比 1953~1978 年提高了 3.49 个百分点。这样，似乎以前存在的许多基础产业发展严重滞后的局面已经有了很大的改观。但进一步地分析表明：这是一种错觉。问题在于：针对轻工业发展长期滞后的局面，1979 年以后的一段时间内，提出并实行了着重发展消费品工业的方针。轻工业投资又具有投资少、回收快、利润高等特点。这样，在新的产业政策导向和市场取向改革的推动下，1979 年以后，轻工业就获得了高速度增长；80 年代中期以后，以新兴家电工业为代表的耐用消费品工业发展速度更快。1979~1992 年，轻工业产值年平均增长速度达到了 14.8%。[①] 与此相联系，在这期间，加工工业和非基础产业年平均增长速度也分别达到 11.84% 和 13.08%。这种高速增长虽然存在过多的重复建设和重复引进，以及过多地依靠外延增长方式等缺陷，但从总的趋势看，是符合产业发展的客观需求的。但这样一来，尽管这期间基础产业增长速度有了很大提高，但对非基础产业的产值增长弹性系数还是只有 0.664，仅比 1953~1978 年提高了 0.098。而且这种提高又仅仅是同长期严重滞后的农业相关的（这一点，我们在下面还要做分析）。还要提到：这期间基础产业产值占社会总

---

① 《中国统计年鉴》（1993），中国统计出版社，第 58 页。

产值的比重由 1978 年的 49.62%下降到 1992 年的 36.1%；与此相对应，非基础产业和加工工业的比重分别由 50.38%上升到 63.9%，由 35.32%上升到 38.38%。所以，即使就基础产业的增长速度、弹性系数和产值比重这些整体指标的变化情况来看，也不能认为这期间基础产业发展滞后的状况已经有了多少改变；宁可说，在基础产业和非基础产业均以更高速度向前发展基础上大体上保持了滞后局面。

如果我们分别考察这期间基础产业各个部门发展的情况，那么还可以进一步看到：有些基础产业部门发展滞后的情况更趋严重了。

就农业来说，1979~1992 年，农业产值年平均增长率为 5.91%，比 1953~1978 年提高了 3.21 个百分点；农业对非基础产业的产值增长弹性系数为 0.452，也提高了 0.158 个百分点。可见，总的说来，建国以后农业发展长期严重滞后的局面已经有了很大的改观。但是，①在这期间农业的发展速度经历了由高到低的过程。1978~1984 年，农业在农村改革和农产品价格大幅度提高等因素的推动下，年平均增长速度曾经高达 7.6%。而在 1985~1992 年，主要由于农村改革效应趋弱、工农业产品不合理比价有某种程度的复归等因素的作用，农业年平均增长速度下降到 4.7%。这虽然比 1953~1978 年仍然提高了两个百分点，但比 1979~1984 年下降了 2.9 个百分点。②1979~1992 年，在农业产值年平均增长率提高 3.19 个百分点的同时，非基础产业和加工工业也分别提高了 3.9 和 3.05 个百分点。③农业产值占社会总产值的比重由 1978 年的 24.22%下降到 1992 年的 12.28%。诚然，在工业化过程中，农业比重的下降是合乎规律的现象，但就大陆的具体情况来看，这种下降是过快了。所以，农业发展严重滞后的现象并没有根本改变。

在这期间，原材料工业、能源工业和交通业对非基础产业的产值增长弹性系数分别由 1953~1978 年的 1.545 下降到 1979~1992 年的 0.885，由 1.439 下降到 0.698，由 0.847 下降到 0.752。这样，在这期间前三类产业增长滞后于非基础产业，原来能源工业和交通供应短缺的状况进一步加剧了。这里需要说明：改革以后原材料工业对非基础产业的产值增长弹性系数虽然也比改革以前降低了，但由于改革以后形成了大量原材料进口的局面，因而在实际经济生活中，原材料的供应并不显得很紧张。

1992 年以后，农业、能源工业和交通业作为瓶颈产业的状况仍在继续发展。这就能够说明：1994 年零售商品物价比上年涨了 21.3%，由农业提供的食品价格上涨约占其中 13 个百分点；今年上半年零售商品物价比去年同期又上涨了 18.5%，食品价格上涨约占其中 12.7 个百分点。① 当然物价上涨的原因是多方面的。但农业发展严重滞后，农产品供给不足，无疑是一个重要原因。据有关专家估计，多年来，大陆仅因电力供应不足致使大约 20% 的工业生产能力不能得到发挥。作为大陆主要交通运输业的铁路，1979 年对国民经济各部门需求的满足率为 90.3%；目前，下降到 50%~70%，由此每年损失产值 4000 亿元。所有这些情况都证明：农业、能源工业和交通业已经成为严重阻碍大陆经济发展的"瓶颈"产业。当然，大陆基础产业并不只是存在一个发展滞后问题。但这无疑是一个最重要问题。这样，加强基础产业，努力缓解基础产业严重滞后的局面，就成为 20 世纪末和 21 世纪初大陆经济发展的最重要的任务。

二、基础产业筹资的重要性及其途径

要解决改革以来基础产业发展严重滞后的问题，就必须增加基础产业的投资。诚然，这种滞后局面的形成，有着多方面的原因。但其中最直接的原因，就是基础产业投资不足。

由于基础产业和非基础产业建设项目的周期不同，二者之间在改革以前产品比价关系不合理，以及改革以后二者产品价格变化幅度不同等原因，仅仅从某些年份的情况很难看出改革以后基础产业发展严重滞后与投资不足之间的直接联系。但把改革以后与改革以前这样两段长时期的有关情况作一对比，就可以在很大程度上排除上述各项因素的影响，从而有助于看清这一点，这是其一。其二，基础产业的投资不足，是相对非基础产业而言的。因此，要说明这一点，单从基础产业投资本身绝对量的增长和增长率来看，也很难做到。只有从基础产业和非基础产业在社会投资中所占比值，特别是从基础产业对非基础产业的投资增长系数，才可以清楚看出这一点。在作了这些方法上的说明以后，我们再引

---

① 《经济日报》1995 年 3 月 9 第 2 版；《人民日报》1995 年 7 月 14 日第 1 版。

用有关的数据（详见表9~表14）。

在1953~1978年和1979~1993年这两段时期内，在全社会投资总额中（不包括城乡个人投资），农业投资比重由11.433%下降到5.474%，原材料工业由18.27%下降到15.31%，能源工业由16.165%上升到19.493%，交通业由13.958%下降到10.678%，全部基础产业由59.831%下降到51.342%；非基础产业由40.169%上升到48.658%，其中加工工业由17.610%上升到20.956%。

在上述两段时限内，全社会各基础产业与全部非基础产业的投资比例（以后者为1），农业由0.310下降到0.113，原材料工业由0.493下降到0.311，能源工业由0.435下降到0.386，交通业由0.358下降到0.203，全部基础产业由1.597下降到1.103。

在上述两段时限内，全社会各基础产业与加工工业的投资比例（以后者为1），农业由0.682下降到0.313，原材料工业由1.069下降到0.809，能源工业由0.954上升到0.993，交通业由0.808下降到0.537，全部基础产业由3.514下降到2.651。

在上述两段时限内，全社会各基础产业对全部非基础产业的投资增长弹性系数，农业由1.752下降到0.445，原材料工业由2.218下降到0.734，能源由2.590下降到0.759，交通业由1.677下降到0.769，全部基础产业由2.083下降到0.768。

上述各项数据表明：改革以来基础产业发展严重滞后，同基础产业投资不足存在着直接的联系。因此，如果不在增加基础产业投资上切实做出成效，基础产业严重滞后的局面是难以扭转的。这一点，也为改革以来的经验所反复证明了。实际上，早在80年代初期，政府就提出了优先发展能源、交通的发展战略；到80年代中后期，各级政府部门更进一步认识到这个问题的重要性。但实际经济生活中基础产业发展严重滞后的局面并没有改变。其直接原因就是发展基础产业的筹资措施不力，需要的资金不能到位。

如果考虑到我国当前和今后一个时期工业化发展阶段的特点，那么，增加基础产业投资就显得更加重要了。

据本文第一部分的资料分析，建国以前大机器工业（主要是轻工业）尽管经历了八九十年的发展，但只能认为工业开始有了起步。建国以后

表9　全社会基础产业投资额

单位：亿元

年份	总投资	农业	原材料	其中:冶金	化学	建材	能源	其中:电力	煤炭	石油	交通	基础产业	非基础产业	其中:加工工业
1953	90.4	7.74	8.13	5.33	0.94	1.86	6.9	2.62	3.58	0.7	10.7	33.47	56.93	13.31
1954	99.07	4.16	10.66	6.77	1.93	1.96	9.91	3.92	4.57	1.42	14.98	39.71	59.36	17.8
1955	100.36	6.18	11.73	7.96	1.56	2.21	13.07	5.35	5.95	1.77	17.66	48.64	51.72	18.15
1956	155.28	11.88	19.7	12.51	4.36	2.83	19.55	7.24	8.05	4.26	26.12	77.25	78.03	28.95
1957	143.32	11.87	22.49	14.04	4.82	3.63	22.01	10.65	7.53	3.83	20.69	77.06	66.26	27.9
1958	269	26.26	70.59	47.27	14.34	8.98	40.72	20.5	16.24	3.98	33.99	171.56	97.44	61.69
1959	349.72	32.92	78.05	51.14	14.29	12.62	54.49	27.55	21.74	5.2	53.24	218.7	131.02	76.31
1960	388.69	45.15	80.24	49.77	16.76	13.71	62.86	29.64	24.54	8.68	56.03	244.28	144.41	86.47
1961	127.42	16.99	23.58	14.24	5.5	3.84	27.28	7.63	15.61	4.04	14.96	82.81	44.61	25.93
1962	71.26	14.39	13.82	6.81	4.33	2.68	15.61	3.56	8.85	3.2	5.08	48.9	22.36	10.66
1963	98.16	22.61	18.26	8.02	5.13	5.11	16.43	3.91	8.22	4.3	7.8	65.1	33.06	14.47
1964	144.12	26.88	27.19	11.68	7.67	7.84	21.62	6.48	9.22	5.92	15.47	91.16	52.96	23.25
1965	179.61	24.97	33.33	14.24	10.8	8.29	25.61	11.68	7.71	6.22	30.51	114.42	65.19	30.02
1966~1970	976.03	104.27	191.17	98.79	62.2	30.18	154.09	68.6	46.65	38.84	150.01	599.54	376.49	196.25
1971~1974	1354.63	134.68	225.14	140.66	40.31	44.17	238.27	98.74	72.09	67.44	248.92	847.01	507.62	263.23
1975	409.32	38.4	99.17	32.42	55.47	11.28	70.86	30.65	18.65	21.56	68.67	277.1	132.22	61
1976	376.34	41.04	91.58	33.28	48.4	9.9	69.61	33.98	16.54	19.09	57.75	259.98	116.36	47.54
1977	382.37	41.75	81.33	42.73	29.05	9.55	78.06	34.72	22.58	20.76	50.23	251.37	131	57.97
1978	500.99	53.34	91.35	46.48	31.34	13.53	113.83	50.91	31.8	31.12	68.04	326.56	174.43	67.98
1979	523.48	57.92	81.56	34.72	29.46	17.38	109.92	50.99	31.86	27.07	64.09	313.49	209.99	65.37
1980	741.61	65.38	129.76	47.6	50.3	31.86	154.52	53.89	45.92	57.71	62.34	412	329.61	91.45
1981	782.75	76.95	136.83	49.7	41.7	35.49	141.6	49.9	36.4	55.3	67.07	422.45	360.3	130.57
1982	1019.59	95.32	181.21	67.6	55.2	47.53	172.5	56.7	45.7	70.1	91.55	540.58	479.01	178.19
1983	1108.29	76.02	204.55	69.3	65.9	56.01	209.4	70.5	60.8	78.1	117.571	607.541	500.748	187.95
1984	1423.87	75.32	234.16	84.5	77.4	60	275.9	89.1	82.2	104.6	161.9	747.28	676.59	261.74

续表

年份	总投资	农业	原材料	其中:			能源	其中:			交通	基础产业	非基础产业	其中:加工工业
				冶金	化学	建材		电力	煤炭	石油				
1985	2007.97	66.93	282.77	109.8	92.6	65.5	365	124.7	97.9	142.4	241.6	956.3	1051.67	453.33
1986	2370.24	64.47	371.88	146.7	106.6	94.1	447.7	184.2	109.4	154.1	272.01	1156.06	1214.18	568.52
1987	2845	99.02	467.32	194.1	145.3	100.7	547	238.8	115.6	192.6	300.65	1413.99	1431.01	739.48
1988	3474.46	103.51	574.3	242.1	197.5	107.2	642	284	123.5	234.5	338.93	1658.74	1815.72	993
1989	3105.47	108.4	478.5	202.7	166	81.1	709.5	304.7	135.9	268.9	289.7	1586.1	1519.37	757.2
1990	3448.12	141.03	480.92	187.7	179	80.6	832.1	377.1	186.5	268.5	347.87	1801.92	1646.2	810.58
1991	4325.91	175.31	613.3	246.7	219.8	103.3	950.3	414.9	213.9	321.5	502.26	2241.17	2084.74	981.1
1992	6632.99	222.43	893.35	362.9	297.1	164.9	1196.3	542.5	256.8	397	734.94	3047.02	3585.97	1626.25
1993	9889.31	306.62	1266.4	552.8	378	195.1	1535.9	754.6	324.4	456.9	1389.5	4498.42	5390.89	2363.3

资料来源:《中国固定资产投资统计资料 (1950~1991)》;《中国统计年鉴》(1992~1994),中国统计出版社。均按当年价格计算。表中的全社会投资额是指全民投资+城镇集体投资+农村集体投资,不包括城乡个人投资。

表10　全社会基础产业投资增长率

单位：%

年份	总投资	农业	原材料	其中:			能源	其中:			交通	基础产业	非基础产业	其中:加工工业
				冶金	化学	建材		电力	煤炭	石油				
1954	9.59	-46.25	31.12	27.02	105.32	5.38	43.62	49.62	27.65	102.86	40.00	18.64	4.27	33.73
1955	1.30	48.56	10.04	17.58	-19.17	12.76	31.89	36.48	30.20	24.65	17.89	22.49	-12.87	1.97
1956	54.72	92.23	67.95	57.16	179.49	28.05	49.58	35.33	35.29	140.68	47.90	58.82	50.87	59.50
1957	-7.70	-0.08	14.16	12.23	10.55	28.27	12.58	47.10	-6.46	-10.09	-20.79	-0.25	-15.08	-3.63
1958	87.69	121.23	213.87	236.68	197.51	147.38	85.01	92.49	115.67	3.92	64.28	122.63	47.06	121.11
1959	30.01	25.36	10.57	8.19	-0.35	40.53	33.82	34.39	33.87	30.65	56.63	27.48	34.46	23.70
1960	11.14	37.15	2.81	-2.68	17.28	8.64	15.36	7.59	12.88	66.92	5.24	11.70	10.22	13.31
1961	-67.22	-62.37	-70.61	-71.39	-67.18	-71.99	-56.60	-74.26	-36.39	-53.46	-73.30	-66.10	-69.11	-70.01
1962	-44.07	-15.30	-41.39	-52.18	-21.27	-30.21	-42.78	-53.34	-43.31	-20.79	-66.04	-40.95	-49.88	-58.89
1963	37.75	57.12	32.13	17.77	18.48	90.67	5.25	9.83	-7.12	34.37	53.54	33.13	47.85	35.74
1964	46.82	18.89	48.90	45.64	49.51	53.42	31.59	65.73	12.17	37.67	98.33	40.03	60.19	60.68
1965	24.63	-7.11	22.58	21.92	40.81	5.74	18.46	80.25	-16.38	5.07	97.22	25.52	23.09	29.12
1966-1970	443.42	317.58	473.57	593.75	475.93	264.05	501.68	487.33	505.06	524.44	391.67	423.98	477.53	533.73
1971-1974	38.79	29.16	17.77	42.38	-35.19	46.36	54.63	43.94	54.53	73.64	65.94	41.28	34.83	34.13
1975	-69.78	-71.49	-55.95	-76.95	37.61	-74.46	-70.26	-68.96	-74.13	-68.03	-72.41	-67.28	-73.95	-76.83
1976	-8.06	6.88	-7.65	2.65	-12.75	-12.23	-1.76	10.86	-11.31	-11.46	-15.90	6.18	-12.00	-22.07
1977	1.60	1.73	-11.19	28.40	-39.98	-3.54	12.14	2.18	36.52	8.75	-13.02	-3.31	12.58	21.94
1978	31.02	27.76	12.32	8.78	7.88	41.68	45.82	46.63	40.83	49.90	35.46	29.91	33.15	17.27
1979	4.49	8.59	-10.72	-25.30	-6.00	28.46	-3.43	0.16	0.19	-13.01	-5.81	-4.00	20.39	-3.84
1980	41.67	12.88	59.10	37.10	70.74	83.31	40.57	5.69	44.13	102.11	-2.73	31.42	56.96	39.90
1981	2.50	17.70	5.45	4.41	-17.10	11.39	-8.36	-7.40	-20.73	1.08	7.59	2.54	9.31	42.78
1982	29.27	23.87	32.43	36.02	32.37	33.93	21.82	13.63	25.55	26.76	36.50	27.96	32.95	36.47
1983	11.45	-20.25	12.88	2.81	19.38	17.84	21.39	24.34	33.04	11.41	28.42	12.39	4.54	5.48
1984	27.38	-0.92	14.48	21.58	17.45	7.12	31.76	26.38	35.20	33.93	37.70	23.00	35.12	39.26
1985	42.03	-11.14	20.76	29.94	19.64	9.17	32.29	39.96	19.10	36.14	49.23	27.97	55.44	73.20

续表

| 年份 | 总投资 | 农业 | 原材料 | 其中: | | | 能源 | 其中: | | | 交通 | 基础产业 | 非基础产业 | 其中:加工工业 |
				冶金	化学	建材		电力	煤炭	石油				
1986	17.18	-3.68	31.51	33.61	15.12	43.66	22.66	47.71	11.75	8.22	12.59	20.89	15.45	25.41
1987	20.60	53.59	25.66	32.31	36.30	7.01	22.18	29.64	5.67	24.98	10.53	22.31	17.86	30.07
1988	19.26	4.53	22.89	24.73	35.93	6.45	17.37	18.93	6.83	21.75	12.73	17.31	26.88	34.28
1989	-8.17	4.72	-16.68	-16.27	-15.95	-24.35	10.51	7.29	10.04	14.67	-14.53	-4.38	-16.32	-23.75
1990	13.12	30.10	0.51	-7.40	7.83	-0.62	17.28	23.76	37.23	-0.15	20.08	13.61	8.35	7.05
1991	25.46	24.31	27.53	31.43	22.79	28.16	14.21	10.02	14.69	19.74	44.38	24.38	26.64	21.04
1992	41.63	26.88	45.66	47.10	35.17	59.63	25.89	30.75	20.06	23.48	46.33	35.96	72.01	65.76
1993	61.41	37.85	41.76	52.33	27.23	18.31	28.39	39.10	26.32	15.09	89.06	47.63	50.33	44.77
"一五"时期	12.21	11.28	28.97	27.40	50.48	18.19	33.64	41.99	20.43	52.94	17.92	23.18	3.87	20.33
"二五"时期	-13.04	3.93	-9.28	-13.47	-2.12	-5.89	-6.64	-19.68	3.28	-3.53	-24.49	-8.69	-19.53	-17.50
"调整"时期	36.09	20.17	34.10	27.88	35.62	45.70	17.94	48.59	-4.49	24.80	81.77	32.76	42.86	41.22
"三五"时期														
"四五"时期														
"五五"时期	12.62	11.23	5.52	7.98	-1.94	23.08	16.87	11.95	19.75	20.47	-1.92	6.09	20.04	8.44
"六五"时期	21.72	0.47	16.86	18.19	12.98	15.50	18.76	18.27	16.35	21.08	31.12	21.97	26.12	37.74
"七五"时期	11.72	16.07	11.21	11.32	14.09	4.24	17.92	24.77	13.76	13.52	7.56	14.56	9.38	12.32
1991~1993	42.08	29.55	38.09	43.34	28.30	34.27	22.67	26.01	20.26	19.39	58.66	35.66	48.50	42.68
1953~1978	7.09	8.03	10.16	9.05	15.06	8.26	11.87	12.60	9.13	16.39	7.68	9.54	4.58	6.74
1979~1993	19.58	10.74	17.69	15.81	17.43	19.55	18.30	18.41	16.09	19.95	18.53	18.52	24.10	25.45

资料来源:《中国固定资产投资统计资料 (1950~1991)》;《中国统计年鉴》(1992~1994), 中国统计出版社。均按当年价格计算。表中的全社会投资额是指全民投资+城镇集体投资+农村集体投资, 不包括城乡个人投资。

表 11　全社会基础产业投资比重（以总投资为 100）

单位：%

年份	农业	原材料	其中：			能源	其中：			交通	基础产业	非基础产业	其中：加工工业
			冶金	化学	建材		电力	煤炭	石油				
1953	8.562	8.99	5.896	1.040	2.058	7.633	2.898	3.960	0.774	11.836	37.024	62.976	14.723
1954	4.199	10.76	6.834	1.948	1.978	10.003	3.957	4.613	1.433	15.121	40.083	59.917	17.967
1955	6.158	11.68	7.931	1.554	2.202	13.023	5.331	5.929	1.764	17.597	48.466	51.534	18.085
1956	7.651	12.68	8.056	2.808	1.823	12.590	4.663	5.184	2.743	16.821	49.749	50.251	18.644
1957	8.282	15.69	9.796	3.363	2.533	15.357	7.431	5.254	2.672	14.436	53.768	46.232	19.467
1958	9.762	26.24	17.572	5.331	3.338	15.138	7.621	6.037	1.480	12.636	63.777	36.223	22.933
1959	9.413	22.31	14.623	4.086	3.609	15.581	7.878	6.216	1.487	15.224	62.536	37.464	21.820
1960	11.616	20.64	12.805	4.312	3.527	16.172	7.626	6.314	2.233	14.415	62.847	37.153	22.247
1961	13.334	18.50	11.176	4.316	3.014	21.410	5.988	12.251	3.171	11.741	64.990	35.010	20.350
1962	20.194	19.39	9.557	6.076	3.761	21.906	4.996	12.419	4.491	7.129	68.622	31.378	14.959
1963	23.034	18.60	8.170	5.226	5.206	16.738	3.983	8.374	4.381	7.946	66.320	33.680	14.741
1964	18.651	18.86	8.104	5.322	5.440	15.001	4.496	6.397	4.108	10.734	63.253	36.747	16.132
1965	13.902	18.55	7.928	6.013	4.616	14.259	6.503	4.293	3.463	16.987	63.705	36.295	16.714
1966~1970	10.683	19.58	10.122	6.373	3.092	15.787	7.028	4.780	3.979	15.369	61.426	38.574	20.107
1971~1974	9.942	16.62	10.384	2.976	3.261	17.589	7.289	5.322	4.978	18.375	62.527	37.473	19.432
1975	9.381	24.22	7.920	13.552	2.756	17.312	7.488	4.556	5.267	16.777	67.698	32.302	14.903
1976	10.905	24.33	8.843	12.861	2.631	18.497	9.029	4.395	5.073	15.345	69.081	30.919	12.632
1977	10.919	21.27	11.175	7.597	2.498	20.415	9.080	5.905	5.429	13.136	65.740	34.260	15.161
1978	10.647	18.23	9.278	6.256	2.701	22.251	10.162	6.347	6.212	13.581	65.183	34.817	13.569
1979	11.064	15.58	6.633	5.628	3.320	20.998	9.741	6.086	5.171	12.243	59.886	40.114	12.488
1980	8.816	17.49	6.418	6.783	4.296	20.836	7.267	6.192	7.377	8.406	55.555	44.445	12.331
1981	9.831	17.48	6.349	5.327	4.534	18.090	6.375	4.650	7.065	8.569	53.970	46.030	16.681
1982	9.349	17.77	6.630	5.414	4.662	16.919	5.561	4.482	6.875	8.979	53.019	46.981	17.477
1983	6.859	18.45	6.271	5.946	5.054	18.894	6.361	5.486	7.047	10.608	45.818	45.182	16.959
1984	5.290	16.44	5.935	5.436	4.214	19.377	6.258	5.773	7.346	11.370	52.482	47.518	18.382

续表

年份	农业	原材料	其中:			能源	其中:			交通	基础产业	非基础产业	其中: 加工工业
			冶金	化学	建材		电力	煤炭	石油				
1985	3.333	14.08	5.468	4.612	3.262	18.178	6.210	4.876	7.092	12.032	47.625	52.375	22.577
1986	2.720	15.69	6.189	4.497	3.970	18.888	7.771	4.616	6.501	11.476	48.774	51.226	23.986
1987	3.480	16.42	6.822	5.107	3.540	19.227	8.394	4.063	6.770	10.568	49.701	50.299	25.992
1988	2.979	16.52	6.968	5.684	3.085	18.478	8.174	3.555	6.749	9.755	47.741	52.259	28.580
1989	3.491	15.40	6.527	5.345	2.612	22.847	9.812	4.376	8.659	9.329	51.074	48.926	24.383
1990	4.090	13.94	5.444	5.191	2.338	24.132	10.936	5.409	7.787	10.089	52.258	47.742	23.508
1991	4.053	14.17	5.703	5.081	2.388	21.968	9.591	4.945	7.432	11.611	51.808	48.192	22.680
1992	3.353	13.46	5.471	4.479	2.486	18.036	8.179	3.872	5.985	11.080	45.937	54.063	24.518
1993	3.400	12.80	5.590	3.822	1.973	15.531	7.630	3.280	4.620	14.051	45.488	54.512	23.807
"一五"时期	6.970	11.96	7.703	2.143	2.119	11.721	4.856	4.988	1.877	15.162	45.818	54.182	17.777
"二五"时期	12.864	21.42	13.146	4.824	3.450	18.041	6.822	8.647	2.572	12.229	64.554	35.446	20.462
"调整"时期	18.529	18.67	8.068	5.520	5.087	15.333	4.994	6.355	3.984	11.889	64.426	35.574	15.863
"三五"时期	10.683	19.58	10.122	6.373	3.092	15.787	7.028	4.780	3.979	15.369	61.426	38.574	20.107
"四五"时期	9.662	20.42	9.152	8.264	3.008	17.450	7.389	4.939	5.123	17.576	65.112	34.888	17.167
"五五"时期	10.470	19.38	8.469	7.825	3.089	20.693	9.056	5.785	5.852	12.542	63.089	36.911	13.236
"六五"时期	6.932	16.84	6.131	5.347	4.345	18.291	6.153	5.053	7.085	10.312	52.383	47.617	18.415
"七五"时期	3.352	15.60	6.390	5.165	3.109	20.714	9.017	4.404	7.293	10.243	49.910	50.090	25.290
1991~1993	3.602	13.48	5.588	4.461	2.282	18.511	8.467	4.032	6.012	12.247	47.744	52.256	23.668
1953~1978	11.433	18.27	9.798	5.316	3.160	16.165	6.497	6.239	3.428	13.958	59.831	40.169	17.610
1979~1993	5.474	15.71	6.161	5.224	3.449	19.493	7.884	4.777	6.832	10.678	51.342	48.658	20.956

资料来源:《中国固定资产投资统计资料 (1950~1991)》;《中国统计年鉴》 (1992~1994),中国统计出版社。均按当年价格计算。表中的全社会投资额是指全民投资+城镇集体投资+农村集体投资,不包括城乡个人投资。

表 12　全社会基础产业与全部非基础产业的投资比例（以全部非基础产业投资为 1）

年份	农业	原材料	其中:			能源	其中:			交通	基础产业
			冶金	化学	建材		电力	煤炭	石油		
1953	0.136	0.143	0.094	0.017	0.033	0.121	0.046	0.063	0.012	0.188	0.588
1954	0.070	0.180	0.114	0.033	0.033	0.167	0.066	0.077	0.024	0.252	0.669
1955	0.119	0.227	0.154	0.030	0.043	0.253	0.103	0.115	0.034	0.341	0.940
1956	0.152	0.252	0.160	0.056	0.036	0.251	0.093	0.103	0.055	0.335	0.990
1957	0.179	0.339	0.212	0.073	0.055	0.332	0.161	0.114	0.058	0.312	1.163
1958	0.269	0.724	0.485	0.147	0.092	0.418	0.210	0.167	0.041	0.349	1.761
1959	0.251	0.596	0.390	0.109	0.096	0.416	0.210	0.166	0.040	0.406	1.669
1960	0.313	0.556	0.345	0.116	0.095	0.435	0.205	0.170	0.060	0.388	1.692
1961	0.381	0.529	0.319	0.123	0.086	0.612	0.171	0.350	0.091	0.335	1.856
1962	0.644	0.618	0.305	0.194	0.120	0.698	0.159	0.396	0.143	0.227	2.187
1963	0.684	0.552	0.243	0.155	0.155	0.497	0.118	0.249	0.130	0.236	1.969
1964	0.508	0.513	0.221	0.145	0.148	0.408	0.122	0.174	0.112	0.292	1.721
1965	0.383	0.511	0.218	0.166	0.127	0.393	0.179	0.118	0.095	0.468	1.755
1966~1970	0.277	0.508	0.262	0.165	0.080	0.409	0.182	0.124	0.103	0.398	1.592
1971~1974	0.265	0.444	0.277	0.079	0.087	0.469	0.195	0.142	0.133	0.490	1.669
1975	0.290	0.750	0.245	0.420	0.085	0.536	0.232	0.141	0.163	0.519	2.096
1976	0.353	0.787	0.286	0.416	0.085	0.598	0.292	0.142	0.164	0.496	2.234
1977	0.319	0.621	0.326	0.222	0.073	0.596	0.265	0.172	0.158	0.383	1.919
1978	0.306	0.524	0.266	0.180	0.078	0.653	0.292	0.182	0.178	0.390	1.872
1979	0.276	0.388	0.165	0.140	0.083	0.523	0.243	0.152	0.129	0.305	1.493
1980	0.198	0.394	0.144	0.153	0.097	0.469	0.163	0.139	0.166	0.189	1.250
1981	0.214	0.380	0.138	0.116	0.099	0.393	0.138	0.101	0.153	0.186	1.172
1982	0.199	0.378	0.141	0.115	0.099	0.360	0.118	0.095	0.146	0.191	1.129
1983	0.152	0.408	0.139	0.132	0.112	0.418	0.141	0.121	0.156	0.235	1.213
1984	0.111	0.346	0.125	0.114	0.089	0.408	0.132	0.121	0.155	0.239	0.104

续表

年份	农业	原材料	其中:			能源	其中:			交通	基础产业
			冶金	化学	建材		电力	煤炭	石油		
1985	0.064	0.269	0.104	0.088	0.062	0.347	0.119	0.093	0.135	0.230	0.909
1986	0.053	0.306	0.121	0.088	0.078	0.369	0.152	0.090	0.127	0.224	0.952
1987	0.069	0.327	0.136	0.102	0.070	0.382	0.167	0.081	0.135	0.210	0.988
1988	0.057	0.316	0.133	0.109	0.059	0.354	0.156	0.068	0.129	0.187	0.914
1989	0.071	0.315	0.133	0.109	0.053	0.467	0.201	0.089	0.177	0.191	1.044
1990	0.086	0.292	0.114	0.109	0.049	0.505	0.229	0.113	0.163	0.211	1.095
1991	0.084	0.294	0.118	0.105	0.050	0.456	0.199	0.103	0.154	0.241	1.075
1992	0.062	0.249	0.101	0.083	0.046	0.334	0.151	0.072	0.111	0.205	0.850
1993	0.057	0.235	0.103	0.070	0.036	0.285	0.140	0.060	0.085	0.258	0.834
"一五"时期	0.131	0.228	0.147	0.042	0.040	0.225	0.094	0.094	0.037	0.286	0.870
"二五"时期	0.372	0.604	0.369	0.138	0.098	0.516	0.191	0.250	0.075	0.341	1.833
"调整"时期	0.525	0.526	0.227	0.155	0.143	0.433	0.140	0.180	0.112	0.332	1.815
"三五"时期	0.277	0.508	0.262	0.165	0.080	0.409	0.182	0.124	0.103	0.398	1.592
"四五"时期	0.278	0.597	0.261	0.249	0.086	0.503	0.213	0.142	0.148	0.505	1.882
"五五"时期	0.290	0.543	0.238	0.222	0.083	0.568	0.251	0.158	0.159	0.353	1.754
"六五"时期	0.148	0.356	0.129	0.113	0.092	0.385	0.130	0.106	0.149	0.216	1.106
"七五"时期	0.067	0.311	0.127	0.103	0.062	0.415	0.181	0.088	0.146	0.205	0.998
1991~1993	0.049	0.181	0.073	0.063	0.032	0.263	0.117	0.058	0.088	0.149	0.642
1953~1978	0.310	0.493	0.259	0.150	0.085	0.435	0.174	0.167	0.094	0.358	1.597
197~1993	0.113	0.311	0.121	0.104	0.070	0.386	0.154	0.096	0.136	0.203	1.013

资料来源:《中国固定资产投资统计资料 (1950~1991)》;《中国统计年鉴》(1992~1994), 中国统计出版社。均按当年价格计算。表中的全社会投资额是指全民投资+城镇集体投资+农村集体投资, 不包括城乡个人投资。

表13　全社会各基础产业与加工工业的投资比例（以加工工业投资为1）

年份	农业	原材料	其中:			能源	其中:			交通	基础产业
			冶金	化学	建材		电力	煤炭	石油		
1953	0.582	0.611	0.400	0.071	0.140	0.518	0.197	0.269	0.053	0.804	2.515
1954	0.234	0.599	0.380	0.108	0.110	0.557	0.220	0.257	0.080	0.842	2.231
1955	0.340	0.646	0.439	0.086	0.122	0.720	0.295	0.328	0.098	0.973	2.680
1956	0.410	0.680	0.432	0.151	0.098	0.675	0.250	0.278	0.147	0.902	2.668
1957	0.425	0.806	0.503	0.173	0.130	0.789	0.382	0.270	0.137	0.742	2.762
1958	0.426	1.144	0.766	0.232	0.146	0.660	0.332	0.263	0.065	0.551	2.781
1959	0.431	1.023	0.670	0.187	0.165	0.714	0.361	0.285	0.068	0.698	2.866
1960	0.522	0.928	0.576	0.194	0.159	0.727	0.343	0.284	0.100	0.648	2.825
1961	0.655	0.909	0.549	0.212	0.148	1.052	0.294	0.602	0.156	0.577	3.194
1962	1.350	1.296	0.639	0.406	0.251	1.464	0.334	0.830	0.300	0.477	4.587
1963	1.563	1.262	0.554	0.355	0.353	1.135	0.270	0.568	0.297	0.539	4.499
1964	1.156	1.169	0.502	0.330	0.337	0.930	0.279	0.397	0.255	0.665	3.921
1965	0.832	1.110	0.474	0.360	0.276	0.853	0.389	0.257	0.207	1.016	3.811
1966~1970	0.531	0.974	0.503	0.317	0.154	0.785	0.350	0.238	0.198	0.764	3.055
1971~1974	0.512	0.855	0.534	0.153	0.168	0.905	0.375	0.274	0.256	0.946	3.218
1975	0.630	1.626	0.531	0.909	0.185	1.162	0.502	0.306	0.353	1.126	4.543
1976	0.863	1.926	0.700	1.018	0.208	1.464	0.715	0.348	0.402	1.215	5.469
1977	0.720	1.403	0.737	0.501	0.165	1.347	0.599	0.390	0.358	0.866	4.336
1978	0.785	1.344	0.684	0.461	0.199	1.674	0.749	0.468	0.458	1.001	4.804
1979	0.886	1.248	0.531	0.451	0.266	1.682	0.780	0.487	0.414	0.980	4.796
1980	0.715	1.419	0.521	0.550	0.348	1.690	0.589	0.502	0.598	0.682	4.505
1981	0.589	1.048	0.381	0.319	0.272	1.084	0.382	0.279	0.424	0.514	3.235
1982	0.535	1.017	0.379	0.310	0.267	0.968	0.318	0.256	20.393	0.514	3.034
1983	0.404	1.088	0.370	0.351	0.298	1.114	0.375	0.323	0.416	0.626	3.232
1984	0.288	0.895	0.323	0.296	0.229	1.054	0.340	0.314	0.400	0.619	2.855

续表

年份	农业	原材料	其中:			能源	其中:			交通	基础产业
			冶金	化学	建材		电力	煤炭	石油		
1985	0.148	0.624	0.242	0.204	0.144	0.805	0.275	0.216	0.314	0.533	2.110
1986	0.113	0.654	0.258	0.188	0.166	0.787	0.324	0.192	0.271	0.478	2.033
1987	0.134	0.632	0.262	0.196	0.136	0.740	0.323	0.156	0.260	0.407	1.912
1988	0.104	0.578	0.244	0.199	0.108	0.647	0.286	0.124	0.236	0.341	1.670
1989	0.143	0.632	0.268	0.219	0.107	0.937	0.402	0.179	0.355	0.383	2.095
1990	0.174	0.593	0.232	0.221	0.099	1.027	0.465	0.230	0.331	0.429	2.223
1991	0.179	0.625	0.251	0.224	0.105	0.969	0.423	0.218	0.328	0.512	2.284
1992	0.137	0.549	0.223	0.183	0.101	0.736	0.334	0.158	0.244	0.452	1.874
1993	0.143	0.538	0.235	0.161	0.083	0.652	0.321	0.138	0.194	0.590	1.911
"一五"时期	0.398	0.669	0.431	0.118	0.120	0.652	0.269	0.280	0.103	0.852	2.571
"二五"时期	0.677	1.060	0.640	0.246	0.174	0.924	0.333	0.453	0.138	0.590	3.251
"调整"时期	1.183	1.181	0.510	0.348	0.322	0.973	0.313	0.407	0.253	0.740	4.077
"三五"时期	0.531	0.974	0.503	0.317	0.154	0.785	0.350	0.238	0.198	0.764	3.055
"四五"时期	0.571	1.241	0.533	0.531	0.176	1.033	0.439	0.290	0.305	1.036	3.880
"五五"时期	0.794	1.468	0.635	0.596	0.237	1.571	0.686	0.439	0.446	0.949	4.782
"六五"时期	0.393	0.934	0.339	0.296	0.242	1.005	0.338	0.278	0.389	0.561	2.893
"七五"时期	0.134	0.618	0.253	0.205	0.123	0.827	0.360	0.177	0.291	0.408	1.987
1991~1993	0.153	0.571	0.236	0.189	0.097	0.786	0.359	0.171	0.255	0.518	2.023
1953~1978	0.682	1.069	0.557	0.328	0.185	0.954	0.381	0.364	0.210	0.808	3.514
1979~1993	0.313	0.809	0.315	0.271	0.182	0.993	0.396	0.252	0.345	0.537	2.651

资料来源:《中国固定资产投资统计资料 (1950~1991)》;《中国统计年鉴》(1992~1994),中国统计出版社。均按当年价格计算。表中的全社会投资额是指全民投资+城镇集体投资+农村集体投资+农村城乡个人投资。

表 14　全社会各基础产业对全部非基础产业的投资增长弹性系数（以全部非基础产业增长率为 1）

年份	农业	原材料	其中:			能源	其中:			交通	基础产业
			冶金	化学	建材		电力	煤炭	石油		
1954	-10.836	7.291	6.330	24.674	1.260	10.220	11.625	6.479	24.097	9.371	4.368
1955	-3.773	-0.780	-1.366	1.490	-0.991	-2.478	-2.834	-2.346	-1.195	-1.390	-1.747
1956	1.813	1.336	1.124	3.528	0.551	0.975	0.694	0.694	2.765	0.942	1.156
1957	0.006	-0.939	-0.811	-0.699	-1.874	-0.834	-3.122	0.428	0.669	1.378	0.016
1958	2.576	4.545	5.030	4.197	3.132	1.806	1.965	2.458	0.083	1.366	2.606
1959	0.736	0.307	0.238	-0.010	1.176	0.981	0.998	0.983	0.889	1.643	0.797
1960	3.635	0.275	-0.262	1.691	0.845	1.503	0.742	1.260	6.548	0.513	1.144
1961	0.902	1.022	1.033	0.972	1.042	0.819	1.075	0.527	0.774	1.061	0.956
1962	0.307	0.830	1.046	0.427	0.606	0.858	1.069	0.868	0.417	1.324	0.821
1963	1.194	0.671	0.371	0.386	1.895	0.110	0.205	-0.149	0.718	1.119	0.692
1964	0.314	0.812	0.758	0.823	0.888	0.525	1.092	0.202	0.626	1.634	0.665
1965	-0.308	0.978	0.949	1.767	0.249	0.799	3.475	-0.709	0.219	4.210	1.105
1966-1970	0.665	0.992	1.243	0.997	0.553	1.051	1.021	1.058	1.098	0.820	0.888
1971~1974	0.837	0.510	1.217	-1.010	1.331	1.569	1.261	1.566	2.114	1.893	1.185
1975	0.967	0.757	1.041	-0.509	1.007	0.950	0.932	1.002	0.920	0.979	0.910
1976	-0.573	0.638	-0.221	1.063	1.020	0.147	-0.906	0.943	0.955	1.326	0.515
1977	0.138	-0.890	2.257	-3.178	-0.281	0.965	0.173	2.902	0.695	-1.035	-0.263
1978	0.837	0.372	0.265	0.238	1.257	1.382	1.407	1.232	1.505	1.070	0.902
1979	0.421	-0.526	-1.241	-0.294	1.396	-0.168	0.008	0.009	-0.638	-0.285	-0.196
1980	0.226	1.037	0.651	1.242	1.463	0.712	0.100	0.775	1.792	-0.048	0.552
1981	1.901	0.585	0.474	-1.836	1.224	-0.898	-0.795	-2.227	0.116	0.815	0.272
1982	0.725	0.984	1.093	0.983	1.030	0.662	0.414	0.775	0.812	1.108	0.849
1983	-4.462	2.838	0.619	4.271	3.931	4.714	5.363	7.281	2.515	6.263	2.729
1984	-0.026	0.412	0.615	0.497	0.203	0.904	0.751	1.002	0.966	1.074	0.655
1985	-0.201	0.374	0.540	0.354	0.165	0.583	0.721	0.345	0.652	0.888	0.505

续表

年份	农业	原材料	其中:			能源	其中:			交通	基础产业
			冶金	化学	建材		电力	煤炭	石油		
1986	-0.238	2.039	2.175	0.978	2.826	1.466	3.088	0.760	0.532	0.815	1.352
1987	3.001	1.437	1.809	2.033	0.393	1.242	1.660	0.317	1.399	0.590	1.249
1988	0.169	0.852	0.920	1.336	0.240	0.646	0.704	0.254	0.809	0.474	0.644
1989	-0.289	1.022	0.997	0.977	1.492	-0.644	-0.447	-0.615	-0.899	0.890	0.268
1990	3.606	0.061	-0.887	0.938	-0.074	2.070	2.846	4.460	-0.018	2.405	1.630
1991	0.912	1.033	1.180	0.856	1.057	0.533	0.376	0.551	0.741	1.666	0.915
1992	0.373	0.634	0.654	0.488	0.828	0.359	0.427	0.279	0.326	0.643	0.499
1993	0.752	0.830	1.040	0.541	0.364	0.564	0.777	0.523	0.300	1.769	0.946
"一五"时期	2.918	7.491	7.085	13.054	4.705	8.700	10.859	5.283	13.691	4.635	5.995
"二五"时期	-0.201	0.475	0.690	0.109	0.302	0.340	1.008	-0.168	0.181	1.254	0.445
"调整"时期	0.471	0.796	0.650	0.831	1.066	0.419	1.134	-0.105	0.579	1.908	0.764
"三五"时期											
"四五"时期											
"五五"时期	0.560	0.276	0.398	-0.097	1.151	0.842	0.596	0.985	1.021	-0.096	0.304
"六五"时期	0.018	0.645	0.697	0.497	0.594	0.718	0.699	0.626	0.807	1.191	0.841
"七五"时期	1.715	1.195	1.207	1.503	0.452	1.911	2.642	1.467	1.442	0.807	1.553
1991~1993	0.609	0.785	0.894	0.583	0.707	0.467	0.536	0.418	0.400	1.210	0.735
1953~1978	1.752	2.218	1.975	3.287	1.803	2.590	2.751	1.993	3.578	1.677	2.083
1979~1993	0.445	0.734	0.656	0.723	0.811	0.759	0.764	0.668	0.827	0.769	0.768

资料来源:《中国固定资产投资统计资料（1950~1991）》;《中国统计年鉴》（1992~1994），中国统计出版社。均按当年价格计算。表中的全社会投资额是指全民投资+城镇集体投资+农村集体投资，不包括城乡个人投资。

直到 1978 年，除了某些调整年份不说，总的看来，实行了优先发展重工业的方针。这样，1953~1978 年，重工业和轻工业的年平均增长速度分别为 13.8%和 8%，前者比后者高出 5.8 个百分点。1979 年以后，提出了着重发展消费品工业的方针。与此相联系，1979~1991 年，轻工业和重工业的年平均增长速度分别为 14%和 10.6%，前者超过后者 3.4 个百分点。但在实际上，从 1991 年起，重工业的增长速度就大大加快了。重工业产值年增长率从 1990 年的 6.2%提高到 1991 年的 14.5%，只比轻工业低 0.5 个百分点；1992 年和 1993 年分别提高到 29%和 24.8%，比轻工业分别高出 2.9 个和 2.5 个百分点。[①]这样，工业化进程就经历了以下几个阶段：建国前工业化开始起步（主要是发展轻工业）；建国后直到 1979 年优先发展重工业；1979~1991 年着重发展轻工业；1992 年开始进入重点发展重化工业的阶段。这样说，也并不排除有的年份轻工业的增长速度会超过重化工业的增长速度。但总的说来，重化工业的增长速度会超过轻工业。但这个阶段是在前三个阶段（主要是后两个阶段）的基础上发展起来的。因而这个阶段重化工业和轻工业增长速度不可能出现第二个阶段那样大的差距，而只是前者的增长速度略高于后者。正因为如此，也可以说从 90 年代初起，已经进入了全面工业化阶段。由于大国效应、发展中国家的后发效应、改革开放效应和经济发达国家的示范效应等因素的作用，这个全面工业化阶段在许多领域同工业现代化又是重叠的。

当代国际经验表明：类似这样的工业化阶段，其重要特征就是结构的剧烈变动，由此引起的资源重新配置等过渡性因素成为推动经济高速增长的最重要因素，经济也因此进入高速增长的黄金时期。这是任何一个发展中国家在工业化的一定阶段都能享受到的经济高速增长的黄金时期。在市场取向改革正常发展的条件下，在这方面还可能产生放大效应。因此，70 年代末开始的经济高速增长还将持续一个相当长的时期。据有关研究单位预测，1991~2010 年国民生产总值年平均增长率将达到 8.25%左右。

重化工业是资金密集型产业。在重化工业中，除了机器制造业以外，原材料工业和能源工业均属基础产业。因此，这种以重点发展重化工业

①《中国统计年鉴》(1993)，中国统计出版社，第 58 页。

为特征的经济高速增长，就要求增加基础产业的投资。

　　为了有效地、较快地解决基础产业发展严重滞后的问题，看来需要适度地组织几次大规模的强化基础产业建设的高潮。在这方面，既有国内的成功经验，也有海外和国外的成功经验。"一五"时期，为了迅速解决重工业严重落后的面貌，集中力量建设了苏联援建的 156 个项目，在短短的 5 年内，就建立了社会主义工业化初步基础。尽管在这期间也发生了某些基础产业（主要是农业）发展滞后的问题，但总的说来是成功的。在以往的几十年中，亚洲"四小龙"为了解决基础产业和基础设施（特别是交通和通讯）发展滞后问题，曾先后于 60 年代初、70 年代、80 年代和 90 年代以来组织了四次基础产业和基础设施的建设高潮，取得了巨大的成效，成为推动他们经济持续、高速增长的重要因素。这些都是值得重视的成功经验。如果考虑到基础产业发展的这种突击方式，那么增加发展基础产业的投资就显得更为重要了。

　　值得提出的是：改革以来，已经打破了改革以前长期存在的基础产业投资仅由中央政府承担的单一格局，已经形成了多元化的投资渠道。就国有单位的情况来看，已经形成了预算内投资、国内贷款、利用外资、自筹投资和其他投资等五个渠道。在 1989~1992 年间，这五条渠道占基础产业总投资的比重，依次分别由 12.81%下降到 6.73%，由 19.54%上升到 27.44%，由 11.19%下降到 10.20%，由 42.21%上升到 46.01%，由 14.25%下降到 8.1%（详见表 15）。这就是国有单位范围由来考察的基础产业投资渠道的多元化，是这方面的基本含义。

表 15　国有单位各基础产业投资资金来源比重　　　　单位：%

		预算内投资	国内贷款	利用外资	自筹投资	其他投资
全民投资	1989	13.36	20.85	10.15	42.80	12.84
	1990	13.98	23.92	9.59	42.53	8.35
	1991	10.91	28.02	8.72	43.13	8.20
	1992	6.86	30.61	8.28	46.52	6.80
非基础产业	1989	14.14	22.73	8.67	43.65	10.82
	1990	15.74	24.76	9.02	43.21	7.25
	1991	12.15	28.19	6.94	46.30	6.30
	1992	7.03	34.95	5.65	47.22	5.01

		预算内投资	国内贷款	利用外资	自筹投资	其他投资
基础产业	1989	12.81	19.54	11.19	42.21	14.25
	1990	12.89	23.40	9.95	42.10	9.04
	1991	10.18	27.91	9.77	41.25	9.32
	1992	6.73	27.44	10.20	46.01	8.10
农业	1989	42.66	9.62	6.44	36.12	5.18
	1990	39.36	8.82	6.25	40.28	5.29
	1991	38.04	10.74	6.33	39.95	4.92
	1992	29.28	12.76	4.96	43.39	9.58
原材料	1989	6.34	30.25	13.87	37.49	12.04
	1990	6.42	38.72	11.91	34.33	8.09
	1991	4.04	43.93	14.22	29.96	7.38
	1992	2.73	41.77	11.52	37.68	5.88
能源	1989	10.57	16.57	12.04	41.75	19.07
	1990	11.71	20.86	10.55	41.98	10.08
	1991	9.62	22.21	9.26	45.79	10.09
	1992	6.96	24.33	10.82	43.65	11.02
交通邮电	1989	22.52	11.71	5.63	52.66	7.47
	1990	18.44	12.32	6.68	53.32	8.64
	1991	12.82	23.57	6.18	46.11	11.05
	1992	6.43	19.91	8.74	59.42	5.39

注：作者根据有关资料按当年价格计算。

基础产业投资渠道多元化还有另一重要含义，即从全社会多种经济成分的范围来考察的含义。就 1993 年的情况来看，这年全社会固定资产投资总额为 12457.88 亿元，其中，国有经济 7657.97 亿元，集体经济 2231.34 亿元，联营经济 56.01 亿元，股份制经济 231.92 亿元，中外合资经济 435.77 亿元，中外合作经营 71.14 亿元，外资经营 49.13 亿元，外资与大陆合资经营 130.56 亿元，外资与大陆合作经营 51.26 亿元，港澳台独资经营 45.93 亿元，个人 1476.23 亿元，其他经济 20.62 亿元；国有经济投资占投资总额的 61.47%，非国有经济投资占 38.53%。[①] 当前，非国有经济投资在投资总额中占的比重不大，在基础产业投资中占的比重更小，还没引起人们的注意。但随着改革的深化和经济的发展。这个比重必然会上升，值得重视。

---

① 《中国统计年鉴》（1994），中国统计出版社，第 140~141 页。

当前基础产业投资多元化格局，是伴随着改革开放的发展而形成的，有了个好的开端。但也存在诸多明显不足之处。比如，国家预算内投资占基础产业投资的比重，到 1989 年就已下降到 12.81%，1992 年又下降到 6.73%；而这两年国家预算内投资还分别占到非基础产业投资的 14.14% 和 7.03%（详见表 15）。这种后者比重高于前者的情况，不仅不符合基础产业发展的要求，也不符合建立社会主义市场体制的要求。按照市场经济理论，政府需要对某些非经营性的基础产业（如公用的普通公路）进行财政投资，而对一般经营性的非基础产业则不需要进行财政投资。当然，在由计划经济体制向市场经济体制过渡的时期，实际上许多非基础产业仍需要较多的政府财政投资。但像上述国家预算内投资占非基础产业投资比重超过基础产业的情况则不能认为是正常的。因此，必须依据市场取向改革的要求，改进已有的投资多元化格局，拓宽已有的投资渠道，开辟新的投资渠道，逐步形成完善基础产业筹资体系。

（一）财政方面

1979 年以来形成的国家财政收入占国民收入比重过低、中央政府财政收入占全部财政收入比重过低、国家用于经济建设投资占社会总投资比重过低，是发展基础产业资金不足的重要原因。1993 年，财政收入只占国民生产总值的 16.2%，比西方经济发达国家的一般水平（约为 40%）低了近 24 个百分点；中央政府财政收入只占全部财政收入的 33.3%，比西方经济发达国家平均水平（约为 60%）低了 20 多个百分点；国家预算内投资只占全社会投资的 3.7%，比西方经济发达国家一般水平（约为 30%~40%）低了 20 多个至 30 多个百分点。[①] 因此，必须通过深化财政体制改革，扭转上述"三个过低"的局面，以利于基础产业投资的增长。有关研究单位依据国情和国际经验提出在今后财政体制改革中，应逐步把财政收入占国民收入的比重提高到 25%~30%，把中央政府财政收入占全部财政收入的比重提高到 60%。这种改变已经形成的利益格局的设想，其实施之难，可以想见。但只要有决心和魄力，又是可以做到的。

在扭转上述"三个过低"局面的同时，还须依据建立社会主义市场经济的要求，严格界定中央政府投资的范围，并依此大大缩小当前的投

---

①《中国统计年鉴》(1994)，中国统计出版社，第 20~21、140 页。

资范围。当前，中央政府投资覆盖了基础产业和非基础产业，这是不妥的。需要逐步地把中央政府的投资集中到基础产业，（当然还要加上不属于基础产业的那部分基础设施。本文以下多次都要包括这个意思。但为省略计，就不一一作说明了）。

在投资范围方面，还需要明确界定中央政府和地方政府的责任。依据国情和国际经验，总的说来，中央政府要对全国性的基础产业投资负责，地方政府要对地区性基础产业投资负责。要切实改变当前由于投资职责不清，而把后一方面的责任也推到中央政府的身上的情况。在当前情况下，强调这一点，颇有必要。当前地方政府在自筹投资中占有很大比重，并在很大程度上能够干预银行贷款的投向；在投资行为方面又存在某些短期化倾向。热衷于投资某些价高利大的加工工业，忽视基础产业的投资，以致形成在加工工业领域过多的重复建设和重复引进，在地区性的基础产业领域又显得严重不足的局面。

无论是中央政府，还是地方政府，都需要通过切实推行已经建立的复式预算制，使政府投资不致被经常性的财政支出所挤占，能够真正用到生产建设、特别是基础产业方面来。

但是，包括中央政府和地方政府在内的财政投资都很有限。鉴于当前基础产业投资严重不足，参照国际经验，还需要尽快建立和发展财政融资体系。财政融资就是将有偿获得的资金通过财政渠道有偿使用，但一般说来，利率低于市场利率。当前，发展财政融资不仅有助于缓解基础产业投资严重不足的压力，而且可以加强承担基础性建设项目的单位的预算约束。推动体制改革的深化。就当前的情况来看，财政融资的来源除了一部分预算内的投资以外，主要是国债（包括国库券和各种特殊建设债券）、外国政府和国际金融机构的低息贷款以及各种基金。

此外，财政还可以为增加基础产业投资创造有利的政策环境。比如，可以对某些基础产业实行低于一般产业的税率和高于一般产业的折旧率，以及低价征用土地的办法；还可以允许某些基础产业的投资主体优先获得交通沿线和港区、机场附近的房地产开发权，以进行综合补偿。

（二）银行偿贷方面

据有关研究单位的分析和预测，改革以来，国内总储蓄的格局已经发生了根本性的变化。1979 年，政府和企业储蓄合计占国内总储蓄的

75.6%，居民储蓄仅占 24.4%；但到 90 年代初，前者下降到 30%左右，后者上升到 70%。但在 20 世纪末和 21 世纪初，基础产业部门的投资在全部国内总投资中，至少需要占到 40%以上；而政府和企业储蓄在国内总储蓄中的比重，大体上也还只能维持在 30%左右。这样，在今后一个时期内，如果不是主要地通过银行来筹资，不坚持间接融资在融资方面的主要地位，就根本不可能解决包括基础产业在内的投资需求问题。而且，目前在居民的储蓄存款中，活期存款只占 15%，定期存款占了 85%，其中 3 年以上的定期存款又占了 50%以上。所以，实行间接融资为主的办法，是能够行得通的。因此，那种认为现在就可以实行直接融资为主的观点，或者现在就可以实行直接融资和间接融资并重的观点，并不符合国情。诚然，改革以来，间接融资在融资方面的作用显著地增长了。1992 年，在社会资金融通中，银行和信用社贷款约占 60%，债券和股票约占 30%，其余为各种形式的集资。因此，不重视间接融资作用的增长是不妥的。但如果以此来论证直接融资和间接融资并重，也不符合资金市场的发展情况。正确的做法似乎是以间接融资为主，并注意发挥直接融资的重要作用。

为了解决发展基础产业的资金问题，在明确了间接融资即通过银行信贷筹资的主要地位以后，还需要建立和健全银行体系。从满足基础产业投资需要出发，并考虑到经济市场化的初期条件，当前值得重视建立和完善政策性银行。某些基础产业虽然也是经营性的，但因为投资量大，建设周期长，预期的投资收益不很高。这样，如果按一般市场利率来使用贷款，这些产业承受不了；而如果按低于一般市场利率来使用贷款，一般的商业银行又不愿接受。但设立由国家产业政策确定投资方向的、资金价格相对较低的政策性银行，就解决了这个矛盾，有利于满足基础产业投资的需要。在这方面已经有了好的开端。近年来已经建立的国家开发银行和中国农业发展银行等，就是有助于解决基础产业投资问题的政策性银行。当然，要真正发挥这些银行在基础产业融资方面的功能，还需要随着整个经济体制改革的深入发展，实现规范化的经营。

（三）企业方面

由于农业以外的基础产业，绝大部分均属国有大中型企业，在改革方面客观上存在较多困难；也由于在改革程序的安排上，把国有大中型企业的改革推到最后；更由于或明或暗的意识形态的阻滞作用，使得国有大中型企业在转换经营机制、股份制改革、参与股市和价格改革等方面都处于相对滞后的境地。这就形成了整体国民经济活力的显著提高与基础产业陷入困境的反差，许多基础产业盈利水平不高，甚至出现了大面积亏损的状态。而就我国工业发展进程来说，在建国以后经过了长期优先发展重工业（其中的原材料工业和能源工业均属基础产业）的阶段以后，基础产业发展所需要的资金，早就应该更多地依靠本身的积累。从这方面来说，由基础产业改革滞后所导致的企业盈利状态不佳，是发展基础产业资金严重不足的一个根本性的原因。当然，改革以来基础产业盈利状态不佳，有税负重和价格低等方面的外在原因。但企业内部机制不灵，以及与之相联系的管理不善、技术改造迟缓和组织结构不合理，却是最重要的内部原因。因此，加快基础产业企业的改革，提高其自身的积累能力，也就是一条增加基础产业投资的最重要途径。

　　当前，国有企业的改革，是经济体制改革的重点。基础产业部门的国有大中型企业的改革，理应提到重要议事日程上。实际上，只有关系国家的经济命脉和安全的、自然垄断性强的基础产业部门的企业需要实行国家独资所有制。但在企业组织形式上也要采取国家独资公司（在法律上承担无限责任）和有限责任公司（在法律上承担有限责任）。除此以外，其他的从事基础产业的企业不仅可以大量采用有限责任公司的形式，也可以采用股份制的形式。许多基础产业由于生产规模大，最适宜于运用股份制来经营，也最需要通过股票发行和上市交易来筹集资金。而且，当前已有一些基础产业部门的盈利水平达到甚至超过加工工业。从深化价格改革来说，基础产业在相对价格的变动趋势方面也处于有利地位。相对加工工业来说，基础产业比较稳定，投资风险较小。这些都是从事基础产业的企业实行股份制改造和股票上市交易的有利条件。所以，当前在进行企业股份制改造和扩大股市规模时，在规范化的前提下，在确保国有资产增值的条件下，要适当优先安排从事基础产业的企业。当然，基础产业部门的企业体制改革，需要其他改革相配套。其中，基本前提是政企分开。但就提高基础产业企业自我积累能力来说，深化价格改革，改变某些基础产业价格偏低的状态，也是十分重要的。

　　50年代中期以后，在所有制方面盲目追求"一大二公"的"左"的思想的误导下，几乎形成了单一的公有制（主要是国有制）。实践表明：这种所有制格局并不利于社会生产力的发展，甚至不利于维护公有制的主体地位。改革以来，这种局面有了很大的改变，初步形成了以公有制为主体的多种经济成分同时发展的格局。但当前国有制的覆盖面仍然过宽。在坚持国有经济占主导地位的前提下，只需要保留少数的关系国计民生的国有大中型企业，一般的国有小型企业都可以拍卖掉。由此获得的资金除了一部分用于原有职工的养老、失业保险和清理债务以外，均可用于发展基础产业，首先是用于基础产业部门的企业的技术改造。这是当前筹集发展基础产业所需资金的一条特殊的、但也是重要的渠道。当然，也是深化经济体制的一个重要方面。当前还有一条值得重视的、筹集发展基础产业所需资金的渠道，即按照有关规定，改变原来无偿使用国有土地资源的做法，实行有偿使用，并将收入专项用于发展基础产业。

为了开拓发展基础产业的资金渠道，还需要进一步打破原来存在的由中央政府单独承担基础产业建设的局面。为此，首先要在发展基础产业方面发挥中央政府和地方政府两个积极性。这不仅要明确界定中央政府和地方政府在发展基础产业方面的责任，而且要通过经济手段、立法手段和行政手段，遏制地方政府热衷于投资加工工业的势头，并逐步引导他们把投资从一般加工工业领域退出来，集中用于发展基础产业方面；还要倡导中央部门和地方政府或者中央、地方政府与企业合办基础产业。改革以来，在这方面已经创造了不少的好经验。比如，由广东省政府和铁道部合资修建的、全长480公里的广（州）梅（州）汕（头）铁路于今年7月20日全线贯通，就是成功的一例。为此，还要在发展基础产业方面全面贯彻以国有经济为主导的，多种经济成分共同发展的方针。这就要倡导发展由国家控投和多种经济成分参股的股份公司为核心的企业集团，甚至还要倡导发展由非国有经济（包括集体经济和私有经济等）组成的企业集团参与基础产业的开发。发展前一种企业集团当然不会影响国有经济的主导地位；对于后一种企业集团，只要发展适度，也不会影响这种地位。在非国有经济已经有了很大发展，资金已经有了很多积累的今天，这样做是行得通的；而且，归根结底有利于社会主义社会生产力的发展，有利于社会主义制度的巩固。当然，为了保持基础产业的规模经济效益，国家可以通过行政手段对进入基础产业的非国有经济在投资总量的最低限方面加以规定。

（四）利用外资方面

改革以后，就确定了利用两种市场（国内外市场）和两种资源（国内外资源）的方针。鉴于资金在生产要素中的特殊重要作用和发展基础产业资金严重不足的局面，利用外资发展基础产业具有特殊重要的意义。

改革以来，在这方面已经取得了巨大的成效。根据统计，截至 1994 年底，大陆的外债余额为 928.06 亿美元。按照国际口径测算，1994 年外债的偿债率为 9.12%，债务率为 77.8%，远低于国际上公认的偿债率 20% 左右和债务率 100% 的警戒线水平，表明外债规模在总体上仍然是安全的。在 1994 年末的外债余额中，长期外债余额为 823.9 亿美元，短期外债余额 104.16 亿美元，短期外债余额占外债总余额的比例为 11.2%。在这 928.06 亿美元外债余额中，政府部门的债务余额占 30.43%，金融机构债务余额占 45.84%，国内企业债务余额占 10.29%，外商投资企业债务余额占 13.44%。[①] 上述数据表明：无论外债规模方面，或者在外债的长短期结构等方面，大体上都合理。因而，在发展包括基础产业的整个经济方面，扩大利用外资的潜力还是很大的。

但当前的问题不仅是要进一步扩大利用外债的规模，而且要改善外资的利用。在这方面，值得重视的有以下两点：

1. 依据国家的产业政策要求，调整利用外资的结构。这不论是在利用国外贷款方面，或者在外商直接投资方面都是如此。1994 年 3 月 25 日政府公布的《九十年代国家产业政策纲要》明确规定：要大力发展农业，要切实加强基础设施和基础工业；要扩大利用外资的规模和领域，鼓励外商直接投资基础设施和基础工业。[②] 依据这个纲要，并结合外商投资的特点，今年 6 月 28 日政府公布的《指导外商投资方向的暂行规定》又明确规定：属于农业新技术、农业综合开发和能源、交通、重要原材料工业建设的项目及其他五个方面的项目，列为鼓励外商投资项目。同日公布的《外商投资产业指导目录》按 18 大类分列了 172 项鼓励外商投资的产业，

---

① 《人民日报》1995 年 7 月 21 日第 1 版。
② 《经济日报》1994 年 6 月 23 日第 2 版。

其中有 8 大类和 78 项均属基础产业。按照最近这两个文件的规定，不仅对外商投资的领域有所放宽（包括基础产业和非基础产业）；而且允许外商投资的产业仍然享受有关法律、行政法规所规定的各项优惠待遇；对从事投资额大、回收期长的能源、交通基础设施（煤炭、电力、地方铁路、公路、港口）建设并经营的，还增加了一条优惠待遇，即经批准可以扩大与其相关的经营范围，以利于加快投资的回收，①现在需要依据这些文件，调整利用国外贷款和外商直接投资的结构，改变目前基础产业占的比重不大的情况。

2. 要提高国外贷款的利用效益和外商直接投资企业的经济效益。在外商直接投资方面，当前须注意以下几点：要鼓励境外大的跨国公司来华投资，改变目前中小企业占的比重过大的格局；要大力提高境外来华投资的资金到位率，改变目前到位率过低的状况；要改善外商直接投资企业的盈利状况，改变目前相当数量的外商投资企业因采用价格转移等手段而造成虚亏实盈的状态。

我们在前面分析了筹集发展基础产业资金的重要性及其途径。但是，即使只就发展基础产业所需要的资金来说，也不能只把视线局限在筹集资金的增量上。在这里，对解决基础产业发展滞后问题具有重要意义的，还有两方面值得重视。①提高现有基础产业资产存量的使用效益。据统计，在现有的包括基础产业在内的 22000 亿元的国有资产存量中，闲置和利用率不高的就达 7000 多亿元，约占 1/3。在含有基础产业最重要组成部分的工业中，由于提高资产存量而增加的净产值仅占全部新增净产值的 20%左右，而德国等 12 个经济发达国家达到 50%左右，阿根廷等 20 个发展中国家也在 30%上下。②提高基础产业的投资效益。据统计，包括基础产业投资在内的每百元生产性积累资金增加的国民收入在“五五”、“六五”和“七五”时期分别只有 35 元、73 元和 58 元，呈下降趋势，并且远远低于 1963~1965 年已经达到 87 元的水平。②可见，提高上述两方面效益的潜力是很大的。因此，在一定意义上可以说，上述增加基础产业投资增量仅是解决该产业资金问题的第一条道路，而这里说的两

①《人民日报》1995 年 6 月 28 日第 2、5 版。
②《中国经济年鉴》(1994)，中国经济年鉴社，第 782 页。

方面是解决这个问题第二条和第三条道路。但强调这两方面的重要性，目的在于提出不要忽视这两点。很显然，它不否定增加基础产业投资增量的重要性。

关于实现经济增长方式转变的若干问题 *

一、经济增长方式的现状及其转变的重要性

在 1981 年 11 月底至 12 月初召开的五届全国人大四次会议上，国务院在政府工作报告中就明确提出：提高经济效益是社会主义经济建设的一个核心问题。要围绕这个核心，走出一条经济建设的新路子，为此提出了 10 条方针。其中包括有重点有步骤地进行技术改造，充分发挥现有企业的作用，① 实现经济增长方式由粗放型到集约型的转变，其目的就是为了提高经济效益，其重要标志就是加强对现有企业的技术改造。从这些相互联系的意义上说，早在 10 多年以前，就提出了经济增长方式由粗放型到集约型的转变问题。那么，经济增长方式的现状又是如何呢？为了说明这一点，先列表 1、表 2 和表 3 如下。

---

* 原载《中国工业经济》1996 年第 1 期。
① 《中国经济年鉴》(1982)，经济管理杂志社，第 1~9 页。

表1　国有经济固定资产投资构成的比较

项目 单位 年份	固定资产投资		基本建设投资		更新改造投资	
	亿元	%	亿元	%	亿元	%
1981	667.51	100.00	442.91	66.35	224.60	33.65
1994	9322.49	100.00	6436.74	69.04	2918.61	30.96

资料来源:《中国固定资产投资统计资料（1950~1985）》，中国统计出版社（下同），第5页；《中国统计年鉴》(1995)，中国统计出版社（下同），第140页。

表2　国有经济更新改造投资构成的比较

年份 单位 项目	1981		1994	
	亿元	%	亿元	%
更新改造投资	224.60	100.00	2918.61	100.00
1. 建筑安装工程	113.77	58.25	1258.72	43.12
设备、工器具购置	76.15	38.99	1419.79	48.64
其他费用	5.38	2.76	240.09	8.22
2. 新建	19.75	10.1	189.95	6.50
扩建	75.01	38.4	1486.20	50.92
改建	89.02	45.6	1076.44	36.88
3. 增加产量	77.87	56.7	1026.45	35.16
节约能源	4.71	3.4	79.93	2.73
节约原材料	2.44	1.8	14.94	0.51
增加品种	—	—	381.76	13.08
提高质量	6.57	4.8	177.04	6.06
三废治理	3.42	2.5	45.67	1.56
其他	25.99	18.9	1192.81	40.86

资料来源:《中国固定资产投资统计资料（1950~1985）》，第219~220页；《中国统计年鉴》(1955)，第161、178页。说明：1981年增加产量一栏内包括了增加品种。

表3　1994年全社会固定资产投资及其构成

经济成分	单位	总计	建筑安装工程	设备、工器具购置	其他费用
全社会	亿元	16370.33	10399.16	4138.04	1833.14
	%	100.00	63.5	25.3	11.2
国有经济	亿元	9322.49	5844.28	2295.29	1182.29
	%	56.9	62.7	24.6	12.7
集体经济	亿元	2664.70	1506.37	986.84	171.49
	%	16.3	56.5	37.0	6.5
个体经济	亿元	1970.56	1798.51	119.23	52.82
	%	12.0	91.3	6.1	2.6

续表

经济成分	单位	总计	建筑安装工程	设备、工器具购置	其他费用
联营经济	亿元	100.48	62.43	19.31	18.74
	%	0.6	62.1	19.2	18.7
股份制经济	亿元	569.27	322.08	160.46	86.7
	%	3.5	56.6	28.3	15.2
外商投资经济	亿元	1280.32	597.16	458.95	244.21
	%	7.8	46.6	35.8	17.3
港澳台投资经济	亿元	430.01	241.89	95.88	92.24
	%	2.6	56.3	22.3	21.4
其他经济	亿元	32.30	26.44	2.08	3.98
	%	0.2	81.4	6.4	12.2

这里只是大体上地把扩大再生产主要靠基本建设投资的增长看作是粗放型（或外延型，下同）的经济增长方式的重要标志，把扩大再生产主要靠更新改造投资的增长看作是集约型（或内涵型，下同）的经济增长方式。表1所列的资料清楚表明：1981~1994年，在国民经济中占主导地位的国有经济的基本建设投资占固定资产投资的比重不仅没有下降，反而由66.35%上升到69.04%；更新改造投资比重不仅没有上升，反而由33.65%下降到30.96%。

一般说来，可以把更新改造投资的增长看作是集约型经济方式的增长，但在计划经济的投资体制没有根本改变和国家要求压缩基本建设投资的情况下，有些部门、地区和企业往往以更新改造为名，行基本建设之实。这样，即使就更新改造投资来说，相对科技含量较高的设备、工具和器具的购置费用来说，建筑安装工程费用就具有较多的粗放型经济增长方式的色彩；相对改建来说，新建和扩建较多地具有这种色彩；相对节约能源和原材料、增加品种和提高质量等项费用来说；增加生产能力的费用也较多地具有这种色彩。但表2的资料说明：1981~1994年，建筑安装工程费用占更新改造投资的比重虽然由58.25%下降到43.12%，但仍然很大；新建和扩建的比重不仅没有下降，反而由48.5%上升到57.42%；增加生产能力费用比重虽有下降，但仍有35.16%；节约能源和原材料，增加品种和提高质量等项费用的比重虽有上升，但也只占22.38%。这些情况表明：即使就这期间的更新改造投资来说，也具有较多的明显的粗放型经济增长方式的色彩。

　　表3的资料表明：1994年，在固定资产投资中，建筑安装工程费占的比重，全社会为63.5%，国有经济为62.7%，集体经济为56.5%，个体经济为91.3%，联营经济为62.1%，股份制经济为56.6%，外商投资经济为46.6%，港、澳、台投资经济为56.3%，其他经济为81.4%。可见，除了外商投资经济的比重在50%以下以外，其他各种经济的比重都在50%以上。而相对建筑安装工程费用来说，设备、工具和器具的购置费含有较高科学技术含量，但与上述几个数据相对应，后者的比重依次分别为25.3%、24.6%、37%、61%、19.2%、28.2%、35.8%、22.3%、6.4%。这种情况表明：中国公有经济（包括国有经济和集体经济）原来就存在的粗放型的经济增长方式，已经在向非公有经济蔓延。这是改革以来我国经济发展过程中出现的一个很值得重视的新特点。

　　这里需要说明：1978年底召开的党的十一届三中全会以来，就逐步实行了以社会主义国有经济为主导的、多种经济成分同时发展的方针。这样，国有经济以外的各种经济成分已经有了初步的发展，而是有了很大的发展。以1994年的工业企业数为例，全社会共有1001.71万个，其中国有工业10.24万个，集体工业186.3万个，城乡个体工业800.74万个。其他经济成分工业4.45万个。① 这种情况进一步证明：粗放型已经成为包括各种经济在内的经济增长方式的特点。

　　上述各项仅仅是我国当前粗放型经济增长方式的最重要表现，还不是它的全部表现，但仅此一点就足以说明：1978年以来，我国在实现经济增长方式由粗放型向集约型的转变方面并没有取得显著的进展。

　　粗放型经济增长方式的存在，不是孤立的、偶然的现象，而是我国经济政治和社会诸种特点的反映。①中国当前正处于由传统计划经济体制向社会主义市场经济体制转变的时期，与传统计划经济体制的联系的投资膨胀的机制以及由此产生的外延型扩大再生产方式也不可能得到根除。同时，市场并不发育，市场机制也不健全，统一开放，平等竞争的市场并没真正形成，地区封锁和部门分割的状况还广泛存在，市场交易规则很不健全，市场交易秩序还很混乱。这样，不仅市场机制在促进经济增长方式由粗放型向集约型转变方面的作用难以充分发挥，而且市场

――――――
　　①《中国统计年鉴》（1995），第375页。

交易的种种非正常情况，还使得粗放型经济增长方式凝固化，并使这种方式向非公有经济蔓延。②中国当前包括干部制度在内的内涵政治体制改革还远没有完成，对干部考核和升黜的重要依据，就是经济增长率。在中国当前情况下，经济增长主要又是与外延扩大再生产方式相联系的。这样，在政企还没分开，现代企业制度还没健全，企业家市场还没有形成的情况下，上述考核和升降办法，往往形成一种强大的利益驱动，使得某些有关的经济管理干部和企业领导者成为追逐外延扩张的人格化代表，并在这方面起着强大推动力。③中国还处于社会主义初级阶段。相对经济发达国家说来，资金匮乏设备落后，科技发展水平以及与此相联系的劳动者（包括一般体力劳动者、工程技术和科学技术人员，以及企业经营管理人员）的素质还比较低。④中国当前城镇显性失业人口绝对量很大，潜在失业人口更多，在业富余劳动力更是多得惊人，每年特别劳动力也很多。这些因素也严重制约中国经济方式由粗放型向集约型转变。

　　但是，由粗放型经济增长方式引发或加剧了一系列的矛盾。诸如经济效益低下，作为"瓶颈"部门的农业、能源、原材料和交通运输的供求关系更为紧张，经济增长速度过快，通货膨胀在高位上运行，国有企业活力下降，产品在国际市场上的竞争力不强，某些重要的自然资源不足，生态环境恶化等等。从直接的意义上说，当前粗放型的经济增长方式几乎成为上述各项经济矛盾的症结。

二、实现经济增长方式转变需要正确处理的几个关系

（一）经济增长方式的转变必须以经济体制的转变为基础，并且需要把二者紧密地结合起来

　　在发达的商品经济中，如果价值规律具备了发挥作用的条件，那么它就会促使和迫使企业采取以技术进步作为重要特点的集约经营的经济增长方式。中国经济增长方式之所以迟迟不能实现由粗放经营到集约经营的转变，主要就是因为在传统的计划经济体制下，价值规律缺乏赖以发挥作用的条件。因此，要实现经济增长方式的转变，必须要实行由传统的计划经济体制到社会主义市场经济体制的转变。

在这方面，首先是要在坚持社会主义公有制为主体的条件下，实现多种经济成分的共同发展。改革以来的经验表明：要发展社会生产力和坚持社会主义制度，不坚持国有经济在国民经济中的主导地位是不行的；但国有经济比重过大了，也不利于社会生产力的发展和社会主义制度的巩固。那么，在今后一个时期内，国有经济在国民经济中究竟以占多大比重为宜呢？依据国有经济本身的特点以及发展社会生产力巩固社会主义制度的需要，某些垄断性产业、某些先导性产业、某些高新技术产业、某些与人民基本生活关系极大的产业、某些公益性产业和某些关系国家安全的产业，需要国有经济来经营。据测算，要做到这些，国有经济产值占国内生产总值的比重只需要 20% 以上，最多 30% 就够了。相对国有经济来说，集体经济适合我国社会生产力状况的范围要大些，它的比重也可以大些，可以占到 30%~40%。这样，非公有经济（包括个体经济、私营经济和外资经济等）可以占到 30% 多一点。这是一种理论上的抽象考察。但在实际上，随着市场经济的发展，多种经济成分会出现多种形式的交织状态，很难完全做出绝然划分，但大体上划分是可能的，也是必要的。当然，这只是一种预测。各种经济成分在国民经济中究竟占多少算合适，归根结底取决于它们适合社会生产力发展的需要，取决于市场经济条件下的竞争过程。

改革以来，多种经济成分有了迅速的发展，并成为推动这期间经济高速增长的极重要因素。但如果上述分析是恰当的，那么还需要加速缩小国有经济比重和加速扩大非公有经济比重的进程。据有关研究单位的计算和测算，1978 年，在国内生产总值中，国有经济占 56%，集体经济占 43%，非公有经济占 1%。1993 年，三者比重依次分别变为 42.9%、44.8%、12.3%。如果各种经济成分发展的条件（其中包括国家有关的政策措施）不变，到 2000 年，三者比重将依次分别变为 38.5%、41.3% 和 20.2%；到 2010 年，三者比重将依次分别变为 34.7%、34.5% 和 30.8%。依据前述理由，这种进程太慢，而且国有比重还是大些。为此，需要加速这种进程。一方面要加速缩小国有比重的进程。就企业规模标准来说，就是要抓住大的（包括部分中的），放掉小的（包括部分中的）。就产业领域来说，无论在资产存量的调整上，或者在资产增量的投向上，均需向适宜于国有经济经营的领域集中，同时逐步由不适于国有经济经营的领域退出。另一方面，要加速扩大非国有经济比重的进程。为此，要进一步完善发展内资（包括个体经济）和引进外资的政策，以达到能够稳定地、长期地把更多的内资和外资吸引到生产方面，特别是集约经营的生产方面。

这里有一个问题：如果国有经济的比重缩小到 20%~30%，是否会影响以国有经济为主导、以公有经济为主体的指导方针的贯彻以及经济发展的社会主义方向呢？不会的。事实上，国有经济以 20%~30%的比重，占据了上述重要部门，就不但可以决定经济发展的社会主义方向，而且可以保证社会生产力的发展，综合国力的提高和人民生活的改善。历史经验已经证明了这一点。1952 年，在国民收入中，国有经济的比重只占 19.1%。[1] 但以此为基础，在 1953~1957 年的短短五年中，不仅完成了对个体的农业和手工业以及资本主义工商业的社会主义改造，而且建立了社会主义工业化的初步基础，并使人民生活有了很大的改善。这样说，并不是要回到 1953 年开始的从资本主义到社会主义的过渡时期，而是要证明这样做是没有上述危险的。而且，即使在社会主义改造已经取得决定性胜利的 1956 年，国有经济占国民收入的比重也只有 32.2%。[2] 还要提到：如果国有经济比重缩小到 20%~30%，再加上集体经济占 30%~40%。那么，社会主义公有经济比重仍然达到 70%以上，整个国民经济仍然是以社会主义经济为主体的。

在发展多种经济成分的同时，还要花大力气积极推进现代企业制度，实现国有企业制度的改革；还要发展和完善市场，形成统一开放、竞争有序的市场体系，最关键的还是要加快转变政府职能，改善和增强国家的宏观调控能力。因限于篇幅，这三方面问题，本文不拟展开分析。

这样，价值规律的作用（包括促使和迫使企业实行集约经营的作用）就能获得较为充分的条件。主要是：在全社会范围内，拥有市场调节的微观基础；市场发育程度较高，价格机制灵活，价格体系合理，以及市场统一开放，平等竞争充分展开，行政性垄断排除；国家的宏观调控比较健全和有效，企业行为比较规范，市场交易规则健全，市场交易有序，社会总供给和社会总需求基本平衡。在这种情况下，粗放经营方式（当

①②《伟大的十年》，人民出版社 1959 年版，第 36 页。

前突出表现为进退之间和各部门之间的、过多的、低水平的重复建设、重复生产和重复引进）就难以存在了，集约经营方式就会获得较快的发展。否则，不仅国有经济中的粗放经营方式难以根本改变，而且这种方式向非国有经济蔓延的趋势也难以扭转。

但是，集约经营的经济增长方式是提高微观经济效益的极重要途径。提高经济效益也就是发展生产力。从这方面来说，经济体制改革要为转变经济增长方式服务，而且，经济体制改革进展的速度、广度和深度在很大程度上有赖于生产力的发展。因此，又必须把经济体制改革与经济增长方式的转变结合起来。

这里还要着重提到：在深化经济体制改革的同时，还必须深化包括干部制度在内的政治体制改革。适应经济增长方式由粗放型到集约型根本转变的要求，对有关经济管理干部政绩考核和升降的依据，就不能只是侧重经济增长率这样的指标，同时要考核能够反映集约经营方式的指标。如技术改造投资在固定资产投资的比重；改建投资，购买设备投资，用于增加新产品，提高产品质量和节约能源原材料的投资，在技术改造投资所占的比重等等。对企业经营管理人员，也要加上诸如新技术开发费在销售收入中的比重、新产品产值的新增产值中的比重以及产品的技术含量的提高等项指标。如果不坚决采取这些措施，或其他更有效措施，经济增长方式的转变，将会遇到很大的困难。

（二）科学技术是第一生产力，教育是基础

因此，实行科教兴国不仅是实现我国经济发展战略的必然选择，也是转变经济增长方式的根本途径。在科教的发展水平方面，当前中国同经济发达国家还有较大的差距。这种差距既意味着大力发展我国科教事业的紧迫性，也意味着在这方面具有较大的潜力。据有关单位预测，到2000年，科技进步对中国经济增长率可以从目前的30%左右提高到50%左右。到2010年，在重点发展行业中，科技进步贡献率还可能再增加10~15个百分点。这是从总的发展趋势来说的。但就我国当前第二次和第三次产业的许多行业的管理落后甚至滑坡的情况来说，提高企业经营管理人员的素质，增大管理方面的投入，对于实现经济方式的转变，也具有不容忽视的重要意义。就中国当前许多地区的农业来说，在增加科技投入的同时增加一般劳动的投入，甚至单纯增加一般劳动的投入，实行

精耕细作，对于实现农业的集约经营也具有重要的作用。

（三）在我国社会生产力发展相对落后和发展不平衡的情况下，在一个长时期内，劳动密集型产业，资金密集型产业和技术密集型将会同时存在，并在各自相宜的领域内起着重要的作用

但在这三种产业都有一个实现经济增长方式转变的问题。因此，我国经济增长方式的转变形态必然是在不同层次上同时展开。如果只重视其中一种（或两种）产业经济增长方式的转变，而忽视另外两种（或一种），那并不符合我国的具体情况，并不利于经济增长方式在各个产业同时展开。

（四）提高经济效益有两个基本方面

1. 宏观方面提高社会生产资源的配置效益。

2. 微观方面提高生产要素的经营效益，其中，最重要的是实现经济增长方式由粗放型向集约型的转变。中国当前在社会生产资源配置方面（包括生产资源在部门之间，地区之间，劳动密集型产业、资金密集型产业和技术密集型产业之间，大中小企业之间和企业的规模经济等方面）还存在诸多问题。这样，提高社会资源配置效益是一个十分重要的任务。所以，如果因为强调经济增长方式的重要性，而忽视了在提高社会生产资源方面所做的努力，就不对了。

（五）一般说来，粗放经营方式和集约经营方式都是同时存在的

当然，在经济发达程度不同的国家和同一国家的不同发展阶段，二者的层次及其比重是有差别的。就中国当前具体情况来看，一方面，集约经营方式要受到经济、体制、技术、资金、管理和数量巨大的就业人口压力等方面条件的制约，实现这种经营方式虽然是一个长期的过程；另一方面，有许多经济落后地区有待进一步开发，特别是西部地区的不少地方乡镇企业还刚起步，甚至还是空白，个体经济和私营经济也需要进一步发展，一些新的产业部门还有待建立。这样，在一个长时期内，粗放经营方式还有广阔的存在和发展余地。需要着重指出：在上述各种条件下，在积极推进集约经营方式的同时，适当发展粗放经营方式，对于充分发挥社会生产潜力，提高社会生产资源配置效益，也是很重要的。因此，如果因为强调集约经营方式的重要性，而忽视了粗放经营方式的重要作用，对提高社会生产资源的配置效益也是不利的。

关于中国现阶段国有经济的比重问题 *
——兼论国有经济主导作用的历史发展

一、国有经济主导作用的历史发展

就中国建国以后经济发展的历史来看，社会主义国有经济的主导作用已经跨越了几个历史时期。简要地分析一下这个历史过程，对于正确地认识中国现阶段国有经济在整个国民经济中比重的下降趋势是有启示作用的。

1949年10月新中国的建立，标志着半殖民地半封建社会的终结和新民主主义社会的建立。以毛泽东"新民主主义论"（包括"新民主主义革命论"和"新民主主义社会论"）作为理论基础的、1949年9月29日由中国人民政治协商会议第一届全体会议通过的《中国人民政治协商会议共同纲领》，实际上是1949年10月到1952年中国这个新民主主义社会的临时宪法。这个纲领明确提出："国营经济为社会主义性质的经济。凡属有关国家经济命脉和足以操纵国计民生的事业，均由国家统一经营。凡属国有的资源和企业，均为全体人民的公共财产，为人民共和国发展生产、繁荣经济的物质基础和整个经济的领导力量。""各种经济成分在国营经济领导之下，分工合作，各得其所，以促进整个社会经济的发展。"①

---

* 原载《中国社会科学院研究生院学报》1996年第3期。
① 《中国人民政治协商会议文件选集》，中国人民大学出版社1952年版，第44~45页。

在这个方针的指导下，1949~1952 年工业总产值中，国有工业的比重由 26.2%上升到 42.5%，集体工业由 0.5%上升到 3.3%，公私合营工业由 1.6%上升或到 4.0%，资本主义工业由 48.7%下降到 30.6%，个体工业由 23%下降到 20.6%。到 1952 年，在国民收入中，国有经济的比重占 19.1%，集体经济占 1.5%，公私合营经济占 0.7%，资本主义经济占 6.9%，个体经济占 71.8%。[①]这里需要说明：国有经济比重上升得这样快，除了主要由于她本身具有较大的优越性以外，也同当时急于向社会主义社会过渡的"左"的思想的影响，以及与此相联系的对私有经济过早、过多地采取排挤和改造的步骤有很大的关系。[②]

在急于向社会主义社会过渡的"左"的思想指导下，中国在 1952 年就过早地结束了新民主主义社会，并于 1953 年开始实现由新民主主义社会向社会主义社会的过渡。以党在过渡时期总路线作为指导原则的、由 1954 年 9 月 24 日第一届全国人民代表大会第一次会议通过的《中华人民共和国宪法》明确规定："国营经济是全民所有制的社会主义经济，是国民经济的领导力量和国家实现社会主义改造的物质基础。"[③]

依据这部宪法，中国在 1956 年就过急、过早地基本上完成了生产资料私有制的社会主义改造。1952~1957 年，在工业总产值中，国有工业的比重由 41.5%上升到 53.8%，集体工业由 3.3%上升到 19%，公私合营工业由 4%上升到 26.3%，资本主义工业由 30.6%下降到 0.1%，个体工业由 20.6%下降到 0.8%；在国民收入中，国有经济的比重由 19.1%上升到 33.2%，合作社经济由 1.5%上升到 56.4%，公私合营经济由 0.7%上升到 7.6%，资本主义经济由 6.9%下降为 0，个体经济由 71.8%下降为 2.8%。[④]

1953 年，中国新民主主义社会结束时，还只能说建立了传统计划经济体制的雏形。但到 1956 年，基本上完成了生产资料私有制的社会主义改造以后，这种体制也就在整个国民经济范围内建立起来了。从 1958 年到 1978 年（除了其中 1961~1965 年的经济调整时期以外），"左"的路线长期占统治地位，计划经济体制得到了进一步的强化。与此相联系，国

①《伟大的十年》，人民出版社 1959 年版（下同），第 36 页；《中国统计年鉴》(1985)，中国统计出版社（下同），第 308 页。

②详见拙著：《新中国工业经济史（1949.10~1957）》第 1 篇，经济管理出版社 1994 年版。

③《中华人民共和国宪法》，人民出版社 1954 年版，第 8 页。

④《伟大的十年》，第 36 页；《中国统计年鉴》(1985)，第 308 页。

有经济的主导作用不仅被坚持下来，而且在国民经济的比重又被进一步提得过高了。1975 年 1 月 17 日由第四届全国人民代表大会第一次会议通过的《中华人民共和国宪法》再一次确定："国有经济是国民经济中的领导力量。"[①] 由于缺乏 1958~1978 年各种经济成分在国民收入中比重的统计资料，这里仅以在社会总产值中占一半以上的工业产值的资料来说明国有经济比重进一步膨胀的状况。1958 年以后的一个长时期内，经济工作"左"的指导思想的极重要方面，就是盲目追求提高国有经济在国民经济中的比重。现在看来，1957 年国有工业（包括公私合营工业）产值占工业总产值的 80.1% 已经过高了。但 1958 年的"大跃进"把这一比重急剧地提到 89.2%。其后几年的比重也都很高。1966 年开始的"文化大革命"又把这一比重提高到 90.2%。其后各年均无大的变化。1976 年 10 月"文化大革命"结束以后，虽然没有从根本上触动"左"的路线，但某些方面已在开始扭转。与此相联系，1978 年在工业总产值中，国有工业比重下降到 80.7%。[②] 但仍超过了 1957 年的 0.6 个百分点。

　　1978 年召开的党的十一届三中全会以后，中国经济体制改革逐步走上了市场取向的道路，开始了由传统计划经济体制向社会主义市场经济体制的过渡期。但中国要建立的市场经济是与社会主义基本经济制度相结合的。因此，作为社会主义基本经济制度最重要标志的国有经济的主导作用理所当然地被继承下来。但在党的十一届三中全会重新确立的实事求是的思想路线的指导下，提出了社会主义初级阶段的理论。与此相联系，提出了发展多种经济成分的方针。1982 年 9 月召开的党的十二大明确提出了"关于坚持国营经济的主导地位和发展多种经济形式的问题"。[③] 1984 年 10 月召开的党的十二届三中全会《关于经济体制改革的决定》又一次指出："全民所有制经济是我国社会主义经济的主导力量，对于保证社会主义方向和整个经济的稳定发展起着决定性的作用。"但同时要"积极发展多种经济形式"。[④]

---

　　①《中华人民共和国宪法》，人民出版社 1975 年版，第 8 页。
　　②《中国统计年鉴》（1983），第 214~215 页。说明：1958 年以后，由于"左"的错误的影响，非公有经济占的比重很小，以至在统计资料中看不到这方面的数字。因此，在工业总产值中，除了国有工业就是集体工业。
　　③《中国共产党第十二次全国代表大会文件汇编》，人民出版社 1982 年版，第 22 页。
　　④《中共中央关于经济体制改革的决定》，人民出版社 1984 年版，第 32 页。

在上述方针的指导下，经过十多年的发展，目前我国已经初步形成了以国有经济为主导的，以公有经济（包括国有经济和集体经济）为主体的多种经济并存和共同发展的格局。据统计，1978~1994年，在工业总产值中，国有工业的比重由80.7%下降到34.06%，集体工业由19.3%上升到40.87%，非公有工业由几乎为0上升到25.07%。[①]另据有关研究单位计算，1978~1993年，在国内生产总值中，国有经济的比重由56%下降到42.9%，集体经济由43%上升到44.8%，非公有经济由1%上升到12.3%。

综上所述，我们可以看出，①中国社会主义国有经济的主导作用，已经经历了新民主主义社会、从新民主主义社会到社会主义社会的过渡时期，以及社会主义社会条件下的传统计划经济体制和从计划经济体制向市场经济体制的过渡期（最后一个过渡期正在进行中）。②如上所述在这四个时期中，国有经济主导作用的内涵虽有共同点，但也反映了各个时期具体条件的特点。③国有经济的比重，除了某些年份外，总的趋势是，在第一、二、三个时期之间及其每个时期各个年份之间都是上升的；只有第四个时期，无论相对前三个时期来说，或者就本时期的各个年份来说，都是下降的。④上述各个时期国有经济比重的升降，对中国社会生产力的影响是很大的，甚至形成了强烈的反差。在1949~1952年、1953~1957年、1958~1978年和1979~1993年这四段时限内，中国国民收入的年平均增长速度分别为19.3%、8.9%、4.3%和9.3%；工业总产值的年平均增长速度分别为34.8%、18%、9.7%和14.2%。在1953~1978年和1979~1994年这两段时限内，国民生产总值的年平均增长速度分别为6.1%和9.8%。[②]这四个时期经济增长速度的变化，有多种复杂原因，而且有不少不可比的因素。比如，第一个时期有经济恢复的因素，第三个时期先后发生了"大跃进"和"文化大革命"这样全局性的严重的"左"的路线错误。但很显然，能否正确实行国有经济的主导作用和与之相关的方针，国有经济和其他经济成分在国民经济中的比重是否适当，是决定经济增长的最重要的因素。只要把第一、二、四时期与第三时期，或

①《中国统计年鉴》（1983），第214~215页；《中国统计年鉴》（1995），第375页。
②《伟大的十年》，第18、77页；《中国工业经济统计资料（1949~1984）》，中国统计出版社，第21~22页；《国民收入统计资料汇编（1949~1985）》，中国统计出版社，第12~13页；《中国统计年鉴》（1994），第21、23页；《中国统计年鉴》（1995），第21页。

者把 1953~1978 年和 1979~1994 年作一下比较，是可以清楚看到这一点的。⑤作为历史唯物主义基本原理的生产力标准来看，第一个时期在执行国有经济主导作用及有关方针方面，基本上说来是正确的；第二个时期在这方面受到的"左"的思想影响更大些，但主要也是正确的；第三个时期（除了 1961~1965 年经济调整时期以外）在这方面受到了"左"的路线的支配，犯了根本上的错误，并对这个时期的社会生产力的发展起了严重的阻滞作用；第四个时期的总的趋势是逐步循着正确轨道前进的。正是由于这个时期较好地执行了以国有经济为主导、多种经济同时并存和共同发展，成为这个时期经济高速增长的最重要的推动力量。

二、中国现阶段国有经济比重的下降趋势

尽管改革以来国有经济在国内生产总值中的比重已经有了显著的下降，但并没有完全改变由改革前后多种因素所造成的国有经济比重过大的局面。这些因素主要有：

1. 尽管新民主主义社会阶段（1949 年 10 月~1952 年）和由新民主主义社会到社会主义社会过渡时期（1953~1957 年）的路线是正确的，经济增长速度也是高的，但这两个时期都过短了，以至于把 1949 年还占工业总产值的 48.7% 的民族资本主义工业，到 1956 年都改造成为社会主义国有工业了。而从生产技术水平看，当时的民族资本主义工业企业的大部分又都属于工场手工业阶段。直到 1954 年，在民族资本主义工业中，工场手工业户数还占民族资本主义工业总户数的 79.1%，产值占总产值的 28.6%。① 这显然不适合国有经济和以大机器工业作为物质技术基础的要求。

2. 在 1958~1978 年传统的计划经济体制制度进一步强化的时期，在进一步消灭私有经济的同时，又把由个体手工业改造而建立的手工业生产合作社进一步升为国有工厂。这种情况在 1961~1965 年的调整时期虽然有些改变，但没有根本解决问题。尤为值得注意的是：由于这期间盲

① 详见拙著：《新中国工业经济史（1949.10~1957）》，经济管理出版社 1994 年版，第 63 页。

目追求单一的社会主义公有制（主要是国有制），极力强化几乎作为唯一投资主体的国有经济。这样，就把国有经济在国民经济中的比重推到了一个极端。

3. 改革以后的一段长时期内实行的"财政分灶"的制度，虽然在调动地方政府增加收入和节约支出以及促进地方经济发展方面起了积极作用，但却强化了地方政府对经济发展的行政干预，以致过多的重复生产、重复建设和重复引进达到了惊人的地步！据近年来有关部门对我国大陆28个省、市、自治区的调查，产业结构相似系数大于 0.85 的有 8 个，小于 0.85、大于 0.7 的有 15 个，小于 0.7、大于 0.59 的有 5 个。[1] 这种状况不仅造成了社会生产资源的巨大浪费，而且阻滞了改革以来由非国有经济比较迅速的发展而导致的国有经济比重下降的趋势，致使当前国有经济比重过大的局面还没完全改变。

4. 在传统的计划经济体制下企业办社会，也加剧了国有经济比重过大的状况。据统计，国有企业中的住房、医疗、学校和商店等职工福利设施约占企业总资产的 15%~20%。[2]

鉴别当前中国国有经济比重过宽的标准是什么呢？按照马克思主义历史唯物主义原理，唯一的标准就是看它是否有利于社会生产力的发展。需要着重指出：过去一个时期经济学的研究，只注意社会生产力和社会基本经济制度相互关系的研究。改革以来，已注意到了社会生产力与作为社会基本经济制度实现形式（如经济管理体制和企业管理体制）的研究，并且取得了巨大的成就，成为推动中国经济改革发展的一个重要因素。但在多种经济成分同时并存和共同发展条件下，对社会生产力与多种经济成分之间量的比例关系的研究，特别是对在国民经济中占主导地位的国有经济比重的研究，则注意得不够。但上述关于中国国有经济主导作用历史发展的分析表明：这方面的研究对于社会生产力的发展，具有极为重要的作用。

当前，中国国有经济比重过大不适合生产力发展的主要表现有：①亏损面过大。当前亏损面（包括明亏和潜亏）约达 2⁄3。②企业资金严重不

---

①《经济研究参考》1995 年 4 月 22 日总第 662 期。

②《经济学动态》1995 年第 10 期。

足，负债率过高，目前高达80%。但与此同时，国有资产流失严重。据有人估算，改革以来国有资产已经流失了5000多亿元。③冗员过多；设备利用率低；许多设备严重老化，但又无力进行改造；真正懂经营管理的企业家太少，以至生产能力不能充分发挥。目前，国有冗员约占职工总数的30%，约为3000万人，有些长线产品的生产设备的利用率只有40%~50%。④由于国有企业经济效益低和负债率高，造成专业银行呆账率高达30%，不良资产总额达数千亿元，从而成为货币过量发行、加剧通货膨胀的一个重要因素①。凡此种种都是不利于社会生产力发展的。当然，造成这种原因是多方面的。但国有经济比重过大，显然是一个重要原因。

所以，依据生产力决定生产关系的规律，国有经济比重过大的局面必须进一步改变。但这只是一方面的原因；另一方面，在中国，以国有经济为主导、公有经济为主体、多种经济成分同时存在和共同发展的方针以及对外开放政策必将得到进一步贯彻。这就预示着国有经济首先将在国内市场上面临着趋于剧烈的非国有企业（特别是强大的外国资本）的竞争。这样，在市场竞争法则的支配下，那些经济效益差的国有企业必然面临破产的命运。如果国家继续用增加银行贷款的办法来挽救，那就必然使得潜在的银行信贷危机外表化，并加剧通货膨胀。所以，唯一的正确出路就是进一步改变国有经济比重过大的局面。

为了说明当前中国国有经济的比重过大且不适合社会生产力的发展，这里再提供一个参照系。第二次世界大战以后资本主义世界各国多次掀起国有化浪潮。到80年代初，各国国有企业占国内生产总值的平均比重达到了最高峰，其中，经济发达国家为10%，发展中国家为13%。②诚然，社会主义国家的国有经济比重可以而且必须高一些。但按照马克思主义的观点，无论是资本主义的国有化，或者是社会主义的国有化，都必须以生产的高度社会化作为物质技术基础的。③从这方面来说，中国直到

---

① 《人民日报》1995年11月21日；《光明日报》1995年11月22日。

② 《经济学动态》1995年第10期。

③ 恩格斯在19世纪70年代末谈到这一点时说过："只有在生产资料或交通手段真正发展到不适于由股份公司来管理，因而国有化在经济上成为不可避免的情况下，国有化——即使是由目前的国家实行的——才意味着经济上的进步，才意味着在由社会本身占有一切生产力方面达到了一个新的准备阶段。"（《马克思恩格斯选集》第3卷，人民出版社1973年版，第317页）

1993 年国有经济仍占国内生产总值的 42.9%，显然是过大了。

那么，依据什么原则来改变当前中国国有经济比重过大的局面呢？

1. 规模原则。即抓大（企业）放小（企业）。抓住了大企业，就掌握了国民经济命脉，并能保证经济发展的社会主义方向和社会生产的稳定和持续高速增长。比如，依据 1994 年 15 万户国有企业清产核资的数据，按总资产排序的 1000 户大型骨干企业，占国有资产总额的 40%；按净资产排序的 1000 户大企业，占国有净资产的 51%；按上缴利税排序的 1000 户大企业，占国有企业提供销售税金的 52%，占提供利润总额的 66%。当然，对这些大企业也必须按照建立现代企业制度的要求进行改造，并把企业改制与企业改组、企业技术改造和加强企业管理结合起来。这样，才能真正发挥它们在国民经济中的主导作用。

国有企业比重过大不适合社会生产力发展的需要，主要就是因为大量的小型国有企业的存在。据有关部门统计，1994 年，在国有独立核算工业企业中，亏损企业总数为 2.4 万户，其中小企业多达 1.77 万户，占 82.1%；小企业国有权益损失（包括资产净损失、经营性亏损和潜亏挂账等）占净资产的 82.8%，大型企业这一比重为 15.2%；资产负债率平均为 80%，而小企业这一比重高达 84.1%；净资产平均利润率大企业为 9.09%，而小企业只有 4.54%。[①] 既然国有小企业不适合生产力发展的状况这样突出，因而在趋于剧烈的市场竞争中就很难维持下去。

但放小不仅具有必然性，而且具有有利的条件。当前有关方面对此认识比较一致；产权关系和产品结构都比较容易调整；负担较轻，对社会的震动较小等。

当然，放小可以依据具体情况，分别采取股份合作制、出售、租赁、兼并和破产等多种形式。这样放小的结果将不只是进一步发展私有经济，而是进一步发展包括各种公有、私有在内的混合经济、股份合作制经济、私营经济和外资经济等。

2. 产业原则。依据国有经济实现主导作用的要求，需要介入的产业主要包括：涉及国民经济命脉的、垄断性的基础产业和基础设施，关系国家安全的产业（如军事工业和制币工业等），主要是以营利为目的的公

---

① 《山西发展导报》1995 年 10 月 28 日。

益性产业（如公共汽车），投资量和风险均大，但在经济和政治等方面都有重要意义的先导产业和高新技术产业等。对于这些产业，也须分别情况，依据必要和可能实行全部介入或部分介入。

3. 行业标准。依据各个时期的具体条件，对某些关键行业，国有经济也需部分介入或全部介入。在这方面，当前最典型的事例就是药品的经营。药品经营既不是关系国民经济命脉的产业，也不是关系国家安全的产业，但在当前市场交易秩序混乱、假冒伪劣产品泛滥的情况下，它关系人民的生命，国有经济必须介入，实行专营。

上述三项标准在许多方面是重合的，但又是有区别的，需要适当地结合起来加以运用。

贯彻上述三项原则，当前国有经济覆盖面过宽、比重过大的局面就会大有改观。但这还只是缩小国有经济在国民经济中比重的一条途径。在这方面还有另一条途径。这就是继续坚持改革以来非国有经济以比国有经济更高的速度向前发展。这是能够做到的。

1. 尽管改革以来，非国有经济有了迅速的发展，在国民经济中的比重有了大幅度的提高，但发展潜力仍然很大。这不仅是因为中国富余的劳动力多，而且民间资金充裕，市场需求旺盛。现在的一项重要任务，就是完善各项有关政策，把民间资金更有效地、适当地集中到发展非国有经济方面来。

2. 国内有关的研究表明：80年代以来，中国即进入了经济高速增长的黄金时期（这是任何一个发展中国家在工业化发展到一定阶段都能享受到的经济高速增长黄金时期）。这个时期一直要延续到21世纪上半期。

3. 有关的研究还表明：世界经济新的长期增长期正在来临。按照康德拉季耶夫的计算，世界经济周期长度大约为50~60年。第二次世界大战后到当前，世界经济发展经历了一个长周期。其中头二三十年是经济高速增长的繁荣期，后二三十年是经济减速的不景气期。当前正在进入一个新的长周期，头一个阶段也将是经济的长期高速增长。这个国际经济环境，为中国扩大进出口贸易和利用外资等创造了有利的条件。

当然，上述第二、三点对加速发展国有经济也是有利的。但由于国有企业改革滞后的局面还要经过一段时间才能根本改变。从这方面来说，这两点是加速发展非国有经济更为有利的条件。

通过上述两条途径，就可以把当前国有经济在国民经济中的过大比重降下来。但降到多少合适呢？据有关单位预测，如果各种经济成分发展的条件和国家有关政策措施基本保持"八五"时期的格局不变，在国内生产总值中，1993~2000年，国有经济的比重将由42.9%下降到38.5%，集体经济由44.8%下降到41.3%，非公有经济由12.3%上升到20.2%。这个预测是以各种有关条件不变为前提的。但现在的问题是：为了适应社会生产力发展的要求，需要进一步降低国有经济在国民经济中的过大比重，并为非国有经济的发展腾出更大的空间。当然，又必须坚持国有经济为主导的原则，参照1952年和1957年的经验。可以设想，到2000年，把国有经济占国内生产总值的比重降到20%以上，最多是30%。这样，既可以坚持国有经济为主导的原则。又可以把不适合社会生产力发展的那一部分过大的比重压缩掉，并为具有巨大发展潜力的非国有经济的发展开辟更为广阔的空间。

这样做，并不意味着国有经济总量的减少。因为所谓压缩国有经济在国民经济中的过大比重，主要是在压缩它的存量部分。但它的增量部分每年的数量仍然是很大的。比如，1994年全社会固定资产投资16370.33亿元，其中国有经济部分为9322.49亿元，占56.9%。[①] 当然，这个绝对量和比重也可能发生变化，但不会太大。同时，保留下来的国有经济存量部分每年的增加值也是很大的。

这样做，也不意味着国有经济在所有的产业部门都要进行压缩。比如，伴随新兴产业部门战略地位的上升，国有经济就需要在诸如宇航、海洋开发、生物工程、新能源和新材料等高科技产业领域进一步拓展。

这样做，更不意味着国有经济整体质量的下降。正好相反，在压缩国有经济比重的过程中，可以把大量的亏损小企业放掉，以便把有限的人力（经营管理人员和工程技术人员）、物力和财力集中用于作为"瓶颈"的某些基础产业和基础设施，以优化产业结构。同时加速对保留下来的国有大中型企业进行以建立现代企业制度为目标的改造，并把企业改制与企业改组、企业技术改造和加强企业管理结合起来。这样，只会增强国有经济的整体质量。

---

① 《中国统计年鉴》（1995），第138~139页。

这样做，也更不意味着国有经济主导作用的下降。历史经验已经证明：直到 1952 年，国有经济在国民收入中也只占到 19.1%。但在当时条件下，既保证了新民主主义社会向社会主义社会的过渡，又促进了国民经济的迅速恢复。在当前，把国有经济在国内生产总值的比重降到 20%~30%，同时使集体经济的比重占到 30%~40%。这样，既不会削弱国有经济的主导作用，也不会动摇社会主义公有经济的主体地位。

但是，压缩国有经济在国民经济中的比重，毕竟是一项系统、复杂的工程，需要各项改革相配套。在这方面，建立社会保障制度，尤其值得重视。

科学技术进步在实现经济增长方式转变中的作用[*]

一、现代科学技术发展的基本特点与科学技术是第一生产力

科学技术进步在实现经济增长方式方面的重大作用，是同科学技术作为第一生产力相联系的；而现代科学技术之所以能够成为第一生产力又是同现代科学技术发展的基本特点相联系的。所以，在讲科学技术进步在实现经济增长方式转变方面的重大作用之前，有必要简要地分析一下现代科学技术发展的基本特点，以及现代科学技术是第一生产力的问题。

（一）现代科学技术的基本特点

当代科学技术发展具有以下基本特点：

1. 科学技术的急速发展与变革。其主要表现：

（1）当代科学技术的发展呈指数增长的趋势。近 30 年来，人类所取得的科技成果，即科学新发现和技术新发明的数量，比过去两千年的总和还要多。据粗略估计，人类的科技知识，19 世纪是每 50 年增加 1 倍，20 世纪中叶是每 10 年增加 1 倍，当前则是每 3 年至 5 年增加 1 倍。由于科技知识的激增，新学科不断涌现，当今学科总数已达到 6000 多门。战后兴起的电子计算机科学技术指数曲线的发展是相当具有代表性的。世

＊ 本文是笔者 1996 年 5 月在井冈山由国家计委科技司举办的各省市自治区有关负责人学习班上所做报告的一部分。

界上自 1945 年研制出第一台计算机以来，经历了电子管、半导体、集成电路、大规模和超大规模集成电路几代的发展，其性能提高了 100 万倍。当前，超级计算机最快运算速度已达到 320 亿次/秒。人们现又开始研制光学计算机，它的信息处理速度将比电子信息处理速度快 1000 倍，甚至有人预测快 1 万倍。

科技知识的更新速度也在加快。当今，工程师知识的半衰期是 5 年，即 5 年内有一半知识已过时。

由于科技知识的加速度增长，科技知识的更新速度在加快，社会劳动结构和工作岗位不断变化，职业培训成为一种终身教育。据美国统计，20 世纪 90 年代，美国将向高技能职业提供 600 万个工作岗位，受培训的人员将达 4%。

科技成果如此飞快地增长，是因为社会对科学技术具有更大的需求，社会对科学技术事业进行了大量的投入。由于社会对科技投入不断增加，科学技术发展的规模也越来越大。战后，科学研究的队伍不断扩大，美国是每 10 年翻一番，西欧发达国家是每 15 年翻一番。现在，全世界的科学家和工程师人数已达 5000 万人。预计未来 100 年，从事科研工作的人数将占世界总人口的 20%。战后，在所有经济发达国家科研经费投入都以指数增长。全世界用于科研的经费，60 年代末比 20 世纪初增长了 400倍，现在已达每年 4000 亿美元。发达国家的研究与发展经费通常约占国民生产总值的 2.5%~3%。

科学技术的发展对社会经济发展的贡献是十分巨大的。世界各国的经验表明，新发现和新发明在实践中加以应用后，所创造的价值，要超过科学研究费用的 10 倍以上。

（2）当代科学技术发展进入新阶段。第二次世界大战以来，科学技术的发展经历了 5 次伟大的革命。1945~1955 年，第一个 10 年，是以原子能的释放与利用为标志，人类开始了利用核能的新时代；1955~1965 年，第二个 10 年，是以人造地球卫星的发射成功为标志，人类开始了摆脱地球引力向外层空间的进军；1965~1975 年，第三个 10 年，是以 1973 年重组 DNA 实验的成功为标志，人类进入了可以控制遗传和生命过程的新阶段；1975~1985 年，第四个 10 年，是以微处理机大量生产和广泛使用为标志，揭开了扩大人脑能力的新篇章；1985~1995 年，是我们目前正在经历的第五个 10 年，是以软件开发和大规模产业化为标志，人类进入了信息革命的新纪元。

当代科学研究的发展，预示着 21 世纪的人传给后代的纪念碑将是聚变反应堆，它是可以一劳永逸地解决社会发展出现的能源危机。纳米（超微）技术将成为下一个 10 年的核心技术，它将给人类带来无数的新产品和新工艺。

今天，科学技术正在步步逼近自然界的各种"极限"。目前，超高温、超低温、超真空、超导、超强磁场、彻底失重等研究已经取得了进展。21 世纪，人类将超脱"尘寰世界"，进入一个奇妙无比的"超级"境界。

当前宇宙空间技术和海洋开发技术的进展，预示着 21 世纪人类将进入宇宙工艺学和宇宙工厂的时代，无限地开拓人类的生产和经济活动的新领域。

当前"人工智能"的开发和遗传工程的研究，在 21 世纪最初的二三十年，就会取得累累硕果。

2. 科学技术发展的综合化。在 19 世纪中叶以前，科学与技术是分离的。它们各自独立发挥社会作用。技术的进步往往依靠传统技艺的提高和改进，只凭经验摸索前进。科学理论也经常是跟在实践之后来总结人们在生产技术活动过程中积累起来的经验材料。因此，常常出现在科学理论上还没有搞得十分清楚的东西，在技术上却可以实现它，而科学上已发现了的东西，在技术上却很久不能实现。

现代的技术发明越来越依靠科学，科学与技术的关系已密不可分。现代的技术完全是建立在科学理论的基础之上，现代科学也装备了复杂的技术设施。科学技术化和技术科学化就是现代科学技术的鲜明特征。今天，从形成一种新知识到把这种知识运用到产品和工艺中去的时间正在非常迅速地缩短，有的用不了几年，有的只用几个月。在一定程度上，科学正在变成技术。越是新技术，包含的科学知识越密集。高技术就是包含密集科学知识的技术。现代科学的进步已经依赖最新的复杂技术装备的支持。现代科学与技术二者之间的界限变得越来越模糊不清。

现代科学与技术的紧密结合还表现：与现代科学各门学科相互交叉渗透的整体化趋势相联系的是，现代各种技术融合出一系列的新技术。

重大的高技术都具有多个领域的技术相互融合的性质。

当代科学发展有两种形式：一是突破，二是融合。突破是线性的，以研究开发的新一代科技成果取代原有的一代科技成果；融合是组合已有的科技成果发展成为新技术。科技融合是非线性的，它们是互补和合作。混合许多原先不同领域的科技，进而发展出新产品，造成大市场。科技融合需要三个条件促成：①以市场主导研究与发展，而不是由研究开发引导市场，科技突破是从实验室开始，科技融合则是从对市场的了解开始。②广泛收集信息的能力，随时掌握本行业内外科技发展动向，这需要有相当的知识广度，掌握的信息要横跨相当多的科技领域。③长期保持不同科技领域和不同产业间的沟通与合作，参与跨行业的研究开发计划。

由于现代技术的融合化趋势，各种高新技术都具有组合技术的性质，因此，技术不断向大型化、复杂化方向发展。而大型、复杂技术成功的关键就在于由机械技术向"智能技术"的提高。所以从硬件技术转向软件技术，从有形产品的开发转向无形产品开发。从偏重硬件的发展路线转向注重整体的发展路线，这是当前技术发展的新趋势之一。

在当代科学技术综合化发展趋势中，现代科学具有如下的认识论特征。

（1）研究的完整性。现代科学的认识正在向自然界微观的各层次和宏观的各层次两个方面延伸，对自然界的层次的认识更加清晰，而且对自然界的认识深入到过程的动力学机制及与此相联系的结构功能。从层次、过程、结构和功能诸多方面揭示自然界的规律，人类获得了对自然界越来越完整的认识。

（2）研究对象的多学科性。采用多种学科的方法研究某一物质客体，是当代科学研究的一大特点，特别是在高科技领域，研究的对象和课题大都具有多学科的特点。组织多学科的联合攻关是高科技研究取得突破性进展的主要形式。

（3）学科的多对象性。它反映了各门学科之间横向联系越来越紧密。如计算机科学技术的研究，离不开材料科学的配合。人工智能的研究，必然要向认知科学、心理学、脑科学等领域延伸。

（4）科学研究的信息化。计算机信息处理技术是当代科学技术发展的主导领域，信息处理技术的巨大进步是当代科学革命的核心过程，计算机信息处理技术已广泛渗透于各种科学技术领域。

在当代科学技术综合化发展趋势下，技术的发展具有如下新特点。

（1）技术一体化。机电一体化，即机械技术和电子技术的结合；光电一体化，如光学计算机，光与电子技术的结合用光来代替信息技术中的电子，以进一步提高在信息储存和加工方面的效率。

（2）当代技术发展的方向是标准化、大型化、组合化、高速化、集约化和信息化。所谓技术的集约化，即技术的发展朝着节省劳动力、节省资源和能源的方向发展。

（3）以高技术开创新的工艺革命。高技术能改造整个生产工艺方式。现代新工艺具有如下特点：少工序性；少废性或无废性；高度灵活性；柔性生产系统；高精密性和高可靠性；从宏观的机械加工向微观的改变物质结构的新工艺发展。

科学技术的综合化，要求按崭新的原则组织研究工作和生产过程，要求科研、教育、生产体制进行革命性变革。这将引起一系列产业结构、经济结构和社会结构的巨大变革。

3. 科学技术与人文社会科学的结合。当代重大的科学技术问题、经济问题、社会发展问题和环境问题等所具有的高度的综合性质，不仅要求自然科学、技术科学和社会科学的各主要部门进行多方面的广泛合作，综合运用多学科的知识和方法，而且要求把自然科学、技术和人文社会科学知识结合成为一个创造性的综合体。当代人类面临的需要解决的问题的高度综合性质，决定了当代自然科学和技术与人文社会科学结合，这是当今科学发展的新趋势和新特点。

（二）现代科学技术是第一生产力

马克思在总结人类已有的认识成果和社会生产实践（后者是主要的）的基础上，在 19 世纪中叶提出了"科学技术是生产力"的观点。这里所说的人类已有的认识成果，从直接相关的意义上说，主要是指英国著名学者培根在 17 世纪提出的"知识就是力量"的著名观点。按照马克思的分析，培根生活在英国资产阶级革命的序幕时期，新生的资产阶级需要科学技术，以谋求利润，并巩固其政治统治。适应这一需要，培根提出了上述著名观点，并极力主张学者要深入实际，实现"知识和力量的统一"。由于培根思想的广泛传播，使科学技术在英国各界受到了重视，从而推动了英国产业革命的发展。这里所说的社会生产实践主要是指 18 世纪下半期在英国开始发生的、以发展大机器工业为代表的产业革命。这个革命极大地推动了社会生产力的发展。按照马克思和恩格斯在 1848 年发表的标志着科学共产主义诞生的《共产党宣言》中的说法："资产阶级在它不到一百年的阶级统治中所创造的生产力，比过去一切时代创造的全部生产力还要多，还要大。"

现代科学技术的发展，使得科技在经济和社会发展中的作用越来越显著。进入 20 世纪 80 年代，邓小平进一步作出"科学技术是第一生产力"的论断。

科学技术为什么是第一生产力呢？

1. 科学技术成为生产力诸要素的主导要素。当人类掌握了石器技术以后，创造出原始社会的生产力；人类掌握了青铜技术以后，创造出奴隶社会的生产力；人类掌握了铁器技术以后，创造出封建社会的生产力；人类使用机器以后，创造出资本主义社会生产力。近 50 年来，现代科学技术特别是高技术已经融合、渗透、扩散到生产力诸要素中，使生产力发生了飞跃。其主要表现有：

（1）劳动者是在社会生产力中起主导作用的最积极的因素。劳动者的劳动能力不仅取决于体力的大小，更取决于智力的高低。科学化的劳动者所具有的能力，远远超过普通人的能力，会创造出更多的使用价值。20 世纪以来，科技革命的发展，随着生产过程自动化程度的提高，使劳动者的智能迅速提高，劳动力结构向着智能化趋势发展，体力劳动与脑力劳动的比例不断发生变化。在机械化初级阶段，两者之比为 9 : 1；在中等机械化条件下，两者之比为 6 : 4；在全自动化条件下，两者之比为 1 : 9。目前，一些发达国家的劳动者行列中，高级科研人员和高级工程技术人员所占比重愈来愈大。以美国为例，1930~1968 年，蓝领职工增加 60%，工程技术人员却增加了 450%，科研人员增加了 900%。1977 年，美国脑力劳动者所占比例为 50.1%，脑力劳动者人数已超过体力劳动者。

（2）劳动工具的改革和创新，对生产力的发展起着巨大的作用。不同时代使用不同的劳动工具，这是由科学技术发展水平决定的。人类历史上第一次产业革命，都是以劳动工具的变革为标志的。

（3）劳动对象包括自然物和通过人们劳动加工过的原材料。随着科学技术的进步，人类不断发现、利用、改造、扩大劳动对象范围。劳动已不仅仅以自然物、半自然物为对象，更多的是用真正属于人类创造的全新材料、原料作为劳动对象的。目前，世界上各种材料已有几十万种，而新材料每年又以5%的速度在增长。世界上现有800多万种化合物，每年还以25万个的速度在递增，这就大大拓宽了劳动对象。特别值得一提的是，当代"炼金术"标志着现代科学技术使劳动对象进入了更高级的发展阶段。人们运用新技术、新工艺，可以把土壤中的沙粒变成半导体、光导纤维的重要原料，其价值高于黄金。

（4）当生产力诸要素处于分散状态，还不能构成现实生产力时，只有运用现代科学技术进行科学管理，把生产力各要素合理地组成一个整体，才能变成现实的生产力。现代科学为科学管理提供了一整套知识、理论和方法；同时，电子计算机、信息技术、控制论、系统工程等也为管理的现代化提供了新的手段和工具。如果说现代生产管理对生产力的发展起着重要作用的话，那么，现代管理又极大地依赖于先进的科学技术。

由上可见，依靠现代科学技术发展生产力的显著特点是：科技型人员将会成为主体劳动者；以电子计算机控制的智能型机器体系日益成为最重要的劳动工具；再生型和扩展型资源正在成为主要劳动对象；科学管理水平不断提高。现代科学技术与生产力诸要素的关系，可以用公式表达为：生产力＝科学技术×（劳动力＋劳动工具＋劳动对象＋生产管理）。从这一关系式不难看出，由于科学技术具有乘法效应，它放大了生产力各要素，科学技术发展得越快，这个乘数的增大也越来越迅速，使它上升到"第一"的地位。

2. 现代科学技术的明显超前性。本世纪以前，科学、技术、生产三者相互作用的关系，往往是生产实际的需要刺激了技术的发展，是按照生产→技术→科学的顺序发展的，生产和技术的实践为科学理论的形成奠定了基础。16世纪末，只靠人力、畜力已远远满足不了生产的需要，在寻求新"动力"的刺激下，1782年制造出了往复式蒸汽机，但作为其理论依据的热力学原理，却直到19世纪中叶才建立起来。在当代，生产、技术、科学的相互作用机制已经完全逆转过来。科学理论不仅走在技术和生产前面；而且为技术生产的发展开辟了各种可能的途径，形成了科学→技术→生产的发展顺序。比如，先有了量子理论，而后运用量子力学研究固体中电子运动过程，建立了半导体能带模型理论，使半导体技术和电子技术蓬勃发展起来，并促进了电子计算机的发展。又如运用相对论及原子核裂变原理形成和发展了核技术，促进了原子能在军事、航运、发电等方面的应用；运用光量子理论创造了激光技术，建立了激光产业；运用分子生物学、生物化学、微生物学和遗传学等新成就，发展起生物技术，广泛地应用于工业、农业、医药卫生和食品工业等方面。由于现代科学是构成现代技术的知识基础。所以现代技术是知识密集型技术。现代科学技术的这种超前性，决定了它的第一生产力地位。

3. 科学技术已成为现代经济发展中最主要的驱动力。这一点主要表现在：

（1）产业高层次化。从 20 世纪 60 年代到 80 年代是世界经济腾飞的 20 年，也是社会产业逐渐高层次化的 20 年。工业化社会的到来使人类除了继续进行农牧业生产活动以外，主要从事以工业为主的活动，这是第二产业的突起。60 年代以来，高技术产业、研究与设计业、金融保险业、文化教育业、商业与服务业等第三产业逐渐占有主导地位。产业的高层次化标志着科技知识在产业中的密集程度。对一个国家来说，各次产业率也反映着国家的发达程度。一次产业率占优势的国家为农业国；二次产业率占优势的国家为工业国；三次产业率占优势的国家已进入后工业化社会。例如，这三次产业的就业人口，在一些发达国家 70 年代末的比例分别是：美国为 3：32：65；英国为 3：35：62；日本为 7：37：56。三次产业所占比重超过 50%，使得科学技术的贡献超过劳力和资本，已经成为第一生产力。

（2）产品科技含量高密化。80 年代以来，物化在产品中的科技含量达到高度密集的程度。许多学者是用产品单位重量价格比来描述科技含量的差别。统计资料表明，第二次世界大战后产品的科技含量每隔 10 年增长 10 倍。50 年代，代表性产品是钢材，每公斤不到 1 元。60 年代，代表性产品是汽车、洗衣机和电冰箱，它们每公斤的价格分别为 30 元、60元和 90 元，若以 30~100 元作为 60 年代产品科技含量的比较指标，比 50年代提高约 10 倍。70 年代，代表性产品是微机，每公斤为 1000 多元，比 60 年代又提高 10 倍。80 年代以来，随着高科技产业的发展，其代表性产品首推软件，它没有什么重量，科技含量却极高。如果再按每公斤价格计算，比 70 年代就不是提高 10 倍，而是百倍、千倍、万倍。

4. 科技应用于生产的周期大为缩短。例如，在上个世纪，电动机从发明到应用共用了 65 年，电话用了 56 年，无线电通讯用了 35 年，真空管用了 31 年。而本世纪以来，这种时间间隔大大缩短了。如雷达从发明到应用用了 15 年，喷气发动机用了 14 年，电视用了 12 年，尼龙用了 11 年，从发现核裂变反应到制成第一个核反应堆仅用了 4 年，集成电路从无到有仅 2 年，激光器仅用了 1 年的时间。特别是电子技术问世以后，其变革的速度明显加快，其中电子计算机技术的发展是最典型的代表。比如，从 1973 年研制成功第一台微处理机到 80 年代初期已更新了 4 代。1976 年研制出 MCS-48 系列的单片微型计算机。1980 年研制出 MCS-51 系列的 8 位单片微型计算机。1983 年又研制出 MCS-96 系列 16 位单片微型计算机。

总之，现代科学技术已成为影响经济增长的决定性因素。据统计，在发达国家科学技术对国民经济总产值增长速度的贡献，本世纪初为 5%～20%，本世纪中叶上升到 50%，80 年代上升到 60%～80%。科技进步对经济增长的贡献已明显超过资本和劳动力的作用。

5. 高科技及其产业的崛起和发展。高科技及其产业是当代经济发展的"火车头"。①高科技及其产业可以促进劳动生产率大幅度提高。据统计，我国手工业人均年产值约为 2000 元；传统工业人均年产值大约为 2 万元；高科技产业人均年产值可达 10 万～20 万元。1982 年，美国使用电子计算机完成的工作量，相当于 4000 亿脑力劳动者 1 年的工作量。②高科技领域的每一个突破，都会带动一大批新产业的建立。比如，激光技术不仅可用于军事工业，而且在激光加工、激光测量、激光通讯、激光唱片、医用激光等方面得到广泛应用。③高科技及其产业的发展，也深刻改变了传统产业的技术面貌。如半导体、集成电路的迅速发展取代了电子管，提高了工业产品的产量、质量，降低了成本，提高了竞争力。又如，生物技术正在为古老农业的发展带来勃勃生机。

80 年代以来，发展高科技及其产业已经成为一股世界性潮流。现在参加到高科技及其产业竞争行列的国家愈来愈多，不仅发达国家，甚至许多发展中国家都十分重视高科技及其产业的发展。高科技的作用，从经济发展来讲是生产力，从军事角度来看是威慑力，从政治上来说是影响力，从社会发展而论是推动力。因此，高科技发展水平已成为一个国家综合国力的主要因素，成为衡量一个国家发达与否的重要标志。[①]

我们分析了现代科学技术是第一生产力，就从根本上和总体上说明了科教兴国战略的客观依据，也从根本上和总体上说明了科学技术进步在实现经济增长方式转变的作用。我们在下面再依据我国当前情况具体分析这一点。

二、科学技术进步在实现经济增长转变中的重大作用

科学技术进步是实现经济增长方式转变的主要途径，主要表现在以下几个方面：

1. 在提高各生产要素素质方面的作用。生产要素是提高生产力的基本要素，在这方面具有极其重要的作用。而我国当前的具体情况又表明：亟须提高生产要素的素质。就劳动者情况来看，据 1994 年的统计，我国企业职工具有大专以上文化程度的只占 2.35%，受过中等教育（包括高中、中专、职高和技校）的只占 36.18。[②] 而美国 1977 年脑力劳动者就占全体劳动者的 50.1%。[③] 在这方面，我国至少比美国落后 20~30 年。我国在某些高新技术产业方面并不落后，甚至处于国际领先地位。但总的说来，同经济发达国家相比，在生产技术装备方面还有很大差距。据有关专家测算，我国许多支柱产业（如汽车工业）和基础产业（如冶金工业和交通运输业等）大约落后于美国 20 多年。显然，要解决这些问题，不依靠科学技术进步是做不到的。

2. 在优化企业内的生产要素组合，提高要素利用效率，节约资源消耗和开展资源综合利用方面的作用。一般说来，这些都是提高经济效益的极重要方面。在我国当前情况下，这一点变得尤为重要。当前我国矿产资源利用率低，二次资源利用率低，矿山资源投入产出比低。比如，经济发达国家利用废钢铁炼钢已占总产量的 50%，而我国大约只占 20%

---

① 参见宋健主编：《现代科学技术基础知识》，科学出版社 1994 年版，第 40~60 页。

② 参见《光明日报》1996 年 9 月 1 日第 3 版。

③ 参见宋健主编：《现代科学技术基础知识》，科学出版社 1994 年版，第 54 页。

左右。我国有色金属回收利用率也只占总产量 10% 以上，比经济发达国家低 3~4 倍。[1] 要解决这些问题，需要依靠科学技术进步，需要先进的技术装备和工艺等，也需要依靠以现代管理科学武装起来的企业经营管理者。这后一方面也很重要，在我国当前尤其重要。国外有的研究机构提供的资料表明：在一个现代化的企业里，如果投资占 1 分，科技占 3 分，管理则占 6 分；每增加一名合格的体力劳动者，可取得 1∶1.5 的经济效益；每增加一名合格的技术人员可取得 1∶2.5 的经济效益；每增加一名有效的管理者可取得 1∶6 的经济效益。我国有关部门测算的资料表明：工业固定资产每增加 1%，生产只增加 0.2%；工业劳动者每增加 1%，生产只增加 0.75%；而每增加 1% 训练有素的、懂得科学管理的管理人员，则生产可增加 1.8%。[2] 当前我国经济改革经验也证明了这一点。近年来，有关部门的一项调查表明：国有的亏损企业中，有 81% 的企业是同企业的经营管理不善相关的。最近山东省的一次调查表明：在亏损企业中，有 70% 都是同管理不善有联系。

3. 在提高产品质量、增加产品品种、提高产品的高附加值和高创汇值方面的作用。就提高产品的高创汇值来说，尽管改革开放以来已经完成了由出口原材型到初步加工型的转变，但远没有达到深加工型的地步。比如，"八五"期间，我国服装出口贸易额已经累计达到 919 亿美元，居全国各类出口产品首位，出口地区遍布世界 130 多个国家和地区，跃居世界第一位。但由于一直走出口加工型、粗放型的路子，而不像世界公认的服装王国法国、意大利选择的创新型、设计型的集约化的发展道路，以致利润很低。目前最好企业的利润也不过 2%。[3] 又如，目前一般经济发达国家高新技术产品出口占总出口额都达到 20%~30%，日本高达 40%；而我国大约仅占 5%。显然，要解决这些问题，主要还是要依靠科学技术的进步。

4. 在优化结构（包括部门结构、地区结构和企业结构），实现企业规模经济和产业升级方面的作用。

就优化部门结构来说，需要加快发展基础产业（包括农业、能源、

① 详见拙著：《工业经济效益问题探索》，经济管理出版社 1990 年版，第 3~6 页。
② 《市场经济与企业经营》，经济管理出版社 1993 年版，第 122~123 页。
③ 《光明日报》1996 年 8 月 20 日第 4 版。

交通、通讯等）、支柱产业（包括机械、电子、石化、汽车、建筑等）和高新技术产业。这都需要依靠科学技术的进步。就基础产业来说，在农业方面，我国粮食增产的主要道路是提高单位面积产量。这在很大程度上要依靠先进农业技术的推广应用。比如，江苏目前粮食单位面积产量远远高于全国平均水平。这同农业科学技术的应用直接相关。1995 年江苏农业科技贡献份额已经达到了 50%，比 80 年代初提高了近 20 个百分点，①大大高于全国平均水平。湖北省邮电业的发展也很能说明这方面的问题。

80 年代末，湖北省曾发生过多起因电话不通而导致外商抱憾而去的"故事"，而进入"八五"以来，湖北的通信能力已从严重不足到基本满足社会需求，有些方面甚至超过沿海发达地区，从而实现了历史性大跨越。

有资料显示，"八五"期间，湖北邮电的固定资产总投入达 110 亿元，超过前七个五年计划的总和，比"七五"投资翻了四番多。仅用 5 年时间，全省电话交换机总容量就从 38 万门猛增到 295 万门。

由于坚持了"高起点、新技术、一步到位"的方针，湖北邮电逐步走出了一条依靠技术进步，依靠提高劳动者素质，促进快速发展的路子。在固定资产投资结构上，"八五"期间，基本建设资金仅为 44 亿元，而技术改造资金却高达 66 亿元，占总投资的 60%。高起点的技术改造，使湖北邮电的发展超越了国内外通信发展的常规阶段，程控交换、光纤传输、数字微波、数据通信等体现当今世界先进水平的通信技术被大量采用，卫星通信也开始应用；与之相适应，邮政通信技术水平也明显提高，邮件处理开始向机构化、自动化过渡，全省电脑化支局达到 60 个，报刊发行系统和邮政储蓄都已采用电脑处理并实现全省联网。"八五"时期，湖北邮电共接收研究生 58 人，大中专毕业生 3425 人，各类管理干部培训近 2 万人次，专业技术人员中累计参加继续教育 11766 人次。全省专业技术人员已达 1.1 万人，占职工总数的比例由 18.2% 提高到 23.1%。1995 年，全省邮电业务总量达到 29 亿元，比 1990 年翻了近三番；磁卡电话总数、高速寻呼网容量均为全国第一，移动电话、无线寻呼、数据通信一跃名列全国前茅。与此同时，"八五"时期，湖北经济发展已呈快速增长态

---

① 《光明日报》1996 年 8 月 29 日第 5 版。

势，全省国民生产总值年均增长 12.9%，比全国平均水平高 1.1 个百分点，而同期全省邮电业务总量的年均增长速度却高达 43.4%。[①]

我国海上原油的迅速发展，也是依靠科技进步加速基础工业的突出例证。

截至 1996 年 9 月 6 日，海洋石油今年生产原油 1000 万吨，全年可达到 1300 万吨，天然气完成 30 亿立方米，折合成油气量，可达到 1600 万吨。这是我国海上原油年产量首次突破 1000 万吨，标志着我国海洋石油工业已进入一个新的、更高的发展阶段。

14 年前，我国海上的原油年产量只有 10 多万吨，进入"八五"期间以后，每年以 100 万~200 万吨的速度增长，5 年上了 5 个大台阶。这样的发展速度在世界上也是少有的。美国和前苏联于本世纪 40 年代开始进行现代化海上石油勘探开采，大约用了 20~25 年时间才达到年产 1300 万吨，而我国只用 14 年时间。中国海洋石油工业的发展，不仅速度快，而且效益也是显著的。从 1982 年到 1995 年，海洋石油累计向国家缴纳税费 41.3 亿元人民币，相当于国家同期投资的 3.2 倍；资产总值由 28.3 亿元，增加到 279 亿元，增加了 8.9 倍；劳动生产率从 1 万多元增加到 17 万元，今年可达到 30 万元，比 1983 年增加近 30 倍。现在已建成投产的 19 个油气田，无一亏损。[②] 我国海洋石油工业的高速增长，是同对国外的先进的科学技术加以认真地消化吸收直接相关的。

就发展支柱产业来说，在汽车工业方面，最宜于实现规模经济。但要做到这一点，必须以先进的技术装备和工艺为技术基础。

我国汽车工业长期存在的散、乱，形成不了经济规模，严重影响了汽车质量、生产能力和经济效益的提高，阻碍了汽车工业的发展。

经济规模是通过生产力诸要素的优化组合，获得最佳经济效益的生产规模，是集中式的大批量专业化生产。

由于种种原因，我国对于经济规模没有得到应有的重视和推行。1995 年全国汽车产量 144 万辆，生产企业 124 个。其中 1 万~5 万辆企业 11 个，5 万~10 万辆企业 3 个，10 万~20 万辆以上企业 5 个。其中万辆以

①《经济日报》1996 年 9 月 13 日第 1 版。
②《中国海洋石油报》1996 年 9 月 12 日第 1 版。

上企业 19 个，占生产总量的 87.6%；万辆以下的企业有 105 个，产量 17.9 万辆，平均每个企业的产量才 1700 辆。我国一汽集团 1994 年产量 18.5 万辆，职工 10 万人，人均产车 1.85 辆，日本日产汽车公司同期产量 156 万辆。职工 4.9 万人，人均产车 31.84 辆。巨大差距的核心问题是我国企业产量远没有达到国际汽车生产的经济规模。

汽车工业的特点就是专业性很强，大量生产最适合组织经济规模的产品。为此需要比较先进的工艺，可采用自动化，半自动化设备的流水线生产方式，才能有最大批量的产出。[①]

在发展高新技术产业方面，更是要依靠科学技术的进步。在这方面，我国当前有着广阔的发展空间，意义更大。当前，在经济发达国家，高科技产业的发展对经济增长的贡献高达 25%~30%；而我国还不到 2%。[②]

此外，还要提到两点：

第一，在实现以社会主义国有制为主导的、公有制为主体的多种经济成分共同发展的格局，建立社会主义市场经济体制方面。

科学技术进步在巩固和发展国有制方面的作用，大连化学工业公司是一个很突出的例证。

1987 年年初，在我国企业界传出一个消息：具有 50 多年历史、号称"新中国化工摇篮"的特大型企业——大连化学工业公司，因主体设备合成氨生产装置超期服役状况恶劣，被国家认定为"视同报废企业"。时隔 9 年后的 1996 年年初又传来消息："大化"不仅没有"报废"，而且重现活力，充满生机。

从"视同报废"到重现活力，这巨大的转折从何而来？

始建于 30 年代的"大化"，自从 1945 年回到人民手中以后，就成为一个为国家、为社会、为国民经济发展做出重大贡献的企业。据统计，10 年间，向国家上缴利税相当于国家对"大化"总投资的 7.7 倍。

然而，在"大化"的"心脏"合成车间里，30 年代初期日本制造的循环压缩机在满负荷运转，近 70% 的压力容器随时都有爆炸的危险。国家有关部门给"大化"的设备状况作了准确定性："视同报废企业"。

---

① 《经济日报》1996 年 9 月 10 日第 6 版。
② 《光明日报》1996 年 9 月 12 日第 5 版。

　　"大化"不能往下坡路上滑。1987 年 8 月，一份阐明对"大化"进行抢救性联合技术改造的方案报告报送到国务院。这个方案报告提出了三个改造设想：①引进一套年产 30 万吨合成氨生产装置，取代原有的 17 万吨老装置。②与之相配套，对老发电厂进行改造，新锅炉等设备投产后，与 30 万吨合成氨生产装置实行能源互换，合成氨生产煤改油，热电厂发电油改煤，互换后能源总量不变，合成氨生产可增至 30 万吨。③新建四台蒸汽煅烧炉，取代原有的 15 台老式炉，以此从根本上消除存在的严重隐患，改变技术落后状况。

　　三大改造工程的成功，使"大化"从此步入了一个新的发展天地：从技术进步上看，它使"大化"合成氨装置技术与世界先进水平一下子缩短了 60 年，为企业发展奠定了坚实的技术基础；从节约能源上看，合成氨能耗将降低 44%，仅此一项相当于每年节约标准煤 17 万吨；从改善环境上看，新装置对污染源用国际先进技术治理，"大化"的整体环境水平大为改进。更为可观的是增强了企业的综合效益，合成氨年产量增加 13 万吨后，由此带动了以合成氨为基础原料的其他化工产品的增长。至于经济效益更是喜人，年销售收入将由目前的 12 亿元增加到 16 亿元，利税总额前期可增加到 2 亿元，后期可增加到 5.7 亿元。[①]

　　科学技术进步在发展集体经济的作用，突出表现在大中型乡镇企业的发展上。

　　按照国家大中型企业划型标准，到 1995 年底，已有 4531 家乡镇企业被确认为全国大中型乡镇企业，其中山东万通达、四平红嘴和浙江横店 3 家为特大级，万向集团等 184 家为大一型。同时，还涌现了以大中型乡镇企业为核心组建的全国乡镇企业集团 736 个。这些大中型乡镇企业虽然从个数上仅占全国乡镇企业总数的 0.02%，但却拥有全国乡企资产总额的 10.8%，在销售收入、利税总额和出口交货值上则分别占 6.5%、8.1% 和 13.2%，显示出明显的规模效益。

　　随着科技进步战略的实施，大中型乡镇企业中全部采用国际先进设备的车间、企业越来越多，高技术含量、高附加值产品的比率逐年提高，大中型乡镇企业中已涌现一批不仅在乡镇企业内部，而且在全国同行业

---

①《经济日报》1996 年 9 月 13 日第 2 版。

中成为名符其实的行业"老大"。如江苏阳光集团精纺呢绒的规模、销量、档次、品种、效益均居全国同行之首，艺龙集团的仿真丝被誉为"全国仿真丝大王"，双良集团的蒸汽型溴冷机和直燃型冷水机组的技术标准已成为国家标准，国家经贸委还把该厂确认为乡镇企业中第一个国家级技术中心。在江苏大中型乡镇企业中，科技进步对经济增长的贡献率已达50%以上。[①]

当前深化国有企业的改革，无论是抓大还是放小，都离不开以科学技术进步为前提的经济效益的提高。

科学技术的进步在建立社会主义市场经济的制度创新方面也有重要的作用。这一点，在市场经济的发展形态上（如商业方面的超级市场和连锁店，金融业方面的证券交易所）表现得尤为明显。

第二，在保护环境和生态平衡、实现国家经济安全和巩固国防方面。

这两点虽然不是转变经济增长方式的内容，但是是实现这种转变的必要条件。

三、当前加快科学技术进步的有利条件

当前加快科学技术进步具有一系列的有利条件，主要是：①当前经济改革的深化，为科学技术进步创造了越来越好的体制条件。②当前我国引进外资呈现出一些特点。比如，大中型外资企业比重在增大。这为引进国外的先进技术创造了更为有利的条件。③党中央、国务院已经提出了科教兴国的战略，而且这个战略日益深入人心。④建国后，经过47年的建设，我国已经建立了规模庞大的、具有一定水平、比较完整的工业和国民经济体系，造就了一大批科学技术队伍，并已取得数量巨大的、水平先进的科研成果。⑤当前我国科学技术进步仍有很大的潜力。就国际来看，当代经济发达国家科技进步对经济增长的贡献率一般都达到了50%~70%，而我国目前仅有30%；在农业增长中的贡献，前者已经达到了70%~80%，后者仅有35%。就国内来看，目前在增长中，科技进步对

①《经济日报》1996年8月17日第1版。

水产品增长的贡献已经达到了 45%。名列国家科委授予的"全国'科教兴市'的先进城市"光荣称号榜首的无锡市，1994 年工业和农业的增长份额中，科技进步贡献率分别达到了 39.5%和 51.8%。[①] 国际上，特别是国内的部门之间和地区之间的这种差别，均表明了我国在科技进步方面还存在着巨大的潜力。

---

① 《经济日报》1996 年 1 月 8 日第 7 版；《光明日报》1995 年 11 月 28 日第 7 版。

关于国有企业战略性改组的若干问题 *

一、国有企业改组的必要性和紧迫性

（一）历史的分析

就中国建国以后经济发展的历史来看，社会主义国有经济的发展壮大到起主导作用已经跨越了几个历史时期。简要地分析一下这个历史过程，对于正确地认识当前国有经济调整和改组的必要性、紧迫性是极有启示作用的。

1949 年建国以来，中国承袭原苏联高度集中的计划经济模式，在原半殖民地、半封建社会的薄弱经济基础之上，着手重建新中国经济体系。这在当时历史条件下，集中有限财力、物力、人力，干几件大事起到了重要作用，"一五"时期建设的 156 个重点项目，至今仍是支撑中国国民经济发展的基架。1949~1952 年工业总产值中，国有工业的比重由 26.2% 上升到 42.5%，到 1957 年基本完成了生产资料私有制的社会主义改造后，国有工业的比重又上升到 53.8%。然而，计划经济模式下的国有企业是政府的附属物，是封闭的生产单位，企业产、供、销脱节，人为割裂了现代化大生产专业化分工协作的内在经济联系，典型的计划经济模式成为中国企业组织结构"大而全、小而全"的体制基础。

---

* 汪海波、王东合著。原载《经济体制改革》1997 年第 1 期。

1958 年以后，经济工作"左"的指导思想占主导地位。脱离实际、过早地提出了要建立独立的、比较完整的工业体系，盲目追求提高国有经济总量的扩张，忽视经济增长质量和效益。1958 年的"大跃进"，把国有工业产值的比重急剧提高到 89.2%，其后几年的比重也都很高。1966 年开始的"文化大革命"，提出"防修反修"，立足于"早打、大打"，在交通不便、靠山隐蔽地方又建设了一批"大三线"和"小三线"企业，使不合理的企业组织结构进一步恶化。1976 年 10 月"文化大革命"结束以后，虽然没有从根本上触动"左"的路线，但某些方面已在开始扭转，1978 年国有工业在总产值的比重下降到 80.7%，但仍比 1957 年高 0.6 个百分点。

1978 年召开的党的十一届三中全会以后，中国经济体制改革逐步走上了市场取向的道路，开始了传统计划经济体制向社会主义市场经济体制的过渡期，形成了多种经济成分并存和共同发展格局。1978~1994 年，国有工业比重由 80.7% 降到 34.06%，集体工业由 19.3% 上升到 40.87%，非公有工业由几乎为零上升到 25.07%。但改革以后的一段长时期内实行的"财政分灶"的制度，虽然在调动地方政府增加收入和节约支出以及促进地方经济发展方面起到了积极作用，但却在另一方面强化了地方政府对经济发展的行政干预，以致过多的重复引进、重复建设达到了比较惊人的地步。

（二）现实的分析

综上所述，由于中国在经济建设中长期存在着重视经济总量特别是国有经济总量的扩张，主要依靠增加投入、进行外延式扩大再生产，造成了国有企业"大而全、小而全"和盲目重复建设，进入 90 年代后，经济总量的供需差率一直保持在 ±5% 的合理范围以内，但结构性矛盾突出，集中表现在以下四个方面：

1. 产业结构失调。除了第一、二、三产业发展不协调外，工业中加工业企业过多，能力过大，能源、原材料供给"瓶颈"制约严重；在原材料工业内部，比例也失调，如有色工业的冶炼加工能力大，但矿山能力不匹配；石化行业炼油能力盲目增长，但原油产量有限，区域布局不合理。同时，现在我国各行业、部门自成体系，门类齐全。如林业行业，不但有森工育林、采伐、运输等，还包括教育、森林警察、科研院所、机械制造等等；钢铁行业除拥有钢铁生产、铁矿及原料矿山外，还有庞大的为之服务的耐火材料、建筑施工、地质勘探、科研院所、高等院校等。部门之间行业性分割状况严重，不利于社会化专业分工协作。

2.地区结构趋同。长期以来，受地方保护主义和地方利益驱动，小纺织、小炼油、小烟厂、小酒厂、小纺织等小加工企业"遍地开花"，不少地方不顾本地实际条件和可能，竞相发展化工原料、石油加工、钢铁、汽车、家电等规模效益显著、资金投放强度大的产业，而当地资源不足或投资规模不够，从而形成低水平能力的扩大，产品竞争能力弱。据近年来有关部门对28个省市自治区的调查，产业结构相似系数大于0.85的有8个，小于0.85、大于0.7的有15个，小于0.7、大于0.59的有5个。①

3.企业组织结构中规模不经济和生产非专业化严重。中国国有企业规模小而分散，难以取得规模经济效益。1995年，中国汽车年产量150万辆，却拥有整车厂122家，年产超过5万辆的汽车厂仅6家；而这150万辆车的产量还不足美国通用汽车公司的1/5。世界上汽车年产量超过100万辆的企业有12家，其产量约占世界总量的77%。美、日、德等汽车生产国，90%的汽车年产量都集中在3~5家大型企业。再如，世界上炼油企业平均年生产规模为500万吨，最大炼油厂为3000万吨，而中国炼油企业平均年生产规模仅为160万吨。棉纺企业最小合理经济规模为3~8万锭，而我国棉纺2000多个企业中，1万锭以下达1200多个，达到3万锭以上的企业约为20%。国有企业不但规模小，而且中间产品自制率高、工艺齐全、专业化水平低。如机械工业的"全能厂"约占企业总数的70%~80%，即从毛坯、零部件、机械粗加工、精加工、工具机修、自制模具等各类工艺齐全，行业外购件平均仅达45%，与发达国家水平相差较远，不利于专业化分工和社会化大生产。

4.产品供需结构表现为短缺与积压并存。中国许多国有企业的产品更新换代慢、品种单一、质量差、缺乏竞争能力。如钢材同类产品实物量达到世界先进水平的仅占总产量的40%，关键品种还需依赖进口。建材行业中，1995年水泥总产量达4.76亿吨，但其中质量稳定、标号高的旋窑水泥比重仅达20%；平板玻璃产量中，优质浮法玻璃的比重不足40%。

① 《经济研究参考》1995年4月22日总第662期。

上述四个经济结构性矛盾的存在和继续发展的趋势表明，要盘活国有资产存量，振兴国有经济，推进中国经济增长方式由粗放型向集约型转变，搞好企业的战略性调整和改组是一种比较紧迫和现实的选择，可以收到事半功倍效果。

二、国有经济总规模的压缩与改组

据国家统计局今年最新统计，国有经济资产总额 1995 年底已达47472 亿元。国有企业固定资产原值由 1952 年的 240.6 亿元增长到 1978 年的 4488 亿元，到 1994 年底已达 33006 亿元。其中，国有工业企业由 1952 年的 107.2 亿元，发展到 1978 年的 3002 亿元，到 1994 年达 19256 亿元。国有工业企业户数 1994 年为 10.22 万户，1995 年为 11.8 万户。拥有这样庞大的资产规模、国有企业户数，在世界上都是绝无仅有的。

那么，如何鉴别国有企业资产规模过大、过小或者说是比较适宜，按照马克思历史唯物主义原理，唯一的标准是看它是否有利生产力的发展。当前，中国国有经济规模过大，不适合生产力发展的主要表现有：①亏损面过大。当前亏损面（包括明亏和潜亏）约达 2/3。②企业资金严重不足，负债率过高，目前高达 80%。但与此同时，国有资产流失严重。据有人估算，改革以来国有资产已经流失了 5000 多亿元。③冗员过多；设备利用率低；许多设备严重老化，但又无力进行改造；真正懂经营管理的企业家太少，以致生产能力不能充分发挥。目前，国有冗员约占职工总数的 30%，约为 3000 万人，有些长线产品的生产设备的利用率只有 40%~50%。④由于国有企业经济效益低和负债率高，造成专业银行呆账率高达 30%，不良资产总额达数千亿元，从而成为货币过量发行、加剧通货膨胀的一个重要因素。[1]凡此种种都是不利于社会生产力发展的。

如何使这样庞大的资产减少流失，并实现保值增值、发挥出现有资产效能，并使之成为推进经济发展的主导力量，是摆在我们面前的一个棘手和紧迫的问题。企业的诞生、发展、成熟到衰落，是市场经济发展

---

[1]《人民日报》1995 年 11 月 21 日；《光明日报》1995 年 11 月 22 日。

的客观必然规律。企业由生到死、优胜劣汰，是市场竞争、新陈代谢的健康标志。然而，中国国有企业长期以来只生不死，现阶段在由计划经济体制向社会主义市场经济新体制过渡中，由于社会保障制度及各方面承受能力有限，国有企业破产只能是少数。因此，企业的战略性改组就必然成为独具特色的既符合市场经济规律，又适合中国现在国情的优化产业结构、地区经济结构、企业组织结构和产品结构的重要途径。

党的十四届五中全会在《关于制定国民经济"九五"计划和 2010 年远景目标的建议》中指出："要着眼于搞好整个国有经济，通过存量资产的流动和重组，对国有企业实施战略性改组"。今年 11 月召开的中央经济工作会议上又提出，明年要把搞好国有企业放在更加突出的地位，力求取得较大的进展。关键是要进一步解放思想、实事求是，以"三个有利于"为根本标准，狠抓落实，加大改革力度，加快改革步伐。着重抓好四个方面的工作：①坚持国企业改革方向，全面贯彻改革基本方针。要按照建立现代企业制度的方向，总结试点经验，扩大试点范围，完善改革措施，积极解决重点和难点问题，力求在转变企业机制上取得新进展。继续抓好大的企业，放活小的企业，推进国有企业的战略性调整和改组。全面搞好"三改一加强"，提高企业的素质和效益。②切实加强企业管理。③突出抓好国有企业领导班子整顿和建设。④努力为深化企业改革创造有利的环境和条件。

如何搞好国有企业战略性重组？目前看，我们认为，最重要的是应该明确国有企业战略性调整和改组的基本思路。这需要我们在理论上和实践上都有一个认识和探索过程。但是，我们认为至少应考虑以下几个基本点：

1. 总量压缩、调整存量、调控增量。历史实践和国际经验证明，在现有体制下，我们管不了、也管不好这样大的资产规模，必须按照实现"两个根本性转变"要求，从提高经济增长质量和效益着眼，划分领域，根据需要和可能，有保有舍，调整资产存量，调控投资增量，实行分类政策、分类指导、分类监管。

2. 转变政府职能，实现政企分开。应将国有资产的所有权、经营权分离，国有资产的运营和监管分开，以产权为纽带，将国有资产由有资格的国有资产管理部门授权给若干集团公司和大型企业，负责国有资产的经营运作和保值增值。

3. 积极培育和规范竞争有序的资本市场。要为国有企业战略性改组提供生产要素流动的良好市场条件，包括资产评估、产权交易、股票及证券市场等综合性社会化服务体系。

4. "抓大放小"。即应抓住国家控制的关键领域。抓重点行业资产总额、销售额、实现利税占 70%~80% 的"排头兵"企业。使这"关键的少数"可以制约经济发展方向；"放活"小企业，使之更灵活地经营，以取得国有资产租赁、股权、拍卖等收益。

三、改组中的强化领域与弱化领域

国有企业战略性改组过程中，应按照全国生产力布局和国家产业政策，按照社会化大生产与合理经济规模的要求，打破地区、部门和行业界限，凡是竞争性产业，即通过市场调节可以达到产需平衡的领域，为国有资产弱化领域，应进一步放开放活，由市场机制进行资源合理配置和实行优胜劣汰；凡是涉及国民经济命脉、垄断性基础行业和基础设施，关系国家安全的产业、公益性产业、国家支柱产业、特殊行业（如药品、烟草等）以及投资强度大、风险高，但在经济和政治等方面都有重要意义的高新技术产业和先导产业，为国有经济的强化领域。对于这些产业，也须分别情况，依据必要和可能实行全部介入或部分介入。

对强化领域的国有经济，除了对现有资产的存量重组外，重在增量的投入，应积极引进竞争机制，在保持国有经济控股的前提下，更多地利用外资和资本市场直接融资，注重国外先进技术的引进、消化、吸收和创新、培育有自主知识产权的技术创新能力，增强国有企业活力和市场竞争能力。

在国有企业战略性改组中，还必须与改制紧密结合起来，国有企业可以设想按强化和弱化领域，改制成下列四种类型企业：

1. 涉及国家安全、国防尖端、特殊产品、公用设施等特定行业的企业，仍需保持国有和国营形式。其中，适宜于公司性经营的行业，应按国有独资公司改造，但尽量不要搞一家公司的全行业垄断。

2. 基础产业、主要原材料工业及支柱行业中的全国性行业总公司应逐步改组成为控股公司。形成母子公司结构，以大型企业为核心，以产权连接为主要纽带，可组建为跨地区、跨行业的大型企业集团。

3. 加工工业和第三产业等竞争行业中的企业，应按一般公司体制改组、改造。大部分应改造成有限责任公司，条件成熟的可改造成股份有限公司。其中的骨干企业，国家可实行控股。

4. 小型加工零售业、饮食业和服务业等，也要按现代企业制度加以规范，选择独资、合伙、股份合作、有限责任等组织形式。国有小型企业，可将产权逐渐转让给集体或个人。

四、改组中的市场机制作用与政府宏观调控

企业战略性改组是市场经济由低层次向高层次发展，并日渐成熟的重要标志。如工业化国家市场经济程度越发达，其生产要素流动重组的频率越高。其缘由在于，受需求市场容量限制，高科技日新月异，企业往往很难通过提高价格和增加产出来获得更多利润，从而不得不通过企业间重组、兼并或合并寻求出路，通过联合开发新产品、新技术、扩大经营规模，降低成本，提高市场竞争能力。

今年以来，美国企业兼并创下了历史新纪录，兼并资产总额高达5370亿美元。其中突出的有：美国第二大电脑软件公司国际联合电脑公司兼并夏恩电脑软件公司；美国第一大玩具公司马特尔公司兼并第三大玩具公司科蒂玩具公司；美国第四大银行化学银行与居第六位的大通曼哈顿银行合并；美国第二大长途电话公司MCI通信公司被英国电信公司兼并（金额高达208亿美元）等等。在这场企业兼并重组浪潮中，大企业兼并中小企业，中小企业投到大企业门下寻求庇荫，兼并重组已成为企业壮大自己实力、谋求生存、增强企业活力和竞争力的一种手段。

企业改组中市场机制作用的应主要通过资本市场（包括股票市场、证券市场、产权交易市场）来实现，企业间规模、市场占有率资金实力、技术优势和管理技能水平高低使生产要素的流动成为可能。

从中国实际情况看，企业改组的市场实现形式，可以采用资产控股、

分股、控股、收购、兼并、资产租赁、拍卖、内部分立重组、引资重组等多种形式，以实现技术、设备、土地、人才等生产要素由劣势企业向优势企业流动，从而达到生产要素优化配置、提高投入产出比。

例如，由于市场竞争日趋激烈，中国国产数控机床国内市场占有率，由"七五"末的70%左右，下降到"八五"末的不足30%，素有"机床摇篮"之称的沈阳市机床骨干企业沈阳一机床、中捷、三机床、辽宁精密仪器厂等企业按市场经济规律和专业化分工协作原则，"强强"组建成沈阳机床股份有限公司，并利用世界银行贷款，进行改革、改造相结合的改组：①集中产品开发，抽调优秀设计研究人员，组建公司技术中心事业部。②集中产品装配，打破过去那种垂直封闭式的生产结构，实现装配专业化，按产品分类组建两个装配事业部。③工艺专业化改组，改变钣焊件、铸件分散生产，重复改造的现状，以原第一机床厂钣焊车间为主体，将其他事业部钣焊车间的部分设备和人员归集在一起，组建一个独立的钣焊件事业部；把现有各事业部的铸件分厂合并，组建成一个跨地域的铸造事业部。④零部件专业化改组，为充分运用原有存量资产，减少增量投入，实现上规模、上水平的目标，以原沈阳第一机床厂齿轮车间为主体，归集其余两个齿轮车间部分设备和人员组建集中的齿轮生产事业部；其余零件根据同类工艺、同类型零件分类合并的原则，将原有零件加工车间归集改组为两个零部件事业部；充分利用增量投入后调整出来的存量资产，并增加一定投入新建数控刀架事业部；将原辽宁精密仪器厂非电子产品分离后，改组成专门生产数控系统、伺服系统的CNC系统制造事业部。新组建的企业集团，特别是核心企业，一开始就按照现代企业制度的要求，实行彻底的政企分开，以企业资产保值增值为目的，独立运作。企业的重组带来了新的竞争优势。

实现国有企业战略性改组，除了充分发挥市场机制的基础性作用外，政府也应以间接调控手段，积极支持和创造外部条件，促进企业战略性改组稳步、健康向前推进。政府在企业改组中应主要做好以下几项大事：

1. 制定产业政策，确定企业和项目合理经济规模。根据各行业的技术经济特点和资源特点，应将适用性与先进性相结合，在规模经济效益显著的行业中制定经济规模标准，以形成一种阻止低于经济规模的企业进入的壁垒。同时，抓紧生产力布局规划和产业政策区域化工作。应尽早制定国家重点行业的地区布局政策，引导各地区按要素禀赋特征确定地区比较优势，选择和发展本地区主导产业，形成地区间优势互补、合理分工的格局，改变现存的地区产业结构趋同化现象。指导各地区的产业结构调整。

2. 运用好财政、信贷等经济手段，促进企业改组。①增加财政拨款、贴息力度，引导投资方向。同时，完善投资方向调节税的征管，发挥投资方向调节税在调整投资结构方向的作用。②要运用利率杠杆，对国家产业政策优先支持发展的行业和企业在贷款利率上实行上下浮动。③要控制投资热点和国家产业政策限制发展的项目建设。在热点项目审批布点上，要按照改组要求，实行"华录模式"，"华录模式"是1992年底开始实施的，即由全国11个录像机企业组成联合体，统一对外谈判、对外引进，形成录像机关键件的科研、开发、生产、销售为一体的跨地区股份集团公司，形成150万套关键件经济规模能力，避免重复引进、重复建设。

3. 加快与社会主义市场经济发展相适应的社会保障体系和社会服务体系的建设。特别是要首先在重点产业和重点企业推行社会保障制度。

4. 制定优惠政策，鼓励企业战略性改组。如目前在18个试点城市实行的优势企业兼并劣势企业的信贷政策，主要内容是："经济效益好的企业兼并连续3年亏损并贷款逾期2年以上贷款本息确实难以归还的企业，根据被兼并企业资产负债的实际状况，经银行核查同意后，可以免收被兼并企业原欠银行贷款利息。在计划还款期内，对被兼并企业的原贷款本金可实行停息挂账，流动资金贷款的停息期限不超过2年，固定资产贷款的停息期限不超过3年。对计划还款期后仍不能归还贷款的，贷款银行可从到期之日起，执行中国人民银行的各项计息、加罚息及计收复利的有关规定"。这个政策应推广到全国实行。同时，对企业兼并改组中的资产评估、土地使用权转让，富余人员安置、培训等也应相应给予优惠政策。

五、改组与改造相结合的辩证关系

企业改组是生产关系的调整，企业技术改造旨在发展生产力；改组通过现有资产存量的调整和优化重组，为企业发展创造条件。而企业技术改造则充分依托现有企业生产要素，通过采用国内外先进技术，以增量投入，最大限度地降低生产成本，提质降耗、增加品种，提高企业的经济效益。实行现代企业制度的改组，使企业可以建立起投资风险和约束机制，企业更注重投入的风险分析和项目可行性研究，有助于企业选准产品和项目；成功的技术改造又支持企业的改组达到预期效果。实践证明，只有把企业改组与改造密切结合起来，把资产存量调整与投入增量结合起来，才能真正增强国有企业活力和市场竞争力。

目前，一些地方、行业和企业在"三改一加强"（改革、改组、改造和加强企业科学管理）方面已经进行了有益的探索。比如，武汉市棉纺行业 1995 年提出了"三改一加强"的企业改组方案。即将全局的 24 个大中型国有企业，组建成三个企业集团：裕大华集团（包括武汉二棉、裕大华公司、武汉六棉等 10 家企业）；一棉集团（包括武汉一棉、武汉三棉、武汉一色织等 8 家企业）；冰川集团（包括武汉冰川实业公司、武汉床单总厂等 6 家企业）。方案的特点是：

1. 以最终产品为龙头进行改组、改造。6 个龙头产品是"冰川"牌四季服装（形成规模能力 560 万件）；"劲士"牌西装（40 万套）；"金鹿"牌针织服装（1500 万件）；"雅春"牌装饰系列产品（1500 万米）；"神龙"汽车装饰用布（100 万米）；"高、精、深"服装面料（1.0 亿米）。

2. 资产优化重组。压缩淘汰全部落后棉纺锭 19.39 万锭，武汉市由目前的 73.64 万锭压缩到最终 54.25 万锭。将历年引进的国际先进设备（如清钢联、精梳机、自动络筒机、无梭织机等 0.8 亿美元的设备），集中起来，重组配置。

3. 技术改造。根据产品需要，"九五"时期，对棉纺织及后加工企业进行适当更新改造和填平补齐。这样调整、重组和改造后，武汉纺织工业主体设备将达到 80 年代末或 90 年代初国际水平，其中：一棉集团国内先进设备水平由重组前的 63.8% 提高到 90.44%，裕大华集团由 37% 提高到 62.58%，从而使产品开发能力大大加强。

总之，国有企业战略性改组是一项系统工程，涉及面广，历史累积下的结构性矛盾突出，解决起来需要一个渐进过程。但是，可以认为，国有企业战略性改组无疑是推动经济体制转轨、经济增长方式转型的可操作的比较现实的思路选择。

关于促进企业技术进步的若干重要问题 *

一、加大宣传力度，提高对新形势下企业技术进步重大意义的认识

1995 年 9 月召开的党的十四届五中全会提出：要实现 2010 年国民经济和社会发展的主要奋斗目标，"关键是实行两个具有全局意义的根本性转变：一是经济体制从传统的计划经济体制向社会主义市场经济转变；二是经济增长方式从粗放型向集约型转变"。① 如果说，经过一年多的努力，人们对第一个转变重要性的认识已经有了重大的进展（当然，也没有到位），那么，对以技术进步作为基本特征的第二个转变重要性的认识则显得远远不够。种种迹象可以说明这一点。

1. 重基本建设、轻技术改造，以及重外延扩大再生产、轻内涵扩大再生产的状况，并没有得到根本遏制，甚至还在蔓延。

2. 重技术引进、轻消化吸收和创新，重技术装备引进、轻技术开发引进，以及重资本控股、轻技术开发权的掌握的现象，也没有发生重大变化。

3. 科技研究机构与企业生产脱节，许多大中型企业缺乏技术开发机构和技术开发费用比重过低，知识产权缺乏应有保护和脑力劳动报酬过低，以及科技成果转化率过低等方面的情况，并没有得到显著的扭转。

* 原载《中国社会科学院研究生院学报》1997 年第 4 期。
① 《中国共产党第十四届中央委员会第五次全体会议文件》，人民出版社 1995 年版，第 3 页。

4. 集中起来说,就是低水平的重复建设和重复引进不仅没有得到制止,甚至继续铺开。这里所说的低水平的重复建设表现为空间上的并存和时间上继起两个方面。就是说,这个地区部门和企业进行这种建设,那个地区部门和企业也这样做;甚至过一段时间又如此做。在技术引进方面也存在着某种类似的状况。

上述各点从不同侧面和不同程度上反映了宏观和微观方面存在着对技术进步重要性认识不足的问题。当然,产生上述问题的原因是多方面的。但人们对技术进步重要性认识不足,显然是一个重要原因。因此,加大宣传力度,提高人们对新形势下企业技术进步重要性的认识,就十分必要。这里所说的新形势主要有以下两个方面:

1. 企业面临着国内外市场日趋剧烈的竞争局面。决定这一点的有三个重要因素。①就产品的生产和销售来说,原来指令计划调节的格局已经基本打破,市场调节的格局已经基本形成。据统计,1978 年,农产品的 96%、工业消费品的 97%、工业投资品的 100% 都是由国家行政指令计划调节的。目前农产品的 85%、工业消费品的 95%、工业投资品的 80% 都是由市场调节的。① ②原来短缺经济正在开始发生根本性变化,产品销售正在由卖方市场向买方市场过渡。据近年来对 900 多种主要工业产品生产能力的普查,有一半产品生产能力利用率在 60% 以下。其中,内燃机、金属切削机床和许多家电产品的生产能力利用率还在 50% 以下。过去市场供应紧缺的原材料产品,如钢材生产能力利用率也只有 62%。② 另据有关部门今年第一季度对 609 种商品的调查,供大于求的商品占 5.3%,供求基本平衡的商品占 89.4%,供不应求的商品仅占 5.3%。③ ③一般说来,伴随世界经济一体化,各国经济联系日趋密切;伴随国际科技革命新发展,科技作为第一生产力的作用日趋提高。特殊说来,随着中国对外开放的发展,具有很强竞争力的国外跨国公司进入中国市场的愈来愈多。这一切不仅使得社会主义公有经济与非公有经济在国内市场上的竞争剧烈起来,而且使得民族经济与国外资本的竞争剧烈起来;竞争也不只是国际市场上展开,而且愈来愈深入到国内市场上来;竞争手段又愈来愈

①《人民日报》1997 年 2 月 13 日第 2 版。
②《人民日报》1997 年 4 月 4 日第 10 版。
③《经济日报》1997 年 4 月 19 日第 1 版。

依靠技术进步。

2. 企业面临着紧迫的两个根本转变的局面。第一个转变是根本的，它决定着第二个转变。但以技术进步作为基本特征的第二个转变也是根本性转变，并且能够促进第一个转变。

但是，从总体上说来，中国企业技术水平低的状况又很不适应上述两种局面。在工艺装备方面，目前国有重点企业关键设备接近和达到国际先进水平的仅占 15%，2/3 的设备只有国内的一般水平或落后水平。工业新度系数平均水平为 69%，其中机械工业只达到 60%。机电一体化比重更低，数控机床产量比重为 1.5%，拥有量比重为 5%，分别远低于经济发达国家的 30% 和 80%，与技术水平低相联系，产品品种少、质量低、能耗物耗高、成本高、附加价值低，达不到规模经济。这种情况既不能适应日趋剧烈的国内外市场竞争的需要，又难以承担实现两个根本性转变的任务。

这样，在这种新的形势下，推进和加快企业技术进步，对于提高企业在国内外市场上的竞争力，对于实现"两个根本性转变"，对于发展独立的民族产业，对于巩固国有经济的主导地位，就具有特殊而又十分重要的经济、政治意义。

这样说，并不否定加快国有企业改革的重要意义。当前，国有企业改革对促进技术进步具有决定意义。但它本身毕竟只是解决国有企业生产关系的实现形式问题。以技术进步作为主要特征的生产力的发展，有它固有的特殊规律和重大意义。因此，以改代管（加强企业管理），是片面的、不妥的，以改代技（推进企业技术进步），也是片面的、不妥的。

二、深化经济改革，创造企业技术进步机制和这种机制得以发挥作用的配套条件

当前，人们在建立企业技术进步机制问题上有两点似乎不明确，或者说存在着两种认识误区。一是把建立企业技术进步机制与建立现代企业制度割裂开来，似乎前者可脱离后者而孤立地进行。二是似乎在企业的范围内建立了企业技术进步机制，在不需要相关改革创造配套条件的

情况下也可以发生作用。这两点都值得辨明；否则，企业技术进步机制难以真正建立起来，即使建立起来，也难以发挥作用。

在社会主义市场经济条件下，从本质上和根本上说来，所谓企业技术进步机制，就是在推动企业技术进步方面起决定作用的价值规律赖以发生作用的机制。因而，要建立这种机制，就是要建立价值规律赖以存在和发生作用的微观基础。这就是要通过建立现代企业制度，使企业成为自主经营、自负盈亏的市场主体。因而，就像人的肌体的某一部分器官的产生和发生作用不可能脱离人的整个肌体的产生和存在一样，企业技术进步机制的形成及其作用也不可能脱离整个现代企业制度的建立。

这样说，当然不排除在理论上对作为现代企业制度这一"有机体"的一个重要"器官"的企业技术进步机制作单独的研究，并可以把它界定为企业自主决策、自筹资金、自主开发、自担风险和自主分配的机制，还可以在增强这一"器官"功能的机理上提出办法。但从总体上说来，在由传统的计划经济体制向社会主义市场经济体制的过渡期，企业技术进步机制的形成是不可能脱离整个现代企业制度的建立的，因此，要建立企业技术进步机制，就必须通过深化改革，建立现代企业制度。

不仅如此，像建立整个现代企业制度不能脱离相关的配套改革而孤立地进行一样，建立企业技术进步机制也是如此。在这方面，重要的配套改革有以下几项。

（一）改革投融资体制

适应在技术进步方面由企业自主决策、自主开发的需要，必须建立由企业自筹资金的机制，而不应该、也不可能像在计划经济体制下那样再由政府来投资。当然，由于长期历史的原因（如在统收统支体制下，国有企业不仅上缴税收和利润，甚至要上缴折旧基金）、改革以来某些措施的负面效应（如"拨改贷"），以及当前企业经济效益普遍下降等因素的作用，许多企业资金紧张。但是，企业仍必须自筹资本金。如果仍像当前这样，企业不仅靠银行贷款来维持日常的生产经营，而且在缺乏资本金的情况下又依靠银行贷款来上技术改造的项目，那就不仅要给企业造成沉重的利息负担，增加企业的经营困难，甚至连技术改造项目也因资金难以为继而无法完工，而且会给银行造成经营困难，甚至会酿成严重的金融危机。

　　企业自筹资本金也不是毫无办法。比如，对许多企业来说，在加强管理、提高经济效益的条件下，适当多提折旧基金和技术开发费，是完全可能的。当然，解决企业推行技术进步方面所需要的资金，仅靠企业自有的资本金是不够的，还必须开辟多种融资渠道，发展间接融资（如银行贷款）和直接融资（如发行股票和债券）。

（二）加快科技体制改革

　　从企业技术进步的知识来源来说，技术进步就是把知识形态上的生产力变成物质形态上的生产力。而在原来传统的计划经济体制下形成的科研机构与生产企业相分离的状况，不仅极大地阻碍着这种转化；而且不根本改变这种状况也不可能形成企业的技术进步机制。

　　为此，不仅要在大中型企业建立专门的技术开发机构，大幅度增加技术开发费用，在众多的小企业之间建立技术开发中心，而且要采用各种政策手段促进和诱导原来独立的科研机构向大中型企业转移，或者直接办科技企业，或者实行产学研之间的联合。要发展和规范技术市场，进一步发挥这种市场在推进科技成果转化方面的中介作用。要确保知识产权，并使脑力劳动的报酬得到充分的体现，以调动科技人员和科技经营管理人员的积极性。要改变当前科技成果鉴定和考核方面的重大缺陷。比如，忽视科技成果的成熟程度。而某些科技成果不成熟，正是当前科技成果转化率低的一个重要因素。又如，对科技成果的考核和奖励，仅仅停留在量定上，忽视科技成果的商品化和产业化。这也不利于科技成果的转化，因此，为了健全企业技术进步机制并促进科技成果的转化，今后对科技成果的考核，要重视科技成果的成熟度，特别要重视科技成果的商品化和产业化；对科技人员和科技经营管理人员的奖励，也要同科技成果商品化、产业化联系起来。可以设想将科技成果商品化、产业化的收入中提取一定的比例作为这些人员的奖励。或者在实行股份制的条件下，将这些奖励折成这些人员的自有股份。

（三）加快培育科技人员、企业经理人员和一般劳动力的市场

　　企业技术进步机制的形成，有赖于科技人员和企业经理人员市场的培育，是不言而喻的。这里着重分析这种机制形成对一般劳动力市场培育的依存关系。因为这一点当前还没有引起人们足够的注意。现在有一种流行的观点，把国有企业日益增多的大量的冗员。笼统地归结为传统

的统包统配的劳动制度和低工资、多就业的劳动政策。这种制度和政策确实是形成国有企业冗员现状的两个最重要的原因。但不是全部的原因。在企业不能自主地将过剩的劳动力推向劳动力市场的条件下，与技术进步相联系的资金有机构成的提高所造成的一定量资本对劳动力需求的相对减少，也是一个重要的、而且是愈来愈重要的原因。这里需要着重指出：马克思在《资本论》中阐述的这方面的道理，如果抛开它带有的资本主义性质不说，仅就它的一般内容来说，那么对社会主义市场经济也是适用的。这样，由企业技术进步机制的形成而推动的企业技术进步所造成的企业冗员，就需要在劳动力市场上去找出路。这当然不是说，在中国社会主义初级阶段和社会主义市场经济条件下，也可以像在资本主义社会初期那样，在失业保险还未形成的情况下，就可以贸然把过剩劳动力推向市场。但在积极建立失业保险制度的同时，确实需要从培育劳动力市场方面去解决国有企业冗员问题。当然，要解决这个问题，仅仅靠培育劳动力市场也是不够的。还需要以技术进步为契机，发展各种产业，广开就业门路，特别要从中国国情出发，把发展劳动密集型产业放到适当的位置上。同时要加强职工培训，拓展再就业工程。但无论如何，在社会主义市场经济条件下，培养劳动力市场，总是解决由企业技术进步带来的企业冗员问题的一条重要渠道。因而成为建立企业技术进步机制的一项重要配套改革。

（四）进一步发育产品市场，真正形成平等竞争充分展开的、统一开放的、规范有序的、价格机制合理的产品市场

这种市场不仅是现代企业制度（包括企业技术进步机制）正常运作和健康发展的基本条件，而且是遏制低水平的重复建设、重复引进和盛行的假冒伪劣产品，推动企业技术进步的强有力的杠杆。

为此，当前要强化各种经济类型的市场主体之间的平等竞争，特别是强化司法力度，并采取强有力的行政命令手段，坚决打破部门、地区分割，着力打击地方保护主义。

（五）进一步改革对外贸易体制

使更多的、有条件的企业直接享有商品进出口权，并积极推行代理制，发挥国际市场在促进企业技术进步和形成这种机制方面的作用。

（六）从根本上说来，要形成企业进步机制

就是要实现政企职责分开，转变政府职能，把包括技术进步在内的经营自主权交给企业，政府在这方面也只需要主要采取经济、立法手段实行间接调控。当然，也需要采取必要的行政手段，特别在由计划经济体制向社会主义市场经济体制的过渡期更需要这样。

三、加强和改善政府宏观调控，创造促进企业技术进步的支撑体系

现代市场经济都需要政府的宏观调控。中国国情还要求更多、更强的政府宏观调控。当然，这里有一个度，就是必须以市场调节的作用为基础，以市场调节作为主要的调控方式。但在中国当前由计划经济向社会主义市场经济的过渡期还难以完全做到这一点。因此，政府对经济的宏观调控（包括对企业技术进步的调控）还有不容忽视的重要作用。

为了促进企业技术进步，当前很需要从政府的宏观经济管理方面，创造促进企业技术进步的支撑体系。

（一）计划调控

在这方面，以下几项原则值得注意。

1. 在由计划经济体制向社会主义市场经济体制的过渡期，要尽可能减小直接的行政命令手段，尽可能多地采取经济立法等间接手段。但在以国有经济为主导、公有经济为主体的多种经济成分同时并存和共同发展的格局已经初步形成的条件下，过去在计划经济条件下形成的计划只是面向公有经济（特别是国有经济）的布局已经不能适应经济发展的需要，计划指导的面必须贯彻覆盖全社会的原则。在事关全局的技术进步问题上，尤其需要这样。否则，计划调控在这方面的作用范围，就被大大缩小了。

2. 适应计划经济向市场经济、卖方市场向买方市场、短缺经济正在开始发生根本性变化的要求，计划的制定、实施以及与此相关的信息发布，均必须遵循市场导向的原则。现在许多经验证明：只有适应市场需求的技术改造项目，才有巨大的经济效益和良好的发展前景；反之，技术改造项目投产之日，就是企业亏损之时。这样的教训太多，不能再重

复了。

3. 必须坚持经济效益第一的原则。当前在这方面需要着重注意的是：

（1）坚决制止加工工业和基础产业、基础设施等方面的重复建设和重复引进。这方面的情况屡禁不止，甚至还在蔓延，由此造成的浪费损失已经达到十分惊人的地步，已经成为阻碍社会主义现代化建设的一大顽症和公害。有鉴于此，计划部门要会同有关部门，除了采取经济手段以外，还要采取强有力的行政命令手段，乃至果断的司法手段，来制止这种现象。至于那种首长批条子工程的情况，再也不能容许发生了。这是提高投资效益，加快现代化建设的一项不容回避的重大措施。

（2）要在尽可能短的时间内把基本建设投资在固定资产投资中的比重大幅度地降下来，把技术改造投资的比重大幅度地提起来。这是提高投资效益、加速企业技术进步的一项十分重要的、可行的举措。

（3）要把适应市场经济要求的、在提高经济效益方面行之有效的制度尽可能快地推广开来。这包括项目法人责任制、资本金制、投标招标制和工程监理制等。这里还要提到：据粗略统计，当前中央和地方政府有关部门用于企业的技术改造贷款，再加上企业自留资金和直接融资用于这方面的资金，全国约有4000亿元。如果再考虑到还未统计到的部分，这笔资金的数额就更大了。因此为了用好现有的这笔数额巨大的资金，推行上述各项制度以及其他相关的制度，也是不容忽视的大事。

4. 必须在技术引进和对外合资方面，坚持技术自主开发的原则。这是提高国外资源（包括资金、设备和技术）的利用效益、独立发展民族产业的一个非常重要的方面。为此，在技术引进方面，必须在资金和技术力量配置上体现引进设备的消化、吸收、创新比设备引进更重的要求；在合资方面必须体现以市场换技术的要求。而这里所说的技术，不仅包括设备，也包括技术开发机构，还要尽可能争取到新产品的开发技术。

5. 必须在政府的计划和其他综合经济部门之间形成一种合力，共同促进企业的技术进步；而不能像当前那样，有时在有的部门之间相互掣肘，阻滞企业的技术进步。

（二）产业政策指导

这是政府实行宏观调控的一个重要方面，在促进企业技术进步方面有重要作用。在这方面，当前需要注意以下几点：

1. 调整产业结构。这是当前中国经济生活中的一个十分重要而又非常突出的问题。因此，在部门结构政策方面，必须运用企业技术进步这个强有力的杠杆推进产业结构的调整。

2. 国有大中型企业掌握着国民经济命脉，其中部分企业又面临着经营困难。因此，在企业组织政策方面，也必须运用企业技术进步推动国有大中型企业的发展，以巩固国有经济的主导地位。

3. 在技术政策方面，企业技术进步必须坚持高起点。对企业来说，特别是对大中型企业来说，这里所说的高起点，不仅要放在国内市场上来定位，更重要的要放在国际市场上来定位；否则，在中国民族资本与国外资本竞争日趋剧烈的情况下，就说不上是什么高起点，也不能保障民族经济的独立发展。这样说，并不否定当前我国社会生产力发展的不平衡性以及与此相联系的技术水平的层次性和技术发展的梯度性。

（三）财政、信贷支持

资金是企业一切生产活动（包括企业技术进步）的出发点和原动力。当前，中国企业资金普遍呈现紧张局面。这样，财政、信贷支持在促进企业技术进步方面的作用，就显得特别重要。而且财政、信贷的支持也确实在这方面发生过重要作用。比如，仅从 1993 年 7 月 1 日实施新财务会计制度和 1994 年 1 月 1 日实行新税制以来，财政部门就对国有企业采取了降低所得税率，提高固定资产折旧率，以及允许企业技术开发费据实列入生产成本并不受比例限制等一系列有利于企业技术进步的措施。据粗略估算，如果国有企业能把上述各项政策以及其他相关政策用好、用足，可增加财力 2000 多亿元；其中，单是工业企业就可增加财力 1000 多亿元。但是，由于经济体制和经济增长方式均处于转轨的过程中，真正能够用好用足上述各项政策的平均只有 35%~40%。在信贷方面，银行对企业技术改造贷款余额，到 1995 年底达到 3220 亿元，是 1990 年的 3.5 倍；年均增长速度为 30%，大大超过这期间贷款总额年均增长 18% 的速度；占贷款总额的比重由 8.5% 上升到 10.1%。但也由于上述同样的原因，贷款利用效益也很不理想。所以，今后在推进企业技术改造方面，要着力提高财政、信贷资金的利用效益。

但是，同时又需要依据财政、信贷资金的增长和企业资金的困难状况，以及实现经济增长方式转变的需要，加大财政、信贷对企业技术进步支持的力度。在这方面有些省市"九五"时期出台的某些新政策措施，很有启发，并值得借鉴。在财政支持方面，有的省在加快企业技术进步条例中规定，到"九五"末，要把本省技术改造投资占固定资产投资的比重提高到40%以上。这个比重虽然还没到位，但提高幅度是很大的。有的省规定，"九五"时期省属企业年综合折旧率可以达到12.5%。有些省规定，省级新产品，经税务部门核准，两年内由当地财政部门按新增增值税金额的25%拨给企业，专款用于技术进步。在信贷支持方面，有的省规定，从"九五"开始，新增技术改造贷款占技术改造投资比重不低于35%~40%，年终考核资金到位率不低于95%；每年从国家切块给本省国际商业信贷规模中，划出40%以上用于引进技术改造项目；每年从国家切块给本省的企业债券指标中，也划出40%以上用于企业技术改造。

（四）改革干部考核指标

在政企还未分开的条件下，认真做好这项工作，对促进企业技术进步有着重要的意义。

当前，对干部（包括经济管理干部和企业管理干部）的考核指标，实际上主要还是经济增长率。而且，这种考核又往往成为干部升黜的最重要依据，这样，这种考核办法就会形成一种强大的利益驱动，使得某些干部盲目追求外延扩张，进行重复建设和重复引进的主要人格化代表，并在这方面起着决定性作用。因此，为了推进企业技术进步，就不能只是考核经济增长率这样的指标，而必须把反映技术进步的指标提到更重要的位置上来。比如，对有关经济管理干部，可以考核技术改造投资（相对于基本建设投资而言）和购置设备、工具和器具投资（相对于建筑安装工程投资而言）在固定资产投资中的比重，改建投资（相对于新建和扩建投资而言）以及用于增加新产品、提高产品质量和节约能源、原材料的投资（相对于增加产量的投资而言）在技术改造投资中的比重等。对企业管理干部可以考核新技术开发费在销售收入中的比重，新产品、技术含量大的产品、附加价值高的外汇收入高的产品在企业总产值中的比重。

同时，还需要改革已有的某些考核办法。比如，目前在考核企业方面实行"工效挂钩"的办法。而这里的"效"主要是利润指标。这就同要求企业提高固定资产折旧率和多提技术开发费用，以促进企业技术的要求发生矛盾。为了解决这个矛盾，现在有的地方把这个"效"扩大为企业的整体效益，把多提的固定资产折旧费和技术开发费也视同利润。再如，目前对企业管理干部的考核，主要限于当年的业绩，并于当年年终把奖金发给本人。这容易助长企业管理干部忽视技术改造的短期行为。为了克服这种短期行为，促进企业管理干部着力在企业技术改造上下功夫，有的地方把当年考核与长期考核结合起来，只把每年应发奖金的一部分发给本人，其余大部分作为风险基金存入银行，经多年考核之后，才把全部奖金发给本人。

以上各点，可视作政府促进企业技术进步支撑体系的一些重要内容。

论邓小平经济体制改革理论的形成[*]

社会主义市场经济理论是邓小平建设有中国特色社会主义理论的重要组成部分。这一理论是对马克思主义科学社会主义理论的重大发展，是在总结过去几十年社会主义建设经验教训和我国改革开放的新经验的基础上逐步形成的。

一、作为伟大的无产阶级革命家的邓小平，为了避免"文化大革命"悲剧的重演，为了发挥社会主义制度的优越性，发展生产力和实现社会主义现代化，为了巩固社会主义制度，提出了经济体制改革理论

邓小平运用历史唯物主义的观点，深刻地分析了"文化大革命"的原因。他认为，权力过分集中的制度（包括高度集中的计划经济体制），是导致十年浩劫的根源。这"不是说个人没有责任，而是说领导制度，组织制度问题更带有根本性、全局性、稳定性和长期性。这种制度问题，关系到党和国家是否改变颜色"。"如果不坚决改革现行制度中的弊端，过去出现过的一些严重问题今后就有可能重新出现。"①

邓小平强调："要发展生产力，经济体制改革是必由之路。""不开放不改革没有出路，国家现代化建设没有希望。"② 邓小平尖锐提出："不坚持社会主义，不改革开放，不发展经济，不改善人民生活，只能是死路一条。""为什么'六四'以后我们的国家能够很稳定？就是因为我们搞

＊ 原载《中国工业经济》1997 年第 5 期。
① 《邓小平文选》第 2 卷，第 327—333 页。
② 《邓小平文选》第 3 卷，第 138、219 页。

了改革开放，促进了经济发展，人民生活得到了改善。"①

二、作为伟大的马克思主义者，邓小平提出的经济体制改革理论，像他提出的整个建设有中国特色社会主义理论一样，是马克思列宁主义基本原理与当代中国实际和时代特征相结合的产物

邓小平经济体制改革论的重要内容有以下四点。

1. 邓小平提出经济体制改革理论时，创造性地运用了实事求是这一唯物论的基本原理。这包括两方面的内容：

（1）从实际出发，正确总结了我国的实践经验。这不仅包括改革以前一个长时期内"左"的错误教训的总结，也包括改革以前正确经验的总结，还包括改革以后的经验总结。邓小平说过："我是主张改革的，不改革就没有出路，旧的那一套经过几十年的实践证明是不成功的。"②"说到改革，其实在 1974 年到 1975 年我们已经试验过一段。""那时的改革，用的名称是整顿，强调把经济搞上去，首先是恢复生产秩序。凡是这样做的地方都见效。"③"党的十一届三中全会以来，我们逐步进行改革。改革首先从农村开始。农村改革已经见效了，农村面貌发生明显变化。有了农村改革的经验，现在我们转到城市经济改革。城市经济改革就是全面的改革。"④邓小平对于作为改革理论基础的社会主义市场经济的提法，也是随着实践经验的总结而不断完善的。尽管早在 1979 年邓小平就提出了"社会主义也可以搞市场经济"的著名论断，但同时又有"计划经济为主，也结合市场经济"的提法。⑤虽然，这还没有完全摆脱传统的计划经济理论，但随着改革经验的积累和理论研究的深化。邓小平在 1987 年就提出不要"计划经济为主"的提法。⑥

（2）从实际出发，正确总结了国际经验。就资本主义经济发展史来看。市场经济经历了两个大的阶段，第一阶段是自由放任的市场经济，大体上是从 18 世纪末期到 20 世纪 30 年代。在这以后，特别是在第二次世界大战以后进入了第二阶段，是有国家干预的市场经济。第二阶段，

---

①《邓小平文选》第 3 卷，第 370~371 页。
②《邓小平文选》第 3 卷，第 237 页。
③《邓小平文选》第 3 卷，第 255 页。
④《邓小平文选》第 3 卷，第 138 页。
⑤《邓小平文选》第 2 卷，第 236 页。
⑥《邓小平文选》第 3 卷，第 203 页。

马克思、恩格斯和列宁都没有看到，当然谈不上总结。斯大林和毛泽东看到了这一点，但没有正确总结。邓小平看到了这一点，并进行了正确的总结。

2. 按照毛泽东的说法，矛盾的普遍性和特殊性、共性和个性的关系，"是关于事物矛盾的问题的精髓，不懂得它，就等于抛弃了辩证法。"① 邓小平在提出经济体制改革理论时，从实际出发，创造性地运用了这一辩证法的基本原理。他反复指出："社会主义要赢得与资本主义相比较的优势，就必须大胆吸取和借鉴人类社会创造的一切文明成果，吸取和借鉴当今世界各国包括资本主义发达国家的一切反映现代社会的生产规律的先进经营方式、管理方式。"这一点，从整体上说包括市场经济，还包括现代企业的经营形式。社会主义制度同资本主义制度有本质区别。这是矛盾的特殊性和个性。但是社会主义制度同资本主义制度都是以现代社会化生产作为物质基础的，因而均具有反映现代社会的生产要求的共同规律。这是矛盾的普遍性和共性。邓小平的上述论断，表现了他在创造性运用这一原理的高超艺术及其所达到的理论高度。

3. 社会生产力决定生产关系、经济基础决定上层建筑的原理。是历史唯物主义的基本原理。邓小平在提出经济体制革命理论时，从实际出发，创造性地运用了这一历史唯物主义的基本原理。这包括两方面的内容：

（1）邓小平认为，之所以要改革旧的经济体制，是由于它阻碍了社会生产力的发展；之所以要建立社会主义市场经济新体制，是由于它能促进社会生产力的发展。当然，这里讲的经济体制，不是社会主义的基本制度（如社会主义公有制和按劳分配等），而是它的具体表现形态。但也正是因为这样，邓小平把生产力和生产关系的研究，推进到新的领域，从而大大发展了历史唯物主义的原理。

（2）邓小平关于经济体制改革与坚持四项基本原则，政治体制改革、科技体制改革和建设社会主义精神文明相互关系的分析，显然是马克思主义关于经济基础与上层建筑相互关系原理创造性的运用和发展。

4. 邓小平认为，建国以后的一条最重要经验教训，就是要搞清楚

① 《毛泽东选集》第 1 卷，人民出版社 1991 年版，第 320 页。

"什么是社会主义、如何建设社会主义"的问题。① 这一科学社会主义的基本问题，由于50年代中期以后长期存在的"左"的错误的影响，特别是由于"四人帮"的干扰破坏，把这个基本问题弄得混乱不堪。邓小平在粉碎"四人帮"以后拨乱反正和推进经济体制的过程中，从实际出发，坚持、运用和发展了科学社会主义的基本原理，彻底澄清了这个基本问题。他说："社会主义的本质，是解放生产力，发展生产力，消灭剥削，消除两极分化，最终达到共同富裕。"② 这就正确回答了什么是社会主义的问题。关于如何建设社会主义的问题，集中说来，就是他提出的以一个中心、两个基本点为主要内容的党在社会主义初级阶段的基本路线。当然，完整说来，这个问题的回答还是体现在他所创立的建设有中国特色社会主义理论。③

三、作为伟大的无产阶级革命家，邓小平提出的经济体制改革理论，是在同各种错误倾向作斗争中形成和发展起来的，并且是在这个斗争中得到贯彻的

这里包括反对右的错误，反对资产阶级自由化。这是一个十分重要的问题。邓小平说："我们反对资产阶级自由化，就是要保证中国的社会主义制度不变，保证整个政策，对内开放，对外开放的政策不变。"④ 整个改革的进程都证明了这一点。但主要还是反对"左"的错误。这一点，在确立经济体制改革目标——社会主义市场经济方面表现得特别突出。

在党的十一届三中全会以后，形成了以邓小平为核心的党中央集体领导。经过拨乱反正，1982年召开的党的"十二大"提出"计划经济为主，市场调节为辅原则"。⑤ 相对50年代中期以后盲目追求单纯的计划经济来说，这无疑是一个巨大进步。但这并没有跳出1956年召开的党的八大会议上的有关提法。

随着清除"左"的思想的进展和改革经验的积累，1984年召开的党的十二届三中全会在这个问题上迈出了重要一步。这次会议提出：社会

① 《邓小平文选》第3卷，第116页。
② 《邓小平文选》第3卷，第373页。
③ 见《中国共产党第十四次全国代表大会文件汇编》，人民出版社1992年版，第12~15页。
④ 《邓小平选集》第3卷，第218页。
⑤ 《中国共产党第十二次全国代表大会文件汇编》，人民出版社1982年版，第24页。

主义"是在公有制基础上的有计划的商品经济"。① 邓小平高度评价了这个提法。他说："这次经济体制改革的文件，就是解释了什么是社会主义。""过去我们不可能写出这样的文件，没有前几年的实践不可能写出这样的文件。写出来，也很不容易通过，会被看作'异端'。"②

1987 年 10 月召开的党的"十三大"以前，邓小平针对当时把市场经济说成是资本主义的观点，尖锐地指出："为什么一谈市场就说是资本主义，只有计划才是社会主义呢？计划和市场都是方法嘛。只要对发展生产力有好处，就可以利用。"他希望党的"十三大"报告，"要申明四个坚持的必要，反对资产阶级自由化的必要，改革开放的必要，在理论上讲得更加明白"。③

在邓小平上述思想的指导下，党的"十三大"报告迈出了决定性的步伐。该报告提出："新的经济运行机制，总体上来说应当是'国家调节市场，市场引导企业'的机制。"④ 这里虽然没有使用社会主义市场经济的概念，但却包含了这一概念的基本内涵。

1990 年前后的一段时间内，否认市场取向改革的"左"的思潮又泛滥起来。针对这一点，1991 年邓小平再一次提出："不要以为，一说计划经济就是社会主义，一说市场经济就是资本主义，不是那么回事，两者都是手段，市场也可以为社会主义服务。"⑤

但这并没有根本纠正上述"左"的思潮泛滥的状况。于是。邓小平在 1992 年的重要谈话中再一次尖锐提出："改革开放迈不开步子，不敢闯，说来说去就是怕资本主义的东西多了，走了资本主义道路。要害是姓'资'还是姓'社'的问题。"又说："计划多一点还是市场多一点，不是社会主义与资本主义的本质区别。""计划和市场都是经济手段。"他还严正指出："要坚持党的十一届三中全会以来的路线、方针、政策，关键是坚持'一个中心、两个基本点'。""只有坚持这条路线，人民才会相信你，拥护你。谁要改变三中全会以来的路线、方针、政策，老百姓不答

　①《中共中央关于经济体制改革的决定》，人民出版社 1984 年版，第 17 页。
　②《邓小平文选》第 3 卷，第 91 页。
　③《邓小平文选》第 3 卷，第 203 页。
　④《中国共产党第十三次全国代表大会文件汇编》，人民出版社 1987 年版，第 27 页。
　⑤《邓小平文选》第 3 卷，第 367 页。

应，谁就会被打倒。"① 在邓小平上述重要谈话的指引下，在以江泽民同志为核心的党中央领导下，同年 10 月召开的党的十四大将我国经济体制改革的目标确定为建立社会主义市场经济体制。②

四、邓小平提出经济体制改革理论，是同他作为伟大的无产阶级革命家所具有的革命胆略和政治勇气相联系的

邓小平多次指出：改革"是有风险的事"，"是要冒很大的风险的"。③显然，在中国进行改革，是一项前无古人、异常复杂的事业，因而可能发生失误。与改革开放相伴生，总会有许多消极东西。如果这些消极东西膨胀到不适当的程度，也会发生严重后果。因此，邓小平认为，"不要怕，一怕就不能搞改革了。""要克服一个怕字，要有勇气。""胆子要大，要坚决。"④ 邓小平提倡的"这个胆略是要有基础的，这就是社会主义制度，是共产党领导下的社会主义中国。""这个勇气来自人民的拥护。"⑤

在这个问题上，邓小平提出的完整方针，是"胆子要大，步子要稳"。而且，"要把工作的基点放在出现较大的风险上，准备好对策"。⑥ 但是，邓小平认为："强调稳是对的，但强调过分就可能丧失时机。""稳妥变成停滞不前就坏了。"⑦

邓小平提出的社会主义市场经济理论和以此为依据的经济体制改革，随同他创立的整个建设有中国特色的社会主义理论，是继列宁的社会主义革命新理论和毛泽东的新民主主义论⑧之后，对马克思主义作出的又一次划时代发展。

---

① 《邓小平文选》第 3 卷，第 370~373 页。
② 《中国共产党第十四次全国代表大会文件汇编》，人民出版社 1992 年版，第 147 页。
③ 《邓小平文选》第 3 卷，第 113、130 页。
④ 《邓小平文选》第 3 卷，第 203、367、219 页。
⑤ 《邓小平文选》第 3 卷，第 217 页。
⑥ 《邓小平文选》第 3 卷，第 113、267 页。
⑦ 《邓小平文选》第 3 卷，第 368、240 页。
⑧ 关于毛泽东的新民主主义论对马克思主义所做的划时代发展问题，详见汪海波：《"新民主主义论"研究——纪念毛泽东诞辰 100 周年》（《经济研究》1993 年第 12 期）。

关于社会主义本质问题的研究 *
——学习邓小平经济理论的体会

邓小平同志逝世后，党中央发出号召："我们一定要努力学习邓小平建设有中国特色社会主义理论。"① 而在这个理论中，社会主义本质理论处于基础的地位，并成为把握党的十一届三中全会以来党的基本路线和基本实践的一把钥匙。正如党中央所指出的："这个理论，科学地把握社会主义的本质，第一次比较系统地初步回答了中国这样的经济文化比较落后的国家如何建设社会主义、如何巩固和发展社会主义的一系列基本问题。"② 但有人对这个社会主义本质理论为什么要把"发展生产力"列为首要内容这个问题一直存在困惑，甚至提出异议。在这种情况下，针对上述问题，学习和阐述邓小平关于社会主义本质的理论，就显得更加重要了。

一、邓小平关于社会主义本质问题的论述

为了澄清有人对邓小平关于社会主义本质理论为什么首先列入"发展生产力"的内容存在困惑的问题，比较详细地分析邓小平在这个问题上的论述，很有必要。

邓小平对这个问题直接、明确的论述，是 1992 年初他在南方谈话中

* 原载《中国社会科学院研究生院学报》1998 年第 1 期。
① 《敬爱的邓小平同志永远活在我们心里》，人民出版社 1997 年版，第 12 页。
② 《敬爱的邓小平同志永远活在我们心里》，第 7~8 页。

讲的那段话。即"社会主义的本质，是解放生产力，发展生产力，消灭剥削，消除两极分化，最终达到共同富裕"。①

当然，《邓小平文选》对这个问题的类似论述是很多的。我们依据《邓小平文选》第一、二、三卷有关这个问题论述的先后顺序列举其中的一些重要方面。

——早在我国生产资料私有制的社会主义改造基本完成以后，邓小平依据党的八大决议于1957年提出："今后的主要任务是搞建设。"②

——1980年1月，邓小平指出："发挥社会主义的优越性，归根到底是要大幅度发展社会生产力，逐步改善提高人民的物质生活和精神生活。"③

——1980年4~5月，邓小平尖锐提出："经济长期处于停滞状态总不能叫社会主义。人民生活长期停止在很低的水平上总不能叫社会主义。""根据我们自己的经验，讲社会主义，首先就要使生产力发展，这是主要的。"④

——1985年4月，邓小平指出："社会主义的首要任务是发展生产力，逐步提高人民的物质和文化生活水平。""不发展生产力，不提高人民的生活水平，不能说是符合社会主义要求的。"⑤

——1985年8月，邓小平又指出："社会主义的任务很多，但根本一条就是发展生产力。"⑥

——1985年10月，邓小平再一次强调："而要坚持社会主义制度，最根本的是要发展社会生产力。"⑦

——1986年9月，邓小平指出："社会主义原则，第一是发展生产，第二是共同致富。"⑧

——1986年12月，邓小平又说："我们要发展生产力，发展社会主义公有制，增加全民所得。我们允许一些地区、一些人先富起来，是为了最终达到富裕，所以要防止两极分化，这就叫社会主义。"⑨

---

① 《邓小平文选》第3卷，人民出版社1993年版（下同），第373页。
② 《邓小平文选》第1卷，第261页。
③ 《邓小平文选》第2卷，第251页。
④ 《邓小平文选》第2卷，第312、314页。
⑤ 《邓小平文选》第3卷，第116页。
⑥ 《邓小平文选》第3卷，第137页。
⑦⑧ 《邓小平文选》第3卷，第172页。
⑨ 《邓小平文选》第3卷，第195页。

——1987年4月，邓小平还把生产力发展提高到了"真的搞了社会主义"的标志。他说："搞社会主义，一定要使生产力发达，贫穷不是社会主义。""现在虽然我们也在搞社会主义，但事实上不够格。只有到了下世纪中叶，达到了中等发达国家的水平，才能说真的搞了社会主义，才能理直气壮地说社会主义优于资本主义。现在我们正在向这个路上走。"① 同月，他又一次强调："社会主义的第一个任务是要发展生产力。"②

——1987年10月，邓小平又一次提醒人们："整个社会主义历史阶段的中心任务是发展生产力，这才是真正的马克思主义。""贫穷不是社会主义，发展太慢也不是社会主义。"③

——1988年5月，邓小平再一次重申："坚持社会主义的发展方向，就要肯定社会主义的根本任务是发展生产力，逐步摆脱贫穷，使国家富强起来，使人民生活得到改善。没有贫穷的社会主义。社会主义的特点不是穷，而是富，但这种富是人民共同富裕。"④

诚然，在上述各项论述中，邓小平没有像在1992年初南方谈话中那样，直接明确地把社会主义本质的首要内容表述为发展生产力。但是，他所说的社会主义的根本任务（或主要任务，或中心任务，或首要任务，或第一个任务）是发展生产力（或发展生产，或搞建设）；他所说的社会主义原则，第一是发展生产；他所说的坚持社会主义的发展方向，就要肯定社会主义的根本任务是发展生产力；他所说的发挥社会主义的优越性，归根结底是要大幅度发展社会生产力；他所说的搞社会主义，一定要使生产力发达，贫穷不是社会主义；所有这些，显然都体现了发展生产力是社会主义本质的首要内容。

我之所以在上面不厌其烦地引证邓小平的有关论述，是在于表明：邓小平关于社会主义本质的首要内容是发展生产力的思想，不是他的偶然的、一闪而过的思想，而是长期的、一贯的思想。对他来说，这种思想甚至也不是在党的十一届三中全会以后才有的，而是在1956年党的八大召开前后就开始形成了。当然，经过他对1957年以后长期存在的

① 《邓小平文选》第3卷，第225页。
② 《邓小平文选》第3卷，第227页。
③ 《邓小平文选》第3卷，第254~255页。
④ 《邓小平文选》第3卷，第264~265页。

"左"的错误的总结，这种思想有了重大发展，发生了历史性的飞跃。

二、创造性地运用马克思主义的重大成果

有人提出疑问：生产力是与生产关系相区别的范畴，把发展生产力也归结到社会主义的本质中，是否妥当？但实际上，把社会主义本质的首要内容确定为发展生产力，[①] 正是邓小平创造性地运用马克思主义的重大成果。按照我的理解，这一点，至少包括以下四方面内容。

第一，这是创造性运用历史唯物主义关于生产关系必须适应和促进生产力的原理。

按照列宁的说法，"第一次使科学的社会学的出现成为可能，还由于只有把社会关系归结于生产关系、把生产关系归结于生产力的高度。"[②] 按照这个生产力决定生产关系的根本原理，一定社会发展阶段上某种生产关系之所以能够产生就在于它能在一定时期内适应和促进生产力的发展。这既是生产关系的运动规律，也是它的历史使命。这个历史唯物主义的基本原理对社会主义生产关系也是适用的。因此，邓小平在论到这一点时说过："马克思主义的基本原则就是要发展生产力。"[③]

但邓小平的分析没有停留在这个一般原理上，他进一步论述了作为共产主义社会第一阶段社会主义生产关系的历史使命。他写道："马克思主义的最高目的就是要实现共产主义，而共产主义是建立在生产力高度发展的基础上的。""要实现共产主义，一定要完成社会主义阶段的任务。社会主义的任务很多，但根本一条就是发展生产力，在发展生产力的基础上体现出优于资本主义，为实现共产主义创造物质基础。"[④] 按照历史唯物主义基本观点，社会主义生产关系的历史使命，就是发展生产

---

①说明：第一，这里说的是"发展生产力"，不是"生产力"。显然，生产力不构成社会主义本质的内容。但"发展生产力"却构成社会主义本质的内容，理由详见后述。第二，依据邓小平1992年初南方谈话的有关论述方谈"解放生产力"和"发展生产力"都是社会主义本质的首要内容（《邓小平文选》第3卷，第371页）。但鉴于前者并无争论，故专门分析"发展生产力"是社会主义本质的首要内容。

②《列宁全集》第1卷，人民出版社1955年版（下同），第120页。

③《邓小平文选》第3卷，第52~53页。

④《邓小平文选》第3卷，第116、137页。

力，为实现共产主义创造物质基础。

不仅如此，邓小平还具体分析了我国社会主义初级阶段在发展生产力方面的特殊历史使命。他在论到这一点时说过："落后国家建设社会主义，在开始的一段很长时间内生产力水平不如发达的资本主义国家，不可能完全消灭贫穷。所以，社会主义必须大力发展生产力，逐步消灭贫穷，不断提高人民的生活水平。否则，社会主义怎么能战胜资本主义？"①可见，经济不发达的社会主义初级阶段在发展生产力方面的任务，不仅要为长远将来实现共产主义，也不仅要为将来过渡到发达的社会主义，而且要为完全消灭贫穷，提高人民生活，战胜资本主义创造物质基础。

无论从上述的社会主义初级阶段条件下社会主义生产关系必须适应和促进生产力的规律来说，还是从它的历史使命来说，把社会主义本质的首要内容归结为发展生产力，都是正确的。因为按照列宁的说法，"规律和本质是表示人对现象、对世界等等的认识深化的同一类的（同一序列的）概念，或者说得更确切些，是同等程度的概念。"②至于从历史使命来说，那社会主义生产关系产生的根本原因和主要价值就在于促进生产力的发展，因而更可以这样讲了。

第二，这是创造性地运用辩证法关于矛盾的原理。

按照毛泽东的说法，一个事物矛盾的特殊性，是规定该事物不同于他事物的特殊的本质。③邓小平具体分析了我国社会主义初级阶段的主要矛盾。即"我们的生产力发展水平很低，远远不能满足人民和国家的需要，这就是我们目前时期的主要矛盾，解决这个主要矛盾就是我们的中心任务"。这个中心任务就是现阶段作为发展生产力集中表现的社会主义现代化建设。依据上述毛泽东和邓小平的分析，我们也可以认为，发展生产力是社会主义本质的首要内容。

第三，这是创造性运用马克思主义经济学关于"每一个社会的经济关系首先作为利益表现出来"④的原理。

党的十一届三中全会以来，邓小平多次讲过："就我们国内来说，什

①《邓小平文选》第3卷，第68页。
②《列宁全集》第38卷，第159页。
③《毛泽东选集》第1卷，人民出版社1991年版（下同），第309页。
④《马克思恩格斯选集》第2卷，第537页。

么是中国最大的政治?四个现代化就是中国最大的政治。"而按照马克思主义的观点,政治是经济的集中表现。在这方面,邓小平还明确说过:"社会主义现代化建设是我们当前最大的政治,因为它代表着人民的最大的利益、最根本的利益。"① 而实现社会主义现代化正是当前我国发展生产力的集中表现。从这方面来说,把发展生产力看作是社会主义本质的首要内容,也是完全正确的。

第四,这是创造性地运用了马克思主义关于社会主义必须消灭剥削和实现共同富裕的原理。

以上三方面的分析,只限于"发展生产力"一点来说的。如果把这一点与"消灭剥削,消除两极分化,最终达到共同富裕"联系起来看,那么,"发展生产力"作为社会主义本质的首要内容,就更加清楚了。因为在这里"发展生产力"是作为"消灭剥削,消除两极分化"的物质前提而存在的。马克思主义从来认为,"阶级的存在仅仅同生产发展的一定历史阶段相联系。"② "这种划分是以生产不足为基础的,它将被现代生产力的充分发展所消灭。"③ 既然发展生产力是"消灭剥削,消除两极分化"的物质前提,那么,它也是"最终达到共同富裕"的物质基础。这是不言而喻的。但在马克思主义看来,无论是"消灭剥削,消除两极分化",还是"最终达到共同富裕"都是社会主义制度的本质要求。

但有人提出疑问:"发展生产力"与"消灭剥削,消除两极分化,最终达到共同富裕",是不同层次的问题,为什么把它们都看作是社会主义的本质呢?诚然,按照事物的因果联系和发展逻辑来说,这里存在三个层次的问题。一是"发展生产力";二是"消灭剥削,消除两极分化";三是"最终达到共同富裕"。但依据上述的理由,这并不能成为它们不构成社会主义本质的原因,而只是表明它们作为本质是分别依次处于三个不同层次上。这不仅符合客观事物的本来面貌和认识论的,也是符合马克思主义关于本质概念的。列宁说过:"人的思想由现象到本质,由所谓初级本质到二级的本质,这样不断地加深下去,以至于无穷。"④

①《邓小平文选》第2卷,第162~163、194~195、234页。
②《马克思恩格斯选集》第4卷,第332~333页。
③《邓小平文选》第3卷,第321页。
④《列宁全集》第38卷,第278页。

　　总之，基于上述分析，尽管生产力是与生产关系相区别的范畴，但仍然可以将"发展生产力"列为社会主义本质的首要内容。这是科学的社会主义本质理论的最重要方面。

三、科学总结社会主义建设经验的产物，批判党内曾经长期存在的"左"的错误的产物，特别是揭露"四人帮"假社会主义的产物

　　邓小平关于社会主义本质的理论（其中包括作为首要内容的发展生产力），是依据他在"文化大革命"结束以后反复倡导的解放思想、实事求是的原则，科学地总结了我国社会主义建设长期经验（特别是长期犯的"左"的错误教训）得出的正确结论。

　　针对1957年以后党内长期存在的"以阶级斗争为纲"的"左"的指导思想，邓小平旗帜鲜明地提出："不解放思想不行，甚至包括什么叫社会主义这个问题也要解放思想。"[1]

　　从这一点出发，他指出："我们总结了几十年搞社会主义的经验。社会主义是什么，马克思主义是什么，过去我们并没有完全搞清楚。""从一九五八年到一九七八年这二十年的经验告诉我们：贫穷不是社会主义，社会主义要消灭贫穷。不发展生产力，不提高人民的生活水平，不能说是符合社会主义要求的。"[2]

　　邓小平高度评价了这个经验。他写道："最根本的一条经验教训，就是要弄清楚什么叫社会主义和共产主义，怎样搞社会主义。"[3]这里说的什么叫社会主义，就是上述社会主义本质的定义。

　　在这方面，邓小平着重总结了党内长期存在的"左"的错误。他说："多少年来我们吃了一个大亏，社会主义改造基本完成了，还是'以阶级斗争为纲'，忽视发展生产力，'文化大革命'更走到了极端。十一届三中全会以来，全党把工作重点转移到社会主义现代化建设上来，在坚持四项基本原则的基础上，集中力量发展社会生产力。这是最根本的拔乱

---

①《邓小平文选》第2卷，第312页。
②《邓小平文选》第3卷，第116、137页。
③《邓小平文选》第3卷，第223页。

反正。"①

在这方面，他也正确评价了毛泽东的功过是非。他说："毛泽东同志是伟大的领袖，中国革命是在他的领导下取得成功的。然而他有一个重大的缺点，就是忽视发展社会生产力。"②

在这方面，他还着重"批判了'四人帮'那种以极左面目出现的主张普遍贫穷的假社会主义"。"四人帮"鼓吹的"宁要贫穷的社会主义，不要富裕的资本主义。简直荒谬得很!"他针锋相对地提出，"贫穷不是社会主义，发展太慢也不是社会主义。""社会主义的特点不是穷，而是富，但这种富是人民共同富裕。"③

经过本文第二、三部分的分析，我们可以清楚看到：邓小平关于社会主义本质的理论（包括作为其首要内容的发展生产力），是创造性运用马克思主义一系列基本原则的重大成果，是对我国几十年社会主义建设经验的科学总结，是在批判党内长期存在的"左"的错误的过程中建立的，是作为"四人帮"假社会主义的对立物而产生的。因此，正如他自己反复指出的，这是"坚持了科学社会主义"。④因此，对这个科学理论持怀疑态度，甚至担心它会混淆社会主义制度与资本主义制度的本质差别，是完全不正确的。

四、科学社会主义理论发展的新阶段，党的基本路线的理论基石，经济改革的根本指导思想

按照恩格斯的观点，马克思的两个伟大发现——唯物史观和剩余价值理论，使得社会主义从空想变成了科学。⑤

列宁在帝国主义和无产阶级革命时代提出了社会主义革命新理论⑥

①《邓小平文选》第3卷，第141页。
②《邓小平文选》第3卷，第116页。
③《邓小平文选》第2卷，第165；第3卷，第254~255、265页。
④《邓小平文选》第2卷，第24页。
⑤参见《马克思恩格斯选集》第3卷，第424页。
⑥按照这个理论，"社会主义可能首先在少数或者甚至在单独一个资本主义国家内获得胜利。"（《列宁选集》第2卷，第709页）

和一国可以建成社会主义的理论，[①] 为俄国十月社会主义革命的胜利和苏联在 30 年代建立社会主义制度奠定了理论基础。可以把列宁提出的这些理论看作是科学社会主义理论发展的新阶段。

毛泽东在半殖民地半封建中国提出的新民主主义论，找到了一条占世界的四分之一的旧中国通过新民主主义革命再走上社会主义革命的正确道路。在中华人民共和国建立以后，在实现生产资料私有制的社会主义革命方面又找到了一条具有创举意义的成功道路。也可以把毛泽东提出的这些理论看作是继列宁之后的科学社会主义理论发展新阶段。

但是，无论是列宁，还是毛泽东，都没有涉及或者没有完全涉及后来邓小平创立的有中国特色的社会主义理论（这是完整的说来），特别是没有涉及或者没有完全涉及以社会主义本质作为理论基础的党在社会主义阶级阶段的基本路线（这是从根本上说来）。[②] 当然，在这方面，列宁和毛泽东是有重大差别的。列宁的局限性主要是受到时代条件的制约，同他过早逝世相联系的。而毛泽东的局限性，虽然也有时代条件的制约，但主要是同他在 1957 年以后长期犯的"左"的错误相联系的。

只有邓小平在"文化大革命"结束以后，以马克思主义者的伟大气魄和革命风格，依据实事求是的马克思主义基本原则，正确总结了我国社会主义建设的经验，完整地提出了有中国特色的社会主义理论，特别是以社会主义本质理论为依据的党在社会主义初级阶段的基本路线，真正解决了在生产资料私有制的社会主义改造完成以后如何建设社会主义的问题。这当然不是说社会主义建设理论以后不需要发展了。但党的十一届三中全会以来的经验已经充分证明：邓小平提出的上述理论为我国社会主义建设指明了一条正确的道路。因此，可以把这个理论看作是继毛泽东之后的科学社会主义理论发展又一个新阶段。

邓小平多次强调：我国社会主义建设最根本、最重要的一条经验教

---

① 列宁认为，"的确，国家支配着一切大生产资料，无产阶级掌握着国家权力，无产阶级和千百万小农及最小农结成联盟，无产阶级对农民的领导已有保证等等，难道这不是我们所需要的一切，难道这不是我们通过合作社，而且仅仅通过合作社……来建成完全的社会主义社会所必须的一切吗？这还不是建成社会主义社会，但这已是建成社会主义所必须而且足够的一切。"（《列宁选集》第 4 卷，第 682 页。）

② 为什么党在社会主义初级阶段的基本路线是以社会主义本质理论为基础，将在后面做分析。

训，就是要弄清什么是社会主义，如何建设社会主义。① 这是我国社会主义建设的中心问题。邓小平创立的有中国特色的社会主义理论，也就是围绕这个中心展开的。

从根本的和主要的意义上说来，这里所说的什么是社会主义，就是社会主义的本质；这里所说的如何建设社会主义，就是一个中心（社会主义经济建设）、两个基本点（坚持四项基本原则和坚持改革开放）的基本路线。后者是以前者为依据的。邓小平自己对这一点多次作过很好的说明。他写道：1957 年以后我国经济长期处于停滞的状态，"迫使我们重新考虑问题。考虑的第一条就是要坚持社会主义，而坚持社会主义，首先要摆脱贫穷落后状态，大力发展生产力，体现社会主义优于资本主义的特点。要做到这一点，就必须把我们整个工作的重点转到建设四个现代化上来，把建设四个现代化作为几十年的奋斗目标。同时，鉴于过去的教训，必须改变闭关自守的状态，必须调动人民的积极性，这样才制定了开放和改革的政策。② 这就再清楚不过地揭示了党的基本路线（包括一个中心，两个基本点）与社会主义本质（以发展生产力作为首要内容）的内在联系。

上面分析已经说明：社会主义本质理论是我国经济体制改革的指导思想。这里还需要针对有关疑问，着重强调邓小平提出的"三个有利于"的标准，③ 是直接从上述的社会主义本质引申出来的结论。因而是判断改革姓社姓资的正确标准。

但有人提出"三个有利于"只是判断改革成败的标准，而不是判断改革姓社姓资的标准。说"三个有利于"是判断改革成败的标准，无可非议。但加上"只是"就是片面的，否定它是判断改革姓社姓资的标准，就更是不妥的。诚然，在改革的进程中，要发展非国有经济。而且，在坚持社会主义国有经济为主导、公有经济为主体的前提下，在国家有关法律的规范下，发展非公有经济，也是符合"三个有利于"的标准的。但这些非公有经济的性质并不是社会主义的。只是在这个限度内，可以

---

① 参见《邓小平文选》第 3 卷，第 116、223、369 页。

② 《邓小平文选》第 3 卷，第 223~224 页。

③ 即"判断的标准，应该主要看是否有利于发展社会主义社会的生产力，是否有利于增强社会主义国家的综合同力，是否有利于提高人民的生活水平。"（《邓小平文选》第 3 卷，第 372 页）

说"三个有利于"不是判断改革姓社姓资的标准。但在我国社会主义条件下，这些非公有经济不可能成为整个社会经济的主体部分。这是第一。第二，尽管它们本身性质不是社会主义的，但却是社会主义经济的必要补充。在这个意义上，可以把它看作是社会主义经济体系的一部分。正像帝国主义时代殖民地、半殖民地人民的革命性质是资产阶级民主革命，但由于它是世界无产阶级社会主义革命的同盟军，因而成为世界无产阶级社会主义革命的一部分一样。① 就上述两点来说，无论从主要意义上，或者从整体意义上，都可以把"三个有利于"看作是判断改革姓社姓资的标准。

其实，即使不作这样的理论分析，只要看一下邓小平提出"三个有利于"标准，就是针对改革姓社姓资的问题而发的，② 问题也就很清楚了。

还要提到，我国改革性质是社会主义制度的自我完善。从这方面来看，改革的成败与改革的姓社姓资是紧密相关的两个问题，把二者对立起来，进而认为有两个不同的判断标准，有什么意义呢？

既然如此，为什么还有人提出上述观点呢？从理论上来说，要害在于他们不承认社会主义本质的首要内容是发展生产力。因而否定"三个有利于"（确切地说是"第一个有利于"）是判断改革姓社姓资的标准。这种理论渊源就是本文多次说过的在我国曾经长期存在的"左"的观念。

需要说明，当前辨明"三个有利于"的正确含义，不仅是理论上的需要，对推动我国改革的顺利发展，也有重要的实践意义。

---

① 参见《毛泽东选集》第 2 卷，第 666~672 页。
② 参见《邓小平文选》第 3 卷，第 372 页。

宏观调控政策协调在经济"软着陆"中的作用[*]

从 1993 年下半年开始，中国针对经济领域中出现的过热现象，实施了以治理通货膨胀为首要任务的宏观调控。经过 3 年多的努力，国民经济成功地实现了"软着陆"。国家综合运用多种宏观调控政策，在这次经济"软着陆"中发挥了重要的作用。

一、经济"软着陆"的实现

改革以来，国民经济四次出现过热，政府四次进行宏观调控。只是在第四次宏观调控中才成功地实现了"软着陆"。考察我国改革以来宏观调控的经验和教训，能给人有益的启示。

改革以来的第一次宏观调控始于 1979 年。针对当时"洋跃进"导致的国民经济比例严重失调，政府决定实行以调整为重点的"调整、改革、整顿、提高"的八字方针，开始全面的国民经济调整工作。但 1979、1980 两年的调整工作并未真正落实。以致这两年经济速度虽有下降，但仍然很高。与此相联系，财政赤字急剧扩大。这两年国内生产总值分别比上年增长 7.6% 和 7.9%，财政赤字分别为 170.6 亿元和 127.5 亿元。只是到 1981 年，调整工作才真正得到落实。这年国内生产总值增长率下降

---

* 汪海波、周绍朋、王健合著。原载《经济研究》1998 年第 2 期。

到 4.5%，财政赤字缩小到 25.5 亿元。但 1982、1983 两年经济回升过快。这两年国内生产总值年增长率依次分别为 8.5% 和 10.2%；财政赤字依次分别为 29.3 亿元和 43.5 亿元。尤其是 1984 年，为了提前实现翻番目标，全国各地普遍增温加压，相互攀比增长速度，加工业过快发展，能源供应和交通运输日趋紧张，固定资产投资和消费基金猛增。1984 年国内生产总值比上年增长 14.5%，财政赤字进一步扩大到 44.5 亿元。财政赤字扩大，社会总供给小于总需求，经济过热的浪潮又起。

第二次宏观调控是从 1985 年开始的。政府针对基建规模过大、物价上涨较快、银行货币投放过多等经济过热的现象，提出了"软着陆"的方针，对经济进行宏观调控。这次宏观调控当年即见成效。1986 年继续加强宏观调控，国民经济主要比例关系明显改善，经济增长速度与经济结构渐趋合理，物价涨幅下降。1985 年国内生产总值增长率下降到 12.9%，1980 年又下降到 8.5%。全国零售物价指数也由 1985 年的 8.8% 下降到 6%。但当时认为"软着陆"已成功，从而放松了总量控制。其结果是，国民收入持续超分配，投资和消费的再度扩张，通货膨胀严重，使得当时国力支撑不了严重膨胀的建设规模和社会消费需求，农业不能支撑过大的生产规模，能源、原材料、交通和基础设施不能满足加工业的需要，1987、1988 两年国内生产总值分别比上年增长 11.1% 和 11.3%。由于社会总需求远远超过总供给，全国零售物价指数也由 1987 年的 7.3% 上升为 1988 年的 18.5%，达到 80 年代最高点。这样，经济没实现"软着陆"，就又起飞了。

第三次宏观调控是从 1988 年底开始的。进入 1988 年后，国民经济加速发展，国民经济失调问题随之加速积累，严重的通货膨胀引发了抢购风潮，政府决定对经济进行治理整顿，再度进行宏观调控。政府采取严厉措施，清理、压缩固定资产在建项目，集中部分投资审批权以控制新开工项目，严格控制银行固定资产贷款，投资规模逐步收缩。同时，采取财政和金融双紧的政策，货币超经济发行的状况全面扭转，财政收支状况有所改善。国民经济在紧缩条件下运行，物价涨幅回落。国内生产总值年增长率 1989、1990 两年分别下降到 4.3% 和 3.9%。物价涨幅由 1989 年的 17.8%，下降为 1990 年、1991 年的 2.1%、2.9%。但这次调整力度过大。经济增长率下降过猛，并一度导致市场疲软，实际上是一次

"硬着陆"。从 1991 年起，我国经济步入迅速升温阶段。1991、1992、1993 三年的国内生产总值分别比上年增长 9.2%、14.2%、13.5%。1993 年物价涨幅上升到 13.3%，能源、交通和重要原料供应十分紧张。随着房地产热、集资热和开发区热的出现，乱集资、乱拆借、乱设金融机构现象日益加剧，金融秩序混乱，信贷收支、财政收支和国际收支出现了明显的不平衡。

针对总量失控、结构失调、通货膨胀率过高、经济秩序混乱、国际收支平衡压力加大的局面，从 1993 年下半年开始，第四次加强宏观调控。中央决定先后实行了一系列重要政策，深化金融、财税、外贸和外汇改革，整顿金融秩序、加强金融管理、加强农业基础，控制需求过快增长，增加有效供给，最终成功地实现了"软着陆"。其主要标志是在保持经济以较快速度持续增长的同时有效地控制了通货膨胀，1994~1996 年，国内生产总值分别比上年增长 12.5%、10.5%、9.6%；物价涨幅则由 21.7%下降到 6.1%。

这次宏观调控成功的经验很多，其中，综合协调宏观经济政策、扬长避短、发挥合力是成功实现经济"软着陆"的基本经验之一。

二、经济"软着陆"中的宏观调控政策协调

（一）宏观调控目标的协调

这次宏观调控较好地处理了相互联系、相互制约的各项宏观政策目标之间的关系，特别是较好地协调了经济增长、稳定物价和扩大就业三大目标。

1993 年，在协调经济增长、稳定物价和就业三个目标时，各方面有不同的看法：有些人士认为，通货膨胀与失业相比，失业更可怕，中国每年有数千万新增劳动力，因此，应该利用通货膨胀与就业之间的替代关系，以高通胀、高就业来促进经济发展；另一些人士认为，通货膨胀对经济的危害很大，不仅造成经济秩序混乱，而且影响社会安定。他们还指出，失业与通货膨胀既有替代关系也有并存关系，两者可能相互替代也可能共生共存，实行通货膨胀不一定能消除失业，经济可能出现高

失业与高通胀并存的滞胀状态，影响经济稳定增长。

从理论和实践来看，通货膨胀与失业有无替代关系取决于货币量增长率和通货膨胀率之间的关系。如果货币量增长率低于通货膨胀率，那么，经济中的实际需求减少，对劳动力的引致需求也下降。此时，通货膨胀与失业没有替代关系，反而有正相关性，会出现失业与通货膨胀并存。只有当货币量的增长率高于通货膨胀率，货币的增长能够引起实际需求的增长，对劳动力的引致需求才会增加，失业率下降，通货膨胀与失业有替代关系。在高通胀时期，要利用失业与通胀的替代关系，就需要过多地发行货币，这会给经济带来更多的隐患，导致高通货膨胀与高失业并存的滞胀现象。所以，以通货膨胀率太高时，不能运用以通胀换取失业的办法。因此，中央政府抓住影响宏观经济运行的主要矛盾，果断决策，将抑制通货膨胀作为宏观调控的首要目标，作为正确处理改革、发展和稳定三者关系的关键，在稳定物价前提下保持经济稳定快速增长，在经济增长的过程中扩大就业机会。

（二）宏观政策措施的协调

1. 控制总需求政策措施的协调。总量平衡是宏观经济稳定的基本条件。1993 年经济过热的突出表现是总需求大于总供给的差率超过正常水平 10 个百分点。需求膨胀又主要是由于固定资产投资规模过度膨胀引起的。控制总需求，首先是从控制固定资产投资规模入手，对固定资产投资采取严格控制的措施。这些措施包括计划、财政和金融政策措施的协调。

（1）发挥投资计划控制投资规模的轴心作用，抑制总需求。本次宏观调控的投资计划措施有：通过调节和指导具体的调控机制，使财政调控机制、金融调控机制、监督调控机制等充分反映投资计划的要求；向各类投资主体展示国民经济发展走势、方向和国家长期发展战略，以权威性信息引导微观投资主体的投资流向；运用现有计划体制的指标控制和项目审批制度，压缩在建规模、控制新开工项目。如计划部门对已批准的可行性报告和项目建议书的项目进行重新审议，注销不符合国家产业政策、市场前景不明、建设资金不落实的项目；严格控制高档房地产开发项目；大幅度压缩一般性建设项目和不适宜的开发区及相关项目。

（2）协调金融政策措施与投资计划措施，控制投资需求。银行配合投资计划加强对投资资金源头的控制。具体措施为：中央银行控制货币发行量，在加强贷款限额管理的同时，加强对基础货币控制；对资金总量指标实行指令性计划，严格管理银行投资贷款、国外贷款，控制债券和股票发行的总规模，严格控制银行信贷资金的发放和使用，以控制资金总量；明令禁止乱拆借、乱集资、超规模贷款，清收违章拆借资金，严禁用信贷资金充作建设项目的自筹资金和自有资金，严禁将流动资金用于固定资产投资；加强中央银行的再贷款回收；强化专项贷款的管理，如商业银行的房地产贷款被严格限制于中央银行下达的规模内，不得突破等；加强对社会集资的管理，控制社会集资的规模、投向和数量，严禁各类非法集资、以证券回购业务之名行筹集投资资金之实等行为；规范非金融机构在资金市场中的行为；开拓和发展金融市场，鼓励企业从金融市场直接融资，既拓展了融资渠道、扩大了投资资金来源，也有利于企业强化自我约束，还有利于中央银行加强对投资资金总量的调控；中央银行通过调整利率、再贷款规模等货币政策工具，灵活地调节货币流通量和信贷资金量，强化金融对投资的间接调控作用。这些措施从资金源头上有效地抑制了投资需求。由于财政不再向中央银行透支，通过国债弥补财政赤字，同时，投资规模得到控制，投资过大对货币发行的倒逼机制弱化，从而有利于中央银行较独立地执行货币政策，较好地控制货币供给量的增长幅度，有效地抑制了需求。

（3）财政政策与计划、金融政策相互配合，调控投资需求及总需求。其措施为，完善税制改革，严格依法治税，增加税收收入，防止税收流失，通过增税抑制社会总需求，也给企业创造平等竞争的外部环境；利用税收杠杆调整投资流向，优化投资结构；统筹预算内和预算外建设资金，由综合经济部门统一协调预算外资金的使用，引导预算外资金流向国家重点发展的产业部门；加强对财政信贷资金的管理；通过税种、税目、税率、减免税等实现投资调控目标，如资源税可以促进资源的合理开发和利用，建筑税可以控制投资规模等，通过国家预算收支总规模的变动来调节投资的总量，削减国家预算内投资，有效地减少投资规模，控制投资需求。

2. 优化结构、增加供给政策措施的协调。这次宏观调控与以往不同之处是重视国民经济结构优化、增加有效供给，采取适度从紧的宏观经济政策。一般来说，通货膨胀，经济过热，都是总量失控与结构失衡共同作用的结果。因此，加强宏观调控，消除经济过热，首先必须从控制总量开始，这是毫无疑问的。但只有总量控制，而没有相应的结构调整，宏观调控的目标就不可能实现。因为它不仅很容易造成经济滑坡，而且控制也不可能持久。一旦放松控制，扩张就会卷土重来，这方面过去是有深刻教训的。我国国民经济运行中的一个突出矛盾，就是总量与结构之间的矛盾。如果总量受到控制，结构问题就暴露出来；如果迁就现有的结构，总量就无法控制。针对这一情况，在这次宏观调控中，一方面总量控制严格而适度；另一方面从一开始就注重和加强了结构调整。这次调整结构，较好地处理了三方面的关系：①兼顾投资与经济发展之间的相互促进、相互制约的关系。②正确处理各产业和各行业之间的关系，重视基础产业、农业、支柱产业的发展。③发挥地区优势，协调区际经济结构，注意处理好东、中、西部的关系，实现地区均衡发展。实现产业结构优化、增加供给的主要措施为：

（1）优化投资结构的政策措施。这些措施以产业政策为中心，注重在抑制投资即期需求效应的同时发挥其长期供给效应，既优化产业结构又提高未来的生产能力，保持经济的适度增长。具体措施为：①通过计划，确定经济发展的重点，加强以农业、能源、交通和通信为重点的基本建设，并向商业银行推荐建设项目。②依据投资计划，按照保重点、保收尾、保竣工的原则，集中资金完成竣工投产和收尾项目，早日形成新的生产能力。③理顺价格关系，对价格水平较低的基础工业和基础设施的新建项目，实行逐步还本付息或微利，以调动企业和地方等各类投资主体对这些产业投资的积极性。④对国家重点建设项目，在资金安排、征地拆迁、物资供应、交通运输、外部配套等方面予以保证。⑤实行专项基金制度。⑥在投资项目的安排上，适度向落后地区倾斜，对不发达地区实行"同等优先"原则，尽量多安排一些项目。对经济不发达地区从事国家重点项目建设，提高政策性贷款比重或给予优惠利率的贷款，并对重要的基础性、公益性甚至竞争性项目给予补助，以降低筹资成本、提高竞争力。国家还鼓励经济发达地区到不发达地区投资，引导和鼓励外商到落后地区投资。

（2）适度从紧的财政政策与优化结构政策的协调。财政部门在增收减支、控制债务规模的同时，还采取了以下的措施配合经济调整和增加有效供给：①通过财政信贷集中更多的社会资金用于国家急需的基础产业建设。②根据国家的产业政策、科技政策适当增加科技费用、技术改造拨款、贴息和新产品技术开发费，加速折旧投资抵免，以支持投资结构调整。③采取财政贴息和专项资金等措施支持农业和农村经济发展。④发挥投资方向调节税对投资的导向作用。⑤对银行的保值储蓄实行贴息，支持银行实行适度紧缩的货币政策。⑥支持企业优化资本结构，对国有企业"拨改贷"资金本息余额分别情况转为国家资本金，将优化资本结构试点城市国有企业上缴所得税的一部分拨给企业，用于补充流动资金，对国有企业兼并破产中银行的损失，在实行总量控制的条件下，有呆账坏账准备金冲销等一系列措施。

（3）适度从紧的货币政策措施与其他政策措施的协调。这些货币政策措施包括：①适度控制货币发行量，中央银行根据宏观经济发展目标确定货币发行量，由于投资规模得到控制，投资过大对货币发行的倒逼机制弱化，货币发行量的增长基本上与经济增长的速度相适应。②调整利率和再贴现率，中央银行根据物价水平的高低及时灵活地调整银行存贷款利率和中央银行对商业银行的再贷款利率，在通胀率较高时调高利率和再贴现率，在通胀率下降后及时下调利率和再贴现率。使物价和存款利率、存款利率和贷款利率、贷款利率和债券利率之间保持合理水平，以减轻财政负担，降低企业融资成本，促进经济增长。③在信贷方面，实行"总量控制，重点调整结构"，对国家重点项目和重点企业实行"点贷"。④在用贷款规模和再贷款规模等措施调整社会货币供给量的同时，逐步压缩信用放款，适当扩大中央银行的再贴现范围和数量，从资金源头上调节流入经济领域的信贷资金量。⑤改进金融调控方式，运用公开市场业务等新的间接调控工具。国债规模的扩大为公开市场业务创造了条件。1996年开办中央银行国债公开市场业务，以更灵活的方式微调货币供给量。

3. 物价调控措施的协调。与上述调节总供求的政策措施相配合的抑制物价的措施有：

（1）实行物价调控目标责任制。按照全国物价调控的目标确定分省、自治区、直辖市的物价调控目标。各级政府主要领导负责，组织各部门齐抓共管，综合治理通货膨胀。

（2）对重要农副产品生产实行首长负责制。针对物价上涨中 50% 多是受粮食副食品价格上涨的影响，国家实行"米袋子"省长负责制和"菜篮子"市长负责制，并采取了多渠道增加农业投入、改善农业生产条件、提高抗御自然灾害的能力，大幅度提高粮食定购价格，强化科教兴农，扶持支农工业。适度运用进出口和粮食储备增加市场供给。抑制粮食、饲料价格上涨。

（3）加强和改善物价监管，建立价格调控机制。大中城市初步建立了居民基本生活必需品和服务项目及重要生产资料成交价格监测网络，国家逐月公布各地物价指数，加强对物价的社会监督。各地物价部门对生活必需品价格和化肥农药等价格进行专项检查，大力整顿流通秩序，加强市场建设和管理。粮食部门实行政策性业务和商业性经营两条线运行，对化肥市场进行了整顿和规范，普遍推行蔬菜直销。国有、合作商业在稳定市场物价中发挥了重要作用。建立重要商品储备制度、价格调节基金制度等新的价格调节机制。

（三）宏观调控政策与深化改革政策的协调

以往加强宏观调控，特别是消除经济过热，经常会影响改革措施的贯彻和执行。也就是说，在强调宏观调控时，改革的步伐可能要放慢一些，某些改革措施的力度也可能会小一些。然而，这次宏观经济调控，由于环境的改善，各方面的措施配合较好，特别是正确地处理了改革、稳定与发展的关系，不仅没有影响改革进展，反而促进了改革的深化。如 1994 年以来，在宏观经济体制改革方面推出了包括统一税率，实行中央与地方分税制；改革金融管理体制，实行中央银行、政策性银行和商业银行职能分开；进一步放开主要工业品的价格和实行汇率并轨等在内的一系列重大改革措施。在企业改革方面，则围绕着建立现代企业制度，进行了抓大放小，资本优化组合，企业改革、改组、改造相结合等，从而大大强化了市场机制的作用，使市场在约束经济扩张方面发挥了重要的作用。也就是说，随着宏观经济调控措施的实施和企业作为市场主体与经济利益主体地位的确立，那些产品没有销路，经济效益较差的投资和生产，自然就会受到市场力量的约束；而那些产品有市场、有效益的投资和生产，发展速度快一些，对增加有效供给，控制通货膨胀和保持较高的经济增长率都是有益的。协调宏观调控政策与深化改革政策，使市场机制在宏观调控中发挥作用，也是这次"软着陆"成功的一个重要原因。

三、宏观调控政策的协调和完善

由于市场发育水平比较低、企业经营机制不完善、国家宏观调控实力不足等原因，本次宏观调控还存在结构调整进展缓慢、企业经济效益不高等问题，宏观经济政策需要进一步协调和完善。为此，要着力解决以下几方面的问题：

（一）理顺宏观调控部门关系，协调宏观经济政策

1. 理顺宏观经济调控部门间的相互关系。我国实行宏观经济调控的三大部门是计委、财政部和中国人民银行。理顺三部门之间的关系，应正确发挥各自的作用，相互协调，相互制约，形成合力。计划要加强宏观经济运行的监测、预测，提高制定计划的科学性，恰当把握宏观调控的力度，在确定宏观经济调控目标的同时，提出需要配套实施的经济政策；财政则运用预算和税收手段，调节经济结构和收入分配；中央银行以稳定币值为首要目标，合理调节货币供应量，保持国际收支平衡。财政与银行联手规范财政资金的信贷使用，解决信用资金财政化和财政资金信贷化问题。

2. 加强协调宏观经济政策的措施。在政策目标确定后，主要是政策措施的协调。政策措施比较多，各有特点，用于宏观调控各有其优越性和局限性，协调经济政策手段、适时操作、力度适当，才能充分发挥其互补的功能，有效地调控经济、修正市场失灵、提高资源配置效率。如在通货膨胀率和失业率都比较高时，要实现降低通货膨胀率和减少失业率，就需要适度的紧缩货币政策措施和扩张的财政政策措施相配合。可以考虑减少再贷款、在公开业务市场上卖出债券、提高贴现率或存款准备金率；政府增加直接投资、减少税收、扩大财政支出；同时，对产品价格实行严格的管制。在政策手段的时间安排上，可以考虑先扩大财政支出、减少再贷款、严格控制价格；然后，增加政府直接投资、提高贴现率；如收效不明显，再考虑采用改变存款准备金率和减税等手段。

（二）完善金融调控

在本次宏观调控中，中国人民银行和各大国有商业银行发挥了重要的作用。然而，由于金融体制不够完善，影响了货币政策的效果。金融调控中比较突出的问题是信贷配给和社会游资及金融风险增大问题。这些问题需要很好地加以解决。

1. 正确运用信贷配给。信贷配给是指，当信贷市场需求大于供给时，银行在低于市场利率的利率水平上鼓励一部分企业贷款，限制另一部分企业贷款，不以高利率满足市场对信贷的需求，在信贷市场上，有一部分企业以高利率申请贷款而不得。宏观调控中运用"点贷"措施就是明显的信贷配给现象。

信贷配给对宏观调控政策有两方面的影响：一方面强化了紧缩政策的效应，当政府实行紧缩货币政策时，银行贷款利用配给机制，高风险企业和经济效益低下的企业几乎得不到贷款，从而控制了社会投资需求，增强了紧缩政策的效果；另一方面抑制了扩张政策的效应，当政府放松银根时，银行信贷配给仍然起着抑制需求的作用，从而削弱了扩张政策的效应。

信贷配给是不完全市场中银行的理性行为，是市场失灵的表现。改善信贷质量的根本的出路在于系统地进行配套改革，培育具有自我约束机制的市场主体，加速国有企业改革的进程；同时深化银行体制改革，加快实现经营集约化，管理规范化，深化内部改革，建立起符合市场经济要求的商业银行管理体系和运作机制，消除信贷配给对宏观经济政策的逆向调节作用。

2. 加强对社会游资的引导。现在社会游资越来越多，支撑了泡沫经济，对宏观经济的影响越来越大，影响了政策的协调效应：非银行金融机构的资金，社会保险、商业保险的结余资金，企业股份制改造中发行股票的资金，各种信托投资公司的资金，一部分预算外资金以及国有商业银行贷给国有企业的部分款项，都成为社会游资。据估计，中国现有游资 1 万多亿元。在中国资金市场发育不完善、调节机能不健全的情况下，对游资的调控往往失灵，影响宏观调控政策的协调效应。

银行和财政要携手管理和引导游资投向国有大中型企业和国家重点工程。中国人民银行要加强对金融市场的管理，规范金融市场秩序；对游资要进行清理和整顿，从资金源头进行控制。财政要强化预算外资金管理，集中掌握一部分资金用于国有企业的技术改造和社会基础设施建设及组建大型企业集团。

3. 金融风险防范。随着金融业市场化进程加快，金融风险增大，必须有切实和有效的防范措施。防范金融风险，完善金融宏观调控，必须按照建立社会主义市场经济体制的要求，深化改革、规范金融秩序、加强监管、强化法治，建立和完善现代金融体系和金融制度。要加强人民银行的中央银行职能，加快国有商业银行的商业化步伐，健全多层次、多类型的金融机构体系。把一切金融活动纳入规范化、法制化轨道，大力整章建制，依法治理金融，规范和维护金融秩序。要提高金融业经营和监管水平，有效防范和化解金融风险。

（三）改善财政调控

进一步完善财政宏观调控的措施为：

1. 完善分税制。进一步科学地划分中央与地方的事权范围。完善增值税。

2. 切实加强财政管理，推进法制建设。

3. 完善一般性转移支付制度。简化转移支付形式，加大过渡时期转移支付力度。

4. 强化预算外资金管理。从源头上控制预算外资金的增长，财政账户必须由综合部门集中统一开设和管理，坚持收支两条线管理制度，加快"费改税"的进程。

5. 加强税收征管，进一步加强增值税发票管理，强化稽核手段。

6. 协调国税局和地税局的关系。就目前的状况而言，因地制宜的办法是：①经济发达地区在减少税种交叉的基础上，国税、地税仍然分设，能够充分发挥竞争机制的作用，有利于加强税收征管。②经济欠发达地区，国税地税征管机构宜合一，这样可以降低征收成本。

7. 培植财源，振兴财政。财政部门促进经济发展的措施有：①支持国有企业深化改革和企业技术进步，提高财政投资效益。②根据国家产业政策，调整财政投资结构，增加对农业的投入和高新技术产业投入，加强农业基础地位，培植开发新财源。③协调区域经济发展，逐步增加对中西部地区和老工业基地的财力支持，促进这些地区的资源优势转化为经济优势，增强其财政实力。

社会主义初级阶段所有制理论的
历史性发展 *
——学习党的十五大报告的一点体会

　　党的十五大在把邓小平理论确定为党的指导思想的同时，又对邓小平提出的建设有中国特色社会主义理论作了一系列重大发展。社会主义初级阶段所有制理论的发展，是其中的非常突出的方面。可以说，在这方面实现了历史性发展。这表现为两方面：一是公有制理论的发展；二是非公有制理论的发展。当前，各种新闻传媒对前一方面的发展已经作了较充分的宣传，但对后一方面的发展似乎分析得不够。其实，前一方面的发展固然是首要的，但后一方面也有不容忽视的重要意义。因此，本文着重论述后一方面的发展。就是说，本文第一部分为了全面论述社会主义初级阶段所有制理论的历史性发展，将包括前后两方面的发展，第二、三部分则只分析后一方面发展的客观依据及其重大实践意义。

一、社会主义初级阶段所有制理论历史发展的进程

　　这里所说的社会主义初级阶段所有制理论的历史性发展包括两重含义，一是从党的中央全会和代表大会文献的发展角度说的；二是以马克思主义发展史的角度说的。我们依次分析这两重含义，主要是分析第一

　　* 原载《经济界》1998 年第 2 期。

重含义。

1956年，中国在完成了生产资料私有制的社会主义改造以后，事实上就已经步入了社会主义初级阶段：尽管系统地提出和阐述社会主义初级阶段理论是在1987年召开的党的十三大。这样，党就需要回答：在这个阶段，在社会主义公有制占主要地位的条件下，非公有制处于什么地位的问题。

正是在这种历史背景下，1956年9月召开的党的八大提出："社会主义经济的主体是实行集中经营的，但是也需要有一定范围的分散经营作为补充。"[①]这里所说的分散经营包括个体的手工业、商业和农民的家庭副业，并不包括其他的私有经济。

毫无疑问，把社会主义经济确定为主体地位，是正确的。但历史经验表明：把正当分散经营只是确定为补充地位，并不符合我国社会主义和初级阶段社会生产力的发展状况。然而，这个结论是在并没认识社会主义初级阶段基本国情和推行计划经济体制的前提下作出的。如果放在这种历史背景下，那么提出这一点也确有某种实事求是精神，实属非易。

但在1958年掀起的"大跃进"和"人民公社化"运动中，大刮"共产风"，连社会主义的集体所有制和按劳分配都遭到了否定，这种分散经营更是首当其冲。

在1961年开始实行经济调整以后，这种错误得到了纠正。1962年9月召开的党的八届十中全会通过的《农村人民公社工作条件（修正草案）》第39条明确规定："人民公社社员的家庭副业，是社会主义经济的必要的补充部分。"这就恢复了党的八大的提法，并且加了"必要的"三字。

但从1966年开始的，长达10年的"文化大革命"，由50年代中后期开始的"左"的路线在党内占统治地位的状况发展到了顶点，特别是由于林彪、江青两个反革命集团的破坏，这种分散经营被扫荡无遗。

1976年粉碎江青反革命集团以后，特别是1978年底召开的党的十一届三中全会以后，经过拨乱反正，1982年党的十二大提出："社会主义公有制是我国经济的基本制度。"个体经济在国家规定范围内适当发展，是

---

① 《中国共产党第八次全国代表大会文件》，人民出版社1956年版，第84页。

"公有制经济的必要的，有益的补充"。① 因此，恢复了原有的提法，又加了"有益的"三字。

1984 年党的十二届三中全会《关于经济体制改革的决定》重申：全民所有制经济占我国社会主义的主导地位；"集体经济是社会主义经济的重要组成部分"；个体经济"是社会主义经济必要的有益的补充"。但进一步提出了"广泛发展全民集体、个体经济相互之间灵活多样的合作经营和经济联合"，并把必要的有益的补充范围扩大到中外"合资经营企业、合作经营企业和独资企业"，提出了"坚持多种经济形式和经营形式的共同发展，是我们长期的方针"。② 这些都是重要的发展。

1987 年召开的党的十三大在提出和系统阐述社会主义初级阶段理论的基础上，强调在这个阶段，"尤其要在以公有制为主体的前提下发展多种经济成分"。提出公有制经济本身也有多种形式，即除了全民所有制和集体所有制以外，还应发展二者联合建立的企业以及各地区、部门、企业互相参股等形式的企业。而且，在不同的领域和地区，"各种所有制经济所占的比重应当允许有所不同"，并把多种经济成分的范围扩大到了私营经济。③ 这里虽然没有突破非公有经济是必要的、有益的补充的提法，但把非公有经济的涵盖范围扩大到完整的地步。

1992 年党的十四大和 1993 年十四届三中全会在系统概括邓小平建设有中国特色社会主义理论的基础上，强调了"坚持以公有制为主体、多种经济成份共同发展的方针"。明确提出"公有制主体地位主要体现在国家和集体所有的资产在社会总资产中占优势，国有经济控制国民经济命脉及经济发展的主导作用等方面"。并对公有制的各种实现形式作了系统的规定（包括股份合作制、独资公司，有限责任公司，股份有限公司和企业集团等）。④

在上述的基础上，1997 年党的十五大对社会主义初级阶段所有制理论作了历史性的发展。就公有制来说，十五大在重申"必须坚持公有制作为社会主义经济制度的基础"的同时，又着重提出：①"要全面认识

①《中国共产党第十二次全国代表大会文件汇编》，人民出版社 1982 年版，第 22~23 页。
②《中共中央关于经济体制改革的决定》，人民出版社 1984 年版，第 32~33 页。
③《中国共产党第十三次全国代表大会文件汇编》，人民出版社 1987 年版，第 12、31~32 页。
④《中共中央关于建立社会主义市场经济体制若干问题的决定》，人民出版社 1993 年版，第 5~10 页。

公有制的含义。公有制经济不仅包括国有经济和集体经济，还包括混合所有制经济中的国有成分和集体成分"。②再次提出公有制的主体地位主要体现在："公有资产在社会总资产中占优势；国有经济控制国民经济命脉，对经济发展起主导作用。"同时又首次提出"公有资产占优势，要有量的优势，更要注意质的提高。国有经济起主导作用，主要体现在控制力上"。③从社会化生产规律的要求出发，提出"公有制实现形式可以而且应当多样化"。还针对实际存在的股份制"姓资"，"姓社"的争论提出："股份制是现代企业的一种资本组织形式……资本主义可以用，社会主义也可以用。"① 这就不仅一般地为探索促进生产力发展的公有制实现形式提供了正确的客观依据，开辟了广阔的发展余地；而且特殊地为运用对深化改革（特别是国有企业改革）有重要意义的股份制解除了思想束缚，将会大大促进股份制的发展。

就非公有制来说，党的十五大的发展主要有：① "公有制为主体，多种所有制经济共同发展，是我国社会主义初级阶段的一项基本经济制度"。显然，这里所说的基本经济制度，首先是作为经济主体的公有制，但同时也包括非公有制。当然，没有根据把非公有制看作同公有制一样都是社会主义性质的经济。但二者都是我国社会主义初级阶段的基本经济制度。②不仅如此，"非公有制经济是我国社会主义市场经济重要组成部分"。③乍一看来，"公有制的主体地位主要体现在：公有资产在社会总资产中占优势"、"国有经济起主导作用，主要体现在控制力上"② 等提法，似乎只是讲的公有制的地位和作用。但在实际上，相对于过去长期流行的提法，即公有制主体地位就是公有产值在社会总产值中占优势，甚至国有经济占优势也要国有产值在社会总产值中占优势，这些新的提法显然又为非公有制的发展开辟了广阔的发展空间。"十五大"对非公有制理论在上述的定性、定量和发展空间三方面所作的发展，同50年代下半期以来流行的"补充"（或"必要的补充"，或"有益的必要的补充"）提法相比，是一种具有原则意义的重大变化。

总之，从我们党的文献角度来考察，党的十五大对所有制理论所作

①《中国共产党第十五次全国代表大会文件汇编》，人民出版社 1997 年版（下同），第 21~22 页。
②《中国共产党第十五次全国代表大会文件汇编》，第 21~23 页。

的发展，是一种历史性的发展。当然，并不意味着公有制的社会性质发生了根本变化也不意味着社会主义公有制主体地位的变化；而是指的基本上反映了中国社会主义初级阶段生产力的实际和社会主义条件下发展市场经济的边界，因而在理论上已经完成了从超阶段的、盲目追求单纯的社会主义公有制和适应实行计划经济要求的所有制结构，到适应社会主义初级阶段的实行市场经济要求的所有制结构的转变。当然，这种转变不是突如其来，而是经过了长期的发展过程。这也不是说中国社会主义初级阶段所有制理论已经发展到了极限。这种发展了的社会主义初级阶段所有制理论，还会随着实践的发展而进一步发展。这也只是说的理论上和政策上的转变，在实际生活中要完成这种转变，像建立完善的社会主义市场经济一样，还需要经过一个很长的发展过程。

以马克思主义发展史的角度来考察，党的十五大对我国社会主义初级阶段所有制问题所作的规定，也是对马克思主义关于所有制理论的重大发展。

马克思、恩格斯在系统、深入分析奴隶社会、封建社会和资本主义社会条件下占统治地位的所有制（即奴隶主所有制、封建主所有制和资本家所有制）的同时，也分析了各该社会条件下居附属地位的所有制（如这三个社会条件下的小农所有制）。列宁分析过苏联从资本主义到社会主义的过渡时期的所有制，以及社会主义社会的所有制。但他们三人不可能涉及我国社会主义初级阶段的所有制。毛泽东分析过我国新民主主义社会的所有制和过渡时期的所有制。他有可能解决我国社会主义初级阶段所有制问题。但如前所述，他没有正确解决这个问题。这样，在马克思主义发展史上，在比较完整意义上首次正确解决这个问题的，是党的十五大。

二、社会主义初级阶段所有制理论历史性发展的科学依据

1949 年建国以来长达近半个世纪的经验证明：哪个时期公有制经济（特别是国有经济）和非公有经济在国民经济中占的比重都比较适当，这个时期经济增长速度就快；哪个时期公有制经济（特别是国有经济）占

的比重过大、非公有制经济占的比重过小，这个时期的经济增长速度就慢。这可以说是适应我国社会生产力发展要求的规律性现象。但这里所说的非公有制经济比重适当，就是要把它看作是并发展成社会主义初级阶段的经济的一个重要组成部分，而不是一个补充部分，更不是一个可以随时消灭的部分。

由于建国以来各个时期国有工业和非公有制工业在国民经济中比重变化较大，这个规律性现象在工业领域中表现得尤为明显。而工业在国民经济中居于主导地位，揭示这方面的规律性现象对于我们这里所要讨论的问题，其意义也更为重要。

表1　各种所有制经济在工业总产值中的比重　　　　单位：%

年份	全民	集体	个人
1949	26.3	0.5	73.2
1952	41.5	3.2	55.3
1957	53.7	19.0	27.3
1978	77.6	22.4	0.0
1996	28.5	39.4	32.1

资料来源：《中国工业经济统计资料（1949~1984）》，第98页；《中国统计年鉴》（1997），第415页。说明：1957年以前，非公有经济包括私营经济、公私合营经济和个体经济等。在这以后，包括私营经济、个体经济、外资经济和混合经济等，以下同此。

表2　各个时期工业总产值每年平均增长速度　　　　单位：%

年份	增长速度
1949~1952	34.8
1953~1957	18.0
1958~1978	9.7
1979~1996	14.9

资料来源：《中国工业经济统计资料（1949~1984）》，第21~23页；《中国统计年鉴》（1997），第413页。

上述资料表明：1949~1952年，工业总产值的增长速度是最快的（见表2）。这有多方面的原因，而且有一个特别突出的，为尔后各个时期所没有的有利因素，即一种恢复性的增长。这个时期虽然也发生过对资本主义经济限制过多的情况，但总的说来，基本上贯彻了新民主主义社会的经济纲领，使得各种经济成分（其中包括作为新民主主义经济组成部分的私人资本主义经济和个体经济）（见表1）在国有经济的领导下得到了适当的发展。这显然是这个时期工业乃至整个国民经济能够迅速发展的一个十分重要的原因。

1953~1957年，工业总产值的增长速度也是比较快的（见表2）。这也是由多种因素决定的。其中值得提出的是：这个时期初步建立了社会主义工业化的基础，基本完成了社会主义改造。当然，在这两方面也都发生了一些问题。如发展重工业过快，社会主义改造的速度过快、时间过短、面过宽（尤其是1955年下半年以后更是这样）。但总的说来，基本上是健康的。但就我们这里讨论的问题来说，要着重提到：这个时期的大部分时期（1953~1955年）私人资本主义经济和个体经济在国民经济中的比重都是比较大的（见表1）；而且都得到一定的发展。另外，这个时期工业总产值基数仍然较低。这样，这个时期工业总产值仍然赢得了仅次于1949~1952年的增长速度。

这里需要说明：1949~1952年和1953~1957年是新民主主义社会和从新民主主义社会到社会主义社会的过渡时期还不是社会主义初级阶段。但是，我国社会主义初级阶段正是在这两个阶段的基础上发展起来的。这两个阶段比原来预计的时间要短得多，前者曾经预计要10~20年，后者曾经预计要三个五年计划的时间。而且，历史经验也已表明这两个阶段的时间都过短了。当然，社会主义初级阶段中，社会主义经济已经占了主体地位。这一点及前述两个阶段是有原则区别的。现在也没有必要再回到以前两个阶段。但考虑到上述两点理由，分析这两个阶段的历史经验，对于我们认识非公有制经济在社会主义初级阶段的地位，是颇有启示意义的。

1958~1978年，工业总产值的增长速度是最低的（见表2）。这里也是特别突出的，其他各个时期所不具有的不利因素，即1958~1960年"大跃进"和1966~1976年"文化大革命"的破坏。但这个时期，公有经济（主要是国有经济）的过度膨胀，非公有经济的趋于萎缩乃至濒临灭迹（见表1），也不能不说是一个极为重要的原因。

1979~1996年，工业总产值的增长速度又大幅度提高了（见表2）。这个时期增长幅度虽然低于1953~1957年，但"一五"时期工业增长速度有过快的缺陷，而且基数比1979年以后要低得多。这个时期工业的高速增长同贯彻在以社会主义公有制为主体的前提下同时发展多种所有制经济的方针，有着最重要的联系。这个时期非公有制经济得到了迅速的发展，在国民经济中的比重也有了迅速的提高（见表1），因而对促进经济的高速增长起了极重要的作用。1978年，非公有经济在工业总产值的增长额所占的份额为零，到1996年上升到33.5%。[1]当然，这个时期工业的高速增长还有其他原因。择其要者有改革开放效应（改革不仅限于调整所有制结构，还有其他许多重要的内容，最重要的是改革传统的计划经济体制），经济成长阶段效应（中国在80年代即开始进入经济增长的黄金时期）和良好的国际环境效应（包括政治环境和经济环境）。但不容置疑，非公有经济也起了非常重要的作用。

如果我们把视野不仅限于工业而是扩展到整个国民经济，那还可以更全面、更清楚地看到上述的规律性现象。

"一五"时期的前半期非公有制占的比重还比较大，并且获得了一定的发展。但这在1953~1978年的26年中，这段时间是很短的。而余下的20多年，非公有制经济是趋于萎缩的，到1978年，仅占国民生产总值的1%。因而完全有理由把造成1953~1978年国民生产总值年平均增长速度仅达6.1%这样的较低速度，看作是同50年代中期以后"左"的路线否定非公有制经济在国民经济中应有的地位相联系的。

基于上面说过的理由，也完全有根据把1979~1996年经济增长达到9.8%这样高速度，看作是同非公有制经济迅速发展，比重迅速提高（见表3），对经济增长的作用迅速增长相联系的。非公有制经济要素投入的迅速增长可以进一步证明这一点。

表3　各种所有制经济占国民生产总值的比重　　　　　　　单位：%

年份	国有经济	集体经济	非公有经济
1978	56.0	43.0	1.0
1993	42.9	44.8	12.3
1993	40.8	35.2	24.0[2]

可见，80年代以来，非公有制经济在劳动力投入方面或者是资本投入方面，都以比公有经济高得多的速度增长，因而这两方面的比重都有

[1] 参见《中国统计年鉴》（1997），第413页。
[2]《人民日报》1997年11月12日第2版。这里所说的非公有经济，包括混合所有制经济。在混合所有制经济所占的国民生产总值中，有5个百分点是属于国有的，有2个百分点是属于集体所有的。

了显著的提高。这充分表明非公有经济是改革以来支撑经济高速增长的一个重要的因素。

不仅如此，它还是改革以来支撑经济稳定增长的一个重要因素。

表4　各个时期国民生产总值每年平均增长速度　　　　单位：%

年份	增长速度
1953~1978	6.1
1979~1996	9.8

资料来源：《中国经济年鉴》（1997），第792页。

表5　非公有制经济要素投入的增长

年份	从业人员		固定资产投资	
	绝对量（万人）	占全部就业人员的比重（%）	绝对额（比重）	占全社会固定资产投资的比重（%）
1980			119.0	13.06
1981			178.3	18.55
1982			210.8	17.13
1983			321.8	22.50
1984	37	0.30	409.0	22.31
1985	44	0.36	535.2	21.04
1986	55	0.41	649.4	20.81
1987	70	0.50	795.9	20.99
1988	92	0.65	1022.1	21.50
1989	125	0.69	1032.1	23.40
1990	1762	9.60	1001.2	22.16
1991	1877	10.03	1182.9	21.14
1992	2056	10.76	1222.0	15.13
1993	2560	12.94	2829.1	21.64
1994	3406	16.00	4668.2	27.39
1995	4136	18.20	5831.7	29.13
1986	4546	19.20	7257.2	31.58

资料来源：《中国劳动工资统计资料（1978~1987）》，第15页；《中国统计年鉴》（1997），第96~97、150页。
说明：①这里所说的全部从业人员未包括农业和乡镇企业；1984~1989年未包括乡村的个体经济和私营经济。
②1980~1992年固定资产投资未包括私营经济、外资经济和混合制经济。

表6　改革后四个经济周期国民生产总值年平均增长率和各个周期波动幅度之比较

1979~1983年	7.7	7.3
1984~1986年	9.0	6.0
1987~1991年	7.9	7.8
1992~1996年	12.2	4.6

资料来源：《中国统计年鉴》（1997），第42页。

　　表6的资料表明：从总的走势看，改革以后四个周期的年平均增长速度是趋于提高的，波动幅度是趋于缩小的。这就是说，这期间经济增长开始走上了稳定、高速增长的轨道。而表3和表5的资料表明：改革以来，非公有制经济及其要素投入在国民经济中的比重都是持续增长的。据此，可以判定：这期间如果没有非公有制经济的持续增长，中国经济也很难实现稳定增长。

　　经过上述分析，我们可以清楚看到：党的十五大对于非公有制经济在定性和定量等方面所做的规定，对社会主义初级阶段所有制理论的历史性发展，就是依据历史唯物主义关于生产力决定生产关系的基本原理，对上述历史经验所作的科学总结。

三、社会主义初级阶段所有制理论历史性发展的重大实践意义

　　改革发展和稳定，是现阶段中国经济和社会发展的最重要、最基本问题。党的十五大以社会主义初级阶段所有制理论的历史性发展，对发展非公有制经济的规定，其重大实践意义集中起来说，就是（或者是关系）改革发展和稳定的问题。

　　改革。中国经济体制改革的目标是建立社会主义市场经济。为此，就要建立这种经济赖以存在的微观基础。改革以前的公有制企业（特别是国有企业）是国家行政机关的附属物。所以，在这方面最重要的任务是要把公有企业（特别是国有企业）改造成为市场主体。但在中国社会主义初级阶段，发展非公有制企业。也是建立社会主义市场经济微观基础的一项重要内容。诚然，改革以来中国在发展非公有制经济方面已经取得了重大成功。以社会主义公有制为主体的多种所有制共同发展的格局已经初步形成。但按照党的"十五大"提出的非公有制经济是社会主义市场经济的重要组成部分的要求来看，并没有完全到位。因此，当前突出国有企业改革是必要的和正确的；但如果忽视发展非公有制经济这项改革任务，也是片面的。

　　发展。我们说发展非公有制经济是发展的重要内容，包括以下三重意义：①既然非公有制经济是社会主义市场经济的重要组成部分，发展

非公有制经济本身就是发展社会生产的一项重要内容。②在社会主义初级阶段，发展非公有制经济还能为发展生产提供一个重要动力。③在中国建立社会主义市场经济的情况下，发展非公有制经济固然有赖于作为经济主体的公有制经济；但前者也是后者发展的重要条件。当前，在这方面突出事例，就是非公有制企业已经成为国有企业下岗人员重新就业的重要场所。还要提到：尽管当前我国非公有制经济已经达到了相当大的规模，但从发展社会生产力的需要，以及个人拥有庞大的金融资产、丰富的和并未充分发挥作用的劳动力资源（其中包括技术人员）等方面的情况来看，发展非公有制经济的空间还是很大的。如果忽视这方面的发展潜力，对实现我国经济的稳定、高速增长是不利的。

稳定。我们说发展非公有制经济关系社会稳定，也包括多重含义。就改革以来和今后一段时间来看，非常突出的重要方面，就是在解决关系社会稳定的就业问题方面，已经、正在和将要发生巨大作用。

改革以前，非公有制经济几乎濒临绝境，他们的从业人员在全部从业人员中所占的比重少得难以统计。但到 1996 年，他们的从业人员占全部从业人员（不包括农业和乡镇企业从业人员，下同）的比重上升到 19.20%。如果就改革以来新增从业人员来说，这个比重还要大些。1979~1996 年，全部新增从业人员 14160 万人，其中非公有制经济新增从业人员 4546 万人，占 32.1%。①

需要着重指出：在今后一段时间内，中国每年新增劳动力数量是巨大的。伴随改革深化、结构调整和技术进步，原有公有制单位（特别是国有企业、事业和行政机关）还要分流出数额大得惊人的劳动力。显然，解决这些劳动者的就业和再就业问题，单靠发展公有制经济是远远不够的，必须借助发展非公有制经济的力量。就非公有制经济本身来看，它的发展潜力还是很大的。而且，这样做，对于发展解决就业和再就业问题有着重大意义和巨大发展空间的劳动密集型产业和第三产业，又是大有可为的。因此，如果忽视发展非公有制经济在解决就业和再就业问题方面的重要作用，对实现社会的持久稳定是有害的。

---

① 参见《中国统计年鉴》(1997)，第 96~97 页。

试析 1998 年宏观调控政策的协调 *

我们已经指出，宏观调控政策协调在实现 1993~1997 年经济"软着陆"中发挥了重要作用。在实现 1998 年经济的持续快速发展中，宏观经济政策协调也发挥了不容忽视的重要作用。但宏观经济政策协调的具体内容发生了重大的变化。探索这些变化的经验，具有重要的意义。

一、1998 年宏观调控政策体系的形成

从 1993 年夏季开始，以降低经济增长率和通货膨胀率为首要任务的宏观经济调控，促进了经济"软着陆"的实现。国内生产总值的年增长率，由 1992 年的 14.7%下降到 1997 年 8.8%，回到了当前条件下经济增长的合理区间。零售物价指数也由 1994 年的 121.7 下降到 1997 年 100.8。①当然，结构优化和升级的任务远没有实现。

这里需要着重提到：中国从 1997 年第 4 季度开始，就出现了以物价下降作为主要标志的通货紧缩的苗头，1997 年的许多消费品和投资品的价格指数都出现了负增长。1997 年，零售商品中食品、首饰、家用电器、建筑装潢材料和机电产品的价格指数分别为 99.8，95.6，97.8，99.0 和 95.5，农业生产资料的价格指数为 99.5，农产品收购价格指数为 95.5，工业品出厂价格指数为 99.7（其中，冶金、化学、机械、建筑材料、森林、

* 原载《经济界》1999 年第 3 期。
① 《中国统计年鉴》(1998)，第 57、301 页。

食品、纺织、皮革和造纸的出厂价格指数分别为 97.7，95.5，98.1，99.6，99.3，99.6，98.0，98.3 和 94.5）。[1] 这些负增长的幅度都不大，但负增长的面幅相当宽，囊括了许多重要的投资品和消费品。

当时相当普遍的看法都把这种负增长归结为中国经济发展史上具有重大意义的初级买方市场的形成。这无疑是有道理的。但从后来的经济发展趋势看，这种负增长固然有包括初级买方市场形成在内的多方面原因，但却已经展现了通货紧缩的端貌。这种情况表明：我国已经由 1992 年的投资和消费需求膨胀开始转向投资和消费需求不足。

尤其需要指出：从 1997 年下半年开始，由于同年 7 月从泰国开始爆发的亚洲金融危机的影响，在促进我国经济增长方面具有重要作用的出口增速大幅度锐减。据测算，在 1996 年新增的国内生产总值中，投资、消费和净出口的贡献率分别为 54.8%，37.9% 和 7.3%；到 1997 年三者比重分别变为 39.6%，33.4% 和 27.1%。[2] 但在 1997 年下半年，出口增速由上半年的 26.3% 下降到 17.1%，下降了 9.2% 个百分点。[3] 这样，尽管 1997 年出口增幅高达 20.9%，并在经济增长中的作用显著增长，但却预示着出口增速大幅下降的趋势。

在中国建立社会主义市场经济的过程中，国内投资和消费需求开始出现不足，特别是出口增速的大幅度下降，无疑对我国经济的持续快速增长构成很大的威胁。

这样，从 1997 年第 4 季度开始，中央就关注经济增长率下降的问题，并于 1998 年初提出扩大内需、确保年度经济增长率达到 8% 的方针。

1998 年新年刚过，针对亚洲金融危机蔓延之势，江泽民总书记提出：必须做到心中有数，沉着应付，未雨绸缪，做好事态进一步发展的准备，以防措手不及。据此，当时主管经济工作的朱镕基副总理部署国家计委牵头进行研究，提出加大基础设施投入、支撑经济持续快速增长的政策建议。春节后不久，党中央、国务院就转发了《国家计划委员会关于应付东南亚金融危机，保持国民经济快速、健康发展的意见》，[4] 作出了扩大内

---

① 《中国统计摘要》（1998），第 122~125 页。
② 《1995~1997 年中国宏观经济运行轨迹》，中国统计出版社 1998 年版，第 498 页。
③ 《中国经济年鉴》（1998），第 115 页。
④ 《人民日报》1999 年 1 月 14 日第 1 版。

需，加强基础设施建设，推动经济发展和保持人民币稳定等重大决策。

1999 年 3 月召开的九届全国人大一次会议依据党的十五大精神，提出实现国民经济持续快速健康发展的要求，确定了经济增长率 8%，商品零售价格涨幅控制在 3% 以内等项宏观经济调控的主要目标，并相应地规定了相关政策（其中包括适度从紧的财政政策和货币政策）。[①]

上述各项政策在 1998 年上半年得到了贯彻，并取得了成效。1998 年上半年，国有单位固定资产投资达 5828 亿元，比上年同期增长 13.8%；社会消费品零售总额达 13980 亿元，增长 6.8%；进出口总额达 1514 亿美元，增长 5.2%。其中，出口 870 亿美元，增长 7.6%；进口 644.亿美元，增长 2.2%。进出口相抵后，顺差为 226 亿美元。在上述投资、消费和净出口的拉动下，上半年国内生产总值达到 34731 亿元，比上年同期增长 7%。[②]

这些成就是在国内外的困难条件下获得的，来之不易。但上述政策在 1999 年上半年的贯彻执行，并没有达到预期的经济增长目标。如果以 1997 年四个季度经济增长率所占比重作为参照系数，1998 年要实现经济增长 8% 的目标，第一季度应增长 7.2%，第二季度应增长 7.5%（1~6 月累计为 7.35%），第三季度应增长 8.3%（1~9 月累计为 7.7%），第四季度应增长 8.7%（1~12 月累计为 8.01%）。[③] 但在实际上，1999 年第一季度经济增长率虽然达到了 7.2%，但第二季度增幅不仅没有上升，反而下降到 6.8%，以致上半年经济增长率只达到 7%。[④] 还要指出，如果措施不当，经济增幅仍会下滑。这样，就不能实现预期的 8% 的经济增长目标。

这个带有行政指令性的 8% 的经济增长目标，同中国正在建立的市场经济形势并不适应。但在 1998 年具体条件下，实现这个经济增长目标，对于完成国家财政收入，改善人民生活，实现社会全面发展，对于为改革创造相对宽松的经济环境，缓解严峻的就业形势，对于增强国际威信，均有重要意义，需要着力完成。

1998 年上半年，并未完全实现预期目标的原因在于：①亚洲一些国

---

① 详见《中国经济年鉴》（1998），第 27~33、38~41 页。

②《经济日报》1998 年 7 月 18 日第 1 版。

③《经济日报》1998 年 5 月 25 日第 5 版。

④《人民日报》1909 年 2 月 3 日第 3 版。

家的金融危机，并不像原来预期的那样，在 1997 年底就见谷底，而是在继续深化，对中国经济增长不利影响也在逐步显露和扩大。1998 年一季度出口增幅为 13.2%，二季度下降到 7.6%，回落到 5.6 个百分点。②上半年有十几个省发生了严重的水灾，使夏粮减产 11%。③从 1993 年以来，经济减速具有惯性作用。④扩大内需等各项政策的实施力度难以准确把握，其完全落实也要经历一个过程。

然而，实现 1998 年经济增长目标的困难，不仅由于亚洲一些国家金融危机的继续深化，以及上半年的自然灾害，而且由于 7 月以来我国长江中下游和嫩江、松花江流域发生了历史罕见的特大水灾。这不仅给人民的生命财产造成了严重的损失，也给实现 1998 年增长目标带来了更大困难。还由于上半年以来，通货紧缩的形势开始进一步显露出来。作为通货紧缩主要指标的产品价格指数全面持续回落。1998 年上半年，商品零售价格指数比去年同期下降了 2.1，居民消费价格指数下降了 0.3，作为最主要的农副产品的粮食和猪肉的价格指数分别下降了 11.2 和 12，生产资料市场价格指数下降了 4.3。

还要提到，1998 年 1~7 月，消费品零售总额同比实际增长 9.2%，增幅比去年同期回落 1 个多百分点；出口增长 6.9%，增幅回落 19.2 个百分点；固定资产投资（不包括集体和个体）增长 15.6%。但外商、集体和个人投资比去年下降。根据 1998 年上半年情况估计：消费和净出口在推动 1998 年经济增长中的作用要下降。这个缺口需要由增加投资来弥补。在这种情况下，在进一步拓展国内外市场的同时，增加投资就显得非常重要了。

但 1998 年以来，在货币政策方面采取了多种力度相当大的措施。

这些政策措施对促进上半年的经济增长起了一定的积极作用。但是，货币政策尽管有财政政策不可替代的积极作用，但像任何事物一样，它也有局限性。一般说来，它在经济扩张时期遏制经济过热方面的作用较大，在经济紧缩时期制止经济下滑方面的作用较小。而且时滞长、见效慢。在中国当前金融企业和工商企业财务约束作用加大、大部分工业生产能力过剩、初级买方市场已经形成、市场竞争趋于剧烈、资金供应相对宽裕等项条件下，在促进经济增长目标实现方面，单是依靠货币政策，很难及时充分奏效。但是，财政政策有货币政策不可替代的优点。在许多情况下（但不是在一切场合），它在紧缩时期在促进经济增长方面的作用较大，而且时滞短、见效快。这样，在推行货币政策的同时，着重加大财政政策的实现力度，就显得突出重要。

正是在这种情况下，1998 年 6~7 月，中共中央、国务院又转发了国家发展计划委员会《关于今年上半年经济运行情况和下半年工作建议》，并决定实施积极的财政政策，增发 1000 亿元财政债券，并配套增加 1000 亿元银行贷款，用于增加基础设施建设投资。这是必要的，及时的。据有关单位测算，这笔国债的使用，大约可以带动银行增加配套贷款 1000 亿元。这 2000 亿元的投资可形成的最终需求，约可推动国内生产总值增长两个多百分点。当然，形成这种需求也有一个过程。但 1998 年即使按一半收效计算，也可使增长率提高一个多百分点，从而可以有力促进 8% 经济增长目标的实现。但这笔巨额投入的意义并不仅仅限于这一点。它对于改变基础设施发展滞后、中西部地区落后于东部地区的状况，调整产业结构和缓解就业矛盾，以及对于改善人民生活，也都有重要作用。当然，要使这批投入真正发挥推动经济增长的作用，还必须使投资用于基础设施建设，不能用于一般的加工项目，更不能用于盲目重复建设；要用于建设周期短、投资见效快的项目；要引入竞争机制，按照投资体制改革的要求，实行项目公开招标制、项目法人责任制和工程监理制；要警惕由于行政权力的加强导致某些旧体制复归；要切实保证建设工程质量。

1998 年 7 月，朱镕基依据中央决策再次重申："在当前通货紧缩的形势下，中央决定采取更加积极的财政政策，筹集更多的资金，进一步加大基础设施建设，这是扩大内需的最有力措施。"[1] 紧接着以实行积极财政政策，扩大基础设施为核心的扩大内需的一系列重大政策相继出台。

至此，可以认为，一个确保经济增长目标实现的，以扩大内需为主的，以实行积极财政政策扩大基础设施建设为核心的宏观调控政策体系，已经最终形成。

---

[1]《人民日报》1999 年 1 月 14 日第 2 版。

二、1998 年宏观调控政策体系的协调

1998 年，宏观经济政策体系协调包括以下 6 项重要内容：

（一）经济发展的目标与扩大内需的经济发展战略相配合

1998 年，中国经济发展目标仍然是坚持经济的持续快速健康发展，并把经济增长率确定为 8% 的合理增长区间。就这些方面来说，并无变化。但是，鉴于 1997 年夏季发生的亚洲金融危机的蔓延及其对中国经济增长负面影响的加强，第一次明确提出了扩大内需的战略方针。诚然，扩大国内需求、开拓国内市场，原本就是中国经济发展的长期战略方针。国际经验表明：不少大国的经济发展，也是以内需为主的。中国是一个发展中的人口大国。在由温饱走向小康，进而实现富裕的历史发展过程中，各方面的需求潜力十分巨大，这是中国的巨大优势。中国有必要也有可能把经济发展建立在主要依靠开拓国内市场基础上。但是，1998 年第一次明确提出这个方针，却是应付亚洲金融危机蔓延的迫切需要。显然，实行这个方针，不仅是为了扩展中国在国际经济合作和竞争中的回旋余地，尤其是为了保证实现 1998 年经济增长的目标。后来的实践也证明：扩大内需的战略对于实现 1998 年经济增长目标，起了决定性的作用。

（二）扩大内需战略与调整投资计划相配合

如果说，扩大内需战略是保持经济持续快速增长的决定性措施，那么，增加投资（主要是增加国家投资）又是实现扩大内需战略的关键一环。显然，在扩大出口需求遇到巨大挑战、国内消费需求一时又难有大幅度增长的情况下，增加投资就成为扩大内需的首要选择。但在国内初级买方市场形成，许多产业部门生产能力过剩，大量企业亏损，通货紧缩已经开始出现以及银行和企业财务预算约束加强的情况下，也难以寄希望于各种经济类型的企业投资的较大增长。这样，大幅度增加投资（主要国家投资），就成为扩大内需最重要措施。

正是在这种背景下，1998 年政府有关部门依据党中央、国务院的决定，调整 1998 年 3 月召开的九届全国人大一次会议确定的投资计划。主

要是扩大投资规模，拓宽投资领域，加强投资力度。将全社会固定投资增长幅度由原定的 10%以上提高到 15%以上，[①] 集中力量加快农林水利、铁路、通讯、环保、城市基础设施建设，同时增加国家直属储备粮库、城乡电网、城市经济适用住房和生态环境建设的投资。

以 1998 年经济运行的实际情况看，扩大投资的政策效果已经显现。从下半年起，投资需求增幅明显上升，投资对经济增长的拉动力明显增强。预计 1998 年全社会固定资产投资 28680 亿元，比上年增长 15%，增幅比上年提高 6 个百分点。其中国有单位固定资产投资完成 21500 亿元，增长 22%，增幅比上年提高 13 个百分点。[②]

(三) 扩张的财政政策与宽松的货币政策相配合

1998 年 3 月九届全国人大一次会议提出：要实行适度从紧财政政策，还要实行适度从紧的货币政策，注意适时适度微调。但在这年六七月间提出实行积极的财政政策以后，尽管就作为中长期政策的适度从紧的财政政策和货币政策并没有改变，但就 1998 年来说，原定的适度从紧的财政政策已经发展成为积极的财政政策，实际上就是发展成为扩张的财政政策；在扩张的财政政策的带动下，适度从紧的货币政策实际上也发展成为宽松的货币政策。

推行扩张的财政政策，就会伴有巨额财政赤字的增加，当时预计大约从原定计划的 460 亿元增加到 960 亿元。而赤字财政的危害性是人所共知的。因此，从中长期看，必须坚持财政收支基本平衡的原则，实行适度从紧的财政政策。但是，为了保证经济持续快速发展和稳定大局，1998 年中央财政扩大一些赤字是必要的，这是特殊时期采取的特殊政策。如果不这样做，资金投入上不去，很可能造成经济增长幅度较大的下滑，一些在建项目难以按期建成，企业经营更加困难，失业问题更加突出，许多社会矛盾都会加剧。经济上不去，税收也会受影响，财政会更加困难，赤字不仅压不下来，很可能被迫扩大。同时，不通过财政手段把一部分银行的资金用出去，银行的存贷差势必扩大，经营效益降低，加上企业还贷能力下降，不良资产增加，金融风险不仅不能缓解反而会加大。

①《中国经济年鉴》(1998)，第 38 页；《人民日报》1999 年 1 月 12 日第 9 版。
②《经济日报》1999 年 2 月 1 日 B1。

相反，短期扩大财政赤字，继续由财政向商业银行发行一定数量的长期国债，增加各方面的投入，这有利于经济持续增长。随着经济的发展和效益的提高，今后财政赤字可以逐步缩小，也有能力偿还国债本息。总起来看，是利大于弊。何况在需求不振的情况下，通过实施积极的财政政策来扩大需求、促进经济增长，也是国际通行的做法。还要提到：扩大一些财政赤字并没有什么现实风险。据测算，1998 年财政赤字和累计国债余额占当年国内生产总值的比重分别为 1.2%左右和 10.0%以下，分别明显低于国际公认的 3%和 60%的警戒线，是可以承受的。而且银行存贷差比较大，通过向商业银行发行长期国债，将一部分储蓄转化为投资，不会过量发行货币；粮食等主要农产品丰富，工业消费品充裕，物价价位较低，也不致引发通货膨胀。

按照政府有关部门的分析，所谓积极的财政政策，主要是指在经济增长乏力、通货紧缩开始出现的形势下，通过增加财政支出及调整税收政策，达到增加投资、促进消费、扩大出口的目的，从而更直接、更有效地刺激经济增长，促进经济社会稳定发展。

1998 年积极的财政政策主要包括以下五点内容：

1. 向国有商业银行增发了 1000 亿元国债，专项用于基础设施建设，进行反周期调节。为落实这一措施，各级财政部门配合有关部门认真落实项目，合理安排财力，保证资金及时足额到位，并制定了《关于加强国债专项资金财政财务管理和监督的通知》等一系列管理办法，切实加强对资金使用的财政财务管理和监督，使之尽快发挥预期效益。基础设施建设投资的扩大，不仅有效地刺激了国内需求，也为调整经济结构，实现经济长期稳定发展创造了有利的条件。

2. 向国有独资商业银行发行了 27000 亿元的特别国债，专项用于补充国有独资商业银行的资本金，使其资本金充足率达到了"巴塞尔协议"和国家商业银行法规定的 8%的水平，增强了银行防范金融风险的能力，也有利于财政政策和货币政策的协调运作。

3. 为支持外贸出口，分批提高了纺织原料及制品、纺织机械、煤炭、水泥、钢材、船舶和部分机电、轻工产品的出口退税率，加大了"免、抵、退"税收管理办法的执行力度，对一般贸易出口收汇实行了贴息的办法，中央外贸发展基金有偿使用项目专项资金也已正式开始使用。这些措施对促进外贸企业开拓国际市场，增加出口创汇发挥了积极的作用。

4. 为扩大吸收外资，调整了进出口设备税收政策，降低了关税率，对国家鼓励发展的外商投资项目和国内投资项目，实行了规定的范围内免征关税和进口环节增值税政策，进一步改善了投资环境。

5. 为减轻企业负担，与有关部门一起，清理了涉及企业的政府性基金和收费，分 3 批取消不合法、不合理基金、收费共计 727 项，减轻企业负担 370 多亿元①。

1998 年出台的旨在促进经济增长的货币政策措施之多，也是多年所未有的。主要包括以下 6 点：①计划确定适当增加货币供应量。1998 年计划确定广义货币（M_2）增加 16%~18%，与 1997 年实际增幅 17.3%持平；狭义货币（M_1）增长 17%左右，比 1997 年实际增幅 16.5%要略高，现金投放（M_0）1500 亿元，比 1997 年实际投入 1376 亿元也要多。② ②从 1998 年 1 月 1 日起，中国人民银行取消沿袭多年的对国有商业银行的贷款限额控制，取而代之实行资产负债比例管理和风险管理，以增强商业银行贷款的灵活性和自主性。③3 月下旬，中国人民银行宣布改革存款准备金制度，将商业银行上缴的法定存款准备金账户和备付金账户合二为一，并把法定存款准备金比例从 13%下调至 8%，增加了商业银行的可用资金，改变了长期以来商业银行一方面向中央银行缴存高比例的准备金；另一方面又因资金窘迫而不得不向央行大量借贷的不合理局面。同时，中央银行还降低了准备存款金利率和金融机构存贷款利率，力图从利益机制上理顺中央银行与商业银行的资金关系，调动商业银行发放贷款的积极性。④为了挤出更多的资金扩大投资和消费，中央银行又分别于 3 月 25 日、7 月 1 日和 12 月 7 日三次调低金融机构存贷款利率。自 1996 年以来共 6 次降息，约减轻企业利息负担近 3000 亿元。⑤4 月以后陆续制定并发布了关于改革金融服务指导意见、个人住房贷款管理办法，增加对中小企业的信贷支持等文件，督促商业银行在防范风险的前提下加快贷款进度，将资金重点投向基础设施建设方面以及开展住房、汽车等消费信贷业务。⑥下半年配合国家实施积极的财政政策，增发 1000 亿元

①《人民日报》1999 年 1 月 4 日第 10 版。
②《中国经济年鉴》（1998），第 117~121 页。

国债，商业银行又相应增加了 1000 亿元配套贷款。货币政策的一再松动，银行存款的大量投放，有力地支持了经济增长。[①]

由于扩张的财政政策的带动，以及宽松的货币政策的贯彻执行，下半年各个层次货币供应量增长率有所回升。到 1998 年末，广义货币 M_2 为 104498.5 亿元，增长 15.3%，比 6 月末的 14.6% 高出 0.7 个百分点，比全年经济增长与物价回落之和高 10.1 个百分点。狭义货币 M_1 为 38953.7 亿元，增长 11.9%，比 6 月末高 3.2 个百分点。市场现金流通量 M_0 为 11204.2 亿元，现金净投放 1026.5 亿元，增长 10.1%，比 6 月末高出 3.5 个百分点。[②] 总体看，货币总量与经济发展规模是相适应的。

与各层次货币供应量的增长相联系，金融机构的贷款，特别是中长期基建贷款有了大幅增长。到 1998 年末，金融机构各项贷款余额为 86524.1 亿元，增长 15.5%。国家银行贷款余额为 68442.1 亿元，增长 15.4%。当年金融机构各项贷款增加 11490.9 亿元，比 1997 年多增 778.4 亿元。从贷款投向看，中长期贷款增加 3068.5 亿元，比上年多增 1219.1 亿元。中长期贷款中的基建贷款增加 2364.6 亿元，比 1997 年多增 1227.1 亿元。[③] 这表明，1998 年金融机构贷款增加，重点保证了国家基础设施的建设，符合国家通过增加投资、扩大内需、促进经济增长的宏观政策。

这里需要说明：1998 年广义货币、狭义货币和市场现金流通量的增幅分别比 1997 年低 2 个百分点，4.6 个百分点和 5.5 个百分点。乍一看来，1998 年的货币政策并不宽松。但在实际上，其中有许多不可比的因素。①1997 年经济增长率为 8.8%，1998 年下降到 7.7%。②1997 年社会商品零售价格指数为 100.8，工业生产资料价格指数为 97.7，农业生产资料价格指数为 99.5。但 1998 年社会商品零售价格指数为 97.4，社会生产资料价格为 96.6。[④] ③1997 年国家外汇储备比上年增加 348.61 亿美元，而 1998 年增加了 50.69 亿美元。[⑤] ④1998 年国家收购粮食资金也有大幅度下降。以上四项就大量减少了 M_0 的投放量和 M_1、M_2 的供应量。比如，仅

①《人民日报》1999 年 1 月 4 日第 10 版。
②《经济日报》1999 年 2 月 1 日 B1；《人民日报》1999 年 1 月 13 日第 1 版。
③《人民日报》1999 年 1 月 13 日第 1 版。
④《中国经济年鉴》（1998），第 112 页；《中国统计年鉴》（1988），第 301、317 页；《经济日报》1999 年 1 月 21 日 A1，1 月 25 日 B1。
⑤《中国统计年鉴》（1998），第 670 页；《人民日报》1999 年 1 月 13 日第 1 版。

第三项就约减少了 2400 多亿元基础货币投放量。相应减少了 M_1、M_2 的供应量。⑤诚然，1997 年企业通过国内外市场发行股票，筹资总额达到 1200 多亿元，而 1998 年只达到 840.14 亿元。所以，综合考虑以上五项因素的作用，并放在可比的条件下进行比较，并不能认为 1998 年 M_0、M_1、M_2 的增幅小于 1997 年，而宁可说高于 1997 年。所以 1998 年货币政策是宽松的。

与 1997 年相比，1998 年存款与贷款差的扩大也可以进一步证明这一点。1997 年全部金融机构各项本币存款余额为 82392 亿元，各项贷款余额 74914 亿元，存贷差额为 7478 亿元。1998 年这三项数字分别为 95697.6 亿元、86524.1 亿元、9173.8 亿元。1998 年存款与贷款差额比 1997 年扩大了 1695.8 亿元。① 这种情况固然反映了 1998 年经济环境下银行"惜放"和企业"借贷"情绪，但也确实表明这年间接融资的环境是宽松的。

（四）扩大投资需求与扩大国内消费需求要配合

就 1998 年的具体情况来看，扩大投资需求虽然是实现扩大内需战略的决定性措施，但扩大国内消费需求也是贯彻这项战略的一个重要方面。这不仅是因为消费需求在内需方面占有很大比重，而且因为投资需求归根结底会受到作为最终需求的消费需求的制约。因此，在实施扩大内需战略过程中，必须实现扩大投资需求和扩大消费需求的双向启动。

1998 年着力加大投资力度的同时，也加大了开拓国内市场的力度，确保了商品销售有较大幅度的增长。预计这年全社会消费品零售总额超过 29155 亿元，同比增长 6.8%，扣除价格因素实际增长 9.4%；全社会生产资料销售总额约为 36600 亿元，同比增长 3.2%，扣除价格因素实际增长 6.8%。②

（五）扩大内需与加强对外贸易工作力度相配合

强调扩大内需，并非意味着对外贸易不重要。实行包括外贸在内的对外开放，是我国的一项基本国策，也是改革以来中国经济持续快速发展的重要因素，必须长期坚持。在 1997 年亚洲金融危机的影响下，对外

---

① 《中国经济年鉴》（1998），第 107~118 页；《人民日报》1999 年 1 月 13 日第 1 版。
② 《经济日报》1999 年 1 月 21 日。

贸易遇到了多年未曾遇到的困难，更需要加强这方面的工作力度。

1998年也正是这样做的。主要是：①贯彻以质取胜和市场多元化战略，优化出口商品结构，提高营销和售后服务水平。②努力巩固传统市场，积极开拓新市场，特别是拉美、非洲、西亚、东欧市场，并到一些有条件的发展中国家，开展具有比较优势的加工装配业务。③贯彻鼓励出口的各项政策，继续推进外经贸体制改革，鼓励生产企业自营出口，开展和扩大非公有制企业经营外贸试点。④努力改善投资环境，在保持利用外资适度规模的同时，着力于优化外资结构，引导外资投向，鼓励向中西部地区投资，提高利用外资的质量和水平。经过这些工作，进一步发挥在中国出口贸易中已占有半壁江山的加工贸易的出口作用。

这样，在1998年外贸遭到严峻挑战的形势下，避免了进出口总额的大滑坡，仍然实现了出口贸易的微弱增长，保持了大量外贸顺差。据海关统计，1998年中国外贸进出口总额为3239.3亿美元，比1997年下降0.4%，是自1983年以来中国年进出口总额首次出现负增长。其中，出口1837.6亿美元，增长0.5%；进口1401.7亿美元，下降1.5%；全年实现贸易顺差435.9亿美元，增长7.9%。[①] 这些成就实在来之非易。

（六）扩大需求与增加供给、调整结构相配合

1998年在增加供给和调整结构方面采取了一系列措施。1997年召开的党的十五大确定公有制为主体、多种所有制共同发展，是中国社会主义的初级阶段的一项基本经济制度；并界定了公有经济的含义、主体地位和实现形式以及国有经济的主导作用；还对国有企业的改革提出了改革、改组、改造和加强企业管理，以及实行鼓励兼并、规范破产、下岗分流、减员增效和再就业工程等一整套方针。这些政策不仅为加快公有制企业（主要是国有企业）的改革，以充分发挥它们的生产能力指出正确的途径，而且大大拓展了非公有制经济在社会主义市场经济条件下可能发展的空间。

1998年10月召开的党的十五届三中全会又就农业和农村工作问题作出了一系列重大决定，特别是长期稳定以家庭承包经营为基础、统分结合的双层经营体制的决定，为农业和农村经济的长期稳定发展提出了基

---

① 《人民日报》1999年1月12日第2版。

本指导方针。

1998 年以来，进一步明确提出的发展小城镇战略和扶持小型企业战略，是发育新的经济增长点的重要举措。

1998 年以来，在产业结构调整（如煤炭业的调整，纺织业的压锭、石油、石化行业以及国防工业的改组等）、技术升级（如高新产业产值在工业总产值中的比重提高）和产业集中度提高（如许多重要家电产业的集中度已经达到了很高的程度）等方面都取得了重要进展。

还要着重提到：90 年代以来，中国基础设施的"瓶颈"制约已经趋于缓解，但并没有根本解决。因此，1998 年中增发 1000 亿元财政债券，并配套 1000 亿元银行贷款，集中用于基础设施建设，是从增量方面调整结构的一项最重要的措施。

可见，1998 年宏观调控政策的协调促进了这年国民经济的持续快速发展。

三、宏观调控政策的作用、意义及其存在的问题

（一）宏观调控政策的作用

现在事实已经证明：1998 年，中国经济已经获得了持续快速发展。

1. 这年国内生产总值比上年增长了 7.8%。这虽比上年降低了一个百分点，但仍接近我国当前经济增长 8%~10%的合理之间。而且这种下降主要是由于亚洲金融危机蔓延对中国经济增长的负面影响。如果与世界经济增长率平均水平比较，那么中国在经济持续快速增长方面堪称"一枝独秀"。1997 年，中国国内生产总值增长 8.8%，比世界平均水平高出 5.7个百分点；1998 年中国经济增长率为 7.8%，比世界平均水平高出 5.8 个百分点。这种情况表明：在亚洲金融危机和世界金融动荡的影响下，世界经济增速普遍下降。但我国经济增速下降还要缓慢一些，因而相对经济增速还要高一些。

2. 这年商品零售价格指数为 97.4，居民消费价格指数为 99.2，生产

资料销售价格指数为 96.4，远远低于原计划规定的指标。[1]

3. 这年城镇居民人均可支配收入预计可达到 5454 元，同比增长 6.6%；农村居民人均纯收入预计达到 2150 元，同比增长 4%。[2]

4. 这年城镇登记失业率，大体上可以控制在计划控制的 3.5% 左右。[3] 当然，如果考虑到隐性失业，那失业率要高得多。

5. 1998 年末，人民币汇率为每美元兑 8.2789 元人民币。比 1997 年升值 9 个基本点。年末国家外汇储备约为 1449.59 亿美元，比上年末增加 50.69 亿美元。[4]

1998 年中国能够实现经济的持续快速增长，是由多种因素决定的。择其要者有：①改革开放效应。这个效应在过去 20 年已经得到了很大的发挥，但远没有得以充分的发挥。而且，由于认识在不断发展，改革政策在不断完善，改革实践在不断深化，这个效应还会进一步大大增强。②经济成长阶段效应。中国从 20 世纪 80 年代起的一个长时期内都处于经济高速增长阶段。③大国效应。中国市场容量大：储蓄率高，人口多，储蓄总量大；低成本的劳动力资源丰富。④经济全球化效应。从 1998 年 7 月亚洲一些国家发生金融危机以后，经济全球化对我国经济增长负面影响有了一定程度的增长。但其积极作用还是主要的。⑤知识经济开始到来的时代效应。在一个长时期内，这种正面效应都将是趋于增长的。⑥相对的国际和平环境效应。

但 1998 年采取的宏观调控政策，在这方面也起了重要的作用。这年依据通货紧缩始观端倪特别是亚洲金融危机对中国经济增长负面影响扩大的新形势，中国宏观经济政策取向发生了一系列重大转折。主要是：在调控目标上由 1993 年夏季以来以抑制经济增长过热和通货膨胀率过高为主转到以刺激需求，保持适度快速增长为主；在刺激需求方面，由依靠扩大内需和扩大外需结合转到明确以扩大内需为主；在扩大内需方面，由扩大消费需求和扩大投资需求结合转到着力依靠投资增长（主要是政府投资的增长）；由适度从紧的财政政策转到扩张的财政政策，由适度从

---

①《经济日报》1999 年 1 月 21 日 A1，1 月 25 日 B1。

②《经济日报》1999 年 1 月 25 日 B1。

③《中国经济年鉴》（1998），第 38 页。

④《经济日报》1999 年 1 月 13 日 A1。

紧的货币政策转到宽松的货币政策。同时，注意了各项宏观调控政策的协调（已见前述）。这些都有力地推动了经济增长，阻滞了经济效益下滑的势头。1997 年，外贸净出口在拉动经济增长率 8.8%中占了 2.4 个百分点，而 1998 年几乎为零。综合考虑 1998 年特大洪涝灾害造成的损失，以及灾后重建对经济增长的拉动作用这两方面的因素，当年洪涝灾害对全国经济增长造成 0.4 个百分点的负面影响。这样，实现 7.8%的经济增长率，就有 1.8 个百分点的缺口是由扩大内需来弥补的。再如，1998 年第一季度工业产品销售率仅为 93.8%，比上年同期下降 0.7 个百分点。到第二季度产销率已回升到 94.9%，第三季度产销率进一步回升。11 月份达到 96.59%。产销率提高，存货减少，意味着企业资金流动性增强，效益下滑势头得到缓解。[①]

（二）宏观调控政策的意义

1998 年，宏观调控政策取向的转变及其相互之间协调的意义，不仅在于它促进了 1998 年经济的持续快速增长，而且在于为实现有效的宏观调控创造了新的经验。如果说，1993 年以来，在中国经济发展史上第一次创造了成功实现经济"软着陆"的经验。那么 1998 年又在国内外新的经济形势下第一次创造了"软着陆"实现后防止经济大滑坡、保持经济持续快速增长的新经验。显然，这个经验不仅对当年经济发展是重要的，而且对尔后经济的发展也具有深远影响。

（三）宏观调控政策方面的问题

当然，1998 年宏观经济政策方面，也还存在诸多问题。重要的有：

1. 对经济增长减速惯性作用、通货紧缩形势和亚洲金融危机负面影响都有认识滞后和事先估计不足的问题。经济增长减速惯性作用在 1997 年以来就有了暴露，通货紧缩形势在 1997 年第 4 季度已经开始出现，亚洲金融危机的负面影响在 1997 年下半年也很明显。尽管 1998 年初宏观调控已经开始转向扩大内需，但启动经济、刺激需求、扩大内需的强有力的动作，是在 1998 年 7 月开始的，似乎晚了半年左右的时间。当然，按照唯物论的认识论，人对客观事物的充分认识，是受到外在事物的矛盾暴露的限制的。上述问题的发生，是有客观原因的，但作为总结经验来

---

① 《经济日报》1999 年 1 月 14 日 B1、2 月 1 日 B1。

说，还是要提到这一点的。

2. 由 1998 年宏观调控确定的经济增长目标是行政指令性的。这虽然是必要的，并在主要方面起了积极作用。但同我国正在建立社会主义市场经济的形势并不适应。而且不可避免地会带来行政指令的固有弊端。比如，会助长热衷炒指标数字，搞浮夸，忽视经济效益。诚然，政府在这方面反复强调不要片面追求速度，不要搞虚假浮夸，要面向市场，提高质量和效益，实现扎扎实实的速度。但这并不可能根绝由行政指令机制必然带来的弊病。如果再考虑到当前干部提升方面存在的"官出数字，数字出官"的状态，这种情况就更难避免了。

3. 作为 1998 年扩大内需的决定性措施的政府投资，也是行政指令性的。这方面的措施是必要的，积极作用也是主要的。但也有负面影响。诚然，政府在实施这项措施时着重提出：必须使投资用于基础设施建设，不能用于一般的加工项目，更不能用于盲目重复建设；要用于建设周期短、投资见效快的项目，特别是在建项目；要引入竞争机制，按照投资体制改革的要求，实行项目公开招标制、项目法人责任制和工程监理制，要切实保证建设工程质量，并进行了精心组织与安排。但这种行政措施，在部门和地区分割以及部分行政官员贪污腐败的情况下，很难根绝基础设施方面的重复建设，很难完全避免低效甚至无效投资。这种行政性措施的加强，弄得不好，还可能导致某些旧体制的复归。

还要提到：就决定内需的民间投资和居民消费两大因素看，扩大政府投资的政策对经济启动的效果不如预期大。①民间投资大幅度下降。1998 年，虽然国有经济固定资产投资增幅高达 22%，其中主要是政府投资，国有企业的投资增幅并不高。特别是非国有经济固定投资 1998 年仅为 7180 亿元，比上年 11849 亿元下降了 30% 以上。②居民储蓄增幅大大高于消费增幅，储蓄倾向进一步提高，市场销售保持平稳增长。预计1998 年社会消费品零售总额 29155 亿元，比上年增长 6.8%，增幅比上年下降 2.5 个百分点；考虑价格下降因素，市场实际销售只是量增长 9.4%，比上年上升 0.1 个百分点。在一年三次大幅度降低银行存款利率的背景下，居民储蓄增幅不减，年末存款余额为 53407.5 亿元，增长 17.0%，新增 7127.7 亿元，相当于国内生产总值新增额 4975.6 亿元的 143.3%。

17.1%的居民储蓄增幅是消费品市场零售额增幅的近 2 倍。[①] 从消费与储蓄增长率比较中可以看出居民消费倾向是上升的。上述①在很大程度上是受②制约的。因为：一是投资乘数的大小与居民边际消费倾向有关。居民边际消费倾向越高，投资乘数则越大；居民边际储蓄倾向越低，投资乘数则越小。1998 年居民边际消费倾向继续下降，边际储蓄倾向在一年三次降息的情况下仍不断提高，投资乘数作用减小。二是中国非国有经济经营的优势领域更多的与生活消费有关。因此，民间投资与居民消费有直接关系。

4. 扩张的财政政策和宽松的货币政策既有必要，也起了主要的积极作用。但同时也扩大了潜伏的财政风险，并加强了现实的金融风险。问题在于：财政赤字和国债余额占国内生产总值的比重，应与财政收入占国内生产总值的比重相适应，这两者是一种正相关关系。目前，中国不仅前一种比重小，而且后一种比重也小。目前经济发达国家财政收入占国内生产总值的比重已经达到 40%以上。而中国只有 10%以上，预计还要经过 3~5 年的努力，才能把财政收入占国内生产总值的比重提高到 20%左右（包括费改税的部分）。这样，后一种比重就制约了前一种比重。所以，1998 年财政赤字的扩大，实际上意味着潜伏的财政风险的扩大。

与扩张的财政政策相联系，宽松的货币政策的推行，又会在某种程度上使得已经处于高位的国有商业银行的不良贷款的比重进一步上升，从而进一步加大现实的金融风险。

但是，总的说来，1998 年采取宏观调控政策在促进中国经济持续快速发展中还是起了决定性的积极作用。然而，清醒地看到上述问题，并采取相应的对策，也很有必要。

---

① 《中国统计年鉴》（1998），第 24~25 页；《经济日报》1999 年 1 月 25 日 B1、2 月 1 日 B1。

我国经济周期波动幅度的巨大变化，是 党领导经济走向成熟的一个重要标志*
——纪念建党 80 周年

按照我的认识，建国以后已经经历了八次经济周期：1953~1955 年、1956~1957 年，1958~1969 年，1970~1977 年，1978~1983 年，1984~1986 年，1987~1991 年和 1992~1999 年各一次。

从我国已有的具体情况出发，可以按照波动幅度（即波峰年与波谷年经济增速的差距）的大小把它们分为强波经济周期、中波经济周期和轻波经济周期。具体说来，可以把波动幅度在 10 个百分点以上的称为强波周期，把波动幅度在 5~10 个百分点之间的称为中波周期，把波动幅度在 5 个百分点以下的称作轻波周期。

如果这个设想是合适的，那么，1953~1955 年和 1956~1957 年这两次经济周期就可以叫做中波周期。因为这两次周期波动幅度分别为 8.8 和 9.9 个百分点。1958~1969 年和 1970~1977 年这两次经济周期可以称为强波周期。这两次周期波动幅度分别为 48.6 和 21 个百分点。1978~1983 年、1984~1986 年和 1987~1991 年这三次经济周期也可以称作中波周期波动。这三次周期波动幅度分别为 6.5、6.4 和 7.8 个百分点。

1992~1999 年这次经济周期的波动幅度为 7.1 个百分点，也可以称作中波经济周期。但是，1997 年实现经济"软着陆"时经济增长率为 8.8%，1998 年和 1999 年分别缓缓下降到 7.8% 和 7.1%，其间的差距仅有

* 原载《经济参考报》2001 年 6 月 28 日第 7 版。

1.7 个百分点。这是第一。

第二，2000 年经济增长率又缓慢回升到 8%。当然，今年经济增长率究竟能够达到多高还有很多难以确定的因素。就国内来说，比如，今年北方春旱已很严重，会影响夏粮产量。就国际来说，比如美国从去年第四季度开始，已由近十年经济持续高增长开始转入低增长。但从当前主要情况来说，今年实现 8%甚至更高一些增长率是有可能的。但如果以 1999 年经济增长率 7.1%为参照数，下周期波峰年份的经济增长率，也很难再提高 5 个百分点，达到 12.1%以上；其波谷年份也不致下降到 7.1%以下。这当然是就经济改革和经济发展的正常情况来说的。它并不排除国内特大的天灾人祸以及国际事件造成的经济增速的大波动。以上两点是就我国经济发展的历史和现实说的。

第三，就国际经验来说，在整个 20 世纪 80~90 年代，除了极少数年份以外，美、日、德、法、英等经济发达国家的增长率，最高年份与最低年份之间的差距，一般也都在五个百分点左右。[①]这并不是偶然的现象。实际上，"二战"后经济发达国家普遍推行并不断完善的现代市场经济（即有国家干预的市场经济），在熨平经济周期波动幅度方面已经取得了明显的效果，大大改变了以前的古典的市场经济（即自由放任的市场经济）时代经济周期波幅很大的状况。当然，我国同经济发达国家不仅在社会制度方面有根本区别，在市场经济体制和社会生产力方面也大大落后于经济发达国家。但我国也具有自己的经济持续增速发展的有利条件。[②]所以，上述的国际经验是有借鉴意义的。

依据上述三点理由，我们就不能简单地把 1992~1999 年的经济发展看作是中波周期，而应该确切地认为实现了由中波周期到轻波周期的转变。这一点对促进我国经济改革深化、加快经济发展和提高人民福祉来说，都是一个具有极其重要意义的历史性变化。

总结以上分析，我们可以看到：建国以后，我国经济周期经历了由中波周期→强波周期→中波周期→实现由中波周期到轻波周期的转变。显然，决定这种经济周期形态变化的有多重因素。但从根本上说来，是

① 参见《中国统计年鉴》(1990)，第 841 页；(1996)，第 815 页；(2000)，第 873 页。
② 详见拙文：《21 世纪初叶中国经济走势：持续快速发展》，香港《经济导报》2001 年第 1 期。

同经济体制的变化相联系的。1949 年 10 月新中国建立以后，就建立了计划经济体制的雏形。但它的完全建立是在 1956 年完成了生产资料私有制的社会主义改造以后。所以，这期间实际上是计划经济和市场经济并存的时期。但更重要的原因还在于：由于当时的历史条件，计划经济体制的积极作用还是主要方面。这就使得 1953~1955 年和 1956~1957 年这两次经济周期都是中波周期。1958~1978 年正是我国计划经济体制的强化时期，这就促使 1958~1969 年和 1970~1977 年两次经济周期都进入强波周期。1978 年底召开的党的十一届三中全会以后，中国走上了市场取向改革的道路，并逐步取得了不同程度的进展。这又促使 1978~1983 年、1984~1986 年和 1987~1991 年这三次经济周期进入了中波周期。1992 年以后，中国经济改革在各方面逐步获得了决定性进展，从而在 1992~1999 年实现了由中波周期到轻波周期的转变。这是第一。

第二，20 世纪 90 年代以来，积累了丰富的宏观经济管理的经验。其最重要内容有两方面：先是反过热、反通胀，以促进经济"软着陆"；继而反过冷、反通缩，以保持经济的持续快速发展。在这两方面都在不同程度上形成了较为完整的宏观调控政策体系。

反过热、反通胀，以促进经济"软着陆"的宏观调控政策体系，主要包括以下四项内容：①宏观调控政策各项目标之间的协调。②控制总需求各项政策措施之间的协调。③优化结构、增加供给各项政策措施之间的协调。④物价调控各项措施之间的协调。

反过冷、反通缩，以保持经济持续快速发展的宏观调控体系主要包括以下六项内容：①经济发展的目标与扩大内需的经济发展战略相配合。②扩大内需与调整投资计划相配合。③积极的财政政策和稳健的货币政策相结合。④扩大投资需求与扩大国内消费需求配合。⑤扩大内需与加强对外贸易工作力度相配合。⑥扩大需求与增加供给、调整结构相结合。

第三，无论市场取向改革的巨大成就，或者宏观调控的重要成就，都是在党的领导下取得的。所以，把上述两点集中起来说，就是我国经济周期波动幅度的巨大变化，是党领导经济走向成熟的一个重要标志。

我国经济发展中的总量问题 *

一、宏观经济总量的内容及其在宏观经济研究中的地位

第一，宏观经济总量包括产品的总量以及作为主要生产要素的劳动总量和资本总量三个方面。宏观经济总量问题还包括与国民经济全局关系密切的结构问题（如产业的部门结构和地区结构等）。但结构问题后面有专题讲。

在现代市场经济条件下，考察宏观经济总量变化的主要指标有以下四项：经济增长率；通货膨胀率；就业率（失业率）；国际收支差额。本讲主要论述在这些指标中起决定作用的经济增长率。

第二，宏观经济总量在宏观经济理论和政策研究中居于极重要的地位。因而宏观经济学的研究对象就是宏观经济总量及其结构，就是揭示宏观经济总量及其结构的变化发展的客观规律。作为经济总量的总供给和总需求的平衡及其结构协调，是经济稳定持续发展的基本前提。因此，宏观经济政策研究就是探讨政府采取的调控经济总量失衡和结构失衡的措施，以促进经济的稳定持续发展。本讲主要论述经济总量的变化发展问题，对总量调控问题后面有专题讲。

从一般意义上说，宏观经济总量研究的这种地位，无论在马克思主

---

* 本文是 2001 年作者在国家行政学院司局长进修班上的讲授提纲。

义经济学中，或者在现代西方经济学中，也无论是计划经济体制下，或者在社会主义市场经济体制下，具有某种共同点。马克思关于社会资本再生产的公式、陈云关于"四大平衡"的理论以及现代西方经济学关于总供给总需求的等式（详见附注①②③），就是这方面最著名最具代表性的理论。

二、建国以来宏观经济总量运行的主要轨迹：从强波周期形成、发展到波幅平稳周期的过渡

第一，建国后各阶段宏观经济总量运行的特征（详见附注④）。①1953~1957 年：强波周期的初显。②1958~1977 年：强波周期的顶峰。③1978~1991 年：强波周期的弱化。④1992~2000 年：从强波弱化到波幅平稳周期运行的过渡。

第二，决定上述特征的基本因素。

1. 在计划经济体制下，内含投资膨胀机制。而在投资膨胀机制作用强度遇到供给的强烈制约时，可迅速转化投资急速紧缩的机制。而且，在建国以后的一个长时期内，又高强度地推行忽视经济效益提高的片面追求经济高速增长战略和片面强调优先发展重工业的非均衡战略。

2. 改革以后，随着计划经济体制向社会主义市场经济体制的过渡，前者的作用在逐步缩小，而后者的作用在逐步加强。与此相联系，也逐步实现提高经济增速与改善经济效益相结合以及均衡发展战略。

三、21 世纪初叶中国宏观经济总量的发展趋势：波幅平稳的周期运行

第一，波幅平稳的周期发展在经济增速方面的含义：一是经济总量的持续快速增长。即是经济快速增长和稳定增长。具体说来，就是指国内生产总值逐年增长在 7%~9% 的范围内。二是同时意味着在一个周期内经济增速的波动幅度大体上限制在 7%~9% 的范围内。所以，这里所说的 21 世纪初叶中国宏观经济总量的发展态势——波幅平稳的周期运行，实

际上就是指的这期间经济的持续快速增长。

第二，21世纪初叶中国经济实现持续快速增长的必要性和紧迫性在于：是实现社会主义现代化建设第三步战略目标的需要；是建成社会主义市场经济体制的需要；是巩固稳定的社会政治局面的需要；是增强国际竞争力、经济安全和国防力量的需要；是实现和平统一祖国大业的需要；是维护世界和平和反对霸权主义的需要。

第三，1992年以来的实践已经证明能够实现经济的持续快速增长。1992年以来，中国在非常困难的条件下已经实现了经济的持续快速增长。1992~1997年，在新中国经济发展史上，在经济过热来势凶猛的条件下，第一次成功地实现了"软着陆"。1997年特别是1998年以来，中国面临亚洲金融危机和特大水灾的严峻形势下，又有效地抑制了通货膨胀，防止了经济增速的过度下滑，保持了经济持续快速发展。2000年又出现了经济增长的拐点，经济回暖，成为新一轮经济周期的起点。

第四，21世纪初叶，中国仍然具有继续实现经济持续快速增长的条件。这些条件主要是：市场取向的经济改革效应；经济全球化条件下的对外开放效应；知识经济时代科技进步效应；产业结构调整效应；大国效应；已经积累的强大物质基础以及丰富的宏观调控和实现社会稳定经验效应；国际和平环境效应。当然，现阶段中国经济的发展也面临着许多问题（其中有些困难是很严重的）。但正如马克思在《资本论》中早就指出过的，对顺应社会发展规律要求的事物来说，"问题和解决问题的手段是同时发生的"。

第五，21世纪初叶，除经济增长率以外的三项指标的走势是：失业压力难以缓解，低通货膨胀率和国际收支顺差的格局可以继续保持。

附注①：马克思关于社会总资本简单再生产公式。

$$\text{I} \ C + V + M \qquad\qquad\qquad\qquad ①$$

$$\text{II} \ C + V + M \qquad\qquad\qquad\qquad ②$$

$$\text{I}(C + V + M) = \text{I} \ C + \text{II} \ C \qquad\qquad ③$$

$$\text{II}(C + V + M) = \text{I}(V + M) + \text{II}(V + M) \qquad ④$$

$$\text{I}(C + V + M) + \text{II}(C + V + M) = (\text{I} \ C + \text{II} C) + [\text{I}(V + M) + \text{II}(V + M)]$$
$$⑤$$

I 表示生产资料生产部门，II 表示消费资料生产部门，C 表示消耗掉的不变资本价值，B 表示可变资本价值，M 表示剩余价值。①式表示生产资料价值。②式表示消费资料价值。③式表示社会生产资料总产值与社会对生产资料总需求的平衡。④式表示社会消费资料总产值与社会对消费资料总需求的平衡。⑤式表示社会总产值与社会总需求的平衡。

附注②：陈云提出的"四大平衡"理论：财政收支平衡、银行信贷平衡、物资供求平衡和消费品供求平衡。

附注③：现代西方经济学关于社会总供给与总需求的平衡式。

$$GDP = Q_1 + Q_2 + Q_3 = C + S = C + I + (X - M) \qquad ①$$

$$GDP + M = C + I + X \qquad ②$$

GDP 表示国内生产总值，Q_1、Q_2、Q_3 分别表示一、二、三产业的增加值，C 表示总消费，S 表示总储蓄，I 表示总投资，X 表示出口，M 表示进口。①式分别从产出、收入和使用三方面表示 GDP 的构成。②式等号左端表示总供给，右端表示总需求，等式表示总供给和总需求的平衡。

附注④：1953~2000 年各年和各经济周期国内生产总值指数的变化，（按可比价格计算，以上年为 100），见下表：

年份	国内生产总值指数	经济周期	波峰与波谷之间的落差 (百分点)
1953	115.6		
1954	104.2	1	8.8
1955	106.8		
1956	115.0	2	9.9
1957	105.1		
1958	121.3		
1959	108.8		
1960	99.7		
1961	72.7		
1962	94.4		
1963	110.2	3	48.6
1964	118.3		
1965	117.0		
1966	110.7		
1967	94.3		
1968	95.9		
1969	116.9		

续表

年份	国内生产总值指数	经济周期	波峰与波谷之间的落差（百分点）
1970	119.4		
1971	107.0		
1972	103.8		
1973	107.9	4	21.0
1974	102.3		
1975	108.7		
1976	98.4		
1977	107.6		
1978	111.7		
1979	107.6		
1980	107.8	5	6.5
1981	105.2		
1982	109.1		
1983	110.9		
1984	115.2		
1985	113.5	6	6.4
1986	108.8		
1987	111.6		
1988	111.3		
1989	104.1	7	7.5
1990	103.8		
1991	109.2		
1992	114.2		
1993	113.5		
1994	112.6		
1995	110.5		
1996	109.6	8	7.1
1997	108.8		
1998	107.8		
1999	107.1		
2000	108.0		

经济全球化与世界格局新变化 *

一、经济全球化

（一）经济全球化的定义

经济全球化是以工业化和知识经济化作为基础的；是以国际分工的不断发展为前提的；是以市场经济和科学技术的不断发展作为动力的；是以商品世界市场为起点，并向包括商品和要素（包括资本、技术和劳动力等）的世界市场在内的在广度上和深度上不断拓展的过程，同时，也是以商品流通国际化为起点，并向包括商品流通和商品生产、交通、通讯国际化在内的在广度上和深度上不断拓展的过程；是一个长达几百年甚至更长时间的过程。

（二）经济全球化发展的过程

起步阶段（18世纪下半期至19世纪末）：自由竞争资本主义时代的经济全球化。

形成阶段（19世纪末至20世纪五六十年代）：帝国主义时代的经济全球化。

发展阶段（20世纪五六十年代至当前）：现代市场经济普遍发展和知识经济时代的经济全球化。

* 本文是作者2001年在国家行政学院举办的局长班的讲授提纲。

(三) 当代经济全球化发展的表现

主要是：①商品和服务贸易的全球化。②金融和劳动力市场的全球化。③交通、通信的全球化。④跨国公司生产经营的全球化。

(四) 当代经济全球化发展的原因

主要是：①现代市场经济在全世界的普遍发展。②现代科学技术的迅猛发展。③当代国际分工的新发展。④国际间协作型竞争的发展。⑤跨国公司经营管理的本土化。⑥国际经济组织的发展。⑦和平和发展成为当代世界的潮流。

(五) 当代经济全球化发展的意义

这主要是：①促进世界经济发展的利好因素。②似一把"双刃剑"，既有利于促进发展中国家经济的发展，并促使其中某些国家迅速缩小同经济发达国家的差距，甚至接近和赶上经济发达国家；又有利于经济发达国家对发展中国家的掠夺，加深南北贫富差别。

(六) 对待当代经济全球化的政策思考

从国家这个层面看，主要是：①积极参加国际经济合作和竞争，扩大和完善对外开放的基本国策，尽早参加世界贸易组织，加快建成社会主义市场经济体制，培育和支持具有国际竞争力的强大企业集团，完善和强化国家创新体系，推行科教兴国和可持续发展战略。②争取建立国际经济新秩序。

从企业这个层面看，主要是更新观念，实现制度创新、管理创新和技术创新，推行人才战略和环保战略，跨国投资企业实行产品、服务的属地化，以提高国际竞争力。

二、世界格局新变化

(一) 世界格局历史发展及其新变化

从资本主义生产方式确立以后，世界格局经历了多次变化。

当前世界格局新变化的特点是世界多极化。

(二) 世界多极化的含义

1. 包括两个方面：①就国家的经济力量看，已经或正在成为一极有美、日、法、德、英、中、俄等。②就综合国力看，已经或正在成为一极的有：美、日、法、德、英、俄、中等。

2. 这是一个发展过程。

3. 这是一种发展趋势。与作为世界发展主流的多极化同时存在的，还有一股一极化的逆流。

（三）世界多极化的成因

主要是：①直接原因是：20 世纪 80 年代末、90 年代初发生的东欧剧变和苏联解体。②"二战"后经济发达国家政治经济不平衡发展。③"二战"后区域集团化的发展。④知识经济的发展。⑤经济全球化的发展。

（四）世界多极化的意义

主要是：促进世界发展和世界和平的重要因素。

（五）对待世界多极化的政策选择

积极推进世界多极化的发展，坚决反对美国推行的一极化的霸权主义，以促进世界的和平与发展。

"九五"时期国民经济运行轨迹的特征及其意义和经验 *

与以往各个时期相比较,"九五"时期国民经济运行无论就其轨迹来说,或者就其意义和经验来说,均颇富特色。在建党 80 周年到来的时候,在这方面做点总结,是一件很有意义的事,本文试图在这方面做些探索。

一、国民经济运行轨迹的特征

(一) 1996~1997 年在反过热、反通胀中继续实现经济"软着陆"

我国国民经济在经历了 1989~1991 年的治理整顿之后,1992 年又迅速步入了高增长,以致出现了经济过热。其主要标志有二:①经济增长率过快。1992 年国内生产总值比上升增长了 14.2%。②物价增幅过大。与上年相比,1992 年商品零售价格上升了 5.4%,居民消费价格上升了 6.4%,工业品出厂价格上升了 6.8%,主要原材料、燃料、动力购进价格上升了 11%。[①]

形成经济过热的原因,从认识上说,是片面理解了邓小平 1992 年重要讲话中提到的"抓住时机,发展自己,关键是发展经济"的精神,忽视了他同时提到的"不是鼓励不切实际的高速度,还是要扎扎实实,讲

---

* 原载《中国经济年鉴》(2001),中国经济年鉴社出版。
① 《中国统计年鉴》(2001),第 55、289、305 页。

求效益，稳步协调发展"的精神。[①]但从根本上来说，还是体制转轨（由计划经济到社会主义市场经济的转变）和战略转轨（由以提高速度为中心向以提高效益为中心的转变）各种特有矛盾作用的结果。

与上述情况相联系，在1993年上半年国民经济过热状态有了进一步的加剧。①货币过量投放，金融秩序混乱。截至6月23日，全国货币净投放585亿元，比去年同期多投放532亿元。由于乱集资、乱拆借的影响，居民储蓄增长缓慢，大量资金体外循环，银行正常贷款不能完全保证，有些基层银行出现支付困难。1~5月城乡居民储蓄存款增加912亿元，比去年同期少增加226亿元。②投资需求和消费需求都出现膨胀的趋势。这年上半年国有单位固定资产投资比上年同期增长70.6%，银行工资性现金支出和对个人其他现金支出增长36.7%，行政企事业管理费现金支出增长90%，都大大超过经济增长的幅度。③财政困难状况加剧。1~5月，国内财政收入比上年同期下降2.2%，而财政支出比上年同期增长15.9%，收支相抵仅结余11亿元，比上年同期少结余206亿元。④工业增长速度越来越快，基础设施和基础工业的"瓶颈"制约进一步强化。这年6月工业增幅达到30.2%。交通运输特别是铁路运输十分紧张，一些干线限制口的通过能力仅能满足需求的30%~40%。电力、油品供需缺口越来越大，有的地方又出现"停三开四"现象。钢材、水泥、木材等建筑材料由于供需矛盾突出，价格上涨较猛。⑤出口增长乏力，进口增长过快，外汇下降较多。据海关统计，1~5月出口总额比上年同期增长8.2%，进口增长26.9%。截至6月10日，国家外汇结存193亿美元，比上年同期减少56亿美元。⑥物价上涨越来越快，通货膨胀呈现加速之势。从1992年10月开始，物价上涨幅度逐月加快，到1993年1月，上涨幅度达到8.4%，3月开始突破两位数，为10.2%，6月达到13.9%。加上服务项目涨价较快，6月全国居民生活费用价格指数上涨幅度已达16.6%。这年上半年生产资料价格指数比上年同期上升44.7%。上述情况表明，如果不抓住时机，进一步深化改革，抓紧实施宏观调控措施，势必导致社会供需总量严重失衡，通货膨胀进一步加剧，甚至会引起经济大的波动，影响社会安定。

---

① 《邓小平文选》第3卷，第375页。

　　党中央、国务院高度重视这些问题。1993 年初以来多次指出，要认真对待，抓紧解决，并相继采取了稳定和加强农业，制止乱集资、违章拆借和规范股票市场，以及加紧房地产投资和交易管理、清理整顿开发区等一系列措施。5 月下旬，又作出了深化改革、加强和改善宏观调控的决定。6 月 24 日，中共中央、国务院发出了《关于当前经济情况和加强宏观调控的意见》，作出了加强宏观调控的重大决策。[①]

　　党中央、国务院强调指出：为了保持经济发展的好势头，现在必须下决心，解决经济中的突出问题。在解决问题时，需要注意把持以下三点：①统一思想认识。由于对工业速度是否过快、投资规模是否过大、货币供应量是否过多、通货膨胀是否在加剧等问题的看法不完全一致，影响了宏观调控措施的贯彻落实。为了解决当前经济中的突出问题，首先必须进一步统一思想认识，特别是各级领导干部对当前经济形势要有正确的、清醒的认识。要按照中央的要求，积极、正确、全面地领会邓小平重要讲话和党的十四大精神，把解放思想和实事求是统一起来，切实贯彻"在经济工作中要抓住机遇，加快发展。同时要注意稳妥，避免损失，特别要避免大的损失"的重要指导思想，把加快发展的注意力集中到深化改革、转换机制、优化结构、提高效益上来。②着眼于加快改革步伐。当前经济中出现的问题，从根本上讲在于原有体制的弊端没有消除，社会主义市场经济体制尚未形成，那种盲目扩张投资、竞相攀比速度、缺乏有效约束机制等问题，没有得到根本解决。在这种情况下，解决当前的问题必须采用新思路、新办法，从加快新旧体制转换中找出路，把改进和加强宏观调控、解决经济中的突出问题，变成加快改革、建立社会主义市场经济体制的动力。在深化改革中，特别要加快金融体制、投资体制和财税体制的改革。③主要运用经济办法，也要采取必要的行政手段和组织措施。要强化间接调控，更多地采取经济手段、经济政策和经济立法。通过加强宏观调控，既能有效解决当前经济问题，又有利于继续增强微观经济活力和市场机制作用的充分发挥。对那些主要是由于行政行为导致经济秩序混乱的问题，也要采取必要的行政手段加以解决。特别是在当前经济运行机制不健全的情况下，行政手段更不可缺少。加

---

　　① 《中国经济年鉴》（1994），第 45~46 页。

强宏观调控要注意从实际出发，进行分类指导，不搞"一刀切"。但对防止严重通货膨胀和整顿金融秩序等问题，必须有较强的力度，同时采取必要的组织手段、纪律手段和法律手段，以保证中央政令的通行。

针对 1993 年上半年经济生活中存在的问题，党中央、国务院决定采取以下加强和改善宏观调控的措施：①严格控制货币发行，稳定金融形势。全年货币发行量要控制在 1500 亿元，这要作为 1993 年宏观调控的首要目标。首先要把住基础货币投放这个闸门，严格控制社会需求的过快增长，认真整顿金融秩序，切实加强现金管理。②坚决纠正违章拆借资金。要尽快建立全国统一的、有序的同业拆借市场，使资金拆借纳入规范化的轨道。③灵活应用利率杠杆，大力增加储蓄存款。④坚决制止各种乱集资。⑤严格控制信贷总规模。强化中央银行对全社会信贷总规模的宏观控制，各家银行和非银行金融机构要严格按照人民银行总行下达的年度信贷计划执行，未经批准不得突破，并按季监控，按月考核。⑥专业银行要保证对储蓄存款的支付。⑦加快金融改革步伐，强化中央银行的金融宏观调控能力。中国人民银行要通过深化改革，真正成为对全国信贷、货币进行宏观调控和统一管理各类金融机构的中央银行。⑧投资体制改革要与金融体制改革相结合。从改革投资体制入手，尽快建立政策性银行，逐步实现政策性金融与商业性金融相分离。组建国家长期开发信用银行、出口信贷银行等政策性银行，专门承担政策性投融资和贷款任务。⑨限期完成国库券发行任务。各地区、各部门必须在 7 月 15 日以前完成国库券发行任务，这要作为一项政治任务。⑩进一步完善有价证券发行和规范市场管理。⑪改进外汇管理办法，稳定外汇市场价格。⑫加强房地产市场的宏观管理，促进房地产业的健康发展。⑬强化税收征管，堵住减免税漏洞。⑭对在建项目进行审核排队，严格控制新开工项目。⑮积极稳妥地推进物价改革，抑制物价总水平过快上涨。⑯严格控制社会集团购买力的过快增长。

党中央、国务院强调：采取上述措施，从全局来说是非常必要的，是积极的。既可以保持经济持续快速发展，又可以为加快改革开放创造必要的宏观环境。当然，实行这些措施，下半年的经济增长速度将要减慢一些，有些生产企业可能减产甚至停产，企业的销售收入会相应减少，有些建设项目要停缓下来，相互拖欠资金会有所增加。但就全国来看，还可以保持较高的增长水平，全年经济增长率不会低于 10%。基础工业和主要设备工业特别是国有大中型企业的生产经营不至于受太大的影响。如果不采取这些措施或这些措施不能得到有效贯彻，"瓶颈"部门制约将会进一步加剧，资金供求矛盾将更加尖锐，严重通货膨胀局面将难以避免。在这样的局面下，即使 1993 年速度可以更高一些，但明后年将难以支撑，经济有可能发生大的起落。这是我们需要极力避免的。一定要注意瞻前顾后，不仅考虑 1993 年，还要考虑到明后年以至整个 90 年代的发展战略目标，保证国民经济持续、快速、健康地发展。

在实施上述措施过程中，必须继续高度重视农业问题，要切实落实党中央、国务院关于稳定和发展农业生产的各项政策措施。这是关系经济社会全局稳定和经济走势的大事。同时，要大力开展增产节约、增收节支活动，反对铺张浪费；继续抓好《全民所有制工业企业转换经营机制条例》的落实，进一步强化企业内部经营管理，推进企业的技术进步和扭亏增盈工作。贯彻上述措施，要坚持"两手抓"，抓住一些大案要案，坚决果断处理，推动纠正各种不正之风，反对贪污腐败，改变社会不良风气，使中央的宏观调控措施得到人民群众的拥护和支持。

各地区、各部门都要从大局出发，加强组织纪律性，做到令行禁止，坚决维护中央对全国宏观经济调控的统一性、权威性和有效性。

后来的实践证明：上述加强宏观调控的决策在制止经济过热和实现经济"软着陆"方面起了决定性作用。

1993 年以后，上述的以控制社会总需求为特征的紧缩的宏观调控政策有了进一步发展和完善。1994 年底，中央经济工作会议首次明确提出实行适度从紧的财政货币政策。1997 年党的"十五大"又进一步提出实施适度从紧的财政政策和货币政策，注意掌握调控力度。在这期间，在改善供给方面，也采取了一系列政策。其中，重要的有：深化经济改革，加强农业和其他基础产业、基础设施，提升产业结构，优先发展科学和教育等。

在上述政策的指引下，1992 年开始的经济过热状态逐步改变，社会总需求大大超过社会总供给的情况逐年缩小，过高的经济增长率缓缓下降，各种物价指数在经历了一两年上升后也趋于下降。据有关研究单位测算，我国现阶段社会总需求超过社会总供给的正常区间是-5%以内。而

1992~1996 年这个差额分别为–6.5%、–7.3%、–6.2%、–4.8%、–4.2%。[①] 1992~1997 年，这六年国内生产总值增长率分别为 14.2%、13.5%、12.6%、10.5%、9.6%、8.8%；商品零售价格增长率分别为 5.4%、13.2%、21.7%、14.8%、6.1%、0.8%；居民消费价格增长率分别为 6.4%、14%、24.1%、17.1%、8.3%、2.8%；工业品出厂价格增长率分别为 6.8%、24%、19.5%、14.9%、2.9%、–0.3%；主要原材料、燃料、动力购进价格增长率分别为 11%、35.1%、18.2%、15.3%、3.9%、1.3%。[②] 可以认为，到 1997 年，我国经济成功地实现了“软着陆”。

这里需要说明，国内学术界流行的看法曾经认为，到 1996 年，我国就实现了“软着陆”。现在看来，这种看法并不完全合适。按照当前许多学者的看法，现阶段我国适度经济增长率的合理区间为 8%~9%（或者 7%~9%[③]）；物价增幅达到 3%以上即为中度通货膨胀。但前述数据表明：1996 年我国国内生产总值增长率并未下降到经济增速的合理区间，商品零售价格增幅特别是消费价格增幅还处于中度通货膨胀区间。只是到了 1997 年，经济增幅才下降到经济增速合理区间的上限以内，物价也下降到低度通货膨胀的区间。所以，把 1997 年看作实现了经济“软着陆”，是完全合适的。

上述数据表明：1996~1997 年（即“九五”头两年）继 1993~1995 年之后，实现了经济“软着陆”。这在新中国经济发展史上是第一次。按照我的计算，新中国建立以后经历了八次经济周期，1953~1955 年、1956~1957 年、1958~1969 年、1970~1977 年、1978~1983 年、1984~1986 年、1987~1991 年各一次，1992 年以来又一次。在前七次中，经济增速平均每年下降最少的为 2.2 个百分点，最多的为 16.2 个百分点。而 1992~1997 年平均每年下降 1.1 个百分点，是最少的。[④]

这里还要说明：经济“软着陆”和经济周期低谷是两个不同的概念。经济增速由过热状态下降到合理增长区间就算是“软着陆”，而经济增速

---

①《1995~1997 年中国宏观经济运行》，中国统计出版社 1998 年版，第 461 页。

②《中国统计年鉴》（2000），第 55、289、305 页。

③ 1992 年以前，我国许多学者认为（包括笔者在内），现阶段我国经济适度增长率为 7%~9%；1992 年以后，把它提高到 8%~10%，后来又降到 8%~9%。但依据 1999 年我国经济增长率下降到 7.1%的事实来看，还是定为 7%~9%为宜。

④《中国统计年鉴》（2000），第 55 页。

下降到经济周期的最低点才算是低谷。而我们在前面所作的计算，前七次是指的从波峰到波谷，1992~1997 年是指的波峰到"软着陆"。但这并不影响我们的结论，因为即使按照前七次的同一口径（即由波峰到波谷）计算，也并不改变上述的结论。第八次经济周期是 1992~1999 年，经济增速平均每年下降 0.9 个百分点，更是最少的。[①] 所以，我们仍然可以说，1992 年以来实现经济"软着陆"在新中国经济发展史上是第一次。

1992 年以来成功实现经济"软着陆"，是实行上述紧缩的宏观经济政策（这是主要的）和改善供给政策的结合，同时又是市场取向经济改革获得重大成就的反映。在建国以后发生的前四次经济周期中，是同实行以提高经济增速为中心的战略直接相关的。但主要根源还是计划经济。在这种体制下，经济增速主要是由投资拉动的，减速是受供给制约的。这种体制包含着急速的投资膨胀机制以及与之相联系的经济增速急速攀升机制。而在经济增速超过潜在产出力（即一定条件下社会生产资源得到充分利用的供给能力）遇到供给的强烈制约时，上述机制又急速转变为投资急速紧缩机制以及与之相联系的经济急速减速机制。[②] 这是计划经济体制在经济上升阶段和下滑阶段存在的两种机制。因而，经济增长大升大降就是计划经济体制下经济增长的必然现象。

在改革以后发生的前三次经济周期时，市场取向的改革已经取得了不同程度的进展，但还没有从根本上触动计划经济体制。因此，经济周期波动虽然趋于平稳，但没有从根本上摆脱经济增速大升大降的怪圈。

这里应该提到，1984 年发生经济过热以后，国务院曾经提出过实现经济"软着陆"的设想，但终因受到传统的体制和战略的影响，设想并没有实现。诚然，这种情况的发生，部分地同错误地估计 1986 年的经济形势也有很大的关系。本来这年经济还未实行"着陆"，但错误认为已经实现了"着陆"，从而在 1987 年又起飞了。

只是到了 1992 年以后，市场取向的改革在各方面取得了决定性的进展，比较有效地抑制了计划经济体制内含的投资急速膨胀和经济增速急

---

①《中国统计年鉴》（2000），第 55 页。

② 顺便说一句，现在有些论著在论述计划经济体制下经济周期波动时，只讲前一种机制不讲后一种机制，是不全面的。

速攀升以及投资急速压缩和经济增速下滑机制的作用，从而成功地实现了经济"软着陆"。

（二）1998~1999 年，在反过冷、反通缩中遏制了经济下滑趋势

从 1993 年夏季开始，以降低经济增长率和通货膨胀率为首要任务的宏观经济调控，促进了经济"软着陆"的实现。但是，从 1997 年第 4 季度开始，就出现了以物价下降作为主要标志的通货紧缩的苗头。1997 年的许多消费品和投资品的价格指数都出现了负增长。1997 年，零售商品中食品、首饰、家用电器、建筑装潢材料和机电产品的价格指数分别为 99.8、95.6、97.8、99.0 和 95.5，农业生产资料的价格指数为 99.5，农产品收购价格指数为 95.5，工业品出厂价格指数为 99.7（其中，冶金、化学、机械、建筑材料、森林、食品、纺织、皮革和造纸的出厂价格指数分别为 97.7、95.5、98.1、99.6、99.3、99.6、98.0、98.3 和 94.5）。[①] 这些负增长的幅度都不大，但负增长的面幅相当宽，囊括了许多重要的投资品和消费品。

但是，当时相当普遍的看法都把这种负增长归结为在中国经济发展史上具有重大意义的初级买方市场的形成。这无疑是有道理的。但从后来的经济发展趋势看，这种负增长固然有包括初级买方市场形成在内的多方面原因，但却已经展现了通货紧缩的端倪。这种情况表明：我国已经由 1992 年的投资和消费需求膨胀开始转向投资和消费需求不足。

尤其需要指出：从 1997 年下半年开始，由于同年 7 月从泰国开始爆发的亚洲金融危机的影响，在促进我国经济增长方面具有重要作用的出口增速大幅度锐减。据测算，在 1996 年新增的国内生产总值中，投资、消费和净出口的贡献率分别为 54.8%、37.9% 和 7.3%；到 1997 年三者比重分别变为 39.6%、33.4% 和 27.1%。[②] 但在 1997 年下半年，出口增速由上半年的 26.3% 下降到 17.1%，下降了 9.2 个百分点。[③] 这样，尽管 1997 年出口增幅高达 20.9%，但却预示着出口大幅下降的趋势。在中国正在建立社会主义市场经济的过程中，国内投资和消费需求开始出现不足。特别

① 《中国统计摘要》（1998），第 122~125 页。

② 《1995~1997 年中国宏观经济运行轨迹》，中国统计出版社 1998 年版，第 498 页。

③ 《中国经济年鉴》（1998），第 115 页。

是出口增速的大幅度下降，无疑对我国经济的持续快速增长构成很大的威胁。

这样，从1997年第4季度开始，中央就关注经济增长率下降的问题，并于1998年初提出扩大内需、确保年度经济增长率达到8%的方针。

1998年新年刚过，针对亚洲金融危机蔓延之势，江泽民总书记提出：必须做到心中有数，沉着应付，未雨绸缪，做好事态进一步发展的准备，以防措手不及。据此，当时主管经济工作的朱镕基副总理部署国家计委牵头进行研究，提出加大基础设施投入、支撑经济持续快速增长的政策建议。春节后不久，党中央、国务院就转发了《国家计划委员会关于应付东南亚金融危机，保持国民经济快速、健康发展的意见》，①作出了扩大内需，加强基础设施建设，推动经济发展和保持人民币稳定等重大决策。

1998年3月召开的九届全国人大一次会议依据党的"十五大"精神，提出实现国民经济持续快速健康发展的要求，确定了经济增长率8%，商品零售价格涨幅控制在3%以内等项宏观经济调控的主要目标，并相应地指定了相关政策（其中包括适度从紧的财政政策和货币政策）。②

上述各项政策在1998年上半年得到了贯彻，并取得了成效。1998年上半年，国有单位固定资产投资达5828亿元，比上年同期增长13.8%；社会消费品零售总额达13980亿元，增长6.8%；进出口总额达1514亿美元，增长5.2%。其中出口870亿美元，增长7.6%；进口644亿美元，增长2.2%。进出口相抵后，顺差为226亿美元。在上述投资、消费和净出口的拉动下，上半年国内生产总值达到34731亿元，比上年同期增长7%。③

这些成就就是在国内外的困难条件下获得的，来之不易。但上述政策在1999年上半年的贯彻执行，并没有达到预期的经济增长目标。如果以1997年四个季度经济增长率所占比重作为参照系数，1998年要实现经济增长8%的目标，第一季度应增长7.2%，第二季度应增长7.5%（1~6月累计为7.35%），第三季度应增长8.3%（1~9月累计为7.7%），第四季度

---

①《人民日报》1999年1月14日第1版。
②详见《中国经济年鉴》（1998），第27~33、38~41页。
③《经济日报》1998年7月18日第1版。

应增长 8.7%（1~12 月累计为 8.01%）。① 但在实际上，1999 年第一季度经济增长率虽然达到了 7.2%，但第二季度增幅不仅没有上升，反而下降到 6.8%，以至上半年经济增长率只达到 7%。② 还要指出，如果措施不当，经济增幅仍会下滑。这样，就不能实现预期的 8% 的经济增长目标。

这个带有行政指令性的 8% 的经济增长目标，同中国正在建立的市场经济形势并不适应。但在 1998 年具体条件下，实现这个经济增长目标，对于完成国家财政收入，改善人民生活，实现社会全面发展，对于为改革创造相对宽松的经济环境，缓解严峻的就业形势，对于增强国际威信，均有重要意义，需要着力完成。

1998 年上半年，并未完全实现预期目标的原因在于：①亚洲一些国家的金融危机，并不像原来预期的那样，在 1997 年底就见谷底，而是在继续深化，对中国经济增长不利影响也在逐步显露和扩大。1998 年一季度出口增幅为 13.2%，二季度下降到 7.6%，回落 5.6 个百分点。②上半年有十几个省发生了严重的水灾，使夏粮减产 11%。③从 1993 年以来，经济减速具有惯性作用。④扩大内需等各项政策的实施力度难以准确把握，其完全落实也要经历一个过程。

然而，实现 1998 年经济增长目标的困难，不仅由于亚洲一些国家金融危机的继续深化，以及上半年的自然灾害，而且由于 7 月以来我国长江中下游和嫩江、松花江流域发生了历史罕见的特大水灾。这不仅给人民的生命财产造成了严重的损失，也给实现 1998 年增长目标带来了更大困难。还由于上半年以来，通货紧缩的形势开始进一步显露出来。作为通货紧缩主要指标的产品价格指数全面持续回落。1998 年上半年，商品零售价格指数比去年同期下降了 2.1%，居民消费价格指数下降了 0.3%，作为最主要的农副产品的粮食和猪肉的价格指数分别下降了 11.2% 和 12%，生产资料市场价格指数下降了 4.3%。

还要提到，1998 年 1~7 月，消费品零售总额同比实际增长 9.2%，增幅比去年同期回落 1 个多百分点；出口增长 6.9%，增幅回落 19.2 个百分点；固定资产投资（不包括集体和个体）增长 15.6%，但外商、集体和个人投

---

① 《经济日报》1998 年 5 月 25 日第 5 版。
② 《人民日报》1999 年 2 月 3 日第 3 版。

资比去年下降。根据 1998 年上半年情况估计：消费和净出口在推动 1998 年经济增长中的作用要下降。这个缺口需要由增加投资来弥补。在这种情况下，在进一步拓展国内外市场的同时，增加投资就显得非常重要了。

但 1998 年以来，在货币政策方面采取了多种力度相当大的措施。这些政策措施对促进上半年的经济增长起了一定的积极作用，但是，货币政策尽管有财政政策不可替代的积极作用，但像任何事物一样，它也有局限性。一般说来，它在经济扩张时期遏制经济过热方面的作用较大，在经济紧缩时期制止经济下滑方面的作用较小，而且时滞长、见效慢。在中国当前金融企业和工商企业财务约束作用较大、大部分工业生产能力过剩、初级买方市场已经形成、市场竞争趋于剧烈、资金供应相对宽裕，特别是在金融改革滞后、货币传导机制不灵等项条件下，在促进经济增长目标实现方面，单是依靠货币政策，很难及时充分奏效。但是，财政政策有货币政策不可替代的优点。在许多情况下（不是在一切场合），它在紧缩时期在促进经济增长方面的作用较大，而且时滞短、见效快。这样，在推行货币政策的同时，着重加大财政政策的实现力度，就显得突出重要。

正是在这种情况下，1998 年 6~7 月，中共中央、国务院又转发了国家发展计划委员会《关于今年上半年经济运行情况和下半年工作建议》，并决定实施积极的财政政策，增发 1000 亿元财政债券，并配套增加 1000 亿元银行贷款，用于增加基础设施建设投资。这是必要的，及时的。据有关单位当时测算，这笔国债的使用，大约可以带动银行增加配套贷款 1000 亿元。这 2000 亿元的投资可形成的最终需求，约可推动国内生产总值增长两个多百分点。当然，形成这种需求也有一个过程。但 1998 年即使按一半收效计算，也可使增长率提高一个多百分点，从而可以有力促进 8% 经济增长目标的实现。但这笔巨额投入的意义并不仅仅限于这一点。它对于改变基础设施发展滞后、中西部地区落后于东部地区的状况，调整产业结构和缓解就业矛盾，以及对于改善人民生活，也都有重要作用。当然，要使这批投入真正发挥推动经济增长的作用，还必须使投资用于基础设施建设，不能用于一般的加工项目，更不能用于盲目重复建设；要用于建设周期短、投资见效快的项目；要引入竞争机制，按照投资体制改革的要求，实行项目公开招标制、项目法人责任制和工程监理制；要警惕由于行政权力的加强导致某些旧体制复归；要切实保证建设工程质量。

1998 年 7 月，朱镕基总理依据中央决策再次重申："在当前通货紧缩的形势下，中央决定采取更加积极的财政政策，筹集更多的资金，进一步加大基础设施建设，这是扩大内需的最有力措施。"① 紧接着以实行积极财政政策，扩大基础设施为核心的扩大内需的一系列重大政策相继出台。

至此，可以认为，一个确保经济增长目标实现的，以扩大内需为主的，以实行积极财政政策扩大基础设施建设为核心的宏观调控政策体系，已经最终形成。

在上述宏观调控政策体系指导下，1998 年经过反过冷反通缩，终于制止了经济增速的过度下滑，继续保持了经济的持续快速增长；同时也抑制了通货紧缩趋势，把物价下降的幅度控制在很小的幅度内。1998 年，国内生产总值比上年增长了 7.8%，仅比上年增幅下降了一个百分点；商品零售价格、居民消费价格和工业品出厂价格分别比上年下降了 2.6，0.8 和 4.1 个百分点。② 在这方面，上述的宏观调控政策体系，特别是积极的财政政策起了至关重要的作用。有关部门事后计算，1998 年国债投资拉动经济增长 1.5 个百分点。③ 这就意味着如果 1998 年不推行积极的财政政策，1998 年经济增长率就只能达到 6.3%，下滑到现阶段经济适度增长合理区间下限为 7% 以下。

在上述政策推动下，1999 年第一季度还保持了良好的经济发展态势。但第二季度又出现了固定资产投资增长放缓，消费需求不振，外贸出口下降，物价持续走低，经济增速下滑的态势。这年第一季度国内生产总值比上年同期增长了 8.3%，第二季度和第三季度经济增长率分别下降到 7.6% 和 7.4%，在这个关键时刻，党中央、国务院又作出加大实施积极的财政政策力度，增发国债，增加居民收入，以进一步扩大内需，并综合运用各种宏观调控手段，促进投资消费和出口，以拉动经济增长。这年下半年，在年初确定的国债发行规模的基础上，由财政部再向商业银行

---

① 《人民日报》1999 年 1 月 14 日第 2 版。
② 《中国统计年鉴》（2000），第 55、289、305 页。
③ 《经济日报》2001 年 3 月 19 日第 3 版。

增发 600 亿元长期国债。同时较大幅度增加了城镇中低收入者的收入，国家财政增加支出 540 亿元。[①] 这些又遏制了经济增长速度下滑和通货紧缩的趋势。1999 年，国内生产总值比上年增长了 7.1%，增幅仅比上年下降了 0.7 个百分点；商品零售物价、居民消费价格和工业品出厂价格分别比上年下降了 3、1.4 和 2.4 个百分点。[②] 在这方面，上述的宏观政策调控体系，特别使积极的财政政策又发挥了十分重要的作用。据有关部门事后计算，单是 1999 年的国债投资就拉动了经济增长两个百分点。[③] 因此，如果不推行这项政策，这年经济增长率就只能达到 5.1%。

（三）2000 年在反过冷、反通缩中实现经济回暖

鉴于 1999 年经济增速下滑以及通货紧缩趋势并没有得到根本遏制，2000 年继续推行了上述的以确保经济增长目标实现的，以扩大内需为主的，以实行积极财政政策为核心的宏观调控政策体系。问题在于：发展是硬道理，是解决我们面临问题的关键。只有在提高效益的前提下保持经济较快增长，才有利于缓解企业生产经营困难，减轻就业压力，促进结构调整和深化改革，也才能增加财政收入，防范金融风险，保持社会稳定。为此，必须坚定不移地贯彻执行扩大内需的方针，以及相应的宏观经济政策。

继续实施积极的财政政策，这是当时扩大内需最直接和有效的手段。两年来，坚持实施积极的财政政策，同时努力发挥货币政策的作用，综合运用多种手段调节经济运行，并不断充实和完善这些政策措施。既向银行增发国债用以扩大投资，又增加居民收入以促进消费；既加强基础设施建设，又支持企业技术改造；既努力扩大国内需求，又积极鼓励增加出口。实践证明，实行积极财政政策是完全正确的，取得的成效是明显的。所有这些，不仅有力地促进了当前经济增长，而且为经济的长远发展打下了更好的基础。

2000 年继续实行积极财政政策的主要内容，包括以下几个方面。①发行 1000 亿元长期国债，重点投向水利、交通、通信等基础设施建设，科技和教育设施建设，环境整治与生态建设和企业技术改造，并向中西部

---

① 《中国经济年鉴》（2000），第 316 页。
② 《中国统计年鉴》（2000），第 55、289、305 页。
③ 《经济日报》2001 年 3 月 19 日第 3 版。

地区倾斜。②继续贯彻落实 1999 年出台的调整收入分配的各项政策措施，保障城镇中低收入居民的收入稳定增长。企业也应在提高经济效益的基础上适当增加职工工资。③进一步运用税收、价格等手段，并继续清理某些限制消费的政策和法规，鼓励投资，促进消费，增加出口。

进一步发挥货币政策的作用。金融系统要正确处理支持经济增长与防范金融风险的关系，在坚持稳健经营的原则下，从多方面加大对经济发展的支持力度。中国人民银行要运用多种货币政策工具，及时调控货币供应总量。国有银行应加强内部资金调度，合理划分贷款审批权限，及时发放与国债投资项目配套的固定资产贷款，保证有市场、有效益、守信用企业特别是科技型企业的贷款。努力解决农民贷款难问题。对重复建设、产品积压和需要压缩生产能力的企业，应当停止或压缩贷款。要大力发展住房、助学和大件商品的消费信贷，改进办法，简化手续，提高审贷效率。进一步规范和发展证券市场，增加企业直接融资比重。完善股票发行上市制度，支持国有大型企业和高新技术企业上市融资。依法严格审批保险企业，积极拓展保险业务。

2000 年，除继续保持国债投资规模外，相应增加银行固定资产投资贷款和鼓励企业自筹投资，还要引导集体、私营、个体经济增加投资，并改善投资环境，吸引更多的外商直接投资。

还要提高改革措施的透明度，改善居民的心理预期，促使居民增加即期消费。

由于上述政策的贯彻实行，2000 年扭转了 1993 年以来经济增速连续七年下降的局面，出现了经济回升。这年国内生产总值比上年增长了 8%，增幅比上年提高了 0.9 个百分点；零售商品价格比上年下降了 1.5%，居民消费价格比上年上升了 0.4%，工业品出厂价格比上年上升了 2.8%。[①] 2000 年商品零售价格虽然没有扭转从 1998 年以来持续下降的局面，但降幅比 1999 年减少 1.5 个百分点，即减少了 50%；居民消费价格（相对零售商品价格来说，这种价格更能全面地反映消费产品和服务价格的变化）扭转了 1998 年连续两年下降的局面，有了小幅回升；工业品出厂价格扭转了 1997 年以来连续三年下滑的局面，而且由于受到国际市场上石油价

①《经济日报》2001 年 3 月 1 日第 6 版、3 月 26 日第 7 版。

格大幅上升的影响，回升的幅度并不小。在这方面，上述的宏观调控政策仍然功不可没。据有关部门事后计算，这年积极的财政政策推动经济增长1.7个百分点。①可见，如果不继续实行积极的财政政策，这年经济增速也只能达到6.3%，仍处于我国现阶段适度经济增长率的下限（7%）以下。

（四）1993~2000年实现了中波周期到轻波周期的转变

我们在上面分别考察了1993~1997年、1998~1999年和2000年这三个阶段国民经济运行的特征。现在我们从总体上考察1993~2000年国民经济运行的特征。

我国已经发生了八次经济周期。我们从已有的具体情况出发，可以按照波动幅度（即波峰年与波谷年经济增速的差距）的大小把它们还分为强波经济周期、中波经济周期和轻波经济周期。具体说来，可以把波动幅度在10个百分点以上的称为强波周期，把波动幅度在5~10个百分点之间的称为中波周期，把波动幅度在5个百分点以下的称作轻波周期。

如果这个设想是合适的，那么1953~1955年和1956~1957年这两次经济周期就可以叫做中波周期。因为，这两次周期波动幅度分别为8.8和9.9个百分点。1958~1969年和1970~1977年这两次经济周期可以称为强波周期。这两次周期波动幅度分别为上升到48.6和21个百分点。1978~1983年、1984~1986年和1987~1991年这三次经济周期也可以称作中波周期波动。这三次周期波动幅度分别为6.5、6.4和7.8个百分点。

1992~1999年这次经济周期的波动幅度为7.1个百分点，也可以称作中波经济周期。但是，1997年实现经济"软着陆"时经济增长率为8.8%，1998年和1999年分别缓缓下降到7.8%和7.1%，其间的差距仅有1.7个百分点。这是第一。

第二，2000年经济增长率又缓慢回升到8%。当然，今年经济增长率究竟能够达到多高还有很多难以确定的因素。就国内来说，比如，今年北方春旱已很严重，会影响夏粮产量。就国际来说，比如美国从去年第四季度开始，已由近十年经济持续高增长开始转入低增长。但从当前主要情况来说，今年实现8%甚至更高一些增长率是有可能的。但如果以

1999 年经济增长率 7.1% 为参照数，下周期波峰年份的经济增长率，也很难再提高 5 个百分点，达到 12.1% 以上；其波谷年份也不致下降到 7.1% 以下。这当然是就经济改革和经济发展的正常情况来说的。它并不排除国内特大的天灾人祸以及国际事件造成的经济增速的大波动。以上两点是就我国经济发展的历史和现实说的。

第三，就国际经验来说，在整个 20 世纪 80~90 年代，除了极少数年份以外，美、日、德、法、英等经济发达国家的增长率，最高年份与最低年份之间的差距，一般也都在 5 个百分点左右。[①] 这并不是偶然的现象，实际上，"二战"后经济发达国家普遍推行并不断完善的现代市场经济（即有国家干预的市场经济），在熨平经济周期波动幅度方面已经取得了明显的效果，大大改变了以前的古典的市场价格（即自由放任的市场经济）时代经济周期波幅很大的状况。当然，我国同经济发达国家不仅在社会制度方面有根本区别，在市场经济体制和社会生产力方面也大大落后于经济发达国家。但我国也具有自己的经济持续增速发展的有利条件。[②] 所以，上述的国际经验是有借鉴意义的。

依据上述三点理由，我们就不能简单地把 1992~1999 年的经济发展看作是中波周期，而应该确切地认为实现了由中波周期到轻波周期的转变。这就是包括"九五"时期在内的 1992~2000 年国民经济运行显示出来的总体特征。而这一点对促进我国经济改革深化、经济发展和人民福祉来说，都是一个具有极其重要意义的历史性变化。

总结以上分析，我们可以看到：新中国成立后，我国经济周期经历了由中波周期→强波周期→中波周期→实现由中波周期到轻波周期的转变。显然，决定这种经济周期形态变化的有多重因素。但从根本上说来，是同经济体制的变化相联系的。1949 年 10 月新中国建立以后，就建立了计划经济体制的雏形。但它的完全建立是在 1956 年完成了生产资料私有制的社会主义改造以后。所以，这期间实际上是计划经济和市场经济并存的时期。但更重要的原因还在于：由于当时的历史条件，计划经济体制的积极作用还是主要方面。[③] 这就使得 1953~1955 年和 1956~1957 年这

① 参见《中国统计年鉴》（1990），第 841 页；（1996），第 815 页；（2000），第 873 页。
② 详见拙文：《21 世纪初叶中国经济走势：持续快速发展》，《国家行政学院学报》2001 年第 1 期。
③ 详见拙著：《中华人民共和国工业经济史（1949.10~1998）》，山西经济出版社 1998 年版，第 176~179 页。

两次经济周期都是中波周期。1958~1978 年正是我国计划经济体制的强化时期，这就促使 1958~1969 年和 1970~1977 年两次经济周期都进入强波周期。1978 年底召开的党的十一届三中全会以后，中国走上了市场取向改革的道路，并逐步取得了不同程度的进展。这又促使 1978~1983 年、1984~1986 年和 1987~1991 年这三次经济周期进入了中波周期。而在 1992 年以后，中国经济改革在各方面获得了决定性进展，从而在 1992~1999 年实现了由中波周期到轻波周期的转变。

二、国民经济运行的成就

在以往经济发展的基础上，"九五"时期在这方面又取得了重大成就，促使我国社会经济面貌发生了重大的历史性变化。

第一，促进了我国社会主义现代化建设三步走的头两步战略目标的实现。20 世纪 80 年代党和政府提出：第一步，在 80 年代实现经济总量翻一番，解决人民生活温饱问题；第二步，90 年代在实现经济总量翻一番，解决人民生活小康问题。鉴于到 1995 年，我国经济总量已经实现了翻两番，又把标准提高了一步，要求到 20 世纪实现人均国内生产总值翻两番。按可比价格计算，1980~2000 年，我国人均国民生产总值由 457 元增长到 2272 元，提高了 3.97 倍，[①] 超额实现了人均国内生产总值翻两番的任务。到 2000 年，我国城镇居民恩格尔系数为（食品支出占消费支出的比重）为 39.3%，农村居民恩格尔系数为 50.1%。二者分别比 1995 年下降了约 10 个和 8 个百分点。[②] 这表明：我国人民从总体上已经初步达到了小康生活水平。[③]

第二，促进了买方市场的初步形成。"九五"期间，国内市场 609 种主要商品中，供过于求的占 80%，供求基本平衡的占 18%，供不应求的仅为 2%。[④] 这里说的买方市场是指的供求基本平衡或供略大于求的市场。

①《中国统计年鉴》（2000），第 53~54、95 页；《经济日报》2001 年 3 月 3 日第 2 版、3 月 29 日第 2 版。

②《经济日报》2001 年 5 月 30 日第 2 版。

③ 按照联合国粮农组织提出的衡量人民生活水平的标准，恩格尔系数 60% 以上为贫困，50%~60% 为温饱，40%~50% 为小康，40% 以下为富裕。

④《经济日报》2001 年 5 月 30 日第 2 版。

说它是初步的，因为这种市场是在市场供应居于重要地位的农业还不稳定，其他基础产业和基础设施"瓶颈"制约虽有缓解，但并没有根本改变，存在过多的重复建设和重复生产，市场秩序和信用关系都很混乱，以及人民生活虽有显著改善但水平并不高的条件下出现的还不是成熟的买方市场。① 但这种市场却是长期生活在与计划经济体制相联系的卖方市场条件下人们梦寐以求的事情。它的出现是我国社会经济生活中的一个历史性变化。

第三，促进了我国经济实力和综合国力的提高。2000 年，我国国内生产总值大约达到 10800 亿美元，经济总量居世界第七位；出口达到 2492 亿美元，也居世界第七位；进口达到 2251 亿美元，居世界第八位。② 据有关研究单位计算，1999 年我国综合国力已经上升到世界第七位。

还要提到："九五"时期经济持续快速发展，为初步建立社会主义市场经济体制，为提高人民生活（特别是城镇中低收入居民生活），实现社会稳定，奠定了物质基础。

当然，在总结"九五"时期经济发展成绩的同时，也要清醒地看到，当前经济和社会生活中还存在不少问题（其中有些问题还是很严重的）。主要是：产业结构不合理，地区经济发展不协调；国民经济主题素质不高，国际竞争力不强；社会主义市场经济体制尚不完善，阻碍生产力发展的体制因素仍很突出；科技、教育比较落后，科技创新能力较弱；水、石油等重要资源短缺，部分地区生态环境恶化；就业压力加大，农民和城镇部分居民收入增长缓慢，收入差距拉大；通货紧缩尚未完全扭转，通货膨胀开始显露，潜伏财政、金融压力加大；一些领域市场经济秩序相当混乱，重大安全事故时有发生；贪污腐败、奢侈浪费现象和形式主义、官僚主义作风还比较严重；一些地方社会治安状况不好。但这些问题是经济发展和经济改革前进中的问题。只要坚持实事求是、解放思想的思想路线以及党的基本路线，这些问题是可以逐步解决的。

---

① 国际经验是：人均国内生产总值达到 3000 美元才进入经济相对过剩阶段。而我国不到 800 美元就进入这个阶段（见《人民日报》1999 年 3 月 2 日第 9 版）。

② 《经济日报》2001 年 3 月 2 日第 6 版、4 月 10 日第 5 版。

三、国民经济运行的经验

"九五"期间国民经济运行成就还有一个重要方面，就是积累了丰富的实现经济持续快速发展的经验。从宏观经济管理这个视角来看，其最重要内容有两方面：先是反过热、防通胀，以促进经济"软着陆"；继而反过冷、反通缩，以保持经济的持续快速发展。在这两方面都在不同程度上形成了较为完整的宏观调控政策体系。

（一）反过热、防通胀，以促进经济"软着陆"的宏观调控政策体系

这个宏观调控政策体系主要包括以下四项内容：

第一，宏观调控政策各项目标之间的协调。1992年开始经济过热时面临的首要问题，是处理好作为宏观调控政策重要目标的经济增长率、通货膨胀率和失业率的关系。

国际经验表明：通货膨胀与失业有无替代关系取决于货币量增长率和通货膨胀率之间的关系。如果货币量增长率低于通货膨胀率，那么，经济中的实际需求减少，对劳动力的引致需求也下降。此时，通货膨胀与失业没有替代关系，反而有正相关性，会出现失业与通货膨胀并存。只有当货币量的增长率高于通货膨胀率，货币的增长能够引起实际需求的增长，对劳动力的引致需求才会增加，失业率下降，通货膨胀与失业有替代关系。这样，在高通胀时期，要利用失业与通胀的替代关系，就需要过多地发行货币，这会导致高通货膨胀与高失业并存。所以，通货膨胀率太高时，不能运用以通胀换取失业的办法。因此，当时政府抓住影响宏观经济运行的主要矛盾，将抑制通货膨胀作为宏观调控的首要目标，作为正确处理改革、发展和稳定三者关系的关键，在稳定物价前提下保持经济稳定快速增长，在经济增长的过程中扩大就业机会。

第二，控制总需求各项政策措施之间的协调。1993年经济过热的突出表现是总需求大大超过总供给。需求膨胀又主要是由于固定资产投资规模过度膨胀引起的。因此控制总需求，首先要控制固定资产投资规模，对固定资产投资采取严格控制的政策（包括计划、财政和金融政策措施）并使这些政策措施之间相协调。

1. 发挥投资计划控制投资规模的核心作用。其主要措施有：使财政调控机制、金融调控机制、监督调控机制等充分反映投资计划的要求；向各类投资主体展示国民经济发展走势、方向和国家长期发展战略，以权威性信息引导微观投资主体的投资流向；运用现有计划体制的指标控制和项目审批制度，压缩在建规模、控制新开工项目。

2. 协调金融政策措施与投资计划措施。具体措施为：中央银行控制货币发行量，在加强贷款限额管理的同时，加强对基础货币控制；对资金总量指标实行指令性计划，严格管理银行投资贷款、国外贷款，控制债券和股票发行的总规模，严格控制银行信贷资金的发放和使用，以控制资金总量；明令禁止乱拆借、乱集资、超规模贷款，清收违章拆借资金，严禁用信贷资金充作建设项目的自筹资金和自有资金，严禁将流动资金用于固定资产投资；加强中央银行的再贷款回收；强化专项贷款的管理，如商业银行的房地产贷款被严格限制于中央银行下达的规模内，不得突破等；加强对社会集资的管理，控制社会集资的规模、投向和数量，严禁各类非法集资、以证券回购业务之名行筹集投资资金之实等行为；规范非金融机构在资金市场中的行为；开拓和发展金融市场，鼓励企业从金融市场直接融资，既拓展了融资渠道、扩大了投资资金来源，也有利于企业强化自我约束，还有利于中央银行加强对投资资金总量的调控；中央银行通过调整利率、再贷款规模等货币政策工具，灵活地调节货币流通量和信贷资金量，强化金融对投资的间接调控作用。这些措施从资金源头上有效抑制了投资需求。由于财政不再向中央银行透支，通过国债弥补财政赤字，同时，投资规模得到控制，投资过大对货币发行的倒逼机制弱化，从而有利于中央银行较独立地执行货币政策，较好地控制货币供给量的增长幅度，有效地抑制了需求。

3. 协调财政政策与计划、金融政策。其措施为，完善税制改革，严格依法治税，增加税收收入，防止税收流失，通过增税抑制社会总需求，也给企业创造平等竞争的外部环境；利用税收杠杆调整投资流向，优化投资结构；统筹预算内和预算外建设资金，由综合经济部门统一协调预算外资金的使用，引导预算外资金流向国家重点发展的产业部门；加强对财政信贷资金的管理；通过税种、税目、税率、减免税等实现投资调控目标，如资源税可以促进资源的合理开发和利用，建筑税可以控制投资规模等；通过国家预算收支总规模的变动来调节投资的总量，削减国家预算内投资，有效地减少投资规模，控制投资需求。

第三，优化结构、增加供给各项政策措施之间的协调。当时我国国民经济运行中的一个突出矛盾，就是总量与结构之间的矛盾。如果总量受到控制，结构问题就显露出来；如果迁就现有的结构，总量就无法控制。针对这一情况，在这次宏观调控中，一方面总量控制严格而适度；另一方面从一开始就加强了结构调整。

1. 优化投资结构的政策措施。这些措施以产业政策为中心，注重在抑制投资即期需求效应的同时发挥其长期供给效应，既优化产业结构又提高未来的生产能力，保持经济的适度增长。具体措施为：①通过计划，确定经济发展的重点，加强以农业、能源、交通和通信为重点的基本建设，并向商业银行推荐建设项目。②依据投资计划，按照保重点、保收尾、保竣工的原则，集中资金完成竣工投产和收尾项目，早日形成新的生产能力。③理顺价格关系，对价格水平较低的基础工业和基础设施的新建项目，实行逐步还本付息或微利，以调动企业和地方等各类投资主体对这些产业投资的积极性。④对国家重点建设项目，在资金安排、征地拆迁、物资供应、交通运输、外部配套等方面予以保证。⑤实行专项基金制度。⑥在投资项目的安排上，适度向落后地区倾斜，对不发达地区实行"同等优先"原则，尽量多安排一些项目。对经济不发达地区从事国家重点项目建设，提高政策性贷款比重或给予优惠利率的贷款，并对重要的基础性、公益性甚至竞争性项目给予补助，以降低筹资成本、提高竞争力。国家还鼓励经济发达地区到不发达地区投资，引导和鼓励外商到落后地区投资。

2. 适度从紧的财政政策与优化结构政策的协调。财政部门在增收减支、控制债务规模的同时，还采取了以下的措施配合经济调整和增加有效供给：①通过财政信贷集中更多的社会资金用于国家急需的基础产业建设。②根据国家的产业政策、科技政策适当增加科技费用、技术改造拨款、贴息和新产品技术开发费，加速折旧投资抵免，以支持投资结构调整。③采取财政贴息和专项资金等措施支持农业和农村经济发展。④发挥投资方向调节税对投资的导向作用。⑤对银行的保值储蓄实行贴息，支持银行实行适度紧缩的货币政策。⑥支持企业优化资本结构，对国有企业"拨改贷"资金本息余额分别情况转为国家资本金，将优化资本结构试点城市国有企业上缴所得税的一部分拨给企业，用于补充流动资金，对国有企业兼并破产中银行的损失，在实行总量控制的条件下，由呆账坏账准备金冲销等一系列措施。

3. 适度从紧的货币政策措施与其他政策措施的协调。这些货币政策措施包括：①适度控制货币发行量，中央银行根据宏观经济发展目标去定货币发行量，由于投资规模得到控制，投资过大对货币发行的倒逼机制弱化，货币发行量的增长基本上与经济增长的速度相适应。②调整利率和再贴现率，中央银行根据物价水平的高低及时灵活地调整银行存贷款利率和中央银行对商业银行的再贷款利率，在通胀率较高时调高利率和再贴现率，在通胀率下降后及时下调利率和再贴现率。使物价和存款利率、存款利率和贷款利率、贷款利率和债券利率之间保持合理水平，以减轻财政负担，降低企业融资成本，促进经济增长。③在信贷方面，实行"总量控制，重点调整结构"，对国家重点项目和重点企业实行"点贷"。④在用贷规模和再贷款规模等措施调整社会货币供给量的同时，逐步压缩信用放款，适当扩大中央银行的再贴现范围和数量，从资金源头上调节流入经济领域的信贷资金量。⑤改进金融调控方式，运用公开市场业务等新的间接调控工具。国债规模的扩大为公开市场业务创造了条件。

第四，物价调控各项措施之间的协调。与调节总供求的政策措施相配合在抑制物价方面采取了一系列的措施。

1. 实行物价调控目标责任制。按照全国物价调控的目标确定分省、自治区、直辖市的物价调控目标。各级政府主要领导负责，组织各部门齐抓共管，综合治理通货膨胀。

2. 对重要农副产品生产实行首长负责制。针对物价上涨中50%多受粮食副食品价格上涨的影响，国家实行"米袋子"省长负责制和"菜篮子"市长负责制，并采取了多渠道增加农业投入、改善农业生产条件、提高抗御自然灾害的能力，大幅度提高粮食定购价格，强化科教兴农，扶持支农工业。适度运用进出口和粮食储备增加市场供给。抑制粮食、饲料价格上涨。

3. 加强和改善物价监管，建立价格调控机制。大中城市初步建立了居民基本生活必需品和服务项目及重要生产资料成交价格监测网络，国家逐月公布各地物价指数，加强对物价的社会监督。各地物价部门对生活必需品价格和化肥农药等价格进行专项检查，大力整顿流通秩序，加强市场建设和管理。粮食部门实行政策性业务和商业性经营两条线运行，对化肥市场进行了整顿和规范，普遍推行蔬菜直销。国有、合作商业在稳定市场物价中发挥了重要作用。建立重要商品储备制度、价格调节基金制度等新的价格调节机制。

（二）反过冷、反通缩，以保持经济持续快速发展的宏观调控体系

这项宏观调控体系包括以下六项内容：

第一，经济发展的目标与扩大内需的经济发展战略相配合。1998 年以来，中国经济发展目标仍然是坚持经济的持续快速健康发展。但是，鉴于 1997 年夏季发生的亚洲金融危机的蔓延及其对中国经济增长负面影响的加强，1998 年第一次明确提出了扩大内需的战略方针。诚然，扩大国内需求、开拓国内市场，原本就是中国经济发展的长期战略方针。国际经验表明：不少大国的经济发展，也是以内需为主的。中国是一个发展中的人口大国。在由温饱走向小康，进而实现富裕的历史发展过程中，各方面的需求潜力十分巨大，这是中国的巨大优势。中国有必要也有可能把经济发展建立在主要依靠开拓国内市场基础上。但是，1998 年第一次明确提出这个方针，不仅是为了扩展中国在国际经济合作和竞争中的回旋余地，尤其是为了保证实现 1998 年以来经济增长的目标。

第二，扩大内需与调整投资计划相配合。如果说，扩大内需战略是保持经济持续快速增长的决定性措施，那么，增加投资（主要是增加国家投资）又是实现扩大内需战略的关键一环。显然，在扩大出口需求遇到巨大挑战、国内消费需求一时又难以大幅度增长的情况下，增加投资就成为扩大内需的首要选择。但在国内初级买方市场形成，许多产业部门生产能力过剩，大量企业亏损，通货紧缩已经开始出现以及银行和企业财务预算约束加强的情况下，也难以寄希望于各种经济类型的企业投资的较大增长。这样，大幅度增加投资（主要是国家投资），就成为扩大内需最重要措施。前述的数据已经表明：1998~2000 年增加的国债投资在实现这期间经济持续快速增长方面起了十分重要的作用。

第三，积极的财政政策和宽松的货币政策相结合。推行积极的财政政策，就会伴有巨额财政赤字的增加。而赤字财政的危害性是人所共知

的。但是，为了保证经济持续快速发展和稳定大局，1998 年以来中央财政扩大一些赤字是必要的，这是特殊时期采取特殊政策。如果不这样做，资金投入上不去，很可能造成经济增长幅度较大的下滑，一些在建项目难以按期建成，企业经营更加困难，失业问题更加突出，许多社会矛盾都会加剧。经济上不去，税收也会受影响，财政会更加困难，赤字不仅压不下来，很可能被迫扩大。同时，不通过财政手段把一部分银行的资金用出去，银行的存贷差势必扩大，经营效益降低，加上企业还贷能力下降，不良资产增加，金融风险不仅不能缓解反而会加大。相反，短期扩大财政赤字，继续由财政向商业银行发行一定数量的长期国债，增加各方面的投入，这有利于经济持续增长。随着经济的发展和效益的提高，今后财政赤字可以逐步缩小，也有能力偿还国债本息。总起来看，是利大于弊。何况在需求不振的情况下，通过实施积极的财政政策来扩大需求、促进经济增长，也是国际通行的做法。还要提到：扩大一些财政赤字并没有什么现实风险。据测算，1998 年以来财政赤字和累计国债余额占当年国内生产总值的比重分别低于国际公认的 3% 和 60% 的警戒线，是可以承受的。而且银行存贷差比较大，通过向商业银行发行长期国债，将一部分储蓄转化为投资，不会过量发行货币；粮食等主要农产品丰富，工业消费品充裕，物价价位较低，也不致引发通货膨胀。

所谓积极的财政政策，主要是指在经济增长乏力、通货紧缩开始出现的形势下，通过增加财政支出及调整税收政策，达到增加投资、促进消费、扩大出口的目的，从而更直接、更有效地刺激经济增长，促进经济社会稳定发展。1998 年以来积极的财政政策主要内容包括：①向国有商业银行增发了 3600 亿元国债，专项用于基础设施建设，进行反周期调节。②向国有独资商业银行发行了 27000 亿元的特别国债，专项用于补充国有独资商业银行的资本金。③为支持外贸出口，分批提高了纺织原料及制品、纺织机械、煤炭、水泥、钢材、船舶和部分机电、轻工产品的出口退税率，加大了"免、抵、退"税收管理办法的执行力度，对一般贸易出口收汇实行了贴息的办法，中央外贸发展基金有偿使用项目专项基金也已正式使用。④为扩大吸收外资，调整了进出口设备税收政策，降低了关税率，对国家鼓励发展的外商投资项目和国内投资项目，实行了规定的范围内免征关税和进口环节增值税政策，进一步改善了投资环境。⑤为减轻企业负担，与有关部门一起，清理了涉及企业的政府基金和收费。

1998年以来出台的旨在促进经济增长的宽松的货币政策主要包括：①适当增加货币供应量。②从1998年1月1日起，中国人民银行取消沿袭多年的对国有商业银行的贷款限额控制，取而代之实行资产负债比例管理和风险管理，以增强商业银行贷款的灵活性和自主性。③这年3月下旬，中国人民银行宣布改革存款准备金制度，将商业银行上缴的法定存款准备金账户和备付金账户合二为一，并把法定存款准备金比例从13%下调至8%，增加了商业银行的可用资金。④为了挤出更多的资金扩大投资和消费，中央银行自1996年以来7次降息，大大减轻企业利息负担。⑤1998年4月以后陆续制定并发布了关于改革金融服务指导意见、个人住房贷款管理办法、增加对中小企业的信贷支持等文件，督促商业银行在防范风险的前提下加快贷款进度，将资金重点投向基础设施建设方面以及开展住房、汽车等消费信贷业务。⑥1998~2000年配合国家实施积极的财政政策，增发3600亿元国债，商业银行又相应增加了7000多亿元配套贷款。货币政策的一再松动，银行存款的大量投放，有力地支持了经济增长。

第四，扩大投资需求与扩大国内消费需求要配合。就1998年以来的具体情况看，扩大投资需求虽然是实现扩大内需战略的决定性措施，但扩大国内消费需求也是贯彻这项战略的一个重要方面。这不仅是因为消费需求在内需方面占有很大比重，而且因为投资需求归根结底会受到作为最终需求的消费需求的制约。因此，在实施扩大内需战略过程中，必须实现扩大投资需求和扩大消费需求的双向启动。1998年以来，着力加大投资力度的同时，也在适当增加城镇中低收入居民收入，鼓励消费方面采取了一系列措施，从两方面推动经济增长。

第五，扩大内需与加强对外贸易工作力度相配合。实行包括外贸在内的对外开放，是我国的一项基本国策，也是改革以来中国经济持续快速发展的重要因素，必须长期坚持。在1997年亚洲金融危机的影响下，对外贸易遇到了多年未曾遇到的困难，更需要加强这方面的工作力度。1998年以来在这方面采取的措施主要是：①贯彻以质取胜和市场多元化战略，优化出口商品结构，提高营销和售后服务水平。②努力巩固传统市场，积极开拓新市场，特别是拉美、非洲、西亚、东欧市场，并到一些有条件的发展中国家，开展具有比较优势的加工装配业务。③贯彻鼓励出口的各项政策，继续推进外经贸体制改革，鼓励生产企业自营出口，开展和扩大非公有制企业经营外贸。④努力改善投资环境，在保持利用外资适度规模的同时，着力于优化外资结构，引导外资投向，鼓励向中西部地区投资，提高利用外资的质量和水平。经过这些工作，进一步发挥在中国出口贸易中已占有半壁江山的加工贸易的出口作用。

第六，扩大需求与增加供给、调整结构相结合。1998 年以来，在增加供给和调整结构方面采取了一系列措施。1997 年召开的党的"十五大"确定公有制为主体、多种所有制共同发展，是中国社会主义的初级阶段的一项基本经济制度；并界定了公有经济的含义、主体地位和实现形式以及国有经济的主导作用；还对国有企业提出了改革、改组、改造和加强企业管理，以及实行鼓励兼并、规范破产、下岗分流、减员增效和再就业工程等一整套方针。这些政策不仅为加快公有制企业（主要是国有企业）的改革，为充分发挥它们的生产能力指出了正确的途径，而且大大拓展了非公有制经济在社会主义市场经济条件下可能发展的空间。

1998 年 10 月召开的党的十五届三中全会又就农业和农村工作问题作出了一系列重大决定，特别是长期稳定以家庭承包经营为基础、统分结合的双层经营体制的决定，为农业和农村经济的长期稳定发展提出了基本指导方针。

1998 年以来，进一步明确提出的发展小城镇战略和扶持小型企业战略，是发育新的经济增长点的重要举措。

1998 年以来，在产业结构调整（如煤炭业的调整，纺织业的压锭、石油、石化行业以及国防工业的改组等）、技术升级（如高新产业产值在工业总产值中的比重提高）和产业集中度提高（如许多重要家电产业的集中度已经达到了很高的程度）等方面都取得了重要进展。

还要着重提到：90 年代以来，中国基础设施的"瓶颈"制约已经趋于缓解，但并没有根本解决。因此，1998 年以来增发财政债券，以及配套银行贷款，集中用于基础设施建设，是从增量方面调整结构的一项最重要的措施。

2000 年又开始启动西部大开发战略，也是调整地区结构、增加供给的一个重要方面。

上述情况表明：1998 年依据通货紧缩始见端倪特别是亚洲金融危机对中国经济增长负面影响扩大的新形势，中国宏观经济政策取向发生了一系列重大转折。主要是：在调控目标上由 1993 年夏季以来以抑制经济增长过热和通货膨胀率过高为主转到以刺激需求，保持适度快速增长为主；在刺激需求方面，由依靠消费需求和扩大投资需求结合转到着力依靠投资增长（主要是政府投资的增长）；由适度从紧的财政政策转到扩张的财政政策，由适度从紧的货币政策转到宽松的货币政策。并由此形成了以反过冷、反通缩为特征的宏观调控政策体系。这就有力地阻滞了 1998~1999 年经济增速下滑势头，并促进了 2000 年经济回升。

但是由于缺乏经验，特别是社会主义市场经济正处于建立过程中，无论以反过热、反通胀为特征的宏观调控政策体系，或者是以反过冷、反通缩为特征的宏观调控政策体系都不是（也不可能是）很成熟的、很完善的，仍有不少问题。这里且以后者为例说明于后。

第一，对经济增长减速惯性作用、通货紧缩形势和亚洲金融危机负面影响都有认识滞后和事先估计不足的问题。经济增长减速惯性作用在 1997 年以来就有了暴露，通货紧缩形势在 1997 年第 4 季度已经开始出现，亚洲金融危机的负面影响在 1997 年下半年也很明显。尽管 1998 年初宏观调控已经开始转向扩大内需，但启动经济、刺激需求、扩大内需的强有力的动作，是在 1998 年 7 月开始的，似乎晚了半年左右的时间。当然，按照唯物论的认识论，人对客观事物的充分认识，是受到外在事物的矛盾暴露的限制的，上述问题的发生，是有客观原因的，但作为总结经验来说，还是要提到这一点的。

第二，由 1998 年宏观调控确定的经济增长目标是行政指令性的。这虽然是必要的，并在主要方面起了积极作用。但同我国正在建立社会主义市场经济的形势并不适应。而且不可避免地会带来行政指令的固有弊端。比如，会助长热衷炒指标数字，搞浮夸，忽视经济效益。诚然，政府在这方面反复强调不要片面追求速度，不要搞虚假浮夸，要面向市场，提高质量和效益，实现扎扎实实的速度。但这不可能杜绝由行政指令机制必然带来的弊病。如果再考虑到当前干部提升方面存在的"官出数字，数字出官"的状态，这种情况就更难避免了。在 1999 年以后，这种行政指令性的经济增长目标，被指导性的指标代替了。这是一大进步。

第三，作为1998~2000年扩大内需的决定性措施的政府投资，也是行政指令性的。这方面的措施是必要的，积极作用也是主要的。但也有负面影响。诚然，政府在实施这项措施时着重指出：必须使投资用于基础设施建设，不能用于一般的加工项目，更不能用于盲目重复建设；要用于建设周期短、投资见效快的项目，特别是在建项目；要引入竞争机制，按照投资体制改革的要求，实行项目公开招标制、项目法人责任制和工程监理制，要切实保证建设工程质量，并进行了精心组织与安排。但这种行政措施，在部门和地区分割以及部分行政官员贪污腐败的情况下，投资很难避免被挪作他用，还很难杜绝基础设施方面的重复建设，很难完全避免低效甚至无效投资。这种行政性措施的加强，还会导致某些旧体制的复归。

第四，扩大政府投资在启动民间投资和居民消费的效果上不如预期大，社会投资机制尚未形成。

第五，积极的财政政策和宽松的货币政策既有必要，也起了主要的积极作用。但同时也扩大了潜伏的财政风险，并加强了现实的金融风险。问题在于：财政赤字和国债余额占国内生产总值的比重，应与财政收入占国内生产总值的比重相适应，这两者是一种正相关关系。目前，中国不仅前一种比重小，而且后一种比重也小。经济发达国家财政收入当前约占国内生产总值的比重已经达到40%以上，而中国只有10%以上。这样，后一种比重就制约了前一种比重。所以，1998年以来财政赤字的扩大，实际上意味着潜伏的财政风险的扩大。宽松的货币政策的推行，又会在某种程度上使得已经处于高位的国有商业银行的不良贷款的比重进一步上升，从而进一步加大现实的金融风险。

但是，总的说来，1998年以来采取宏观调控政策在促进中国经济持续快速发展中还是起了决定性的积极作用。然而，清醒地看到上述问题，并采取相应的对策，也很有必要。

社会主义市场经济导论 *

第一节　市场经济形成和发展的主要过程

一、资本主义生产方式的确立与市场经济的形成

从本质上说来，市场经济是以市场作为配置社会生产资源的基本手段或主要方式。市场经济并不是伴随人类社会的产生而产生的，而是资本主义生产方式确立的产物。

当然，在资本主义社会以前，原始社会、奴隶社会和封建社会也有生产资源配置问题。这三个社会在生产力方面存在重大差别，生产关系也有根本不同，但有某种共同点，即都是自给自足的自然经济。这样，这些社会生产资源的配置就分别按照氏族社会首领，奴隶主和封建主的意志（这些意志分别体现了各该社会主体的根本经济利益）进行的。

诚然，在原始社会末期，由于社会生产力的发展，有了剩余产品，在原始公社之间出现了产品交换。但只是在人类社会生产相继发生了第一次社会分工（农业与畜牧业的分离）和第二次社会分工（农业与手工业的分离），并形成了生产资料私有制以后，才形成了与自然经济相区别的为交换而进行的商品生产（即商品经济）。这种商品生产是以私有制和个体劳动为基础的，是简单的商品生产。它在奴隶社会和封建社会都存

＊本文主要内容原载全国干部学习读本《社会主义市场经济概论》，人民出版社 2002 年 2 月版。

在过。但这时的商品生产只是涵盖了社会生产的一小部分，在社会生产中居于主要地位的是自然经济，商品经济只是居于次要地位。甚至在 15 世纪至 16 世纪，欧洲进入资本原始积累时期，即封建主义生产方式瓦解和资本主义生产方式形成的时期（由于欧洲是市场经济的发源地，这里从欧洲论述起），资本主义的简单协作和工场手工业虽然已经有了很大的发展，但商品生产仍然没有上升到社会生产的主要地位。显然，在上述的各个社会发展阶段，作为社会生产资源配置主要方式的市场经济是不可能形成的。

英国在 17 世纪下半期实现了资产阶级革命，18 世纪下半期又发生了以机器大工业为标志的产业革命，于是资本主义生产方式在英国获得了统治地位。接着在 19 世纪，资本主义生产方式又先后在法国、德国和美国这些主要国家取得了统治地位。这样，资本主义市场经济（即资本主义条件下市场经济）也先后在这些国家形成起来。具体说来，资本主义生产方式的确立为市场经济的形成创造了一系列的条件。

1. 建立私人产权制度。要在市场上实现商品交换，必须有进行这种活动的市场主体——商品所有者。正如马克思所说："商品不能自己到市场上去，不能自己去交换。因此，我们必须找寻它的监护人，商品监护人。"但是，"为了使这些物作为商品彼此发生关系……他们必须彼此承认对方是私有者。"① 因此，要发展市场经济就必须根本改革以人身依附为重要特征的封建主义经济制度，建立私人产权制度。这种制度正是资本主义生产方式准备过程中，特别是在资产阶级取得政权以后逐步建立和巩固起来。

2. 建立近代赋税制度。在封建主义制度瓦解、资本主义制度的准备时期，对新兴资产者的横征暴敛，仍然是封建主的政治特权。为了促进资本主义市场经济的发展，必须根本改变这种状况，必须建立促进资本积累的近代赋税制度。这项制度也是正在这个时期建立的。

3. 建立劳动力市场。在封建制度下，农民对封建地主存在人身依附关系，被紧紧束缚于土地上，不能自由流动。要建立资本主义市场经济必须实现作为基本生产要素的劳动力的自由流动，形成劳动力市场。为

①《马克思恩格斯全集》第 23 卷，第 102 页。

此，英国在 16 世纪开始掀起了旨在建立劳动力市场的、骇人听闻的、大规模的、极为残酷的"圈地运动"，被史书称为"羊吃人"的时代。

4. 建立和发展统一的国内市场。在欧洲中世纪，封建割据盛行，市场分割，各地关卡林立，税收壁垒森严，极不利于市场经济的发展。在欧洲封建制度的瓦解时期，新兴资产者联合并依靠王权击败了各地的封建领主，建立了统一的民族国家，消除了封建割据状态。资产阶级革命取得胜利后，这种统一的民族国家得到了进一步巩固。与此相联系，统一的国内市场也得到了进一步巩固和发展，为商品在国内市场的顺畅流通开拓了广阔的空间。

5. 建立近代信用制度。在欧洲中世纪，在商业比较发达的意大利，从 13 世纪开始，就出现以商业信用发展为基础的汇票和汇票结算的交易所。在封建制度瓦解时期和资产阶级革命以后，商业信用和以商业信用为基础的银行信用制度得到了发展。1580 年，意大利建立了威尼斯银行。1694 年，英国建立了英格兰银行。这些近代信用制度的建立，是促进资本主义市场经济形成和发展的一个重要因素。

6. 建立近代法律制度。中世纪的法律制度是要维护封建的等级制度，不适合资本主义市场经济的要求。正如马克思所说，"商品是天生的平等派"。① 要维护和促进资本主义市场经济的发展，就必须建立近代法律制度。事实上，到 18 世纪下半期，英国伦敦的皇家法院在合伙协议、销售合同、汇票、保险、专利和商品交换的其他领域在执行商业法规方面已经广泛地开展了执法活动，积累了丰富的经验。这就保障和促进了市场经济的正常运行。

7. 形成了市场经济赖以运行的基本规律——价值规律。从根本上说，资本主义生产方式的确立，商品生产在社会生产中占了主要地位，价值规律的作用涵盖了整个社会生产的主要部分。而作为社会生产资源配置主要方式的市场，其作用的主要经济机制也就是作为价值规律表现形式的价格机制。

总之，资本主义生产方式的确立，使得市场经济得以最终形成起来。

---

① 《马克思恩格斯全集》第 23 卷，第 102 页。

二、古典的市场经济：自由放任的市场经济

从总体上说，资本主义市场经济的发展经历了两个大的历史阶段。第一阶段可以称作古典的市场经济。自由放任是这个时期市场经济的特征。第二阶段可以称作现代的市场经济。其特征是有国家干预的市场经济。大体上说来，第一阶段经历的时期是从 18 世纪下半期开始（以资本主义生产方式确立时间较早和最典型的英国的市场经济形成时间为起点）到 20 世纪 30 年代为止（以资本主义市场经济最发达的美国在 30 年代实行罗斯福新政即有国家干预或政府干预的市场经济为终点），第二阶段是从本世纪 30 年代开始直到现在，这个阶段仍在向前发展

在封建社会晚期，商业资本有了很大的发展。但当时他们的力量还比较弱，需要依赖中央集权的、统一的民族国家在打破封建割据和实行对外贸易方面给予保护。而这时的封建王权在财政收入方面也需要依靠商业资本的支持。正是在这种历史背景下，作为商业资本代言人和原始国家干预主义的重商主义就产生了。从早期的重商主义到晚期的重商主义大致经历了 15 世纪到 17 世纪下半期两个多世纪的时间。总的说来，重商主义在政策上主张国家对经济生活实行严格的干预，特别是在国际贸易政策方面，重商主义强调实行贸易保护政策，运用关税、限额和补贴等手段，限制国外商品（特别是奢侈品）的进口和国内廉价原料的出口，鼓励国内商品的出口和国外廉价原料的进口，以实现贸易顺差，赚取金银货币，使国家致富。在当时历史条件下，重商主义对促进资本主义生产的确立起了重要的积极作用。

但是，对像英国这类资本主义国家，在资产阶级革命和产业革命相继取得胜利以后，产业资本在政治上和经济上都变得强大起来。在这种情况下，国家对经济生活的干预不仅显得不必要，而且约束了资本主义企业的自由发展。于是，反对国家干预主张自由放任的市场经济，就成为当时资产阶级的强烈呼声。

英国古典经济学创始人亚当·斯密于 1776 年发表的《国民财富的性质和原因的研究》（《国富论》），正是集中地、综合地反映了这一呼声。《国富论》从增进国民财富，实现社会资源最优配置的要求出发，首次系统提出和分析了自由放任的市场经济理论。其要义是：①亚当·斯密把自由放任的市场经济理论建立在经济人分析的基础上。他认为，利己是人的本

性，人们从事经济活动，无不以追求自己最大经济利益为动机；自由竞争的市场经济是符合人的利己本性的自然秩序。②亚当·斯密认为，在自由竞争的条件下，可以"使各色货币的数量，都能适应需求、供给和竞争各方面的变动情况"，调节社会产品供需之间的平衡。自由竞争还可以调节资本和劳动力等生产要素在部门之间的流动，实现社会生产资源的合理配置。"一种事业若对社会有益，就应当任其自由，广具竞争。竞争愈自由，愈普遍，那事业亦愈有利于社会"。③依据上述各点，亚当·斯密提出了著名的"看不见的手"理论。他认为，在符合人的利己本性的自然秩序下，每个人"由于他管理产业方式的目的在于使其生产物的价值能达到最大程度，他所盘算的也只是他自己的利益。在这场合，像在其他许多场合一样，他受着一只看不见的手的指导，去尽力达到一个并非他本意想要达到的目的。……他追求自己的利益，往往使他能比在真正出于本意的情况下更有效促进社会的利益"。①亚当·斯密这里说的"看不见的手"就是指的自由竞争形成价格机制。在他看来，依靠这种机制的作用，就可以调节社会产品的供需平衡，可以实现社会生产资源的最优配置。

据此，亚当·斯密主张实行自由放任的市场经济，在国内外均实行自由贸易政策，并严厉地抨击了重商主义的国家干预政策。

亚当·斯密从主张实行旨在反对重商主义国家干预政策的，自由放任的市场经济出发，把国家的任务仅仅归结为以下三项：①"保护本国社会的安全，使之不受其他独立社会的暴行与侵略。"②"保护人民不使社会中任何人受其他人的欺侮或压迫。"③"建立并维持某些公共机关和公共工程。"②

亚当·斯密对市场配置社会生产资源的原理作了原则的说明，奠定了自由放任的市场经济理论的基础。继他之后，英国古典经济学另一主要代表人物大卫·李嘉图在19世纪20年代对这一理论作了重大发展。在19世纪70年代以后，由马歇尔、瓦尔拉、帕累托等人为代表的新古典经济学又对此作了更为精密的分析。

---

① ［英］亚当·斯密：《国民财富的性质和原因的研究》上卷，商务印书馆1972年版，第303页。
② ［英］亚当·斯密：《国民财富的性质和原因的研究》下卷，商务印书馆1972年版，第254、272、284页。

　　由亚当·斯密在 18 世纪下半期建立的市场配置社会生产资源的机理成为尔后欧美许多资本主义国家在一个长时期内实行自由放任的市场经济体制的理论基础。当然，在这方面，各个国家，乃至一个国家的不同时期也存在差别。比如，资本主义发展较晚的德国在 19 世纪上半期对外贸易方面就实行过保护主义的政策。再如，在 1914~1917 年第一次世界大战期间，许多参战国还实行过战时统制经济。

　　以亚当·斯密理论为基础建立起来的市场经济体制在促进资本主义社会生产力发展方面起过重要的积极作用。正如马克思、恩格斯在 1848 年发表的《共产党宣言》中所指出的："资产阶级在它的不到一百年的统治中所创造的生产力，比一切时代创造的全部生产力还要多，还要大"。① 当然，决定这一点的因素是多方面的，但作为社会生产资源配置主要方式的市场经济体制这样一种制度安排，显然起了很重要的作用。不仅如此，即使在现代的市场经济条件下，亚当·斯密的市场经济理论仍有重要的作用。② 这是因为，现代市场虽然主张国家对经济生活的干预，但并没有从根本上否定市场是配置社会生产资源的主要方式。

　　三、现代的市场经济：国家干预的市场经济

　　按照亚当·斯密的主张，自由竞争的价格机制可以自动调节社会产品的供需平衡。19 世纪法国经济学家萨伊还提出了一个所谓"萨伊定律"。这个定律的基本内容是：一种产品总是用另一种产品购买的，一种产品的出售就是对另一种产品的购买。据此，他提出：产品供给会自动创造需求。当然他不否认，现实经济生活中存在的与物物直接交换相区别的、以货币作为媒介的商品流通。也不否认市场上某些商品供过于求，某些商品求过于供。但他认为这种供求不平衡是暂时现象，价格调节可以恢复商品供需之间的平衡。他甚至认为，如果出现生产过剩的经济危机，也是由于"政府当局愚昧无知或贪婪无厌"的结果。③

　　但是，马克思主义认为，资本主义生产过剩经济危机的根源在于：

---

　　①《马克思恩格斯全集》第 1 卷，第 256 页。
　　② 美国当代著名经济学家斯蒂格列茨在评论这一点时指出："自从亚当·斯密以来，经济学有着很大的进展，但是，他的基本论点在过去的两个世纪中仍然具有很大的吸引力。"（《经济学》上册，中国人民大学出版社 1997 年版，第 13 页）
　　③〔法〕萨伊：《政治经济学概论》，商务印书馆 1982 年版，第 42~46 页。

资本主义的基本矛盾（即生产社会性和生产成果的私人资本主义占有之间的矛盾）的发展，以及由此决定的一系列矛盾，特别是其中的资本主义生产无限扩张的趋势和劳动人民购买力需求相对狭小之间的矛盾尖锐化的结果。这样，在资本主义制度下，周期性生产过剩的经济危机就是不可避免的。实际上，从19世纪20年代起，资本主义经济大约每隔十年左右的时间就发生一次生产过剩危机。特别是1929~1933年资本主义世界发生的大危机，从根本上震撼了西方整个资本主义制度。其中，尤以资本主义最发达的美国遭受的打击最为严重。1933年同1929年相比，西方各国的工业产值大约下降了45%，比第一次世界大战前的1913年还低16%，倒退到1908~1909年的水平。其中，美国工业产值下降了55%，倒退到1905~1906年的水平；德国倒退到1897年的水平；法国倒退到1911年的水平；日本下降了32.9%。在这期间，西方各国农产品销售收入也大幅下降。其中，美国由1191300万美元下降到514300万美元，德国由102亿马克下降到65亿马克，降幅均在50%以上。在这期间，美、英、德等国商品批发价格指数下降了1/3左右，法国下降了45.1%；西方各国商品销售额大约下降了2/3，外贸总额下降了61.2%。在这期间，美国失业工人由155万人增加到1283万人。在危机的最严重阶段，西方各国失业人数高达5000万人，失业率高达30%~50%。在这期间，工人收入下降了43%，农民经营农业的净收入下降了67%。①

这次大危机彻底宣告了古典经济学关于自由放任的市场经济可以自动协调社会产品供求平衡的理论的破产，并强烈呼唤国家干预的市场经济的政策和理论的诞生，以维系巩固和发展资本主义经济制度。

美国总统罗斯福1933年3月入主白宫后所推行的"新政"，就是有国家干预的市场经济的政策最早、最著名、最主要代表。为了挽救面临崩溃的美国国民经济，"新政"采取的主要措施有：①为了拯救银行金融业危机，政府采取了清理银行、保障居民存款、发放巨额贷款给金融业界实行货币贬值等办法。②为了拯救农业危机，政府运用奖励和津贴的办法，缩小耕地面积，限制农产品上市量，维持农产品价格，以缓解农业生产过剩和农民收入下降。③为了拯救工业危机，政府采取限制竞争的

---

① 晏智球主编：《西方市场经济下的政府干预》，中国计划出版社1997年版，第85~87页。

办法，规定工业的生产规模、价格水平、销售额和雇工条件等，以缓解工业生产过剩。④为了拯救由严重的工人失业问题而引发的严重社会政治危机，政府还大力举办公共工程，以增加就业和提高居民购买力。政府还直接救济失业工人，并逐步建立了全国社会保险和公共福利制度。"新政"从 1933 年开始实施，延续到 1938 年。"新政"没有也不可能从根本上解决美国资本主义生产过剩经济危机问题，但确实缓解了经济危机，并促进了经济复苏，稳定了资本主义制度。但"新政"更重要的意义还在于：从实践方面宣告了古典的自由放任的市场经济时代的终结，并开创了现代的有国家干预的市场经济这个新的时代。

英国宏观经济学创始人凯恩斯 1936 年发表的《就业利息和货币通论》（《通论》），则综合地、集中地、系统地反映了有国家干预的市场经济诞生的强烈呼声，并从理论方面标志着古典的自由放任的市场经济的终结和现代的有国家干预的市场经济的开端。

就业一般理论是《通论》的主要内容，也是凯恩斯宏观经济理论的核心。凯恩斯认为，有效需求（即有购买力的需求）是决定社会总就业量的关键因素，能否实现充分就业，就决定于有效需求的大小。因此，现实生活中经常存在的有效需求不足就是引发经济危机和严重失业的原因。所以，要解决失业和危机问题，必须依靠政府对经济的干预，刺激有效需求，以实现"充分就业均衡"。这样，在理论方面，凯恩斯就摒弃了新古典经济学关于资本主义社会能永远实现"充分就业均衡"的论断，提出存在非自愿失业和"低于充分就业均衡"，是资本主义社会的常态；摒弃了"供给会创造它本身需求"而不存在生产过剩经济危机的理论，提出了"经常存在的有效需要不足"是经济危机和严重失业的根源；摒弃了市场机制自动调节的理论，提出了国家干预市场经济的主张。在政策方面，既然凯恩斯认为有效需求不足是失业和经济危机的根源，因而把政府干预经济的重点放在总需求管理方面。其中心内容是：采取各种措施，增加社会（包括私人和政府）的货币总支出，扩大社会对消费资料和生产资料的需求，以消除经济危机，实现充分就业。主要包括：把实行扩张性的财政政策作为解救危机的主要手段，放在"后危机政策"的首位；实行扩张性的货币政策，但放在次要地位；实行鼓励消费、引导需求的政策；实行对外经济扩张的政策，以弥补国内有效需求的不足。

这些情况表明：凯恩斯在分析方法上也摒弃了个量分析，采取了总量分析，侧重从宏观方面分析国民经济总过程，并由此奠定了宏观经济分析的基础。

后来，凯恩斯理论继承者以凯恩斯理论为基础，并依据"二战"后资本主义国家新情况，进一步发展了凯恩斯主义，形成了作为西方政府进行宏观经济管理理论基础的宏观经济学。凯恩斯主义因此成为第二次世界大战后西方世界的主流经济学派。

需要指出：凯恩斯虽然摒弃了由亚当·斯密首先创立的自由放任的市场经济，提出了有国家干预的市场经济，但并没有从根本上否定市场经济（即以市场作为配置社会生产资源的主要方式）。正如凯恩斯自己所说，古典经济学提出的"私人为追求自己利益将决定生产何物，用何种方法（即何种生产要素之配合比例）生产，如何将最后产物之价值分配于各生产要素等等，仍无可非议。"[1]

"二战"前，只有美国等少数几个国家实行过政府对经济的干预。"二战"后，西方国家在恢复了经济之后，都以凯恩斯主义作为政策指导实行了有国家干预的市场经济。这种经济体制大大促进了战后西方国家经济的发展。

但是，由于凯恩斯主义没有也不可能解决资本主义的固有矛盾，由于长期推行凯恩斯主义负面影响的积累（比如，由于多年推行扩张性财政政策导致通货膨胀），由于1973年和1979年两次石油危机的影响，西方国家在战后经历一段时间的经济繁荣之后，于70年代中期发生了经济滞胀。

经济滞胀局面使得凯恩斯主义遇到严峻的挑战，并受到新经济自由主义学派的批评。但是，正像凯恩斯没有根本否定是亚当·斯密的自由放任的市场经济一样，这些不同学派也没有完全突破凯恩斯主义的基本信条。比如，曾在尼克松政府经济顾问委员会任职的摩赫伯特·斯坦就曾说过：对凯恩斯主义的批评是"凯恩斯主义范围之内的革命。"[2]

这是从理论上说的。从时间上说，经济自由主义的某些学派在某些

---

① 凯恩斯：《就业利息和资本通论》，商务印书馆1964年版，第322页。

② 引自晏智球主编：《西方市场经济下的政府干预》，中国计划出版社1997年版，第164页。

年份对某些国家政策发生过重要作用。比如，供应学派对美国总统里根执政头两年（1981~1982年）的政策发生过重要影响。但从"二战"后整个时期总的情况来看，凯恩斯主义仍不失为西方国家进行宏观经济管理的理论基础。

"二战"后，旨在实现充分就业和经济稳定发展的凯恩斯主义在西方国家的普遍采用，是促进现代的有国家干预的市场经济形成的最基本因素。但并不是惟一因素。除此以外，以下因素也起了重要作用：①"二战"前和战后初期，社会主义国家实行计划管理和福利政策的影响。②社会民主主义的影响。这一点，在"二战"后由社会民主党执政的那些国家表现得尤为明显。③"二战"期间实行战时经济体制的影响。诚然，战时经济体制与有国家干预的市场经济是有原则区别的，而且，在战后都取消了。但这种体制也为实行有国家干预的市场经济提供了某些有利条件。这一点，在日本表现得很明显。④"二战"后，资本集中程度进一步的提高，也为实行有国家干预的市场经济提供了有利的客观条件。⑤"二战"后，垄断组织的进一步发展，妨碍经济效率的提高。⑥"二战"后，资本主义国家贫富差别的扩大，影响到社会的稳定。⑦"二战"后，治理环境污染问题也更为尖锐起来。⑧"二战"后，保护消费者权益问题也显得更加重要。⑨世界经济一体化和区域经济集团的发展，使得各国企业之间在许多情况下演变成国与国之间的竞争。⑩随着知识经济时代的到来，抢占高新技术制高点，往往成为增强国际竞争力和维护国家经济、政治安全的关键。上述⑤~⑩在客观上也迫切要求国家加强对经济的干预。

有国家干预是现代市场经济与古典的自由放任市场经济相区别的根本点。由此产生了一系列特点。这里强调指出一点：现代市场经济更富有法制经济的特性。在封建经济制度下，存在着等级制度，虽然它也有立法和司法，但它的显著特征是人治。在古典市场经济中，市场主体之间的关系是平等的，因而需要法律来规范和维护这种关系。在现代市场经济条件下，不仅各种市场主体的关系更加发展和复杂化了，而且政府要干预经济。这样，为了发展这种市场经济，不仅需要更为健全和严格的法制来规范和制约各市场主体的行为，而且要依法规范和制约政府的行为。因而，法治经济就成为现代市场经济一个更为显著的特性。

"二战"后，西方经济发达国家普遍推行了现代的有国家干预的市场经济。这是他们的共同点。但各国也有自己的特点。比如，美国虽然早在 30 年代罗斯福总统时代，政府就开始对经济实行干预，但相对其他经济发达国家来说，干预还是较少的，因而被称为竞争型市场经济模式。日本政府对经济干预较强，被称为政府主导型市场经济模式。法国在计划调控经济方面比较突出，被称为有计划的资本主义市场经济模式。联邦德国对经济干预在体现社会政策和社会公平方面比较明显，被称为社会市场经济模式。

战后西方经济发达国家普遍推行的现代市场经济大大促进了社会生产力的发展。可以毫不夸张地说，战后半个多世纪的时间社会生产力的发展，已经大大超过了以往的任何时代。当然，这种情况也是由多种因素决定的。比如，战后科学技术发展进程大大加快了，对社会生产的促进作用大大加强了。再如，战后虽然局部战争一直延绵不断，但并未发生世界大战。半个多世纪的和平环境，是经济稳定发展的一个重要因素。

战后现代市场经济的发展，是席卷世界的潮流。西方经济发达国家普遍推行现代市场经济是这股潮流的主体。此外，这股潮流还包括以下两个重要部分：①战后许多民族独立国家的现代市场经济有了不同程度的发展。在现代市场经济推动下，有些国家（如韩国和泰国等）已发展成为新兴工业化国家，有的国家（如新加坡）甚至已经跨入准经济发达国家的行列。②20 世纪 70 年代末期以来，许多社会主义国家先后开始了从计划经济向现代市场经济的过渡。从主要方面来说，大体上可以分为两类：一类是中国，由于在改革方面坚持了正确路线，在改革和发展两方面都取得了举世瞩目的伟大成就；另一类是原苏联和东欧社会主义国家，由于改革方向和方法上的重大失误，不仅根本改变了原来社会主义制度的性质，而且使得经济长期处于衰退的境地，只是在近些年来出现了不同程度的复苏。当然，即使在这些国家，发展现代市场经济在促进生产方面的作用，也正在并日益明显地表现出来。

第二节　市场经济的基本内容

　　毫无疑问，社会主义经济制度与资本主义基本经济制度在性质上是有根本区别的。但是，市场经济本身并不是属于社会基本经济制度的范畴，而是属于社会经济运行方式和发展经济手段的范畴。因此，资本主义条件下的市场经济与社会主义条件下的市场经济并无本质区别。正如邓小平说过的，"计划多一点还是市场多一点，不是社会主义与资本主义的本质区别。""计划和市场都是发展生产力的方法。"① 因此，本节阐述的市场经济一般理论的基本内容，不仅对资本主义条件下的市场经济是适用的，而且对社会主义条件下的市场经济也是有效的。

一、资源配置方式研究的重要性和市场经济的基本特征

　　我们先从社会生产资源配置方式在经济学研究中的重要地位说起。

　　人类社会要想得到生存和发展，就必须进行物质资料的生产，以便取得消费资料。但要进行生产，就必须具有基本的生产要素，如劳动力和生产资料等。不仅如此，还需要把劳动力和生产资料结合起来。正像马克思说过的，"不论生产的社会形式如何，劳动者和生产资料始终是生产的因素。但是，二者在彼此分离的情况下只是在可能性上是生产因素。凡要进行生产，就必须使它们结合起来。"

　　他还指出："实行这种结合的特殊方式和方法，使社会结构区分为各个不同的经济时期。"② 马克思依据这一点，把人类社会的基本经济制度区分为原始公社制度、奴隶社会制度、封建社会制度、资本主义社会制度和共产主义社会制度。马克思主义还依据他揭示的社会生产力决定社会生产关系这条决定人类社会发展的基本规律，阐明了人类社会基本经济制度变革的根源。这是马克思主义对经济学所作的最伟大、最重要的贡献。

　　还需指出：人类社会要进行生产，不仅需要基本的生产要素，也不仅需要在生产过程中结成一定的生产关系，而且需要合理的社会生产资源的配置方式。问题在于：人类生活需要是无限的，而资源却是有限的。

① 《邓小平文选》第3卷，第373、203页。
② 《马克思恩格斯全集》第24卷，第45页。

因此，需要对资源在各个生产领域的配置作出合理的安排，以便取得最佳的经济效益。这种经济效益的提高，是人类社会生存和发展的最主要的物质基础。这种以最小的投入获得最大产出的经济运行过程，就是资源的合理配置过程。需要说明：资源的合理配置不只是一个自然属性问题，即由资源的自然特点决定的物理的、化学的或生物的运动过程，更重要的是经济运行方面的社会组织形式问题。经济学所要研究的就是这个经济运行方面的社会组织形式问题。因此，在经济学研究中，这个问题是一个仅次于社会生产关系（或社会基本经济制度）研究的基本问题。

应该肯定，马克思在《资本论》中最科学、最深刻、最系统地揭示了作为资本主义社会基本经济规律的剩余价值规律。以此为基础，又揭示了资本主义制度必然灭亡、社会主义制度必然胜利的规律。与此同时，马克思还从第一重大意义上的价值规律及其转化形态的生产价格规律，和第二重意义上的价值规律两个方面，系统地、深入地揭示了支配资本主义条件下社会生产资源配置的规律。但是，马克思并没有明确把社会生产资源配置方式作为一个独立的经济范畴提出来进行研究。

在这方面进行了独立、系统、深入研究的是现代西方经济学。按照现代西方经济学的定义，"经济学是研究人和社会如何进行选择，来使用稀缺的资源以便生产各种商品，并在现在和将来把商品分配给社会的各个成员或集团以供消费之用。"① 它要解决经济运行中四个基本问题：①"生产什么，产量有多少。"②"产品是怎样生产的。"③"产品为谁生产。"④"谁做出经济抉择，以什么程序做出决策。"②

在市场经济条件下，市场就是社会生产资源配置的基本方式，上述的经济运行中的四个基本问题就是由市场来调节的。这就是从一般意义上来讲的市场经济的基本特征（或本质）。正是这一点，把它在经济运行形态方面与自然经济和计划经济从根本上区分开来。

二、市场经济运行的基础和条件

（一）独立自主的企业制度

这里涉及市场主体问题。在市场上从事交易活动的组织和个人称为

---

① ［美］保罗·A. 萨缪尔森、威廉·D. 诺德豪斯：《经济学》，中国发展出版社 1992 年版，第 4 页。
② ［美］斯蒂格列茨：《经济学》上册，中国人民大学出版社 1997 年版，第 11~12 页。

市场主体。

市场主体包括自然人和以一定组织形式出现的法人；包括营利性机构和非营利性机构。在一般情况下，市场主体包括企业、居民、政府和其他非营利性机构。

在这方面，企业是最重要、最基本的市场主体。因为作为资源配置基本方式的市场经济就是建立在作为发达商品经济细胞的、独立自主经营和自负盈亏的独立商品生产者的基础上；而且市场经济在配置资源方面作用的实现，也离不开这样的独立商品生产者。因此，企业是市场经济运行的基础。如果没有企业，市场经济就会成为空中楼阁。

但是，企业要成为这样的独立商品生产者需要一系列条件。①企业必须有明确的产权。因为市场上商品交易直观看起来是物品交易，实质上是产权交换。因此，马克思说："在这里，人民彼此只是作为商品的代表即商品所有者而存在。"① 不仅在企业的商品交换过程中，而且在企业的生产和分配过程中也都要求有明确的产权；否则，企业就难以生存和发展。②企业与企业和其他交易者之间的地位必须是平等的。如果没有这种平等地位，企业不仅难以发展，甚至难以存在。③企业必须是经济上、法律上独立自主的实体，拥有自主经营发展必需的各种权力。当然，企业要接受政府的行政管理，但在经济上和法律上又是独立于政府之外的。企业如果没有这种独立地位，就会成为政府的附属物，企业就会名存实亡。

此外，在现代市场经济中，中介机构（如律师事务所和会计师事务所等）提供的与发展市场经济相关的各种服务，显得越来越重要。居民既提供劳动力、资本等生产要素，又是商品和服务的购买者。政府不只是经济运行的调控者，而且直接介入某些市场交易；又是国有资产的所有者，公共物品的提供者和一般商品和服务的购买者。非营利性机构（如学校和医院等）社会提供服务，不是商品和服务的购买者。因而，这些组织和个人也都是市场主体。

（二）完善的市场体系

完善的市场体系是市场经济运行的另一个重要基础。

---

① 《马克思恩格斯全集》第23卷，第102~103页。

完善的市场体系，不仅要求有消费品和生产资料等商品市场，而且要求有资本市场、劳动力市场、技术市场、信息市场和房地产市场等生产要素市场。这既是企业实现自主经营的前提，也是市场实现资源配置的必要条件。

完善的市场体系，要求平等、有序竞争较为充分地展开。如果出现竞争不足、过度竞争（如低价倾销的恶性竞争）和垄断，如果企业不重视商业信誉，进行广告欺骗宣传和推销假冒伪劣产品，就会限制市场在配置资源作用方面的充分、有效的发挥。

完善的市场体系，要求有全国统一的国内市场。如果全国市场被分割，市场经济的作用也难以发挥。

完善的市场体系，不仅要求市场对内开放，而且要求市场对外开放。因为产品和生产要素在国际市场之间的流动，也是发展市场经济的重要条件。这一点，在经济全球化和知识经济开始到来的时代，显得尤为突出。

完善的市场体系，最根本的要求是有既反映价值又反映供求关系的产品价格机制。因为所谓市场配置资源，从根本上说来，就是由以价格机制为核心的，并与竞争机制和供求机制相结合的市场机制来配置的。所以，如果没有合理的产品价格机制，市场配置资源就会成为一句空话。

按照马克思主义的观点，商品价格是价值的货币表现，是由价值决定的；而价值是由生产商品的社会必要劳动时间决定的。这就是马克思揭示的价值规律。所以，从本质上说来，所谓市场配置资源，就是价值规律调节经济。

完善的市场体系还要求生产要素价格合理化。其中，特别是资本价格（利息率）市场化和本币价格（汇率）合理化，对于建立和发展市场经济具有十分重要的意义。

（三）健全的宏观经济调控体系

对现代市场经济来说，宏观经济调控体系是它的必要内涵，是题中应有之义。

健全的宏观经济调控体系，要求必须以市场在资源配置中起基础性作用为前提。越过了这一点，就会削弱市场经济，甚至变成计划经济。健全的宏观调控体系要求以经济的和法律的间接手段为主，以行政的直接手段为辅。健全的宏观经济调控体系要求把调控范围主要限制在宏观经济领域。当然，政府管理经济也不可避免地涉及某些微观领域。比如，对企业某些经营项目颁发许可证，对企业某些出口产品实行配额。但从主要方面说来，政府不干预企业的经营活动。健全的宏观经济调控体系还要求严格地依法调控。

（四）严格的市场运行规则

市场经济原本具有契约经济和法制经济的特点。在现代市场经济条件下，这两个特点显得尤为突出。这样，作为法制化的市场竞争关系的市场运行规则，在保障市场经济有序发展方面的作用也变得更重要。

市场运行规则是有关机构（政府和立法机构等）按照市场运行的客观要求和法律、法规规定的市场主体各方必须共同遵守的行为准则。它要求：使各市场主体能够机会均等地进入市场，自主经营；使各市场主体能够平等地承担税收和其他负担；使各市场主体在法律和经济往来中处于平等地位。具体说来，市场运行规则大体上包括三方面：①市场进入规则。这是各市场主体进入市场必须遵循的法规和应该具备的条件。②市场竞争规则。这是各市场主体能够在平等的基础上充分展开竞争的行为准则。③市场交易规则。这是各市场主体之间交易行为的准则。

以上各点，就是市场经济运行的基础和条件的一些重要内容。

三、市场经济的作用

市场经济的作用主要有以下几个方面：

1. 传递经济信息。在商品生产条件下，产品能否销售得出去，对商品生产者是一个生命攸关的问题。因此，他们极为关心商品的供求状况。但对单个的商品生产来说，这又是一个复杂的、难以解决的问题。然而，市场价格机制在解决这个问题上却起着至关重要的作用。价格以它自身变动的方向（上升或下降）和幅度（升降的多少）给商品生产者传递着简明的信息。在一般情况下，商品价格上升表示供不应求，给商品生产者传递增加生产的信号；价格下降，表示商品供过于求，给商品生产者传递减少生产的信号。企业可以依据这些信息，决定生产的增减和资本的投向。市场还通过利息、地租、工资和汇率等生产要素价格的变动，给企业生产经营提供不可或缺的、重要的、多方面的信息。

2. 提供经济发展的动力和压力。在商品生产条件下，决定市场价格的价值，不是决定于个别商品者的劳动消耗，而是决定社会必要劳动时间。这样，那些个别劳动时间低于社会必要时间的企业就可以获得更多的利润；而那些个别劳动时间高于社会必要时间的企业，就会减少利润甚至亏本。这样，市场机制就在物质利益方面为企业改善生产经营管理提供了强大的动力。企业之间的竞争又会在这方面产生巨大压力。

3. 增进企业运营效益。在上述两种条件下，企业就会竭尽全力地改善经营管理，提高生产技术，开发人才资源，开拓营销市场，降低生产经营成本，提高经济效益，以保证资本的保值和增值，并避免在竞争中被淘汰的厄运。所以，市场是增进企业运营效益强有力的机制。

4. 提高社会生产资源配置效益。在市场经济条件下，价值规律已经转化成了生产价格规律。在这种情况下，如果一个部门产品价格在较长时间内高于生产价格，那么企业不仅可以获得平均利润，而且可以获得超额利润。这样，就会推动这个部门的企业增加投资，并吸引别的部门企业的资本转向这个部门。这个部门的产品将会形成供过于求的局面，价格也会随之下降，超额利润就会减少以至消失。反之，如果一个部门产品价格在较长时间内低于生产价格，那么企业不仅得不到平均利润，甚至会亏本。这就会促使这个部门的企业减少投资，并把资本转移到别的有平均利润可图的部门。这个部门产品就会形成供不应求的局面，价格随之上升，可以获得平均利润。就是通过由竞争引起的价格围绕生产价格的上下波动，形成各生产部门合理的比例关系，实现资源的合理配置，并提高这方面的效益。

市场经济作用的充分实现，是有一系列条件的。主要是，存在完全竞争；价格及时反映资源的供求状况；卖方与买方掌握的信息完全对称，等等。但在实际上，市场只能大体上具备这些条件，不可能完全具备这些条件。比如，一般说来，市场上不大可能存在完全竞争，但垄断竞争、寡头竞争等不完全竞争市场（即竞争性的市场）还是可能存在的。这样，市场经济作用的发挥就会受到一定的限制。

四、市场经济的局限性和政府干预经济的必要性

像世界上的许多事物一样，市场经济具有优越性，但也具有局限性。正是这种局限性使得国家干预经济成为必要。

1. 市场经济具有自发的盲目性，市场调节是事后调节。这样，就会导致经济的周期波动。而且，作为市场最主要主体的企业，投资眼界相对狭隘，往往着眼于当前的短期利润，投资量相对较小，对于关系国民经济长期协调发展的重大建设项目则无心涉足或无力涉足。所以，要实现经济的总量平衡、部门协调和长期稳定发展，单靠市场经济是不够的，必须有政府对经济的干预。因为市场经济在这些方面的局限性，正是政府干预的优越性。

2. 竞争是市场经济的重要特征。竞争发展到一定阶段必然出现垄断，垄断必然走向腐朽，窒息竞争活力，阻碍科学技术进步和管理制度创新，降低生产效率。这样，作为市场经济发展的基本推动力量的竞争就走到了事情的反面。为了制止垄断，保持竞争性市场的局面，也需要政府的干预。比如，制定和实施反垄断法。

3. 在科学技术成为第一生产力的时代，重视基础科学研究，大力发展高新产业，保护重大技术发明者的权益，对于促进社会生产力的发展，具有十分重要的意义。但这一点依靠旨在实现利润最大化的企业也是难以或难以完全行得通的，必须依靠政府力量的支持。比如加大科技方面的投资，制定和实施专利法。

4. 社会消费的许多公共产品也不能或不能完全依靠市场经济的力量来提供。在这方面，重要的有国防事业和基础设施，还有学校和医院等这些公益性或半公益性的事业。这些产业和事业都不是或不完全是以营利为目标的。显然，不能依靠或不能完全依靠旨在实现利润最大化的企业来举办。在这些方面都需要政府的参与。

5. 优胜劣汰是市场竞争的必然结果。因此，如果单纯依靠市场经济的力量，必然导致贫富差别的扩大，甚至两极分化。这样，社会就难以稳定。所以，必须借助政府的力量，通过财政收入（如实行累进所得税和遗产税）和支出（如建立包括养老、失业、工伤和医疗保险以及对社会贫困阶层发放最低生活费等项内容在内的社会保障制度），以缩小贫富差别和抑制两极分化，维持社会稳定。

6. 在当代，治理环境污染和保护生态平衡，已经成为决定经济社会可持续发展的一个重要因素。但如果单纯依靠市场经济力量，环境污染和生态破坏不仅难以得到治理，而且会进一步恶化。要根本解决这个问题，必须有政府在财力、人力、法律和政策等方面的支持。

7. 在当代，生产者与消费者在掌握信息方面不对称性的情况愈来愈突出，前者多，后者少。而伴随消费者文化素质的提高，维护消费者权益的呼声越来越高。解决这个问题，单靠市场力量显然是不够的。当然，在这方面，市场经济中的某些中介组织（如消费者协会）是有作用的，但并不能代替政府在这方面的重要作用，如颁布和执行消费者权益法。

当代美国著名经济学家保罗·A. 萨缪尔森对政府在市场经济中的作用做过精辟的概括，并对市场和政府的关系作了生动的描述。他把这种作用归结为"促进效率、平等和稳定"。他还指出："市场和政府这两个部分都是不可缺的。没有政府和市场的经济都是一个巴掌拍不响的经济。"①

政府对经济干预在市场经济中虽有重要作用，但它不仅不能代替市场在资源配置方面的基础性的作用，还要以这种作用为前提。因为在现阶段以至在一个可以预见的长时间内，市场经济在促进经济发展方面的积极作用还是主要的。而且，由于各市场主体之间的经济利益的矛盾和政府作为市场主体一方的利益局限，以及法制建设、公务员素质和信息等方面的限制，政府对经济干预的作用也有很大局限性，并且会发生诸多失误。因此，在实际经济工作中必须注意发挥市场在资源配置中的基础性作用；在决定采取行政办法还是市场办法时要谨慎地权衡利弊，并尽可能将二者结合起来。这样，才能有效地发挥政府干预经济的积极作用，并限制其消极作用。

但是必须明确：资本主义社会几百年的发展，为人类创造了巨大的物质文明、制度文明和精神文明。有政府干预的市场经济就是其中最重要的制度文明。历史经验已经充分证明：社会主义社会必须结合自身的具体情况有分析地继承这个制度文明；否则，就会给社会主义制度带来毁灭性的严重后果。

---

① 保罗·A. 萨缪尔森：《经济学》（第 12 版）上册，第 87 页。

第三节　社会主义市场经济的概念及其建立的客观必然性

一、社会主义市场经济的概念及其基本特征和基本框架

中国社会主义市场经济是一个复合的概念，它主要包括以下相互联系的四个方面内容：①以市场作为配置社会经济资源的主要方式。②现代的市场经济，即有国家干预的市场经济。③有更多的国家干预的市场经济。这是由中国国情决定的。诸如：工业化尚未实现，作为弱质产业的农业占国民经济的比重较大；西部经济大大落后于东部，但有丰富的资源，而且主要是少数民族居住地区。这样，实现工业、发展农业和开发西部就是一个长期的、具有重大经济和政治意义的、需要国家扶持的任务。但这种干预是以市场机制作为资源配置的主要方式为前提，以市场机制的作用为基础的。这就是问题的度，越过了这一点，就又回到了计划经济。④与社会主义初级阶段的基本经济制度相结合的。这个基本经济制度就是：以社会主义公有制为主体，多种所有制经济共同发展。

按照马克思主义的观点，事物的共性是寓于个性之中的。市场经济一般这个共性也是寓于资本主义市场经济（即资本主义条件下市场经济）和社会主义市场经济（即社会主义条件下市场经济）这些个性之中的。因此，从市场经济一般这个角度来说，这两种市场经济具有许多共同点。比如，本章第二节阐述的市场经济的基本内容，就可以看作是二者的共同点。

但是，这两种市场经济又有重大原则区别。与资本主义市场经济相比较，中国社会主义市场经济的基本特点在于：

1. 它是与社会主义初级阶段的基本经济制度相结合的。在中国社会主义初级阶段，之所以必须实行以社会主义公有制为主体，多种所有制经济共同发展，归根结底，是由这个阶段的社会生产力发展水平及其多层次性决定的。而资本主义市场经济是与资本主义所有制这个基本经济制度相结合的。

2. 与社会主义初级阶段所有制结构相适应，社会主义市场经济只能而且必须实行以按劳分配为主，并与按要素分配相结合的分配制度。而

资本主义市场经济是实行以按资分配为主的分配制度。

3. 与上述第一、二相联系，社会主义市场经济发展的根本目的是实现全体人民的共同富裕。当前，我国由于各种因素的制约，在实现共同富裕方面还存在许多有违初衷的情况，远没有实现共同富裕的目标。但随着社会主义市场经济和民主法制的完善以及社会生产力的发展，这个目的是一定可以在将来实现的。在这方面，同资本主义市场经济也有原则性区别。尽管这种市场经济经过几百年的发展，社会生产力和居民生活水平有了空前未有的、迅速的提高，但它不仅没有（也不可能）解决共同富裕问题，甚至没有能够抑制贫富差别的扩大和两极分化的发展。当然，还要提到：社会主义市场经济条件下的共同富裕与计划经济条件下的共同富裕，无论在实现共同富裕的道路上，或者在结果上，都有重大区别。几十年的实践表明：在很大程度上，后者实现共同富裕的道路是同步富裕，其结果是共同守穷。而前者实现共同富裕的道路，是允许和鼓励一部分人和一部分地区通过诚实劳动和合法经营先富起来，然后再带动另一部分人和另一部分地区后富起来。先富的目的是为了更快地实现共同富裕。实践已经开始并将充分证明：先富带后富以实现共同富裕，是一条正确的道路。

4. 在社会主义市场经济条件下，由于社会主义公有制占主体地位，以及政府是由共产党领导的，因而政府对宏观经济的调控可能而且必须基于人民的利益和意志。这与资本主义市场经济条件下政府对宏观经济调控基于资本家的利益，也有原则区别。当然，由于多种因素的制约，当前我国宏观经济调控还很不完善，在充分体现人民利益和意志方面也有许多不足。但随着经济体制和民主法制的完善，以及宏观经济调控经验的积累，这方面的缺陷是可以而且必须逐步得到克服的。

依据改革经验的总结，中国社会主义经济的基本框架可以确定为：公有制为主体、多种所有制经济共同发展，是社会主义初级阶段的基本经济制度。以此为基石，由以公司制为主要组织形式的现代企业制度，商品市场和要素市场共同发展的、价格机制合理的、全国统一的、平等竞争充分展开的市场体系，以间接调控为主的、健全的宏观经济调控体系，按劳分配为主并与按要素分配相结合的分配制度，以及多层次的、多形式的社会保障体系这样五个主要支柱构成。这一个基石和五个支柱共同构成社会主义市场经济的大厦。

二、从计划经济向社会主义市场经济过渡的客观必然性

中国由计划经济向社会主义市场经济（即社会主义条件下市场经济）的过渡，并不只是由中国改革总设计师邓小平个人意志决定的（尽管他在这方面起了非常重要的作用），从根本上说来，这是一个不以人们意志为转移的客观过程。这可以从以下两个重要方面来说明。

在中国现代经济史上，这是中国人民依据历史发展规律作出的一次关系中华民族存亡和中国现代化事业成败的历史性选择。计划经济的主要特点是：以单一的公有制为基础，实行高度集中的、以行政指令为主的、排斥市场机制的计划。这种行政指令计划是配置社会生产资源的主要方式。

计划经济的建立和发展过程。总的来说，这种体制是 1949 年 10 月中华人民共和国成立以后开始建立的，到 1956 年就基本上建立起来，以后一直到 1978 年又得到了进一步强化。表 1 和表 2 中 1949~1978 年的数字可以从总体上说明这一点。当然，这只表明了工业的情况。但在 1956 年对个体农业的社会主义改造基本完成以后，国家对农业也是实行准计划

表 1　各种所有制工业在工业总值中的比重　　　　　　单位：%

年份	国有工业	集体工业	非公有工业
1949	27.8	0.5	71.7
1952	45.5	3.3	51.2
1957	80.1	19.0	0.9
1978	80.7	19.3	0.0
1999	28.5	38.5	33.0

资料来源：《中国统计年鉴》（有关各年）；中国经济信息网（www.Cei.gov.cn）2000 年 1 月 31 日。

表 2　国家指令计划在工业总产值中所占比重　　　　　　单位：%

年份	所占比重
1949	26.2
1952	41.5
1957	60.0
1978	70.0
1997	41.0

资料来源：汪海波：《中华人民共和国工业经济史（1949.10~1998）》，山西经济出版社 1999 年版，第 27、171、728 页。

经济体制。

高度集中的计划经济体制形成的历史背景。①受以往几千年封建社会形成的自然经济思想的影响。②受过去20多年革命根据地和解放区处于被包围、被分割的农村情况下形成的自给自足、各自为战的管理制度，以及战时共产主义供给制的影响。③在缺乏社会主义建设经验的情况下，基本上学习了苏联斯大林时期实行的计划经济体制。这些因素都是重要的，但都是历史的或外在的因素，而不是现实的和内在的因素。④这种体制适应了"一五"时期集中主要力量进行以重工业为主的重点建设需要。这是现实的和内在的因素。

这种高度集中的计划经济体制有一个很大的优点，就是能够把社会的资金、物质和技术力量集中起来，用于有关国计民生的重点项目、国民经济发展中的薄弱环节和经济落后地区，从而比较迅速地形成新的生产力，克服国民经济各个部门之间和各个地区之间的发展不平衡状态，促进国民经济的迅速发展。这一点，不仅正好适应了恢复国民经济的需要，而且正好适应了实现"一五"计划基本任务的需要。

历史经验已经证明，"一五"时期建立起来的高度集中的计划经济体制，对"一五"计划各项任务的实现，起了重要的促进作用。这种体制有利于集中主要力量建立我国社会主义工业化的初步基础；有利于克服半殖民地半封建中国留下的农业、轻工业和重工业之间的比例失调状态，以及沿海和内地之间的经济发展的严重不平衡情况；有利于保证国家财政收入的增长、市场价格的稳定和人民生活水平的提高。

历史经验还表明，高度集中的计划经济体制固有的弊病，在"一五"时期也已经有所暴露。这包括：这种体制不适合国营企业作为商品生产者的要求，束缚了企业的积极性；由这种体制造成的条块分割状态，割断了发展商品经济要求的部门之间和地区之间的经济联系；这种体制内含的投资膨胀机制会造成基本建设投资膨胀，引发国民经济比例关系的失调；这些又会导致经济效益低下的后果等。

高度集中的计划经济体制虽然既有积极作用，也有消极作用，但二者并不是平分秋色的关系。在"一五"时期具体条件下，其积极作用得到了较充分的发挥，是主要的方面；其消极作用受到了限制，是次要的方面。半殖民地半封建中国产业结构是畸形的，农业比重过大，工业比重过小，轻工业落后，重工业尤其薄弱。新中国成立以来，经过国民经济恢复时期的建设，这种畸形状态有了一定程度的改善，但并没有得到根本的改变。所以，在第一个五年计划期间继续优先发展重工业，是一个正确的战略决定。这个时候我国工业基础仍然是很薄弱的，外延的扩大再生产形式，即主要依靠新建企业来进行的形式占有特别重要的地位。但相对于发展轻工业和进行内涵的扩大再生产形式（即通过对原有企业的技术改造实现扩大再生产）来说，发展重工业和进行外延的扩大再生产，均需要较多的资金。这就需要把社会有限的财力集中于国家手中，用于建设有关国计民生的重点项目，以加速工业和整个国民经济的发展。高度集中的计划经济体制，正好适应了经济发展的这一客观要求，并促进了生产的发展。

以行政管理为主的计划经济体制，它的运行机制是国家各级机关对下级机关以及国家行政机关对企业的行政命令，是国家各级下级机关对各级上级机关以及企业领导人对国家行政机关的行政责任，是维护行政命令和行政责任的行政纪律，是国家各级行政干部和企业领导人的责任心，是党的思想政治工作。而在第一个五年计划期间，党和政府的威信很高，党的作风正派，党的干部队伍比较年轻，官僚主义比较少，广大干部的政治激情高涨，党的思想政治工作也很有力。这一切就使得计划经济体制的运行机制是比较灵敏的，行政管理的效率也是比较高的。

第一个五年计划期间党和国家的宏观经济决策是正确的。在各种经济管理体制下，党和国家的宏观经济决策都是重要的。而在高度集中的、以行政管理为主的计划经济体制下，党和国家的宏观经济决策的正确与否，其意义尤为巨大。因为只有宏观决策正确了，才能从根本上保证行政管理的效率；否则，就根本谈不上行政管理的效率。所以，第一个五年计划期间正确的宏观经济决策，是充分发挥高度集中的计划经济体制积极作用的一个十分重要的条件。上面分析的仅仅是问题的一方面，即由于第一个五年计划期间的各种具体条件，使得高度集中的计划经济体制的积极作用得到了较充分的发挥；另一方面，在这个期间，这种经济管理体制的消极作用却受到了很大的限制。①我国生产资料私有制的社会主义改造基本上是在 1956 年完成的。在此之前，社会主义经济虽然已经居于领导地位，但还存在着大量的资本主义经济以及个体经济。而且，在这个期间，党和政府比较成功地通过运用价值规律，对这些私有经济实行了计划指导。所以，由这种计划经济体制产生的管理过于集中，管得过死，否定市场调节的作用等缺陷，这个期间首先在范围上受到了限制。②在这个期间，生产社会化和商品经济都还不发展；由于美国等资本主义国家对我国实行封锁禁运，对外贸易也受到了很大的限制。这样，由这种经济管理体制带来的否定国营企业的商品生产者的地位以及阻碍商品生产等消极作用，这个期间也受到了限制。

上述情况表明：高度集中的计划经济体制，适应了"一五"时期社会生产力发展的要求，并符合"一五"时期的具体情况，从而使它的积极作用成为主要方面。

这是把"一五"时期作为一个整体说的，它并不意味着这种体制的积极作用和消极作用，在"一五"前期和后期都是同等的。实际上，在"一五"前期，这种体制的积极作用更大些，消极作用要小些；而在"一五"后期，虽然还有主要的积极作用，但消极作用明显地增长了。

但是，在"一五"时期以后，由于社会生产力的发展，由于上述充分发挥计划经济体制积极作用以及限制其消极作用的有利条件都发生了变化，计划经济体制的弊病越来越严重，愈来愈不适应社会生产力的发展。这时本应推行市场取向的经济改革（即以建立社会主义市场经济体制为目标的改革），以适应社会生产力发展的要求。

然而，这时人们对经济体制改革的认识还只是停留在行政性分权的水平，即主要是中央政府向地方政府下放经济管理权限，并向企业管理人员下放企业管理权力。1957年10月党中央通过的《关于改进工业管理体制的规定（草案）》、《关于改进商业管理体制的规定（草案）》和《关于改进财政管理体制的规定（草案）》，就具体体现了上述思想。

依据这些规定和其他有关规定，1958年和1970年分别进行了两次经济体制改革，都没有成功。其原因不仅是因为这两次改革方法根本是错误的。这种改革要求在较长的时间用渐进的方法来进行，而这两次改革都采取了短促的群众运动的方法；也不仅因为这两次改革根本缺乏应有的经济、政治环境。这种改革要求有相对宽松的经济环境和相对稳定的政治环境，而1958年的改革是在"大跃进"运动中进行的，1970年的改革是在"文化大革命"中进行的。从根本上说来，是由于这两次改革取向是完全错误的。它不是进行市场取向的改革，而是行政性分权。这样，这种愈来愈不适合生产力发展的计划经济体制又在我国延续了 20 多年。

不仅如此，毛泽东"左"的思想在"大跃进"中，尤其在"文化大革命"中发展到了顶端。在经济方面，这种"左"的思想最突出的表现就是盲目追求单一的公有制（主要是国有制），彻底否定按劳分配（甚至把按劳分配说成是同资本主义差不多的东西）。这样，本来已经僵化的计划经济体制又得到了进一步强化，弊病更趋严重，以致成为社会生产力发展的严重桎梏。

所以，总的来说，计划经济体制在 1949~1952 年国民经济恢复时期和 1953~1957 年"一五"时期曾经起过重要的积极作用，大大促进了国民经济的恢复和社会主义工业化初步基础的建立。但在此后，直到 1978 年，这种体制愈来愈不适合社会生产力的发展。详见表 3 中 1953~1957 年和 1958~1978 年的数字。

表 3　国内生产总值总额和年平均增长率

年份	总额	年平均增长速度（%）
1952	679.0	
1957	1068.0	
1978	3624.1	
1999	82054.0	
1953~1957		9.2
1958~1978		5.4
1979~1999		9.6

资料来源：《中国统计年鉴》（1999），第 55~58 页；《人民日报》2000 年 2 月 29 日第 4 版。

不仅如此，这种计划经济体制还成为险些给整个社会主义制度带来覆灭命运的"文化大革命"的制度性根源。我国政治体制中曾经存在的权力过分集中的现象，是同高度集中的计划经济体制相联系的。邓小平曾经中肯而又尖锐地指出："权力过分集中，越来越不适应社会主义事业的发展。对这个问题长期没有足够的认识，成为'文化大革命'的一个重要原因，使我们付出了沉重的代价。""如果不坚决改革现行制度中的弊病，过去出现过一些严重问题今后就有可能重新出现。"[①]

①《邓小平文选》第 2 卷，第 329、333 页。

所以，无论从经济上来说，还是从政治上来说，都必须对计划经济体制进行根本改革。

表 4   中国和原苏联国民收入年平均增长率   单位：%

年　份	中国	苏联
1950~1978	6.0	7.7
1979~1990	8.4	2.8

1978 年底，党的十一届三中全会顺应历史潮流提出了改革开放的方针。1992 年党的十四大又明确提出了中国经济体制改革的目标是建立社会主义市场经济。市场取向的改革，大大促进了经济的发展，显示了强大的生命力，改革成为不可逆转的历史潮流。详见表 4 中 1958~1978 年和 1979~1990 年的数字。

表 4 的数字又把中国改革前后中国国民收入年平均增长率与原苏联作了比较。这些数据表明：改革前，中国国民收入年平均增长率比原苏联低 1.7 个百分点。这是可以理解的。虽然当时中苏两国都是实行计划经济的国家，但苏联在国民经济计划管理和贯彻按劳分配原则以及工业基础、科学技术水平和人民文化素质等方面均好于中国。但在改革以后，中国国民收入年平均增长率却比苏联高出 5.6 个百分点。决定这种巨大反差的最重要因素，是这期间中国市场取向的改革取得了重大进展，显示了强大的活力；而苏联改革始终没有越出行政性分权的框框，以致经济陷于衰退的境地。

这里还要提到：1991 年苏联解体的原因是多方面的。其中，包括国外敌对势力的破坏。但决定性的原因，是僵化的计划经济体制长期没有得到根本改革，经济增速大幅下降，人民生活水平踏步不前，以致失去民心。

正是依据对国内外经验深刻的科学总结，邓小平多次尖锐地指出："改革是中国发展生产力的必由之路。""不开放、不改革，没有出路，国家现代化建设没有希望。"在实际上成为他的政治遗嘱的 1992 年初重要谈话中又一次重申："不坚持社会主义，不改革开放，不发展经济，不改善人民生活，只能是死路一条。"[1] 这决不是危言耸听，而是后人应铭刻心

①《邓小平文选》第 3 卷，第 136、219、370 页。

中的警世名言。

所以，中国实现从计划经济向社会主义市场经济的过渡，是中国人民在邓小平理论指导下依据社会发展规律作出的具有重大历史意义的选择。

这里所说的社会发展规律主要就是马克思主义关于生产力决定生产关系的规律。1859年马克思在《〈政治经济学批判〉序言》中对这个原理作经典表述时曾经指出："人民在自己生活的社会生产中发生一定的、必然的、不以他们的意志为转移的关系，即同他们物质生产力的一定发展阶段相适应的生产关系。"① 诚然，马克思这里所说的生产关系，是指基本经济制度。但历史经验表明：作为社会经济运行方式的经济体制也是由社会生产力决定。所以，我们完全可以把马克思提出的这条原理引申到这方面来。

我们在前面主要是从历史过程方面论证了从计划经济向社会主义市场经济过渡的客观必然性。下面再着重从理论上说明这一点。

1. 在工业化和现代化生产条件下，企业作为社会生产的基本单位，在发展社会生产力方面起着极为重要的作用。但在计划经济体制下，把企业供产销和人财物等方面的权力均集中在政府手中。这就从根本上抹杀了企业的独立经济利益，否定了企业的经营自主权，使得企业成为政府的附属物和算盘珠。不仅如此，计划经济体制既不适应利益主体多元化的要求，也不可能完全、充分、及时掌握企业经营管理所必要的信息，再加上政府（特别是部门和地区）本身利益局限性，以及政府工作人员素质和对客观事物认识过程的限制，政府就不仅不可能对企业实行有效的经营管理，而且必然发生诸多失误。所有这些都会挫伤在客观上作为自主经营、自负盈亏的市场主体的企业的主动性、积极性和创造性。还要提到：在我国社会主义初级阶段，必须贯彻按劳分配为主，并与按要素分配相结合的原则，才能充分调动作为最重要生产力要素的劳动者的积极性。而在计划经济体制下，是不可能从根本上解决作为按劳分配原则对立物的平均主义问题的，更谈不上实行按要素分配的原则。这就必然会挫伤劳动者的积极性。在科学技术正在成为和已经成为第一生产力的时代，企业的科技人员和经营管理人员在发展社会生产力中的作用大

---

① 《马克思恩格斯选集》第2卷，人民出版社1972年版，第82页。

大加强。而计划经济体制在挫伤这些人员积极性方面显得尤为突出。所有这些都会降低企业的营运效益。

2. 在商品经济条件下，企业为了避免被淘汰的命运，为了实现资本的保值和增值，展开了激烈的竞争。这种竞争是推动社会生产力发展的一个最强大的力量。而在计划经济体制下，企业既无开展竞争的冲动，也缺乏这方面的权限和空间。这样，计划经济体制不仅扼杀了企业发展生产的动力，而且扼杀了企业发展生产的压力，这就窒息了企业的活力，使得运营效益低下成为企业的通病。

3. 在商品经济条件下，发展部门之间和地区之间的经济联系，是促进各部门和各地区经济发展的重要因素。但在计划经济体制下，中央政府的集中管理在许多方面都是通过中央行政部门和地方行政部门实现的。这就形成了条条（部门）和块块（地方）的分割状态。与此相联系，又形成了部门利益和地区利益。这种分割状态和部门、地区利益的驱动，必然在很大程度上割断了部门之间和地区之间的经济联系，阻碍了各部门、各地区的经济发展。

4. 实现国民经济的持续稳定发展，是我国提高宏观经济效益的一个极重要方面。但在计划经济体制下，中央、部门、地方和企业均有旨在实现经济高速增长的动力机制。再加上盲目推行"赶超战略"，以及片面追求"政绩"，就在这些方面形成了强烈的投资冲动。但在投资方面又缺乏有效的约束和监督机制。由此形成的投资膨胀机制，周期地导致经济总量失衡和结构失衡。而在计划经济体制下，调整这种失衡的主要手段，又是用行政指令大幅压缩投资。于是，经济的高速增长又迅速变成低速增长，甚至负增长。这样，经济增速大上大下，影响经济发展的常态，从而导致宏观经济效益的低下。

5. 我国社会主义初级阶段的基本经济制度是：社会主义公有制经济占主体地位（其中，国家所有制占主导地位，集体所有制占重要地位），非公有制经济是重要组成部分。但按照计划经济体制的本性，要求在全社会范围内实现国有制。因此，在 1958~1976 年计划经济体制强化时期，不仅把残存的非公有制经济扫荡无遗，而且对集体所有制生产的主体部分也实行指令性计划，集体所有制还有一部分实现了向国有制的过渡。这样，计划经济体制不仅根本否定了在我国社会主义初级阶段发展社会生产力方面还有重要作用的非公有制经济，而且在很大程度上否定了集体所有制经济的作用。由此也扼杀了各种所有制企业之间的竞争，在很大程度上使国有经济丧失了活力。这就阻碍了整个国民经济的发展。

三、建立社会主义市场经济的任务及其可行性和艰巨性

建立社会主义市场经济的任务，就是要根本改革计划经济体制，建成与社会主义初级阶段基本经济制度相结合的、有国家干预的市场经济。但这种干预是以市场机制作为配置社会经济资源的主要方式为前提的，以市场机制的作用为基础的。具体说来，就是如前述的要建立由一个基石和五根支柱构成的社会主义市场经济大厦。

建立社会主义市场经济的可行性问题涉及诸多方面。但从长期的理论争议和改革实践分歧来看，其中的关键问题是社会主义公有制同市场经济是否兼容。

但在实际上，市场经济同社会主义公有制尽管有矛盾的一面，但二者不仅是可以相容的，而且具有内在的统一性。为了清楚地说明这一点，有必要分两个层次来说明。

第一个层次是从抽象的社会主义商品经济（即撇开中国社会主义初级阶段的所有制结构和公有制的实现形式）考察。因为社会主义公有制同市场经济是否兼容的，是可以还原为社会主义公有制同商品经济是否相容的。按照马克思主义对简单商品生产和资本主义商品生产产生条件所做的分析，我们可以概括出商品生产一般存在的两个条件，即存在社会分工和不同的所有制（或具有独立经济利益的生产经营单位）。

在社会主义初级阶段，社会分工这个条件无疑是具备的。马克思主义认为，在共产主义社会第一阶段（即社会主义社会），劳动还只是谋生的手段。这样，各个生产单位就具有独立的经济利益。因而，社会主义社会必然存在商品生产。

在发达的商品经济（即以工业化和现代化作为物质技术基础的商品经济）条件下，必然产生作用范围覆盖全社会的价值规律。所谓价值规律就是商品价值是由社会必要劳动量决定的，商品价格是由价值决定的。而所谓市场经济就是由价格机制配置社会经济资源。所以，从这个抽象层次考察，社会主义公有制同市场经济具有内在的统一性。

但仅仅停留在这一步，这个问题并没有得到根本解决。原因在于：

中国在改革以前，非公有制经济几乎完全绝迹，仅仅存在国家所有制和集体所有制这样两种社会主义公有制形式。但国家不仅对国有企业实行行政指令性计划，对集体企业的主体部分也实行行政指令性计划。而这种以实行行政指令性计划为主要特点的计划经济体制，是排斥市场机制作用的，根本谈不上同市场经济的兼容。

所以，对这个问题的分析还必须进行到第二个层次，即从中国社会主义初级阶段的所有制结构和社会主义国有制的实现形式进行具体考察。

历史经验和理论分析已经充分证明：①在中国社会主义初级阶段，要通过改革建立以社会主义公有制为主体的、多种所有制共同发展的格局。②适应国有经济发挥主导作用要求而保留下来的国有企业，还要通过改革建立一个公司制为企业组织形式的现代企业制度。原来的集体企业也要适应商品经济要求进行相应的改革。至于非国有制企业天然就是适应这一要求的。这样，在社会主义初级阶段，各种所有制企业就都成为自主经营、自负盈亏的商品生产经营者。这样，商品经济的价值规律的作用，就覆盖到了全社会范围。这同时意味着市场经济成为社会经济资源的主要配置方式。从而，社会主义公有制同市场经济的内在统一性，就能成为活生生的现实。现在的问题是要分析：社会主义公有制同市场经济不能相容的观念长期存在的原因。

1. 对马克思主义创始人关于社会主义社会商品经济要消亡的设想和预言采取了教条主义的态度。实践已经证明：马克思、恩格斯的这个设想是不符合实际的。但这主要是由于他们所处时代的限制。更重要的一点是：马克思在生前多次告诫当时的和后来的共产党人，他们的理论不是教条，而是行动的指南。所以，如果不是对马克思主义创始人的上述设想采取教条主义的态度，而是采取实事求是的态度，那就没有理由把社会主义公有制同市场经济对立起来。

在那些不熟悉或不相信马克思主义的人们（包括国内外的）中，也有人认为，社会主义公有制和市场经济是不相容的。对他们来说，这种观念主要是由于一段期间的历史事实而造成的。因为在历史上，市场经济确实是伴随资本主义私有制经济的确立、发展而形成和发展的；而计划经济是伴随社会主义公有制的建立、发展而形成和发展的。但这种观念就像把国家的宏观经济调控（包括计划）同资本主义私有制看成不相容一样，都是不合理的。

2. 没有把作为基本经济制度的社会主义公有制和作为社会资源配置方式（或社会经济运行方式）的市场经济区别开来。但在理论上这是两个有严格区别的经济范畴。而且国内外实践的经验也表明：在发达的商品经济（包括资本主义条件下的商品经济和社会主义条件下的商品经济）条件下，都必须以市场机制作为配置社会资源的主要方式。当然，同时都需要国家的宏观经济调控。

如果从这个角度来考察，那么，社会主义公有制和市场经济不仅是可以兼容的，而且也具有内在统一性。按照邓小平理论，社会主义的根本原则是"一个公有制占主体，一个共同富裕"。社会主义的根本任务"就是发展生产力"。① 而党的十一届三中全会以来的改革经验证明：市场取向的经济改革，是重新焕发和激励社会主义公有制企业（特别是国有企业）活力、实现经济持续快速发展和共同富裕的惟一正确道路。当然，像任何事物一样，市场经济也有二重性，在这些方面也都有负面影响。而且，处理不当，也会冲击社会主义公有制的主体地位，在某种程度上导致两极分化和经济波动。但总的来说，市场经济同社会主义公有制是可以兼容的。而且，在建立社会主义市场经济过程中，只要坚持党的基本理论、基本路线和基本纲领，就可以做到有效地发挥市场经济的积极作用，并限制其消极作用，较好地实现它同社会主义公有制的兼容。

但是，无论如何，在中国这样一个社会主义大国，进行市场取向的改革，实现从计划经济到社会主义市场经济的根本转变，总是一个前无古人的极其艰巨的事业。这主要表现在以下五个方面：

1. 在改革的理论前提方面。1949 年 10 月新中国建立以后，社会主义社会不存在商品经济被看作是马克思主义的基本观点，计划经济被看作社会主义经济制度的基本特征。而在 1958~1978 年 20 年间，除了其中的 1961~1965 年的经济调整时期以外，"左"的路线居于主导地位。在当时的政治环境下，要根本否定马克思主义创始人这个设想和计划经济，就需要极大的革命胆识和理论勇气。而根本否定这一点，正是市场取向改革的理论前提；否则，这种改革就无从谈起。

---

① 《邓小平文选》第 3 卷，第 110~111、137 页。

2. 在确立改革的目标和框架方面。由于缺乏经验和理论准备，在确立市场取向的改革目标和社会主义市场经济的基本框架方面，经历了一个长期的艰苦的探索过程。但在邓小平多次倡导的解放思想、实事求是这条马克思主义思想路线指导下，中国共产党和人民都进行了成功的探索。其过程大致如下：

第一阶段：1978 年 12 月，党的十一届三中全会指出，我国经济管理体制的一个严重缺点是权力过于集中，应该有领导地大胆下放权力，让企业在国家统一计划的指导下有更多的经营管理自主权；应当坚决按照经济规律办事，重视价值规律的作用，从历史观点来看，这可以看作是开了我国市场取向改革的先河。

第二阶段：1979 年以后党的文件，特别是 1982 年 9 月党的"十二大"指出，正确贯彻计划经济为主、市场调节为辅的原则，是经济体制改革中一个根本性问题。与"文化大革命"期间"左"的路线发展到顶峰的状况相比较，这些提法无疑是巨大进步。但这些规定都还没有从根本上摆脱 1956 年 9 月召开的八大一次会议上的有关提法。

第三阶段：1984 年 10 月，中共十二届三中全会指出，我国实行的是有计划的商品经济。这个提法向市场取向改革目标前进了一大步。

第四阶段：1987 年 10 月，党的"十三大"报告指出，国家对企业的管理应逐步转向以间接管理为主。计划和市场的作用范围都是覆盖全社会的。新的经济运行机制，总体上来说应当是"国家调节市场，市场引导企业"的机制。这个提法可以看作是向市场取向改革目标迈出了决定性的一步。

第五阶段：1992 年 10 月，党的"十四大"依据同年初邓小平重要讲话的精神，明确宣布："我国经济体制改革的目标是建立社会主义市场经济体制"。1993 年，党的十四届三中全会勾画了社会主义市场经济体制的基本框架，即前述的一个基石和五根支柱。

至此，可以认为，我国市场取向改革的目标及其框架在理论上、认识上已经基本完成。可见，如果仅仅从 1978 年算起，这个过程是经过长达 15 年的。

需要指出：在确立市场取向改革目标及其基本框架方面经历了这样的过程，在改革的其他方面，特别是在发展非公有制经济和实现国有企业改革方面也都程度不同的经历了类似的过程。

3. 在实现改革任务方面。实现改革任务，主要也就是构筑上述的一个基石和五个支柱。构筑社会主义市场经济大厦，是一个极其伟大、十分艰巨、非常复杂的社会经济的系统工程。完成这项工程，不仅需要正确的理论指导，也不仅需要巨大的革命胆略和坚强毅力，而且需要高超的指挥艺术。这项改革任务的艰巨性，特别突出表现在作为改革中心环节的国有企业改革方面。由计划经济体制下的国有企业改革成为社会主义市场经济体制下的国有企业，涉及到国有经济运行的全过程，是脱胎换骨的改革。而且这种改革是同国有经济战略性调整、国有企业组织结构的战略性调整以及加强企业的技术改造和管理相结合的，是同处理数以千万计的企业冗员、分离大量的企业办社会机构以及补足巨额资本金、降低资产负债率相结合的。这些就使得国有企业的改革任务变得异常复杂艰巨起来。再加上这方面的改革也存在许多失误，诸如：改革起步以后的一个长时间里由于没有抓紧社会保障体系的建设，以致国有企业改革事实上难以迈出实质性步伐；80 年代的一刀切的拨改贷，以及后来许多国有企业长期资本金不足，成为国有企业经营状况恶化的一个重要原因；政府职能转变缓慢，大量行政性公司反复出现，甚至发生军警、公安和政法机关经商，事实上为国有企业改革设置了新的障碍；没有抓住卖方市场存在的有利时机，及时放开搞活大量的国有中小企业；在国有大中型企业公司化改造中，没有抓紧法人治理结构和企业经营管理人员的监督、激励制度的建设，以致内部人控制现象十分严重，等等。这些又使得深化国有企业仍然成为当前一项极为艰巨的任务。

4. 在实现改革的条件方面。推进市场取向的改革，需要一系列严格条件相配合。其中，主要是要有稳定的、宽松的经济环境和稳定的政治局面。我国 20 多年的改革经验证明：改革、发展和稳定三者之间存在相互依存、相互促进的统一关系。稳定是前提，改革是动力，发展是目的。改革以来，由于较好地处理了三者之间的关系，促使我国经济的改革和发展取得了举世瞩目的伟大成就。但在改革进程中，营造改革需要的经济环境并非易事。问题在于：由于经济转轨时期各种特有矛盾的作用，在改革过程中，有的年份经济过热。比如，1978 年、1985 年、1988 年和 1992 年都发生过经济过热。而每当发生经济过热，都会延缓改革的进程，甚至在一定程度上导致改革的倒退。在这几次发生经济过热时，都及时进行了经济调整，使经济环境重新趋于宽松，从而促进了改革的深化。特别是1992~1997年制止了经济过热，实现了经济"软着陆"；1998~1999年又阻止了经济增速的过度下滑，并抑制了通货紧缩的形势；2000年经济增速出现回升，基本上走出了通货紧缩的局面。这就为深化改革创造了稳定的、宽松的经济环境。在改革进程中，创造稳定的政治局面也很困难。这一点，在当前表现得尤为明显。由于各种因素的作用，部分行政官员和国有企业经营管理人员的贪污腐败之风并未从根本上遏制住，农民人均收入水平增幅连续四年下降（其中相当一部分农民绝对收入水平下降），城镇失业工人大量增加。这样，采取各种措施，维护政治稳定，就成为一个十分重要的任务。从相互联系的意义上说，市场取向改革需要的这种经济、政治环境，也使得改革的任务变得异常艰巨。

5. 在实现改革的阻力方面。我国市场取向的改革是由党和政府领导人民进行的，是社会主义制度的自我完善。它根本区别于新民主主义时期党领导人民武装推翻国民党反动政权的革命。但市场取向的改革，毕竟也是一场革命。就经济关系变革来说，主要包括两个方面：①生产资料所有制的部分变革。即实现由单一的社会主义公有制向以公有制为主体，多种所有制共同发展的格局转变。②经济体制的根本变革。即实现由计划经济向社会主义市场经济的转变。这是一种经济利益关系的大调整，并且必然带来上层建筑各领域的大调整。从而产生一系列的矛盾和冲突，给改革造成多方面的阻力。诸如：市场取向改革要求根本改变社会主义制度下要消灭商品经济以及计划经济是社会主义经济基本特征的观念，以及由长期计划经济生活形成的习惯势力。这就会同那些思想观念和习惯转变一时难以跟上的人们发生矛盾。改革要求实现政企职责分开、打破地方保护主义以及消除行政性（或行政性与经济性相结合）的垄断。这些都会同坚持个人（或小集团、或地区的）利益的部分官员发生矛盾。改革要求通过先富带动后富，以实现共同富裕；在一定时期内，改革深化可能加剧失业状况；在改革进程中，难免发生经济过热和通货膨胀，对人民生活产生不利影响；许多改革措施在总体上是有利于人民的，但也会同部分人的利益发生不利的影响。这些都会引起同有关人群的矛盾。改革是从制度上切断腐败的根源。因此会同腐败分子发生激烈的冲突。市场取向改革会引起上层建筑领域内的深刻变革，这也会形成一系列的矛盾和冲突。需要指出：这些矛盾和冲突带有人民性（即除少数敌对分子以外，绝大多数均系人民内部矛盾）、广泛性（涉及的人很多）、复杂性（一时难以辨明是非和处理）、隐蔽性、顽固性和长期性的特点。这是形成改革艰巨性的一个很重要原因。

总之，尽管中国市场取向改革具有客观必然性和可行性，但任务也是十分艰巨的。

第四节　建立社会主义市场经济的进程和成就

一、建立社会主义市场经济的主要进程

1. 起步阶段（1979~1983 年）。这里是以党的十一届三中全会提出改革开放方针为起点。这期间改革的重点在农村，完成了由队为基础，三级所有的农村人民公社制度到以家庭承包经营为基础、统分结合的双层经营体制的过渡。城市改革也开始起步。国有工业先后实行了扩大企业自主权、工业经济责任制和利改税。乡镇企业开始恢复和发展。个体企业开始恢复，"三资"企业开始发展。调放结合，以调为主的价格改革开始启动。产品市场和对外贸易迅速发展。以劳动力为代表的要素市场开始发展。这期间先后在广东、福建两省实行对外经济活动的特殊政策和灵活措施，在深圳、珠海、汕头和厦门试办经济特区。

2. 全面开展阶段（1984~1991 年）。这里是以党的十二届三中全会作出关于经济体制改革的决定为起点。这期间改革的重点已由农村转到城市，改革在微观、宏观领域全面展开。这期间国有大中型工业企业实行承包制，小型企业实行租赁制。乡镇企业迅速崛起。私营企业开始发展。个体企业和"三资"企业迅速发展。以放为主的价格改革全面展开。以资本为代表的要素市场开始发展。对外贸易迅速发展。这期间，先后开放了天津、上海、大连、青岛和广州等 14 个沿海城市，长江三角洲、珠江三角洲和闽南三角洲以及山东半岛和辽东半岛，设立了海南经济特区，特别是开放了上海浦东。

3. 初步完成阶段（1992~2000 年）。1992 年，党的"十四大"提出：

中国经济体制改革的目标是建立社会主义市场经济。党的十四届五中全会提出：到 2000 年，要初步建立社会主义市场经济体制。实际上也正是这样。在这期间，资本和劳动力等要素市场达到巨大规模。社会主义市场体系初步形成。大部分国有大中型企业建立了现代企业制度，大部分国有小企业也实行了改制。非国有经济继续得到迅速发展。以公有制为主体、多种所有制共同发展的格局初步形成。产品价格改革取得决定性胜利。这期间，还开放了沿边城市、沿江城市和内陆省会城市。这样，我国对外开放就形成了经济特区—沿海开放城市—内地开放城市这样一个包括不同开放层次、具有不同开放功能的梯度开放格局。

二、建立社会主义市场经济的主要成就

（一）改革开放已经取得了突破性的重大进展

1. 以社会主义公有制为主体的、多种所有制经济共同发展的格局已经初步形成（详见表 5）。

表5　各种所有制经济在国民生产总值中的比重　　单位：%

年份	国有经济	集体经济	非公有制经济
1978	56.0	43.0	1.0
1997	40.8	35.0	24.2

说明：1997 年非公有制经济 24.2 个百分点中，有 7 个百分点为混合经济。其中，国有经济占 5 个百分点，集体经济占 2.2 个百分点。

2. 国有企业改革取得重大进展。到 1997 年底，在建立现代企业制度的 2500 户试点企业中，改制为公司的有 1989 户；全国约有 50% 以上的小企业实现了改制。

3. 在产品的生产和销售方面，国家指令计划为主的格局已经基本打破，市场调节的基本格局已经初步形成（详见表6）。发展要素市场方面也有了重大进展。价格机制逐步趋于合理。

表6　国家指令计划在生产和销售总额中的比重　　单位：%

年份	指令计划在工业总产值中的比重	生产资料中国家定价的比重	社会商品零售总额中国家定价的比重	农副产品收购总额中国家定价的比重
1978	70.0	100.0	97.0	96.0
1997	4.1	4.0	5.0	15.0

到 1998 年底，我国境内上市公司已达 976 家，市场总值 26471 亿元，

占当年国内生产总值的 32.3%。[①]

4. 适应市场经济要求的计划、财政和金融等方面的改革已经取得重大进展，宏观调控体系框架初步建立。

5. 计划经济体制下形成的封闭和半封闭的格局已经基本打破，全方位、多元化、宽领域的对外开放格局已经初步形成（详见表 7、表 8 和表 9）。

表 7　进出口总额的增长

年份	进出口总额（亿元）	占国内生产总值的比重（%）
1952	64.6	9.56
1978	355.0	9.79
1997	26918.0	36.00
1998	26823.6	33.71
1999	29855.7	36.38

说明：由于中国大陆对第三产业的比重计算过低以及其他原因，33.71% 的数字偏高。

资料来源：《中国统计年鉴》（1998），第 55、620 页；《中国统计摘要》（2000），第 15、139 页。

表 8　实际利用外资额的增长　　　　　　　　　　　　单位：亿美元

年份	总计	外商直接投资
1979~1983 合计	144.38	18.02
1990	102.89	34.87
1997	640.00	453.00
1998	589.00	456.00
1999	563.00	409.00
1979~1999 合计	4752.00	3060.00

资料来源：《中国统计年鉴》（1999），第 594 页；《人民日报》2000 年 3 月 18 日第 2 版。

表 9　外汇储备的增长　　　　　　　　　　　　单位：亿美元

年份	增长额
1952	1.39
1957	1.28
1978	15.57
1984	114.20
1991	426.65
1997	1399.00
1998	1450.00
1999	1547.00

资料来源：《中国统计年鉴》（1999），第 626 页；《人民日报》2000 年 2 月 29 日第 4 版。

[①]《人民日报》2000 年 2 月 29 日第 4 版。

（二）改革开放使得我国社会经济面貌发生了重大历史性的变化

1. 推动了社会生产的高速、稳定增长（详见表3和表10）。

表 10　改革后四个经济周期国内生产总值年平均增长率　　　单位：%

年份	增长额
1979~1983	7.7
1984~1986	9.0
1987~1991	7.9
1992~1999	10.5

资料来源：《中国统计年鉴》(1999)，第 616 页；《人民日报》2000 年 2 月 18 日第 2 版。

1992~1996 年，我国第一次成功地实现了经济"软着陆"。1997 年特别是 1998 年在亚洲金融危机对我国经济增长负面影响增大和遭受历史罕见的特大洪涝灾害的影响下，仍然实现了经济的持续快速增长。1999 年经济增速比 1998 年有所下降，但仍是快速增长。2000 年经济增速预计比 1999 年有所增长。持续两年多的通货紧缩局面将基本结束。这不仅在世界上一个社会主义大国创造了"软着陆"的经验，而且在"软着陆"实现以后创造了治理通货紧缩防止经济滑坡、保持经济持续快速增长的经验（详见表 11）。

表 11　1992~1998 年国内生产总值指数（以上年为 100）

年份	国内生产总值指数
1992	114.2
1993	113.5
1994	112.6
1995	110.5
1996	109.6
1997	108.8
1998	107.8
1999	107.1

2. 加速了中期工业化进程，促进了工业化与知识经济化的结合。表 12 的资料表明：改革以来，1979~1999 年的工业平均增长速度，比计划经济体制形成时期工业产值基数很低的 1953~1957 年仅低 3.0 个百分点，比计划经济体制强化时期工业基数虽有上升但仍较低的 1958~1978 年高出

5.1 个百分点。1988 年高新技术产业产值占工业增加值的比重不足 1%，1997 年上升到 11%。这项数据表明：从总体上说，我国虽仍处于工业化中期阶段，但知识经济已初现端倪，开始了工业化与知识经济化相结合的进程。

表 12　1953~1957 年、1958~1978 年与 1979~1997 年工业产值平均增长速度之比较

单位：%

年　份	速　度
1953~1957 年平均	18.0
1958~1978 年平均	9.9
1979~1999 年平均	15.0

3. 推动了产业结构的调整。改革以来，第一产业比重显著下降，第三产业比重大幅上升。在第一产业内部，种植业比重下降，牧、渔业比重上升；在第二产业内部，消费品工业、基础工业和高新技术产业的地位得到加强；在第三产业内部，作为传统产业的交通运输业和商业比重下降，作为新兴产业的电子通信、金融和房地产业的比重上升（详见表 13）。

表 13　产业结构的变化

单位：%

年份	第一、二、三产业在国内生产总值中的比重			种植、牧、渔业在农业总产值中的比重			轻重工业在工业总产值中的比重		能源工业在工业总产值中的比重
	第一产业	第二产业	第三产业	种植业	牧业	渔业	轻工业	重工业	
1978	28.1	48.2	23.7	80.0	15.0	1.6	43.1	56.9	12.3
1997	18.7	49.2	32.1	56.0	31.5	9.1	49.1	50.9	13.5

4. 促进了初步买方市场的形成（详见表 14）。这里说的买方市场是指供求基本平衡或供略大于求的市场。说它是初步的，因为这种市场是在市场供应居于重要地位的农业还不稳定，其他基础产业和基础设施"瓶颈"制约虽有缓解、但并没有根本改变，存在过多的重复建设和重复生产，以及人民生活虽有显著改善但水平并不高、消费者权益还远未得到保障的条件下出现的，还不是成熟的买方市场。[①] 但这种市场却是长期生

---

① 国际经验是：人均国内生产总值达到 3000 美元才进入经济相对过剩阶段。而我国不到 800 美元就进入这个阶段（见《人民日报》1999 年 3 月 2 日第 9 版）。

表 14　1997 年全国 613 种主要商品的供求状况

供求状况	所占比重（%）
供不应求的商品	1.6
供求基本平衡的商品	66.6
供过于求的商品	31.8

活在与计划经济体制相联系的卖方市场条件下人们梦寐以求的事情。它的出现是我国社会经济生活中的一个历史性变化。当然，它的形成也并不只是改革的产物。多年来，社会生产的高速增长为形成初步买方市场奠定了物质基础。

5. 促进了城市化水平的显著提高（详见表 15）。

表 15　市区非农业人口占全国总人口的比重　　　　单位：%

年份	比重
1978	8.3
1999	30.4

资料来源：《经济日报》2000 年 1 月 28 日第 2 版。

6. 促进了综合国力的增强（详见表 16）

表 16　综合国力居世界的位次

年份	位　次
1949	13
1962	10
1980	8
1990	6

7. 加速了全国人民在解决温饱基础上向小康目标迈进的过程。1979~1998 年，全国居民、农民和非农村居民的平均消费水平年平均增长率，分别比 1953~1978 年提高了 2 倍、2.3 倍和 1.13 倍。1979~1999 年农村贫困人口减少了 2.16 亿人，现在全国绝大多数人口在实现了温饱之后正在迅速向小康目标迈进（详见表 17、表 18、表 19）。解决温饱、进而实现小康，更是多少年来我国人民梦寐以求的美景。它的出现更是我国社会经济生活发生的一次极重要的历史性变化。

表 17　居民平均消费水平年平均增长率　　　　　单位：%

年　份	全国居民	农民	非农村居民
1953~1978	2.2	1.7	2.9
1979~1998	7.1	6.8	6.2

表 18　农村贫困人口　　　　　单位：亿人

年份	数量
1978	2.50
1997	0.50
1998	0.42
1999	0.34

表 19　1999 年全国城乡居民生活小康综合评分

城　乡	94.03 分
农　村	88.45 分

资料来源：《经济日报》2000 年 12 月 4 日第 6 版。

1999 年全国居民平均消费水平达到 3180 元，其中农村居民为 1973 元，城镇居民为 6651 元。[①]

1979 年以来，我国社会生产的持续、高速、稳定增长，以及以此为基础的社会经济生活发生了巨大变化，有多重原因。择其要者有：经济成长阶段效应（我国从 20 世纪 80 年代起的一个相当长时期内都处于经济高速增长阶段），大国效应（市场容量大；人口多，储蓄率高，储蓄总量大；低成本的劳动力资源丰富），经济全球化效应，知识经济开始到来的时代效应，国际和平环境效应等。但是在所有这些因素中，市场取向的经济改革是一个极重要的原因。仅以工业 1997 年比 1980 年的增长额中所占比重来看，国有工业仅占 24.2%，集体工业占 41.3%，个体工业占 16.7%，其他经济类型工业占 17.8%，非国有工业合计占 75.8%（详见表 20）。可见，经济的高速稳定增长在很大程度上是由于改革中实行了以国有经济为主导、多种所有制经济共同发展的方针。如果没有非国有经济高速增长的带动，工业和社会生产就不可能有持续、高速、稳定的增长，

[①]《中国统计年鉴》（1999），第 72 页；《中国统计摘要》（2000），第 83 页。

社会经济生活其他方面也难以发生巨大变化。不仅如此，改革还是一个基础性的原因，如果缺少改革这一条，那么，上述其他各种效应也难以充分发挥。

表 20　各种所有制工业在工业总产值增长额中所占的份额

	全部工业	国有工业	集体工业	个体工业	其他经济类型工业
1997 年比 1980 年增长额（亿元）	106973.34	25844.00	44216.84	17851.09	19061.50
比重（%）	100.0	24.2	41.3	16.7	17.8

三、建立社会主义市场经济面临的问题和任务

尽管中国经济改革已经取得了举世瞩目的巨大成功，但改革任务并没有完全完成，特别是国企改革和金融改革滞后，改革中也有不少失误。当前，我国经济生活中还有不少不可忽视的问题。比如，国有企业经济效益差、基础产业发展滞后、技术升级缓慢、地区产业结构趋同、企业组织不合理、企业规模不经济、某些企业管理滑坡、某些年份通货膨胀高位运行、有些年份又出现通货紧缩、交易秩序和信用关系混乱、潜伏金融和财政风险、部分居民收入差别过于悬殊、农民收入增长趋缓、就业问题尖锐、部分行政官员和国有企业领导人贪污腐败严重等。形成这些问题的原因是多方面的，解决办法也是多方面的。但加快推进经济体制改革，仍然是当前刻不容缓的、极重要的任务。

2000 年 10 月召开的党的十五届五中全会对 1978 年以来的改革成就作了精辟的概括，并对"十五"期间的改革作了战略部署："20 年的改革开放，使社会主义市场经济体制初步建立，市场机制在资源配置中日益明显地发挥基础性作用，经济发展的体制环境发生了重大变化；全方位对外开放格局基本形成，开放型经济迅速发展，对外经济关系发生了重大变化。"要求在"十五"期间达到"国有企业建立现代企业制度取得重大进展，社会保障制度比较健全，完善社会主义市场经济体制迈出实质性步伐，在更大范围内和更深程度上参与国际经济合作与竞争"。[①] 可见，完成中国的改革任务还很艰巨，还有很长的路要走。

---

① 《中国共产党第十五届中央委员会第五次全体会议公报》，《人民日报》2000 年 10 月 18 日第 1 版。